Q PASS

개인정보관리사(CPPG) 자격 시험 필독서

개인정보관리사
CPPG

김창중 저

다락원

 **머리말**

안녕하세요?

저는 이번에 CPPG 교재를 집필한 김창중입니다.
제가 이번에 교재를 출간한 동기는 그동안 개인정보보호 강사로 'ISMS-P 자격증 교육'
을 진행하면서 CPPG 자격증 교육을 개설해달라는 많은 응시생분들의 요청이 있었기
때문입니다. 현재 저는 국내에서 ISMS-P 자격증 취득 합격자를 가장 많이 배출하고 있
기에 'CPPG 자격증'도 잘할 수 있다는 자신감에 집필을 시작하게 되었습니다.

2021년 하반기부터 저는 CPPG 시험을 응시하였고, 실전 문제 유형과 출제 경향을 면
밀히 분석하였습니다. 그리고 앞으로도 CPPG 시험을 계속적으로 응시하며 시험 경향
을 분석하고 지속적으로 교재에 반영할 예정입니다.

CPPG는 개인정보보호 자격증 입문의 초석이 되는 것으로 개인정보보호법의 이해와 실
무능력을 향상시킬 수 있습니다. 또한 '개인정보 영향평가(PIA) 자격증'과 '개인정보보호
관리체계 인증심사원(ISMS-P) 자격증' 취득의 발판이 되는 자격증으로 개인정보보호 업
무의 필수적인 자격증입니다.

저는 CPPG 합격을 위한 가장 효과적인 교재를 만들기 위해 많은 고민을 하였습니다.
이론 부분에서 개인정보보호 법령자료, KISA(한국인터넷진흥원)의 가이드, 논문, 웹 사이
트 자료 등을 총정리하였습니다. 또한 실제 시험에 대한 대응력 향상을 위해 과목별 적중
예상 문제를 만들고, 실전모의고사도 1회분을 수록하였습니다.

본 교재를 정확히 이해하고, 수차례 반복한다면, 능히 CPPG 시험에 합격하고, 영광의
CPPG 자격증을 취득하리라 확신합니다.

본 교재를 집필, 검토해주신 황보준, 송재원, 이재희 님에게도 감사의 말씀을 드립니다.
끝으로 사랑하는 아내인 정현숙 씨, 아들 시후, 지후에게 공부하느라 많은 시간을 못보내
줘서 미안함과 감사한 마음을 전합니다.

저자
김창중 드림

지마켓 글로벌 CISO 김정훈

이 책의 저자인 김창중 님은 홍익인간을 스스로 실천하는 분입니다. 홍익인간이란 '널리 인간을 이롭게 한다'는 뜻이지만, 김창중 님은 이를 실천하기 위해 많은 사람들에게 본인의 지식을 나눠 주고 전파하는 삶을 살고 있습니다. 다른 사람에게 지식을 나눠주려면 누구보다 본인 자신이 잘 알아야 한다는 신념 하에 항상 공부의 끈을 놓지 않고 있으며, 또한 효과적으로 전달하기 위해 무 엇을 해야 할지 늘 고민하고 있습니다.

김창중 님은 저에게는 살짝 후배지만, 제가 언제나 존경하는 분이기도 합니다. 이 책을 읽고 CPPG 시험을 보시는 분들은 합격 확률을 200% 높일 수 있을 뿐만 아니라, 혹시 떨어지더라도 이 책을 공부하는 것 자체만으로도 엄청난 지식과 기회를 얻게 되는 것입니다. 이 책으로 공부하는 분들 앞날에 늘 행복이 함께하길 기원합니다.

메가존 주식회사 전무 오민석

김창중 CISO님의 책 출간을 축하드립니다.

현재 모든 산업 도메인에서는 디지털 전환을 통해 혁신하고자 하는 노력이 강조되고 있습니다. 이러한 디지털 혁신을 통해 얻어질 전략적 성과와 경쟁력 못지 않게 중요한 것은 디지털화되는 데 이터와 정보에 대한 안전한 처리입니다. 특히, 개인정보를 안전하게 관리하고 활용하는 것입니다. CPPG 자격증은 이러한 개인정보보호에 대해 제대로 이해하고 개인정보보호 정책 및 대처 방법 론에 대한 지식 및 능력을 갖춘 인력을 양성하는데 기여할 수 있는 자격증이라 생각합니다.

김창중 CISO님의 CPPG 자격증 대비 책은 CPPG를 준비하는 많은 수험생 여러분들에게는 자격 증을 따기 위한 지름길을 제공할 것이며, 기업에서 개인정보를 취급하는 분들에게는 현업 CISO 로서의 경험을 통해 개인정보보호를 위한 가이드 역할을 할 것입니다.

부디 이 책을 통해 많은 분들이 개인정보보호 및 정보보호 분야에 진출하여 역량을 발휘할 수 있 기를 기대합니다.

변호사 이정훈

우선, 출간을 진심으로 축하드립니다.

최근 개인정보 유출 등 관련 이슈로 개인정보보호가 사회적으로 중요시되고 있고, 개인정보보호 를 위한 법과 제도의 정비 등으로 인해 다양한 분야에서 큰 관심을 가지고, 개인정보보호를 위해 지대한 노력을 기울이고 있습니다. 상황이 이러하다 보니 당연히 CPPG 자격증의 중요성이 부각 되고 있다고 할 것입니다. 이러한 시기에 CPPG 자격증 수험서인 이 책의 출간은 CPPG 자격증 시험을 준비하는 분들에게는 가뭄의 단비와도 같을 것입니다. 내용 또한 쉽고 체계적으로 구성이 잘 되어 있어 자격증 취득에 큰 도움이 될 것으로 기대됩니다.

다시 한번 출간을 축하드리며, 모든 수험생들의 건승을 기원합니다.

개인정보관리사(CPPG) 자격 정보

개인정보관리사 CPPG 시험 소개

(1) 시험 정보

자격정보	• 자격명 : 개인정보관리사(CPPG) • 자격의 종류 : 등록(비공인)민간자격 • 등록번호 : 제2010-0516호 • 자격발급기관 : (사)한국CPO포럼(www.cpoforum.or.kr)
검정수수료	• 응시료 : 130,000원 　- 단체 : 15인 이상 20% 할인 　- 학생 : 50% 할인(직장인 대학생, 대학원생, 원격통신 대학생 제외)
검정기준	개인정보보호 정책 및 대처 방법론에 대한 지식 및 능력을 갖춘 인력 또는 향후 기업 또는 기관의 개인정보 관리를 희망하는 자로서, 다음의 업무능력을 보유한 자 - 개인정보보호와 관련된 보안정책의 수립 - 기업, 기관과 개인정보보호의 이해 - 개인정보 취급자 관리 - 관련법규에 대한 지식 및 적용
응시자격	응시제한 없음
합격결정기준	매과목 과목당 40% 이상, 총점 60% 이상

(2) 과목별 배점안내

시험 과목	문항	배점	출제 형태	시험 시간
1. 개인정보보호의 이해	10	10	객관식 5지선다	120분
2. 개인정보보호 제도	20	20		
3. 개인정보 라이프사이클 관리	25	25		
4. 개인정보의 보호조치	30	30		
5. 개인정보 관리체계	15	15		
	100	100		

(3) 2026년도 시험일정

구분	47회	48회	49회
시험일	4/12	8/23	12/6

※ 자세한 일정은 반드시 www.cpptest.or.kr에서 확인하시기 바랍니다.

(4) 출제기준

대단원(배점비율)	중단원
1. 개인정보보호의 이해 (10%)	1. 개인정보의 개요 – 개인정보의 정의 – 프라이버시와 개인정보 – 개인정보의 유형 및 종류 – 개인정보의 특성 – 개인정보 가치산정 – 해외 개인정보보호 제도 소개 2. 개인정보보호의 중요성 – 정보사회와 개인정보 등 사생활 노출 – 개인정보 침해 유형 – 개인정보보호의 필요성(사회적 영향) 3. 기업의 사회적 책임 – 개인정보의 중요성 인식 – 개인정보 조직 구성, 운영 – 개인정보 조직의 역할
2. 개인정보보호 제도 (20%)	1. 개인정보보호 관련 법률 체계 – 개인정보보호 관련 법 개요 – 우리나라 개인정보보호 관련 주요 법 체계 2. 개인정보보호 원칙과 의무 – OECD 8원칙 – 필요최소한의 개인정보 수집 – 목적외 개인정보 활용 금지 – 개인정보의 정확성, 완전성, 최신성 보장 – 안전조치 의무 – 개인정보처리방침의 수립 및 공개 – 정보주체의 권리보장 – 사생활 침해의 최소화 – 익명처리 원칙 – 법령 준수의무 – 개인정보의 처리제한 – 개인정보 보호책임자의 지정 – 개인정보파일의 등록 및 공개 3. 정보주체의 권리 – 개인정보처리에 관한 정보를 제공받을 권리 – 개인정보처리에 관한 동의권 – 개인정보 열람권 – 개인정보 처리정지, 정정, 삭제권 – 법정대리인의 권리 – 개인정보처리로 인하여 발생한 피해를 구제받을 권리 4. 분쟁해결절차 – 개인정보 분쟁조정 – 단체소송

3. 개인정보 라이프사이클 관리 (25%)	1. 개인정보 수집, 이용 　－ 개인정보 오너십의 이해 　－ 개인정보 수집, 이용 원칙 　－ 개인정보 수집, 이용 시 유의 사항 2. 개인정보 저장, 관리 　－ 개인정보 저장, 관리의 이해 　－ 개인정보 파기의 원칙 　－ 개인정보 처리 시 유의 사항 3. 개인정보 제공 　－ 개인정보 제공의 이해 　－ 개인정보 제3자 제공, 위탁 원칙 　－ 제3자 제공과 위탁의 구분 　－ 개인정보 제공 시 유의 사항
4. 개인정보의 보호조치 (30%)	1. 개요 　－ 제, 개정의 배경 　－ 기준의 법적 성격 2. 개인정보의 기술적·관리적 보호조치 기준 　－ 내부관리계획의 수립·시행 　－ 접근통제 　－ 접속기록의 위·변조 방지 　－ 고유식별정보 　－ 개인정보의 암호화 　－ 악성프로그램 방지 　－ 출력·복사시 보호조치 　－ 개인정보 표시제한 보호조치 　－ 출입통제 　－ CCTV 영상/운영
5. 개인정보 관리체계 (15%)	1. 개인정보 관리체계 개요 　－ 개인정보 관리체계의 개념 　－ 국내외 개인정보보호 관리체계의 유형 및 현황 2. 주요 개인정보 관리체계 　－ 개인정보 영향평가 　－ 개인정보보호 수준진단 　－ 개인정보보호관리체계

개인정보관리사 CPPG 시험 대응 전략

(1) 개인정보보호 자격 종류

종류		최초 시행	지식 수준
개인정보관리사(CPPG)	Certified Privacy Protection General	2009	중
개인정보영향평가 전문인력(PIA)	Privacy Impact Assessment	2011	상
개인정보보호관리체계 인증심사원 (ISMS-P)	Personal Information & Information Security Management system	2018	최상

(2) 개인정보보호 자격 비교

구분	CPPG	PIA	ISMS-P
주관기관	한국CPO포럼	개인정보보호위원회 (한국인터넷진흥원)	개인정보보호위원회/ 과학기술정보통신부 (한국인터넷진흥원)
시행근거	등록(비공인)민간자격 등록번호 : 제2010-0516호	개인정보보호법 제33조 (개인정보영향평가)	개인정보보호법 제32조의2 (개인정보보호 인증)
취득 목적	자격증 입문	개인정보보호 컨설팅	인증심사원 활동
시행주기	연 3회	연 3~4회(유동적)	연 1회
응시자수	회당 2,000여명	회당 300여명	회당 2,500여명
합격률	30% 내외	15% 내외	5% 내외
응시료	13만원	30~50만원(교육료)	무료
자격요건	없음	개인정보보호경력, CPPG	6년 (정보보호, 개인정보 각1년)
학습시간	1~2개월	2~3개월	3~6개월
문제유형	필기(5지 선다)	필기(5지 선다) + 실기(서술)	필기(5지 선다) + 실기(서술)
난이도	중	상	최상
ISMS-P 자격 인정경력	개인정보보호 1년 인정	개인정보보호 1년 인정	N/A
자격증 활용도	낮음	중간 (PIA 컨설팅 투입)	높음 (인증심사 참여)
기업 채용	사원, 대리, 과장	대리, 과장, 차장	과장, 차장, 부장

(3) 개인정보보호 자격 취득 기대 효과

구분	목적	배경	기회
정보주체 권리 (Rights)	국민 행복 추구, 사생활 침해 방지	정보주체 권리 확대	나날이 중요도 증가 추세
전문가 역량 (Skill)	개인정보보호 역량 강화	국가적 개인정보보호 강화 추세	업무 전문가 대우 받을 수 있음
공식적(Official) 인정	개인정보보호 역량 공식적 인정	개인정보 침해사고 대응 체계 구축	공식적 스펙 쌓을 수 있음

(4) 개인정보보호 자격 특징 및 대응전략

특징	이유	위기	전략
문과(Liberal Arts)	맞거나 틀리는 상황	공대생 불리	마음을 열고 생각하기
암기식(Rote Memory)	법, ISMS-P 인증기준 암기	암기력 부족	정리하고 암기하기
쉬움(Easy)	계산문제 없음	재미가 없음	꾸준히 반복하기

(5) 개인정보 보호 FAQ

Q 개인정보보호 지식이 필요하나요?

A 사전지식이 있으면 유리하나 없다 하더라도 걱정할 필요는 전혀 없습니다. 교재의 지식을 이해하고, 암기하면 합격이 가능합니다. 조금 더 합격률을 높이고자 한다면, KISA의 가이드를 학습하면 좋습니다. 만약 이론 강의를 통해 효율적으로 학습하길 바란다면, CPPG 자격대비 문제를 많이 접하거나, 이론 강의를 듣는 것도 대안이 될 수 있습니다.

Q CPPG 학습기간은 얼마나 되나요?

A 제로베이스 기준으로 1달에 3시간 몰입 학습으로 90시간을 달성한다면 합격이 가능합니다. 물론 내용 정리, 반복학습이 요구됩니다. 넉넉하게 2달 이상 학습하면 합격의 확률이 더욱 높아질 수 있습니다.

Q CPPG 자격증을 취득하면 어디에 도움이 되나요?

A 현업에서 일하고 있다면 개인정보보호 업무역량을 강화할 수 있습니다. 일하고 있지 않다면 정보보호 관련 업계 취업 시 우대조건을 충족할 수 있습니다. 많은 회사에서 개인정보보호 업무 담당자를 지속적으로 채용하고 있습니다. 개인정보보호 담당자 채용에서 가장 많이 요구하는 자격증이 CPPG 자격증입니다. 또한 개인정보보호 최고의 자격증인 ISMS-P 인증심사원 자격증 취득시 개인정보보호 인정 경력 1년을 CPPG 자격증으로 대체할 수 있습니다.

Q CPPG 자격증 취득 관련 정보를 어디서 얻을 수 있나요?

A 저자가 직접 운영하고 있는 'CPPG WIN 카페'를 보면 최신 수험 정보를 접할 수 있습니다. 또한 ISMS-P 인증심사원과 개인정보보호 관련 카페로 'ISMSP WIN 카페'를 통해 정보를 얻을 수 있습니다.

차례

PART 1

개인정보보호의 이해

① 개인정보의 개요

🔓 01 개인정보의 정의

개인정보란 개인의 신체, 재산, 사회적 지위, 신분 등에 관한 사실, 판단, 평가 등을 나타내는 일체의 모든 정보를 말한다. 정보사회를 맞이하여 사회 각 분야에서 인터넷과 정보통신기술이 일상화되면서, 개인정보는 과거의 단순한 신분정보에서 오늘날에는 전자상거래, 고객관리, 금융거래 등 사회의 구성, 유지, 발전을 위한 필수적인 요소로서 사용되고 있다. 또한 개인정보는 기업의 입장에서도 수익 창출을 위한 자산적 가치로서 높게 평가되고 있다.

(1) 개인정보 종류

종류	설명
신분관계	성명, 주민등록번호, 주소, 본적, 가족관계, 본관 등
내면의 비밀	사상, 신조, 종교, 가치관, 정치적 성향 등
심신의 상태	건강상태, 신장, 체중 등 신체적 특징, 병력, 장애정도 등
사회 경력	학력, 직업, 자격, 전과 여부 등
경제관계	소득규모, 재산보유상황, 거래내역, 신용정보, 채권채무관계 등
새로운 유형	생체인식정보(지문, 홍채, DNA 등), 위치정보 등

(2) 개인정보 정의 분석

과거에는 개인정보보호법과 정보통신망법에서 개인정보의 정의를 규정하였다. 그러나 2020년 2월에 정보통신망법에서의 개인정보의 정의가 삭제되어 이제는 개인정보보호법에서만 유일하게 정의하고 있다.

개인정보보호법 제2조(정의)
1. "개인정보"란 살아 있는 개인에 관한 정보로서 다음 각 목의 어느 하나에 해당하는 정보를 말한다. 가. 성명, 주민등록번호 및 영상 등을 통하여 개인을 알아볼 수 있는 정보 나. 해당 정보만으로는 특정 개인을 알아볼 수 없더라도 다른 정보와 쉽게 결합하여 알아볼 수 있는 정보. 이 경우 쉽게 결합할 수 있는지 여부는 다른 정보의 입수 가능성 등 개인을 알아보는 데 소요되는 시간, 비용, 기술 등을 합리적으로 고려하여야 한다. 다. 가목 또는 나목을 제1호의2에 따라 가명처리함으로써 원래의 상태로 복원하기 위한 추가 정보의 사용·결합 없이는 특정 개인을 알아볼 수 없는 정보(이하 "가명정보"라 한다)

구분	설명
살아 있는 개인에 관한 정보	• **자연인에 관한 정보**이므로 **사망했거나 실종선고** 등 관계 법령에 의해 사망한 것으로 간주되는 자에 관한 정보는 **개인정보로 볼 수 없다**. 다만, 사망자의 정보라고 하더라도 유족과의 관계를 알 수 있는 정보는 **유족의 개인정보에 해당**한다.
개인에 관한 정보	• 개인정보의 주체는 **자연인**이어야 하며, **법인 또는 단체에 관한 정보는 개인정보에 해당하지 않는다**. 따라서 법인 또는 단체의 이름, 소재지 주소, 대표 연락처(이메일 주소 또는 전화번호), 업무별 연락처, 영업실적 등은 개인정보에 해당하지 않는다. 또한, 개인사업자의 상호명, 사업장 주소, 전화번호, 사업자등록번호, 매출액, 납세액 등은 사업체의 운영과 관련한 정보로서 원칙적으로 개인정보에 해당하지 않는다.
정보의 내용·형태 등은 제한 없음	• 정보의 내용·형태 등은 특별한 제한이 없어서 개인을 알아볼 수 있는 모든 정보가 개인정보가 될 수 있다. 즉, **디지털 형태**나 **수기 형태**, **자동 처리**나 **수동 처리** 등 그 **형태 또는 처리방식과 관계없이 모두 개인정보에 해당**할 수 있다. • 정보주체와 관련되어 있으면 키, 나이, 몸무게 등 '객관적 사실'에 관한 정보나 그 사람에 대한 제3자의 의견 등 '주관적 평가' 정보 모두 개인정보가 될 수 있다. 또한, 그 정보가 반드시 '사실'이거나 '증명된 것'이 아닌 부정확한 정보 또는 허위의 정보라도 특정한 개인에 관한 정보이면 개인정보가 될 수 있다.
개인을 알아볼 수 있는 정보	• '알아볼 수 있는'의 의미는 해당 정보를 '**처리하는 자**'의 입장에서 합리적으로 활용될 가능성이 있는 수단을 고려하여 개인을 알아볼 수 있다면 개인정보에 해당한다. 현재 처리하는 자 외에도 제공 등에 따라 향후 처리가 예정된 자도 포함된다. 여기서 '처리'란 개인정보보호법 제2조 제2호에 따른 개인정보의 수집, 생성, 연계, 연동, 기록, 저장, 보유, 가공, 편집, 검색, 출력, 정정(訂正), 복구, 이용, 제공, 공개, 파기(破棄), 그 밖에 이와 유사한 행위를 말한다.
다른 정보와 쉽게 결합하여 개인을 알아볼 수 있는 정보	• '쉽게 결합하여'의 의미는 결합 대상이 될 정보의 '입수 가능성'이 있어야 하고 '결합 가능성'이 높아야 함을 의미한다. • '**입수 가능성**'은 두 종 이상의 정보를 결합하기 위해서는 결합에 필요한 정보에 합법적으로 접근·입수할 수 있어야 함을 의미하며, 이는 해킹 등 불법적인 방법으로 취득한 정보까지 포함한다고 볼 수는 없다. • '**결합 가능성**'은 현재의 기술 수준을 고려하여 비용이나 노력이 비합리적으로 수반되지 않아야 함을 의미하며, 현재의 기술 수준에 비추어 결합이 사실상 불가능하거나 결합하는데 비합리적인 수준의 비용이나 노력이 수반된다면 이는 결합이 용이하다고 볼 수 없다.
가명정보	• 가명정보란 법 제2조제1호가목 또는 나목에 따른 개인정보를 제1호의2에 따른 **가명처리**를 하여 **원래의 상태로 복원하기 위한 추가 정보의 사용·결합 없이는 특정 개인을 알아볼 수 없는 정보**(이하 '가명정보')로서 이러한 가명정보도 개인정보에 해당한다.

(3) 개인정보 해당 여부

구분	개인정보 내용	개인정보	사유
①	사망자의 정보로 유족과의 관계를 알 수 있는 정보	O	유족의 개인정보
②	법인 또는 단체의 이름, 소재지 주소, 대표 연락처(이메일 주소 또는 전화번호), 업무별 연락처, 영업실적	X	법인 또는 단체에 관한 정보는 개인정보
③	대표자를 포함한 임원진과 업무 담당자의 이름·주민등록번호·자택주소 및 개인 연락처, 사진	△	개인정보로 취급될 수 있음
④	특정 건물이나 아파트의 소유자가 자연인인 경우, 그 건물이나 아파트의 주소	O	특정 소유자를 알아보는데 이용되는 경우
⑤	SNS에 올린 단체 사진	O	직·간접적으로 2인 이상에 관한 정보
⑥	의사가 특정 아동의 심리치료를 위해 진료 기록을 작성하면서 아동의 부모 행태를 기록한 정보	O	아동과 부모 모두의 개인정보
⑦	특정 개인에 관한 정보임을 알아볼 수 없도록 통계적으로 변환된 '○○기업 평균 연봉', '○○대학 졸업생 취업률'	X	통계처리로 개인 식별 불가
⑧	결합 가능 정보가 일체 없이 오로지 휴대전화번호 뒤 4자리	X	1/10,000로 개인 식별 가능성 낮음
⑨	공적 생활에서 형성되었거나 이미 공개된 개인정보	O	개인 내밀한 영역에 속하는 정보에 국한되지 않음
⑩	생년월일 정보	X	1/365로 개인 식별 가능성 낮음
⑪	해킹·절취(切取) 등 불법적인 방법으로 취득한 정보를 결합한 개인정보	X	입수 가능성 낮음(불법적 입수)
⑫	초고가의 컴퓨터를 이용하여 결합한 개인정보	X	결합 가능성 낮음(합리적 비용 초과)
⑬	거래내역 등 개인의 상거래정보	O	거래 상대방 신용판단 정보에 해당하지 않는 정보

(4) 개인정보와 구별해야 하는 개념

개인정보와 구별하여야 하는 개념으로 가명정보, 익명정보, 추가정보, 결합정보, 개인영상정보, 개인 신용정보, 개인위치정보가 있다.

개인정보 종류	설명
개인정보	"개인정보"란 살아 있는 개인에 관한 정보로서 다음의 어느 하나에 해당하는 정보를 말함 가. 성명, 주민등록번호 및 영상 등을 통하여 **개인을 알아볼 수 있는 정보** 나. 해당 정보만으로는 특정 개인을 알아볼 수 없더라도 다른 정보와 쉽게 결합하여 알아볼 수 있는 정보(이 경우 쉽게 결합할 수 있는지 여부는 다른 정보의 입수 가능성 등 개인을 알아보는 데 소요되는 시간, 비용, 기술 등을 합리적으로 고려하여야 함) 다. 가목 또는 나목을 가명처리함으로써 원래의 상태로 복원하기 위한 추가 정보의 사용·결합 없이는 특정 개인을 알아볼 수 없는 정보
가명정보	"가명정보"란 개인정보의 일부를 삭제하거나 일부 또는 전부를 대체하는 등의 방법으로 추가 정보가 없이는 특정 개인을 알아볼 수 없도록 처리(가명처리)함으로써 원래의 상태로 복원하기 위한 **추가정보의 사용·결합 없이는 특정 개인을 알아볼 수 없는 정보**를 말함
익명정보	"익명정보"란 더 이상 특정 개인인 정보주체를 알아볼 수 없도록 개인정보를 처리함으로써 다른 정보를 사용하여도 **특정 개인을 알아볼 수 없는 정보**를 말함 (이 경우 시간·비용·기술 등을 합리적으로 고려하여야 함)
추가정보	"추가정보"란 개인정보의 전부 또는 일부를 대체하는 데 이용된 수단이나 방식(알고리즘 등), 가명정보와의 비교·대조 등을 통해 삭제 또는 대체된 **개인정보를 복원할 수 있는 정보**(매핑 테이블 정보, 가명처리에 사용된 개인정보 등) 등을 말함
결합정보	"결합정보"란 합법적으로 접근하여 그 지배력을 확보할 수 있는 **두 개 이상의 정보를 쉽게 결합하여 특정 개인을 알아볼 수 있는 정보**를 말함(이 경우 현재의 기술 수준이나 충분히 예견될 수 있는 기술 발전 등을 고려하여 시간이나 비용, 노력이 합리적으로 과다하게 수반되지 않아야 함)
개인영상정보	"개인영상정보"란 영상정보처리기기에 의하여 촬영·처리되는 영상정보 중 개인의 초상, 행동 등과 관련된 **영상으로서 해당 개인을 식별할 수 있는 정보**를 말함
개인신용정보	"개인신용정보"란 기업 및 법인에 관한 정보를 제외한 살아 있는 **개인에 관한 신용정보**로서 다음 각 목의 어느 하나에 해당하는 정보를 말한다. 가. 해당 정보의 성명, 주민등록번호 및 영상 등을 통하여 **특정 개인을 알아볼 수 있는 정보** 나. 해당 정보만으로는 특정 개인을 알아볼 수 없더라도 다른 정보와 쉽게 결합하여 특정 개인을 알아볼 수 있는 정보
개인위치정보	"개인위치정보"라 함은 **특정 개인의 위치정보**(위치정보만으로는 특정 개인의 위치를 알 수 없는 경우에도 다른 정보와 용이하게 결합하여 특정 개인의 위치를 알 수 있는 것을 포함한다)를 말한다.

02 프라이버시와 개인정보

정보주체의 권리는 소극적 권리인 프라이버시권과 적극적 권리인 개인정보의 자기결정권이 있다. 정보통신기술의 발달로 인하여 '타인에게 방해를 받지 않고 개인의 사적 영역을 유지하고자 하는 권리'인 프라이버시권(Right to Privacy)의 중요성이 높아지고 있다. 또한 인권 강화 추세에 따라 '자신에 관한 정보를 정보주체 스스로 결정할 권리'인 개인정보의 자기결정권도 보호 수준이 높아지고 있다.

(1) 개인정보보호 권리 기원

시기	계기	개인정보보호 권리의 기원
1880년	1880년 미국 Thomas Cooley 판사의 민사상의 손해배상에 관한 저서	• 홀로 있을 권리(the right to be let alone)
1890년	Warren 과 Brandies 의 프라이버시권	• 진보된 문명세계에서 살고 있는 개인에게 필수적인 것
1997년	미국연방대법원 판례	• 사적인 사항이 공개되지 않는 이익 • 자신이 중요한 문제에 대하여 자율적이고 독자적으로 결정을 내리고자 하는 이익

(2) 프라이버시와 개인정보 자기결정권

구분	프라이버시	개인정보 자기결정권
성격	• 소극적 권리 (the right to be let alone)	• 적극적 권리 (Self Determination)
목적	• 사생활의 비밀과 자유 보장	• 개인정보 보호
개념	• 사생활에 관한 이익을 총칭하는 개념으로 헌법이 상정하고 있는 주거의 자유, 사생활의 비밀과 자유, 통신의 비밀 등을 포함	• 자신에 관한 정보가 언제 누구에게 어느 범위까지 알려지고 또 이용되도록 할 것인지를 그 정보주체가 스스로 결정할 수 있는 권리
사례	• 다른 사람의 개인정보 접근을 제한하는 선택권 • 비밀, 또는 다른 사람들에게 어떤 정보를 숨기는 선택권 • 사적인 관계의 보장	• 개인정보를 대상으로 한 조사, 수집, 보관, 처리, 이용 등의 행위

(3) 프라이버시의 범주

	공간 프라이버시 (Territorial Privacy)	개인 프라이버시 (Personal Privacy)	정보 프라이버시 (Information Privacy)
개념	• 한 개인이 다른 개인의 환경에 침입하는 것에 대해 제한하는 것	• 개인의 신체적, 물리적 존재와 관련되는 것을 제한하는 것	• 컴퓨터 등 정보통신 기술의 전자적 형태로 수집되는 것을 제한하는 것
사례	• 가정, 직장 등 CCTV 감시, ID체크 침해 방지	• (신체) 유전자, 마약, 체강 검사로부터 제한 • (통신) 우편, 전화대화, 이메일 통신 보호	• 정보주체의 자기결정권

03 개인정보의 유형 및 종류

개인정보는 일반정보(이름, 주민등록번호), 경제정보, 사회정보, 통신정보, 민감정보 등을 유형화할 수 있다.

(1) 개인정보보호 특성에 따른 유형

개인정보유형		종류
인적사항	일반정보	성명, 주민등록번호, 주소, 연락처, 생년월일, 출생지, 성별 등
	가족정보	가족관계 및 가족구성원 정보 등
신체적 정보	신체정보	얼굴, 홍채, 음성, 유전자 정보, 지문, 키, 몸무게 등
	의료·건강 정보	건강상태, 진료기록, 신체장애, 장애등급, 병력, 혈액형, IQ, 약물테스트 등의 신체검사 정보 등
정신적 정보	기호·성향 정보	도서·비디오 등 대여기록, 잡지구독정보, 물품구매내역, 웹사이트 검색내역 등
	내면의 비밀 정보	사상, 신조, 종교, 가치관, 정당·노조 가입여부 및 활동내역 등
사회적 정보	교육정보	학력, 성적, 출석상황, 기술 자격증 및 전문 면허증 보유내역, 상벌기록, 생활기록부, 건강기록부 등
	병역정보	병역여부, 군번 및 계급, 제대유형, 근무부대, 주특기 등
	근로정보	직장, 고용주, 근무처, 근로경력, 상벌기록, 직무평가기록 등
	법적정보	전과·범죄 기록, 재판 기록, 과태료 납부내역 등
재산적 정보	소득정보	봉급액, 보너스 및 수수료, 이자소득, 사업소득 등
	신용정보	대출 및 담보설정 내역, 신용카드번호, 통장계좌번호, 신용평가 정보 등
	부동산 정보	소유주택, 토지, 자동차, 기타소유차량, 상점 및 건물 등
	기타 수익 정보	보험(건강, 생명 등) 가입현황, 휴가, 병가 등
기타 정보	통신정보	E-Mail 주소, 전화통화내역, 로그파일, 쿠키 등
	위치정보	GPS 및 휴대폰에 의한 개인의 위치정보
	습관 및 취미정보	흡연여부, 음주량, 선호하는 스포츠 및 오락, 여가활동, 도박성향 등

(2) 개인정보 제공과 생성에 따른 유형

구분	개념	사례
제공정보	• 이용자가 직접 회원가입이나 서비스 등록을 위해 사업자에게 제공하는 정보	• 온라인 서비스를 이용하기 위한 회원 가입 과정에서 제공하는 신상정보 • 서비스 이용과정에서 문제점을 해소하기 위한 본인확인 과정에서 제공하는 정보
생성정보	• 사업자가 서비스를 제공하는 과정에서 생성되는 이용자에 관한 정보	• 서비스를 이용하는 과정에서 이용자의 서비스 이용기록이나 접속로그 쿠키

🔒 04 개인정보의 특성

(1) 식별성에 대한 평가기준

구분	개념	사례
Single out	보유하고 있는 개인정보 항목 중 특정 개인 1인만을 따로 분리할 수 있는 정보인지 여부	개인의 신장에 관한 데이터 세트 중, 단 1인만이 190cm 이상인 경우 (또는 1990년대생 중에서는 단 1인만이 190cm인 경우) 해당 인물을 식별할 수 있음
Linkability	하나의 개인 또는 동일한 속성을 공유하는 집단에 관한 2개 이상의 데이터를 연결할 수 있는지 여부	이름이 A인 사람 또는 성이 B인 사람이라는 정보만을 각각 보유할 때보다, 전체 성명이 A와 B의 조합이라는 사실을 알 때 식별 가능성이 높아짐
Inference	2개 이상의 정보가 서로 정확하게 연결되어 있지 않더라도, 추론에 의해 연결 가능한지 여부	회사 내 직급 서열에 관한 정보와 급여에 관한 정보가 별도로 존재할 때 2개를 합리적으로 추론하여 일부 개인이 식별될 수 있음

(2) 식별성에 따른 개인정보 분류

구분	개인식별정보	개인식별정보와 결합되어 있는 상태의 개인 식별가능정보	개인식별정보와 결합되어 있지 않은 상태의 개인식별가능정보
의미	다른 정보 없이 그 자체로 개인을 식별, 즉 다른 구성원과 구분해낼 수 있는 정보	그 자체로는 개인을 식별할 수 없지만 개인을 식별할 수 있는 정보와 결합하여 개인정보가 될 수 있는 정보	개인을 식별할 수 있는 정보와의 결합이 이루어지지 않은 상태로서, 기술적으로는 해당 개인식별가능정보를 실마리로 하여 다른 개인식별정보를 추적해내는 것이 기술적으로는 가능한 정보
사례	성명, 주민등록번호	온라인 쇼핑몰 전화번호, 주소, 이메일주소, 결제 관련 정보, 구매 이력	뉴스레터 수신 희망 이메일 주소, 또는 이용자가 온라인 서비스에 로그인하지 않은 상태에서 검색한 기록 등 행태정보

(3) 수집출처에 따른 개인정보 분류

이용자로부터 수집한 정보	사업자가 생성한 정보	공개된 정보를 수집한 정보
• 이용자가 서비스 회원 가입 시 제공한 개인정보 • 이용자가 입력한 검색어 개인정보	• (생성정보) 쿠키정보, 로그정보, 고객위치정보 • (생산정보) 근무평가, 신용평가, 인사기록, 진료차트, 고객성향	• 공개된 정보의 경우, 타인이 본인의 의사에 반하여 임의로 공개한 정보는 제외하고 본인이 최초 목적과 범위를 적극적으로 인지한 상태에서 공개한 정보

05 개인정보 가치산정

개인정보는 이용자(판매자) 관점에서 가치를 과평가하는 경향이 있는 반면, 활용하는 기업(구매자)에서는 저평가하는 경향이 있다. 가치산정법으로는 델파이, 즉 전문가 판단으로 가치를 산정할 수 있지만, 가상가치산정법(CVM, Contingent Valuation Method)을 이용할 수도 있다. 이러한 가치산정을 통해 개인정보 유출 시 위험 전가 통제수단인 손해배상액을 산정할 수 있다.

(1) 개인정보의 가치산정 방식

가치산정방법	판단주체	내용
① 델파이	• 전문가 판단(Expert Judgement)	• 전문가의 판단에 의한 사회학적 산정 방식
② CVM*	• 가장 대표적인 개인정보 가치산정 방법론 • 비시장자원*의 가치를 산정하는데 활용되는 경제학적 방식	• 설문조사에 기초한 가치 산정방식 • WTP*의 존재 여부 확인 • 피조사자들의 답변 간 평균치를 산정

*CVM: 가상가치평가법(Contignet Valuation Method)으로 비시장재화의 가상시장을 설정하고 소비자 설문을 통해 WTP를 산정하는 방식
*비시장자원: 환경 보전, 공해의 영향, 경치 등 자원이 거래되는 시장이 존재하지 않는 자원
*WTP: 최대지불금액(Willing To Pay)으로 소비자가 해당 재화의 대가로 지불할 의사가 있는 최대액

(2) 손해배상액 산정

① 개인정보가 유출된 상황을 가정하여, 유출 시 예측되는 손해배상액을 해당 개인정보의 가치로 간주하는 방식
② 가치 산정이 간편하고 다양한 시나리오 개발을 통해 실제 상황에 대응 가능(worst&best case)
③ 산정된 손해배상액을 근거로 위험 전가 통제 구현 가능
④ 상황별 유출 가능한 개인정보항목을 식별할 수 있고, 항목별 중요도 및 개수 매트릭스화 가능
⑤ 예상 손해배상액의 총합 산정 가능

(3) CVM의 가치산정 단계

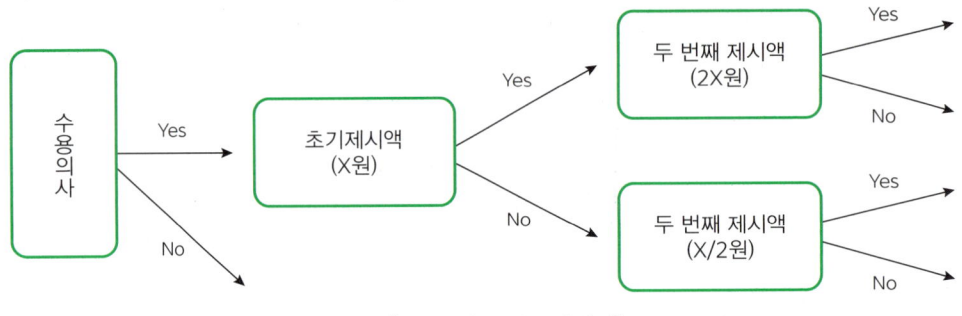

[CVM 이중 양분선택법]

단계	방법
①	설문조사 대상 및 질의로 대상 식별
②	개인정보의 가치를 투영할 수 있는 대상 구별 – 설문조사 대가 기명식 Gift Card 는 개인정보의 추적성 제공하여 개인정보의 가치를 투영할 수 있는 대상으로 인식
③	①, ②를 통해 확인된 개별 개인정보 항목의 가치를 취합하여 평균값으로 환산

(4) 개인정보의 유출 배상 판례

구분	유출된 개인정보	위자료
엔씨 소프트 ('05)	아이디, 비밀번호, (로그인 시) 주민번호	10만 원
국민은행 ('06)	성명, 주소, 이메일, 주민등록번호	20만 원
	성명, 이메일	10만 원
LG 전자 ('06)	이력서 정보	30만 원
하나로텔레콤('08)	성명, 전화번호, 주소, 생년월일, 사용요금	20만 원

06 해외 개인정보보호 제도 소개

(1) 글로벌 주요국가에서의 개인정보의 정의

글로벌 주요국가에서 시행되는 개인정보보호법은 대부분 **개인정보를 '개인을 식별할 수 있거나 식별가능한 개인에 대한 정보**'라고 규정하고 있다. 대부분의 국가에서는 개인정보의 범위를 **전산화된 정보**(디지털 정보, 데이터베이스) 뿐 아니라 **수기에 의한 개인정보도 포함**하고 있다.

국가	규정	개인정보 정의	전자	수기
미국	미연방프라이버시법	개인에 대한 정보로 개인의 성명 또는 신분번호, 기호, 지문, 사진 등 개인에게 배정된 신분의 식별에 대한 특정사항	O	O
캐나다	개인정보보호와 전자문서에 관한 법	신원을 확인할 수 있는 개인에 관한 정보	O	O
유럽연합	EU-GDPR	자연인의 신원이 확인되었거나, 확인할 수 있는 것과 관련한 정보	O	O
OECD	각국 개인정보보호법	식별되거나 식별될 수 있는 개인에 관한 모든 정보	O	O
독일	독일연방 데이터보호법	신원이 확인되었거나 확인 가능한 개인의 인적, 물적 환경에 관한 일체의 정보	O	O
영국	데이터보호법	데이터 관리자가 보유하고 있거나 향후 관리할 가능성이 많은 해당 데이터와 기타 정보로부터 신원을 확인할 수 있는 생존하는 개인에 대한 데이터	O	O
일본	개인정보보호에 관한 법률	생존하는 개인에 관한 정보로서, 당해 정보에 포함되는 성명, 생년월일, 기타 기술 등에 의해 특정한 개인을 식별하는 일이 가능한 것 다른 정보와 용이하게 조합되어 식별할 수 있는 정보 포함	O	O

(2) 미국과 유럽의 개인정보보호 비교

미국은 **자율규제 중심**의 개인정보보호 모델이고, **EU는 정부규제 중심**의 개인정보보호 모델이다.

구분	미국	유럽(EU)
규제방식	• 자율 규제	• 정부 규제
입법과정	• 단일, 통합법이 아닌 특정 영역의 문제 해결을 위한 개별법으로 제정되었으나 최근 개인정보보호법을 제정하려는 움직임이 있음	• EU 회원국 공동 지침에 의거하여 각국마다 공공, 민간 통합법 제정
감독기구	• 독립 감독기구 없이 개별 부처가 담당 • 사업자의 조사, 제재보다는 고충처리, 기술지원, 교육홍보 중심	• 독립 감독기구 설치, 운영 • 법률 위반 사업자 조사, 제재 및 고충 처리
국제협력	• 자유로운 개인정보 이전 촉구 • 규제는 전자상거래 발전 위축 우려	• 역외국에게 일정수준 이상의 보호체계 갖추도록 요구
규제내용	• 프라이버시를 침해하지 않는 범위내에서 개인정보의 수집, 이용, 매매, 타깃마케팅 등이 비교적 용이 • 기업 스스로 개인정보보호방침 마련 • 공표사항 미이행 시 공정거래법 위반으로 제재	• 개인정보 수집 전 감독기구에 이용목적 등 사전 신고 • 개인정보 수집, 매매 시 본인에게 통지 • 개인정보관리책임자 채용 의무화 • 개인정보보호 체계가 미흡한 국가에 EU 시민 개인정보 이전 금지
장점	• 자발적 참여로 개인정보 윤리의식 고양 • 이익달성에 공동체적 시너지 효과 • 통일된 기준으로 비용과 부담 절감 • 급변하는 현실 대응에 민첩	• 성문화된 법률로 명확히 규정 • 법적소송으로 적극적 피해보상 • 무거운 징계로 정보 오남용 방지 • 각종 솔루션 지원으로 규제효과
단점	• 경쟁우위 기업에 카르텔 형성 및 이에 따른 진입장벽 형성 • 전문기술 및 노하우 공유 어려움 • 강제력 결여로 참여 준수율 불확실 • 전적인 자율참여로 탈선유혹 상존	• 과다한 관리 및 준수비용 소요 • 행정관리자들의 수행부담 증가 • 강제참여로 개인정보의 자발적 윤리의식 저하 • 관할범위 제한으로 외국기업 준수 미흡

(3) Safe-Harbor 협정

유럽연합(EU) 집행위원회와 미국 상무부가 2000년 체결한 개인신상정보 전송에 관한 협정으로, 이를 준수하는 기업들은 EU·미국 간 개인정보를 공유하는 대신 적합한 보호조치를 반드시 취해야 한다. EU의 개인정보호호법 시행으로 적절한 개인정보보호 체계를 가지고 있지 않은 국가로의 개인정보 이전이 제한된다. 이에 미국과 EU는 전자상거래 등 원활한 산업발전을 위해 개인정보 전송에 관한 Safe-Harbor 협정을 체결하였다. 유럽과의 무역을 원하는 기업이 미국 상무성의 세이프 하버에 등록하고, 이 협정을 준수하면 EU에서 미국으로 전송되는 개인정보를 보호하기 위한 적절한 보호 조치를 취한 것으로 간주한다.

(4) Safe-Harbor 협정 주요 내용

구분	내용
고지 (Notice)	개인정보의 수집·이용 목적·용도·정보를 제공하는 제3자의 유형·문제제기·권리행사 시 접근방법 등에 대하여 고지
선택 (Choice)	개인정보가 제3자에게 제공되는지 여부 및 최초의 수집목적과 양립할 수 없는 다른 목적으로 정보가 사용될 것인지 여부에 대해 옵트 아웃(Opt-out) 방식의 선택권을 제공 [민감한 정보에 대해서는 옵트 인(Opt-in) 방식의 선택권 제공]
제공 (Onward Transfer)	개인정보의 위탁처리 등과 같이 제3자에게 개인정보를 제공할 경우, 당사자에게 고지함은 물론 선택권을 부여하여야 함
접근 (Access)	정보주체의 접근권과 정정요구권을 보장
안전성 (Security)	개인정보를 손실·오용·권한 없는 접근·변경·파기로부터 보호하기 위한 합리적 예방조치를 취하여야 함
데이터 무결성 (Data Integration)	당초의 수집 및 이용목적에 부합한 개인정보의 이용, 정확성, 완전성, 최신성의 확보
이행 (Enforcement)	원칙의 준수를 담보할 수 있는 구제수단, 분쟁해결절차, 제재수단이 확보되어야 함

07 EU-GDPR

(1) EU-GDPR 배경

GDPR이란 2018년 5월 25일부터 시행되고 있는 EU(유럽연합)의 개인정보보호 법령으로 위반 시 과징금 등 행정처분이 부과될 수 있으며, EU내 사업장이 없더라도 EU를 대상으로 사업을 하는 경우 적용대상이 될 수 있어 우리 기업의 주의가 필요하다.

1) GDPR 제정 목적 및 주요변화

	GDPR 목적	주요변화
①	디지털 싱글마켓에 적합한 통일되고 단순화된 프레임워크	• 단일 개인정보보호법 적용 • 원스톱샵 메커니즘
②	• 권리(Stronger rights) • 의무(Clearer obligations) • 신뢰(More trust)	• 정보주체 권리 확대 : 동의 요건 강화, 데이터 이동권, 잊혀질 권리 등 도입 • 기업의 책임성 강화 : DPO 지정, 개인정보 유출 통지 신고제 등 도입
③	현대화된 개인정보보호 거버넌스 체계 마련	• 개인정보 감독기구간 협력 강화 (예: 공동 조사) • 법 적용의 일관성을 보장하기 위한 European Data Protection Board 설립(2018) • 신뢰할 수 있고 비례적인 제재 부과 (예: 위반의 성격, 기간, 경중 등 11가지 기준 고려)

2) GDPR 제·개정 연혁

연혁	법제도	주요 내용
2012 (제안)	Data Protection Directive (DPD 95/46 EC)	• 1995년 10월 24일 채택 및 시행 • 지침을 반영한 회원국 별도 입법 필요 • 각 회원국 법령간 규제 수준의 차이 발생 • 총7장, 72개 전문, 34개 본문으로 구성
2016 (채택)	GDPR (General Data Protection Regulation)	• DPD 이후 변화된 인터넷 기술 환경 반영 • 4년간의 합의 및 3천건 이상 수정안 제출
2018 (시행)		• 2016년 5월 27일 채택, (2년 유예) 2018년 5월 25일부터 시행 • 모든 EU 회원국에게 직접적으로 적용되고 회원국간 통일된 법적용 및 규제 가능 • 총 11장, 173개 전문, 99개 본문으로 구성

3) GDPR 시행 전후 비교

	시행전(DPD 95/46 EC)	시행후(GDPR)
기업의 책임	• 개인정보 최소 처리, 처리목적 통지 등	• DPO 지정, 영향평가 등 추가
정보주체 권리	• 열람 청구권 등	• 정보이동권 등 새로운 권리 추가
과징금 부과	• 회원국별 자체 법규에 따라 부과	• 모든 회원국이 통일된 기준으로 부과

(2) EU-GDPR 개요

GDPR은 지침(Directive)과 달리 "Regulation"이라는 법 형식으로 제정되어 법적 구속력을 가지며, 모든 EU 회원국 내에 직접적으로 적용된다(제99조). 기존 Directive에서는 회원국 간 개인정보보호 법제가 서로 달라 규제에 어려움이 있었으나, GDPR 제정을 통하여 통일된 개인정보보호 규제가 가능하게 되었다. GDPR 일부 조항에 대해서는 회원국의 별도 입법이 요구되므로, 기업들은 GDPR 이외에 각 회원국의 개인정보보호 관련 입법 동향에 대하여 지속적으로 모니터링할 필요가 있다.

※ Directive는 각 회원국에 대한 입법 지침(가이드라인) 역할을 할 뿐이므로, 회원국 내 적용을 위해서는 지침을 반영한 각국의 개별 입법이 필요하다.

1) GDPR의 법적 효력

기관	체계	내용
법원 (法源)	유럽연합조약 (The Treaty on European Union : TEU)	
	유럽연합기능조약 (The Treaty on the Functioning of the European Union : TFEU)	• (제16조제1항) 개인정보보호권(right to the protection of personal data) 명시 • (제16조제2항) 유럽의회와 이사회는 개인정보보호 규정을 제정하여야 함을 명시

기관	체계	내용
법원 (法源)	유럽연합기본권헌장 (The Charter of Fundamental Rights of The EU)	• (제8조제1항) 개인정보보호권(right to the protection of personal data) 명시 • (제8조제2항) 목적 명확, 동의 원칙, 열람·정정권 명시 • (제8조제3항) 독립적 기관에 이한 통제 필요 명시
GDPR	Regulation(규칙)	• 회원국에 직접 적용(EU 회원국의 정부나 민간 활동을 규제)
	Directive(지침)	• 회원국이 준수하여야 할 최소한의 요건 • 회원국은 지침에 따라 국내법을 제정·개정(회원국 사정에 따라 더 엄격하게 규정 가능)
	Decision(결정)	• 적용 대상을 특정 국가, 기업, 개인에게 한정

2) GDPR의 개인정보 처리 원칙

원칙	내용
합법성, 공정성, 투명성	개인정보는 정보주체와 관련하여 합법적이고, 공정하며, 투명한 방식으로 처리되어야 한다.
목적 제한	개인정보는 특정되고 명시적이며 적법한 목적으로 수집되어야 하며, 그러한 목적과 양립하지 않는 방식으로 처리되지 말아야 한다.
최소처리	개인정보는 처리되는 목적과 관련하여 적정하고 관련성이 있으며 필요한 범위로 제한되어야 한다.
정확성	개인정보는 정확해야 하고, 필요한 경우 최신성을 유지해야 한다
보유기간의 제한	개인정보는 처리목적을 위해서 필요한 기간 내에서 정보주체를 식별할 수 있는 형태로 보유되어야 한다.
무결성 및 기밀성	개인정보는 적정한 기술적 또는 관리적 조치를 이용하여 개인정보의 적정한 보안을 보장하는 방식으로 처리되어야 한다.
책임성	컨트롤러는 개인정보보호원칙에 대하여 책임성을 갖춰야 하며, 그에 대한 준수 여부를 증명할 수 있어야 한다.

3) GDPR 적용 범위

① 기업의 GDPR 적용 범위

기업의 GDPR 적용 범위
① EU 내에 사업장(establishment)을 운영하며, 개인정보 처리
② EU 거주자에게 재화나 서비스를 제공
③ EU 거주자의 EU 內 행동을 모니터링

구분	적용범위	비고
EU 內	EU 내 사업장을 운영하며 개인정보 처리를 수반하는 경우	실제 개인정보가 EU 지역에서 처리되는지 여부와 관계 없음
EU 外	EU 내 정보주체에게 재화나 서비스를 제공하는 경우	정보주체가 실제로 재화 또는 서비스의 비용을 지불하였는지와 관계 없음

4) EU-GDPR 적용 대상정보

구분	적용범위	비고
개인정보 (Personal Data)	• 식별되었거나 또는 식별가능한 자연인(정보주체)과 관련된 모든 정보	• 사망한 사람은 개인정보에 적용되지 않음 (단, 개별 회원국의 사망의 개인정보처리에 관련한 별도 규정 제한하지 않음) • 개인이 아닌 법인의 이름, 법인 연락처 등에 적용되지 않음
개인정보 처리에 적용되는 개인정보	• 지침에 명시되지 않았던 위치정보, 온라인 식별자 등이 개인정보 정의에 포함	• 기기, 애플리케이션, IP, 쿠키 정보 등이 다른 정보와 결합되어 개인을 식별할 수 있을 때 이들도 개인정보 범주에 속함

5) GDPR 과징금

위반 행위	과징금
Privacy by Design(기술적·관리적 조치) 등 controller 의무 위반	1천만 유로(한화 약 124억원) 또는 전세계 매출액의 2% 중 높은 금액
개인정보 처리원칙, 동의조건, 정보주체 권리보장 의무 위반 등	2천만 유로(한화 약 248억원) 또는 전세계 매출액의 4% 중 높은 금액

6) 정보주체의 권리

	GDPR	개인정보보호법
①	정보를 제공받을 권리 [제12~14조]	• 제20조(정보주체 이외로 부터 수집한 개인정보의 수집 출처 등 고지)
②	정보주체의 열람권 [제12,15조]	• 제35조(개인정보의 열람)
③	정정권 [제12,16,19조]	
④	삭제권(잊힐권리) [제12,17,19조]	
⑤	처리 제한권 [제12,18,19조]	• 제36조(개인정보의 정정삭제) • 제37조(개인정보의 처리 정지) • 제38조(권리 행사의 방법 및 절차)
⑥	개인정보 이동권 [제12,20조]	
⑦	반대권 [제12,21조]	
⑧	프로파일링을 포함한 자동화된 의사결정[제12,22조]	

7) 한-EU 「개인정보보호 적정성 결정(Adequacy Decision)」(2021년 12월 17일)

이번 적정성 결정으로 한국이 개인정보 국외이전에 있어 EU회원국에 준하는 지위를 부여받게 됨에 따라, 한국 기업들의 경우 표준계약 등 기존의 까다로운 절차가 면제된다. 이에 따라 한국 기업들의 EU 진출이 늘어나고, 이를 위해 기업이 들여야 했던 시간 및 비용이 대폭 절감될 것으로 기대되며, 나아가 한-EU 기업 간 데이터 교류·협력 강화로 인해 국내 데이터 경제 활성화에 크게 기여할 것으로 전망한다.

적정성 결정 전	적정성 결정 이후
별도의 안전성 확보 조치 마련 필요	별도 조치 마련 의무 면제 및 법 위반 우려 경감

단, EU 시민의 개인정보를 직접 수집하고 처리하는 사업자의 전반적인 GDPR 준수 의무가 없어지는 것은 아니며, 역외이전 관련 의무 부담만 경감되었다. 특히, 금융기관이 보유한 개인 신용정보의 역외이전은 이전과 동일하게 표준계약 체결 등이 필요하다.

(3) EU-GDPR 조항

1) 정보를 제공받을 권리 [제12~14조]

컨트롤러는 공정하고 투명한 처리 원칙을 보장하기 위해 정보주체에게 본인의 개인정보를 어떻게 처리하고 있는지에 관한 정보를 명확하고 쉬운 언어로, 무상으로 알려주어야 한다.

순번	처리 정보	정보주체로부터 직접 수집한 경우	정보주체로부터 직접 수집하지 않은 경우
①	컨트롤러 및 컨트롤러의 대리인과 DPO의 신원 및 연락처	O	O
②	해당 개인정보의 처리 목적 및 처리의 법적 근거	O	O
③	(해당되는 경우) 컨트롤러 또는 제3자의 정당한 이익	O	O
④	처리하는 개인정보의 유형	–	O
⑤	개인정보 수령인(recipient) 또는 수령인의 유형	O	O
⑥	제3국으로 이전 관련 상세 내용 및 보호 방법	O	O
⑦	보유기간 또는 보유기간 결정을 위해 적용한 기준	O	O
⑧	정보주체의 각 권리의 존재	O	O
⑨	(해당되는 경우) 동의를 철회할 수 있는 권리	O	O
⑩	감독기구에 민원을 제기할 수 있는 권리	O	O
⑪	개인정보의 출처 및 공개적으로 접근이 허용된 출처인지 여부	–	O
⑫	개인정보의 제공이 법률이나 계약상의 요건이나 의무인지 여부 및 개인정보 제공을 하지 않을 경우 생길 수 있는 영향	O	–
⑬	프로파일링 등 자동화된 결정의 존재 및 어떻게 결정되는지에 대한 정보와 그 중요성 및 영향	O	O

2) 정보주체의 열람권 [제12, 15조]

컨트롤러는 정보주체가 개인정보 처리 내용과 그 적법성을 확인할 수 있도록 정보주체의 요구가 있을 경우 자신의 개인정보 및 다음의 모든 정보에 대해 열람할 수 있도록 조치하여야 한다.

순번	열람 내용
①	처리 목적
②	관련된 개인정보의 유형
③	개인정보를 제공받았거나 제공받을 수령인 또는 수령인의 범주
④	(가능하다면) 개인정보의 예상 보유 기간 또는 (가능하지 않다면) 해당 기간을 결정하기 위한 기준
⑤	본인의 개인정보에 대한 수정, 삭제 또는 처리 제한이나 처리에 대한 반대를 요구할 수 있는 권리의 유무
⑥	감독기구에 민원을 제기할 수 있는 권리
⑦	개인정보가 정보주체로부터 수집되지 않은 경우 그 출처에 대한 모든 가용한 정보
⑧	프로파일링 등 자동화된 결정의 유무 및 이에 따른 유의미한 정보와 이러한 처리의 유의성과 예상되는 결과

3) 정정권 [제12, 16, 19조]

정보주체는 개인정보가 부정확하거나 불완전하다면 이에 대한 정정을 요구할 권리가 있고, 컨트롤러는 정보주체의 정정권리를 보장할 수 있도록 필요한 조치를 하여야 한다.

순번	정정 요구 시 조치사항
①	정정 요구를 받은 시점으로부터 1개월 이내 이행해야 하나, 정정 요구가 복잡한 경우 2개월 추가 연장 가능
②	정정 요구에 따른 조치를 취하지 않은 경우, 정보주체에게 그 이유 및 감독기구에 민원을 제기할 권리와 사법적 구제를 청구할 권리가 있음을 고지
③	개인정보를 (정보)수령인에게 공개·제공한 경우, 가능한 한 그 수령인에게 정보주체의 개인정보가 정정된 사실에 대해 알려 주어야 하며, 적절한 경우 정보주체에게 그 정보가 제공된 수령인에 관해서도 알려야함

4) 삭제권(잊힐 권리) [제12, 17, 19조]

① 정보주체는 본인에 관한 개인정보의 삭제를 컨트롤러에게 요구할 권리를 가지며 컨트롤러는 개인정보 처리목적의 달성, 정보주체의 동의 철회 등의 경우에 개인정보를 삭제하여야 함

② '14.05 유럽사법재판소가 결정한 잊힐권리 개념 도입(GDPR상 삭제권은 온전한 잊힐 권리는 아님)

순번	삭제권이 보장되는 경우
1	개인정보가 원래의 수집·처리 목적에 더 이상 필요하지 않은 경우
2	정보주체가 동의를 철회한 경우(단, 해당처리에 대한 법적인 사유가 없는 경우)
3	정보주체가 처리에 반대하는 경우로서 처리의 계속을 위한 더 중요한 사유가 없는 경우
4	개인정보가 불법적으로 처리된 경우(GDPR 위반 등)
5	법적 의무 준수를 위하여 삭제가 필요한 경우
6	아동에게 제공할 정보사회서비스와 관련하여 개인정보를 처리한 경우

순번	삭제권 관련 조치사항
1	표현 및 정보의 자유에 관한 권리 행사, 공익 목적 등의 경우에는 삭제권 행사가 거부 될 수 있음
2	개인정보 제3자 공개 시, 불가능하거나 과도한 노력을 해야 하지 않는 한 그 제3자에게 개인정보 삭제를 알려야 함
3	개인정보를 일반에게 공개하는 온라인 환경에 종사하는 조직들은 다른 조직들이 해당 개인정보의 링크 및 사본 또는 복제본을 삭제하도록 통지하여야 함

5) 처리 제한권 [제12, 18, 19조]

① 정보주체는 자신에 관한 개인정보의 처리를 차단하거나 제한할 권리를 가지며, 개인정보 처리가 제한되면 컨트롤러는 그 정보를 보관하는 것만 가능
② 처리 제한을 해제하는 경우 그 사실을 정보주체에게 고지

순번	처리 제한권이 보장되는 경우
1	정보주체가 개인정보의 정확성에 이의를 제기한 경우(개인정보의 정확성을 입증할 때까지 처리를 제한)
2	처리가 불법적이고, 정보주체가 삭제를 반대하고 대신 개인정보의 처리 제한을 요구하는 경우
3	더 이상 개인정보가 필요하지 않지만 정보주체가 법적 청구권의 행사나 방어를 위해 그 정보를 요구한 경우
4	컨트롤러가 정당한 이익을 위해 하는 개인정보처리가 정보주체의 정당한 이익보다 우선하는지 확인중인 경우
기타	개인정보의 처리가 제한된 경우에도 ① 정보주체의 동의가 있거나, ② 법적 청구권의 입증이나 행사를 위한 경우, ③ 제3자의 권리 보호를 위한 경우, ④ EU 또는 회원국의 중요한 공익상의 이유가 있는 경우에는 처리 가능

순번	개인정보 처리 제한 방법의 예시
1	선택된 정보를 임시적으로 다른 처리 시스템으로 이전
2	정보주체가 선택된 정보를 열람하지 못하도록 하거나 공개된 개인정보를 웹사이트에 임시로 제거

6) 개인정보 이동권 [제12, 20조]
정보주체나 다른 컨트롤러에게 자신의 데이터를 제공할 것을 요구할 수 있는 권리

순번	데이터 이동이 가능한 경우
①	정보주체에 관한 정보
②	자동화된 수단에 의한 처리
③	동의 또는 계약 이행에 근거
④	정보주체가 제공
⑤	이동으로 타인의 자유와 권리에 불리한 영향을 끼치지 않음

구분	데이터 이동권 내용
목적	① 정보주체의 권리 강화 ② 기업간의 공정한 경쟁 유도 ③ 데이터 활용 활성화 [PDS(Personal Data Store), 정보은행]
제공 방법	기계 판독이 가능한 형태 (CSV, JSON, XML 등)
이행 시기	1개월 이내 (정보주체에게 사유를 설명하고 2개월 추가 연장 가능)

7) 반대권 [제12, 21조]
① 정보주체는 프로파일링 등 본인과 관련한 개인정보의 처리에 대해 언제든지 반대할 권리를 지님
② 컨트롤러는 정보주체에게 최초 고지하는 시점에 반대권에 대한 내용을 알려주어야 하며, 이러한 사항은 다른 정보와 분리하여 분명하게 제시해야 함
③ 컨트롤러는 개인정보 처리 행위가 반대권을 행사할 수 있는 유형에 속하고 온라인으로 이루어진다면 온라인으로 반대 요청을 처리할 수 있는 방법을 제시하여야 함

순번	반대권 요구 시 조치 사항
1	직접 마케팅 목적의 처리 시, 정보주체의 반대권 행사 즉시 개인정보 처리 중단 및 이후 동일 목적의 처리 금지
2	컨트롤러의 정당한 이익 또는 공적 임무 수행 및 직무권한 행사에 근거한 처리 시 정보주체는 자신의 특수한 상황을 근거로 반대권을 행사할 수 있으며, 정보주체의 이익이나 권리 및 자유보다 더 중요하고 강력한 정당한 근거를 입증할 수 있거나 법적 청구권의 입증이나 행사를 위한 경우를 제외하고는 해당 개인정보 처리를 중단
3	과학적 또는 역사적 연구 목적 또는 통계적 목적으로 처리 시 정보주체는 자신의 특수한 상황을 근거로 반대권을 행사할 수 있으며, 다만 해당 처리가 공익을 위한 업무수행을 위하여 필요한 경우에는 예외로 함

8) 프로파일링을 포함한 자동화된 의사결정 [제12, 22조]

법적 효력을 초래하거나 이와 유사한 중대한 효과를 미치는 사항에 대하여 프로파일링을 포함한 자동화된 처리에만 근거한 인적개입 없는 결정의 적용을 받지 않을 권리

	프로파일링 관련 내용
원칙	정보주체는 자동화된 처리에만 의존하는 의사결정의 적용을 받지 않음
예외	계약의 이행, 명시적인 동의, 법률이 허용하는(예: 사기, 탈세 방지 목적) 경우
정보주체 권리	인적 개입을 요구할 권리, 정보주체가 자신의 관점을 표현할 권리, 그 결정에 대한 설명을 요구할 권리 및 그에 반대할 권리 등

*프로파일링 : 개인의 사적인 측면(직장내 업무수행, 경제 상황, 건강, 개인적 취향 등)을 분석, 예측하기 위한 자동화된 처리

(4) EU-GDPR 기업의 책임성 강화

1) 기업의 책임성 강화 대책

① DPO 지정
② 개인정보 영향평가(DPIA)
③ Data protection by design and by default
④ 처리 활동의 기록
⑤ 기술적 관리적 보호조치

2) DPO(Data Protection Officer) 지정

구분	DPO(EU)	CPO(대한민국)
자격요건	법과 실무에 대한 전문적 지식과 업무수행 능력	사업주 또는 대표자, 임원 등
독립성	외부 DPO도 가능, 임무수행으로 해고나 불이익 금지	내부자만 가능 (독립성 제한)

3) 개인정보 영향평가(DPIA)

구분	개인정보 영향평가
대상 개인정보	새로운 기술을 사용하고, 처리 유형이 개인의 자유와 권리에 high risk를 초래할 가능성이 있는 경우
목적	위험 완화 및 GDPR 준수 입증
시기	고위험의 처리 활동 개시 전
대상자	DPO와 프로세서의 도움을 받아 컨트롤러가 시행

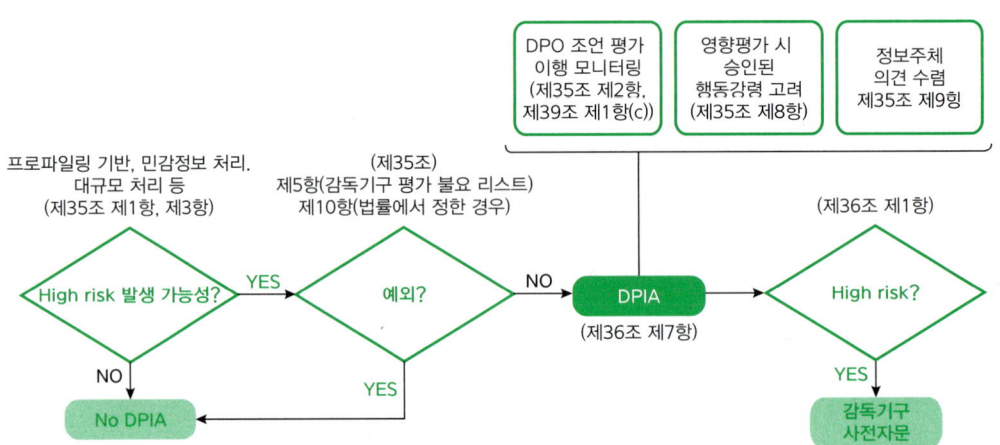

* DPIA : Data Protection Impact Assessment(EU-GDPR 에서의 개인정보 영향평가)

4) DPbD

① Data protection by design and by default의 원칙을 충족하는 내부 정책과 조치를 채택 시행
② 개인정보처리의 최소화, 처리에 필요한 보호조치, 가명처리 등
③ 기업이 모든 프로젝트의 초기단계에서 개인정보 보호를 중요한 고려사항으로 하고, 라이프 사이클 전반에 걸쳐 개인정보를 보호하는 것을 권장 (공개입찰 상황에서도 고려)

5) 처리 활동의 기록

① 피고용인이 250명 이상인 컨트롤러와 프로세서는 GDPR 준수를 입증하기 위하여 본인의 책임하에 개인정보 처리활동의 기록 (문서화)을 유지하여야 함
② 피고용인이 250명 미만이어도 정보주체 권리와 자유에 위험을 초래하는 경우, 민감정보 처리, 유죄판결 및 형사범죄에 관련된 개인정보 처리 시 처리활동 기록이 필요함
③ 컨트롤러의 이름 및 연락처, 처리의 목적, 제3국으로 개인정보가 이전되는 경우 국외이전 방식에 대한 체계와 보호 조치, 보유기간, 기술적, 관리적 보호조치 등 문서화된 내용이 필요함

6) 기술적 관리적 보호조치

고려사항	보호조치
① 최신 기술 수준 ② 이행 비용 ③ 처리의 성격, 범위, 맥락, 목적 ④ 자연인의 권리와 자유에 미칠 수 있는 발생 가능성 및 심각성에 있어 다양한 위험	① 개인정보의 가명처리와 암호화 ② 지속적인 기밀성, 무결성, 가용성과 처리 시스템 및 서비스의 회복성을 보장하기 위한 능력 ③ 물리적, 기술적 사고 발생시 적시에 개인정보의 가용성과 그에 대한 접근을 회복하는 능력 ④ 처리의 보안을 보장하기 위한 기술적 관리적 조치의 효과성을 정기적으로 시험, 평가하는 프로세스

(5) 개인정보 역외이전

1) EEA(European Economic Area, 유럽경제지역)
EU 회원국과 아이슬란드, 노르웨이, 리히텐슈타인으로 구성된 단일 통합 시장

2) EU 회원국(27개국)
그리스, 네덜란드, 덴마크, 독일, 라트비아, 루마니아, 룩셈부르크, 리투아니아, 몰타, 벨기에, 불가리아, 스웨덴, 스페인, 슬로바키아, 슬로베니아, 아일랜드, 에스토니아, 오스트리아, 이탈리아, 체코, 크로아티아, 키프로스, 포르투갈, 폴란드, 프랑스, 핀란드, 헝가리

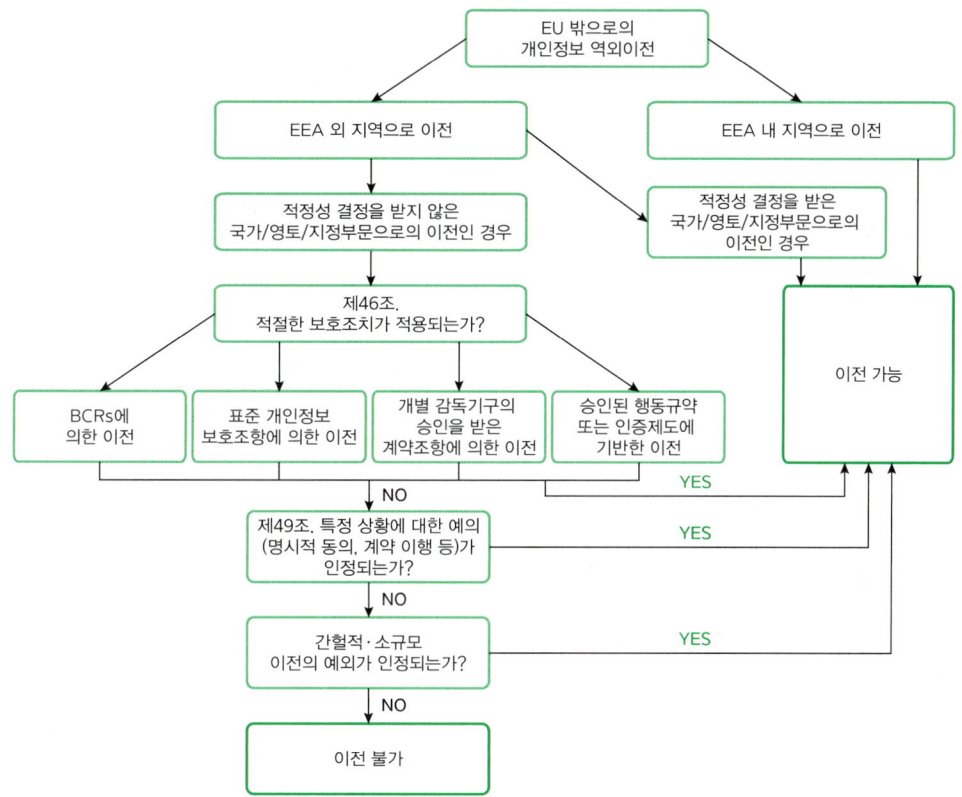

(6) EU-GDPR 용어

1) EU-GDPR 주요 용어

EU-GDPR 용어 중 CPPG 시험에서 자주 등장하는 용어이다.

용어	의미	비고
개인정보 (Personal Data)	식별되었거나 또는 식별가능한 자연인(정보주체)과 관련된 모든 정보	• 이름, 식별번호, 위치정보, 온라인 식별자(online identifier) 등의 식별자를 참조하거나, 하나 또는 그 이상의 신체적·생리적·유전적·정신적·경제적·문화적 또는 사회적 정체성에 대한 사항들을 참조하여 식별할 수 있는 사람을 뜻함
컨트롤러 (Controller)	컨트롤러란 개인정보의 처리 목적 및 수단을 단독 또는 제3자와 공동으로 결정하는 자연인, 법인, 공공 기관, 에이전시, 기타 단체	• (개보법) 개인정보처리자 : 업무를 목적으로 개인정보파일을 운용하기 위하여 스스로 또는 다른 사람을 통하여 개인정보를 처리하는 공공기관, 법인, 단체, 개인 등 • (개보법) 위탁자 : 개인정보의 처리 업무를 위탁하는 개인정보처리자
프로세서 (Processor)	프로세서란 컨트롤러를 대신하여 개인정보를 처리하는 자연인, 법인, 공공 기관, 에이전시, 기타 단체 등 의미	• (개보법) 개인정보취급자 : 직원, 파견근로자, 시간제근로자 등 개인정보처리자의 지휘·감독을 받아 개인정보를 처리하는 자 • (개보법) 수탁자 : 개인정보 처리 업무를 위탁 받아 처리하는 자
수령인 (Recipient)	제3자인지 여부와 관계없이 개인정보가 공개되는 자연인이나 법인, 공공당국, 기관 또는 기타 단체	• GDPR의 수령인은 해당 개인정보를 수령하는 모든 자를 가리키며, 따라서 공동컨트롤러, 프로세서, 국내법상의 개인정보를 제공받은 제3자(개인정보의 제3자 제공에서의 '제3자'), 국내법상의 개인정보취급자 등이 모두 여기에 해당됨 • GDPR의 제3자는 정보주체, 컨트롤러, 프로세서, 컨트롤러나 프로세서의 권한 하에서 개인정보를 처리할 권한이 주어진 자를 제외한 모든 자를 가리키므로, 국내 법상의 개인정보를 제공받은 제3자는 GDPR의 제3자에 해당하지 않음
처리 (Processing)	처리는 일련의 개인정보(sets of personal data)에 의해 수행되는 작업 또는 일련의 작업의 일체 의미	• 자동화 수단의 사용 여부에 관계 없이 수집, 기록, 조직, 구성, 저장, 개조, 변경, 검색, 참조, 이용, 전송을 통한 제공, 배포, 그 밖의 방법에 의한 이용, 연결 또는 결합, 제한, 삭제, 파기와 같이 개인정보 등 수행 작업

용어	의미	비고
프로파일링 (Profiling)	프로파일링은 자연인의 특정한 개인적 측면(certain personal aspects)을 평가하기 위해, 특히 개인의 업무 수행, 경제적 상황, 건강, 개인선호(personal preferences), 관심사, 신뢰도(reliability), 행동, 위치, 이동에 관한 측면을 분석 또는 예측하기 위해 개인정보를 사용하는 모든 형태의 자동화된 개인정보(any form of automated processing of personal data) 처리를 의미	• 인적 개입(human intervention), 개인적인 특성 평가 목적 시는 프로파일링에 해당 안됨
가명화 (Pseudony-misation)	가명화는 추가적인 정보(additional information)의 사용 없이 더 이상 특정 정보주체를 식별할 수 없는 방식으로 수행된 개인정보의 처리 의미	• GDPR은 가명화를 거친 개인정보가 추가적인 정보의 사용에 의해 특정 개인의 속성으로 인정되는 경우, 이를 식별된 자연인에 대한 정보로 간주 (전문 제26조)

구분	내용
민감정보	**인종·민족의 기원, 정치적 견해, 종교·철학적 신념, 노동조합**의 가입 여부를 나타내는 개인정보의 처리와 **유전자 정보**, 개인을 고유하게 식별할 수 있는 **생체정보, 건강정보, 성생활·성적 취향**에 관한 정보
민감정보의 처리	① 정보주체의 명시적 동의(explicit consent)를 획득한 경우(다만 동의에 근거하는 것이 EU 또는 회원국 법률에 의해 금지되는 경우는 제외) ② 고용, 사회안보, 사회보장 및 사회보호법(social security and social protection law) 또는 단체협약에 따른 의무의 이행을 위하여 필요한 경우 ③ 정보주체가 물리적 또는 법적으로 동의를 할 능력이 없는 경우에 정보주체 또는 다른 자연인의 중대한 이익을 보호하기 위하여 필요한 경우 ④ 정치·철학·종교 목적을 지닌 비영리 단체나 노동조합이 하는 처리로, 회원이나 과거 회원(또는 그 목적과 관련하여 정규적인 접촉을 유지하는 자)에 관해서만 처리하며, 또한 동의 없이 제3자에게 공개하지 않는 경우 ⑤ 정보주체가 명백히 일반에게 공개한 정보를 처리하는 경우 ⑥ 법적 청구권의 설정, 행사, 방어 또는 법원이 재판 목적으로 처리하는 경우 ⑦ 중대한 공익을 위하여 또는 EU법이나 회원국법을 근거로 하는 처리로, 추구하는 목적에 비례하고 적절한 보호조치가 있는 경우 ⑧ EU법이나 회원국법 또는 의료 전문가와의 계약을 근거로, 예방 의학이나 직업 의학, 종업원의 업무 능력 판정, 의료 진단, 보건·사회 복지·치료, 보건이나 사회 복지시스템의 관리 및 서비스 등의 제공을 위하여 필요한 경우 ⑨ 국경을 넘은 심각한 보건 위협으로부터의 보호 또는 의료 혜택 및 약품이나 높은 수준의 의료장비 확보 등 공중보건 영역에서 공익을 위하여 필요한 경우 ⑩ 공익을 위한 기록 보존 목적(archiving purposes in the public interest)이나 과학적·역사적 연구 목적, 통계 목적을 위하여 제89조제1항에 따라 필요한 경우

(7) EU-GDPR 주요 원칙

EU-GDPR 주요 원칙으로 6가지 개인정보 적법 처리 조건이 있다. 기업은 개인정보 처리전에 반드시 적법한 처리 근거를 확보하였는지 여부를 확인할 필요가 있다.

1) 개인정보 처리의 적법성(Lawfulness of Processing)

순번	개인정보 적법 처리 조건	비고
1	정보주체 동의	기업은 개인정보 처리 전 반드시 적법한 처리 근거 확보 및 여부 확인 필요
2	정보주체와의 계약 이행이나 계약 체결을 위해 필요한 처리	
3	법적 의무 이행을 위해 필요한 처리	
4	정보주체 또는 다른 사람의 중대한 이익을 위해 필요한 처리	
5	공익을 위한 임무의 수행 또는 컨트롤러에게 부여된 공적 권한의 행사를 위해 필요한 처리	
6	컨트롤러 또는 제3자의 적법한 이익 추구 목적을 위해 필요한 처리	

2) 동의(Consent)

순번	동의 요건	비고
1	정보주체가 진술 또는 적극적 행동으로 개인정보 처리에 대한 동의를 나타내는 본인의사를 자유롭게 제시하는 구체적이고 뚜렷하며 모호하지 않은 표시	지침(Directive)보다 동의 요건 강화
2	GDPR은 동의 방법에 구체성 추가	
3	사전 동의(Opt-in consent)이어야 함	침묵, 부작위, 디폴트 세팅, 미리 체크된 박스는 유효한 동의가 아님

3) 아동 개인정보(Children's personal data)

순번	아동 개인정보 처리 요건	비고
1	만 16세 미만의 아동에게 온라인 서비스 제공 시 '아동의 친권을 보유하는 자'의 동의를 얻어야 함	• 오프라인 서비스에 적용 여부 규정 없음 • 지침(Directive)보다 아동에 대해 더 강한 보호
2	GDPR은 동의 방법에 구체성 추가	
3	회원국 법률로 만 13세 미만까지 낮추어 규정 가능	아동에 대한 별도의 정의 없음

4) 민감 정보(Special categories of personal data)

생체정보도 민감정보에 포함되나 모든 생체정보가 민감정보에 포함되는 것은 아니고 정보주체를 식별할 목적으로 이용되는 생체정보(지문, 홍채, 성문, 안면윤곽 등)만 민감정보로 보호를 받는다. 범죄정보는 GDPR 제10조에 의해서 별도로 보호를 받고 있기 때문에 제9조의 민감정보 처리에 관한 규정은 적용되지 않는다. 민감정보는 정보주체에 대한 불법적인 차별을 목적으로 이용되는 등 정보주체의 기본적 권리와 자유에 보다 중요한 위험을 초래할 수 있기 때문에 별도의 보호가 필요하다. (회원국법에 의한 특칙) 회원국은 국내법으로 GDPR 제9조제4항에 따른 유전자정보, 생체정보, 건강정보의 처리에 대하여 추가 요건을 규정할 수 있다.

민감 정보 원칙적 처리 금지	민감 정보 처리가 가능한 경우
인종, 민족, 정치적 견해, 종교, 철학적 신념, 노동조합의 가입여부를 나타내는 개인정보 처리와 유전자정보, 자연인을 고유하게 식별할 수 있는 생체정보, 건강정보, 성생활, 성적 취향에 관한 정보	• 정보주체의 명시적(explicit consent)의 경우 • GDPR은 명시적 동의에 대한 별도 정의 없음

구분	내용
민감정보	인종·민족의 기원, 정치적 견해, 종교·철학적 신념, 노동조합의 가입 여부를 나타내는 개인정보의 처리와 유전자 정보, 개인을 고유하게 식별할 수 있는 생체정보, 건강정보, 성생활·성적 취향에 관한 정보
민감정보의 처리	① 정보주체의 명시적 동의(explicit consent)를 획득한 경우(다만 동의에 근거하는 것이 EU 또는 회원국 법률에 의해 금지되는 경우는 제외) ② 고용, 사회안보, 사회보장 및 사회보호법(social security and social protection law) 또는 단체협약에 따른 의무의 이행을 위하여 필요한 경우 ③ 정보주체가 물리적 또는 법적으로 동의를 할 능력이 없는 경우에 정보주체 또는 다른 자연인의 중대한 이익을 보호하기 위하여 필요한 경우 ④ 정치·철학·종교 목적을 지닌 비영리 단체나 노동조합이 하는 처리로, 회원이나 과거 회원(또는 그 목적과 관련하여 정규적인 접촉을 유지하는 자)에 관해서만 처리하며, 또한 동의 없이 제3자에게 공개하지 않는 경우 ⑤ 정보주체가 명백히 일반에게 공개한 정보를 처리하는 경우 ⑥ 법적 청구권의 설정, 행사, 방어 또는 법원이 재판 목적으로 처리하는 경우 ⑦ 중대한 공익을 위하여 또는 EU법이나 회원국법을 근거로 하는 처리로, 추구하는 목적에 비례하고 적절한 보호조치가 있는 경우 ⑧ EU법이나 회원국법 또는 의료 전문가와의 계약을 근거로, 예방 의학이나 직업 의학, 종업원의 업무 능력 판정, 의료 진단, 보건·사회 복지·치료, 보건이나 사회 복지시스템의 관리 및 서비스 등의 제공을 위하여 필요한 경우 ⑨ 국경을 넘은 심각한 보건 위협으로부터의 보호 또는 의료 혜택 및 약품이나 높은 수준의 의료장비 확보 등 공중보건 영역에서 공익을 위하여 필요한 경우 ⑩ 공익을 위한 기록 보존 목적(archiving purposes in the public interest)이나 과학적·역사적 연구 목적, 통계 목적을 위하여 제89조제1항에 따라 필요한 경우

(8) EU-GDPR DPO 요건

1) EU-GDPR의 DPO 와 개인정보보호법의 CPO 비교

EU-GDPR의 데이터보호책임자(DPO)와 국내 개인정보보호법의 개인정보보호책임자(CPO)는 모두 개인정보보호 관련 업무의 책임자의 역할을 하지만 지정 방식, 직무범위, 신고의무, 겸직 관련 다음과 같은 차이가 있다.

구분	GDPR의 DPO	개인정보보호법의 CPO
지정의무자 및 지정사유	아래 사유에 해당된 컨트롤러 또는 프로세서 • 공공당국 또는 기관 • 컨트롤러/프로세서의 핵심 활동이 정보주체에 대한 대규모의 정기적·체계적 감시를 요하는 처리 작업으로 구성되는 경우 • 컨트롤러/프로세서의 핵심 활동이 제9조의 특수 범주 정보 및 제10조의 범죄경력 및 범죄행위 관련 개인정보의 대규모 처리로 구성되는 경우	모든 개인정보처리자
복수단체의 단일지정	가능사유 있음	가능사유 없음
자격요건	• 전문적 자질, 특히 개인정보보호법과 실무에 대한 전문적 지식 및 제39조에서 언급된 직무를 수행할 능력을 보유한 자 • 내부 직원 가능 • 용역계약을 한 외부인 가능	(공공기관 외의 경우) • 사업주나 대표자 • 임원(임원이 없는 경우 개인정보 처리 관련 업무를 담당하는 부서의 장)
최소 직무범위	• 컨트롤러나 프로세서 및 처리를 수행하는 직원들에게 관련 규정상의 그들의 의무를 알리고 조언 • 관련 규정 및 정책의 준수 감시(책임 분배, 직원의 인식 제고 및 훈련, 관련 감사 포함) • 개인정보보호 영향평가에 대하여 조언을 제공하고 평가의 수행을 감시·감독당국과 협력 • 처리와 관련된 사항에 있어서 감독당국의 연락처로서 행동하고, 적절한 경우 다른 모든 사안에 관해 협의	• 개인정보보호 계획 수립 및 시행 • 개인정보 처리실태 및 관행의 정기조사 및 개선 • 개인정보 처리와 관련한 불만의 처리 및 피해구제 • 개인정보 유출 등의 방지를 위한 내부통제시스템 구축 • 개인정보보호 교육 계획의 수립 및 시행 • 개인정보파일의 보호 및 관리·감독 • 개인정보처리방침의 수립·변경 및 시행 • 개인정보보호 관련 자료 관리 • 개인정보의 파기
지정 신고의무	있음	없음
겸직금지	없음(겸직허용)	없음

2) GDPR의 DPO(Data Protection Officer) 지정

가) DPO 지정 의무

구분	내용
정부부처 또는 관련기관의 경우	사법적 권한을 행사하는 **법원은 예외**
컨트롤러 또는 프로세서의 '핵심 활동'이 다음 중 하나에 해당되는 경우	① 정보주체에 대한 '**대규모**'의 '**정기적이고 체계적인 모니터링**' ② **민감정보**나 범죄정보에 대한 '**대규모**'의 처리

나) DPO 관련 용어

용어	내용
핵심 활동 예시	• 병원 : 의료 서비스를 제공하는 것 • 보안 회사 : 쇼핑센터 등 공적인 공간을 감시
대규모 처리 의미	① 관련된 정보 주체들의 수 – 구체적인 수치로서 혹은 관련된 인구의 비율 ② 개인정보의 규모와(또는) 처리되는 다양한 개인정보 항목의 범위 ③ 개인정보 처리 활동의 기간 또는 영속성 ④ 처리 활동의 장소적 범위
대규모 처리 예시	• 병원의 정기적인 업무 과정에서 환자 개인정보의 처리 • 교통 시스템을 이용하는 개인들의 이동 개인정보 처리(교통 카드를 통한 추적 등) • 통계 목적의 패스트푸드 체인 고객의 실시간 지리 위치정보 처리 • 보험 회사 또는 은행의 정기적인 업무 과정에서 고객의 개인정보 처리 • 행태에 따른 맞춤형 광고를 위한 검색엔진의 개인정보 처리 • 전화 또는 인터넷 서비스 제공업체의 개인정보(콘텐츠, 트래픽, 위치) 처리
정기적 의미	① 지속적으로 또는 특정 기간 동안에 특정한 간격으로 발생 ② 고정된 주기로 재발하거나 반복 ③ 지속적으로 또는 주기적으로 발생
체계적 의미	① 시스템에 의하여 발생 및 예정되고, 조직화되거나 또는 규칙적인 경우 ② 개인정보 수집을 위한 계획의 일환, 또는 전략의 일부로 수행되는 경우
정기적이고 체계적인 모니터링 예시	① 모바일 앱을 통한 위치 추적, 고객 보상 프로그램, 행태에 따른 광고의 경우 ② 착용형 기기를 통한 건강, 신체 및 의료 개인정보의 모니터링의 경우

다)DPO 지정 의사결정 절차

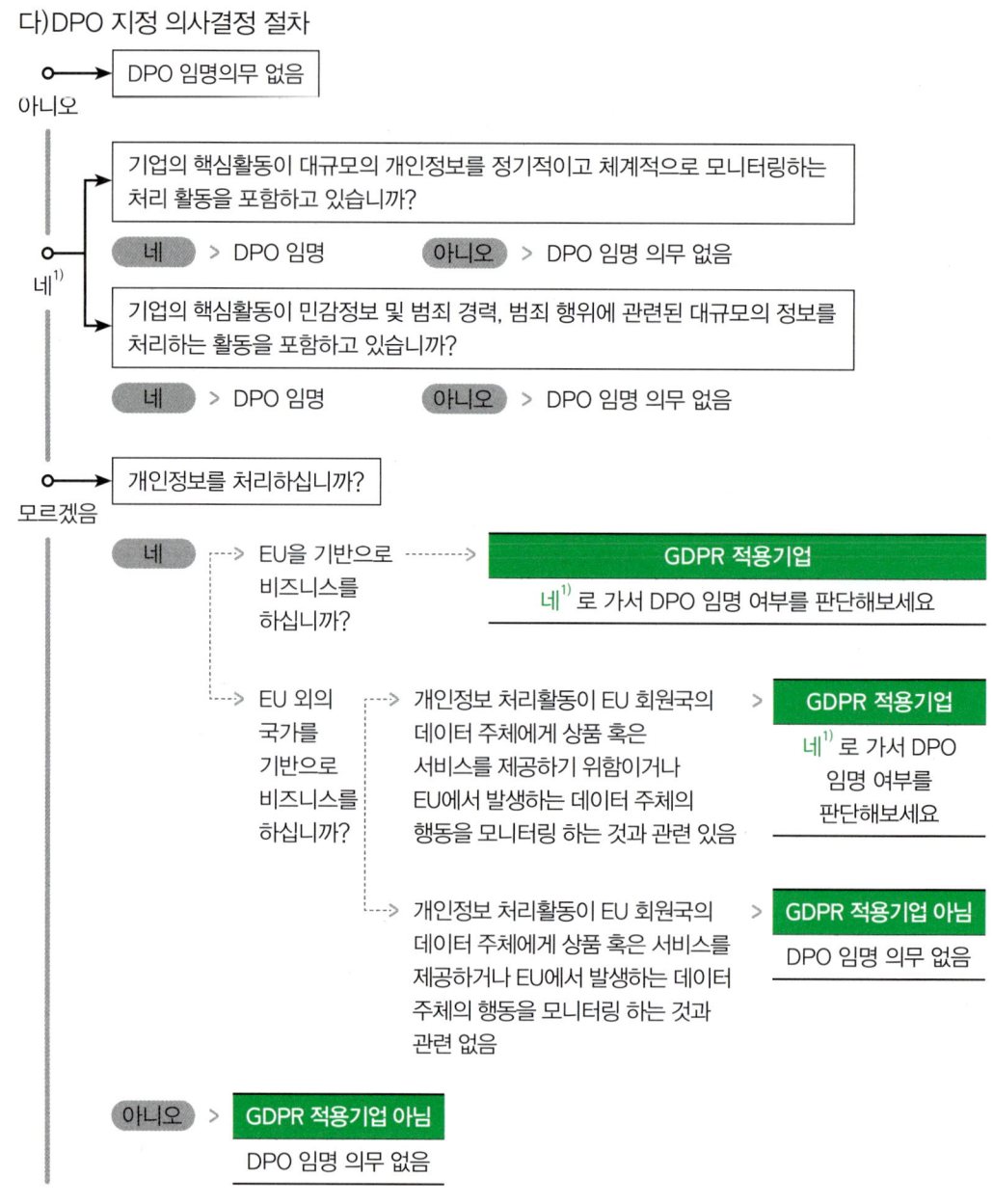

라)공동 DPO 지정

GDPR은 '각 사업장(establishment)에서 쉽게 접근 가능'하다면, 사업체 집단(a group of undertakings)은 1명의 DPO를 지정할 수 있다고 규정하고 있다. 접근 가능성(accessibility)이란 정보주체, 감독 당국과 관련한 연락 담당, 그리고 조직 내에서 국제적인 접촉점으로서의 DPO의 역할을 말한다.

마) 외부 DPO의 지정

DPO는 컨트롤러 또는 컨트롤러의 직원이거나(내부 DPO), 개인 또는 조직이 서비스 계약에 근거하여(외부 DPO) 직무를 이행할 수 있다.

DPO의 기능이 외부 서비스 조직에 의해 수행될 경우, 각 구성원은 GDPR에서 요구하는 자질을 갖추어야 하며 관련 규정에 따라 보호되어야 한다. 법적 명확성과 효율적 조직운영을 위해, WP29는 서비스 계약에 근거하여 외부 DPO 팀 내의 과업을 명확하게 분담시키고, 대표 연락처 제공 및 고객 대응 '담당자'를 배정하도록 권고하고 있다.

바) DPO(Data Protection Officer) 역할 및 지위

DPO는 GDPR을 준수하지 않는 데 대하여 개인적인 책임을 지지 않는다. GDPR은 DPO가 아니라 컨트롤러 또는 프로세서가 GDPR을 준수하여 개인정보를 처리하였다는 것을 보장하고, 이를 입증할 수 있는 적절한 기술적·관리적 조치를 이행하여야 한다고 규정하고 있다. 즉, GDPR 준수는 컨트롤러나 프로세서의 책임이다.

① DPO의 역할

역할	내용
GDPR 준수 여부에 대한 모니터링	• 처리 활동을 식별하기 위한 정보 수집 • 처리 활동에 대한 준수 여부 확인 및 분석 • 컨트롤러 또는 프로세서 대상으로 조언, 자문 제공
개인정보 영향평가에 대한 역할	• 개인정보 영향평가 수행 여부 검토 • 개인정보 영향평가 수행을 위한 방법론 검토 • 개인정보 영향평가의 자체수행 혹은 아웃소싱 여부 검토 • 정보주체의 권리와 이익에 대한 위험을 완화하기 위해 적용되는 보호 조치 검토(기술적·관리적 보호 조치 포함) • 개인정보 영향평가의 적절한 수행 여부 및 평가 과정의 GDPR 준수 여부

② DPO의 지위

지위	내용
DPO 에게 제공되는 자원	① DPO 업무 이행에 대한 고위급 경영진의 적극적 지원 ② DPO가 자신의 업무를 완수하는 데 필요한 충분한 시간 ③ 필요할 경우 재정적 자원, 인프라(장소·시설·장비), 구성원의 적절한 지원 ④ DPO 지정에 대하여 모든 임직원에게 공식적으로 공지 ⑤ DPO가 조직 내 서비스에 접근할 수 있도록 하여, 해당 서비스로부터 필수적인 지원·정보 등을 받을 수 있도록 조치 ⑥ DPO의 지속적인 훈련
DPO 독립성	① DPO의 과업 수행과 관련하여 컨트롤러나 프로세서의 지시를 받지 않음 ② DPO 과업의 성과에 대해 컨트롤러가 해고나 처벌할 수 없음 ③ DPO 업무 이외의 과업 및 책무와 이해 충돌이 없도록 보장

(9) EU-GDPR FAQ

시험에 자주 나오는 다음 EU-GDPR FAQ를 정독하여 이해하고, 암기할 수 있어야 EU-GDPR 관련 문제를 정확하게 풀 수 있다.

GDPR 일반

Q GDPR만 준수하면 되는 것인가요, 아니면 GDPR과 개별 EU 회원국의 개인정보보호 관련 법률을 함께 준수하여야 하는 것인가요?

A GDPR은 모든 EU 회원국에 포괄적으로 적용되는 법률이자, 개인정보에 관한 최저 요구선 이라고 볼 수 있습니다. 따라서 개인정보 관련 별도의 법률이 제정되어 있지 않은 EU 회원 국에서는 자동적으로 GDPR과 관련 지침을 준수하시면 됩니다.

Q GDPR을 적용함에 있어서 기업의 규모, 개인정보의 규모, 정부기관이나 공공기관인지 여부, 서비스가 무료인지 유료인지 여부는 고려되지 않나요?

A GDPR은 위험 기반 접근방식(risk-based approach)을 택하고 있기 때문에, GDPR을 적 용함에 있어서 기업의 규모는 고려되지 않습니다. 또한 GDPR을 적용함에 있어서 보유하 거나 처리하는 개인정보의 규모는 고려되지 않습니다. 나아가, 정부기관, 공공기관 등에도 GDPR이 동일하게 적용되며, 서비스가 무료인지 유료인지 여부도 고려되지 않습니다.

물적 범위

Q 전화번호, 휴대폰 시리얼번호, 게임ID, 광고 ID, IP주소, MAC주소, 성별, 국가, 결제이력 유 무, GPS 시스템에 기록된 GPS 정보 및 가동시간 정보 등이 개인정보에 해당하나요?

A 모두 개인정보에 해당합니다. 개인정보는 식별된 또는 식별가능한 자연인(정보주체)과 관 련된 모든 정보를 의미합니다.

Q 암호화된 정보도 개인정보에 해당하나요?

A 암호화된 정보라 하더라도 추가정보인 암호키를 이용하면 특정 정보주체에게 귀속될 수 있게 되므로, 암호화된 정보는 가명처리된 정보에 해당하고, 따라서 이는 개인정보에 해당 합니다.

Q EU 역내에 우리(개발사)가 개발한 제품 또는 소프트웨어를 판매했는데 해당 제품 또는 소프 트웨어에는 그 사용자의 개인정보나 사용 데이터가 저장되어 사용자가 확인할 수 있게 되어 있지만 개발사에게 전송되지는 않습니다. 이 경우 GDPR이 적용되나요?

A GDPR은 개인정보를 '처리'하는 경우에만 적용됩니다(GDPR 제2조 제1항). 그리고 개인 정보의 처리란 자동화된 수단에 의한 것인지 여부와 관계없이 개인정보 또는 개인정보의 집합들에 대하여 수행되는 모든 작업 또는 일련의 작업을 의미합니다. 개발사가 개인정보 를 처리하지 않으므로, 개발사에게 GDPR이 적용되지 않습니다.

Q 개인정보의 물리적인 저장만 EU 역내에서 이루어지고 다른 개인정보 처리는 모두 EU 역외 에서 이루어지는데, 이 경우에도 GDPR이 적용되나요?

A 개인정보의 물리적인 저장만 EU 역내에서 이루어지더라도 이는 EU 역내에서 개인정보의

'처리'가 이루어지는 경우에 해당하므로 GDPR이 적용됩니다. 개인정보를 처리하는 당해 기업은 개인정보 처리의 목적 및 방법을 결정하므로 컨트롤러에 해당하고, 클라우드 서비스를 제공하는 사업자는 컨트롤러를 대신하여 개인정보를 처리하는 자이므로 프로세서에 해당합니다.

영토적 범위

Q GDPR은 대상 정보주체를 기준으로 볼 때 EU 시민에게 적용되는 것인가요? EU 역내에 거주하는 정보주체에게 적용되는 것인가요? 아니면 거주자이든 일시적인 체류자이든 구분하지 않고 EU 역내의 모든 정보주체에게 적용되는 것인가요?

A 개인정보를 처리하는 컨트롤러 또는 프로세서가 EU 역내에 위치하는지 EU 역외에 위치하는지에 따라 달라집니다. GDPR은 그 처리가 EU 역내 또는 역외에서 이루어지는지 여부에 관계없이 EU 역내의 컨트롤러 또는 프로세서의 사업장의 활동과 관련한 개인정보의 처리에 적용됩니다. 개인정보를 처리하는 컨트롤러 또는 프로세서의 사업장이 EU 역내에 있다면, 그 사업장의 활동과 관련한 개인정보의 처리는 그 정보주체가 EU 시민인지, EU 거주자인지, EU 역외에 있는지와 무관하게 모두 GDPR이 적용됩니다. 개인정보의 처리가 EU 역내의 정보주체에 대한 상품이나 서비스의 제공에 관련되거나 EU 역내에서 이루어지는 정보주체의 행동의 감시에 관련된 경우에는, EU 역내에 설립되지 않은 컨트롤러 또는 프로세서에 의한 'EU 역내의 정보주체'의 개인정보 처리에도 GDPR이 적용됩니다.

Q EU 역내 기업과 계약을 체결하여 국내 정보주체의 임상실험 정보를 국내에서 획득해 EU 기업에게 전송하는 경우, GDPR이 적용되나요?

A EU 역내의 컨트롤러 또는 프로세서의 사업장의 활동과 관련한 개인정보의 처리에는 항상 GDPR이 적용되므로 해당 EU 기업이 국내 정보주체의 개인정보를 처리하는 것에는 GDPR이 적용됩니다. 하지만 국내 기업이 국내 정보주체의 임상실험 정보를 국내에서 획득해 EU 기업에게 전송하는 것은 EU 역외의 컨트롤러 또는 프로세서가 EU 역외의 정보주체의 개인정보를 처리하는 것이므로 GDPR이 적용되지 않습니다.

Q 당사는 국내에 본사를 두고 있고 EU 역내에 지사를 설립하여 운영하고 있습니다. GDPR 적용여부가 궁금합니다.
  ① EU 지사에서 채용하여 근무 중인 지사 직원(EU 회원국 국적, 한국 국적)
  ② EU 지사에 일시 파견 근무 중인 본사 직원(EU 회원국 국적, 한국 국적)
  ③ EU 현지에 일시 출장 중인 본사 직원(EU 회원국 국적, 한국 국적)
  ④ 국내 본사에서 채용하여 근무 중인 EU 회원국 국적 직원

A ① EU 지사에서 채용하여 근무 중인 지사 직원의 개인정보를 처리하는 것은 EU 역내의 컨트롤러의 사업장의 활동과 관련한 개인정보의 처리이므로 GDPR이 적용되며 해당 직원의 국적이 EU 회원국 국적인지 한국 국적인지 여부는 무관합니다.
  ② EU 지사에 일시 파견 근무 중인 본사 직원의 개인정보를 처리하는 것 역시 EU 역내의 컨트롤러의 사업장의 활동과 관련한 개인정보의 처리이므로 GDPR이 적용되며 해당 직원의 국적이 EU 회원국 국적인지 한국 국적인지 여부는 무관합니다.

③ EU 현지에 일시 출장 중인 본사 직원의 경우에는, EU 역내의 '사업장'의 활동과 관련한 개인정보의 처리에 해당하지 않고, EU 역외의 컨트롤러(본사)가 해당 직원에 대한 상품이나 서비스의 제공과 관련하여 그 개인정보를 처리하는 것도 아니며, 해당 직원의 행동의 감시와 관련하여 개인정보를 처리하는 것도 아니므로, 해당 직원의 국적과 관계없이 GDPR이 적용되지 않습니다.

④ 국내 본사에서 채용하여 근무 중인 EU 회원국 국적 직원의 경우에는, 국내 본사는 EU 역내의 컨트롤러 또는 프로세서가 아니고, 국내 본사에서 근무 중인 직원은 EU 역내의 정보주체가 아니므로, 해당 직원의 국적과 관계없이 GDPR이 적용되지 않습니다.

Q EU 역내 가맹점들이 한국인들을 위해서 카드결제 서비스(PG)를 대행해 주고 있습니다. 대부분의 이용자들은 한국인인데도 GDPR이 적용되나요?

A EU 역내의 컨트롤러 또는 프로세서의 사업장의 활동과 관련한 개인정보의 처리에는 항상 GDPR이 적용됩니다. EU 역내 가맹점들은 EU 역내의 컨트롤러 또는 프로세서라 할 수 있고 그들이 카드결제 서비스를 대행하여 주는 것은 자신의 사업장의 활동과 관련한 개인정보 처리를 하는 것이며, 그 정보주체의 국적이나 위치는 관계가 없으므로, 이 경우에는 GDPR이 적용됩니다.

Q EU 시민이 한국에 관광을 와서 렌터카를 이용하는 경우, 한국 내 병원을 우연히 이용하는 경우, 한국에서 승차권을 구입하는 경우에 GDPR이 적용되나요?

A 한국을 방문한 EU 시민은 EU 역내의 정보주체가 아니므로 이 경우에는 GDPR이 적용되지 않습니다.

Q 한국 내에서 영어 홈페이지를 운영하고 있습니다. 회원가입 기능을 두어 개인정보를 수집·이용하면서 서비스를 제공하고 있는데, 영어 홈페이지여서 EU 역내 정보주체들도 종종 가입합니다. 이 경우에도 GDPR이 적용되나요?

A 개인정보의 처리가 EU 역내의 정보주체에 대한 상품이나 서비스의 제공에 관련되거나 EU 역내에서 이루어지는 정보주체의 행동의 감시에 관련된 경우에는, EU 역내에 설립되지 않은 컨트롤러 또는 프로세서에 의한 EU 역내의 정보주체의 개인정보의 처리에도 GDPR이 적용됩니다. GDPR이 적용되려면 EU 역내 정보주체의 개인정보를 처리한다는 사실만으로는 불충분하며, EU 역내 정보주체를 "타겟팅"한다는 요소가 항상 추가적으로 존재하여야 합니다. 따라서 영어 홈페이지에 우연히 EU 역내 정보주체들이 가입하였다고 하더라도 그것만으로 GDPR이 적용되지는 않습니다.

컨트롤러와 프로세서

Q 국내 본사와 해외 법인의 관계에서 누가 컨트롤러이고, 누가 프로세서인가요?

A ① 컨트롤러란 단독으로 또는 타인과 공동으로 개인정보 처리의 목적 및 방법을 결정하는 자연인이나 법인, 공공당국, 기관 또는 기타 단체를 의미합니다.

② 프로세서란 컨트롤러를 대신하여 개인정보를 처리하는 자연인이나 법인, 공공당국, 기관 또는 기타 단체를 의미합니다(GDPR 제4조 제(8)호). 특히 프로세서는 컨트롤러와 분리된 별도의 법인격을 가진 주체여야 하므로, 컨트롤러에 소속된 직원 등은 프로세서에 해당하지 않습니다.

③ 컨트롤러에 해당하는지 또는 프로세서에 해당하는지 여부는 기업 등 사이의 형식적인 관계를 기준으로 정할 수 없으며, 실질적·기능적으로 개인정보 처리의 목적 및 방법을 결정하는 자가 누구인지에 따라 컨트롤러 해당 여부를 결정하여야 하고, 그 컨트롤러가 확정되면 그를 대신하여 개인정보를 처리하는 자가 프로세서에 해당하는 것으로 판단할 수 있습니다. 따라서 국내 본사와 해외 법인의 관계, 또는 모회사와 자회사의 관계라는 형식적인 요소만으로는 누가 컨트롤러이고, 누가 프로세서인지 정할 수 없으며, 위와 같은 실질적인 기준에 따라 판단하여야 합니다.

Q 항공, 호텔 관계 업무를 하고 있는데 본사는 국내에 있고 EU에 지사가 있습니다. 이 경우 공동 컨트롤러가 되는 것인가요?

A EU 회원국 내에 설립한 지사가 법인격이 있는 경우라는 전제 하에, 만약 복수의 관계 기업 등이 공동으로 개인정보 처리의 목적 및 방법을 결정하는 경우라면 어느 한 쪽이 컨트롤러가 되고 다른 한 쪽이 프로세서가 되는 것이 아니라 함께 공동 컨트롤러가 됩니다.

Q 당사는 EU 역내의 기업들에게 소프트웨어를 판매하고 있습니다. 당사는 고객사가 당사의 소프트웨어를 통해 처리하는 개인정보에 접근할 수 없지만, 유지보수 업무를 할 때에는 불가피하게 일부 개인정보에 접근하게 되며 이는 고객사도 인지하고 있습니다. 이 경우 당사가 수령인에 해당하나요?

A ① 수령인이란 제3자인지 여부와 관계없이 개인정보가 공개되는 모든 자연인이나 법인, 공공당국, 기관 또는 기타 단체를 의미합니다

② 고객사의 허용 범위 내에서 개인정보가 공개되므로, 귀사는 수령인에 해당합니다. 수령인은 구체적인 상황에 따라 공동 컨트롤러나 프로세서 등에 해당할 수 있는데, 귀사의 경우에는 프로세서에 해당하는 것으로 보이므로, 프로세서에게 부여되는 GDPR 상 의무를 준수할 필요가 있습니다.

Q 국내 본사가 컨트롤러, 해외 지사가 프로세서 역할을 수행하게 될 경우, 국내 본사 차원에서 EU 현지에 대리인을 두어야 하나요? 대리인이 필요하다면 현지 법인에 있는 임직원을 지정해도 되나요?

A GDPR 제3조 제2항이 적용되는 컨트롤러 또는 프로세서의 경우, 즉 EU 역내의 정보주체에 대한 상품이나 서비스의 제공 또는 EU 역내의 정보주체들의 행동 감시와 관련하여 EU 역외의 컨트롤러 또는 프로세서가 그 정보주체의 개인정보를 처리하는 경우에는, 그 컨트롤러 또는 프로세서는 원칙적으로 EU 역내에 대리인을 서면으로 지정하여야 합니다. 문의하신 경우와 같이 국내 본사가 컨트롤러, 해외 지사가 프로세서 역할을 수행하게 될 경우에는 컨트롤러인 국내 본사의 대리인을 지정하여야 합니다.

Q 회사 차원에서 회사 내 영업직원들에게 시중에 나온 A사의 연락처 관리 앱을 영업용 휴대폰에 설치하게 하였습니다. 해당 앱을 설치하는 경우 그 휴대폰에 들어있는 모든 연락처가 그 앱의 서버로 전송되어 관리됩니다. 이 경우 GDPR 위반요소가 있나요?

A 회사는 컨트롤러에 해당하고 해당 앱을 운영하는 A사가 프로세서에 해당합니다. 그런데 GDPR 제13조 및 제14조는, 컨트롤러가 개인정보를 정보주체로부터 수집하든 제3의 출처로부터 획득하든 상관없이, 만약 그 개인정보의 수령인이 있다면 그 수령인 또는 수령인의 범주를 정보주체에게 알리도록 규정하고 있습니다.

DPO 의무

Q DPO의 필수 지정사유가 무엇인가요?

A GDPR 제37조 제1항은 (a) 그 처리가 공공당국 또는 기관에 의해 이루어지는 경우, (b) 컨트롤러 또는 프로세서의 '핵심 활동'이 그 성격, 범위 및 또는 목적의 측면에서, 정보주체에 대한 '대규모'의 '정기적이고 체계적인 감시'를 요구하는 처리 작업으로 구성되는 경우, (c) 컨트롤러 또는 프로세서의 '핵심 활동'이 제9조에 따른 특수 범주의 정보 및 제10조에서 언급된 범죄경력 및 범죄행위와 관련된 개인정보의 '대규모' 처리로 구성되는 경우에 필수적으로 DPO를 지정하도록 규정하고 있습니다.

Q B2B 기업이 약 300명 미만의 직원 및 고객정보를 다루고, 그 범위가 계약 이행을 위해 필요한 담당자 연락처(기업 관계자) 수준이라면, GDPR에서 얘기하는 DPO 필수 지정사유의 '대규모'에 해당하나요?

A 일단 직원의 정보와 고객정보는 나누어서 생각해야 합니다. 통상 직원들의 정보를 처리하는 것은 회사의 '핵심 활동'(제조, 영업 등) 자체라기보다는 핵심 활동이나 주된 사업에 필요한 지원 기능의 예이며, 이러한 활동은 필요하거나 필수적이지만 핵심 활동보다는 부수적인 기능으로 간주되기 때문입니다. B2B 기업인 귀사의 보유 개인정보에서 직원의 정보를 제외한 나머지 고객정보의 수가 수십 명 수준에 불과하다면 이는 '대규모'에 해당한다고 보기 어려워 보입니다.

Q EU 역내 법인이나 지사가 여러 곳이라면, 공동 DPO를 지정해도 되나요? 아니면 각각 DPO를 지정해야 하나요?

A GDPR 제37조 제2항은 "사업체 집단은 하나의 개인정보보호책임자를 임명할 수 있으며 개인정보보호책임자는 각 사업장이 쉽게 접근 가능해야 한다."고 규정하고 있습니다. 따라서 만약 EU 역내의 법인이나 지사들이 위와 같은 사업체집단의 개념을 충족한다면, 한 명의 DPO를 임명해도 되며, 다만 이 경우 각 법인이나 지사들이 모두 그 DPO에게 쉽게 접근할 수 있도록 해야 합니다.

Q 컨트롤러와 프로세서가 DPO를 따로 지정해야 하나요?

A GDPR 제37조는 DPO의 지정 의무를 컨트롤러 및 프로세서에게 부여하고 있지만 이는 어느 한 쪽이 의무적 지정사유에 해당하면 다른 한 쪽도 함께 지정을 해야 하는 것을 의미하는 것은 아니며, 의무적 지정사유를 누가 충족하느냐에 따라 어떤 경우에는 컨트롤러만, 어떤 경우에는 프로세서만, 어떤 경우에는 양 측 모두가 DPO를 지정하는 것입니다.

Q DPO 지정 후 감독당국에게 통보하거나 신고해야 하나요?

A GDPR 제37조 제7항은 "컨트롤러 또는 프로세서는 개인정보보호책임자의 연락처를 공개하고 감독당국에 통지하여야 한다."고 규정하고 있으므로, DPO를 지정한 후에는 그 연락처를 감독당국에 통지하여야 합니다.

Q EU 역외에 거주하는 DPO를 지정해도 되나요?

A GDPR상 DPO가 지정되어야 하는 지역에 관하여는 명시적인 규정이 존재하지 않습니다. 따라서 DPO가 반드시 EU 역내에 위치할 필요는 없습니다.

Q 우리 회사에 적합한 역외이전 방법을 어떻게 선택하면 되나요?

A 적정성 결정에 근거한 이전(제45조), 적절한 안전장치에 따른 이전(제46조), 예외규정에 의한 이전(제49조) 순서로 검토하면 됩니다.

② 개인정보보호의 중요성

🔓 01 정보화와 개인정보 등 사생활 노출

(1) 정보화 사회 개인정보 침해

SNS는 사회 전반적으로 개인의 사생활 게재를 통해 주변인과의 커뮤니케이션, 정보 습득 및 교류, 친교 및 교제, 홍보를 주목적으로 하고 있다. 개인정보는 신뢰적인 정보를 기반으로 하는 SNS에서는 더욱 유출될 위험이 크다. SNS는 자신의 개인정보를 공개함으로써 인적 네트워크를 구성하고 비교적 자유로운 정보 공유를 할 수 있다. 이로 인해 SNS는 급속하게 성장하였으며, SNS를 활용하는 분야들 또한 증가하면서 SNS환경에서의 역기능도 점차 증가하고 있다.

1) 개인정보 침해 배경
① 유비쿼터스 사회, 네트워크 기반 정보사회로 정보의 수집 및 유통이 쉬워짐 → Digital
② 개인정보의 자기결정 범위가 넓어진 만큼 사생활 침해의 위험성 또한 증가 → Risk
③ 기술 발전으로 정보수집과 처리 능력이 향상되어 개인정보 침해 방법 다양화 → Technology
④ 개인정보 수집과 침해에 대한 문제 의식 부족 → Indiffenent

2) 정보사회 개인정보 침해
① 개인정보 노출 : 일반 검색 엔진을 통해 노출되어 사생활 침해 문제 발생 가능
② 개인정보 미파기 : SNS 상의 개인정보는 서비스 회원탈퇴 후에도 지속적으로 저장·공개되므로 이용자의 개인정보 자기통제권 침해가 가능
③ 위치정보 노출 : 스마트폰에서 제공하는 위치기반 SNS 등을 통해 개인위치 정보가 노출되어 절도 등 범죄에 악용 가능
④ 개인정보 탈취 : 지능화된 피싱기법인 스피어피싱을 통해 계정정보 등 개인정보 탈취가 가능하고 이를 통해 개인에 대한 명예훼손 및 2차적 피싱에 악용 가능
⑤ 개인정보 도용 : ID 도용을 통해 특정인 또는 기업의 프로파일을 위조하거나 해당 개인에 대한 명예훼손 또는 상품에 대한 비방이 가능

🔓 02 개인정보 침해 유형

(1) 개인정보 침해 원인

개인정보보호의 중요성에 대한 사회 전반적인 인식이 저조하다. 정보 주체가 자신의 정보의 사회적 가치에 대한 인식을 제대로 가지지 못해 **개인정보 자기결정권을 행사하지 못하고 있고, 사업자의 사회적 책임이 부족하고 관련 법률에 대한 인식이 저조하다. 주민등록번호 수집이 관행화** 되어있고, 개인정보보호 실천의지 부족으로 **고충을 외면하거나 방치하는 경우가** 있다. 또한 **마케팅을 위한 불필요한 개인정보를 추가로 수집**하고 있다. 마지막으로 **개인정보처리자의 기술적·관리적 보호 조치가 미흡**하다.

1) 개인정보 침해 원인 및 이슈

현황	원인	이슈
유출, 침해의 초 대량화	개인정보 대량 집적 추세로 유출사고 초 대량화(천만~억건)	전국민의 개인정보 유출 위험
개인정보 취급분야 확대	기존 정보통신업에서 기타 사업분야, 비영리 단체 등으로 확대	다양한 분야에서 문제 발생 가능
새로운 기술 발달	스마트폰, 클라우드 컴퓨팅, CCTV, AI, 빅데이터 등	새로운 기술에 기반한 심각한 이슈 발생
정보주체의 인식 변화	집단소송, 분쟁조정, 침해신고 등 개인정보 침해에 적극적 대응	정보주체의 권리보장 요구 확대

2) 스팸 및 불법스팸

① 스팸

정보통신망을 통해 수신자의 명시적인 사전 동의 없이 일방적으로 전송되는 영리목적의 광고성 정보

② 불법 스팸

「정보통신망 이용촉진 및 정보보호 등에 관한 법률」 제50조부터 제50조의8의 규정을 위반하여 전송 또는 게시되는 영리목적의 광고성 정보로 불법스팸은 형사 처벌 및 과태료 부과의 대상이 됨

3) 스팸의 문제점 및 정부 대책

스팸 이슈화 원인	문제점	정부 대책
정보화 사회로 광고성 정보 전송 비용 저렴	전송량이 기하급수적으로 증가	• 스팸 전송을 차단하기 위하여 많은 정책을 만들고 법을 집행 • 광고성 정보는 전송 단계에서 대응하는 것이 효과적
수신자가 수신을 원하지 않음에도 불구하고 전송자가 무작위로 전송	수신자에게 불필요한 정보를 수신하게 하는 문제가 발생	
이용자는 불필요한 정보를 확인·삭제·거부하기 위하여 시간을 낭비	스트레스를 받는 등 이용자 개인의 피해와 더불어, 필요한 광고성 정보의 전송으로 사회적 비용이 증가	

(2) 개인정보 침해 유형

1) 개인정보 행위별 침해 유형

침해 유형	사례
부적절한 접근과 수집	해킹, 동의받지 않은 수집, 과도한 수집 등
부적절한 모니터링	고지하지 않은 CCTV 촬영, 쿠키 무단 수집
부적절한 분석	고지하지 않은 사적인 분석, 동의받지 않은 분석
부적절한 이전	고객에게 알리지 않고 타기업에 개인정보를 넘기는 행위
원하지 않은 영업 행위	스팸메일, 정크메일, 영리목적의 광고성 정보 전송
부적절한 저장	불안전한 개인정보 저장

2) 개인정보 생명주기별 침해 유형

구분	사례	
수집	• 이용자의 동의 없는 개인정보 수집 • 과도한 개인정보 수집 • 민감한 개인정보 수집 • 관행적인 주민등록번호 수집	• 법적대리인의 동의 없이 아동의 개인정보 수집 • 해킹 등 불법 수단에 의한 개인정보 수집 • 기망 등 사기적 수단에 의한 개인정보 수집
저장	• 개인정보의 기술적·관리적 조치 미비로 인한 개인정보 유출 • 외부인의 불법적인 접근에 의한 개인정보 유출 및 훼손 • 사업자의 인식 부족, 과실 등으로 인한 개인정보의 공유	
이용 및 제공	• 고시, 명시한 범위를 벗어난 개인정보의 목적 외 이용 • 정보 주체의 동의없는 제3자 제공·공유 (계열사, 자회사, 패밀리 사이트 등)	• 개인정보 매매 • 개인정보의 이용 동의 철회 및 회원 가입 탈퇴 불응
파기	• 정당한 이유없이 수집 목적 달성 후 미파기	

3) 개인정보 유출로 인한 2차 침해 유형

현황	침해 유형	피해 유형
명의 도용	회원가입, 자격도용, 오프라인 서비스 명의 도용	다수 사이트에서 도용한 개인정보로 회원가입 가능
불법 유통 유포	개인정보 불법 유통(영업, 스팸, TM에 활용), 인터넷 유포	영업점, 스팸발송업자, TM업자에게 판매하여 이용 가능
스팸 피싱	불법 스팸, 보이스 피싱	불법스팸, TM발송, 기관 사칭 전화 사기
금전적 이익 수취	신분증 위조, 금융 범죄	전문가 위주 기술 필요, 추가 인증 시 도용 곤란
사생활 침해	사생활 정보 유출	개인 SNS 비공개 내용 유출 가능

(3) 개인정보 유노출

개인정보 유출은 정보주체의 개인정보에 대하여 개인정보처리자가 통제를 상실하거나 또는 권한 없는 자의 접근을 허용한 경우로 고의 또는 부주의에 기인한다. 개인정보 노출은 유출의 한 부분으로 홈페이지 이용자가 해킹 등 특별한 방법을 사용하지 않고, 인터넷을 이용하면서 타인의 개인정보를 취득할 수 있도록 인터넷 상에서 관련 '정보가 방치'된 상태로 주로 홈페이지 관리자 및 이용자의 부주의로 발생한다.

1) 개인정보 노출, 유출 비교

구분	개인정보 노출	개인정보 유출
정의 (표준개인정보 보호지침 제 25조)	홈페이지상 개인정보를 누구든지 알아볼 수 있어 개인정보 유출로 이어질 수 있는 상태로 아래와 같은 경우	정보주체의 개인정보에 대하여 개인정보처리자가 통제를 상실하거나 또는 권한 없는 자의 접근을 허용한 경우로서 다음 어느 하나에 해당하는 경우
법적 책임	형사처벌 대상 아님	형사처벌 대상(고의, 과실)
주체	내부자, 외부자, 내부자 및 외부자	내부자
사례	① 개인정보가 포함된 게시물이 누구든지 알아볼 수 있는 상태로 등록 된 경우 ② 이용자 문의 댓글에 개인정보가 공개되어 노출이 된 경우 ③ 개인정보가 포함된 첨부파일을 홈페이지 상에 게시한 경우	① 개인정보가 저장된 DB 등 개인정보처리시스템에 정상적인 권한이 없는 자가 접근한 경우 ② 개인정보처리자의 고의 또는 과실로 인해 개인정보가 포함된 파일, 문서, 저장매체 등이 잘못 전달된 경우 ③ 개인정보가 포함된 서면, 이동식 저장장치, 휴대용 컴퓨터 등을 분실하거나 도난을 당한 경우

대응방안	• 신속히 노출 페이지 삭제 또는 비공개 처리
	• 검색엔진에 노출된 개인정보 삭제 요청 및 로봇 배제 규칙 적용 외부 검색엔진의 접근 차단
	• 시스템의 계정, 로그 등을 점검 후 분석 결과에 따른 접속 경로 차단, 제3자 접근 여부 파악
	• 재발방지를 위해 서버, PC 등 정보처리시스템의 백신을 최신으로 업데이트 후 디렉토리 점검
		• 유출된 정보주체에게 지체 없이 통지(72시간 이내)
		• 피해 최소화를 위한 대책 마련 및 필요한 조치 실시
		  1. 1천명 이상의 정보주체에 관한 개인정보가 유출등이 된 경우
		  2. 민감정보 또는 고유식별정보가 유출등이 된 경우
		  3. 개인정보처리시스템 또는 개인정보취급자가 개인정보 처리에 이용하는 정보기기에 대한 외부로부터의 불법적인 접근에 의해 개인정보가 유출등이 된 경우
		• 개인정보보호위원회 또는 한국인터넷진흥원에 신고하고, 정보주체 통지를 위해 개인정보 유출 사실을 홈페이지에 30일 이상 게재

(4) 개인정보 보호의 필요성

1) 개인정보 침해로 인한 2차 침해 및 주체별 책무

주체	개인정보 침해로 인한 2차 침해	개인정보 보호를 위한 책무
정부	• 정부·공공행정의 신뢰도 및 국가 브랜드 하락 • 프라이버시 라운드 대두에 따른 수출 애로 등	• 개인정보 보호를 위한 시책 수립·시행 • 정보주체 권리 보호를 위한 법령 정비 등 • 개인정보 보호 자율규제 촉진·지원
기업	• 기업의 이미지 실추 및 소비자단체 등의 불매운동 • 다수 피해자에 대한 집단적 손해 배상 등으로 재정적 손실 등	• 개인정보 보호 조직 구성 및 정책·지침 수립 • 정보주체의 개인정보 보호를 위한 안전성 확보 조치 등 법규 준수 • 개인정보취급자 등에 대한 정기적인 교육 및 훈련
개인	• 정신적 피해 및 보이스 피싱 등에 의한 금전적 손해 • 유괴 등 생명·신체를 위협하는 각종 범죄에 노출 우려 등	• 개인정보보호의 중요성 및 피해 구제방안 인식 • 생활 속에서 개인정보 보호 실천

2) 개인정보 피해구제 제도

① 개인정보침해 신고상담
  - 제도개선권고, 행정처분의뢰, 수사의뢰(개인정보보호법 제62조 근거)
  - 개인정보침해신고센터 이용

② 개인정보분쟁조정
  - 제도개선권고, 손해배상권고(개인정보보호법 제43조 근거)
  - 개인정보분쟁조정위원회 이용

③ 민사소송
  - 손해배상 청구(개인정보보호법 제39조 근거)

3 기업의 사회적 책임

🔓 01 개인정보의 중요성 인식

개인정보는 전자상거래, 고객관리, 금융거래 등 사회의 구성, 유지, 발전을 위한 필수적인 요소로서 기능하고 있다. 특히 데이터경제 시대를 맞이하여 개인정보와 같은 데이터는 **기업 및 기관의 입장에서도 부가가치를 창출할 수 있는 자산적 가치**로서 높게 평가되고 있다.

(1) 개인정보 가치 상승

1) 개인정보 수집 및 이용 동기와 효과

		개인정보 수집 및 이용 동기	효과
①	**고객 확보**	소비자 마케팅	사업자가 고객으로 확보
②	**고객 유지**	고객 개인적 욕구 만족 및 차별화	맞춤형 서비스 제공으로 고객 충성도 제고
③	**수요 파악**	소비 트렌드 파악으로 적기 제품공급 및 재고 감소	매출과 이익 증대, 비용 절감

2) 개인정보 영역 확대

사회가 산업사회에서 정보사회를 넘어 **4차 산업혁명의 시대로 발전함에 따라 개인정보의 범위와 영역이 확장**되고 있다. 또, 산업사회에서 개인정보로 인정되지 않거나, 정보항목으로 존재하지 않던 것들이 점차 기술이 발전함에 따라 개인정보의 영역에 포함되고 있다. 또한 데이터경제 시대를 맞아 개인정보 등이 포함된 데이터의 중요성도 점차 증가하고 있다. 이처럼 개인정보는 '고정불변'의 개념으로 이해되기보다는 시대, 기술, 인식의 발전 및 변화에 따라 점차 확대되는 개념으로 볼 수 있다.

🔓 02 개인정보보호 조직 구성 및 운영

(1) 기업의 사회적 책임(CSR)

CSR(Corporate Social Responsibility; **기업의 사회적 책임**)이란 기업활동에 의해 영향을 받거나 영향을 주는 직·간접적 이해관계자들에 대하여 발생 가능한 제반 이슈들에 대한 **법적, 경제적, 윤리적 책임**을 감당할 뿐 아니라, **기업의 리스크를 줄이고 기회를 포착하여 중장기적 기업가치를 제고**할 수 있도록 추진하는 일련의 '**이해관계자 기반 경영활동**'이라고 할 수 있다.

1) 기업의 사회적 책임(CSR) 정의

① The myth of CSR, Deborah Doane : 이익창출 및 이해관계자들의 수요에 부응하기 위해 규제에 순응하는 것 이상으로 기업이 노력하는 것

② OECD : 기업과 사회와의 공생관계를 성숙시키고 발전시키기 위해 기업이 취하는 행동

③ WBCSD, 1998 : 직원, 가족, 지역, 사회 및 사회전체와 협력해 지속가능한 발전에 기여하고 이들의 삶의 질을 향상시키고자 하는 기업의 의지

④ Commission of the European Commnities, 2001 : 기업 스스로가 자신의 사업 활동을 행할 때나 이해관계자(stakeholder)와의 상호관계에서 자발적으로 사회적 또는 환경적인 요소들을 함께 고려하는 것

2) 기업의 사회적 책임(CSR) 단계

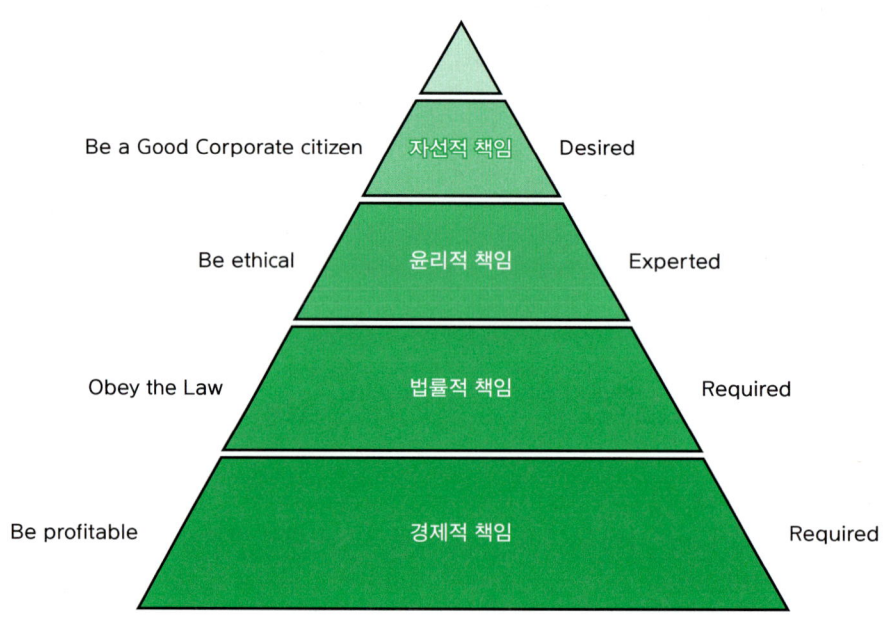

3) CSR로서 개인정보보호

정보보호 관점에서 CSR을 생각해 보면, 고객의 개인정보 보호를 위해 많은 노력을 기울이는 기업 또한 중요한 사회적 책임을 하고 있다고 볼 수 있다. 그리고 CSR이 기업의 긍정적 이미지를 형성하는 중요한 경영요소라는 것을 고려했을 때, 고객의 개인정보 보호가 매우 중요한 기업의 경우, <u>CSR을 정보보호 영역에 집중한다면 고객의 긍정적 이미지를 더욱 효과적으로 형성</u>할 수 있을 것이다.

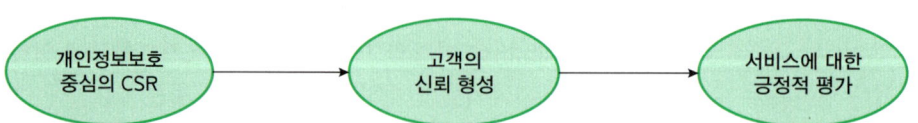

(2) 정보보호 조직 및 정보보호 거버넌스

정보보호 업무는 정보보호 조직과 비(非)정보보호 조직이 협업하여 수행하는 전사 업무이다. 또한 정보보호 조직에서 전사적인 업무를 주도해 나가기 위해서 정보보호 인력에게 소통과 협업 역량이 필요하다는 점에 유의할 필요가 있다. 정보보호 위험은 기업 차원의 위험으로써, 이를 관리하는 정보보호 업무 역시 최고경영층이 관심을 갖고 전사적으로 지휘, 통제해 나가야 하는 업무임에 틀림없다.

1) 정보보호 업무와 정보보호 조직

구분	(개인)정보보호 조직	비(개인)정보보호 조직
(개인)정보보호 업무	(개인)정보보호 관리체계, 보안기술, 보안이슈 대응	외주 보안, 입퇴사자 보안, IT인프라 운영 보안
비정보보호 업무	인사, 총무	영업, 마케팅, 개발, IT운영, 인사, 총무

2) 정보보호 거버넌스(ISO 27014) 프로세스

정보보호 조직과 비(非)정보보호 조직을 포함하여 실행 조직에서 정보보호와 관련된 정책, 사업, 조직 등에 관하여 제안(보고)한다.

최고경영층은 실행조직의 보고 내용을 검토, 평가한다.

최고경영층은 보고 내용을 시행할 필요가 있다고 판단하면, 이에 관한 전략, 정책을 실행조직에 지시한다.

최고경영층은 실행조직이 수행한 결과를 관찰하여 평가한다.

최고경영층은 보안 과제 또는 그것을 수행한 결과를 이해관계자와 소통한다.

최고경영층은 보안 활동이 잘 되고 있는지 객관적이고 전문적인 기관에 검토를 의뢰하고, 그 결과를 받아 검토한다.

실행조직은 최고경영층과의 소통과 보안업무를 수행하는 다른 조직의 협업을 통해 업무를 수행한다.

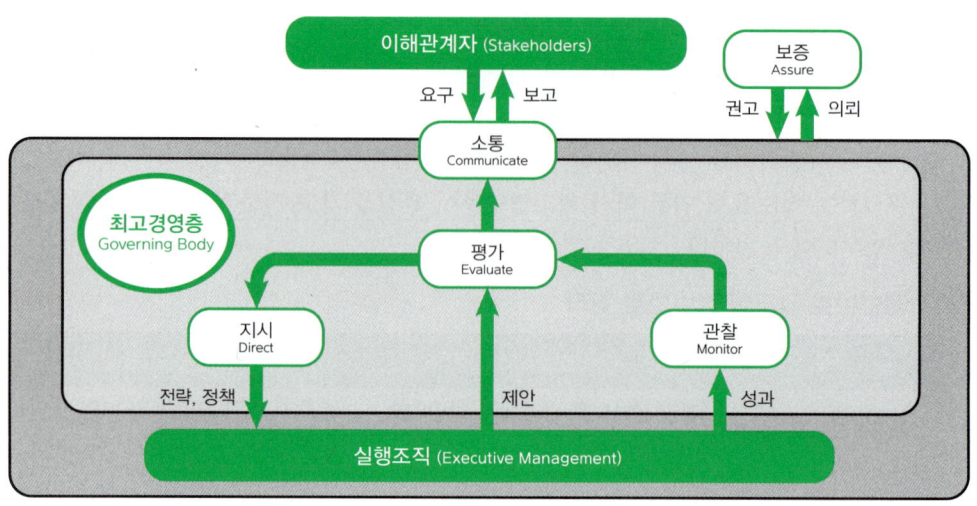

(3) (개인)정보보호 조직 구성

최고경영층은 조직과 인력, 예산에서 최종 의사결정자이다. 정보보호와 관련해서도 마찬가지다. 특히 경영진의 일원으로서 전사 보안 위험을 관리할 임원급 CISO의 임명과 적절한 권한을 부여하는 일은 무엇보다도 중요하다. 기업은 직위와 직책에 부여된 권한과 책임을 행사하는 계층 구조의 조직이기 때문이다. CISO조직의 업무에 걸맞은 조직과 인력을 구성해 주는 일 또한 최고경영층이 해야 할 중요한 정보보호 업무이다.

1) 최고경영층의 (개인)정보보호 역할

최고경영층의 (개인)정보보호 역할	주요 활동
(개인)정보보호 조직 구성과 권한 부여	• (임원급) CISO, CPO 임명과 권한 부여 • (개인)정보보호 조직 구성 및 인력 지원
(개인)정보보호 사업계획 및 투자 승인, 지원	• 회사와 사업의 보안위험 완화 • 경영목표와 연관된 보안위험 이해
전사 조직들과의 소통과 협업 지원	• (개인)정보보호 조직과 라인조직의 협업 지원 • 주기적인 전사 보안위험 커뮤니케이션

2) 조직의 구성, 운영 방향

조직 구성	운영 방향
법무조직 산하	• 개인정보보호 Compliance 초점 • 해외 국가 법률적 전문지식 필요
CTO 산하	• 개인정보의 기술적 보호와 유노출 예방 • 네트워크 보안, 데이터베이스 관리, 접근통제, 암호화
2개이상 기능조직의 가상조직(CISO 위시)	• 정책과 기술의 조화를 원하는 기업

3) 개인정보보호 조직의 역할

역할	설명
CISO 또는 CSO를 보좌하여 개인정보보호 합리적 보장	• CEO의 의지를 CISO, CSO를 통해 확인하고, 실무부서에 전파, 통제하는 중간자 역할
개인정보보호 관련 법규제 준수 담보	• 개인정보보호법, 정보통신망 이용 촉진 및 정보보호 등에 관한 법률 등 준수 • PIA(개인정보 영향평가), HIPPA, The Sarbanes-Oxley Act(SOA) 준수
개인정보보호 인식 향상	• 개인정보보호 인식 향상 교육, 워크숍, 포스터, 뉴스레터, Table Top Exercise(경영진 대상)
기타 개인정보보호 정책 수립 대외 활동	• 개인정보보호 세미나 참석, 관련 기관 동향 분석 • 통신비밀보호업무 관련 형사소송법, 통신비밀보호법, 전기통신사업법 등 숙지 및 관련 수사기관 등 요청 응대 • ISO27001, ISMS-P 등 국내외 인증 취득

🔒 03 개인정보보호 관련 국제표준

ISO 27701은 최초의 글로벌 개인정보보호 경영시스템 표준이다. ISO 27701은 ISO 27001의 확장 영역으로서 ISO 27701에는 PIMS(Privacy Information Management System; 개인정보보호 경영시스템)의 구축과 관련된 특정 요구사항, 목표 및 관리 수단이 포함된다. ISO 27701은 개인정보보호를 위한 중요한 단계로, 조직에 데이터 및 개인정보보호 행동 방법에 대한 실제 지침을 제공함으로써 기존의 규정을 충족한다. 이러한 지침을 통해 PII(개인식별정보)를 보호하면서 GDPR(유럽연합 개인정보보호법)과 같은 해당 규정을 준수할 수 있다.

(1) ISO/IEC 27701:2019

ISO/IEC 27701:2019는 국제 정보보호 표준 세트로 Information technology — Security techniques — Information security management systems — Requirements 로 구성되어 있다.

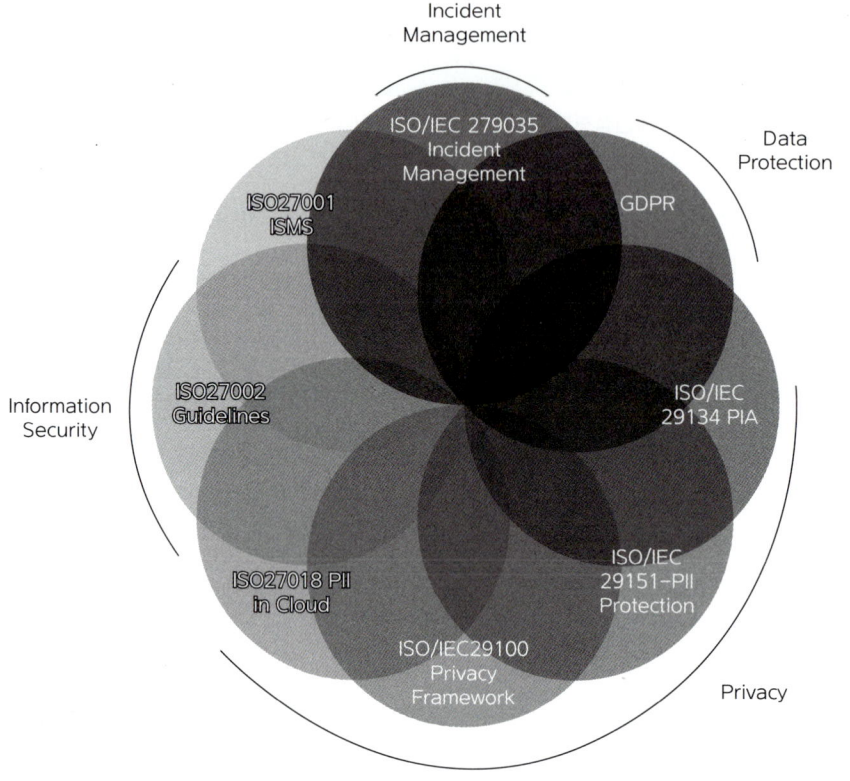

(2) 정보보호 및 개인정보보호 관련 인증

표준	구분	국제표준	인증명
ISO/IEC 27701 (개인정보 보호관리체계)	ISO/IEC 27552 (개인정보보호)	ISO 27001	ISMS(정보보호 관리체계)
		ISO 27002	가이드라인
	개인정보보호	ISO 27017	클라우드 서비스 제공자 및 고객 정보 보호 통제와 가이드라인
		ISO 27018	클라우드 내 PII(개인식별정보)
		ISO/IEC 29100	개인정보보호 프레임워크
		ISO/IEC 29151	PII(개인식별정보) 보호
		ISO/IEC 29134	PIA(개인정보 영향평가)
		GDPR	EU 내 개인정보보호 규정
	사고 관리	ISO/IEC 27035	사고 관리(Incident Management)

1 개인정보 정의에 대한 설명으로 틀린 것은?

① 사망했거나 실종선고를 받은 자연인에 관한 정보는 개인정보에 해당하지 않는다.

② 대표자를 포함한 임원진과 업무 담당자의 이름, 자택주소 및 개인 연락처, 사진은 업무적으로는 개인정보가 아니나, 사적으로는 개인정보로 취급될 수 있다.

③ 개인의 혈액형이나 생년월일 정보는 개인정보에 해당한다.

④ 초고가의 컴퓨터를 이용하여 결합한 개인정보는 개인정보에 해당하지 않는다.

⑤ 거래내역 등 개인의 상거래정보는 개인정보에 해당한다.

> **해설** 혈액형, 생년월일은 특정개인을 식별할 수 있는 개인정보에 해당하지 않는다. 다만 다른정보와 결합하면 특정개인을 식별할 수 있는 개인정보가 된다.

2 개인정보보호 권리 중 보기 안에 사례와 프라이버시의 범주 개념이 바르게 짝지어진 것은?

> **보기**
> ㄱ. 정보주체의 자기결정권
> ㄴ. 우편, 전화대화, 이메일 통신 보호
> ㄷ. 가정, 직장 등 CCTV 감시, ID체크 침해 방지

① ㄱ. 개인 프라이버시,　　ㄴ. 정보 프라이버시,　　ㄷ. 영상 프라이버시

② ㄱ. 정보 프라이버시,　　ㄴ. 통신 프라이버시,　　ㄷ. 통신 프라이버시

③ ㄱ. 정보 프라이버시,　　ㄴ. 개인 프라이버시,　　ㄷ. 공간 프라이버시

④ ㄱ. 개인 프라이버시,　　ㄴ. 통신 프라이버시,　　ㄷ. 물리 프라이버시

⑤ ㄱ. 동의 프라이버시,　　ㄴ. 개인 프라이버시,　　ㄷ. 공간 프라이버시

> **해설** • 정보 : 컴퓨터 등 전자적 형태로 수집되는 것 제한
> • 개인 : 개인의 신체적, 물리적 존재와 관련된 것 제한(마약,유전자)
> • 공간 : 다른 개인의 환경에 침입 제한

★ 정답 ★ | **1** ③ | **2** ③

3 개인정보보호는 정보주체의 권리로 프라이버시와 개인정보 자기결정권으로 구분하기도 한다. 이에 대한 설명으로 틀린 것은?

① 프라이버시는 소극적 권리로 '혼자 있을 권리'로 볼 수 있다.

② 프라이버시는 다른 사람의 개인정보 접근을 제한하는 선택권과 비밀, 또는 다른 사람들에게 어떤 정보를 숨기는 선택권을 보장한다.

③ 개인정보의 자기결정권은 적극적 권리로 자신에 관한 정보가 언제 누구에게 어느 범위까지 알려지고 또 이용되도록 할 것인지를 그 정보주체가 스스로 결정할 수 있는 권리를 의미한다.

④ 개인정보 자기결정권은 적극적 권리로 '개인정보를 대상으로 한 조사, 수집, 보관, 처리, 이용 등의 행위에 대한 선택을 할 수 있는 권리'이다.

⑤ 미국의 개인정보보호 법제는 프라이버시 보호를 지향하고, EU 유럽회원국은 개인정보 자기결정권을 지향한다.

> 해설 개인정보보호 법제에서 프라이버시 보호와 개인정보 자기결정권은 핵심이며, 미국과 EU 유럽회원국 모두 이를 지향한다. 다만, 미국은 자율 규제 중심, 유럽(EU)는 정부 규제 중심이다.

4 개인정보보호와 관련된 정보에 대한 개념이 가장 적절하지 않은 것은?

① 가명정보는 추가정보의 사용·결합 없이는 특정 개인을 알아볼 수 없는 정보로 개인정보에는 해당하지 않는다.

② 익명정보는 특정 개인을 알아볼 수 없는 정보로 자유롭게 제한 없이 사용 가능하다.

③ 추가정보는 개인정보의 전부 또는 일부를 대체하는 데 이용된 수단이나 방식으로 매핑테이블이나 알고리즘 등을 의미한다.

④ 결합정보는 합법적으로 접근하여 그 지배력을 확보할 수 있는 두 개 이상의 정보를 쉽게 결합하여 특정 개인을 알아볼 수 있는 정보로 기술수준, 시간, 비용, 노력이 합리적으로 산정되어야 한다.

⑤ 개인영상정보란 영상정보처리기기에 의하여 촬영·처리되는 영상정보 중 개인의 초상, 행동 등과 관련된 영상으로서 해당 개인을 식별할 수 있는 정보를 말한다.

> 해설 가명정보는 개인정보에 해당하고, 익명정보는 개인정보에 해당하지 않는다.

5 개인정보의 가치산정법으로 CVM 기법이 있다. 다음 중 CVM 기법과 관련된 설명 중 틀린 것은?

① CVM은 설문조사에 기초한 가치 산정방식이다.

② WTP는 소비자가 해당 재화의 대가로 지불할 의사가 있는 최소액이다.

③ 지불의사액은 피조사자들의 답변 간 평균치를 산정해서 도출한다.

④ CVM은 비시장 자원의 가치를 산정하는데 활용되는 경제학적 방식이다.

⑤ 손해배상액은 개인정보가 유출된 상황을 가정하고 상황별 유출 가능한 개인정보 항목을 식별한 후 항목 별 중요도 및 개수 매트릭스화하여 예상 손해배상액의 총합을 산정한다.

> 해설 지불의사 최대금액을 기준으로 산정한다.

6 EU-GDPR의 DPO 지정 의무에 대한 설명으로 틀린 것은?

① EU를 대상으로 비즈니스를 진행하지 않으면 DPO 임명 의무가 없다.

② EU를 대상으로 비즈니스를 하고 기업의 핵심활동이 대규모의 개인정보를 정기적이고 체계적으로 모니터링하는 처리활동을 포함하면 DPO 임명 의무가 있다.

③ EU를 대상으로 비즈니스를 하고 기업의 핵심활동이 민감정보 및 범죄 경력에 관련된 대규모의 처리활동을 포함하면 DPO 임명 의무가 있다.

④ EU-GDPR은 공동 DPO를 지정할 수 있다.

⑤ 조직 외부의 DPO 지정은 가능하지 않으며, 조직 내부의 DPO로 구성되어야 한다.

> **해설** DPO는 컨트롤러 또는 컨트롤러의 직원이거나(내부 DPO), 개인 또는 조직이 서비스 계약에 근거하여(외부 DPO) 직무를 이행할 수 있다.

7 EU-GDPR 적용대상이 아닐 수 있는 자는?

① EU 내에 사업장을 운영하며, 개인정보를 처리하는 자

② EU 내에서 EU 거주자에게 재화나 서비스를 제공하는 자

③ EU 외에서 EU 거주자의 EU내 행동을 모니터링하는 자

④ EU 내에서 EU 거주자의 EU내 행동을 모니터링하는 자

⑤ EU 외에서 EU내 정보주체의 개인정보를 처리하는 자

> **해설** EU-GDPR 대상 : EU내 사업장, EU내 거주자에게 재화나 서비스 제공, EU내 거주자의 행동을 모니터링

8 EU-GDPR에 따른 개인정보 역외이전이 가능한 경우가 아닌 것은?

① EU 외 개인정보 역외 이전

② EEA 내 지역으로 이전

③ EEA 외 지역이나 적정성 결정을 받은 국가로의 이전

④ EEA 외 지역에서 적절한 보호조치가 적용되는 지역으로 이전

⑤ 특정 상황에 대한 명시적 동의, 계약 이행이 인정되는 경우

> **해설** EU 외 개인정보 역외 이전 시 조건
> EEA 내, 적정성 결정, 보호조치, 예외 인정에 부합하여야 이전이 가능하다.

9 EU-GDPR에 따른 개인정보 보호 관련 용어 설명이 바르지 않은 것은?

① 개인정보(Personal Data)는 이름, 식별번호, 위치정보, 온라인 식별자(online identifier) 등의 식별자를 참조하거나, 하나 또는 그 이상의 신체적·생리적·유전적·정신적·경제적·문화적 또는 사회적 정체성에 대한 사항들을 참조하여 식별할 수 있는 사람을 뜻한다.

② 컨트롤러(Controller)는 개인정보의 처리 목적 및 수단을 단독 또는 제3자와 공동으로 결정하는 자연인 ,법인, 공공 기관, 에이전시,기타 단체를 의미한다.

③ 프로세서(Processor)는 컨트롤러를 대신하여 개인정보를 처리하는 자연인, 법인, 공공 기관, 에이전시, 기타 단체 등을 의미한다.

④ 수령인(Recipient)은 제3자인지 여부와 관계없이 개인정보가 공개되는 자연인이나 법인, 공공당국, 기관 또는 기타 단체를 의미한다.

⑤ 프로파일링(Profiling)은 추가적인 정보(additional information)의 사용 없이 더 이상 특정 정보주체를 식별할 수 없는 방식으로 수행된 개인정보의 처리를 의미한다.

> **해설** ⑤는 가명화(Pseudonymisation)를 의미한다.

10 GDPR의 민감정보 및 범죄정보의 처리에 관한 설명으로 틀린 것은?

① 생체정보도 민감정보에 포함되나 모든 생체정보가 민감정보에 포함되는 것은 아니고 정보주체를 식별할 목적으로 이용되는 생체정보(지문, 홍채, 성문, 안면윤곽 등)만 민감정보로 보호를 받는다.

② 민감정보는 정보주체에 대한 불법적인 차별을 목적으로 이용되는 등 정보주체의 기본적 권리와 자유에 보다 중요한 위험을 초래할 수 있다.

③ 국경을 넘은 심각한 보건 위협으로부터의 보호 또는 의료 혜택 및 약품이나 높은 수준의 의료장비 확보 등 공중보건 영역에서 공익을 위하여 필요한 경우 민감정보 처리가 가능하다.

④ 민감정보 처리에 관한 규정에 범죄정보도 포함한다.

⑤ 정보주체의 명시적 동의를 획득한 경우 처리가 가능하나, 다만 동의에 근거하는 것이 EU 또는 회원국 법률에 의해 금지되는 경우는 제외한다.

> **해설** 범죄정보는 GDPR 제10조에 의해서 별도로 보호를 받고 있기 때문에 제9조의 민감정보 처리에 관한 규정은 적용되지 않는다.

PART 2
개인정보보호 제도

1 개인정보보호 관련 법률 체계

🔒 01 우리나라 개인정보보호 관련 주요 법 체계

(1) 대한민국 개인정보보호 관련 법제

1) 대한민국의 법제 구조

단계	법제	개인정보보호 조항	내용
1단계	헌법	헌법 제10조	모든 국민은 존엄 가치, 행복 추구권, 국가는 개인이 가지는 불가침의 기본적 인권을 확인하고 보장
		헌법 제17조	모든 국민은 사생활의 비밀과 자유를 침해받지 않을 권리
2단계	법률	개인정보보호법	사회전반의 개인정보보호 규율
		정보통신망법, 신용정보법 등	규율 대상자 특정하여 개인정보보호 규율
3~4단계	시행령	대통령령, 국무총리령, 행정안전부령 등	법률에서 정하는 개인정보보호 상세사항 명령
5단계	행정규칙	개인정보의 안전성 확보조치 기준, 개인정보의 기술적 관리적 보호조치 기준, 표준 개인정보보호 지침 등	법률, 시행령에 규정된 개인정보보호 관련 구체적 기준 및 가이드

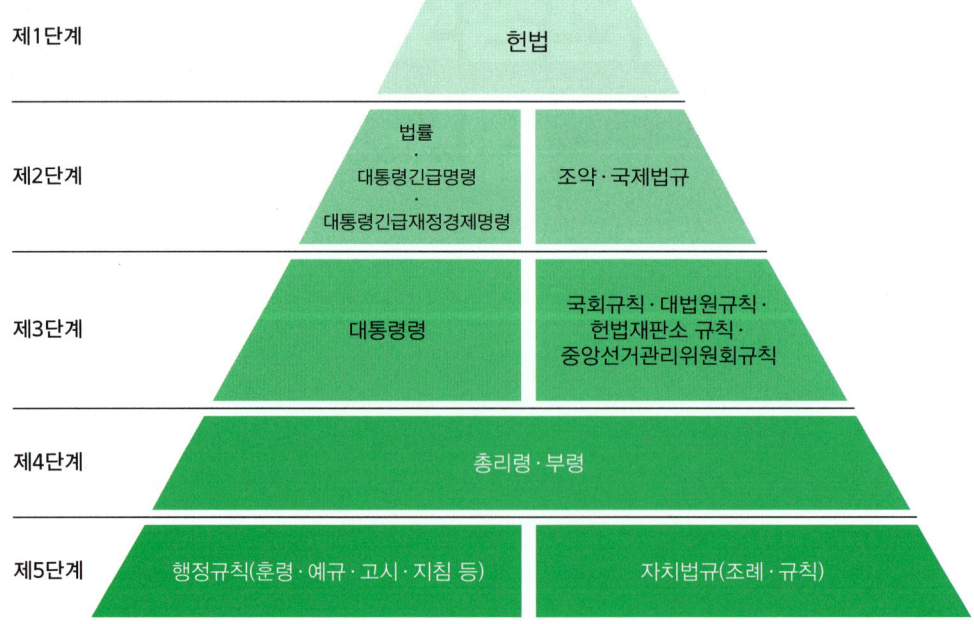

(2) 법제 간 충돌 시 적용 원칙

법 적용의 원칙	설명	적용 사례
상위법 우선의 원칙	법규범 간에 충돌할 때 상위 법이 우선 적용됨	헌법 〉 법률 〉 시행령 〉 고시, 자치법규 데 헌법 〉 개인정보보호법
특별법(개별법) 우선의 원칙	특별법과 일반법이 충돌할 때 특별법이 우선 적용됨	특별법 〉 일반법 데 정보통신망법 〉 개인정보보호법 단, 특별법에 해당 규정이 없으면 일반법 적용
신법 우선의 원칙	신법과 구법이 충돌할 때 신법이 우선 적용됨	신규 제개정 법제 〉 기존 법제

02 개인정보보호 관련 법 개요

(1) 개인정보보호 법규 수범자

수범자(受範者)는 어떤 법규범이 직접적으로 규율하는 대상으로 헌법, 법률, 법규명령이 직접 규율대상으로 하는 사람, 즉 당해법률(구체적인 개별법률)의 의무자로 개별법, 개별규범을 직접 지켜야 하는 사람(사물)을 의미한다. 기본권의 소지자와 기본권의 수범자라는 개념과 구별해야 한다. 기본권의 소지자는 기본권을 향유하는 주권자인 국민을 의미하고, 기본권의 수범자는 주권자의 기본권을 보호해야 할 의무를 지는 국가기관, 지자체, 공법인을 의미한다.

구분	개인정보 보호법	전자 정부법	정보통신망법	신용정보법	전자금융거래법	의료법	정보통신기반 보호법
민간 사업자	개인정보 처리자		전기통신 사업자	신용정보회사 신용정보집중기관	전자금융업자 전자금융보조업자		주요정보통신 기반시설
금융회사	개인정보 처리자		정보통신서비스 제공자	신용정보회사 신용정보집중기관	금융회사		
공공기관	개인정보 처리자	전자정부 행정기관	정보통신서비스 제공자				
병원	개인정보 처리자		정보통신서비스 제공자			의료 기관	
대학	개인정보 처리자		정보통신서비스 제공자				
금융기관	개인정보 처리자		정보통신서비스 제공자				
개인	영상정보 처리기기		광고성 정보 전송자				

(2) 개인정보보호 적용 대상

구분	개인정보보호법(2025.10.2)	정보통신망법(2025.11.4)
규제기관	개인정보보호위원회	방송통신위원회
정의	**업무를 목적**으로 개인정보파일을 운용하기 위하여 스스로 또는 다른 사람을 통하여 개인정보를 처리하는 **공공기관, 법인, 단체 및 개인**	「전기통신사업법」 제2조제8호에 따른 전기통신사업자와 **영리를 목적**으로 전기통신사업자의 **전기통신역무를** 이용하여 **정보를 제공**하거나 정보의 제공을 **매개하는 자**

목적	• 업무 목적
	  – 직업상 또는 사회생활상의 지위에 기하여 계속적으로 종사하는 **사무나 사업의 일체**를 의미하는 것으로 보수 유무나 **영리 여부와는 관계가 없으며, 단 1회의 행위**라도 **계속·반복**의 의사가 있다면 업무로 볼 수 있음
		• 영리 목적의 의미
		  – **재산상 이익**을 취득하거나 **이윤을 추구하려는 목적**이 있음을 의미. 그러므로 학술·종교·자선단체 등 비영리단체가 순수하게 해당 단체의 설립목적을 실현하기 위해 웹사이트를 개설하여 운영하는 경우는 정보통신서비스 제공자로 보기 어려움

적용대상	• **공공기관**
	  – 국회, 법원, 헌법재판소, 중앙선거관리위원회, 중앙행정기관, 지방자치단체, 각급 학교 등
	• **법인**
	• **단체**
	• **개인**
		• **전기통신사업자**
		  – **기간통신사업자**(KT, LGU+, SKT)
		  – **별정통신사업자**(국제전화서비스, 인터넷접속, 인터넷전화, 주차안심서비스 등)
		  – **부가통신사업자**(포털사이트, 게임사이트, 쇼핑몰, 커뮤니티 등)

보호대상	**정보주체**란 처리되는 정보에 의하여 알아볼 수 있는 사람으로서 그 정보의 주체가 되는 사람	**이용자**란 정보통신서비스 제공자가 제공하는 정보통신서비스를 이용하는 자
대상자	개인정보처리자	정보통신서비스 제공자

(3) 신용정보법과의 관계

1) 개인정보보호법 제2조 정의 상 개인정보

「신용정보법」은 개인신용정보의 개념에 대해 규정하고 있다. 어떠한 정보가 개인신용 정보에 해당하기 위해서는 먼저 신용정보에 해당하여야 하지만, 신용정보에 해당하지 않더라도 개인정보에는 해당할 수 있다. 예를 들어, 거래내역 등 개인의 상거래정보의 경우 거래 상대방의 신용을 판단할 때 필요한 정보만 신용정보에 해당하고 이에 해당하지 않는 상거래정보는 「개인정보 보호법」 상 개인정보에 해당한다.

2) 개인정보보호법 제2조 정의 상 정보주체

「신용정보법」은 「개인정보보호법」의 정보주체 개념과 유사하게 처리된 신용정보로 알아볼 수 있는 자로서 그 신용정보의 주체가 되는 자를 신용정보주체로 규정하고 있다. 한편, 「개인정보

보호법」상 정보통신서비스 제공자등에 적용되는 특례 조항은 보호 대상을 「정보통신망법」상 이용자로 규정하고 있어(제18조제2항 단서 참조) 서비스의 이용관계에 있는 자로 한정하고 있다.

3) 개인정보보호법 제2조 정의 상 수범자

「신용정보법」은 법 수범자로서 신용정보제공자와 이용자를 규정하고 있다. 이는 상거래를 위하여 신용정보를 타인에게 제공하거나 제공받아 본인의 영업에 이용하는 자 및 이에 준하는 자를 말하므로 「개인정보보호법」상의 개인정보처리자와는 차이가 있다. 정보통신망법의 정보통신서비스를 통해 개인정보를 처리하는 정보통신서비스제공자는 「전기통신사업법」에 의한 전기통신사업자 및 영리를 목적으로 전기통신사업자의 전기통신역무를 이용하여 정보를 제공 또는 정보 제공을 매개하는 자를 말한다.

4) 개인정보보호법 제6조 다른 법률과의 관계

「신용정보법」 등 개별법을 적용받는 자라고 해서 이 법의 적용이 면제되는 것은 아니 다. 개인정보를 처리하는 자는 누구든지 이 법의 규정을 적용받는다. 다만, 해당 개별법에 이 법의 내용과 다른 특별한 규정이 있는 경우 해당 법률의 규정이 우선 적용된다.

그러나 개별법에서 이 법의 내용과 다른 규정을 두고 있다고 해서 무조건 해당 개별법의 규정이 우선 적용되는 것은 아니다. 개별법의 목적, 취지, 내용 등을 전반적으로 고려해서 이 법의 적용을 배제할 의도가 분명하다고 인정되는 경우 또는 이 법의 규정을 그대로 적용할 경우 이 법과 개별법 사이에 모순이 발생하거나 불합리한 상황 또는 왜곡된 결과가 발생하는 경우만 개별법 규정이 우선 적용된다.

2 개인정보보호 원칙과 의무

🔓 01 개인정보보호 원칙 개요

(1) 개인정보보호 원칙

법 제3조는 개인정보 처리와 관련하여 국제적으로 통용되고 있는 원칙들을 반영하고 있다. 제3조의 개인정보보호 원칙은 1980년 제정된 「OECD 사생활 가이드라인」상의 **개인정보보호 8원칙**과 EU 회원국의 입법기준이 되는 「개인정보보호지침」(95/46/EC, 1995) 이후 「일반 개인정보보호법」(GDPR, 2018)을 참고하였고, 우리나라가 제정과정에서 결정적인 역할을 수행한 「APEC 사생활 원칙」(2004)도 고려하였다. 그 밖에 법률에서 개인정보보호 원칙을 상세하게 기술하고 있는 영국, 스웨덴, 캐나다, 홍콩, 호주, 뉴질랜드 등의 「개인정보보호법」도 참고하였다.

개인정보보호법(2025.10.2) 제3조(개인정보 보호 원칙)

① 개인정보처리자는 개인정보의 처리 목적을 명확하게 하여야 하고 그 목적에 필요한 범위에서 **최소한의 개인정보**만을 적법하고 정당하게 수집하여야 한다.

② 개인정보처리자는 개인정보의 처리 목적에 필요한 범위에서 적합하게 개인정보를 처리하여야 하며, 그 **목적 외의 용도로 활용하여서는 아니** 된다.

③ 개인정보처리자는 개인정보의 처리 목적에 필요한 범위에서 개인정보의 **정확성, 완전성 및 최신성**이 보장되도록 하여야 한다.

④ 개인정보처리자는 개인정보의 처리 방법 및 종류 등에 따라 정보주체의 권리가 침해받을 가능성과 그 위험 정도를 고려하여 개인정보를 **안전하게 관리**하여야 한다.

⑤ 개인정보처리자는 제30조에 따른 개인정보 처리방침 등 개인정보의 처리에 관한 사항을 공개하여야 하며, 열람청구권 등 **정보주체의 권리**를 보장하여야 한다.

⑥ 개인정보처리자는 정보주체의 **사생활 침해를 최소화**하는 방법으로 개인정보를 처리하여야 한다.

⑦ 개인정보처리자는 개인정보를 **익명 또는 가명으로 처리**하여도 개인정보 수집목적을 달성할 수 있는 경우 익명처리가 가능한 경우에는 익명에 의하여, 익명처리로 목적을 달성할 수 없는 경우에는 가명에 의하여 처리될 수 있도록 하여야 한다.

⑧ 개인정보처리자는 이 법 및 관계 법령에서 규정하고 있는 **책임과 의무를 준수**하고 실천함으로써 정보주체의 신뢰를 얻기 위하여 노력하여야 한다.

---

(2) OECD 프라이버시 8원칙과 개인정보보호 원칙 비교

OECD 프라이버시 8원칙	내용	국내 개인정보보호 원칙	유럽 GDPR
1. 수집제한의 원칙	• 합법적, 공정한 절차로 수 집(동의, 법적 근거) • 수집 시 최소한으로 제한	• **목적에 필요한 최소정보**의 수집 • **사생활 침해를 최소화**하는 방 법으로 처리 • **익명처리**의 원칙	데이터 최소화
2. 정보 정확성의 원칙	• **개인정보는 이용목적에 부 합되어야 함** • **이용목적 범위에서 정확하 고, 완전하며, 최신화**	처리목적 내에서 **정확성, 완전성, 최신성**을 보장	정확성
3. 목적 명확화의 원칙	• **수집 목적은 수집 시까지 명확화** • **목적이 변경 시마다 명확 화되도록 제한**	**처리목적의 명확화**	목적제한
4. 이용제한의 원칙	• 명확화된 목적 이외에 이 용, 제공 금지 • 정보주체 동의, 법률 규정 에 의한 경우 예외	**목적 범위 내에서 적법하게 처리**, 목적 외 활용금지	저장기간 제한
5. 안전성 확보의 원칙	• **개인정보 분실, 불법접근, 파괴, 오남용, 수정, 게시 등 위험에 대하여 합리적 인 안전조치**	권리침해 가능성 등을 고려하여 **안전하게 관리**	무결성과 기밀성
6. 처리방침 공개의 원칙	• 개인정보 관련 개발, 실시, 정책을 공개 • 개인정보 존재, 특성, 이용 목적, DPO 등 공개	**개인정보 처리방침** 등 공개	적법성, 공정성, 투명성
7. 정보주체 참여의 원칙	• DPO로부터 본인의 개인 정보 여부 확인 권리 • 본인 개인정보에 대해 통 지받을 권리	**열람청구권** 등 정보주체의 권리 보장	N/A
8. 책임의 원칙	• 위의 제 원칙이 지켜지도 록 필요한 제반조치 책임	**개인정보처리자의 책임**준수, 신뢰확보 노력	책임성

(1) 개인정보보호법 조항 구성

단계	개인정보 처리	개인정보보호법 (2025.10.2)	개인정보보호법 정보통신서비스제공자 등 특례(삭제)	정보통신망법 (2025.11.4)	원칙과 의무 (T2-2)	정보주체 권리 (T2-3)	수집, 이용 (T3-1)	저장, 관리 (T3-2)	제공 (T3-3)
수집	1) 수집 및 이용	제15조	삭제 (제39조의3)	삭제 (제22조)			O		
	2) 만14세미만 법정대리인 동의	제22조의2	삭제 (제39조의3)	삭제 (제31조)			O		
	3) 동의를 받는 방법	제22조	–	삭제 (제26조의2)			O		
	4) 최소한의 개인정보 수집	제16조	삭제 (제39조의5)	삭제 (제23조)	O				
	5) 민감정보 처리제한	제23조	–	삭제 (제23조)	O				
	6) 고유식별정보 처리제한	제24조	–	–	O				
	7) 주민등록번호 처리제한	제24조의2	–	제23조의2	O				
	8) 간접 수집 보호조치	제20조	–	–	O				
	9) 영상정보처리기기의 설치·운영 제한 설치 운영 제한	제25조 제25조의2	–	–	O				
이용 및 제공	10) 목적 외 이용 및 제공 제한	제18조	–	삭제 (제24조)				O	
	11) 제3자 제공	제17조		삭제 (제24조의2), 삭제 (제63조)					O
	12) 국외 이전	제28조의8 제29조의9	삭제 (제39조의12)				O		
	12) 처리 위탁	제26조	–	삭제 (제25조)					O
	13) 영업 양도양수	제27조	–	삭제 (제26조)					O

단계	개인정보 처리	개인정보보호법 (2025.10.2)	개인정보보호법 정보통신서비스제공자 등 특례(삭제)	정보통신망법 (2025.11.4)	원칙과 의무 (T2-2)	정보주체 권리 (T2-3)	수집, 이용 (T3-1)	저장, 관리 (T3-2)	제공 (T3-3)
관리 및 보관	14) 개인정보의 안전조치 의무	제29조	삭제 (제39조의10)	삭제 (제28조)	O				
	15) 가명정보 처리	제28조의 2~7	–	–	O				
	16) 개인정보 처리방침	제30조	–	삭제 (제27조의2)	O				
	17) 개인정보 보호책임자	제31조	–	삭제 (제27조)	O				
	18) 개인정보 유출 등 통지 및 신고	제34조	삭제 (제39조의4)	삭제 (제27조의3)	O				
	19) 개인정보파일 등록 및 공개신고	제32조	–	–	O				
파기	20) 파기	제21조	삭제 (제39조의6)	삭제 (제29조)					O
정보주체 권리	21) 개인정보의 열람	제35조	삭제 (제39조의7)	–		O			
	22) 개인정보의 정정·삭제	제36조	삭제 (제39조의7)	–		O			
정보 통신 서비스	23) 이용·제공 내역의 통지	제20조의2	삭제 (제39조의8)	–		O			
	24) 손해배상의 보장	제39조7	삭제 (제39조의9)		O				
	25) 노출된 개인정보의 삭제·차단	제34조의2	삭제 (제39조의10)				O		
	26) 영리목적의 광고성 정보 전송 제한	–	–	제50조			N/A		

03 개인정보 수집 제한

(1) 관련 법령

개인정보보호법(2025.10.2) 제16조

제16조(개인정보의 수집 제한)
① 개인정보처리자는 제15조제1항 각 호의 어느 하나에 해당하여 개인정보를 수집하는 경우에는 그 **목적에 필요한 최소한의 개인정보**를 수집하여야 한다. 이 경우 최소한의 개인정보 수집이라는 **입증책임은 개인정보처리자가 부담**한다.
② 개인정보처리자는 **정보주체의 동의**를 받아 개인정보를 수집하는 경우 필요한 **최소한의 정보 외의 개인정보** 수집에는 **동의하지 아니할 수 있다는 사실을 구체적으로 알리고 개인정보를 수집**하여야 한다.
③ 개인정보처리자는 정보주체가 필요한 **최소한의 정보 외의 개인정보 수집에 동의하지 아니한다는 이유로 정보주체에게 재화 또는 서비스의 제공을 거부하여서는 아니 된다**.

(2) 관련 지식

1) 최소한의 개인정보의 예

① 쇼핑업체가 고객에게 상품을 배송하기 위해 수집한 이름, 주소, 전화번호(자택 및 휴대전화번호) 등은 필요 최소한의 개인정보라고 할 수 있으나, 직업, 생년월일 등 배송과 관련 없는 개인정보를 요구하는 것은 최소정보의 범위를 벗어난 것임
② 경품 행사에 응모한 고객에게 경품추첨 사실을 알리는데 필요한 개인정보 외에 응모자의 성별, 자녀 수, 동거 여부 등 사생활의 비밀에 관한 정보, 주민등록번호 등 고유식별정보를 요구하는 것은 최소정보의 범위를 벗어난 것임
③ 취업 희망자의 경력, 전공, 자격증 등에 관한 정보는 업무능력을 판단하기 위한 최소한의 정보라고 할 수 있으나 가족관계, 결혼유무, 본적(원적) 등에 관한 정보는 최소정보의 범위를 벗어난 것임

2) 개인정보 수집제한 사례

① 채용 계약과 관련없는 가족사항 등 과도한 개인정보 수집 사례(Bad)

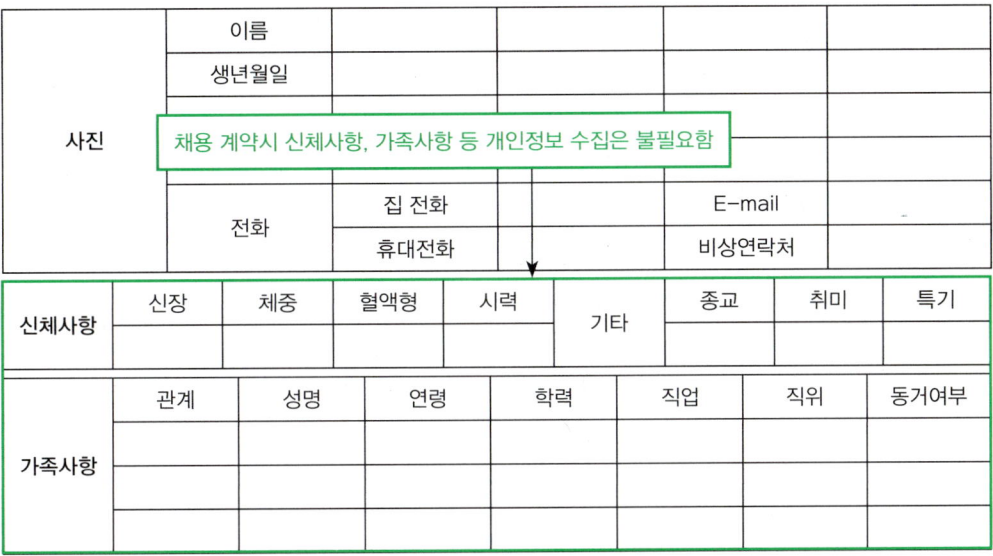

사진	이름					
	생년월일					
	채용 계약시 신체사항, 가족사항 등 개인정보 수집은 불필요함					
	전화	집 전화		E-mail	
		휴대전화		비상연락처	

| 신체사항 | 신장 | 체중 | 혈액형 | 시력 | 기타 | 종교 | 취미 | 특기 |
| | | | | | | | | |

가족사항	관계	성명	연령	학력	직업	직위	동거여부

② 선택정보에 동의하지 않는 경우 서비스제공이 거부된 경우 사례(Bad)

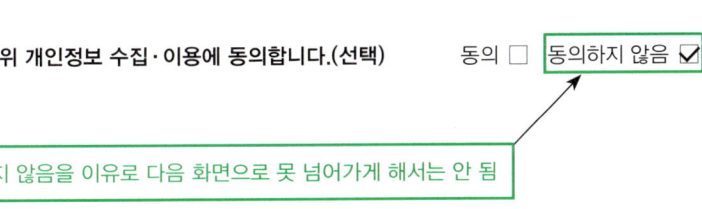

▶ 개인정보 수집·이용 동의

OOOO는 "개인정보보호법"에 따라 동의를 얻어 홍보 및 마케팅 활용 개인정보를 수집·이용합니다.

1. 개인정보 수집 목적 : 신상품 홍보 및 맞춤형 광고, 타겟 마케팅

2. 개인정보 수집 항목 : 이메일

3. 보유 및 이용기간 : 회원 탈퇴 시

> 안내
> ⚠ 개인정보 수집 이용 동의에 모두 동의하셔야 합니다.
> 확인

• 귀하는 개인정보 수집에 동의를 거부할 권리가 있으며, 거부에 따른 불이익은 없습니다.

위 개인정보 수집·이용에 동의합니다.(선택)   동의 ☐   동의하지 않음 ☑

동의하지 않음을 이유로 다음 화면으로 못 넘어가게 해서는 안 됨

🔒 04 민감정보 처리제한

(1) 관련 법령

개인정보보호법(2025.10.2) 제23조

제23조(민감정보의 처리 제한)

① 개인정보처리자는 **사상·신념, 노동조합·정당의 가입·탈퇴, 정치적 견해, 건강, 성생활 등에 관한 정보, 그 밖에 정보주체의 사생활을 현저히 침해할 우려가 있는 개인정보**로서 대통령령으로 정하는 정보(이하 "**민감정보**"라 한다)를 처리하여서는 아니 된다. 다만, 다음 각 호의 어느 하나에 해당하는 경우에는 그러하지 아니하다.
   1. 정보주체에게 제15조제2항 각 호 또는 제17조제2항 각 **호의 사항을 알리고** 다른 개인정보의 처리에 대한 동의와 **별도로 동의**를 받은 경우
   2. **법령에서** 민감정보의 처리를 요구하거나 **허용**하는 경우
② 개인정보처리자가 제1항 각 호에 따라 민감정보를 처리하는 경우에는 그 민감정보가 분실·도난·유출·위조·변조 또는 훼손되지 아니하도록 제29조에 따른 **안전성 확보에 필요한 조치**를 하여야 한다.
③ 개인정보처리자는 재화 또는 서비스를 제공하는 과정에서 **공개되는 정보에 정보주체의 민감정보가 포함됨**으로써 **사생활 침해의 위험성이 있다고 판단하는** 때에는 재화 또는 서비스의 제공 전에 **민감정보의 공개 가능성 및 비공개를 선택하는 방법**을 정보주체가 알아보기 쉽게 알려야 한다.

(2) 관련 지식

1) 개인정보보호법 시행령 민감정보

① 유전자검사 등의 결과로 얻어진 <u>유전정보</u>
② 벌금 이상의 형의 선고·면제 및 선고유예, 보호감호, 치료감호, 보호관찰, 선고유예의 실효, 집행유예의 취소, 벌금 이상의 형과 함께 부과된 몰수, 추징, 사회봉사명령, 수강명령 등의 선고 또는 처분 등 **범죄 경력**에 관한 정보
③ 개인의 신체적, 생리적, 행동적 특징에 관한 정보로서 특정 개인을 알아볼 목적으로 일정한 기술적 수단을 통해 생성한 정보(특정 개인을 알아볼 목적으로 일정한 기술적 수단을 통해 생성한 정보란, 개인의 신체적, 생리적, 행동적 특징에 관한 정보로서 얼굴, 지문, 홍채, 필적 등에 관한 정보를 본인 확인이나 인증 등을 위해 다른 사람과 구별되는 특징을 추출하는 기술로 가공한 정보를 말한다.)
④ 인종이나 민족에 관한 정보
   (인종이나 민족에 관한 정보도 민감정보이다. 인종은 인류를 지역과 신체적 특성에 따라 구분한 것이며, 민족은 일정한 지역에서 오랜 세월 동안 공동생활을 하면서 언어와 문화상의 공통성에 기초하여 역사적으로 형성된 사회 집단으로서, 인종이나 국가 단위인 국민과 반드시 일치하는 것은 아니다.)
※ 유전정보, 범죄경력 정보는 **공공기관이 업무수행을 위하여 처리하는 경우에는 민감정보로 보지 아니하므로**, 이 경우에는 정보주체로부터의 별도 동의 없이 처리가 가능

2) 민감정보 관련 FAQ

Q 법과 시행령이 정한 것 이외에 개인에게 민감한 정보면 모두 민감정보가 될 수 있는가?

A 법과 시행령은 사상, 신념, 노동조합(정당)의 가입·탈퇴, 정치적 견해, 건강, 성생활, 유전정보, 범죄경력, 개인 특징정보, 인종이나 민족에 관한 정보로 한정하고 있으므로, <u>그 이외의 정보는 민감정보에 해당하지 않는다</u>.

Q 장애우에 대한 요금감면 혜택을 제공하기 위해서는 상세한 장애등급 정보가 필요한데, 수집할 수 있는지?

A 전기통신사업법 제4조는 전기통신사업자에게 '보편적 역무' 제공을 의무화 하고 있으며, **대통령령**에서는 '보편적 역무' 중의 하나로 '**장애인·저소득층 등에 대한 요금감면 서비스**'를 규정하고 있다. 따라서 이 경우는 법 제23조제2호의 법령에서 민감정보의 처리를 요구하거나 허용하는 경우로서, 장애우 요금감면 혜택을 위한 **장애등급 정보 수집이 가능**하다.

Q 지문인식 출입통제 시스템을 통해 지문정보를 수집하는 경우, 해당 지문정보를 민감정보로 보아야 하는지?

A 허가된 출입자들만 출입을 허가할 목적으로 개인별 **지문정보를 등록한 후 본인확인 수단**으로 이용하거나 출입기록을 관리하는 경우, 이때의 지문정보의 처리는 특정개인을 알아볼 수 있도록 **기술적 수단을 통해 특정정보를 생성**하는 경우에 해당하여 **민감정보의 처리**로 보아야 한다. 지문정보를 수집하는 경우에도 특정 개인을 알아볼 목적이 아니라 무단으로 출입 하고자 하는 사람을 통제하기 위해 **출입 인가를 받은 사람의 범위에 있는지 여부 만을 확인하려는 목적**이라면 해당 정보는 **민감정보가 아니다**. 이 경우에도 개인을 알아볼 수 있다면 당해 지문정보는 **개인정보에 해당**할 수 있다.

Q 사진인화 서비스를 제공하기 위하여 개인별로 사진을 저장하고 일정기간 보관하는 경우, 개인을 알아볼 수 있는 사진에 대하여 민감정보 처리에 관한 별도의 동의가 필요한지?

A 해당 사진을 이용하여 특정개인을 알아볼 수 있도록 **기술적 수단을 통해 특징정보를 생성**하는 것이 아니라 사진 자체를 수집, 저장, 출력하는 등의 처리를 하는 것은 민감정보의 처리에 해당하지 않는다.

Q 모든 정보제공에 영장주의를 적용할 경우 수사의 효율성이 현저히 낮아지는데, 그럼에도 이 사건 정보제공조항에 영장주의가 적용되어야 하는 것입니까?

A (청구인측) 단순 과세문제와 관련하여 개인정보를 제공받는 경우에도 영장주의가 적용되는데, 그보다 더욱 집적되어 광범위하고 전산처리가 용이한 국민건강보험공단의 정보를 영장주의의 적용 없이 제공받을 수 있다는 것은 엄밀한 문제사항입니다. 집적되어 있는 정보에 대해서는 더욱엄격한 제한이 필요합니다.

Q 민감정보 제공 문제로 인해서 구체적으로 어떠한 기본권 침해가 있을 수 있습니까?

A (청구인측) 건강권, 생명권 침해가 있을 수 있겠고, 만약 성 생활과 관련된 병이거나 정신질환 등의 질병일 경우 사생활 침해 문제가 될 수도 있을 것입니다.

Q 국민건강보험공단으로부터 피의자가 자주 다니는 병원의 위치라든지, 병명 등의 개인정보를 받는 것이 수사에 어떠한 도움이 됩니까?

A (피청구인측) 피의자가 잠적하는 경우에도 내원하여 진료를 받는 경우가 있기 때문에 피의자가 자주 이용하는 병원을 알면 그 경로를 따라 잠복근무하여 체포를 할 수도 있기 때문에 체포의 효율성 측면에서 도움이 되기도 합니다. 또한 심장 혹은 정신 질환 등의 경우 체포 시 놀랄 경우 문제가 될 수도 있기 때문에 이러한 측면에서 정보를 아는 것이 도움이 될 수 있습니다.

Q 청구인측은 무분별하게 정보제공이 가능하다고 주장했는데 실제로 거절하는 경우가 있다면 어떤 경우 정보제공을 거절하고 그 거절하는 비율은 어느 정도입니까?

A 경찰이 정보제공을 요청하는 경우를 살펴봤을 때, 2015년 기준 약 94만건의 요청 중 약 24만건을 거절했고, 사건이 워낙 다양하여 분류지을 수는 없겠지만 지침 위반, 관련 서류 미비 등의 이유로 거절했습니다.

3) 민감정보 관련 판례

특히 범죄수사 등을 위하여 필요한 경우 공공기관이 제공하는 개인정보에는 특별히 보호해야 할 민감정보가 포함되어 있다. 헌법재판소는 2018년 건강보험 요양급여내역 제공 사건에서 서울용산경찰서장이 파업 중인 전국철도노동조합의 청구인들을 검거하기 위하여 청구인들의 약 2년 또는 3년에 걸친 장기간의 요양급여내역을 제공받은 행위가 불가피하였다고 보기 어려워 위헌이라고 결정하였다(헌재 2018. 8. 30. 결정 2014헌마368).

2019년 국정감사에 따르면 이 결정 이후로도 국민건강보험공단이 수사기관인 경찰, 검찰, 국정원, 법원에 제공하는 개인 의료정보가 계속 증가하고 있다. 공단은 현재 결정 이후 상병명, 의사소견서, 장기요양등급의 경우 영장에 의해서만 제공하도록 지침과 관행을 개선하였다고 설명하였지만, 영장 통계는 관리하고 있지 않았으며 요양기관번호와 전화번호는 제한 없이 제공하고 있어 정보주체의 건강상태에 대한 민감정보 노출에 대한 대책이 없었다.

4) 공공기관이 업무수행을 위해 정보주체의 별도 동의 없이 처리 가능 경우

개인정보보호법 시행령 제18조(민감정보의 범위)
공공기관 해당 정보, 개인정보보호법 시행령 제19조(고유식별정보의 범위) 공공기관 해당 정보

5. 개인정보를 목적 외의 용도로 이용하거나 이를 제3자에게 제공하지 아니하면 다른 법률에서 정하는 **소관 업무**를 수행할 수 없는 경우로서 **보호위원회의 심의·의결**을 거친 경우
6. **조약**, 그 밖의 국제협정의 이행을 위하여 외국정부 또는 국제기구에 제공하기 위하여 필요한 경우
7. **범죄**의 수사와 공소의 제기 및 유지를 위하여 필요한 경우
8. **법원**의 재판업무 수행을 위하여 필요한 경우
9. **형**(刑) 및 감호, 보호처분의 집행을 위하여 필요한 경우
※ 개인정보보호법 제18조(개인정보의 목적 외 이용·제공 제한)제2항제5호부터 제9호

(3) 민감정보 관련 사례

1) 향후 이용 가능성이 낮은데도 민감정보 수집 사례(Bad)

▶ 개인정보 수집·이용 동의

○○○○는 "개인정보보호법"에 따라 동의를 얻어 홍보 및 마케팅 활용 개인정보를 수집·이용합니다.

1. 개인정보 수집 목적 : 회사의 상품/서비스에 대한 이용실적 정보와 분석 및 고객의 관심에 부합하는 서비스와 이벤트 기획 및 개인별 최적화된 서비스 제공

2. 개인정보 수집 항목 : 설치한 어플리케이션 관련 정보(App 패키지 명, 버전, 설치경로, 이용횟수, 이용시간), 이용환경(단말기 모델명, OS, 통신사)정보, 기기관리 번호

   • 위 정보 중 이용자가 이용한 어플리케이션에 따라 (i)사상, 신념, (ii)노동조합, 정당의 가입, 탈퇴, (iii)정치적 견해, (iv)건강, 성생활 등에 관한 정보, (v)유전정보, 형의 실효에 관한 법률상 범죄 경력에 해당하는 정보가 포함될 수 있음

3. 보유 및 이용기간 : 회원 탈퇴 시 또는 동의 철회 시까지 민감정보 수집 시에는 다른 정보와 별도로 동의 필요

• 개인정보 수집·이용에 동의를 거부할 권리가 있으며, 동의를 거부할 경우 상품 홍보 및 이벤트 참여를 제한 받을 수 있습니다.

위 개인정보 수집 이용에 동의합니다.(선택)   동의 ☐   동의하지 않음 ☐

민감정보의 수집 필요성이 불분명하면서 수집 가능성에 대하여 동의를 요구

🔓 05 고유식별정보 처리제한

(1) 관련 법령

개인정보보호법(2025.10.2) 제24조

제24조(고유식별정보의 처리 제한)
① 개인정보처리자는 다음 각 호의 경우를 제외하고는 법령에 따라 **개인을 고유하게 구별하기 위하여 부여된 식별정보**로서 대통령령으로 정하는 정보(이하 "**고유식별정보**"라 한다)를 처리할 수 없다.
  1. 정보주체에게 제15조제2항 각 호 또는 제17조제2항 각 호의 사항을 알리고 다른 개인정보의 처리에 대한 동의와 **별도로 동의**를 받은 경우
  2. **법령**에서 구체적으로 고유식별정보의 처리를 요구하거나 **허용**하는 경우
② 삭제
③ 개인정보처리자가 제1항 각 호에 따라 고유식별정보를 처리하는 경우에는 그 고유식별정보가 분실·도난·유출·위조·변조 또는 훼손되지 아니하도록 대통령령으로 정하는 바에 따라 **암호화 등 안전성 확보에 필요한 조치**를 하여야 한다.
④ **보호위원회는** 처리하는 개인정보의 종류·규모, 종업원 수 및 매출액 규모 등을 고려하여 대통령령으로 정하는 기준에 해당하는 개인정보처리자가 제3항에 따라 **안전성 확보에 필요한 조치**를 하였는지에 관하여 대통령령으로 정하는 바에 따라 **정기적으로 조사**하여야 한다.
⑤ **보호위원회는** 대통령령으로 정하는 전문기관으로 하여금 제4항에 따른 조사를 수행하게 할 수 있다.

(2) 관련 지식

1) 고유식별정보의 정의

① 고유식별정보란 법령에 따라 **개인을 고유하게 구별하기 위하여 부여된 식별정보로서 대통령령으로 정하는 정보**를 말한다. 법령에 의해서 개인에게 부여된 것이어야 하므로 기업, 학교 등이 소속 구성원에게 부여하는 사번, 학번 등은 고유식별정보가 될 수 없다. 또 법인이나 사업자에게 부여되는 법인등록번호, 사업자등록번호 등도 고유식별정보가 될 수 없다.

② 시행령에서는 고유식별정보의 범위를 **주민등록번호, 여권번호, 운전면허번호, 외국인등록번호**로 정하고 있다.

다만, 시행령에 따른 **고유식별정보는 공공기관이 다음의 업무수행을 위하여 처리하는 경우에는 고유식별정보로 보지 아니한다.**

※ '법령'에 의한다고 규정하고 있으므로 법률 외에 시행령, 시행규칙이 포함되며 이에 첨부된 별지 서식이나 양식도 포함된다.

2) 고유식별정보 처리 허용 법령

법령	조항
금융실명 거래 및 비밀보장에 관한 법률	제3조(실지명의)
후견등기에 관한 법률	제25조(성년후견등에 관한 기록사항)
아동학대범죄의 처벌 등에 관한 특례법 시행령	제7조(민감정보 및 고유식별정보의 처리)
청소년보호법	제16조(판매 금지 등) 제26조(심야시간대의 인터넷게임 제공시간 제한)
정보통신망법	제44조의5(게시판 이용자의 본인 확인)

3) 고유식별정보 처리 실태 조사

보호위원회는 **공공기관 또는 5만 명 이상 정보주체의 고유식별정보를 처리하는 개인정보처리자**에 대해서는 **고유식별정보의 안전성 확보 조치**를 하였는지를 **3년마다 1회 이상 조사**하여야 한다(제24조제4항, 영 제21조제2항, 제3항).

보호위원회는 **온라인 또는 서면을 통하여 필요한 자료를 제출하게 하는 방법**으로 조사를 수행하며, **한국인터넷진흥원 또는 보호위원회가 정하여 고시하는 전문기관으로 하여금 조사를 수행**하게 할 수 있다.

06 주민등록번호 처리제한

(1) 관련 법령

개인정보보호법(2025.10.2) 제24조의 2	정보통신망법(2025.11.4) 제23조의 2
제24조의2(주민등록번호 처리의 제한) ① 제24조제1항에도 불구하고 개인정보처리자는 다음 각 호의 어느 하나에 해당하는 경우를 제외하고는 **주민등록번호를 처리할 수 없다.** 1. 법률·대통령령·국회규칙·대법원규칙·헌법재판소규칙·중앙선거관리위원회규칙 및 감사원규칙에서 구체적으로 주민등록번호의 처리를 요구하거나 **허용**한 경우 2. 정보주체 또는 제3자의 **급박한 생명, 신체, 재산의 이익**을 위하여 명백히 필요하다고 인정되는 경우 3. 제1호 및 제2호에 준하여 주민등록번호 처리가 불가피한 경우로서 **보호위원회**가 고시로 정하는 경우 ② 개인정보처리자는 제24조제3항에도 불구하고 주민등록번호가 분실·도난·유출·위조·변조 또는 훼손되지 아니하도록 **암호화 조치**를 통하여 **안전하게 보관**하여야 한다. 이 경우 암호화 적용 대상 및 대상별 적용 시기 등에 관하여 필요한 사항은 개인정보의 처리 규모와 유출 시 영향 등을 고려하여 대통령령으로 정한다. ③ 개인정보처리자는 제1항 각 호에 따라 주민등록번호를 처리하는 경우에도 정보주체가 **인터넷 홈페이지**를 통하여 **회원으로 가입하는 단계**에서는 **주민등록번호를 사용하지 아니하고도 회원으로 가입할 수 있는 방법**을 제공하여야 한다. ④ 보호위원회는 개인정보처리자가 제3항에 따른 방법을 제공할 수 있도록 관계 법령의 정비, 계획의 수립, 필요한 시설 및 시스템의 구축 등 제반 조치를 마련·지원할 수 있다.	제23조의2(주민등록번호의 사용 제한) ① 정보통신서비스 제공자는 다음 각 호의 어느 하나에 해당하는 경우를 제외하고는 이용자의 **주민등록번호를 수집·이용할 수 없다.** 1. 제23조의3에 따라 **본인확인기관으로 지정**받은 경우 2. 삭제 3. 「전기통신사업법」 제38조제1항에 따라 기간통신사업자로부터 **이동통신서비스 등을 제공받아 재판매하는 전기통신사업자**가 제23조의3에 따라 본인확인기관으로 지정받은 **이동통신사업자의 본인확인업무 수행**과 관련하여 이용자의 주민등록번호를 수집·이용하는 경우 ② 제1항제3호에 따라 주민등록번호를 수집·이용할 수 있는 경우에도 이용자의 주민등록번호를 사용하지 아니하고 본인을 확인하는 방법(이하 "대체수단"이라 한다)을 제공하여야 한다.

(2) 관련 지식

1) 주민등록번호 대체 본인확인 수단

① 아이핀, 공인인증서, 휴대전화, 신용카드, 생년월일, 회원번호 등

2) 법령에 근거한 주민등록번호 수집 (예시)

① 각급 행정기관의 훈령·예규·고시 및 지방자치단체의 조례·규칙 등은 주민등록번호 수집의 근거가 될 수 없음

② 법령에서 단순히 신원확인 또는 연령확인 등의 의무만을 규정하고 있다면 이는 주민등록번호에 대한 처리근거를 구체적으로 규정한 것에 해당하지 않음

③ 주민등록번호 전체가 아니라 뒤 7자리만 수집·이용하는 것은 주민등록번호의 부여 체계를 활용하여 주민등록번호의 고유한 특성, 즉 유일성과 식별성을 이용하는 행위이므로 이는 주민등록번호 전체를 수집·이용하는 것으로 볼 수 있음(뒤 7자리 중 일부만 처리하는 경우에도 마찬가지임)

3) 주민등록번호 처리 허용 법률

법률	수집주체	예외 사유
금융실명 거래 및 비밀보장에 관한 법률	금융회사 등 (은행, 보험회사 및 카드회사 등)	금융거래 시 거래자의 성명·주민등록번호로 실지명의 확인
전자상거래 등에서의 소비자 보호에 관한 법률	전자상거래 사업자 (쇼핑몰 등 전자상거래업자)	거래 기록 및 그와 관련한 개인정보(성명, 주민번호 등) 보존
전자금융 거래법	금융기관 또는 전자금융업자	전자화폐를 사용하고자 할 경우 실지명의와 연결하여 관리
부가가치 세법	재화 또는 용역을 공급하는 자 (일반 사업자)	세금계산서에 공급받은 자의 주소, 성명, 주민번호 기재
소득세법	원천징수 의무자	원천징수영수 영수증 주민등록번호 기재
의료법	병원	진단서, 처방전, 진료기록부의 기재사항에 주민번호 포함
보험업법	금융위원회보험요율 산출기관, 보험협회, 보험회사	각 호에서 정하는 업무 수행에 불가피한 경우
자격기본법	공인자격 관리자	공인자격증 기재사항 및 관리를 위해 주민번호 수집·이용 가능
고용보험법	사업주 또는 훈련기관	직업능력개발 훈련비용 청구를 위한 지원서 작성시 훈련생의 주민번호 기재
전기통신 사업법	전기통신 사업자가 수사기관에 제출	수사기관이 전기통신사업법에 의한 통신자료 요청 시
전자서명법	공인인증기관	공인인증 업무
방송법	방송사업자	방송사업자에 대해 정보 공개 요구
벤처기업 육성에 관한 특별조치 법	벤처기업	주식교환 시 주주의 주민번호 기재사항

4) 주민등록번호 처리 FAQ

Q 직원의 주민등록번호를 단체보험 가입 목적으로 처리하는 것이 가능한지?

A 「보험업법 시행령」제102조제5항제4호는 보험회사가 「상법」제735조의3(단체 보험)에 따른 단체보험계약의 체결 등의 사무를 수행하기 위하여 필요한 범위에서 피보험자의 주민등록번호를 처리할 수 있도록 규정, 단체보험은 구성원으로부터 서면 동의를 받지 아니하고 단체가 보험계약자로서 피보험자인 구성원을 위하여 보험회사와 일괄 계약하는 보험으로서, 회사는 단체보험 가입 목적으로 직원의 주민등록번호를 보험회사에 제공할 수 있다.

Q 주민등록번호가 기재된 신분증을 단순히 육안으로 확인한 후 돌려주는 행위도 주민 등록번호 처리금지 원칙에 위배되는지?

A 신분 확인 목적으로 주민등록번호가 기재된 신분증을 육안으로 확인하고 돌려주는 행위는 주민등록번호를 수집하는 행위가 아니므로 주민등록번호 처리금지 원칙에 위배되지 않는다.

Q 기업이 직원 채용 시 이력서·지원서 등에 주민등록번호를 기재하도록 하여도 되는지?

A 입사 지원자가 최종 합격하여 직원이 되기 전까지는 법률이나 대통령령에서 기업이 해당 지원자의 주민등록번호를 처리하도록 하는 규정이 없으므로 이력서·지원서 등에 주민등록번호를 기재하도록 하여서는 아니 된다. 대신 입사지원 단계에서는 주민등록번호 대신 생년월일이나 휴대전화번호 등을 수집하는 것으로 대체하고, 최종 합격한 후에는 고용보험 등 4대 보험 가입, 급여 원천 징수 등을 위해 관련 법령에서 정하는 바에 따라 기업이 해당 지원자의 주민등록번호를 수집하는 것은 가능하다.

07 영상정보처리기기의 설치·운영 제한

(1) 관련 법령

개인정보보호법(2025.10.2) 제25조

제25조(고정형 영상정보처리기기의 설치·운영 제한)
① **누구든지** 다음 각 호의 경우를 제외하고는 **공개된 장소**에 **고정형 영상정보처리기기**를 설치·운영하여서는 **아니 된다.**
  1. **법령**에서 구체적으로 허용하고 있는 경우
  2. **범죄**의 예방 및 수사를 위하여 필요한 경우
  3. **시설의 안전 및 관리, 화재 예방**을 위하여 정당한 권한을 가진 자가 설치·운영하는 경우
  4. **교통단속**을 위하여 정당한 권한을 가진 자가 설치·운영하는 경우
  5. **교통정보의 수집·분석 및 제공**을 위하여 정당한 권한을 가진 자가 설치·운영하는 경우
  6. **촬영된 영상정보를 저장하지 아니하는 경우**로서 **대통령령**으로 정하는 경우

② 누구든지 불특정 다수가 이용하는 **목욕실, 화장실, 발한실(發汗室), 탈의실** 등 개인의 사생활을 현저히 침해할 우려가 있는 장소의 내부를 볼 수 있도록 고정형 영상정보처리기기를 설치·운영하여서는 **아니 된다.** 다만, **교도소, 정신보건 시설** 등 법령에 근거하여 사람을 **구금하거나 보호하는 시설**로서 대통령령으로 정하는 시설에 대하여는 **그러하지 아니하다.**

③ 제1항 각 호에 따라 고정형 영상정보처리기기를 설치·운영하려는 **공공기관**의 장과 제2항 단서에 따라 고정형 영상정보처리기기를 설치·운영하려는 자는 **공청회·설명회**의 개최 등 대통령령으로 정하는 절차를 거쳐 **관계 전문가 및 이해관계인**의 의견을 수렴하여야 한다.

④ 제1항 각 호에 따라 고정형 영상정보처리기기를 설치·운영하는 자(이하 "고정형영상정보처리기기운영자"라 한다)는 정보주체가 쉽게 인식할 수 있도록 다음 각 호의 사항이 포함된 안내판을 설치하는 등 필요한 조치를 하여야 한다. 다만, 「군사기지 및 군사시설 보호법」 제2조제2호에 따른 **군사시설**, 「통합방위법」 제2조제13호에 따른 **국가중요시설**, 그 밖에 **대통령령으로 정하는 시설**의 경우에는 **그러하지 아니하다.**
  1. 설치 **목적** 및 **장소**
  2. 촬영 **범위** 및 **시간**
  3. **관리책임자**의 연락처
  4. 그 밖에 대통령령으로 정하는 사항

⑤ 고정형영상정보처리기기운영자는 고정형 영상정보처리기기의 설치 목적과 **다른 목적**으로 고정형 영상정보처리기기를 **임의로 조작하거나 다른 곳을 비춰서는 아니 되며, 녹음기능은 사용할 수 없다.**

⑥ 고정형영상정보처리기기운영자는 개인정보가 분실·도난·유출·위조·변조 또는 훼손되지 아니하도록 제29조에 따라 안전성 확보에 필요한 조치를 하여야 한다.

⑦ 고정형영상정보처리기기운영자는 대통령령으로 정하는 바에 따라 **고정형 영상정보처리기기 운영·관리 방침**을 마련하여야 한다. 다만, 제30조에 따른 **개인정보 처리방침을 정할 때** 고정형 영상정보처리기기 운영·관리에 관한 사항을 포함시킨 경우에는 **고정형 영상정보처리기기 운영·관리 방침을 마련하지 아니할 수 있다.**

⑧ 고정형영상정보처리기기운영자는 고정형 영상정보처리기기의 설치·운영에 관한 **사무를 위탁할 수 있다.** 다만, 공공기관이 고정형 영상정보처리기기 설치·운영에 관한 사무를 위탁하는 경우에는 대통령령으로 정하는 절차 및 요건에 따라야 한다.

개인정보보호법(2025.10.2) 제25조의2

제25조의2(이동형 영상정보처리기기의 운영 제한)
① **업무**를 목적으로 **이동형 영상정보처리기기**를 운영하려는 자는 다음 각 호의 경우를 제외하고는 **공개된 장소**에서 이동형 영상정보처리기기로 사람 또는 그 사람과 관련된 사물의 영상(개인정보에 해당하는 경우로 한정한다. 이하 같다)을 촬영하여서는 **아니 된다.**
  1. **제15조제1항** 각 호의 어느 하나에 해당하는 경우
  2. 촬영 사실을 명확히 표시하여 정보주체가 촬영 사실을 알 수 있도록 하였음에도 불구하고 **촬영 거부 의사를 밝히지 아니한 경우.** 이 경우 정보주체의 권리를 부당하게 침해할 우려가 없고 합리적인 범위를 초과하지 아니하는 경우로 한정한다.
  3. 그 밖에 제1호 및 제2호에 준하는 경우로서 **대통령령으로 정하는 경우**

② 누구든지 불특정 다수가 이용하는 **목욕실, 화장실, 발한실, 탈의실** 등 개인의 사생활을 현저히 침해할 우려가 있는 장소의 내부를 볼 수 있는 곳에서 이동형 영상정보처리기기로 사람 또는 그 사람과 관련된 사물의 영상을 촬영하여서는 **아니 된다.** 다만, **인명의 구조·구급** 등을 위하여 필요한 경우로서 대통령령으로 정하는 경우에는 **그러하지 아니하다.**

③ 제1항 각 호에 해당하여 이동형 영상정보처리기기로 사람 또는 그 사람과 관련된 사물의 영상을 촬영하는 경우에는 **불빛, 소리, 안내판** 등 대통령령으로 정하는 바에 따라 **촬영 사실을 표시하고 알려야 한다.**

④ 제1항부터 제3항까지에서 규정한 사항 외에 이동형 영상정보처리기기의 운영에 관하여는 제25조제6항부터 제8항까지의 규정을 준용한다.

(2) 관련 지식

1) 영상정보처리기기 정의

"영상정보처리기기"란 일정한 공간에 지속적으로 설치되어 사람 또는 사물의 영상 등을 촬영하거나 이를 유·무선망을 통하여 전송하는 장치로서 대통령령으로 정하는 장치를 말한다. "이동형 영상정보처리기기"란 사람이 신체에 착용 또는 휴대하거나 이동 가능한 물체에 부착 또는 거치(据置)하여 사람 또는 사물의 영상 등을 촬영하거나 이를 유·무선망을 통하여 전송하는 장치로서 대통령령으로 정하는 장치를 말한다.

2) 고정형 영상정보처리기기 적용범위

제25조에 의하여 설치·운영이 금지 또는 제한되는 고정형 영상정보처리기기는 일정한 공간에 지속적으로 설치되어 사람 또는 사물의 영상 등을 촬영하거나 이를 유·무선망을 통하여 전송하는 장치에 한정한다(제2조제7호). 구체적으로 폐쇄회로 텔레비전(CCTV)과 네트워크 카메라가 이에 속한다(영제3조). 차량에 설치되어 외부를 촬영하는 블랙박스는 일정한 공간에 지속적으로 설치된 것으로 볼 수 없고 이동성을 전제로 하므로 이에 속한다고 볼 수 없다.

3) 고정형 영상정보처리기기 적용대상

제25조의 적용 대상은 공개된 장소에 고정형 영상정보처리기기를 설치·운영하는 '모든 자'에게 적용된다. 즉 업무를 목적으로 개인정보파일을 운용하기 위하여 영상정보를 처리하는 '개인정보처리자'가 아니더라도 고정형 영상정보처리기기를 설치·운영하는 자라면 누구든지 고정형 영상정보처리기기에 관한 규제대상에 포함된다.

4) 공개된 장소에서의 설치·운영 금지

'공개된 장소'란 도로, 공원, 광장, 지하철역 등의 공공장소와 같이 불특정 다수가 출입하거나 이용할 수 있도록 허용된 장소, 즉 정보주체가 접근하거나 통행하는 데에 제한을 받지 아니 하는 장소를 의미한다. 따라서 특정인들 또는 특정한 용건이 있는 사람만 출입할 수 있거나, 출입이 엄격히 통제되는 장소는 여기서 말하는 '공개된 장소'에 해당하지 않는다.

5) 공개된 장소

① 도로, 공원, 공항, 항만, 주차장, 놀이터, 지하철역 등의 공공장소

② 백화점, 대형마트, 상가, 놀이공원(테마파크) 등 시설

③ 버스, 택시 등 누구나 탑승할 수 있는 대중교통

6) 고정형 영상정보처리기기 여부

법령	해당여부	공개장소	일정공간 지속촬영
택시, 버스 등의 CCTV	O	O	O
택시·버스 등에 설치된 블랙박스	X	O	X
개인 승용차에 설치된 블랙박스	X	X	X
관공서, 기업 등의 건물에 설치된 CCTV	O	O	O
사업장 내부에 설치된 CCTV	X	X	O

7) 영상정보처리기기 설치 허용 법령

법령	사례
주차장법 시행규칙	주차대수 30대를 초과하는 규모의 자주식 주차장
아동복지법	유치원, 초등학교, 특수학교, 보육시설등 아동보호구역
폐광지역개발 지원에 관한 특별법 시행령	카지노사업자는 호텔의 내부 및 외부의 주요 지점
외국인보호규칙	외국인보호시설
공중위생관리법 시행규칙	목욕장업자는 목욕실, 발한실, 탈의실 이외의 시설
국제항해선박 및 항만시설의 보안법 시행규칙	국제여객선터미널의 여객 대기지역, 항만시설
생명윤리 및 안전에 관한 법률 시행규칙	체세포복제배아연구기관은 실험실 및 보관시설의 감시

8) 안내판 및 홈페이지 게재 내용 예시

CCTV 설치 안내

◆ **설치목적** : 범죄 예방 및 시설안전
◆ **설치장소** : 출입구의 벽면/천장, 엘리베이터/각층의 천장
◆ **촬영범위** : 출입구, 엘리베이터 및 각층 복도(360°회전)
◆ **촬영시간** : 24시간 연속 촬영
◆ **관리책임자** : OOOO과 홍길동 (02-000-000)
　(설치운영을 위탁한 경우)
◆ **수탁관리자** : OOOO업체 박길동 (02-000-0000)

9) 고정형 영상정보처리기기 운영·관리에 포함 사항

① 영상정보처리기기의 설치 **근거** 및 설치 **목적**
② 영상정보처리기기의 설치 **대수**, 설치 **위치** 및 **촬영 범위**
③ **관리책임자**, 담당 부서 및 영상정보에 대한 접근 권한이 있는 사람
④ 영상정보의 **촬영시간**, **보관기간**, **보관장소** 및 **처리방법**
⑤ 영상정보처리기기운영자의 영상정보 **확인 방법** 및 **장소**
⑥ 정보주체의 영상정보 **열람 등 요구**에 대한 조치

⑦ 영상정보 **보호**를 위한 기술적·관리적 및 물리적 조치
⑧ 그밖에 영상정보처리기기의 설치·운영 및 관리에 필요한 사항

10) 개인영상정보의 열람등 요구

① 정보주체 **자신이 촬영된** 개인영상정보
② 명백히 **정보주체의 급박한 생명, 신체, 재산의 이익**을 위하여 필요한 개인영상정보

Tip

영상정보처리기기운영자의 조치
영상정보처리기기운영자는 개인영상정보 열람등 요구를 받았을 때에는 **지체없이 필요한 조치**를 취하여야 한다. 다만 이 경우에도 사생활 침해 방지 등을 위해, 열람등 요구를 한 자가 본인이거나 정당한 대리인인지를 주민등록증·운전면허증·여권 등의 신분증명서를 제출받아 확인하여야 한다. 영상정보처리기기운영자는 다음의 사유에 해당하는 경우에는 정보주체의 열람등 요구를 거부할 수 있다. 이 경우 영상정보처리기기운영자는 **10일 이내에 서면 등으로 거부 사유를 정보주체에게 통지**하여야 한다.

개인영상정보 열람등 요구에 대한 거부 사유
1. **범죄수사·공소유지·재판수행**에 중대한 지장을 초래하는 경우(공공기관에 한함)
2. 개인영상정보의 **보관기간이 경과하여 파기**한 경우
3. 기타 정보주체의 열람등 요구를 거부할 만한 **정당한 사유**가 존재하는 경우

---

11) 개인영상정보 제공 시 준수사항 및 절차

① 준수사항
- 문서(전자문서 포함)로 명확한 목적 명시와 필요한 최소한의 자료 요청 및 제공
- 제공받은 자는 제공받은 목적 범위 내에서 이용과 안전한 관리
- 제공한 기관은 제공 사실에 대해 인터넷 등 공개 및 기록·관리
- 목적 달성 등 불필요하게 된 경우, 즉시 파기 및 파기사실 통보

② 요청·제공 절차
- 신청 : 정보주체 또는 수사관서에서 신청서 또는 공문으로 요청
- 접수·확인 : 본인 여부, 신청서 내용 확인 및 해당 영상 유무 파악
- 내용 검토 : **제3자 영상 포함 및 타인의 사생활 침해 등 검토**
- 열람·제공 : 영상화면의 현장 열람 또는 영상파일, 출력물 등 제공, 필요시 **제3자의 영상 모자이크 또는 마스킹 처리 후 제공**
- 안전 관리 : 제공받은 자는 제공받은 목적 범위 내 이용 및 안전한 관리
- 파기 : 제공받은 자는 제공목적 달성한 후 즉시 파기 및 통보

12) 고정형 영상정보처리기기 FAQ

Q 안내판은 CCTV가 설치된 곳마다 설치해야 하는가?

A 공개된 장소에 설치된 CCTV마다 안내판을 설치하는 것이 원칙이나, 건물 안에 다수의 CCTV를 운영하는 경우 출입구 등 정보주체가 출입하면서 잘 볼 수 있는 곳에 시설 또는 장소 전체가 영상정보 처리기기 설치지역임을 표시하는 안내판을 설치할 수 있다.

Q CCTV 촬영 화면을 공익 목적으로 공개할 수 있는가?

A 영상정보처리기기로 촬영된 화면을 공익 목적으로 일반 대중에게 공개·제공하는 경우가 있다. 예를 들어 교통정보 CCTV 화면, 관광지·유적지의 CCTV 화면을 일반 시민에게 인터넷·스마트폰으로 제공하는 경우가 이에 해당한다. 이러한 경우는, 그 영상정보처리기기의 본래 설치·운영 목적 제25조제1항 각호의 목적에 부합하고, 그 촬영영상이 교통정보나 관광지 등의 전경(全景)이 비추어지는 정도에 그치고 개인을 구체적으로 식별할 수 있을 정도가 아니라면 이를 공익 목적으로 공개하는 것은 무방하다.

Q 경찰청에서 교통영상정보를 외부기관에 제공할 수 있는가?

A 경찰청이 교통영상정보를 외부기관에 연계·송출하면서 개인정보가 포함될 정도로 CCTV를 제어한 경우라면 제18조제1항에 저촉된다. 다만, 동법 제17조 제1항, 제18조 제2항 동의 예외 사유에 해당되는 경우 내지 제58조에 해당되는 경우에는 예외적으로 외부기관에 연계·송출할 수 있다.

Q 지방자치단체에서 공개된 장소에 설치한 CCTV를 통해 쓰레기 불법투기행위가 촬영된 경우, 불법투기자 인적사항을 조회하기 위한 목적으로 지역주민에게 해당 영상을 공개할 수 있는가?

A 개인정보보호 원칙을 규정한 「개인정보보호법」 제3조는 지방자치단체를 포함한 개인정보처리자에게 '정보주체의 사생활 침해를 최소화하는 방법으로 개인정보를 처리'하도록 의무를 부여하고 있다. 따라서 지방자치단체가 정보주체의 개인정보를 공개하는 것은 법률의 근거가 명확한 경우에 한하여 정보주체의 사생활 침해를 최소화하는 방법으로 이루어져야 할 것이다. 불법 투기자의 영상 촬영, 즉 개인정보 수집의 직접적인 목적은 불법 투기행위의 증거자료 수집에 국한되는 것으로 봄이 상당하다고 할 것이다. 따라서 동 증거자료를 일반에 공개하는 것까지 수집 목적 범위에 포함된다고 보기에는 무리가 있다고 할 것이다. 투기자의 인적사항 조회는 지방자치단체 자체 조사 또는 관계 기관 조회 등을 통해서도 가능하며 경찰도 이러한 절차를 활용하고 있는 바, 지방자치단체는 정보주체의 사생활 침해를 최소화할 수 있는 방법으로 개인정보를 처리해야 할 것이다.

13) 법률의 일부 적용제외(제58조제2항)

① 제15조(개인정보의 수집·이용) 정보주체에 대한 개인정보 수집·이용 고지 및 동의획득 의무 → 안내판 설치 등의 의무로 대체

② 제22조(동의를 받는 방법) 정보주체에게 각각의 동의사항을 구분하여 알리고 개별적으로 동의 → 공개된 장소에 설치된 영상정보처리기기는 불특정 다수의 특성상 동의 곤란

③ 제27조(영업양도 등에 따른 개인정보의 이전 제한) 영업의 양도·합병시 통지의무 → 불특정 다수의 특성상 통지 곤란

④ 제34조(개인정보 유출 통지 등) 개인정보 유출사고 발생시 정보주체에 대한 통지 및 관계기관에 대한 신고의무 → 불특정 다수의 특성상 통지 곤란

⑤ 제37조(개인정보의 처리정지 등) 개인정보처리자가 처리하고 있는 자신의 개인정보에 대한 처리정지 요구 → 특정 정보주체만 처리정지 불가

14) 이동형 영상정보처리기기 운영 목적

① 사람 또는 그 사람과 관련된 사물의 영상(개인영상정보)을 촬영 금지

② 업무 목적: 개인정보처리자. 일반 개인은 제외

③ (참고) 고정형 영상정보처리기기는 누구든지 공개된 장소에서 원칙적으로 설치운영 금지(제25조 제1항)

15) 이동형 영상정보처리기기 촬영 허용 경우

① 제15조(개인정보의 수집·이용) 제1항 각 호(제1호~제7호)의 어느 하나에 해당하는 경우

② 촬영 사실을 명확히 표시하여 정보주체가 촬영 사실을 알 수 있도록 하였음에도 불구하고 촬영 거부 의사를 밝히지 아니한 경우. 이 경우 정보주체의 권리를 부당하게 침해할 우려가 없고 합리적인 범위를 초과하지 아니하는 경우로 한정

16) 촬영 사실을 명확히 표시하는 방법

불빛, 소리, 안내판, 서면, 안내방송 또는 이에 준하는 수단, 드론에 의한 항공촬영 등 촬영 방법의 특성으로 인해 정보주체에게 촬영 사실을 쉽게 알 수 있도록 알리기 어려운 경우에는 홈페이지 공지 등 고시

17) 이동형 영상정보처리기기 촬영 제한 구역

① 목욕실, 화장실, 발한실, 탈의실 등 개인의 사생활을 현저히 침해할 우려가 있는 장소

② 촬영 제한 구역임에도 촬영할 수 있는 경우: 인명의 구조·구급 등을 위하여 필요한 경우

18) 이동형 영상정보처리기기 운영에 관한 사항

제25조(고정형 영상정보처리기기의 설치·운영 제한) 제6항~제8항 준용

 – 제6항: 안전성 확보 조치(제29조)

 – 제7항: 고정형 영상정보처리기기 운영·관리방침 (개인정보 처리방침)

 – 제8항: 위탁 운영 가능

제25조 제5항은 준용에서 제외

 – 이동형 영상정보처리기기는 기기의 임의 조작이나 녹음 기능 사용 가능

19) 이동형 영상정보처리기기 관련 FAQ

Q Q&A 업무를 목적으로 이동형 영상기기 운영시, 촬영 사실의 명확한 표시 및 정보주체의 동의가 모두 필요한지?

A 업무를 목적으로 한 촬영이라는 사실을 명확히 표시하여 정보주체가 촬영사실을 알 수 있도록 하였음에도 불구하고 정보주체가 촬영 거부 의사를 밝히지 아니한 경우에 해당하고, 정보주체의 부당한 권리 침해 우려가 없으며 합리적 범위를 초과하지 않는다면, 정보주체의 별도 동의는 필요하지 않음

Q 드론을 이용한 항공촬영시에는 불빛, 소리, 안내판 등을 통해서도 촬영사실을 알리기 어려운 특성이 있는데?

A 드론에 의한 항공촬영 등 촬영 방법의 특성으로 인해 정보주체에게 촬영 사실을 알리기 어려운 경우에는 보호위원회가 구축하는 인터넷 사이트를 통해 공지하는 방법으로 알릴 수 있음

Q 정보주체의 촬영거부 의사표현 방식은 어떤 것이 있는지?

A 정보주체가 영상 촬영을 거부하는 의사표현 방식에 대해서는 별도의 제한을 두고 있지 않으므로 사회 통념상 자신의 의사를 다른 사람에게 명확히 알릴 수 있는 모든 형태의 표현 방식(문자, 음성, 행동 등)이 포함될 수 있음

Q 이동형 영상정보처리기기 관련하여 정보주체에게 촬영사실을 안내하게 되어있는데, 개인 차량이나 화물차의 블랙박스의 경우에는 어떻게 해야 하는지?

A 자동차 블랙박스는 일반적으로 교통사고 발생시 원인을 파악하고 대응하기 위한 목적으로 설치·운영되고 있으며, 교통사고는 운전자의 본질적인 업무 목적으로 보기 어렵기 때문에 불빛, 소리, 안내판 등을 통해 촬영사실을 표시할 필요는 없음 다만, 촬영된 영상을 저장하여 별도의 업무 목적(예 : 주행기술 개발, 지도제작 등)으로 활용하는 경우에는 촬영사실을 표시해야 하며, 자동차의 경우는 차량 외부에 LED를 설치 하거나 스티커를 부착하여 촬영사실을 표시하고 알리는 것이 바람직함

Q 이동형 영상정보처리기기에 대해서도 운영관리 방침을 마련하여 공개해야 하는지?

A 업무를 목적으로 공개된 장소를 촬영하는 이동형 영상정보처리기기는 운영관리 방침을 마련하여 공개하여야 하며 운영관리 방침에 포함되어야 할 내용 등 구체적인 사항은 「표준개인정보보호지침」(개인정보위 고시)에 반영하여 공개할 예정임 아울러, '이동형 영상정보처리기기 운영관리 방침'에 포함하여야 할 사항을 '개인정보 처리방침' 또는 '고정형 영상기기 운영관리 방침'에 포함하여 공개한 경우에는 별도로 방침을 마련하여 공개할 필요는 없음

Q 이동형 영상정보처리기기도 녹음 기능 사용 가능한가?

A 원칙적으로 보호법 제25조의2에서는 이동형 영상기기를 통한 영상 촬영에 관하여 규정하고 있으므로, 음성 녹음에 대해서는 제15조의 일반원칙이 적용됨 따라서, 녹음된 내용이 특정 개인을 알아볼 수 있는 개인정보에 해당하는 경우에는 정보주체 동의 등의 법적 근거를 갖추어야 함. 아울러 공개되지 아니한 타인간의 대화 녹음시에는 통신비밀보호법 위반에도 해당될 수 있음을 유의할 필요

Q 영상이 촬영되었는지 여부가 불분명한 사람이 자신의 영상에 대한 열람이나 삭제를 요청하는 경우 어떻게 대응해야 하는지?

A 정보주체는 자신의 개인정보에 대한 결정권을 가지므로, 원칙적으로 특정 영상에 포함된 정보주체가 자신의 영상에 대한 열람, 삭제 등을 요구하는 경우에는 정당한 사유없이 이를 제한하거나 거절할 수 없음. 다만, 개인정보보호법 상의 권리행사 요구는 정보주체 본인 영상에 한하므로 그러한 요구가 있는 경우 해당 정보주체가 촬영된 영상인지, 다른 사람의 권리를 침해할 우려가 있는지를 명확하게 확인해야 함

Q 「민원처리에 관한 법률」제4조에 따라 민원인 등의 폭언, 폭행 등 발생시 민원처리 담당자를 보호하기 위해 휴대용 영상음성기록장비 사용이 가능한데, 동 법률 조항과 보호법 제25조의2 규정 중 어느 법률이 우선 적용되는지?

A 보호법 제25조의2 제1항 제1호에 따라 동 법률 제15조제1항 각 호의 어느 하나에 해당하는 경우(법률에 특별한 규정이 있는 경우 등)에는 이동형 영상정보처리기기를 통해 개인영상을 촬영할 수 있음. 또한 보호법 제6조에 따라 다른 법률에 특별한 규정이 있는 경우에는 해당 법률 규정을 우선 적용하는 것이 원칙이므로 「민원처리에 관한 법률」에서 특별한 정하는 사항은 해당 법률이 우선 적용됨

08 개인정보의 안전 조치 의무

이 법 시행령에서는 개인정보의 유출 등 피해를 막기 위한 조치로서 조직·인력 등에 대한 관리적 보호 조치, 개인정보처리시스템 등에 대한 기술적 보호 조치, 개인정보가 보관된 장소나 매체에 대한 물리적 보호조치를 규정하고 있다.

(1) 관련 법령

개인정보보호법(2025.10.2) 제29조
제29조(안전조치의무) 개인정보처리자는 개인정보가 **분실·도난·유출·위조·변조 또는 훼손**되지 아니하도록 **내부 관리계획 수립, 접속기록 보관** 등 대통령령으로 정하는 바에 따라 안전성 확보에 필요한 **기술적·관리적 및 물리적 조치**를 하여야 한다.

개인정보보호법 시행령 제30조(2025.10.2) (개인정보의 안전성 확보 조치)

제30조(개인정보의 안전성 확보 조치)
① 개인정보처리자는 법 제29조에 따라 다음 각 호의 안전성 확보 조치를 하여야 한다.
   1. 개인정보의 안전한 처리를 위한 내부 관리계획의 수립·시행
   2. 개인정보에 대한 접근 통제 및 접근 권한의 제한 조치
   3. 개인정보를 안전하게 저장·전송할 수 있는 암호화 기술의 적용 또는 이에 상응하는 조치
   4. 개인정보 침해사고 발생에 대응하기 위한 접속기록의 보관 및 위조·변조 방지를 위한 조치
   5. 개인정보에 대한 보안프로그램의 설치 및 갱신
   6. 개인정보의 안전한 보관을 위한 보관시설의 마련 또는 잠금장치의 설치등 물리적 조치
② 보호위원회는 개인정보처리자가 제1항에 따른 안전성 확보 조치를 하도록 시스템을 구축하는 등 필요한 지원을 할 수 있다.
③ 제1항에 따른 안전성 확보 조치에 관한 세부 기준은 보호위원회가 정하여 고시한다.

개인정보보호법 시행령 제30조의2(2025.10.2) (공공시스템 운영기관 등의 개인정보 안전성 확보 조치 등)

제30조의2(공공시스템 운영기관 등의 개인정보 안전성 확보 조치 등)
① 개인정보의 처리 규모, 접근 권한을 부여받은 개인정보취급자의 수 등 보호위원회가 고시하는 기준에 해당하는 개인정보처리시스템(이하 이 조에서 "공공시스템"이라 한다)을 운영하는 공공기관(이하 이 조에서 "공공시스템운영기관"이라 한다)은 법 제29조에 따라 이 영 제30조의 안전성 확보 조치 외에 다음 각 호의 조치를 추가로 해야 한다.
   1. 제30조제1항제1호에 따른 내부 관리계획에 공공시스템별로 작성한 안전성 확보 조치를 포함할 것
   2. 공공시스템에 접속하여 개인정보를 처리하는 기관(이하 이 조에서 "공공시스템이용기관"이라 한다)이 정당한 권한을 가진 개인정보취급자에게 접근 권한을 부여·변경·말소 등을 할 수 있도록 하는 등 접근 권한의 안전한 관리를 위해 필요한 조치
   3. 개인정보에 대한 불법적인 접근 및 침해사고 방지를 위한 공공시스템 접속기록의 저장·분석·점검·관리 등의 조치
② 공공시스템운영기관 및 공공시스템이용기관은 정당한 권한 없이 또는 허용된 권한을 초과하여 개인정보에 접근한 사실이 확인되는 경우에는 지체 없이 정보주체에게 해당 사실과 피해 예방 등을 위해 필요한 사항을 통지해야 한다. 이 경우 다음 각 호의 어느 하나에 해당하는 경우에는 통지를 한 것으로 본다.
   1. 법 제34조제1항에 따라 정보주체에게 개인정보의 분실·도난·유출에 대하여 통지한 경우
   2. 다른 법령에 따라 정보주체에게 개인정보에 접근한 사실과 피해 예방 등을 위해 필요한 사항을 통지한 경우
③ 공공시스템운영기관(공공시스템을 개발하여 배포하는 공공기관이 따로 있는 경우에는 그 공공기관을 포함한다. 이하 이 조에서 같다)은 해당 공공시스템의 규모와 특성, 해당 공공시스템이용기관의 수 등을 고려하여 개인정보의 안전한 관리에 관련된 업무를 전담하는 부서를 지정하여 운영하거나 전담인력을 배치해야 한다.
④ 공공시스템운영기관은 공공시스템별로 해당 공공시스템을 총괄하여 관리하는 부서의 장을 관리책임자로 지정해야 한다. 다만, 해당 공공시스템을 총괄하여 관리하는 부서가 없을 때에는 업무 관련성 및 수행능력 등을 고려하여 해당 공공시스템운영기관의 관련 부서의 장 중에서 관리책임자를 지정해야 한다.

⑤ 공공시스템운영기관은 공공시스템의 안전성 확보 조치 이행상황 점검 및 개선에 관한 사항을 협의하기 위하여 다음 각 호의 기관으로 구성되는 공공시스템운영협의회를 공공시스템별로 설치·운영해야 한다. 다만, 하나의 공공기관이 2개 이상의 공공시스템을 운영하는 경우에는 공공시스템운영협의회를 통합하여 설치·운영할 수 있다.
   1. 공공시스템운영기관
   2. 공공시스템의 운영을 위탁하는 경우 해당 수탁자
   3. 공공시스템운영기관이 필요하다고 인정하는 공공시스템이용기관
⑥ 보호위원회는 공공시스템운영기관이 개인정보의 안전성 확보 조치를 이행하는데 필요한 지원을 할 수 있다.
⑦ 제1항부터 제6항까지에서 규정한 사항 외에 공공시스템운영기관 등의 개인정보의 안전성 확보 조치에 필요한 사항은 보호위원회가 정하여 고시한다.

 ## 09 개인정보취급자에 대한 감독

(1) 관련 법령

개인정보보호법(2025.10.2) 제28조(개인정보취급자에 대한 감독)
제28조(개인정보취급자에 대한 감독) ① 개인정보처리자는 개인정보를 처리함에 있어서 개인정보가 안전하게 관리될 수 있도록 **임직원, 파견근로자, 시간제 근로자 등 개인정보처리자의 지휘·감독을 받아 개인정보를 처리하는 자**(이하 "개인정보취급자"라 한다)에 대하여 적절한 관리·감독을 행하여야 한다. ② 개인정보처리자는 개인정보의 적정한 취급을 보장하기 위하여 개인정보 취급자에게 정기적으로 필요한 교육을 실시하여야 한다.

(2) 관련 지식

1) 개인정보취급자와 개인정보처리자의 차이

구분	개인정보처리자	개인정보취급자
정의	업무를 목적으로 개인정보파일을 운용하기 위하여 스스로 또는 다른 사람을 통하여 개인정보를 처리하는 자	개인정보처리자의 지휘·감독을 받아 개인정보를 처리하는 자
대상	공공기관, 법인, 단체 및 개인	임직원, 파견근로자, 시간제근로자
유의 사항	• 개인정보취급자에 대한 관리·감독 의무 • 개인정보취급자에 대한 정기적 교육 의무 • 대표자, 개인정보보호책임자가 아닌 조직체	• 정규직, 비정규직, 하도급, 시간제 등 모든 근로형태를 불문 • 고용관계가 없더라도 개인정보취급자에 포함됨 • 개인정보 처리업무 등을 수탁받아 처리하고 있는 수탁자 포함

2) 개인정보취급자 감독 FAQ

Q 업무 처리를 위해서 아르바이트 직원에게 고객 개인정보를 열람할 수 있도록 했는데, 이 경우도 개인정보취급자에 해당하는가?

A 아르바이트 등 임시직 직원도 업무상 필요에 의해 개인정보를 열람·처리하고 있다면 개인정보취급자에 해당된다. 따라서 이 경우에도 개인정보의 열람·처리 범위를 업무상 필요한 한도 내에서 최소한으로 제한해야 하며, 보안서약서를 징구하는 등 필요한 관리 조치를 취하여야 한다.

 ## 10 가명정보 처리

(1) 관련 법령

개인정보보호법(2025.10.2) 제28조의2~7

제28조의2(가명정보의 처리 등)
① 개인정보처리자는 **통계작성, 과학적 연구, 공익적 기록보존** 등을 위하여 정보주체의 동의 없이 가명정보를 처리할 수 있다.
② 개인정보처리자는 제1항에 따라 가명정보를 제3자에게 제공하는 경우에는 **특정 개인을 알아보기 위하여 사용될 수 있는 정보를 포함해서는 아니 된다.**

제28조의3(가명정보의 결합 제한)
① 제28조의2에도 불구하고 통계작성, 과학적 연구, 공익적 기록보존 등을 위한 **서로 다른 개인정보처리자 간의 가명정보의 결합**은 **보호위원회 또는 관계 중앙행정기관의 장이 지정하는 전문기관이 수행**한다.
② 결합을 수행한 기관 **외부로 결합된 정보를 반출하려는 개인정보처리자는 가명정보 또는 제58조의2에 해당하는 정보로 처리한 뒤 전문기관의 장의 승인**을 받아야 한다.
③ 제1항에 따른 결합 절차와 방법, 전문기관의 지정과 지정 취소 기준·절차, 관리·감독, 제2항에 따른 반출 및 승인 기준·절차 등 필요한 사항은 대통령령으로 정한다.

제28조의4(가명정보에 대한 안전조치의무 등)
① 개인정보처리자는 가명정보를 처리하는 경우에는 원래의 상태로 복원하기 위한 **추가 정보를 별도로 분리하여 보관·관리**하는 등 해당 정보가 분실·도난·유출·위조·변조 또는 훼손되지 않도록 대통령령으로 정하는 바에 따라 **안전성 확보에 필요한 기술적·관리적 및 물리적 조치**를 하여야 한다.
② 개인정보처리자는 가명정보를 처리하고자 하는 경우에는 **가명정보의 처리 목적, 제3자 제공 시 제공받는 자** 등 가명정보의 처리 내용을 관리하기 위하여 대통령령으로 정하는 사항에 대한 관련 **기록을 작성하여 보관**하여야 한다.

제28조의5(가명정보 처리 시 금지의무 등)
① 누구든지 **특정 개인을 알아보기 위한 목적으로 가명정보를 처리해서는 아니 된다.**
② 개인정보처리자는 가명정보를 처리하는 과정에서 **특정 개인을 알아볼 수 있는 정보가 생성된 경우에는 즉시 해당 정보의 처리를 중지하고, 지체 없이 회수·파기**하여야 한다.

> 제28조의6 삭제
>
> 제28조의7(적용범위)
> 제28조의2 또는 제28조의3에 따라 처리된 가명정보는 제20조, 제20조의2, 제27조, 제34조제1
> 항, 제35조, 제35조의2, 제36조 및 제37조를 적용하지 아니한다.

(2) 관련 지식

1) 가명정보에 적용되지 않는 규정

제20조(정보주체 이외로부터 수집한 개인정보의 수집 출처 등 통지), 제20조의2(개인정보 이용·제공 내역의 통지), 제27조(영업양도 등에 따른 개인정보의 이전 제한), 제34조 제1항 개인정보 유출 등의 통지, 제35조(개인정보 열람), 제35조의2개인정보의(개인정보의 전송 요구), 제36조(개인정보의 정정·삭제), 제37조(개인정보의 처리정지 등)

2) 통계작성

① 통계작성 개념

통계란 특정 집단이나 대상 등에 관하여 작성하는 수량적인 정보를 의미한다. 통계작성의 목적은 시장조사와 같은 상업적 목적으로도 가능하다. 다만, 통계는 집합적인 데이터로 이름, 연락처 등 특정 개인에 관한 정보가 포함되어 있지 않아 통계의 대상이 된 정보주체에 대해서는 1:1 맞춤형 타겟 마케팅이 불가능하다.

② 통계작성 예시

- 회사가 도로구조 개선 및 휴게공간 추가설치 등 고객서비스 개선을 위하여 월별 시간대별 차량 평균속도, 상습 정체구간, 사고구간 및 원인 등에 대한 통계를 작성하는 경우
- 백화점, 마트 등 유통경로별 상품판매 전략을 수립하기 위하여 판매 상품을 구입한 회원의 연령, 성별, 선호색상, 구입처, 기능 및 가격 등에 관한 통계를 작성하는 경우

3) 과학적 연구

① 과학적 연구 개념

과학적 연구란 기술의 개발과 실증, 기초연구, 응용연구 및 민간 투자 연구 등 과학적 방법을 적용하는 연구를 말한다(제2조제8호 참고). 과학적 연구는 기술의 개발과 실증, 기초 연구, 응용 연구뿐만 아니라 새로운 기술·제품·서비스 개발 등 산업적 목적을 위해서도 수행이 가능하며 민간 투자 연구도 가능하다.

② 과학적 연구 예시

- 코로나19 위험 경고를 위해 생활패턴과 코로나19 감염률의 상관관계에 대한 가설을 세우고, 건강 관리용 모바일앱을 통해 수집한 생활습관, 위치정보, 감염증상, 성별, 나이, 감염원 등을 가명처리 하고 감염자의 데이터와 비교·분석하여 가설을 검증하는 경우

- 연령, 성별에 따른 체중관리 운동 시뮬레이션 프로그램 또는 운동관리 애플리케이션을 개발하기 위하여 웨어러블 기기를 이용하여 수집한 맥박, 운동량, 평균 수면시간 등에 관한 정보와 이미 보유한 성별, 연령, 체중을 가명처리하여 활용하는 경우

4) 공익적 기록보존

① 공익적 기록보존 개념
공익적 기록보존이란, 공공의 이익을 위하여 지속적으로 열람할 가치가 있는 기록을 보존하는 것을 의미한다. 공공기관이 처리하는 경우에만 공익적 목적이 인정되는 것은 아니며, 민간기업, 단체 등이 일반적인 공익을 위하여 기록을 보존하는 경우도 공익적 기록보존 목적이 인정된다.

② 공익적 기록보존의 예시
연구소가 현대사 연구 과정에서 수집한 정보 중에서 사료가치가 있는 생존 인물에 관한 정보를 기록·보관하고자 하는 경우

5) 가명정보 제3자 제공 시의 금지사항
통계작성, 과학적 연구, 공익적 기록보존 등을 위하여 가명정보를 제3자에게 제공하는 경우, 특정 개인을 알아보기 위하여 사용될 수 있는 정보를 포함하여서는 안 된다. 따라서 가명 정보를 원래의 상태로 복원할 수 있는 추가 정보 외에도 특정 개인을 알아보기 위하여 사용될 수 있는 정보들은 명칭, 종류, 형태나 내용을 불문하고 제3자에게 제공하여서는 아니 된다.

6) 가명정보 처리에 대한 기록·보관
① 가명정보 처리의 목적
② 가명처리한 개인정보의 항목
③ 가명정보의 이용내역
④ 제3자 제공 시 제공받는 자
⑤ 가명정보의 처리 기간(법 제 28조의4제2항에 따라 가명정보의 처리 기간을 별도로 정한 경우로 한정한다)
⑥ 그 밖에 가명정보의 처리 내용을 관리하기 위하여 보호위원회가 필요하다고 인정하여 고시하는 사항

7) 가명정보 처리 FAQ

Q 가명정보를 통계작성, 과학적 연구, 공익적 기록보존 등을 위하여 정보주체의 동의 없이 공개할 수 있는지?

A 정보주체의 동의 없이 가명정보를 제공·공개하기 위해서는 통계작성, 과학적 연구, 공익적 기록보존 등의 목적에 해당하여야 하고(제28조의2제1항), 특정 개인을 알아볼 수 있는 정보가 포함되어서는 아니 된다(제28조의2제2항). 하지만, 가명정보를 불특정 다수에게 공개하는 경우에는 공개의 목적이 통계작성, 과학적 연구, 공익적 기록보존 등의 목적에 해당하는지가 불분명하고(제28조의2제1항 위반 우려), 불특정 다수 중 누군가는 공개하는 정보와 결합하여 특정 개인을 알아볼 수 있는 정보를 가지고 있을 수 있어(제28조의2제2항 위반 우려), 가명 정보의 공개는 사실상 제한된다.

Q 가명정보를 통계 작성 목적으로 제공받으면 통계 작성 목적으로만 처리하여야 하는지?

A 가명정보를 정보주체의 동의 없이 처리할 수 있는 목적 범위는 통계작성, 과학적 연구, 공익적 기록보존 등의 목적이다. 따라서 가명정보를 통계작성 목적으로 제공받았다 하더라도 통계 작성 외에 과학적 연구, 공익적 기록 보존 목적 등으로 해당 정보주체의 동의 없이 처리할 수 있다.

Q 가명정보를 과학적 연구 등 목적으로 제공하는 경우 대가를 받을 수 있는지?

A 가명정보를 과학적 연구 등 법에서 허용하는 범위로 제공하면서 대가를 받는 것은 금지하고 있지 않다. 다만, 가명정보 제공 대상이나 가명처리 목적이 특정되지 않은 상황에서 가명처리 하는 것과 그 가명정보를 제공하고 대가를 받는 것은 판매가 목적인 경우로 볼 수 있어 허용되지 않는다.

Q 민감정보 또는 고유식별번호를 과학적 연구 등 목적으로 동의 없이 처리할 수 있는지?

A 가명정보의 처리에 관한 특례(제3절)는 일반 개인정보에 대한 규정에 우선하여 적용되므로 민감정보 또는 고유식별정보도 가명처리의 대상이 될 수 있다. 다만, 최소처리원칙(제3조제2항)에 따라 처리 목적과의 관련성을 고려하여 가명정보 처리 목적과 관련이 없는 민감정보 또는 고유식별정보는 삭제하여야 한다.

8) 개인정보 활용방법

법령, 정보주체의 동의 , 가명처리 · 익명처리

9) 개인정보 비식별화

데이터 내에 개인을 식별할 수 있는 경우, 이의 일부 또는 전부를 삭제, 또는 일부를 속성 정보로 대체 처리함으로써 다른 정보와 결합하여도 특정 개인을 식별하기 어렵도록 하는 조치

[익명화 개념도]

• 연관성이 더 이상 유일하지 않고 하나 이상의 데이터 주체와 관련되고 개인과의 직접적인 관계가 존재하지 않도록 관련 특성–데이터–집합의 특성을 제거하거나 변형하는 것
• 데이터 집합과 데이터 주체 사이의 연관성이 특정 지어지지 않고 주체와 직접적인 관련이 없도록 데이터 주체 집합의 수를 늘리는 것

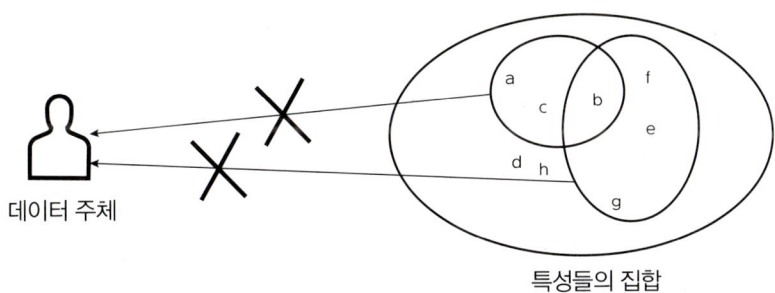

데이터 주체   특성들의 집합

[가명화 개념도]

- 데이터 주체와의 관계를 제거하고, 데이터 주체와 하나 이상의 가명들과 관계되는 특성들의 집합 사이의 관계를 추가하는 것
- 기능적인 관점에서 가명화 데이터 집합은 가명들이 특징 집합들 사이의 결합을 허가하는 것

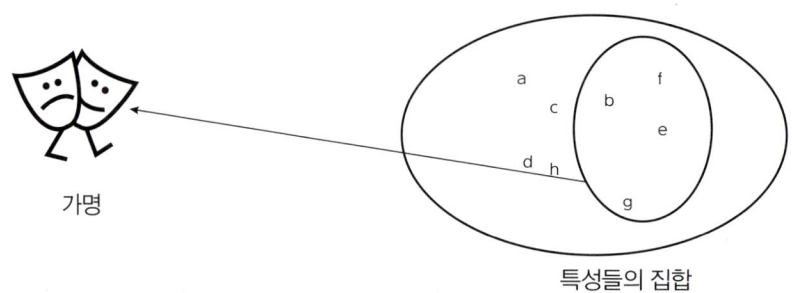

가명   특성들의 집합

10) 개인정보·가명정보·익명정보 개념

구분	개인정보	가명정보	익명정보
개념	**특정 개인**에 관한 정보, 개인을 알아볼 수 있게 하는 정보	**추가정보의 사용 없이는** 특정 개인을 알아볼 수 없게 조치한 정보	더 이상 개인을 알아볼 수 없게 (**복원 불가능할** 정도로) 조치한 정보
활용 범위	사전적이고 구체적인 **동의**를 받은 범위 안에서 활용 가능	**통계**작성(상업적 목적 포함), **과학적 연구**(산업적 연구 포함), **공익적 기록** 보존	개인정보가 아니기 때문에 제한 없이 **자유롭게 활용**
개념도	Name Indentified	12345 Pseudonymized	Anonymized

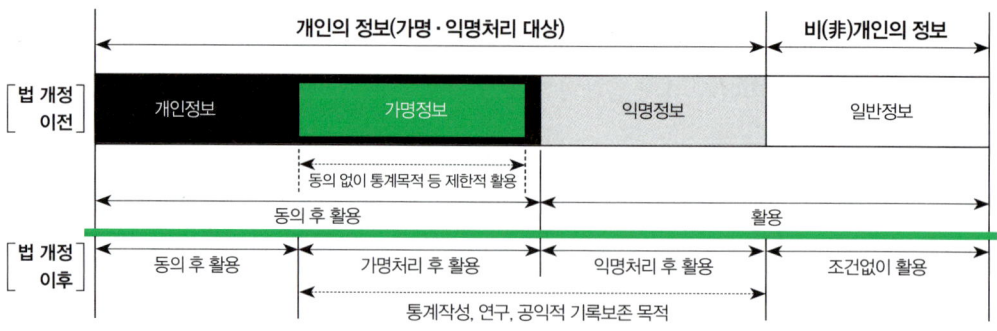

11) 데이터 처리 관점의 개인정보 가명·익명처리 기술 구분

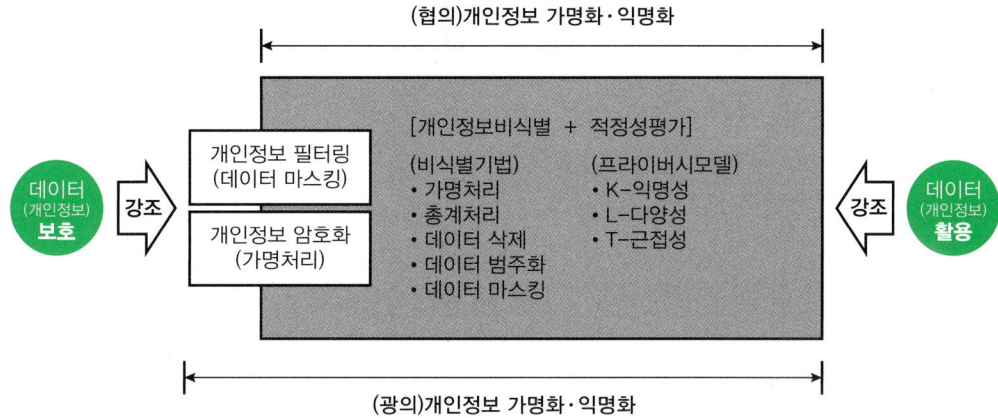

[개인정보 가명화, 익명화 개념]

12) 가명정보 결합체계

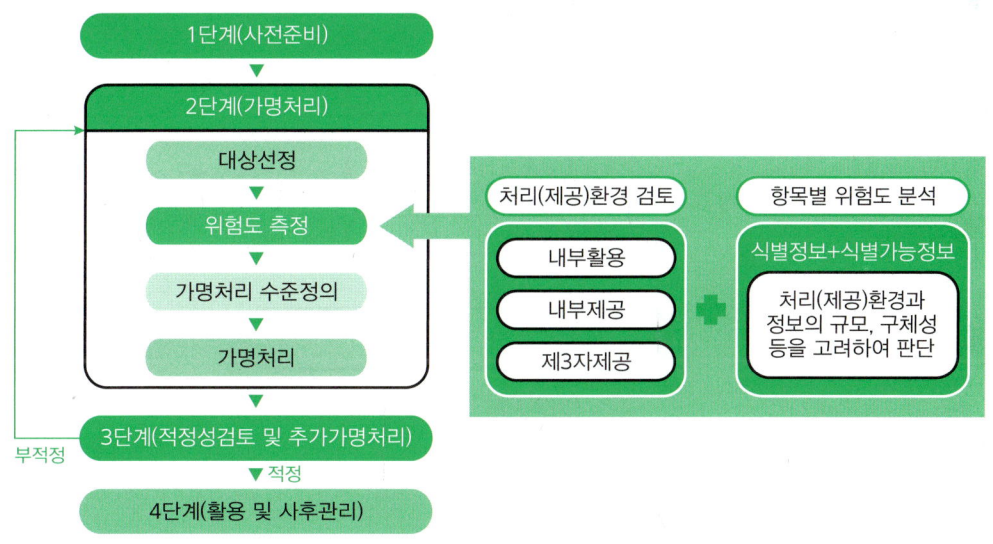

[가명처리 단계별 세부 절차도]

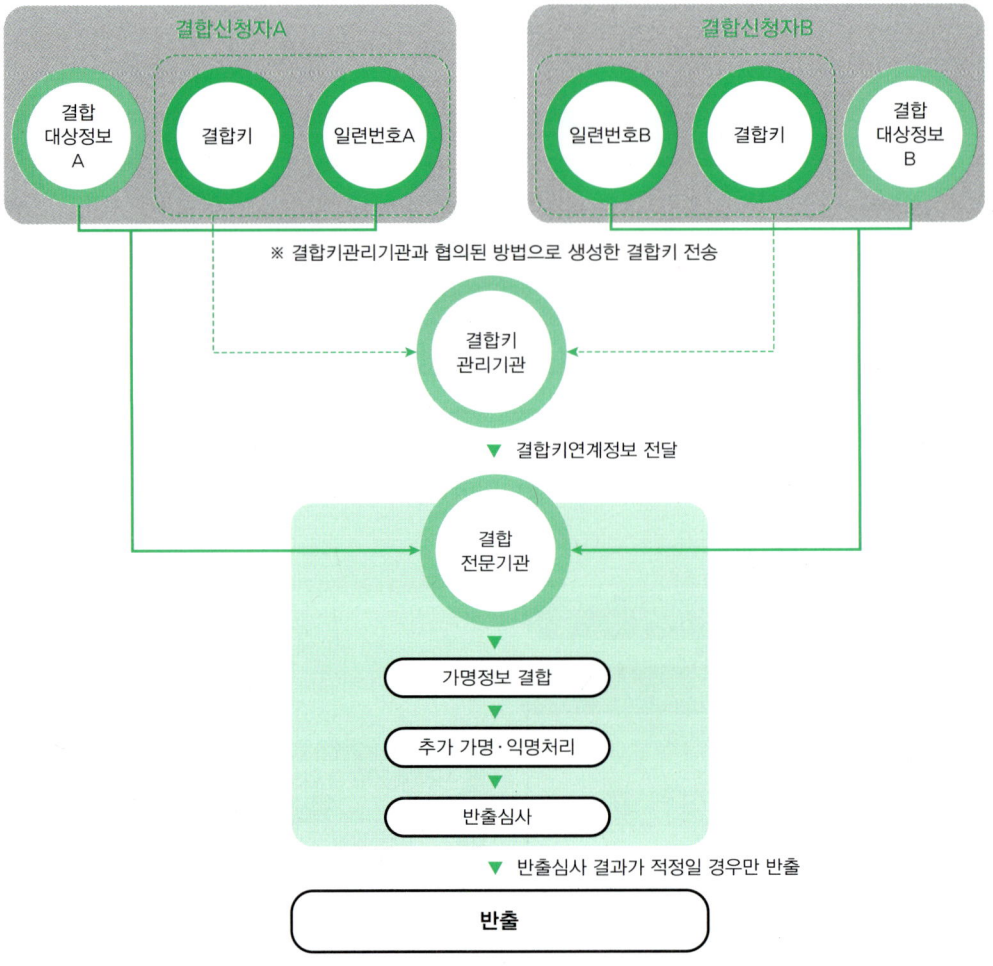

[가명처리 결합, 반출 절차]

13) 개인정보의 가명·익명처리 기술 종류

분류	기술	세부기술	설명
개인정보 삭제	삭제기술	삭제 (Suppression)	• 원본정보에서 개인정보를 단순 삭제
		부분삭제 (Partial suppression)	• 개인정보 전체를 삭제하는 방식이 아니라 일부를 삭제
		행 항목 삭제 (Record suppression)	• 다른 정보와 뚜렷하게 구별되는 행 항목을 삭제
		로컬 삭제 (Local suppression)	• 특이정보를 해당 행 항목에서 삭제
개인정보 일부 또는 전부 대체	통계도구	마스킹 (Masking)	• 특정 항목의 일부 또는 전부를 공백 또는 문자(' * ', ' _ ' 등이나 전각 기호)로 대체
		총계처리 (Aggregation)	• 평균값, 최댓값, 최솟값, 최빈값, 중간값 등으로 처리
		부분총계 (Micro aggregation)	• 정보집합물 내 하나 또는 그 이상의 행 항목에 해당하는 특정 열 항목을 총계처리. 즉, 다른 정보에 비하여 오차 범위가 큰 항목을 평균값 등으로 대체
	일반화 (범주화) 기술	일반 라운딩 (Rounding)	• 올림, 내림, 반올림 등의 기준을 적용하여 집계 처리하는 방법으로, 일반적으로 세세한 정보보다는 전체 통계 정보가 필요한 경우 많이 사용
		랜덤 라운딩 (Random rounding)	• 수치 데이터를 임의의 수인 자리 수, 실제 수 기준으로 올림 (round up) 또는 내림(round down)하는 기법
		제어 라운딩 (Controlled rounding)	• 라운딩 적용 시 값의 변경에 따라 행이나 열의 합이 원본의 행이나 열의 합과 일치하지 않는 단점을 해결하기 위해 원본과 결과가 동일하도록 라운딩을 적용하는 기법
		상하단코딩 (Top and bottom coding)	• 정규분포의 특성을 가진 데이터에서 양쪽 끝에 치우친 정보는 적은 수의 분포를 가지게 되어 식별성을 가질 수 있음 • 이를 해결하기 위해 적은 수의 분포를 가진 양 끝단의 정보를 범주화 등의 기법을 적용하여 식별성을 낮추는 기법
		로컬 일반화 (Local generalization)	• 전체 정보집합물 중 특정 열 항목(들)에서 특이한 값을 가지거나 분포상의 특이성으로 인해 식별성이 높아지는 경우 해당 부분만 일반화를 적용하여 식별성을 낮추는 기법

분류	기술	세부기술	설명
개인정보 일부 또는 전부 대체	일반화 (범주화) 기술	범위 방법 (Data range)	• 수치 데이터를 임의의 수 기준이 범위(range)로 설정하는 기법으로, 해당 값의 범위 또는 구간(interval)으로 표현
		문자데이터 범주화 (Categorization of character data)	• 문자로 저장된 정보에 대해 보다 상위의 개념으로 범주화하는 기법
		양방향 암호화 (Two-way encryption)	• 특정 정보에 대해 암호화와 암호화된 정보에 대한 복호화가 가능한 암호화 기법 • 암호화 및 복호화에 동일 비밀키로 암호화하는 대칭키(Symmetric key) 방식과 공개키와 개인키를 이용하는 비대칭키(Asymmetric key) 방식으로 구분
	암호화	일방향 암호화 – 암호학적 해시함수 (One-way encryption – Cryptographic hash function)	• 원문에 대한 암호화의 적용만 가능하고 암호문에 대한 복호화 적용이 불가능한 암호화 기법 • 키가 없는 해시함수(MDC, Message Digest Code), 솔트 (Salt)가 있는 해시함수, 키가 있는 해시함수(MAC, Message Authentication Code)로 구분 • 암호화(해시처리)된 값에 대한 복호화가 불가능하고, 동일한 해시 값과 매핑(mapping)되는 2개의 고유한 서로 다른 입력값을 찾는 것이 계산상 불가능하여 충돌 가능성이 매우 적음
		순서보존 암호화 (Order-preserving encryption)	• 원본정보의 순서와 암호값의 순서가 동일하게 유지되는 암호화 방식 • 암호화된 상태에서도 원본정보의 순서가 유지되어 값들 간의 크기에 대한 비교 분석이 필요한 경우 안전한 분석이 가능
		형태보존 암호화 (Format-preserving encryption	• 원본 정보의 형태와 암호화된 값의 형태가 동일하게 유지되는 암호화 방식 • 원본 정보와 동일한 크기와 구성 형태를 가지기 때문에 일반적인 암호화가 가지고 있는 저장 공간의 스키마 변경 이슈가 없어 저장 공간의 비용 증가를 해결할 수 있음 • 암호화로 인해 발생하는 시스템의 수정이 거의 발생하지 않아 토큰화, 신용카드 번호의 암호화 등에서 기존 시스템의 변경 없이 암호화를 적용할 때 사용
		동형 암호화 (Homomorphic encryption)	• 암호화된 상태에서의 연산이 가능한 암호화 방식으로 원래의 값을 암호화한 상태로 연산 처리를 하여 다양한 분석에 이용가능 • 암호화된 상태의 연산값을 복호화 하면 원래의 값을 연산한 것과 동일한 결과를 얻을 수 있는 4세대 암호화 기법
		다형성 암호화 (Polymorphic encryption)	• 가명정보의 부정한 결합을 차단하기 위해 각 도메인별로 서로 다른 가명처리 방법을 사용하여 정보를 제공하는 방법 • 정보 제공 시 서로 다른 방식의 암호화된 가명처리를 적용함에 따라 도메인별로 다른 가명정보를 가지게 됨

분류	기술	세부기술	설명
개인정보 일부 또는 전부 대체	무작위화 기술	잡음 추가 (Noise addition)	• 개인정보에 임의의 숫자 등 잡음을 추가(더하기 또는 곱하기)하는 방법
		순열(치환) (Permutation)	• 분석 시 가치가 적고 식별성이 높은 열 항목에 대해 대상 열항목의 모든 값을 열 항목 내에서 무작위로 순서를 변경하여 식별성을 낮추는 기법 • 개인정보를 다른 행 항목의 정보와 무작위로 순서를 변경하여 전체정보에 대한 변경 없이 특정 정보가 해당 개인과 연결되지 않도록 하는 방법
		토큰화 (Tokenisation)	• 개인을 식별할 수 있는 정보를 토큰으로 변환 후 대체함으로써 개인정보를 직접 사용하여 발생하는 식별 위험을 제거하여 개인정보를 보호하는 기술 • 토큰 생성 시 적용하는 기술은 의사난수생성 기법이나 양방향 암호화, 형태보존 암호화 기법을 주로 사용
		(의사)난수생성기 [(P)RNG, (Pseudo) Random Number Generator]	• 주어진 입력값에 대해 예측이 불가능하고 패턴이 없는 값을 생성하는 메커니즘으로 임의의 숫자를 개인정보와 대체
가명·익명처리를 위한 다양한 기술 (기타 기술)		표본추출 (Sampling)	• 데이터 주체별로 전체 모집단이 아닌 표본에 대해 무작위 레코드 추출 등의 기법을 통해 모집단의 일부를 분석하여 전체에 대한 분석을 대신하는 기법
		해부화 (Anatomization)	• 기존 하나의 데이터셋(테이블)을 식별성이 있는 정보집합물과 식별성이 없는 정보집합물로 구성된 2개의 데이터셋으로 분리하는 기술
		재현데이터 (Synthetic data)	• 원본과 최대한 유사한 통계적 성질을 보이는 가상의 데이터를 생성하기 위해 개인정보의 특성을 분석하여 새로운 데이터를 생성하는 기법
		동형비밀분산 (Homomorphic secret sharing)	• 식별정보 또는 기타 식별가능정보를 메시지 공유 알고리즘에 의해 생성된 두 개 이상의 쉐어(share)*로 대체 • 기밀사항을 재구성하는데 사용할 수 있는 하위 집합
		차분 프라이버시 (Differential privacy)	• 특정 개인에 대한 사전지식이 있는 상태에서 데이터베이스 질의(Query)에 대한 응답 값으로 개인을 알 수 없도록 응답 값에 임의의 숫자 잡음(Noise)을 추가하여 특정 개인의 존재 여부를 알 수 없도록 하는 기법 • 1개 항목이 차이나는 두 데이터베이스 간의 차이(확률분포)를 기준으로 하는 프라이버시 보호 모델

14) 개인정보의 가명·익명처리 기술 종류

① 개인정보 삭제

　－ 삭제기술 : 선택된 항목을 제거하는 기술

❶ 삭제(Suppression)　`수치형데이타`　`문자형데이타`

－ 원본정보에서 개인정보를 단순 삭제

※ 이때 남아 있는 정보 그 자체로도 분석의 유효성을 가져야 함과 동시에 개인을 식별할 수 없어야 하며, 인터넷 등에 공개되어 있는 정보 등과 결합하였을 경우에도 개인을 식별할 수 없어야 함

성명	성별	나이	핸드폰번호	주소	통신료	단말기금액	누적포인트
김철수	남	41세	010-6666-8888	서울특별시 중구 무교동	98,700	1,198,700	356,800
이영희	여	61세	010-9999-2222	부산광역시 북구 화명동	69,400	505,400	203,000
박민호	남	30세	010-2222-7777	광주광역시 서구 금호동	104,400	1,604,400	198,000
이윤정	여	57세	010-3333-4444	전라남도 나주시 빛가람동	954,800	3,954,800	20,532,000
최동욱	남	28세	010-5555-6666	세종특별자치시 어진동	83,600	883,600	400,900

삭제 ⬇

성별	나이	통신료	단말기금액	누적포인트
남	41세	98,700	1,198,700	356,800
여	61세	69,400	505,400	203,000
남	30세	104,400	1,604,400	198,000
여	57세	954,800	3,954,800	20,532,000
남	28세	83,600	883,600	400,900

❷ 부분삭제(Partial suppression) 수치형데이타 문자형데이타

– 개인정보 전체를 삭제하는 방식이 아니라 일부를 삭제

성명	성별	나이	핸드폰번호	주소	통신료	단말기금액	누적포인트
김철수	남	41세	010-6666-8888	서울특별시 중구 무교동	98,700	1,198,700	356,800
이영희	여	61세	010-9999-2222	부산광역시 북구 화명동	69,400	505,400	203,000
박민호	남	30세	010-2222-7777	광주광역시 서구 금호동	104,400	1,604,400	198,000
이윤정	여	57세	010-3333-4444	전라남도 나주시 빛가람동	954,800	3,954,800	20,532,000
최동욱	남	28세	010-5555-6666	세종특별자치시 어진동	83,600	883,600	400,900

삭제 ⬇

성명	성별	나이	핸드폰번호	주소	통신료	단말기금액	누적포인트
김	남	41세	8888	서울특별시 중구	98,700	1,198,700	356,800
이	여	61세	2222	부산광역시 북구	69,400	505,400	203,000
박	남	30세	7777	광주광역시 서구	104,400	1,604,400	198,000
이	여	57세	4444	전라남도 나주시	954,800	3,954,800	20,532,000
최	남	28세	6666	세종특별자치시	83,600	883,600	400,900

❸ 행 항목 삭제(Record suppression) 수치형데이타 문자형데이타

– 다른 정보와 뚜렷하게 구별되는 행 항목을 삭제
– 통계분석에 있어서 전체 평균에 비하여 오차범위를 벗어나는 자료를 제거할 때 사용

성명	성별	나이	핸드폰번호	주소	통신료	단말기금액	누적포인트
김철수	남	41세	010-6666-8888	서울특별시 중구 무교동	98,700	1,198,700	356,800
이영희	여	61세	010-9999-2222	부산광역시 북구 화명동	69,400	505,400	203,000
박민호	남	30세	010-2222-7777	광주광역시 서구 금호동	104,400	1,604,400	198,000
이윤정	여	57세	010-3333-4444	전라남도 나주시 빛가람동	954,800	3,954,800	20,532,000
최동욱	남	28세	010-5555-6666	세종특별자치시 어진동	83,600	883,600	400,900

삭제 ⬇

성명	성별	나이	핸드폰번호	주소	통신료	단말기금액	누적포인트
김철수	남	41세	010-6666-8888	서울특별시 중구 무교동	98,700	1,198,700	356,800
이영희	여	61세	010-9999-2222	부산광역시 북구 화명동	69,400	505,400	203,000
박민호	남	30세	010-2222-7777	광주광역시 서구 금호동	104,400	1,604,400	198,000
최동욱	남	28세	010-5555-6666	세종특별자치시 어진동	83,600	883,600	400,900

❹ 로컬 삭제(Local suppression) 수치형데이타 문자형데이타

– 특이정보를 해당 행 항목에서 삭제

(설명) 다른 누적포인트에 비하여 뚜렷이 구별되는 누적포인트를 항목에서 삭제

성명	성별	나이	핸드폰번호	주소	통신료	단말기금액	누적포인트
김철수	남	41세	010-6666-8888	서울특별시 중구 무교동	98,700	1,198,700	356,800
이영희	여	61세	010-9999-2222	부산광역시 북구 화명동	69,400	505,400	203,000
박민호	남	30세	010-2222-7777	광주광역시 서구 금호동	104,400	1,604,400	198,000
이윤정	여	57세	010-3333-4444	전라남도 나주시 빛가람동	954,800	3,954,800	20,532,000
최동욱	남	28세	010-5555-6666	세종특별자치시 어진동	83,600	883,600	400,900

삭제 ⬇

성명	성별	나이	핸드폰번호	주소	통신료	단말기금액	누적포인트
김철수	남	41세	010-6666-8888	서울특별시 중구 무교동	98,700	1,198,700	356,800
이영희	여	61세	010-9999-2222	부산광역시 북구 화명동	69,400	505,400	203,000
박민호	남	30세	010-2222-7777	광주광역시 서구 금호동	104,400	1,604,400	198,000
이윤정	여	57세	010-3333-4444	전라남도 나주시 빛가람동	954,800	3,954,800	
최동욱	남	28세	010-5555-6666	세종특별자치시 어진동	83,600	883,600	400,900

❺ 마스킹(Masking) 수치형데이타 문자형데이타

– 특정 항목의 일부 또는 전부를 공백 또는 문자('＊', '＿' 등이나 전각 기호)로 대체
※ 분류는 개인정보 일부 또는 전부 대체로 분류되지만, 기술적으로 마스킹된 부분은 데이터로써의 가치가 없어져 일부 문건에서는 삭제로 분류되기도 함

성명	성별	나이	핸드폰번호
김철수	남	41세	010-6666-8888
이영희	여	61세	010-9999-2222
박민호	남	30세	010-2222-7777
이윤정	여	57세	010-3333-4444
최동욱	남	28세	010-5555-6666

 마스킹 ➡

성명	성별	나이	핸드폰번호
김＊＊	남	4＊세	＊＊＊-＊＊＊＊-＊＊＊＊
이＊＊	여	6＊세	＊＊＊-＊＊＊＊-＊＊＊＊
박＊＊	남	3＊세	＊＊＊-＊＊＊＊-＊＊＊＊
이＊＊	여	5＊세	＊＊＊-＊＊＊＊-＊＊＊＊
최＊＊	남	2＊세	＊＊＊-＊＊＊＊-＊＊＊＊

② 개인정보 일부 또는 전부 대체
– 통계도구 : 데이터의 전체 구조를 변경하는 통계적 성질을 가진 기법

❶ 총계처리(Aggregation) `수치형데이타`

– 평균값, 최댓값, 최솟값, 최빈값, 중간값 등으로 처리

※ 단, 데이터 전체가 유사한 특징을 가진 개인으로 구성되어 있을 경우 그 데이터의 대푯값이 특정 개인의 정보를 그대로 노출시킬 수도 있으므로 주의 필요

통신료		통신료	통신료		통신료	통신료		통신료
98,700		262,180	98,700		954,800	98,700		69,400
69,400		262,180	69,400		954,800	69,400		69,400
104,400	평균값	262,180	104,400	최댓값	954,800	104,400	최솟값	69,400
954,800		262,180	954,800		954,800	954,800		69,400
83,600		262,180	83,600		954,800	83,600		69,400

통신료		통신료	통신료		통신료		통신료
98,700		104,400	98,700		54,800		83,600
69,400		104,400	69,400		69,400		83,600
104,400	최빈값	104,400	104,400	정렬	83,600	중간값	83,600
954,800		104,400	54,800		98,700		83,600
104,400		104,400	83,600		104,400		83,600

1-1. 부분총계(Micro Aggregation) `수치형데이타`

– 정보집합물 내 하나 또는 그 이상의 행 항목에 해당하는 특정 열 항목을 총계처리즉, 다른 정보에 비하여 오차 범위가 큰 항목을 평균값 등으로 대체
– 동질 집합 내의 특정 항목을 총계처리 하거나 특정 조건에 너무 특이한 값이 있어 개인의 식별 가능성이 높지만 분석에 꼭 필요한 값인 경우 처리

> (설명) 지역, 나이 기준으로 동질집합을 형성하고, 오차 범위가 큰 소득금액을 동질집합 내 평균값으로 대체

지역	나이	소득금액
서울	30대	5,987,900
서울	30대	28,169,700
서울	30대	3,009,600
나주	30대	4,607,300
나주	30대	3,560,800
나주	30대	2,940,100
세종	30대	6,088,400
세종	30대	2,789,200
세종	30대	5,048,300

지역	나이	소득금액
서울	30대	12,389,067
서울	30대	12,389,067
서울	30대	12,389,067
나주	30대	4,607,300
나주	30대	3,560,800
나주	30대	2,940,100
세종	30대	6,088,400
세종	30대	2,789,200
세종	30대	5,048,300

– 일반화기술 : 범주화로도 불리며, 특정한 값을 상위의 속성으로 대체

❶ 라운딩(Rounding)　수치형데이타

1-1. 일반 라운딩
– 올림, 내림, 반올림 등의 기준을 적용하여 집계 처리하는 방법

나이
33세
61세
47세
66세
40세

올림	내림	반올림
40세	30세	30세
70세	60세	60세
50세	40세	50세
70세	60세	70세
40세	40세	40세

※ 적절하지 않은 라운딩의 경우 라운딩 후에도 남은 값의 유일성이 남게 될 수 있으며, 적용하는 단위에 대한 판단이 중요

금액	백 단위 라운딩
983,116,785	983,117,000
984,715,591	984,716,000
984,932,383	984,932,000
985,660,262	985,660,000
986,047,778	986,048,000

적절하지 않은 라운딩

금액	백만 단위 라운딩
983,116,785	980,000,000
984,715,591	980,000,000
984,932,383	980,000,000
985,660,262	990,000,000
986,047,778	990,000,000

적절하지 않은 라운딩

1-2. 랜덤 라운딩(Random Rounding)　수치형데이타
– 수치 데이터를 임의의 수인 자리 수, 실제 수 기준으로 올림(round up) 또는 내림(round down)하는 기법

금액		금액
869,250	만 단위 라운딩	900,000
4,559,120	십만 단위 라운딩	4,000,000
13,601,564	십만 단위 라운딩	14,000,000
979,118	만 단위 라운딩	900,000
122,848,878	백만 단위 라운딩	120,000,000

1-3. 제어 라운딩(Controlled rounding) `수치형데이타`

– 라운딩 적용 시 값의 변경에 따라 행이나 열의 합이 원본의 행이나 열의 합과 일치하지 않는 단점을 해결하기 위해 원본과 결과가 동일하도록 라운딩을 적용하는 기법

※ 컴퓨터 프로그램으로 구현하기 어렵고 복잡한 통계표에는 적용하기 어려우며, 해결할 수 있는 방법이 존재하지 않을 수 있어 아직 실무에서는 잘 사용하지 않음

> (설명) 나이에 대한 평균 분석 시 원본의 경우 평균이 51세가 되나 일반 라운딩을 적용한 경우 평균이 50세가 되어 결과가 다르게 되고, 이에 일부 값을 다르게 라운딩(제어)하여 평균 나이가 원본과 일치되도록 함

원본(나이)
33세
61세
50세
72세
43세
44세
23세
67세
68세
49세
평균 : 51세
합계 : 510

일반 라운딩	제어 라운딩
30세	30세
60세	60세
50세	50세
70세	70세
40세	40세
40세	50세
20세	20세
70세	70세
70세	70세
50세	50세
평균 : 50세	평균 : 51세
합계 : 500	합계 : 510

❷ 상하단코딩(Top and bottom coding) `수치형데이타`

– 정규분포의 특성을 가진 데이터에서 양쪽 끝에 치우친 정보는 적은 수의 분포를 가지게 되어 식별성을 가질 수 있으며, 이를 해결하기 위해 적은 수의 분포를 가진 양 끝단의 정보를 범주화 등의 기법을 적용하여 식별성을 낮추는 기법

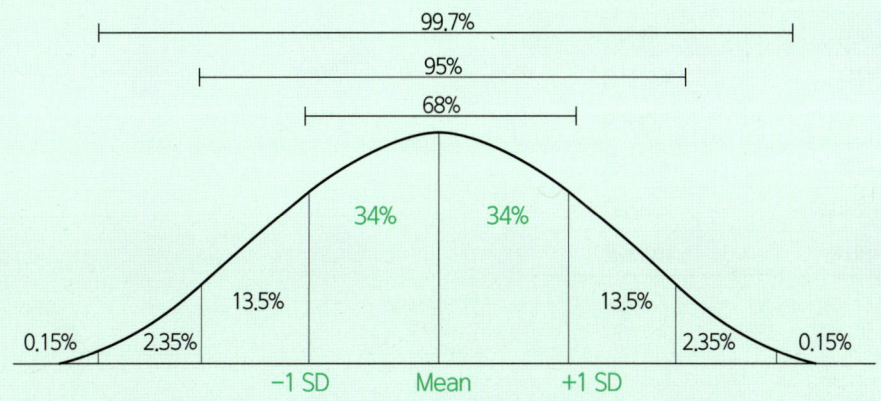

❸ 로컬 일반화(Local generalization) `수치형데이타`

– 전체 정보집합물 중 특정 열 항목(들)에서 특이한 값을 가지거나 분포상의 특이성으로 인해 식별성이 높아지는 경우 해당 부분만 일반화를 적용하여 식별성을 낮추는 기법

> (설명) 서울 지역의 30대 중 분포 상 다른 금액에 비해 특이한 값을 동질집합 내 범주화
> ※ 특이한 로컬(28,169,700)에만 3,009,600 ~ 28,169,700으로 범주화 할 수 있음

지역	나이	소득금액
서울	30대	5,987,900
서울	30대	28,169,700
서울	30대	3,009,600
나주	30대	4,607,300
나주	30대	3,560,800
나주	30대	2,940,100
세종	30대	6,088,400
세종	30대	2,789,200
세종	30대	5,048,300

지역	나이	소득금액
서울	30대	3,009,600~28,169,700
서울	30대	3,009,600~28,169,700
서울	30대	3,009,600~28,169,700
나주	30대	4,607,300
나주	30대	3,560,800
나주	30대	2,940,100
세종	30대	6,088,400
세종	30대	2,789,200
세종	30대	5,048,300

❹ 범위 방법(Data range) `수치형데이타`

– 수치 데이터를 임의의 수 기준의 범위(range)로 설정하는 기법으로, 해당 값의 범위 또는 구간(interval)으로 표현

> (예시) 소득 3,300만원을 소득 3,000만원~4,000만원으로 대체 표기

❺ 문자데이터 범주화(Categorization of character data) `문자형데이타`

– 문자로 저장된 정보에 대해 상위의 개념으로 범주화하는 기법

품목	품목
분유	육아용품
기저귀	육아용품
젖병	육아용품
샤워타올	육아용품
욕실화	육아용품

– 암호화 : 정보 가공 시 일정한 규칙의 알고리즘을 적용하여 대체

❶ 암호화(Encryption) `수치형데이타` `문자형데이타`

※ 암호화에 따른 세부적인 내용은 한국인터넷진흥원 암호이용활성화 관련 안내서 참조

1-1. 양방향 암호화(Two-way encryption)
– 특정 정보에 대해 암호화와 암호화된 정보에 대한 복호화가 가능한 암호화 기법
– 암호화 및 복호화에 동일한 비밀키로 암호화하는 AES, ARIA 등 대칭키(Symmetric key) 방식과 공개키와 개인키를 이용하는 RSA 등 비대칭키(Asymmetric key) 방식으로 구분되며, 키(key) 관리에 주의 필요

1-2. 일방향 암호화 – 암호학적 해시함수(One-way encryption – Cryptographic hash function)
– 원문에 대한 암호화의 적용만 가능하고 암호문에 대한 복호화 적용이 불가능한 암호화 기법
– 키가 없는 해시함수(MDC, Message Digest Code), 키가 있는 해시함수(MAC, Message Authentication Code), 솔트(Salt)가 있는 해시함수로 구분
– 암호화(해시처리)된 값에 대한 복호화가 불가능하고, 동일한 해시 값과 매핑(mapping)되는 2개의 고유한 서로 다른 입력값을 찾는 것이 계산상 불가능하여 충돌 가능성이 매우 적음

1-3. 순서보존 암호화(Order-preserving encryption)
– 원본정보의 순서와 암호값의 순서가 동일하게 유지되는 암호화 방식
– 암호화된 상태에서도 원본정보의 순서가 유지되어 값들 간의 크기에 대한 비교 분석이 필요한 경우 안전한 분석이 가능

1-4. 형태보존 암호화(Format-preserving encryption)
– 원본 정보의 형태와 암호화된 암호값의 형태가 동일하게 유지되는 암호화 방식
– 원본 정보와 동일한 크기와 구성 형태를 가지기 때문에 일반적인 암호화가 가지고 있는 저장 공간의 스키마 변경 이슈가 없어 저장 공간의 비용 증가를 해결할 수 있음
– 암호화로 인해 발생하는 시스템의 수정이 거의 발생하지 않아 토큰화, 신용카드 번호의 암호화 등에서 기존 시스템의 변경 없이 암호화를 적용할 때 사용

1-5. 동형 암호화(Homomorphic encryption)
– 암호화된 상태에서의 연산이 가능한 암호화 방식
– 원래의 값을 암호화한 상태로 연산 처리를 하여 다양한 분석에 이용가능
– 암호화된 상태의 연산한 값을 복호화 하면 원래의 값을 연산한 것과 동일한 결과를 얻을 수 있는 4세대 암호화 기법

1-6. 다형성 암호화(Polymorphic encryption)
– 가명정보의 부정한 결합을 차단하기 위해 각 도메인별로 서로 다른 가명처리 방법을 사용하여 정보를 제공하는 방법
– 정보 제공 시 서로 다른 방식의 암호화된 가명처리를 적용함에 따라 도메인별로 다른 가명정보를 가지게 됨

– 무작위화기술 : 속성의 값을 원래의 값과 다르게 변경

❶ 잡음 추가(Noise addition) `수치형데이타` `문자형데이타`

– 개인정보에 임의의 숫자 등 잡음을 추가(더하기 또는 곱하기)하는 방법
– 지정된 평균과 분산의 범위 내에서 잡음이 추가되므로 원 자료의 유용성을 해치지 않으나, 잡음값은 데이터 값과는 무관하기 때문에 유효한 데이터로 활용하기 곤란하여, 중요한 종적정보는 동일한 잡음을 사용해야함 (예시로 입원일자에 +3이라는 노이즈를 추가하는 경우 퇴원일자에도 +3이라는 노이즈를 부여해야 전체 입원일수에 변화가 없음)

생년월일	잡음추가	잡음추가생년월일
2011-12-05	+3	2011-12-08
2016-08-09	-2	2016-08-07
2009-02-11	-5	2009-02-06
1998-05-27	-6	1998-05-21
1991-06-18	+9	1991-06-27

❷ 순열(치환)(Permutation) `수치형데이타` `문자형데이타`

– 기존 값은 유지하면서 개인이 식별되지 않도록 데이터를 재배열하는 방법
– 개인정보를 다른 행 항목의 정보와 무작위로 순서를 변경하여 전체정보에 대한 변경 없이 특정 정보가 해당 개인과 연결되지 않도록 하는 방법

※ 데이터의 훼손 정도가 매우 큰 기법으로 무작위로 순서를 변경하는 조건 선정에 주의 필요

> (설명) 원본과 비교하여 평균 분석 시 전체 재배열은 결과가 다르며 동질집합 내 재배열 결과는 동일

지역	나이	소득금액(원본)	소득금액(전체 재배열)	소득금액(동질집합 내 재배열)
서울	30대	5,987,900	2,789,200	3,009,600
서울	30대	8,169,700	4,607,300	5,987,900
서울	30대	3,009,600	5,987,900	8,169,700
나주	30대	4,607,300	2,940,100	2,940,100
나주	30대	3,560,800	8,169,700	4,607,300
나주	30대	2,940,100	5,048,300	3,560,800
세종	30대	6,088,400	3,009,600	2,789,200
세종	30대	2,789,200	3,560,800	5,048,300
세종	30대	5,048,300	6,088,400	6,088,400

원본 분석결과	지역	서울	나주	세종
	평균소득	5,722,400	3,702,733	4,641,967

전체 재배열 분석결과	지역	서울	나주	세종
	평균소득	4,461,467	5,048,300	4,219,600

동질집합 내 재배열 분석결과	지역	서울	나주	세종
	평균소득	5,722,400	3,702,733	4,641,967

❸ 토큰화(Tokenisation) `수치형데이타` `문자형데이타`

- 개인을 식별할 수 있는 정보를 토큰으로 변환 후 대체함으로써 개인정보를 직접 사용하여 발생하는 개인에 대한 식별 위험을 제거하여 개인정보를 보호하는 기술
- 토큰 생성 시 적용하는 기술은 의사난수생성 기법이나 일방향 암호화, 순서보존 암호화 기법을 주로 사용

고객번호	이름	성별	핸드폰번호	나이	회원등급	연간 이용액
D1304365	이공재	남	010-1234-5678	30세	2등급	3,782,459

의사난수 생성기	암호화 기법		형태보존 암호화			

고객번호	이름	성별	핸드폰번호	나이	회원등급	연간 이용액
AD921648	Wzcd88qdp ekfhandkcosekrn	남	159-6857-6384	30세	2등급	3,782,459

❹ (의사)난수생성기((P)RNG, (Pseudo) Random Number Generator) `수치형데이타` `문자형데이타`

- 주어진 입력 값에 대해 예측이 불가능하고 패턴이 없는 값을 생성하는 메커니즘으로 임의의 숫자를 개인정보에 할당

※ 난수는 원칙적으로 규칙적인 배열순서가 없는 임의의 수를 의미하며 컴퓨터는 원천적으로 입력에 의한 처리 결과를 반환하는 것으로 처리의 방법과 입력이 동일하면 항상 동일한 출력이 발생하기 때문에 완전한 난수의 생성은 불가능

③ 가명·익명처리를 위한 다양한 기술 (기타 기술)

❶ 표본추출(Sampling) `수치형데이타` `문자형데이타`

- 데이터 주체별로 전체 모집단이 아닌 표본에 무작위 레코드 추출 등의 기법을 통해 모집단의 일부를 분석하여 전체에 대한 분석을 대신하는 기법
- 확률적 표본추출 방법과 비확률적 표본추출 방법으로 나누어지며, 확률적 표본추출이 통계적 분석에 많이 사용
- 확률적 표본추출 : 무작위 표본추출(복원 표본추출, 비 복원 표본추출), 계통적 표본추출, 층화 표본추출, 집락 표본추출 등
- 비확률적 표본부출 : 임의 표본추출, 판단 표본추출, 할당 표본추출, 누적 표본추출 등

❷ 해부화(Anatomization) `수치형데이타` `문자형데이타`

– 기존 하나의 데이터셋(테이블)을 식별성이 있는 정보집합물과 식별성이 없는 정보집합물로 구성된 2개의 데이터셋으로 분리하는 기술

Record ID	이름	성별	나이		월 납입금액	총 납부금액
1	조미선	F	33		817,250	66,300,000
2	홍길병	M	61		4,559,120	327,700,000
3	김영심	F	50		13,601,564	41,300,000
4	이미정	F	70		979,118	64,600,000
5	김경태	M	40		5,501,809	23,549,000
6	유영근	M	43		609,622	13,900,000

Record ID	이름	성별	나이
1	조미선	F	33
2	홍길병	M	61
3	김영심	F	50
4	이미정	F	70
5	김경태	M	40
6	유영근	M	43

Record ID	월 납입금액	총 납부금액
1	817,250	66,300,000
2	4,559,120	327,700,000
3	13,601,564	41,300,000
4	979,118	64,600,000
5	5,501,809	23,549,000
6	609,622	13,900,000

❸ 재현데이터(Synthetic data) `수치형데이타` `문자형데이타`

– 원본과 최대한 유사한 통계적 성질을 보이는 가상의 데이터를 생성하기 위해 개인정보의 특성을 분석하여 새로운 데이터를 생성하는 기법

※ 원본 데이터 포함 여부에 따라 완전 재현 데이터(Fully Synthetic Data), 부분 재현 데이터(Partially Synthetic Data), 하이브리드 재현 데이터(Hybrid Synthetic Data)로 구분

❹ 동형비밀분산(Homomorphic secret sharing) `수치형데이타` `문자형데이타`

– 식별정보 또는 기타 식별가능정보를 메시지 공유 알고리즘에 의해 생성된 두 개 이상의 쉐어(share)*로 대체

*기밀사항을 재구성 하는 데 사용할 수 있는 하위 집합
※ 재식별은 가명·익명처리된 데이터의 쉐어를 소유한 모두가 동의하는 경우만 가능

❺ 차분 프라이버시(Differential privacy) `수치형데이타` `문자형데이타`

– 특정 개인에 대한 사전지식이 있는 상태에서 해당정보가 포함된 데이터베이스와 포함되지 않은 데이터베이스 질의(Query)에 대한 응답 값으로 개인을 알 수 없도록 응답 값에 임의의 숫자 잡음(Noise)을 추가하여 특정 개인의 존재 여부를 알 수 없도록 하는 기법

– 1개 항목이 차이나는 두 데이터베이스간의 차이(확률분포)를 기준으로 하는 프라이버시 보호 모델

※ 질의응답 값을 확률적으로 일정 크기 이하의 차이를 갖도록 함으로써 차이에 따른 차분 공격 방지

11 개인정보 처리방침

(1) 관련 법령

개인정보보호법(2025.10.2) 제30조

제30조(개인정보 처리방침의 수립 및 공개)
① 개인정보처리자는 **다음 각 호의 사항이 포함**된 개인정보의 처리 방침(이하 "개인정보 처리방침"이라 한다)을 정하여야 한다. 이 경우 **공공기관**은 제32조에 따라 등록대상이 되는 개인정보파일에 대하여 개인정보 처리방침을 정한다.
  1. 개인정보의 처리 **목적**
  2. 개인정보의 처리 및 보유 **기간**
  3. 개인정보의 **제3자 제공에 관한 사항**(해당되는 경우에만 정한다)
  3의2. 개인정보의 **파기절차 및 파기방법**(제21조제1항 단서에 따라 개인정보를 보존하여야 하는 경우에는 그 보존근거와 보존하는 개인정보 항목을 포함한다)
  3의3. 제23조제3항에 따른 **민감정보의 공개 가능성 및 비공개를 선택**하는 방법(해당되는 경우에만 정한다)
  4. 개인정보처리의 **위탁에 관한 사항**(해당되는 경우에만 정한다)
  4의2. 제28조의2 및 제28조의3에 따른 **가명정보의 처리** 등에 관한 사항(해당되는 경우에만 정한다)
  5. 정보주체와 법정대리인의 **권리·의무 및 그 행사방법에 관한 사항**
  6. 제31조에 따른 **개인정보보호 책임자의 성명 또는 개인정보보호업무 및 관련 고충사항을 처리하는 부서의 명칭**과 전화번호 등 연락처
  7. 인터넷 접속 정보파일 등 **개인정보를 자동으로 수집하는 장치**의 설치·운영 및 그 거부에 관한 사항(해당하는 경우에만 정한다)
  8. 그 밖에 개인정보의 처리에 관하여 대통령령으로 정한 사항
② 개인정보처리자가 **개인정보 처리방침을 수립하거나 변경하는 경우**에는 정보주체가 쉽게 확인할 수 있도록 대통령령으로 정하는 방법에 따라 **공개하여야 한다.**
③ **개인정보 처리방침의 내용**과 **개인정보처리자와 정보주체 간에 체결한 계약**의 내용이 **다른 경우**에는 **정보주체에게 유리한 것을 적용**한다.
④ 보호위원회는 개인정보 처리방침의 작성지침을 정하여 개인정보처리자에게 그 준수를 권장할 수 있다.

개인정보보호법(2025.10.2) 제30조의2

① **보호위원회는 개인정보 처리방침에 관하여** 다음 각 호의 사항을 평가하고, 평가 결과 개선이 필요하다고 인정하는 경우에는 개인정보처리자에게 제61조제2항에 따라 **개선을 권고**할 수 있다.
  1. 이 법에 따라 개인정보 처리방침에 **포함하여야 할 사항**을 적정하게 정하고 있는지 여부
  2. 개인정보 처리방침을 **알기 쉽게 작성**하였는지 여부
  3. 개인정보 처리방침을 정보주체가 쉽게 **확인할 수 있는 방법**으로 공개하고 있는지 여부
② 개인정보 처리방침의 평가 대상, 기준 및 절차 등에 필요한 사항은 대통령령으로 정한다.

(2) 관련 지식

1) 개인정보 처리방침 포함 사항(시행령 31조)

① 처리하는 개인정보의 항목

② 법 제28조의8제1항 각 호에 따라 개인정보를 국외로 이전하는 경우 국외 이전의 근거와 같은 조 제2항 각 호의 사항

③ 제30조에 따른 개인정보의 안전성 확보 조치에 관한 사항

④ 국외에서 국내 정보주체의 개인정보를 직접 수집하여 처리하는 경우 개인정보를 처리하는 국가명

2) 개인정보 처리방침 임의기재사항(개인정보 처리방침 작성 예시·보호위원회)

① 정보주체의 권익침해에 대한 구제방법

② 개인정보의 열람청구를 접수·처리하는 부서

③ 영상정보처리기기 운영·관리에 관한 사항

3) 개인정보 처리방침 공개 방법

개인정보보호법 시행령(2025.10.2) 제31조(개인정보 처리방침의 내용 및 공개방법 등)

1. 개인정보처리자의 **사업장** 등의 보기 쉬운 장소에 게시하는 방법
2. **관보**(개인정보처리자가 공공기관인 경우만 해당한다)나 개인정보처리자의 사업장등이 있는 **시·도 이상의 지역**을 주된 보급지역으로 하는 「**신문** 등의 진흥에 관한 법률」 제2조제1호가목·다목 및 같은 조 제2호에 따른 **일반일간신문, 일반주간신문 또는 인터넷신문**에 싣는 방법
3. 같은 제목으로 연 **2회** 이상 발행하여 정보주체에게 배포하는 **간행물·소식지·홍보지** 또는 **청구서** 등에 지속적으로 싣는 방법
4. 재화나 용역을 제공하기 위하여 개인정보처리자와 정보주체가 작성한 **계약서** 등에 실어 정보주체에게 발급하는 방법

→ 인터넷 홈페이지, 사업장, 간행물, 신문, 관보, 계약서

4) 공공기관 개인정보 처리방침 등록 면제가 가능한 경우

개인정보보호법(2025.10.2) 제32조(개인정보파일의 등록 및 공개)

1. 국가 **안전**, 외교상 비밀, 그 밖에 국가의 중대한 이익에 관한 사항을 기록한 개인정보파일
2. **범죄**의 수사, 공소의 제기 및 유지, **형** 및 감호의 집행, 교정처분, 보호처분, 보안관찰처분과 **출입국**관리에 관한 사항을 기록한 개인정보파일
3. 「**조세범처벌법**」에 따른 범칙행위 조사 및 「**관세법**」에 따른 범칙행위 조사에 관한 사항을 기록한 개인정보파일
4. **일회적**으로 운영되는 파일 등 지속적으로 관리할 필요성이 낮다고 인정되어 대통령령으로 정하는 개인정보파일
5. 다른 법령에 따라 **비밀**로 분류된 개인정보파일

→ 국가 안전, 범죄 수사, 조세법, 일회적, 비밀

개인정보보호법(2025.10.2) 제58조(적용의 일부 제외)

1. 삭제
2. **국가안전보장과 관련된 정보 분석**을 목적으로 수집 또는 제공 요청되는 개인정보
3. 삭제
4. **언론, 종교단체, 정당이 각각 취재·보도, 선교, 선거 입후보자 추천** 등 고유 목적을 달성하기 위하여 수집·이용하는 개인정보

표준 개인정보보호지침 제50조(적용제외)

이 장은 다음 각 호의 어느 하나에 해당하는 개인정보파일에 관하여는 적용하지 아니한다.

1. 국회, 법원, 헌법재판소, 중앙선거관리위원회(그 소속기관을 포함한다)에서 관리하는 개인정보파일
2. 법 제32조제2항에 따라 적용이 제외되는 다음 각목의 개인정보파일
   가. **국가안전, 외교상 비밀**, 그 밖에 국가의 중대한 이익에 관한 사항을 기록한 개인정보파일
   나. **범죄의 수사, 공소의 제기 및 유지, 형 및 감호의 집행, 교정처분, 보호처분, 보안관찰처분과 출입국 관리**에 관한 사항을 기록한 개인정보파일
   다. 「**조세범처벌법**」에 따른 범칙행위 조사 및 「**관세법**」에 따른 범칙행위 조사에 관한 사항을 기록한 개인정보파일
   라. **회의 참석 수당 지급, 자료·물품의 송부, 금전의 정산 등 단순 업무** 수행을 위해 운영되는 개인정보파일로서 지속적 관리 필요성이 낮은 개인정보파일
   마. **공중위생 등 공공의 안전과 안녕**을 위하여 긴급히 필요한 경우로서 **일시적**으로 처리되는 개인정보파일
   바. 다른 법령에 따라 **비밀**로 분류된 개인정보파일
   사. 그 밖에 **일회적 업무** 처리만을 위해 수집된 개인정보파일로서 **저장되거나 기록되지 않는** 개인정보파일
3. 법 제58조제1항제2호에 따라 적용이 제외되는 **국가안전보장과 관련된 정보** 분석을 목적으로 수집 또는 제공 요청되는 개인정보파일
   가. 삭제
   나. 삭제
   다. 삭제
4. 영상정보처리기기를 통하여 처리되는 **개인영상정보파일**
5. 삭제
6. 「금융실명거래 및 비밀보장에 관한 법률」에 따른 금융기관이 **금융업무** 취급을 위해 보유하는 개인정보파일

🔒 12 개인정보보호 책임자

(1) 관련 법령

개인정보보호법(2025.10.2) 제31조

제31조(개인정보 보호책임자의 지정)

① 개인정보처리자는 개인정보의 처리에 관한 업무를 총괄해서 책임질 개인정보 보호책임자를 지정하여야 한다. 다만, 종업원 수, 매출액 등이 대통령령으로 정하는 기준에 해당하는 개인정보처리자의 경우에는 지정하지 아니할 수 있다.

② 제1항 단서에 따라 개인정보 보호책임자를 지정하지 아니하는 경우에는 개인정보처리자의 사업주 또는 대표자가 개인정보 보호책임자가 된다.

③ 개인정보 보호책임자는 다음 각 호의 업무를 수행한다.

　　1. 개인정보 보호 **계획**의 수립 및 시행

　　2. 개인정보 처리 실태 및 관행의 정기적인 **조사 및 개선**

　　3. 개인정보 처리와 관련한 **불만의 처리** 및 피해 구제

　　4. 개인정보 유출 및 오용·남용 방지를 위한 **내부통제시스템**의 구축

　　5. 개인정보 보호 **교육 계획**의 수립 및 시행

　　6. **개인정보파일의 보호** 및 관리·감독

　　7. 그 밖에 개인정보의 적절한 처리를 위하여 대통령령으로 정한 업무

④ 개인정보 보호책임자는 제3항 각 호의 업무를 수행함에 있어서 필요한 경우 개인정보의 처리 현황, 처리 체계 등에 대하여 수시로 조사하거나 관계 당사자로부터 **보고를 받을 수 있다.**

⑤ 개인정보 보호책임자는 개인정보 보호와 관련하여 이 법 및 다른 관계 법령의 **위반 사실을 알게 된 경우에는 즉시 개선조치**를 하여야 하며, 필요하면 소속 기관 또는 단체의 장에게 개선조치를 **보고하여야 한다.**

⑥ 개인정보처리자는 개인정보 보호책임자가 제3항 각 호의 업무를 수행함에 **있어서 정당한 이유 없이 불이익을 주거나 받게 하여서는 아니 되며**, 개인정보 보호책임자가 업무를 독립적으로 수행할 수 있도록 보장하여야 한다.

⑦ 개인정보처리자는 개인정보의 안전한 처리 및 보호, 정보의 교류, 그 밖에 대통령령으로 정하는 공동의 사업을 수행하기 위하여 제1항에 따른 개인정보 보호책임자를 구성원으로 하는 **개인정보 보호책임자 협의회**를 구성·운영할 수 있다.

⑧ 보호위원회는 제7항에 따른 개인정보 보호책임자 협의회의 활동에 필요한 지원을 할 수 있다.

⑨ 제1항에 따른 개인정보 보호책임자의 자격요건, 제3항에 따른 업무 및 제6항에 따른 독립성 보장 등에 필요한 사항은 매출액, 개인정보의 보유 규모 등을 고려하여 대통령령으로 정한다.

개인정보보호법 시행령(2025.10.2) 제32조

제32조(개인정보 보호책임자의 업무 및 지정요건 등)

① 법 제31조제1항 단서에서 "종업원 수, 매출액 등이 대통령령으로 정하는 기준에 해당하는 개인정보처리자"란 「소상공인기본법」 제2조제1항에 따른 소상공인에 해당하는 개인정보처리자를 말한다.

② 법 제31조제3항제7호에서 "대통령령으로 정한 업무"란 다음 각 호와 같다.

  1. 법 제30조에 따른 개인정보 처리방침의 수립·변경 및 시행
  2. 개인정보 처리와 관련된 인적·물적 자원 및 정보의 관리
  3. 처리 목적이 달성되거나 보유기간이 지난 개인정보의 파기

③ 개인정보처리자는 법 제31조제1항에 따라 개인정보 보호책임자를 지정하려는 경우에는 다음 각 호의 구분에 따라 지정한다.

  1. 공공기관: 다음 각 목의 구분에 따른 기준에 해당하는 공무원 등
    가. 국회, 법원, 헌법재판소, 중앙선거관리위원회의 행정사무를 처리하는 기관 및 중앙행정기관: 고위공무원단에 속하는 공무원(이하 "고위공무원"이라 한다) 또는 그에 상당하는 공무원
    나. 가목 외에 정무직공무원을 장(長)으로 하는 국가기관: 3급 이상 공무원(고위공무원을 포함한다) 또는 그에 상당하는 공무원
    다. 가목 및 나목 외에 고위공무원, 3급 공무원 또는 그에 상당하는 공무원 이상의 공무원을 장으로 하는 국가기관: 4급 이상 공무원 또는 그에 상당하는 공무원
    라. 가목부터 다목까지의 규정에 따른 국가기관 외의 국가기관(소속 기관을 포함한다): 해당 기관의 개인정보 처리 관련 업무를 담당하는 부서의 장
    마. 시·도 및 시·도 교육청: 3급 이상 공무원 또는 그에 상당하는 공무원
    바. 시·군 및 자치구: 4급 이상 공무원 또는 그에 상당하는 공무원
    사. 제2조제5호에 따른 각급 학교: 해당 학교의 행정사무를 총괄하는 사람. 다만, 제4항제2호에 해당하는 경우에는 교직원을 말한다.
    아. 가목부터 사목까지의 규정에 따른 기관 외의 공공기관: 개인정보 처리 관련 업무를 담당하는 부서의 장. 다만, 개인정보 처리 관련 업무를 담당하는 부서의 장이 2명 이상인 경우에는 해당 공공기관의 장이 지명하는 부서의 장이 된다.
  2. 공공기관 외의 개인정보처리자: 다음 각 목의 어느 하나에 해당하는 사람
    가. 사업주 또는 대표자
    나. 임원(임원이 없는 경우에는 개인정보 처리 관련 업무를 담당하는 부서의 장)

④ 다음 각 호의 어느 하나에 해당하는 개인정보처리자(공공기관의 경우에는 제2조제2호부터 제5호까지에 해당하는 경우로 한정한다)는 제3항 각 호의 구분에 따른 사람 중 별표 1에서 정하는 요건을 갖춘 사람을 개인정보 보호책임자로 지정해야 한다.

  1. 연간 매출액등이 1,500억원 이상인 자로서 다음 각 목의 어느 하나에 해당하는 자(제2조제5호에 따른 각급 학교 및 「의료법」 제3조에 따른 의료기관은 제외한다)
    가. 5만명 이상의 정보주체에 관하여 민감정보 또는 고유식별정보를 처리하는 자
    나. 100만명 이상의 정보주체에 관하여 개인정보를 처리하는 자
  2. 직전 연도 12월 31일 기준으로 재학생 수(대학원 재학생 수를 포함한다)가 2만명 이상인 「고등교육법」 제2조에 따른 학교
  3. 「의료법」 제3조의4에 따른 상급종합병원
  4. 공공시스템운영기관

⑤ 보호위원회는 개인정보 보호책임자가 법 제31조제3항의 업무를 원활히 수행할 수 있도록 개인정보 보호책임자에 대한 교육과정을 개설·운영하는 등 지원을 할 수 있다.
⑥ 개인정보처리자(법 제31조제2항에 따라 사업주 또는 대표자가 개인정보 보호책임자가 되는 경우는 제외한다)는 법 제31조제6항에 따른 개인정보 보호책임자의 독립성 보장을 위해 다음 각 호의 사항을 준수해야 한다.
1. 개인정보 처리와 관련된 정보에 대한 개인정보 보호책임자의 접근 보장
2. 개인정보 보호책임자가 개인정보 보호 계획의 수립·시행 및 그 결과에 관하여 정기적으로 대표자 또는 이사회에 직접 보고할 수 있는 체계의 구축
3. 개인정보 보호책임자의 업무 수행에 적합한 조직체계의 마련 및 인적·물적 자원의 제공

개인정보보호법 시행령(2025.10.2) 제32조의2

제32조의2(개인정보 보호책임자 협의회의 사업 범위 등)
① 법 제31조제7항에서 "대통령령으로 정하는 공동의 사업"이란 다음 각 호의 사업을 말한다.
1. 개인정보처리자의 개인정보 보호 강화를 위한 정책의 조사, 연구 및 수립 지원
2. 개인정보 침해사고 분석 및 대책 연구
3. 개인정보 보호책임자 지정·운영, 업무 수행 현황 등 실태 파악 및 제도 개선을 위한 연구
4. 개인정보 보호책임자 교육 등 개인정보 보호책임자의 개인정보 보호 역량 및 전문성 향상
5. 개인정보 보호책임자의 업무와 관련된 국내외 주요 동향의 조사, 분석 및 공유
6. 그 밖에 개인정보처리시스템 등의 안전한 관리를 위하여 필요한 사업
② 보호위원회는 법 제31조제8항에 따라 예산의 범위에서 개인정보 보호책임자 협의회의 운영과 사업에 필요한 행정적·기술적 지원을 할 수 있다.

(2) 관련 지식

1) 개인정보 보호책임자의 자격요건

구분	개인정보 보호책임자의 자격요건 (영 제32조제2항)	관련 근거
민간 기업	사업주 또는 **대표자**, **임원**(임원이 **없는 경우** 개인정보 처리업무 **담당 부서장**) ※ 중소기업기본법에 따른 소기업 중 업종별 상시근로자수 **5명 미만(광업, 제조업, 검설업 및 운수업은 10명 미만) 시** CPO 지정하지 않을 수 있으며 **대표자**가 CPO가 됨	개인정보 보호법
공공기관	**국회, 법원, 헌법재판소, 중앙선거관리위원회**의 행정사무를 처리하는 기관 및 중앙행정기관 : **고위공무원단**에 속하는 공무원 또는 그에 상당하는 공무원	개인정보 보호법 시행령 제32조(개인정보 보호책임자의 업무 및 지정요건 등)
	정무직공무원을 장(長)으로 하는 국가기관 : **3급** 이상 공무원 또는 그에 상당하는 공무원	
	3급 공무원을 장으로 하는 국가기관 : **4급** 이상 공무원 또는 그에 상당하는 공무원	

구분	개인정보 보호책임자의 자격요건 (영 제32조제2항)	관련 근거
공공기관	기타 국가기관(소속기관 포함) : 해당 기관의 개인정보 처리 관련 업무를 담당하는 부서의 장	개인정보 보호법 시행령 제32조(개인정보 보호책임자의 업무 및 지정요건 등)
	시·도 및 시·도 **교육청** : **3급** 이상 공무원 또는 그에 상당하는 공무원	
	시·군 및 자치구 : **4급** 이상 공무원 또는 그에 상당하는 공무원	
	각급 **학교** : 해당 학교 **행정사무를 총괄**하는 사람. 다만, 2만명 이상인 「고등교육법」 제2조에 따른 학교는 교직원을 말함	
	기타 공공기관 : **개인정보 처리 관련 업무를 담당하는 부서의 장**. 다만, 개인정보 처리 관련 업무를 담당하는 부서의 장이 2명 이상인 경우에는 해당 공공기관의 장이 지명하는 부서의 장이 됨	

2) 개인정보보호법 시행령 별표1 (개인정보 보호책임자의 자격)

구분	개인정보 보호책임자의 자격(영 제32조제4항)	관련 근거
전문성 강화 자격 요건 대상	1. 연간 매출액등이 1,500억원 이상인 자로서 다음 각 목의 어느 하나에 해당하는 자(제2조제5호에 따른 각급 학교 및 「의료법」 제3조에 따른 의료기관은 제외한다) 가. 5만명 이상의 정보주체에 관하여 민감정보 또는 고유식별정보를 처리하는 자 나. 100만명 이상의 정보주체에 관하여 개인정보를 처리하는 자 2. 직전 연도 12월 31일 기준으로 재학생 수(대학원 재학생 수를 포함한다)가 2만명 이상인 「고등교육법」 제2조에 따른 학교 3. 「의료법」 제3조의4에 따른 상급종합병원 4. 공공시스템운영기관	개인정보 보호법 시행령
자격요건 경력	1. 제32조제4항에 따라 개인정보 보호책임자로 지정되는 사람은 **개인정보보호 경력, 정보보호 경력, 정보기술 경력을 합하여 총 4년 이상 보유**하고, 그 중 **개인정보보호 경력을 최소 2년 이상 보유**해야 한다. 2. 제1호에서 **"개인정보보호 경력"**이란 공공기관, 기업체, 교육기관 및 연구기관 등에서 **개인정보보호 관련 정책 및 제도·개인정보 영향평가·개인정보 보호 인증 심사** 등 개인정보보호 **업무**를 수행한 경력, 개인정보보호 관련 **컨설팅** 또는 **법률자문** 경력을 말한다. 3. 제1호에서 **"정보보호 경력"**이란 공공기관, 기업체, 교육기관 및 연구기관 등에서 **정보보호를 위한 공통 기반기술, 시스템·네트워크 보호, 응용서비스 보호, 계획·분석·설계·개발·운영·유지보수·컨설팅·감리 또는 연구개발** 등 정보보호 **업무**를 수행한 경력, 정보보호 관련 **컨설팅** 또는 **법률자문** 경력을 말한다. 4. 제1호에서 **"정보기술 경력"**이란 공공기관, 기업체, 교육기관 및 연구기관 등에서 정보통신서비스, 정보통신 기기, 소프트웨어 및 **컴퓨터 관련 서비스 분야의 계획·분석·설계·개발·운영·유지보수·컨설팅·감리 또는 연구개발** 등 정보기술 **업무**를 수행한 경력, 정보기술 관련 **컨설팅** 또는 **법률자문** 경력을 말한다.	개인정보 보호법 시행령 [별표 1]

3) 개인정보보호 책임자 인정 경력

구분		학위	인정기간
시행령 별표1	개인정보보호	개인정보보호 관련 박사	개인정보보호 경력 2년
		개인정보보호 관련 석사	개인정보보호 경력 1년
		개인정보보호 관련 학사	개인정보보호 경력 6개월
	정보보호	정보보호 관련 박사	정보보호 경력 2년
		정보보호 관련 석사	정보보호 경력 1년
		정보보호 관련 학사	정보보호 경력 6개월
	정보기술	정보기술 관련 박사	정보기술 경력 2년
		정보기술 관련 석사	정보기술 경력 1년
		정보기술 관련 학사	정보기술 경력 6개월
고시 별표1	개인정보보호	• 정보보호 및 개인정보보호 관리체계 인증 등에 고시 제14조에 따른 정보보호 및 개인정보보호 관리체계 인증심사원 • 개인정보 영향평가에 관한 고시 제5조 제2항에 따른 개인정보 영향평가 전문인력 •「변호사법」제4조에 따른 변호사 자격 취득자	개인정보보호 1년
	정보보호, 정보보호 경력	정보관리기술사, 컴퓨터시스템응용기술사	정보보호, 정보기술 경력 1년
		정보보안기사, 정보처리기사	정보보호, 정보기술 경력 6개월

인정 경력 참고

가. 동일 기간에 두 가지 이상 업무가 중복되는 경우에는 하나의 경력만 인정한다.

나. 개인정보보호, 정보보호, 정보기술 관련 학위를 취득한 경우에는 아래의 표에 따라 경력으로 인정한다. 다만, 여러 학위를 취득한 경우에는 개인정보 보호책임자를 지정하려는 개인정보 처리자가 정하는 하나의 학위만 경력으로 인정한다.

다. 그 밖에 보호위원회가 정하여 고시하는 자격을 취득하거나 교육을 이수한 경우 등의 해당 취득자격이나 이수교육 등에 대해서는 보호위원회가 정하여 고시하는 바에 따라 개인정보보호 경력, 정보보호 경력 또는 정보기술 경력으로 인정한다.

라. 학위 및 자격을 취득하거나 보호위원회가 주관하는 교육을 이수한 경우에는 일정기간을 개인 정보 보호책임자의 경력으로 인정하는 제도를 함께 도입하였다.

※「개인정보 보호책임자 경력 인정에 관한 고시」를 통해 개인정보 보호책임자의 경력에 산입할 수 있는 자격의 종류 및 경력 인정기간을 명시하고, 보호위원회가 주관하는 교육에 대해서는 최대 3개월의 범위 내에서 개인정보보호 경력을 인정할 수 있는 근거를 마련하였음

※ 고시 별표1에서 각각의 자격을 보유한 경우에는 구분된 경력 내(개인정보보호, 정보보호·정보기술)에서는 하나의 자격만 인정하며, 구분된 경력별로 중복 인정은 가능함

4) 개인정보 보호책임자와 정보보호 최고책임자의 업무 비교

개인정보 보호책임자의 업무 (법 제31조제2항, 영 제32조제1항)	정보보호 최고책임자의 지정 등 (정보통신망법 제45조의3)
1. 개인정보보호 **계획**의 수립 및 시행 2. 개인정보 처리 실태 및 관행의 정기적인 **조사 및 개선** 3. 개인정보 처리와 관련한 **불만**의 처리 및 피해 구제 4. 개인정보 유출 및 오용·남용 방지를 위한 **내부통제시스템**의 구축 5. 개인정보보호 **교육** 계획의 수립 및 시행 6. 개인정보**파일**의 보호 및 관리·감독 7. 법 제30조에 따른 **개인정보 처리방침**의 수립·변경 및 시행 8. 개인정보 처리와 관련된 **인적·물적 자원 및 정보의 관리** 9. 처리 목적이 달성되거나 보유기간이 지난 **개인정보의 파기**	1. **정보보호관리체계**의 수립 및 관리·운영 2. 정보보호 **취약점** 분석·평가 및 개선 3. **침해**사고의 예방 및 대응 4. 사전 정보보호**대책** 마련 및 보안조치 설계·구현 등 5. 정보보호 사전 **보안성** 검토 6. 중요 정보의 **암호화** 및 보안서버 적합성 검토 7. 그 밖에 이 법 또는 관계 법령에 따라 정보보호를 위하여 필요한 조치의 이행

5) 개인정보 보호책임자와 개인정보취급자의 업무 비교

개인정보 보호책임자의 역할 및 책임 (예시)	개인정보취급자의 역할 및 책임 (예시)
• 개인정보보호 관련 계획 수립 및 시행 • 개인정보 처리 실태 및 관행의 정기적인 조사 및 개선 • 개인정보 처리와 관련한 불만의 처리 및 피해 구제 • 개인정보 유출 및 오·남용 방지를 위한 내부통제시스템의 구축 • 개인정보보호 교육 계획 수립 및 시행 • 개인정보파일의 보호 및 관리·감독 • 개인정보 처리방침의 수립·변경 및 시행 • 개인정보 처리와 관련된 인적·물적지원 및 정보의 관리 • 처리 목적이 달성되거나 보유기간이 지난 개인정보의 파기 등	• 내부관리계획 등 각종 규정, 지침 등 준수 • 개인정보처리시스템의 안전한 운영 및 관리 • 개인정보의 기술적·관리적 보호조치 기준 이행 • 개인정보보호 교육 참석 • 개인정보 침해사고 발생 시 대응 및 보고 • 개인정보 처리 현황, 처리 체계 등의 점검 및 보고 등

6) 개인정보 보호책임자 FAQ

Q 개인정보 보호책임자를 지정해야 한다는데, 어느 정도의 직급을 책임자로 지정하면 되는지?

A 회사의 경우 개인정보보호책임자로 지정될 수 있는 자는 사업주 또는 대표자, 임원이거나 임원이 없는 경우에는 개인정보 처리 관련 업무를 담당하는 부서의 장이어야 한다. 개인정보보호책임자는 직급보다 조직 내에서 어느 정도의 독자적인 의사결정권이 있어야 한다는 점이 더 중요하다.

Q 개인정보 보호 업무를 담당하는 부서의 장을 개인정보보호책임자로 지정하고 해당 임원의 전화번호·이메일을 개인정보 처리방침에 공개하였는데, 일반적인 상품, 서비스 문의같이 사소한 상담까지도 모두 담당 임원의 전화로 걸려오고 있다. 어떻게 하면 좋은가?

A 반드시 개인정보보호책임자의 직통 연락처를 기재하여야 하는 것은 아니며, 개인정보보호와 관련한 고충처리 및 상담을 책임지고 실제로 처리할 수 있는 연락처를 공개하면 된다. 또한 실무를 맡고 있는 개인정보 취급자의 성명 및 연락처를 기재하여도 된다.

Q 별도의 직원은 없고 부인과 함께 점포를 운영하고 있는데, 우리 같은 소규모 개인 사업자도 개인정보보호책임자를 꼭 지정해야 하는가?

A 소규모 개인사업자의 경우에도 사업주나 대표자 또는 임원(임원이 없는 경우에는 개인정보 처리 관련 업무를 담당하는 부서의 장)을 개인정보보호책임자로 지정하여야 한다. 다만 「소상공인 보호 및 지원에 관한 법률」 제2조에 따른 소상공인에 해당하는 자(「중소기업기본법」 제2조제2항에 해당하는 소기업 중, 상시 근로자 수가 광업·제조업·건설업 및 운수업은 10명 미만, 그 밖의 업종은 5명 미만인 경우)는 사업주나 대표자가 개인정보보호책임자가 된다. 또한 개인정보보호책임자를 별도로 지정하는 것도 가능하다.

7) 개인정보 보호조직에 관한 구성 및 운영

개인정보 보호조직은 인사명령, 업무분장, 내부 관리계획 등에 명시하도록 하며 인력의 지정에 관한 사항, 역할 및 책임 그리고 역량 및 요건 등 적정성에 관한 사항 등을 포함할 수 있다.

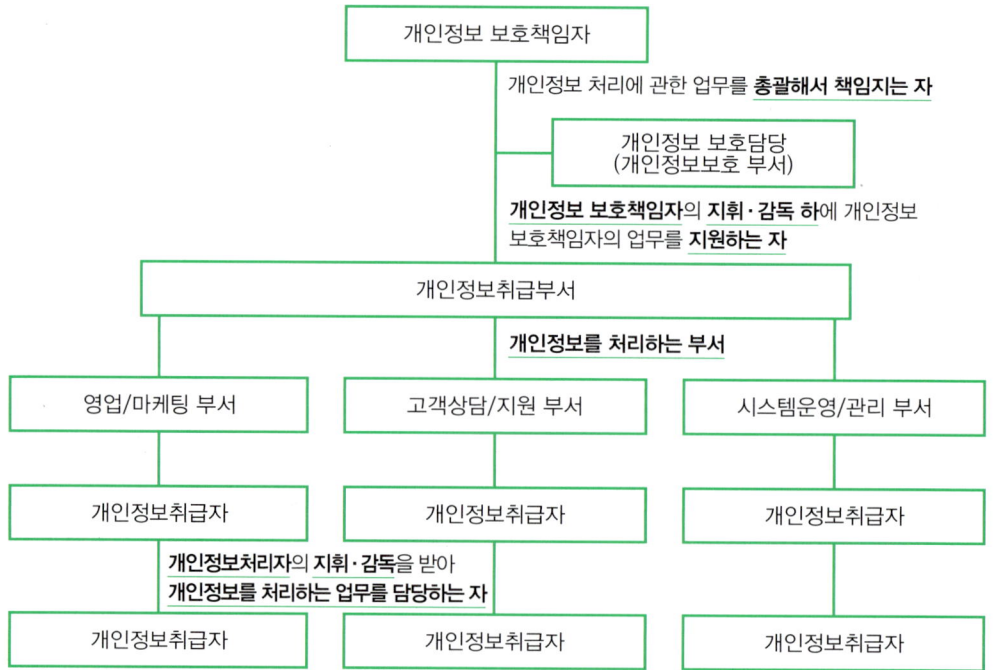

13 국내 대리인의 지정

(1) 관련 법령

개인정보보호법(2025.10.2) 제31조의2

제31조의2(국내대리인의 지정)
① 국내에 주소 또는 영업소가 없는 개인정보처리자로서 매출액, 개인정보의 보유 규모 등을 고려하여 대통령령으로 정하는 자는 다음 각 호의 사항을 대리하는 자(이하 "국내대리인"이라 한다)를 지정하여야 한다. 이 경우 국내대리인의 지정은 문서로 하여야 한다.
　1. 제31조제3항제3호에 따른 **개인정보 처리와 관련한 불만의 처리 및 피해 구제 업무**
　2. 제34조제1항 및 제3항에 따른 **개인정보 유출 등의 통지 및 신고**
　3. 제63조제1항에 따른 물품·서류 등 **자료의 제출**
② 국내대리인은 국내에 주소 또는 영업소가 있어야 한다. 이 경우 다음 각 호의 어느 하나에 해당하는 법인이 있는 개인정보처리자는 그 법인 중에서 국내대리인을 지정하여야 한다.
　1. **해당 개인정보처리자가 설립한 국내 법인**
　2. **해당 개인정보처리자가 임원 구성, 사업 운영 등에 지배적인 영향력을 행사하는 국내 법인으로서 대통령령으로 정하는 법인**
③ 제1항에 따라 국내대리인을 지정한 개인정보처리자는 국내대리인이 업무를 충실히 수행하도록 대통령령으로 정하는 바에 따라 교육하고 업무현황을 점검하는 등의 관리·감독을 하여야 한다.
④ 개인정보처리자는 제1항에 따라 국내대리인을 지정하는 경우에는 다음 각 호의 사항을 개인정보 처리방침에 포함하여야 한다.
　1. 국내대리인의 성명(법인의 경우에는 그 명칭 및 대표자의 성명을 말한다)
　2. 국내대리인의 주소(법인의 경우에는 영업소의 소재지를 말한다), 전화번호 및 전자우편 주소
⑤ 국내대리인이 제1항 각 호와 관련하여 이 법을 위반한 경우에는 개인정보처리자가 그 행위를 한 것으로 본다.

개인정보보호법 시행령(2025.10.2) 제32조의3

제32조의3(국내대리인 지정 대상자의 범위 등)
① 법 제31조의2제1항 각 호 외의 부분 전단에서 "대통령령으로 정하는 자"란 다음 각 호의 어느 하나에 해당하는 자를 말한다.
　1. 전년도(법인인 경우에는 전 사업연도를 말한다) **전체 매출액이 1조원 이상인 자**
　2. 전년도 말 기준 직전 3개월 간 그 개인정보가 저장·관리되고 있는 국내 **정보주체의 수가 일일 평균 100만명** 이상인 자
　3. 법 제63조제1항에 따라 관계 물품·서류 등 자료의 제출을 요구받은 자로서 국내대리인을 지정할 필요가 있다고 **보호위원회가 심의·의결한 자**
② 제1항제1호에 따른 전체 매출액은 전년도 평균환율을 적용하여 원화로 환산한 금액을 기준으로 한다.
③ 법 제31조의2제2항제2호에서 "대통령령으로 정하는 법인"이란 다음 각 호의 어느 하나에 해당하는 법인을 말한다.
　1. 해당 개인정보처리자가 대표이사를 임면하거나 임원의 100분의 50 이상을 선임하거나 선임할 수 있는 법인
　2. 해당 개인정보처리자가 발행주식총수 또는 출자총액의 100분의 30 이상을 출자한 법인

④ 법 제31조의2제1항에 따라 국내대리인을 지정한 개인정보처리자는 같은 조 제3항에 따라 국
내대리인이 업무를 충실히 수행하도록 다음 각 호에 따라 관리·감독해야 한다.
1. 국내대리인에 대하여 연 1회 이상 국내대리인의 업무에 대한 교육 실시
2. 다음 각 목의 사항에 대한 점검
    가. 국내대리인이 업무수행에 대한 계획을 수립하였는지 여부
    나. 국내대리인이 업무수행에 대한 계획을 이행하였는지 여부
    다. 나목에 따른 계획 이행 여부 점검 결과 개선이 필요한 사항을 개선하였는지 여부

14 개인정보파일 등록 및 공개

(1) 관련 법령

개인정보보호법(2025.10.2) 제32조

제32조(개인정보파일의 등록 및 공개)
① 공공기관의 장이 개인정보파일을 운용하는 경우에는 다음 각 호의 사항을 보호위원회에 등
록하여야 한다. 등록한 사항이 변경된 경우에도 또한 같다.
    1. 개인정보파일의 **명칭**
    2. 개인정보파일의 운영 **근거 및 목적**
    3. 개인정보파일에 기록되는 개인정보의 **항목**
    4. 개인정보의 **처리방법**
    5. 개인정보의 보유**기간**
    6. 개인정보를 통상적 또는 반복적으로 제공하는 경우에는 그 **제공받는 자**
    7. 그 밖에 대통령령으로 정하는 사항
② 다음 각 호의 어느 하나에 해당하는 개인정보파일에 대하여는 제1항을 적용하지 아니한다.
    1. **국가** 안전, 외교상 비밀, 그 밖에 국가의 중대한 이익에 관한 사항을 기록한 개인정보파일
    2. **범죄**의 수사, 공소의 제기 및 유지, 형 및 감호의 집행, 교정처분, 보호처분, 보안관찰처분
    과 출입국관리에 관한 사항을 기록한 개인정보파일
    3. 「**조세범처벌법**」에 따른 범칙행위 조사 및 「관세법」에 따른 범칙행위 조사에 관한 사항을
    기록한 개인정보파일
    4. **일회적**으로 운영되는 파일 등 지속적으로 관리할 필요성이 낮다고 인정되어 대통령령으로
    정하는 개인정보파일
    5. 다른 법령에 따라 비밀로 분류된 개인정보파일
③ 보호위원회는 필요하면 제1항에 따른 개인정보파일의 등록여부와 그 내용을 검토하여 해당
공공기관의 장에게 개선을 권고할 수 있다.
④ 보호위원회는 정보주체의 권리 보장 등을 위하여 필요한 경우 제1항에 따른 개인정보파일의
등록 현황을 누구든지 쉽게 열람할 수 있도록 공개할 수 있다.
⑤ 제1항에 따른 등록과 제4항에 따른 공개의 방법, 범위 및 절차에 관하여 필요한 사항은 대통
령령으로 정한다.
⑥ **국회, 법원, 헌법재판소, 중앙선거관리위원회**(그 소속 기관을 포함한다)의 개인정보파일 등록
및 공개에 관하여는 **국회규칙, 대법원규칙, 헌법재판소규칙 및 중앙선거관리위원회규칙**으로
정한다.

개인정보보호법 시행령(2025.10.2) 제33조

제33조(개인정보파일의 등록사항 등)
① 법 제32조제1항제7호에서 "대통령령으로 정하는 사항"이란 다음 각 호의 사항을 말한다.
    1. 개인정보파일을 운용하는 **공공기관의 명칭**
    2. 개인정보파일로 보유하고 있는 **개인정보의 정보주체 수**
    3. 해당 공공기관에서 **개인정보 처리 관련 업무를 담당하는 부서**
    4. 제41조에 따른 **개인정보의 열람 요구를 접수·처리하는 부서**
    5. 개인정보파일의 개인정보 중 법 제35조제4항에 따라 열람을 제한하거나 거절할 수 있는 **개인정보의 범위 및 제한 또는 거절 사유**
② 법 제32조제2항제4호에서 "대통령령으로 정하는 개인정보파일"이란 다음 각 호의 어느 하나에 해당하는 개인정보파일을 말한다.
    1. **회의 참석 수당** 지급, **자료·물품의 송부**, **금전의 정산** 등 **단순 업무 수행**을 위해 운영되는 개인정보파일로서 지속적 관리 필요성이 낮은 개인정보파일
    2. **공중위생** 등 공공의 안전과 안녕을 위하여 긴급히 필요한 경우로서 일시적으로 처리되는 개인정보파일
    3. 그 밖에 **일회적 업무 처리**만을 위해 수집된 개인정보파일로서 저장되거나 기록되지 않는 개인정보파일

개인정보보호법 시행령(2025.10.2) 제34조

제34조(개인정보파일의 등록 및 공개 등)
① **개인정보파일**(법 제32조제2항 및 이 영 제33조제2항에 따른 개인정보파일은 제외한다. 이하 이 조에서 같다)을 운용하는 공공기관의 장은 그 운용을 시작한 날부터 **60일** 이내에 보호위원회가 정하여 고시하는 바에 따라 **보호위원회에** 법 제32조제1항 및 이 영 제33조제1항에 따른 등록사항(이하 "등록사항"이라 한다)의 **등록을 신청**하여야 한다. 등록 후 등록한 사항이 변경된 경우에도 또한 같다.
② 보호위원회는 법 제32조제4항에 따라 개인정보파일의 등록 현황을 공개하는 경우 이를 **보호위원회가 구축하는 인터넷 사이트에 게재**해야 한다.
③ 보호위원회는 제1항에 따른 개인정보파일의 등록사항을 등록하거나 변경하는 업무를 전자적으로 처리할 수 있도록 시스템을 구축·운영할 수 있다.

(2) 관련 지식

1) 개인정보파일 정의

"개인정보파일"이란 개인정보를 쉽게 검색할 수 있도록 일정한 규칙에 따라 체계적으로 배열하거나 구성한 개인정보의 집합물(集合物)을 말한다.

개인정보파일은 일반적으로 전자적 형태로 구성된 데이터베이스(database; DB)를 의미하는 경우가 많지만, 그 외에 체계적인 검색·열람을 위한 색인이 되어 있는 수기(手記) 문서 자료 등도 포함된다.

3) 개인정보파일 등록 현황 관리 시스템 예시

| 개인정보 열람 등 요구 안내 | 개인정보파일 목록 검색 | 개인정보 열람 등 요구 | 개인정보 열람 등 요구 처리조회 |

• 기관명 △ △ △ 🔍   • 파일명 [   ] [검색] [초기화]

[엑셀받기]

번호	기관명	업무분야	파일명
57	△ △ △	OO 업무	공급업체 명단
56	△ △ △	XX 업무	회원 명단
55	△ △ △	□△업무	교육생 명단
54	△ △ △	□△업무	이벤트 참여자 파일

지방세 납부
대상자 DB

→
→
→

지방세 고액납부자 명단
지방세 체납자 명단
과태료 부과 대상자 명단
과태료 체납자 명단
·
·

4) 개인정보파일 등록사항 등(법 제32조1항, 영 제33조)

1. 개인정보파일의 명칭
2. 개인정보파일의 운영 근거 및 목적
3. 개인정보파일에 기록되는 개인정보의 항목
4. 개인정보의 처리방법
5. 개인정보의 보유기간
6. 개인정보를 통상적 또는 반복적으로 제공하는 경우에는 그 제공받는 자
7. 개인정보파일을 운용하는 공공기관의 명칭
8. 개인정보파일로 보유하고 있는 개인정보의 정보주체 수
9. 해당 공공기관에서 개인정보 처리 관련 업무를 담당하는 부서
10. 영 제41조에 따른 개인정보의 열람 요구를 접수·처리하는 부서
11. 개인정보파일의 개인정보 중 법 제35조제4항에 따라 열람을 제한하거나 거절할 수 있는 개인정보의 범위 및 제한 또는 거절 사유

5) 보호위원회 등록이 면제되는 개인정보파일

1. 국가 안전, 외교상 비밀, 그 밖에 국가의 중대한 이익에 관한 사항을 기록한 개인정보파일
2. 범죄의 수사, 공소의 제기 및 유지, 형 및 감호의 집행, 교정처분, 보호처분, 보안관찰처분과 출입국관리에 관한 사항을 기록한 개인정보파일

3. 「조세범처벌법」에 따른 범칙행위 조사 및 「관세법」에 따른 범칙행위 조사에 관한 사항을 기록한 개인정보파일

4. 일회적으로 운영되는 파일 등 지속적으로 관리할 필요성이 낮다고 인정되어 대통령령으로 정하는 개인정보파일

5. 다른 법령에 따라 비밀로 분류된 개인정보파일

6. 회의 참석 수당 지급, 자료·물품의 송부, 금전의 정산 등 단순 업무 수행을 위해 운영되는 개인정보파일로서 지속적 관리 필요성이 낮은 개인정보파일

7. 공중위생 등 공공의 안전과 안녕을 위하여 긴급히 필요한 경우로서 일시적으로 처리되는 개인정보파일

10. 그 밖에 일회적 업무 처리만을 위해 수집된 개인정보파일로서 저장되거나 기록되지 않는 개인정보파일

15 개인정보 유출통지 및 신고

(1) 관련 법령

개인정보보호법(2025.10.2) 제34조

제34조(개인정보 유출 등의 통지·신고)

① 개인정보처리자는 개인정보가 분실·도난·유출(이하 이 조에서 "**유출등**"이라 한다)되었음을 **알게 되었을 때**에는 지체 없이 해당 정보주체에게 다음 각 호의 사항을 알려야 한다. 다만, 정보주체의 **연락처를 알 수 없는 경우 등 정당한 사유가 있는 경우**에는 대통령령으로 정하는 바에 따라 **통지를 갈음하는 조치**를 취할 수 있다.

1. 유출등이 된 개인정보의 **항목**
2. 유출등이 된 **시점**과 그 **경위**
3. 유출으로 인하여 발생할 수 있는 **피해를 최소화**하기 위하여 **정보주체가 할 수 있는 방법** 등에 관한 정보
4. 개인정보처리자의 **대응조치** 및 **피해 구제절차**
5. 정보주체에게 피해가 발생한 경우 **신고 등을 접수할 수 있는 담당부서** 및 연락처

② 개인정보처리자는 개인정보가 유출등이 된 경우 그 피해를 최소화하기 위한 대책을 마련하고 필요한 조치를 하여야 한다.

③ 개인정보처리자는 개인정보의 유출등이 있음을 알게 되었을 때에는 개인정보의 유형, 유출등의 경로 및 규모 등을 고려하여 **대통령령으로 정하는 바**에 따라 제1항 각 호의 사항을 지체 없이 **보호위원회** 또는 대통령령으로 정하는 **전문기관에 신고**하여야 한다. 이 경우 보호위원회 또는 대통령령으로 정하는 전문기관은 피해 확산방지, 피해 복구 등을 위한 기술을 지원할 수 있다.

④ 제1항에 따른 유출등의 통지 및 제3항에 따른 유출등의 신고의 시기, 방법, 절차 등에 필요한 사항은 대통령령으로 정한다.

개인정보보호법 시행령(2025.10.2) 제39조

제39조(개인정보 유출 등의 통지)
① 개인정보처리자는 개인정보가 분실·도난·유출(이하 이 조 및 제40조에서 "유출등"이라 한다)되었음을 알게 되었을 때에는 서면등의 방법으로 **72시간 이내**에 법 제34조제1항 각 호의 사항을 **정보주체에게 알려야 한다.** 다만, 다음 각 호의 어느 하나에 해당하는 경우에는 **해당 사유가 해소된 후 지체 없이 정보주체에게 알릴 수 있다.**
  1. 유출등이 된 개인정보의 확산 및 추가 유출등을 방지하기 위하여 **접속경로의 차단, 취약점 점검·보완, 유출등이 된 개인정보의 회수·삭제 등 긴급한 조치**가 필요한 경우
  2. 천재지변이나 그 밖에 부득이한 사유로 인하여 **72시간 이내**에 통지하기 곤란한 경우
② 제1항에도 불구하고 개인정보처리자는 같은 항에 따른 통지를 하려는 경우로서 법 제34조제1항제1호 또는 제2호의 사항에 관한 **구체적인 내용을 확인하지 못한 경우**에는 개인정보가 **유출된 사실, 그때까지 확인된 내용 및 같은 항 제3호부터 제5호까지의 사항을 서면등의 방법으로 우선 통지**해야 하며, **추가로 확인되는 내용에 대해서는 확인되는 즉시 통지**해야 한다.
③ 제1항 및 제2항에도 불구하고 개인정보처리자는 **정보주체의 연락처를 알 수 없는 경우** 등 정당한 사유가 있는 경우에는 법 제34조제1항 각 호 외의 부분 단서에 따라 같은 항 각 호의 사항을 정보주체가 쉽게 알 수 있도록 자신의 **인터넷 홈페이지에 30일 이상 게시**하는 것으로 제1항 및 제2항의 통지를 갈음할 수 있다. 다만, **인터넷 홈페이지를 운영하지 아니하는 개인정보처리자의 경우**에는 **사업장등의 보기 쉬운 장소**에 법 제34조제1항 각 호의 사항을 **30일 이상 게시**하는 것으로 제1항 및 제2항의 통지를 갈음할 수 있다.

개인정보보호법 시행령(2025.10.2) 제40조

제40조(개인정보 유출 등의 신고)
① 개인정보처리자는 다음 각 호의 어느 하나에 해당하는 경우로서 개인정보가 유출등이 되었음을 알게 되었을 때에는 **72시간 이내**에 법 제34조제1항 각 호의 사항을 서면등의 방법으로 **보호위원회** 또는 같은 조 제3항 전단에 따른 **전문기관**에 **신고**해야 한다. 다만, 천재지변이나 그 밖에 부득이한 사유로 인하여 **72시간 이내에 신고하기 곤란한 경우**에는 해당 사유가 해소된 후 지체 없이 신고할 수 있으며, 개인정보 유출등의 경로가 확인되어 해당 개인정보를 회수·삭제하는 등의 조치를 통해 정보주체의 권익 침해 가능성이 현저히 낮아진 경우에는 신고하지 않을 수 있다.
  1. **1천명** 이상의 정보주체에 관한 개인정보가 유출등이 된 경우
  2. **민감정보** 또는 고유식별정보가 유출등이 된 경우
  3. 개인정보처리시스템 또는 개인정보취급자가 개인정보 처리에 이용하는 정보기기에 대한 **외부로부터의 불법적인 접근에 의해 개인정보가 유출등**
② 제1항에도 불구하고 개인정보처리자는 제1항에 따른 신고를 하려는 경우로서 법 제34조제1항제1호 또는 제2호의 사항에 관한 **구체적인 내용을 확인하지 못한 경우**에는 개인정보가 유출등이 된 사실, 그때까지 확인된 내용 및 같은 항 제3호부터 제5호까지의 사항을 서면등의 방법으로 **우선 신고**해야 하며, **추가로 확인되는 내용에 대해서는 확인되는 즉시 신고**해야 한다.
③ 법 제34조제3항 전단 및 후단에서 "대통령령으로 정하는 전문기관"이란 각각 **한국인터넷진흥원**을 말한다.

(2) 관련 지식

1) 유출 시 정보주체(이용자)에게 알려야 하는 사항

개인정보 **항목**, **시점**과 **경위**, **피해최소화**를 위한 정보주체 방법, 개인정보처리자 **대응조치** 및 **피해 구제절차**, **신고 접수 담당부서 및 연락처**

2) 개인정보 유출 신고기준

구분	개인정보처리자(개인정보보호법 제34조)
신고 대상 건수	• **1천명** 이상 정보주체에 관한 개인정보 유출 시 • **민감정보** 또는 **고유식별정보**가 유출등이 된 경우 • 개인정보처리시스템 또는 개인정보취급자가 개인정보 처리에 이용하는 정보기기에 대한 **외부로부터의 불법적인 접근에 의해 개인정보가 유출등**
신고 시점	• 유출등이 되었음을 알게 되었을 때에는 **72시간 이내**
신고 기관	• **보호위원회 또는 KISA**
통지	1. 유출등이 된 개인정보의 항목 2. 유출등이 된 시점과 그 경위 3. 유출등으로 인하여 발생할 수 있는 피해를 최소화하기 위하여 정보주체가 할 수 있는 방법 등에 관한 정보 4. 개인정보처리자의 대응조치 및 피해 구제절차 5. 정보주체에게 피해가 발생한 경우 신고 등을 접수할 수 있는 담당부서 및 연락처
신고방법	• 전자우편, 팩스 인터넷사이트를 통해 유출사고 신고 및 신고서 제출, 시간적 여유가 없거나 특별한 사정이 있는 경우:전화를 통하여 통지내용을 신고한 후, 유출 신고서를 제출할 수 있음
인터넷 홈페이지	• **30일** 이상 게시(이용자 연락처를 알 수 없는 등 정당한 사유가 있는 경우)

3) 개인정보 유출 기준 (표준지침 제25조)

① 개인정보가 포함된 서면, 이동식 저장장치, 휴대용 컴퓨터 등을 분실하거나 도난당한 경우
② 개인정보가 저장된 데이터베이스 등 개인정보처리시스템에 정상적인 권한이 없는 자가 접근한 경우
③ 개인정보처리자의 고의 또는 과실로 인해 개인정보가 포함된 파일 또는 종이문서, 그 밖의 저장매체가 권한이 없는 자에게 잘못 전달된 경우
④ 그 밖에 권한이 없는 자에게 개인정보가 전달된 경우

4) 유출 통지 관련 주의사항

① 유출된 개인정보의 수량, 종류, 시기 등은 따지지 않는다. 따라서 단 1건의 개인정보가 유출되었더라도 해당 정보주체에게 그 사실을 통지해야 한다. 유출된 개인정보가 암호화 되어 있는 때에는 통지의무를 면제하고 있는 나라(미국 등)도 있지만 우리나라에서는 그와 같은 예외를 인정하고 있지 않다.

② 개인정보의 유출 사실을 '알게 되었을 때'이므로, 유출사실이 일어났다고 해서 바로 통지의무가 발생하는 것은 아니며, 유출 사실을 개인정보처리자가 인지한 시점에서 유출통지 의무가 발생한다.

③ 개인정보가 개인정보처리자의 관리·통제권을 벗어나 제3자가 그 개인정보를 알 수 있는 상태에 이르렀다는 사실을 알게 되었을 때도 이에 해당한다.

④ 가명정보가 유출된 경우에는 적용되지 않는다.

5) 개인정보 유출사고 대응 계획 예시

① 개인정보 유출의 정의 및 사례·유형

② 개인정보 유출사고 예방을 위한 안전조치 및 상시 모니터링 수행

③ 개인정보 유출사고 대응팀 구성·운영 및 비상연락망

④ 개인정보 유출사고시 단계별 대응절차 – 사고인지 및 긴급조치, 유출통지 및 신고, 피해신고 접수 및 피해구제, 사고 원인 분석 및 안전조치, 재발방지 대책 수립·운영 등

6) 개인정보 유출통지 및 신고 FAQ

Q 여러 명의 민원인에게 동일한 내용의 공문발송시 수신자 각자의 개인정보가 포함되는데 이러한 경우도 개인정보 유출에 해당되는지?

A 공문 수신자의 성명과 주소는 특정 개인을 식별할 수 있는 개인정보에 해당, 수신자별로 공문발송이 이루어지도록 처리를 하여야 할 것이며 회원 대상으로 단체메일을 발송하는 과정에서 수신자의 이름과 메일주소, 첨부파일 상의 개인정보가 공개된 경우에는 「개인정보보호법」상의 개인정보 유출에 해당한다.

Q 개인정보 유출이 발생하였으나 정보주체의 연락처 정보가 없어 유출통지가 어려운 경우에는 어떻게 해야 하는가?

A 연락처가 없어 정보주체에게 유출통지가 어려운 경우에는 시행령 제28조제2항및 제31조제2항, 제3항을 준용하여 인터넷 홈페이지에 지속적으로 게재하거나 정보주체가 알아보기 쉬운 장소에 게시하는 등의 방법을 통하여 유출사실을 공개할 필요가 있다.

Q 통지·신고 기한(72시간) 예외 사유는?

A 개인정보 유출과 관련하여 수사기관의 비공개 요청이 있는 경우, 물리적·기술적·관리적인 사유로 통지가 불가능한 경우를 예로 들 수 있다.

③ 정보주체의 권리

🔓 01 정보주체의 권리

(1) 관련 법령

개인정보보호법(2025.10.2) 제4조
제4조(정보주체의 권리) 정보주체는 자신의 개인정보 처리와 관련하여 다음 각호의 권리를 가진다. 1. 개인정보의 처리에 관한 정보를 제공받을 권리 2. 개인정보의 처리에 관한 동의 여부, 동의 범위 등을 선택하고 결정할 권리 3. 개인정보의 처리 여부를 확인하고 개인정보에 대하여 열람(사본의 발급을 포함한다. 이하 같다) 및 전송을 요구할 권리 4. 개인정보의 처리 정지, 정정·삭제 및 파기를 요구할 권리 5. 개인정보의 처리로 인하여 발생한 피해를 신속하고 공정한 절차에 따라 구제받을 권리 6. 완전히 자동화된 개인정보 처리에 따른 결정을 거부하거나 그에 대한 설명 등을 요구할 권리

순번	정보주체의 권리	설명
1	개인정보 처리에 관한 정보를 제공받을 권리	• 개인정보 수집·이용·제공 목적·범위 등의 고지, 개인정보 처리방침의 수립·공개 등의 의무 • 정보통신서비스 제공자등은 개인정보 이용내역의 통지 의무
2	동의 여부, 동의범위 등을 선택하고 결정할 권리	• 자신의 개인정보 자기결정권 • 개인정보 처리 여부 및 동의 범위 등을 선택할 수 있는 권리
3	개인정보의 처리 유무를 확인하고 열람 및 전송을 요구할 권리	• 자신의 개인정보에 접근권 • 개인정보처리자의 무분별한 개인정보 수집·이용·제공을 방지하는 기능
4	개인정보의 처리정지·정정·삭제 및 파기를 요구할 권리	• 개인정보처리자의 잘못된 개인정보 처리로 인한 피해를 방지 • 개인정보 수집·이용·제공 등에 관한 동의를 철회할 권리 • 자신의 개인정보를 파기 요구할 권리
5	피해를 신속하고 공정한 절차에 따라 구제받을 권리	• 개인정보의 수집·이용·제공 등으로 피해가 발생한 경우, 신속하고 공정한 절차에 따라 피해의 심각성에 비례하여 적절한 보상을 받을 권리 • 입증책임의 전환(제39조제1항), 분쟁조정제도(제40조~ 제50조) 및 권리침해 중지 단체소송제도(제51조~제57조), 법정·징벌적 손해배상제도(제39조의2 및 제39조제3항), 정보통신서비스 제공자등의 손해배상책임 보장 조치 의무
6	완전히 자동화된 개인정보 처리에 따른 결정을 거부하거나 그에 대한 설명 등을 요구할 권리	• 자동화된 결정에 대한 정보주체의 권리 등(제37조의2)

02 개인정보의 열람

(1) 관련 법령

개인정보보호법(2025.10.2) 제35조

제35조(개인정보의 열람)

① 정보주체는 개인정보처리자가 처리하는 자신의 개인정보에 대한 **열람**을 해당 개인정보처리자에게 **요구할 수 있다.**

② 제1항에도 불구하고 정보주체가 자신의 개인정보에 대한 열람을 **공공기관에 요구하고자 할 때**에는 공공기관에 **직접 열람을 요구하거나** 대통령령으로 정하는 바에 따라 **보호위원회를 통하여 열람을 요구할 수 있다.**

③ 개인정보처리자는 제1항 및 제2항에 따른 열람을 요구받았을 때에는 **대통령령으로 정하는 기간** 내에 정보주체가 해당 개인정보를 **열람**할 수 있도록 하여야 한다. 이 경우 해당 기간 내에 **열람할 수 없는 정당한 사유가 있을 때**에는 정보주체에게 **그 사유를 알리고 열람을 연기할 수 있으며,** 그 사유가 소멸하면 지체 없이 열람하게 하여야 한다.

④ 개인정보처리자는 **다음 각 호의 어느 하나에 해당하는 경우**에는 정보주체에게 그 사유를 알리고 **열람을 제한하거나 거절할 수 있다.**

  1. **법률**에 따라 열람이 금지되거나 제한되는 경우
  2. 다른 사람의 **생명·신체를 해할 우려**가 있거나 **다른 사람의 재산과 그 밖의 이익을 부당하게 침해**할 우려가 있는 경우
  3. **공공기관**이 다음 각 목의 어느 하나에 해당하는 **업무**를 수행할 때 **중대한 지장을 초래**하는 경우
     가. **조세**의 부과·징수 또는 환급에 관한 업무
     나. 「초·중등교육법」 및 「고등교육법」에 따른 각급 학교, 「평생교육법」에 따른 평생교육시설, 그 밖의 다른 법률에 따라 설치된 고등교육기관에서의 **성적 평가** 또는 **입학자 선발**에 관한 업무
     다. 학력·기능 및 채용에 관한 **시험, 자격 심사**에 관한 업무
     라. **보상금·급부금** 산정 등에 대하여 진행 중인 평가 또는 판단에 관한 업무
     마. 다른 법률에 따라 진행 중인 **감사 및 조사**에 관한 업무

⑤ 제1항부터 제4항까지의 규정에 따른 열람 요구, 열람 제한, 통지 등의 방법 및 절차에 관하여 필요한 사항은 대통령령으로 정한다.

(2) 관련 지식

1) 열람조치 기준

법 제35조제3항 전단에서 "대통령령으로 정하는 기간"이란 10일을 말한다.

2) 정보주체(이용자)가 열람이나 제공을 요구할 수 있는 정보

개인정보보호법 시행령 제41조(개인정보의 열람절차 등) 제1항
1. 개인정보의 **항목** 및 내용 2. 개인정보의 수집·이용의 **목적** 3. 개인정보 보유 및 이용 **기간** 4. 개인정보의 **제3자** 제공 현황 5. 개인정보 처리에 대하여 **동의**한 사실 및 내용

3) 열람요구를 제한·거절할 수 있는 사유

개인정보보호법 제35조(개인정보의 열람) 제4항
1. **법률**에 따라 열람이 금지되거나 제한되는 경우 2. 다른 사람의 생명·신체를 해할 우려가 있거나 다른 사람의 재산과 그 밖의 **이익**을 부당하게 침해할 우려가 있는 경우 3. 공공기관이 다음 각 목의 어느 하나에 해당하는 업무를 수행할 때 중대한 지장을 초래하는 경우 　가. **조세**의 부과·징수 또는 환급에 관한 업무 　나. 「초·중등교육법」 및 「고등교육법」에 따른 각급 학교, 「평생교육법」에 따른 평생교육시설, 그 밖의 다른 법률에 따라 설치된 고등교육기관에서의 **성적 평가 또는 입학자 선발**에 관한 업무 　다. 학력·기능 및 채용에 관한 **시험, 자격 심사**에 관한 업무 　라. **보상금·급부금** 산정 등에 대하여 진행 중인 평가 또는 판단에 관한 업무 　마. 다른 법률에 따라 진행 중인 **감사 및 조사**에 관한 업무

4) 처리정지 요구 거부 사유

개인정보보호법 제37조(개인정보의 처리정지 등) 제2항
1. **법률**에 특별한 규정이 있거나 **법령**상 의무를 준수하기 위하여 불가피한 경우 2. 다른 사람의 생명·신체를 해할 우려가 있거나 다른 사람의 재산과 그 밖의 **이익**을 부당하게 침해할 우려가 있는 경우 3. 공공기관이 개인정보를 처리하지 아니하면 다른 법률에서 정하는 **소관** 업무를 수행할 수 없는 경우 4. 개인정보를 처리하지 아니하면 정보주체와 약정한 서비스를 제공하지 못하는 등 **계약의 이행**이 곤란한 경우로서 정보주체가 그 **계약의 해지 의사를 명확하게 밝히지 아니**한 경우

5) 정보주체의 개인정보 열람 요구권

정보주체는 개인정보처리자가 처리하는 자신의 개인정보에 대한 열람을 해당 개인정보처리자에게 요구할 수 있다. 열람에는 사본의 교부를 포함한다. 정보주체가 직접 제공한 개인정보 이외에 제3자 또는 공개된 정보원으로부터 수집한 개인정보, 개인정보처리자가 생산한 개인정보(신용평가, 인사평가, 거래내역, 진료기록 등), 서비스제공 등의 과정에서 자동적으로 생성된 개인정보(수발신내역, 입출기록, 쿠키, 로그기록 등) 등도 열람요구의 대상이 된다.

6) 열람 요구·방법 절차 마련 시 준수사항

① 서면, 전화, 전자우편, 인터넷 등 정보주체가 쉽게 활용할 수 있는 방법으로 제공할 것
② 개인정보를 수집한 창구의 지속적 운영이 곤란한 경우 등 정당한 사유가 있는 경우를 제외하고는 최소한 개인정보를 수집한 창구 또는 방법과 동일하게 개인정보의 열람을 요구할 수 있도록 할 것
③ 인터넷 홈페이지를 운영하는 개인정보처리자는 홈페이지에 열람 요구 방법과 절차를 공개할 것

7) 가명정보 적용 제외

가명정보에는 이름, 연락처 등 개인을 알아 볼 수 있는 정보가 포함되어 있지 않으므로 정보주체는 가명정보에 대하여 제35조에 따른 열람 요구권을 행사할 수 없다.

8) 개인정보의 열람 FAQ

Q 고객이 현재까지 부가서비스 가입내역 등의 개인정보 이용내역 전부를 확인해 줄 것을 요구하고 있다. 개인정보 이용내역 분량이 매우 많은데, 이러한 경우에는 어떻게 조치하면 되는가?

A 원칙적으로 정보주체의 자기정보 열람 요구가 있는 경우에는 법 제35조제4항에 따른 열람제한·거절사유에 해당하지 않는 한 10일 이내에 필요한 조치를 해야 한다. 단, 개인정보 이용내역 산출 등의 업무에 소요되는 수수료와 우송료 등을 정보주체에게 청구할 수 있다.

Q 고객에게 서면으로 멤버십 가입 신청서를 받은 뒤 포인트 적립이나 신메뉴 안내 등의 서비스를 제공해 왔다. 그런데 어떤 고객이 자신은 멤버십 가입신청서에 동의한 적이 없다면서 확인을 요구해 왔다. 이런 경우 어떻게 해야 하는가?

A 정보주체로부터 개인정보 수집 동의 여부에 대한 확인요구를 받은 경우에는 10일 이내에 해당 회원의 가입신청서를 제시하여 동의 기재란의 자필서명 여부 등을 열람·확인할 수 있도록 하여야 한다.

03 개인정보의 전송 요구

(1) 관련 법령

개인정보보호법(2025.10.2) 제35조의2

제35조의2(개인정보의 전송 요구)
① 정보주체는 개인정보 처리 능력 등을 고려하여 대통령령으로 정하는 기준에 해당하는 개인정보처리자에 대하여 다음 각 호의 요건을 모두 충족하는 개인정보를 자신에게로 전송할 것을 요구할 수 있다.
  1. **정보주체가 전송을 요구하는 개인정보가 정보주체 본인에 관한 개인정보**로서 다음 각 목의 어느 하나에 해당하는 정보일 것
    가. 제15조제1항제1호, 제23조제1항제1호 또는 제24조제1항제1호에 따른 **동의**를 받아 처리되는 개인정보
    나. 제15조제1항제4호에 따라 체결한 **계약을 이행하거나 계약을 체결**하는 과정에서 정보주체의 요청에 따른 조치를 이행하기 위하여 처리되는 개인정보
    다. 제15조제1항제2호·제3호, 제23조제1항제2호 또는 제24조제1항제2호에 따라 처리되는 개인정보 중 **정보주체의 이익이나 공익적 목적**을 위하여 관계 중앙행정기관의 장의 요청에 따라 **보호위원회가 심의·의결**하여 전송 요구의 대상으로 지정한 개인정보
  2. 전송을 요구하는 개인정보가 개인정보처리자가 **수집한 개인정보를 기초로 분석·가공하여 별도로 생성한 정보가 아닐 것**
  3. 전송을 요구하는 개인정보가 컴퓨터 등 **정보처리장치로 처리되는 개인정보일 것**
② 정보주체는 **매출액, 개인정보의 보유 규모, 개인정보 처리 능력, 산업별 특성 등을 고려**하여 대통령령으로 정하는 기준에 해당하는 개인정보처리자에 대하여 제1항에 따른 전송 요구 대상인 개인정보를 기술적으로 허용되는 합리적인 범위에서 다음 각 호의 자에게 전송할 것을 요구할 수 있다.
  1. 제35조의3제1항에 따른 **개인정보관리 전문기관**
  2. 제29조에 따른 **안전조치의무를 이행하고** 대통령령으로 정하는 **시설 및 기술 기준을 충족하는 자**
③ 개인정보처리자는 제1항 및 제2항에 따른 전송 요구를 받은 경우에는 시간, 비용, 기술적으로 허용되는 합리적인 범위에서 **해당 정보를 컴퓨터 등 정보처리장치로 처리 가능한 형태로 전송**하여야 한다.
④ 제1항 및 제2항에 따른 전송 요구를 받은 개인정보처리자는 다음 각 호의 어느 하나에 해당하는 **법률의 관련 규정에도 불구하고 정보주체에 관한 개인정보를 전송하여야 한다.**
  1. 「국세기본법」 제81조의13
  2. 「지방세기본법」 제86조
  3. 그 밖에 제1호 및 제2호와 유사한 규정으로서 대통령령으로 정하는 법률의 규정
⑤ 정보주체는 제1항 및 제2항에 따른 **전송 요구를 철회할 수 있다.**
⑥ 개인정보처리자는 정보주체의 **본인 여부가 확인**되지 아니하는 경우 등 대통령령으로 정하는 경우에는 제1항 및 제2항에 따른 전송 요구를 거절하거나 전송을 중단할 수 있다.
⑦ 정보주체는 제1항 및 제2항에 따른 전송 요구로 인하여 **타인의 권리나 정당한 이익을 침해하여서는 아니 된다.**
⑧ 제1항부터 제7항까지에서 규정한 사항 외에 전송 요구의 대상이 되는 정보의 범위, 전송 요구의 방법, 전송의 기한 및 방법, 전송 요구 철회의 방법, 전송 요구의 거절 및 전송 중단의 방법 등 필요한 사항은 대통령령으로 정한다.

전송요구권 종류	설명
다운로드권	정보주체가 개인정보처리자에게 **자신에 관한 개인정보를 정보주체 본인에게 전송해 달라고 요구**
이동요구권	정보주체가 개인정보처리자에게 **자신에 관한 개인정보를 개인정보관리 전문기관(마이데이터사업자) 또는 다른 개인정보처리자(일정한 요건을 충족한)에 전송해 달라고 요구**

04 개인정보의 정정·삭제

(1) 관련 법령

개인정보보호법(2025.10.2) 제36조

제36조(개인정보의 정정·삭제)
① 제35조에 따라 자신의 개인정보를 열람한 정보주체는 개인정보처리자에게 그 개인정보의 **정정 또는 삭제를 요구할 수 있다.** 다만, **다른 법령에서 그 개인정보가 수집 대상**으로 명시되어 있는 경우에는 그 **삭제를 요구할 수 없다.**
② 개인정보처리자는 제1항에 따른 정보주체의 **요구를 받았을 때에는** 개인정보의 **정정 또는 삭제에 관하여** 다른 법령에 특별한 절차가 규정되어 있는 경우를 제외하고는 지체 없이 그 개인정보를 **조사하여** 정보주체의 요구에 따라 **정정·삭제 등 필요한 조치**를 한 후 그 결과를 정보주체에게 **알려야 한다.**
③ 개인정보처리자가 제2항에 따라 개인정보를 **삭제할 때에는 복구 또는 재생되지 아니하도록 조치**하여야 한다.
④ 개인정보처리자는 정보주체의 요구가 **제1항 단서에 해당될 때에는** 지체 없이 그 내용을 **정보주체에게 알려야 한다.**
⑤ 개인정보처리자는 제2항에 따른 **조사를 할 때** 필요하면 해당 정보주체에게 **정정·삭제 요구 사항의 확인에 필요한 증거자료를 제출하게 할 수 있다.**
⑥ 제1항·제2항 및 제4항에 따른 **정정 또는 삭제 요구, 통지 방법 및 절차** 등에 필요한 사항은 대통령령으로 정한다.

통신비밀보호법 시행령 제41조(전기통신사업자의 협조의무 등)

② 법 제15조의2제2항에 따른 전기통신사업자의 통신사실확인자료 보관기간은 다음 각 호의 구분에 따른 기간 이상으로 한다.
 1. 법 제2조제11호가목부터 라목까지 및 바목에 따른 **통신사실확인자료 : 12개월** 다만, **시외·시내전화 역무와 관련된 자료인 경우에는 6개월**로 한다.
 2. 법 제2조제11호마목 및 사목에 따른 **통신사실확인자료 : 3개월**

> **전자상거래 등에서의 소비자보호에 관한 법률 시행령 제6조(사업자가 보존하는 거래기록의 대상등)**
>
> ① 법 제6조 제3항에 따라 사업자가 보존하여야 할 거래기록의 대상·범위 및 기간은 다음 각 호 와 같다. 다만, 법 제20조 제1항에 따른 통신판매중개자(이하 "통신판매중개자"라 한다)는 자신의 정보처리시스템을 통하여 처리한 기록의 범위에서 다음 각 호의 거래기록을 보존하여야 한다.
>   1. **표시·광고에 관한 기록: 6개월**
>   2. **계약 또는 청약철회 등에 관한 기록: 5년**
>   3. **대금결제 및 재화등의 공급에 관한 기록: 5년**
>   4. **소비자의 불만 또는 분쟁처리에 관한 기록: 3년**

(2) 관련 지식

1) 가명정보 적용 제외

정보주체는 가명정보에 대하여 제36조에 따른 정정·삭제 요구권을 행사할 수 없다(제 28조의7).

05 개인정보의 처리정지 등

(1) 관련 법령

> **개인정보보호법(2025.10.2) 제36조**
>
> 제37조(개인정보의 처리정지 등)
> ① 정보주체는 개인정보처리자에 대하여 **자신의 개인정보 처리의 정지를 요구하거나 개인정보 처리에 대한 동의를 철회할 수 있다.** 이 경우 **공공기관**에 대해서는 제32조에 따라 등록 대상이 되는 **개인정보파일 중 자신의 개인정보에 대한 처리의 정지를 요구하거나** 개인정보 처리에 대한 **동의를 철회할 수 있다.**
> ② 개인정보처리자는 제1항에 따른 처리정지 요구를 받았을 때에는 지체 없이 정보주체의 요구에 따라 개인정보 처리의 전부를 정지하거나 일부를 정지하여야 한다. 다만, 다음 각 호의 어느 하나에 해당하는 경우에는 정보주체의 처리정지 요구를 거절할 수 있다.
>   1. **법률에 특별한 규정**이 있거나 **법령상 의무를 준수**하기 위하여 불가피한 경우
>   2. 다른 사람의 **생명·신체를 해할 우려**가 있거나 다른 사람의 **재산과 그 밖의 이익을 부당하게 침해**할 우려가 있는 경우
>   3. **공공기관**이 개인정보를 처리하지 아니하면 다른 법률에서 정하는 **소관 업무**를 수행할 수 없는 경우
>   4. 개인정보를 처리하지 아니하면 **정보주체와 약정한 서비스**를 제공하지 못하는 등 **계약의 이행이 곤란한 경우**로서 정보주체가 그 **계약의 해지 의사를 명확하게 밝히지 아니**한 경우
> ③ 개인정보처리자는 정보주체가 제1항에 따라 동의를 **철회한 때에는 지체 없이 수집된 개인정보를 복구·재생할 수 없도록 파기하는 등 필요한 조치**를 하여야 한다. 다만, 제2항 각 호의 어느 하나에 해당하는 경우에는 동의 철회에 따른 조치를 하지 아니할 수 있다.
> ④ 개인정보처리자는 제2항 단서에 따라 **처리정지 요구를 거절하거나** 제3항 단서에 따라 **동의 철회에 따른 조치를 하지 아니하였을** 때에는 정보주체에게 **지체 없이 그 사유를 알려야 한다.**

⑤ 개인정보처리자는 **정보주체의 요구에 따라 처리가 정지된 개인정보**에 대하여 **지체 없이 해당 개인정보의 파기 등 필요한 조치**를 하여야 한다.
⑥ 제1항부터 제5항까지의 규정에 따른 처리정지의 요구, 동의 철회, 처리정지의 거절, 통지 등의 방법 및 절차에 필요한 사항은 대통령령으로 정한다.

(2) 관련 지식

1) 처리정지 요구의 예외인 개인정보파일

개인정보보호법 제32조제2항

1. 국가 안전, 외교상 비밀, 그 밖에 국가의 중대한 이익에 관한 사항을 기록한 개인정보파일
2. 범죄의 수사, 공소의 제기 및 유지, 형 및 감호의 집행, 교정처분, 보호처분, 보안관찰처분과 출입국관리에 관한 사항을 기록한 개인정보파일
3. 「조세범처벌법」에 따른 범칙행위 조사 및 「관세법」에 따른 범칙행위 조사에 관한 사항을 기록한 개인정보파일
4. **일회적**으로 운영되는 파일 등 지속적으로 관리할 필요성이 낮다고 인정되어 대통령령으로 정하는 개인정보파일
5. 다른 법령에 따라 비밀로 분류된 개인정보파일

2) 처리정지요구 거부사유

개인정보보호법 제37조제2항

1. 법률에 특별한 규정이 있거나 법령상 의무를 준수하기 위하여 불가피한 경우
2. 다른 사람의 생명·신체를 해할 우려가 있거나 다른 사람의 재산과 그 밖의 이익을 부당하게 침해할 우려가 있는 경우
3. 공공기관이 개인정보를 처리하지 아니하면 다른 법률에서 정하는 소관 업무를 수행할 수 없는 경우
4. 개인정보를 처리하지 아니하면 정보주체와 약정한 서비스를 제공하지 못하는 등 계약의 이행이 곤란한 경우로서 정보주체가 그 계약의 해지 의사를 명확하게 밝히지 아니한 경우

3) 가명정보 적용 제외

가명정보에는 이름, 연락처 등 개인을 알아 볼 수 있는 정보가 포함되어 있지 않으므로 정보주체는 가명정보에 대하여 제37조에 따른 처리정지 요구권을 행사할 수 없다(제28조의 7). 다만, 정보주체는 자신의 정보가 가명정보로 처리되기 이전에는 자신의 개인정보에 대한 가명처리 정지를 요구할 수 있다.

4) 개인정보의 처리정지 등 FAQ

Q 잠재고객들에 대하여 우리 회사 서비스의 광고 메일 및 전화(TM) 홍보를 실시하고 있는데, 어떤 고객이 수신거부를 요청하였다. 이 경우 취해야 할 조치는 무엇인가?

A 정보주체가 광고메일 및 전화 TM에 대한 수신거부를 요청한 경우에 사업자는 10일 이내(영 제43조)에 발송 중지 및 리스트 삭제 등 필요한 조치를 취하여야 한다.

06 자동화된 결정에 대한 정보주체의 권리

(1) 관련 법령

개인정보보호법(2025.10.2) 제37조의2

제37조의2(자동화된 결정에 대한 정보주체의 권리 등)
① 정보주체는 완전히 **자동화된 시스템**(인공지능 기술을 적용한 시스템을 포함한다)으로 **개인정보를 처리하여 이루어지는 결정**(「행정기본법」 제20조에 따른 행정청의 자동적 처분은 제외하며, 이하 이 조에서 "자동화된 결정"이라 한다)이 자신의 권리 또는 의무에 중대한 영향을 미치는 경우에는 해당 개인정보처리자에 대하여 해당 **결정을 거부할 수 있는 권리**를 가진다. 다만, 자동화된 결정이 **제15조제1항제1호·제2호 및 제4호에 따라 이루어지는 경우에는 그러하지 아니하다.**
② 정보주체는 개인정보처리자가 자동화된 결정을 한 경우에는 그 결정에 대하여 설명 등을 요구할 수 있다.
③ 개인정보처리자는 제1항 또는 제2항에 따라 정보주체가 자동화된 **결정을 거부하거나 이에 대한 설명 등을 요구한 경우에는 정당한 사유가 없는 한 자동화된 결정을 적용하지 아니하거나 인적 개입에 의한 재처리·설명 등 필요한 조치를 하여야 한다.**
④ 개인정보처리자는 **자동화된 결정의 기준과 절차, 개인정보가 처리되는 방식 등을 정보주체가 쉽게 확인할 수 있도록 공개하여야 한다.**
⑤ 제1항부터 제4항까지에서 규정한 사항 외에 자동화된 결정의 거부·설명 등을 요구하는 절차 및 방법, 거부·설명 등의 요구에 따른 필요한 조치, 자동화된 결정의 기준·절차 및 개인정보가 처리되는 방식의 공개 등에 필요한 사항은 대통령령으로 정한다.

(2) 관련 지식

1) 자동화된 결정

AI 등을 적용한 완전히 자동화된 시스템으로 개인정보를 처리하여 이뤄지는 결정으로 AI 기반 면접, 자기소개서 평가, 신용평가가 있다.

2) 제15조 제1항 제1호·제2호·제4호에 따라 이루어지는 경우

1. 정보주체의 동의를 받은 경우
2. 법률에 특별한 규정이 있거나 법령상 의무를 준수하기 위하여 불가피한 경우
4. 정보주체와 체결한 계약을 이행하거나 계약을 체결하는 과정에서 정보주체의 요청에 따른 조치를 이행하기 위하여 필요한 경우

3) 개인정보처리자의 의무

결정 거부, 설명 요구에 대한 개인정보처리자의 조치(제3항)
- 자동화된 결정을 적용 제외
- 인적 개인에 의한 재처리
- 설명
자동화된 결정의 기준과 절차, 개인정보가 처리되는 방식 등을 정보주체가 쉽게 확인할 수 있도록 공개(제4항)
- 개인정보 처리방침에 공개

 ## 07 권리행사의 방법 및 절차

(1) 관련 법령

개인정보보호법(2025.10.2) 제38조

제38조(권리행사의 방법 및 절차)
① 정보주체는 제35조에 따른 열람, 제35조의2에 따른 **전송**, 제36조에 따른 **정정·삭제**, 제37조에 따른 **처리정지 및 동의 철회**, 제37조의2에 따른 **거부·설명 등의 요구**(이하 "열람등요구"라 한다)를 문서 등 대통령령으로 정하는 **방법·절차에 따라 대리인에게 하게 할 수 있다.**
② **만 14세 미만 아동의 법정대리인**은 개인정보처리자에게 그 **아동의 개인정보 열람등 요구**를 할 수 있다.
③ 개인정보처리자는 열람등요구를 하는 자에게 대통령령으로 정하는 바에 따라 **수수료와 우송료**(사본의 우송을 청구하는 경우에 한한다)를 **청구할 수 있다.** 다만, 제35조의2제2항에 따른 전송 요구의 경우에는 전송을 위해 추가로 필요한 설비 등을 함께 고려하여 수수료를 산정할 수 있다.
④ 개인정보처리자는 정보주체가 열람등요구를 할 수 있는 구체적인 **방법과 절차를 마련하고, 이를 정보주체가 알 수 있도록 공개하여야 한다.** 이 경우 **열람등요구의 방법과 절차는 해당 개인정보의 수집 방법과 절차보다 어렵지 아니하도록 하여야 한다.**
⑤ 개인정보처리자는 정보주체가 **열람등요구에 대한 거절 등 조치**에 대하여 **불복**이 있는 경우 **이의를 제기할 수 있도록 필요한 절차를 마련하고 안내**하여야 한다.

(2) 관련 지식

1) 신원확인 의무와 방법

① 신원확인 의무
- 개인정보 열람등 요구를 받은 때에는 요구를 한 자가 본인이거나 정당한 대리인인지를 확인하여야 함
- 대리인의 경우 자신의 신원 확인 뿐 아니라 정보주체와 대리인 사이의 대리관계를 증명할 수 있는 위임장 및 인감
- 법정대리인의 경우 법정대리인을 확인할 수 있는 서면(주민등록등본, 가족관계 증명서 등) 추가 확인

② 신원확인 방법
- 인터넷의 경우에는 전자서명, 아이핀, 이동전화번호와 생년월일 등의 방법에 의해서 확인
- 오프라인의 경우에는 주민등록증, 운전면허증, 여권, 공무원증 등
③ 공공기관의 특례
- 공공기관인 경우에는 「전자정부법」 제36조제1항에 따른 행정정보의 공동이용을 통하여 신분확인이 가능하면 행정정보의 공동이용을 통하여 확인
- 공공기관이 행정정보의 공동이용을 할 수 없거나 정보주체가 확인에 동의하지 아니하는 경우에는 그러하지 아니함

2) 권리행사 FAQ

Q 민간사업자의 수수료 청구 기준은?

A 개인정보처리자는 열람등을 요구하는 자에게 수수료와 우송료를 청구할 수 있다. 다만 열람등에 따른 조치시 필요한 인쇄비, 공공요금, 인건비 등을 계산하여 최소한의 실비만을 청구하여야 한다.

08 이용·제공 내역 통지

(1) 관련 법령

개인정보보호법(2025.10.2) 제20조의2

제20조의2(개인정보 이용·제공 내역의 통지)
① **대통령령으로 정하는 기준**에 해당하는 개인정보처리자는 이 법에 따라 수집한 **개인정보의 이용·제공 내역이나 이용·제공 내역을 확인할 수 있는 정보시스템에 접속하는 방법을 주기적으로 정보주체에게 통지**하여야 한다. 다만, **연락처 등 정보주체에게 통지할 수 있는 개인정보를 수집·보유하지 아니한 경우에는 통지하지 아니할 수 있다.**
② 제1항에 따른 **통지의 대상이 되는 정보주체의 범위, 통지 대상 정보, 통지 주기 및 방법** 등에 필요한 사항은 **대통령령**으로 정한다.

개인정보보호법 시행령(2025.10.2) 제15조의3

제15조의3(개인정보 이용·제공 내역의 통지)
① 법 제20조의2제1항 본문에서 "대통령령으로 정하는 기준에 해당하는 개인정보처리자"란 다음 각 호의 어느 하나에 해당하는 개인정보처리자를 말한다. 이 경우 다음 각 호에 규정된 정보주체의 수는 전년도 말 기준 직전 3개월 간 일일평균을 기준으로 산정한다.
1. **5만명** 이상의 정보주체에 관하여 **민감정보 또는 고유식별정보**를 처리하는 자
2. **100만명** 이상의 정보주체에 관하여 **개인정보**를 처리하는 자

② 법 제20조의2제1항에 따른 **통지의 대상이 되는 정보주체**는 다음 각 호의 정보주체를 **제외**한 정보주체로 한다.

1. 통지에 대한 **거부의사**를 표시한 정보주체
2. 개인정보처리자가 **업무수행**을 위해 그에 **소속된 임직원**의 개인정보를 처리한 경우 해당 정보주체
3. 개인정보처리자가 **업무수행**을 위해 **다른 공공기관, 법인, 단체의 임직원** 또는 **개인의 연락처 등의 개인정보를 처리**한 경우 해당 정보주체
4. **법률에 특별한 규정이 있거나 법령 상 의무를 준수**하기 위하여 이용·제공한 개인정보의 정보주체
5. **공공기관**이 법령 등에서 정하는 **소관 업무**의 수행을 위하여 이용·제공한 개인정보의 정보주체

③ 법 제20조의2제1항에 따라 **정보주체에게 통지해야 하는 정보**는 다음 각 호와 같다.

1. 개인정보의 수집·이용 **목적** 및 수집한 개인정보의 **항목**
2. 개인정보를 제공받은 **제3자**와 그 제공 **목적** 및 제공한 개인정보의 **항목**. 다만, 「통신비밀보호법」 제13조, 제13조의2, 제13조의4 및 「전기통신사업법」 제83조제3항에 따라 제공한 정보는 제외한다.

④ 법 제20조의2제1항에 따른 **통지**는 다음 각 호의 어느 하나에 해당하는 방법으로 **연 1회 이상** 해야 한다.

1. **서면·전자우편·전화·문자전송** 등 정보주체가 통지 내용을 쉽게 확인할 수 있는 방법
2. 재화 및 서비스를 제공하는 과정에서 정보주체가 쉽게 알 수 있도록 **알림창을 통해 알리는 방법**(법 제20조의2제1항에 따른 개인정보의 이용·제공 내역을 확인할 수 있는 **정보시스템에 접속하는 방법을 통지하는 경우**로 한정한다)

(2) 관련 지식

1) 개정 전 '수집출처 고지'와 '이용내역 통지' 비교

구분	수집출처 고지(개정전 법 제20조)	이용내역 통지(개정전 법 제39조의8)
도입	'16.3월	'12.2월
대상 사업자	개인정보를 제공받은 개인정보처리자(제3자)로서 ① 5만 이상 민감·고유식별 정보 처리 또는 ② 100만명 이상 개인정보 처리	정보통신서비스 제공자등으로서 ① 이용자수 100만 이상 또는 ② 정보통신서비스 부문 매출액 100억 이상
대상 정보	• 제17조제1항제1호에 따라 정보주체 이외로부터 제공받은 개인정보	• 제23조, 제39조의3, 제17조에 따라 이용자로(정보주체)부터 수집한 개인정보
통지 항목	• 개인정보의 수집 출처 • 개인정보의 처리 목적 • 개인정보 처리의 정지를 요구하거나 동의를 철회할 권리가 있다는 사실	• 개인정보의 수집·이용 목적 및 수집한 개인정보의 항목 • 개인정보를 제공받은 제3자와 그 제공 목적 및 제공한 개인정보의 항목 (다만, 「통신비밀보호법」 제13조, 제13조의2, 제13조의4 및 「전기통신사업법」 제83조제3항에 따라 제공한 정보는 제외)
통지 방법	• 제공받은 날로부터 3개월 이내 통지	• 연 1회 이상 주기적 통지

2) 이용·제공내역 통지 FAQ

Q 이용·제공 내역 통지는 '정보주체 거부 시 제외'할 수 있도록 하고 있는데, 이러한 제외 조항도 수집 출처 통지에 동일하게 적용할 수 있는지?

A 수집 출처 통지와 이용·제공 내역 통지를 함께할 수 있도록 규정한 것은 동일한 정보 주체에게 효율적으로 통지할 수 있도록 통지의 방법을 개선한 것으로, 각 제도의 도입 취지를 고려하면 영 제15조의3의 제외 사유까지 영 제15조의2에 적용하는 것은 아니다.

　　　　※ 법 제20조제2항에 따라 대통령령으로 정하는 개인정보처리자는 정보주체의 요청과 관계없이 수집 출처 등의 통지를 하도록 의무를 부여하고 있음

Q 이용·제공 내역 통지 대상에서 제외할 수 있는 사유 중 공공기관, 법인의 임직원 또는 개인의 연락처 등의 개인정보를 처리한 경우는?

A 해당 조항의 사례는 B2B 사업 관계에서와 같이 사업자 간 업무 처리를 하는 경우를 말하는 것으로, 이용·제공내역 통지 제도의 도입 목적은 개인정보처리자(사업자)와 정보주체(고객)의 관계에서 정보주체의 권리를 보장하기 위한 조항이므로, 기업 간 이루어지는 B2B 관계에서 업무를 목적으로 업무 상대방의 연락처 등을 처리하는 경우까지 이용·제공 내역을 통지하게 할 필요는 없다는 의견을 반영한 것이다.

09 손해배상 책임

(1) 관련 법령

개인정보보호법(2025.10.2) 제39조
제39조(손해배상책임) ① 정보주체는 개인정보처리자가 이 법을 위반한 행위로 손해를 입으면 개인정보처리자에게 손해배상을 청구할 수 있다. 이 경우 그 개인정보처리자는 고의 또는 과실이 없음을 입증하지 아니하면 책임을 면할 수 없다. ② 삭제 ③ 개인정보처리자의 고의 또는 중대한 과실로 인하여 개인정보가 분실·도난·유출·위조·변조 또는 훼손된 경우로서 정보주체에게 손해가 발생한 때에는 법원은 그 손해액의 5배를 넘지 아니하는 범위에서 손해배상액을 정할 수 있다. 다만, 개인정보처리자가 고의 또는 중대한 과실이 없음을 증명한 경우에는 그러하지 아니하다. ④ 법원은 제3항의 배상액을 정할 때에는 다음 각 호의 사항을 고려하여야 한다. 　　1. 고의 또는 손해 발생의 우려를 인식한 정도 　　2. 위반행위로 인하여 입은 피해 규모 　　3. 위법행위로 인하여 개인정보처리자가 취득한 경제적 이익 　　4. 위반행위에 따른 벌금 및 과징금 　　5. 위반행위의 기간·횟수 등 　　6. 개인정보처리자의 재산상태

7. 개인정보처리자가 정보주체의 개인정보 분실·도난·유출 후 해당 개인정보를 회수하기 위하여 노력한 정도
8. 개인정보처리자가 정보주체의 피해구제를 위하여 노력한 정도

개인정보보호법(2025.10.2) 제39조의 2

제39조의2(법정손해배상의 청구)
① 제39조제1항에도 불구하고 정보주체는 개인정보처리자의 **고의 또는 과실**로 인하여 개인정보가 분실·도난·유출·위조·변조 또는 훼손된 경우에는 **300만 원 이하**의 범위에서 상당한 금액을 손해액으로 하여 배상을 청구할 수 있다. 이 경우 해당 개인정보처리자는 고의 또는 과실이 없음을 입증하지 아니하면 책임을 면할 수 없다.
② 법원은 제1항에 따른 청구가 있는 경우에 변론 전체의 취지와 증거조사의 결과를 고려하여 제1항의 범위에서 상당한 손해액을 인정할 수 있다.
③ 제39조에 따라 손해배상을 청구한 정보주체는 사실심(事實審)의 변론이 종결되기 전까지 그 청구를 제1항에 따른 청구로 변경할 수 있다.

개인정보보호법(2025.10.2) 제39조의 7

제39조의7(손해배상의 보장)
① 개인정보처리자로서 **매출액, 개인정보의 보유 규모** 등을 고려하여 대통령령으로 정하는 기준에 해당하는 자는 제39조 및 제39조의2에 따른 **손해배상책임의 이행**을 위하여 **보험 또는 공제에 가입하거나 준비금을 적립**하는 등 필요한 조치를 하여야 한다.
② 제1항에도 불구하고 다음 각 호의 어느 하나에 해당하는 자는 제1항에 따른 조치를 하지 아니할 수 있다.
  1. 대통령령으로 정하는 **공공기관, 비영리법인 및 단체**
  2. 「소상공인기본법」 제2조제1항에 따른 **소상공인**으로서 대통령령으로 정하는 자에게 **개인정보 처리를 위탁한 자**
  3. **다른 법률**에 따라 제39조 및 제39조의2에 따른 손해배상책임의 이행을 보장하는 **보험 또는 공제에 가입하거나 준비금을 적립한 개인정보처리자**
③ 제1항 및 제2항에 따른 개인정보처리자의 손해배상책임 이행 기준 등에 필요한 사항은 대통령령으로 정한다.

개인정보보호법 시행령(2025.10.2) 제48조의7

제48조의7(손해배상책임의 이행을 위한 보험 등 가입 대상자의 범위 및 기준 등)
① 법 제39조의7제1항에서 "대통령령으로 정하는 기준에 해당하는 자"란 다음 각 호의 요건을 모두 갖춘 자(이하 "가입대상개인정보처리자"라 한다)를 말한다.
  1. 전년도(법인의 경우에는 직전 사업연도를 말한다)의 **매출액등이 10억원 이상**일 것
  2. 전년도 말 기준 직전 3개월간 그 개인정보가 저장·관리되고 있는 **정보주체**(제15조의3제2항제2호에 해당하는 정보주체는 제외한다. 이하 이 조에서 같다)**의 수가 일일평균 1만명 이상**일 것. 다만, 해당 연도에 **영업**의 전부 또는 일부의 양수, 분할·합병 등으로 **개인정보를 이전받은 경우**에는 이전받은 시점을 기준으로 **정보주체의 수가 1만명** 이상일 것

② 법 제39조의7제2항제1호에서 "대통령령으로 정하는 공공기관, 비영리법인 및 단체"란 다음 각 호의 기관을 말한다.
　1. 공공기관. 다만, 제2조제2호부터 제5호까지에 해당하는 공공기관으로서 제32조제4항 각 호에 해당하는 공공기관은 제외한다.
　2. 「공익법인의 설립·운영에 관한 법률」 제2조에 따른 공익법인
　3. 「비영리민간단체 지원법」 제4조에 따라 등록한 단체
③ 법 제39조의7제2항제2호에서 "대통령령으로 정하는 자"란 다음 각 호의 요건을 모두 갖춘 자를 말한다.
　1. 「소상공인기본법」 제2조제1항에 따른 소상공인으로부터 개인정보가 분실·도난·유출·위조·변조 또는 훼손되지 않도록 개인정보의 저장·관리 업무를 위탁받은 자
　2. 제1호에 따라 위탁받은 업무에 대하여 법 제39조 및 제39조의2에 따른 손해배상책임의 이행을 보장하는 보험 또는 공제에 가입하거나 준비금을 적립하는 등 필요한 조치를 한 자
④ 가입대상개인정보처리자가 보험 또는 공제에 가입하거나 준비금을 적립할 경우 최저가입금액(준비금을 적립하는 경우 최소적립금액을 말한다. 이하 이 조에서 같다)의 기준은 별표 1의4와 같다. 다만, 가입대상개인정보처리자가 보험 또는 공제 가입과 준비금 적립을 병행하는 경우에는 보험 또는 공제 가입금액과 준비금 적립금액을 합산한 금액이 별표 1의4에서 정한 최저가입금액의 기준 이상이어야 한다.

(2) 관련 지식

1) 손해배상책임의 성립요건
　① 침해행위가 존재하고 위법할 것
　② 손해가 발생하였을 것
　③ 침해행위와 손해 사이에 인과관계가 있을 것
　④ 고의 또는 과실 및 책임능력이 있을 것

2) 개인정보 피해구제 제도

제도	피해구제 내용	관련 기관	관련 근거
개인정보 침해 신고상담	• 제도 개선 권고 • 행정 처분 의뢰 • 수사 의뢰	**개인정보침해 신고센터**	개인정보보호법 제62조
개인정보 분쟁조정	• 제도 개선 권고 • 손해 배상 권고	**개인정보 분쟁조정위원회**	개인정보보호법 제40조
단체소송	위법행위의 금지·중지	법원	개인정보보호법 제51조~53조
민사소송	손해 배상 청구	법원	민법 제750조

3) 개인정보 손해배상제도

	징벌적 손해배상제도 (개인정보보호법 제39조)	법정 손해배상제도 (개인정보보호법 제39조의2)	관련 근거
적용 요건	기업의 **고의·중과실**로 개인정보 유출 또는 **동의 없이 활용**하여 피해 발생	기업의 **고의·과실**로 개인정보가 분실·도난·유출된 경우	
입증 책임	• 기업이 고의·**중과실**이 없음을 입증 • **피해액은 피해자가 입증**	• 기업이 고의·**과실**이 없음을 입증 • **피해자에 대한 피해액 입증책임 면제**	
구제 범위	**재산 및 정신적 피해** 모두 포함	사실상 피해입증이 어려운 **정신적 피해**	개인정보보호법 제62조
피해액	실제 **피해액의 5배** 이내 배상	**300만 원 이하**의 범위에서 상당한 금액	개인정보보호법 제39조
도입 배경	2016년 7월 25일 이후 유출 사고		민법 제750조

4) 손해배상청구권의 소멸

「민법」상의 일반규정이 적용되어 일반적 손해배상책임(제1항)이든 징벌적 손해배상책임(제3항)이든 정보주체(피해자)나 그 법정대리인이 이 법 위반행위로 인하여 손해가 발생한 사실과 가해자 (개인정보처리자)를 안 날로부터 3년 또는 불법행위를 한 날로부터 10년이 지나면 손해 배상청구권은 소멸됨

5) 손해배상 책임 FAQ

Q 위탁사(A사)를 대신하여 개인정보를 처리하는 수탁사(B)도 보험에 가입하거나 준비금을 적립해야 하는지(개인정보는 수탁사에 DB에 저장되고 위탁사는 접근 권한 등만 부여)?

A 정보통신서비스 제공자(A사)로부터 개인정보 업무를 위탁받은 수탁자(B사)의 경우에는 A사가 보험 등 가입 대상에 해당하므로 의무 적용 대상에 해당되지 않는다. 다만, 수탁사(B)도 개인정보를 활용한 고유의 정보통신서비스를 영위하는 경우에는 정보통신서비스 제공자로서 대상이 될 수 있다.

Q 당사는 글로벌 기업의 한국 지사로 대부분의 주된 사업(서비스)는 글로벌 본사를 통해 이루어지는데, 이 경우 본사와 한국 지사 모두 보험 등에 가입해야 하는가?

A 국내 이용자에게 서비스를 제공하는 주체가 해외 소재 본사인지, 국내 소재 지사인지를 고려하여, 국내 이용자에게 본사와 지사가 각각 서비스를 제공하고 있다면 각각 보험 가입 등 조치를 해야 한다.

Q 당사는 여러 서비스를 제공하는 회사로, 한 사람이 여러 개의 서비스를 구매하는 등 거래건 수가 발생할 때마다 개인정보가 수집되는데 이 경우 이용자수는 어떻게 산정해야 하는가?

A 동일인은 중복을 제외하여 이용자수를 산정하면 되고, 동일인 여부에 대해서는 정보통신서비스 제공자가 합리적으로 추정하여 구분하면 되지만 입증책임은 해당 정보통신서비스 제공자에게 있다.

Q 다른 계열사와 함께 단체로 보험에 가입하는 경우 법 제39조의9에 따른 보험에 가입하였다고 볼 수 있는지?

A 원칙적으로 준수 의무는 손해배상책임의 귀속주체인 개별 법인(또는 자연인) 단위로 발생한다. 이에, 단체보험을 통한 가입 형태도 무방하나 법령 상 최저가입금액(보상한도액) 기준은 개별 기업별로 적용되므로 단체보험의 최저가입금액은 개별 기업별 준수해야 하는 가입금액을 합산한 금액이 되어야 법령 상 기준을 준수한 것으로 판단된다.

Q 준비금을 적립하는 구체적인 방법은 어떻게 되는지?

A 준비금은 임의적립금(자본계정)으로 적립하고 주주총회 결의 등을 통해 해당 임의적립금이 법 제39조의9의 의무이행을 위한 것임을 명확히 하여야 한다.

(3) 개인정보 손해배상책임 보장제도

- 빅데이터·IoT·인공지능 등 4차 산업혁명 시대의 신기술 확산으로 개인정보의 중요성이 높아지는 한편, 사이버 공격의 대상과 규모가 증가하는 등 개인정보 유출로 인한 이용자 피해 사례도 증가하고 있으며, 기업의 배상능력이 부족한 경우 이용자가 손해배상을 청구해도 피해구제가 어려워 이용자 피해구제 제도의 실효성 제고 필요
- 기업으로 하여금 손해배상책임의 이행을 보장하도록 보험 또는 공제에 가입하거나 준비금을 적립하도록 의무화(시행일 2019년 6월 13일)

1) 적용 대상

다음 각 호의 요건을 모두 갖춘 정보통신서비스 제공자 등

1. 직전 사업연도의 **매출액이 10억 원 이상**일 것
2. 전년도 말 기준 직전 **3개월간 그 개인정보가 저장·관리**되고 있는 이용자수가 **일일평균 1만 명 이상**일 것 (시행령 제48조의7제1항)

2) 보험 최저가입금액(준비금 최소적립금액) 기준

보험 또는 공제에 가입하거나 준비금을 적립할 때 최저가입금액(준비금을 적립하는 경우 최소적립금액)은 이용자수와 매출액 규모 구간 별로 차등 설정 : 최저 5천만 원 ~ 최고 10억 원 (시행령 제18조의7제2항, 별표 1의4)

3) 최저가입금액(최소적립금액) 기준

적용대상 사업자의 가입금액 산정요소		최저가입금액 (최소적립금액)
이용자수	매출액	
100만 명 이상	800억 원 초과	10억 원
	50억 원 초과 800억 원 이하	5억 원
	10억 원 이상 50억 원 이하	2억 원
10만 명 이상 100만 명 미만	800억 원 초과	5억 원
	10억 원 초과 800억 원 이하	2억 원
	5천만 원 이상 50억 원 이하	1억 원
1만 명 이상 10만 명 미만	800억 원 초과	2억 원
	50억 원 초과 800억 원 이하	1억 원
	10억 원 이상 50억 원 이하	5천만 원

- 보험가입금액 : 계약상 보상 최고한도액으로, 보험계약자가 보험계약을 체결 시 약정한 금액
- 보험료 : 보험계약에 의하여 보험계약자가 보험회사에 납입한 금액
- 이용자수 : 보험(공제)에 가입하여야 할 연도의 전년도 말 기준 직전 3개월간 그 개인정보가 저장·관리 되고 있는 일일 이용자수 평균
- 매출액 : 직전 사업연도의 매출액

4 분쟁해결 절차

01 개인정보 분쟁조정

(1) 개인정보 분쟁조정제도

1) 개인정보 분쟁조정 제도의 의의

개인정보보호 피해 특징	의의
빠른 파급 속도와 원상회복 불가능	개인정보 침해를 당한 국민의 피해를 신속하고 원만하게 구제한다는데 그 의미
분쟁 시 소송 비용 증가	비용 없이 신속하게 분쟁을 해결할 수 있는 조정

2) 개인정보 분쟁조정의 효력

"재판상 화해"의 효력 (민사소송법상 확정판결과 동일한 효력)이 부여되며 조정성립 후 당사자가 결정내용을 이행하지 않을 경우에 법원으로부터 집행문을 부여받아 강제집행을 할 수 있는 강력한 효력이 있음

3) 개인정보 분쟁조정 제도의 유형

구분	분쟁 유형	요건
개인정보 분쟁조정	**당사자 사이에 분쟁**이 있는 경우	누구든지 신청 가능
집단 분쟁조정	**분쟁이 집단성**을 띠고, 오남용 개인정보 항목이나 피해의 유형이 같거나 비슷하는 경우	**권리침해를 입은 정보주체의 수가 50인 이상**이어야 하고, 사건의 중요한 쟁점이 사실상 또는 법률상 공통되어야 함

4) 개인정보 분쟁조정 위원회

위원회 특징	설명
개인정보보호위원회 소속	개인정보보호위원회는 개인정보에 관한 분쟁의 조정(調停)을 위하여 개인정보 분쟁조정위원회를 둠
준사법적 기구	위원회는 개인정보와 관련한 분쟁사건을 합리적이고 원만하게 조정하여 해결하는 준사법적 기구

5) 개인정보 분쟁조정 위원회 설립근거

「개인정보보호법」 제40조 제1항

※「개인정보보호법」 제40조(설치 및 구성)

① 개인정보에 관한 분쟁의 조정(調停)을 위하여 개인정보 분쟁조정위원회를 둔다.

6) 위원회 및 조정부 구성

개인정보 분쟁조정위원회는 위원장 1명을 포함한 30명 이내의 위원으로 구성하며, 위원은 당연직위원과 위촉위원으로 구성한다.

개인정보 분쟁조정위원회는 조정업무의 효율적 처리를 위하여 조정부를 설치할 수 있으며, 조정부는 조정사건의 분야별로 위원장이 지명하는 5명 이내의 위원으로 구성하되 그 중 1명은 변호사 자격이 있는 위원으로 하게 된다.

이러한 조정부가 위원회에서 위임받아 의결한 사항은 개인정보 분쟁조정위원회에서 의결한 것으로 간주된다. (근거 : 「개인정보보호법」 제40조 제2항 ~ 제6항, 법 시행령 제49조)

7) 위원회 기능 및 권한

개인정보 분쟁조정위원회는 필요한 경우 조정절차를 진행하기 전에 당사자에게 합의를 권고할 수 있다.

또한 분쟁조정을 위해 필요한 자료의 제공을 분쟁당사자에게 요청할 수 있으며, 분쟁당사자 또는 참고인으로 하여금 위원회에 출석하게 하여 의견을 들을 수 있다.

당사자는 정당한 사유가 없는 한 개인정보 분쟁조정위원회의 자료제공 요청에 응해야 한다. 개인정보분쟁조정위원회는 분쟁조정 사건의 심의를 통하여 손해배상 결정 뿐 아니라 피해예방 활동, 법제도 개선 건의, 기업의 잘못된 거래행태에 대한 시정권고 등을 통해 국민의 권리보호 및 기업 능률향상과 건전한 개인정보 이용환경 구축에도 이바지하고 있다. (근거 : 「개인정보보호법」 제45조 ~ 제47조)

8) 분쟁조정 범위

개인정보 분쟁조정위원회는 「개인정보보호법」에서 규율하고 있는 개인정보와 관련한 분쟁 이외에도 「정보통신망 이용촉진 및 정보보호 등에 관한 법률시행령」, 「신용정보의 이용 및 보호에 관한 법률」, 「의료법」 및 「민법」 등 관련법률에서 규정하고 있는 개인정보 침해사항 등에 대해서도 조정대상에 포함시켜 오고 있으며, 특히 「개인정보보호법」 시행에 따라 공공기관을 대상으로 한 분쟁조정 사건도 그 대상이 되고 있다. 다만, 타 기관에서 처리함이 타당하다고 판단되는 사건에 대하여는 개인정보 분쟁조정위원회의 결정으로 그 사건을 대상에서 제외할 수 있다. (근거 : 「개인정보보호법」 제48조 제1항)

(2) 조정위원의 신분보장

1) 분쟁조정의 독립성 보장

위원은 자격정지 이상의 형을 선고받거나 심신상의 장애로 직무를 수행할 수 없는 경우를 제외하고는 그의 의사에 반하여 면직되거나 해촉되지 아니함

Tip

자격정지 이상의 형의 종류에는 사형, 무기징역, 무기금고, 유기징역, 유기금고가 있음
사형, 무기징역, 무기금고는 자격상실 사유에 해당하고, 유기징역 또는 유기금고는 그 형의 집행이 종료하거나 면제될 때까지 자격정지 사유에 해당한다(형법 제43조). 따라서 벌금, 구류, 과료, 몰수 등을 이유로 해당 위원을 면직하거나 해촉해서는 안 됨

2) 분쟁조정의 공정성 보장

용어	정의	비고
제척	분쟁조정사건의 심의·의결에서 **배제되는 것**	분쟁조정위원회는 분쟁조정 제척사유에 해당하는 위원을 분쟁조정사건의 심의·의결에 포함시켜서는 안 됨
기피	당사자의 일방 또는 쌍방이 분쟁조정사건의 심의·의결에서 특정 위원을 **배제시켜 달라고 요구하는 것**	당사자는 특정 위원에게 공정한 심의·의결을 기대하기 어려운 사정이 있으면 위원장에게 기피신청을 할 수 있으며, 이 경우 위원장은 기피신청에 대하여 단독으로 결정함
회피	위원이 공정한 결정을 내리기 곤란하다고 인정할만한 상당한 사유가 있는 경우에 특정 분쟁조정사건의 심의·의결에서 **스스로 빠지는 것**	위원은 특정 사건이 제1항 또는 제2항의 사유에 해당하는 경우에는 스스로 그 사건의 심의·의결에 참여하지 않을 수 있음

(3) 개인정보 분쟁조정 유형

1) 개인정보 분쟁조정 절차

단계	절차	설명
①	**신청사건의 접수 및 통보**	• 개인정보에 관한 분쟁조정은 웹사이트, 우편 등을 통해 신청인이 직접 또는 대리로 신청할 수 있으며, 분쟁조정사건이 접수되면 신청자와 상대방에게 접수사실이 통보됨
②	**사실확인 및 당사자 의견청취**	• 사건담당자는 전화, 우편, 전자우편 등 다양한 수단을 이용한 자료 수집을 통해 분쟁조정 사건에 대한 사실조사를 실시하고, 사실조사가 완료되면 이를 토대로 사실조사보고서를 작성하여 본 사건을 위원회에 회부함
③	**조정전 합의권고**	• 개인정보분쟁조정위원회는 조정에 들어가기 앞서 당사자간의 **자율적**인 노력에 의해 원만히 분쟁이 해결될 수 있도록 합의를 권고할 수 있으며, 합의권고에 의해 당사자간의 합의가 성립하면 사건이 종결됨
④	**위원회의 조정절차 개시**	• 조정 전 합의가 이루어지지 않으면 위원회를 통해 조정절차가 진행됨 • 조정절차가 진행되면 당사자의 의견 청취, 증거수집, 전문가의 자문 등 필요한 절차를 거쳐 쌍방에게 합당한 조정안을 제시하고 이를 받아들일 것을 권고하며, 이 경우 사건의 신청자나 상대방은 위원회의 회의에 참석하여 자신의 의견을 개진할 수 있음
⑤	**조정의 성립**	• 개인정보분쟁조정위원회의 조정을 통해 내려진 **결정에 대하여 조정안을 제시받은 날부터 15일 이내에 신청인과 상대방이 이를 수락한 경우에는 조정이 성립**됨. 이때, **조정안에 대한 수락 여부를 알리지 않으면 조정안을 수락한 것으로 보아 절차를 진행**함. 당사자가 위원회의 조정안을 수락하고자 하는 경우, 위원회가 송부한 조정서에 기명날인하여 위원회에 제출함. • 양 당사자가 모두 **조정안을 수락하면 조정이 성립되어 조정서가 작성되고 조정절차가 종료**됨. • 당사자 중 일방이 **조정안을 수락하지 않을 경우, 민사소송을 제기하는 등 다른 구제절차를 진행**할 수 있음

⑥	**효력의 발생**	• 개인정보분쟁조정위원회의 조정 결정에 대해 신청인과 상대방이 이를 수락하여 조정이 성립된 경우, 「개인정보보호법」 제47조제5항의 규정에 따라 양 당사자간의 조정서는 재판상 화해와 같은 효력을 갖게 됨

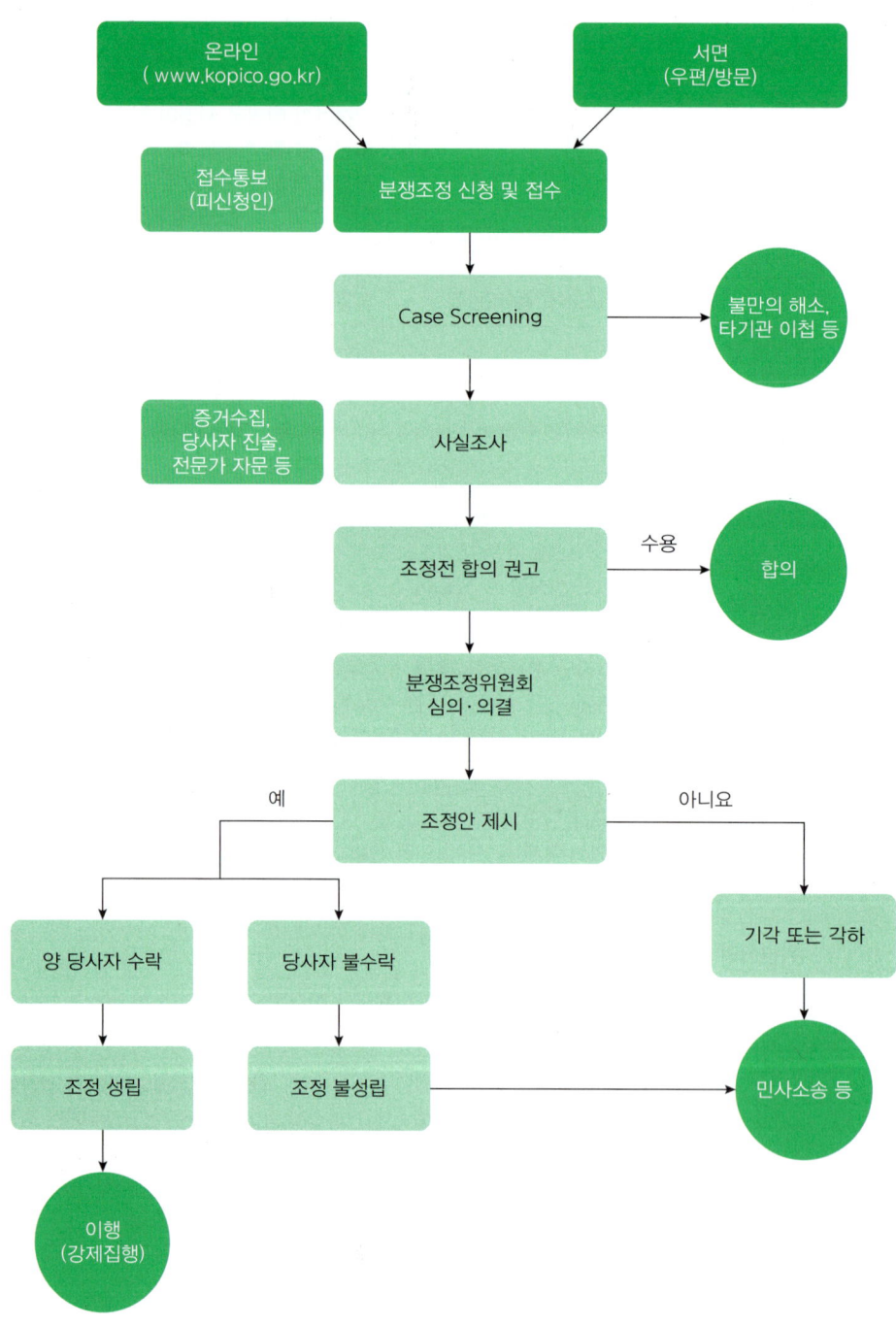

[개인정보 분쟁조정 절차]

2) 집단 분쟁조정 절차

단계	절차	설명
①	집단 분쟁조정 신청	(의뢰 또는 신청기관) **국가, 지방자치단체, 한국소비자원 또는 소비자단체, 사업자**가 개인정보분쟁조정위원회에 서면(집단분쟁조정의뢰·신청서)으로 의뢰 또는 신청할 수 있음 (신청요건) 피해 또는 **권리침해를 입은 정보주체의 수가 50명 이상이고, 사건의 중요한 쟁점 (피해의 원인이나 결과)이 사실상 또는 법률상 공통**되어야 함 (「개인정보보호법 시행령」 제52조).
②	집단 분쟁조정 절차의 개시 및 공고	• 집단분쟁조정을 의뢰 또는 신청받은 개인정보분쟁조정위원회는 위원회의 의결로 집단분쟁조정의 절차를 개시할 수 있고, 이 경우 **개인정보분쟁조정위원회는 인터넷 홈페이지 또는 일간지에 14일 이상 그 절차의 개시를 공고**하여야 함
③	참가신청	• 집단분쟁조정의 당사자가 아닌 정보주체 또는 개인정보처리자가 추가로 집단분쟁조정의 당사자로 참가하려면 해당 사건의 집단분쟁조정 절차에 대한 공고에서 정하는 기간 내에 문서로 신청 가능
④	조정결정	• 개인정보분쟁조정위원회는 **집단분쟁조정의 당사자 중에서 공동의 이익을 대표하기에 적합한 1인 또는 수인을 대표당사자로 선임할 수 있고, 분쟁조정위원회는 대표당사자를 상대로 조정절차를 진행**함 • 조정위원회는 집단분쟁조정절차 개시 **공고가 종료된 날의 다음 날부터 60일 이내에 그 분쟁조정을 마쳐야** 하며, 부득이한 사정이 있는 경우에는 조정기한을 연장할 수 있음 • **조정안은 당사자에게 제시되고, 당사자가 제시받은 날부터 15일 이내에 조정안에 대한 수락 여부를 위원회에 알려야 하며, 15일 이내에 수락 여부를 알리지 않으면 조정안을 수락한 것**으로 봄
⑤	조정의 효력	• 조정이 성립된 경우 그 조정내용은 **"재판상 화해"와 동일한 효력**이 있음 (일반분쟁조정 사건과 동일)
⑥	보상권고	• 개인정보분쟁조정위원회는 피신청인이 분쟁조정위원회의 집단분쟁조정의 내용을 **수락한 경우에 집단분쟁조정의 당사자가 아닌 자로서 피해를 입은 정보주체에 대한 보상계획서를 작성**하여 조정위원회에 제출하도록 권고할 수 있음 • 보상계획서 제출을 권고 받은 개인정보처리자는 그 **권고를 받은 날부터 15일 이내에 권고의 수락여부를 통지**하여야 함 • 분쟁조정위원장은 집단분쟁조정 절차에 참가하지 못한 정보주체가 보상계획서에 따라 피해보상을 받을 수 있도록 사업자가 제출한 보상계획서를 일정한 기간 동안 인터넷 홈페이지 등을 통해 알릴 수 있음

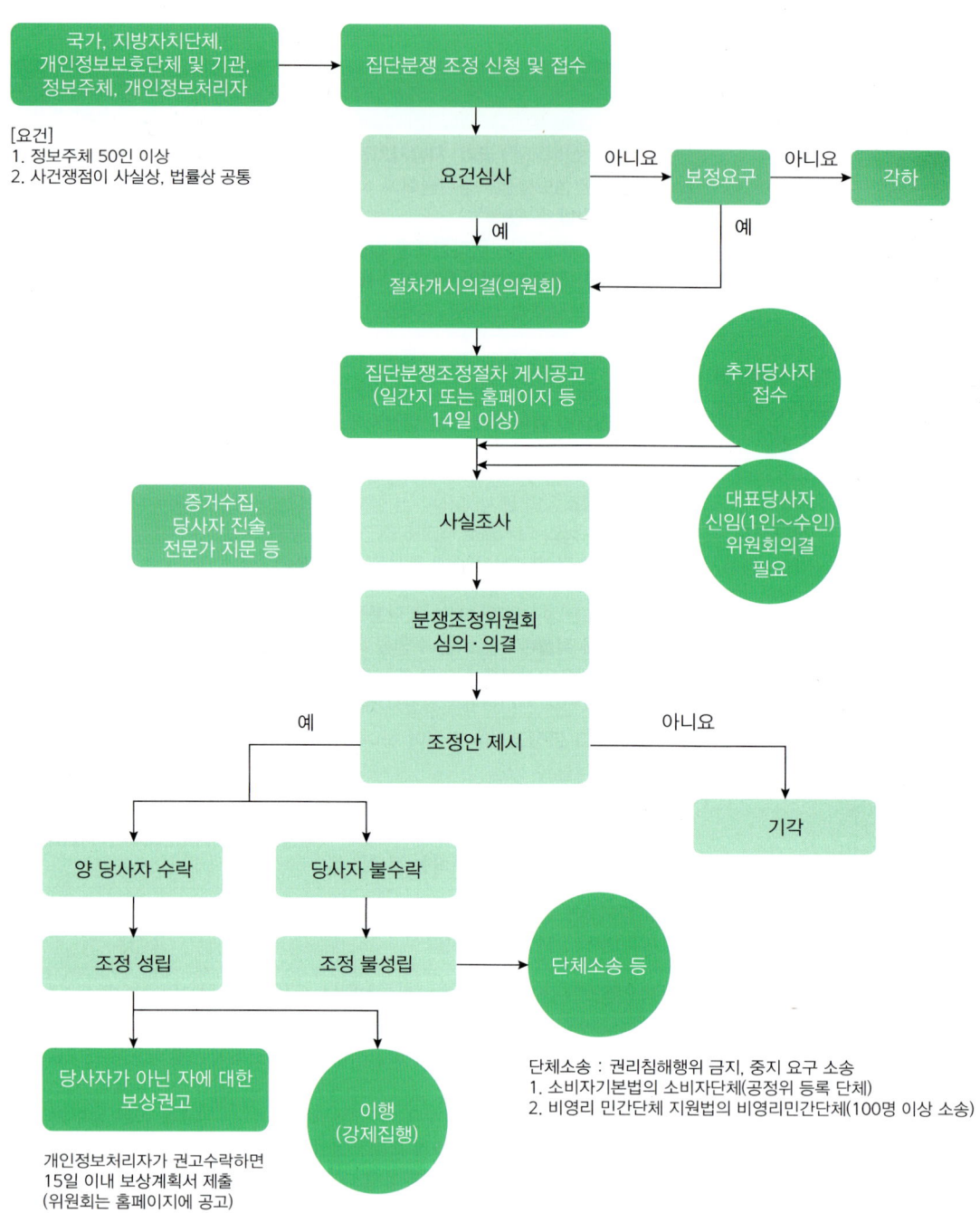

국가, 지방자치단체, 개인정보보호단체 및 기관, 정보주체, 개인정보처리자 → 집단분쟁 조정 신청 및 접수

[요건]
1. 정보주체 50인 이상
2. 사건쟁점이 사실상, 법률상 공통

요건심사 ── 아니요 → 보정요구 ── 아니요 → 각하

보정요구 ── 예 → 절차개시의결(의원회)

요건심사 ── 예 → 절차개시의결(의원회)

절차개시의결(의원회) → 집단분쟁조정절차 게시공고 (일간지 또는 홈페이지 등 14일 이상)

추가당사자 접수

증거수집, 당사자 진술, 전문가 지문 등

사실조사

대표당사자 신임(1인~수인) 위원회의결 필요

분쟁조정위원회 심의·의결

조정안 제시 ── 예 / 아니요 → 기각

양 당사자 수락 / 당사자 불수락

조정 성립 / 조정 불성립 → 단체소송 등

당사자가 아닌 자에 대한 보상권고

이행 (강제집행)

개인정보처리자가 권고수락하면 15일 이내 보상계획서 제출 (위원회는 홈페이지에 공고)

단체소송 : 권리침해행위 금지, 중지 요구 소송
1. 소비자기본법의 소비자단체(공정위 등록 단체)
2. 비영리 민간단체 지원법의 비영리민간단체(100명 이상 소송)

[집단 분쟁조정 절차]

02 개인정보 단체소송

(1) 관련 법령

개인정보보호법(2025.10.2) 제51조~53조

제51조(단체소송의 대상 등)

다음 각 호의 어느 하나에 해당하는 단체는 개인정보처리자가 제49조에 따른 **집단분쟁조정을 거부하거나 집단분쟁조정의 결과를 수락하지 아니한 경우**에는 법원에 권리침해 행위의 금지·중지를 구하는 소송(이하 "단체소송"이라 한다)을 제기할 수 있다.

1. 「소비자기본법」 제29조에 따라 공정거래위원회에 등록한 소비자단체로서 다음 각 목의 요건을 모두 갖춘 단체
   가. 정관에 따라 상시적으로 정보주체의 권익증진을 주된 목적으로 하는 단체 일 것
   나. **단체의 정회원수가 1천명 이상**일 것
   다. 「소비자기본법」 제29조에 따른 **등록 후 3년이** 경과하였을 것
2. 「비영리민간단체 지원법」 제2조에 따른 비영리민간단체로서 다음 각목의 요건을 모두 갖춘 단체
   가. 법률상 또는 사실상 **동일한 침해를 입은 100명 이상의 정보주체**로부터 단체소송의 제기를 요청받을 것
   나. 정관에 개인정보보호를 단체의 목적으로 명시한 후 최근 **3년 이상 이를 위한 활동 실적**이 있을 것
   다. 단체의 상시 구성원수가 5천명 이상일 것
   라. 중앙행정기관에 등록되어 있을 것

제52조(전속관할)
① 단체소송의 소는 피고의 주된 사무소 또는 영업소가 있는 곳, 주된 사무소나 영업소가 없는 경우에는 주된 업무담당자의 주소가 있는 곳의 지방법원 본원 합의부의 관할에 전속한다.
② 제1항을 외국사업자에 적용하는 경우 대한민국에 있는 이들의 주된 사무소·영업소 또는 업무담당자의 주소에 따라 정한다.

제53조(소송대리인의 선임)
단체소송의 원고는 변호사를 소송대리인으로 선임하여야 한다.

(2) 관련 지식

1) 개인정보 단체소송 제도의 의의

시장경제의 지속적인 발전, IT의 급격한 발달 등으로 인해 개인정보 침해로 인한 피해의 확산속도는 빨라져 가고 그 피해 규모 또한 점차 대형화되고 있음에 반해 피해를 입은 불특정 다수의 개인들은 여전히 비조직화·파편화된 상황에 머물러 있다. 이와 같이 개인정보 침해유발자와 침해피해자 사이의 비대칭성으로 인해 개인정보 침해에 대한 피해구제를 정보주체인 개인에게만 맡겨두면 실질적인 피해구제가 이루어지기 어려운 문제점이 발생할 수 있다. 이러한 문제점을 보완하여 집단적 피해의 발생·확대 방지 및 집단적 해결을 위한 소송제도로는 크게 미국식의 '집단소송제도'와 유럽식의 '단체소송제도'가 있다.

2) 단체소송과 집단소송의 차이

구분	단체소송(Verbandsklage)	집단소송(Class Action)
개념	일정한 자격을 갖춘 단체로 하여금 **전체 피해자들의 이익**을 위해 소송을 제기할 수 있는 권한을 부여하는 제도	피해 집단에 속해 있는 개인에게 당사자 적격을 인정하여 그로 하여금 **집단구성원 전원**을 위하여 소송을 수행할 수 있게 하는 제도
청구권자	일정 요건을 구비한 **소비자단체 등** (단체가 소송수행)	이해관계가 밀접한 **다수의 피해자집단** (대표당사자가 소송수행)
소송목적	**위법행위의 금지·중지**	**금전적 피해구제**(손해배상청구)
기대효과	**피해의 확산방지 및 예방**	**피해의 사후적 구제**
판결의 효과	**다른 단체에게도 판결의 효력**이 미침	모든 **피해자에게 판결의 효과**가 미침 (단, 제외 신청을 한 사람은 제외)

3) 분쟁조정 전치주의

개인정보단체소송을 제기하기 위해서는 반드시 개인정보 집단분쟁조정 절차를 거쳐야 한다. 이는 불필요한 소송의 남발을 막기 위한 것이다. 개인정보처리자가 조정위원회의 집단분쟁조정을 거부하거나 집단분쟁조정의 결과를 수락하지 아니한 경우에만 개인정보단체소송을 제기할 수 있다.

4) 개인정보단체소송의 대상 및 청구범위

구분	요건	비고
개인정보 단체소송의 대상	개인정보처리자의 행위는 개인정보 처리와 관련한 **정보주체의 권리를 침해하는 행위**	• 청구취지 자체가 법원에 권리침해 행위의 금지·중지를 구하는 내용이기 때문에 최소한 소제기 당시 권리침해 행위가 계속되고 있어야 하고 과거의 행위로서 소제기 당시 종료된 권리침해행위는 특별한 사정이 없는 한 단체소송의 대상이 되지 못함 • 단체소송이 진행되고 있는 중에 개인정보처리자의 권리침해행위가 금지 또는 중지되었다면 그 단체소송은 더 이상 보호할 권리가 없으므로 특별한 사정이 없으면 소송의 이익을 상실하여 각하됨
개인정보 단체소송의 청구범위	개인정보의 목적 외 이용 및 제공, 개인정보 열람요구에 대한 금지 등과 같이 **권리침해 행위의 금지 또는 중지**	• 개인정보 유출 또는 오·남용으로 인한 손해배상을 청구하는 소송과 같이 금전을 청구하는 소송이나 권리침해 이전으로의 원상회복을 구하는 취지의 소송은 단체소송을 통해서 제기할 수 없음

5) 개인정보 단체소송의 원고적격

구분	자격	요건
소비자단체	「소비자기본법」제29조에 따라 공정거래위원회에 등록한 소비자단체	• 정관에 따라 상시적으로 **정보주체의 권익증진**을 주된 목적으로 하는 단체 • **단체의 정회원수가 1천명 이상** • 「소비자기본법」제29조에 따른 **등록 후 3년**이 경과하여야 함
비영리단체	「비영리민간단체 지원법」제2조에 따른 비영리민간단체	• 법률상 또는 사실상 **동일한 침해를 입은 100명 이상의 정보 주체**로부터 단체소송의 제기를 요청받음 • 정관에 개인정보보호를 단체의 목적으로 명시한 후 **최근 3년 이상 이를 위한 활동 실적** • **단체의 상시 구성원수가 5천명 이상** • **중앙행정기관**에 등록되어 있어야 함

6) 개인정보 단체소송의 전속관할

개인정보단체소송은 피고의 주된 사무소 또는 영업소가 있는 곳의 지방법원 본원 합의 부의 관할에 전속한다. 그러나 주된 사무소나 영업소가 없는 경우에는 주된 업무담당자의 주소가 있는 곳의 지방법원 본원 합의부의 관할에 전속한다. 피고가 외국사업자인 경우에는 대한민국에 있는 이들의 주된 사무소·영업소 또는 업무담당자의 주소에 따라 전속관할을 정한다.

7) 소송대리인의 선임(편면적 변호사 강제주의)

원고가 개인정보단체소송을 제기하기 위해서는 변호사를 소송대리인으로 선임하여야 한다. 집단분쟁조정의 경우에는 청구인 중에서 대표당사자를 선임하도록 하였으나(제49조제4항) 단체소송의 경우에는 변호사를 소송대리인으로 선임하도록 하고 있다. 그러므로 변호사가 소송대리인으로 선임되어 있지 않은 경우에는 소각하 사유가 된다. 한편, 원고의 소송대리인 전원이 사망 또는 사임하거나 해임된 때에는 원고가 새로운 소송대리인을 선임할 때까지 소송절차가 중지된다. 이 경우 법원은 원고에게 1개월 이상의 기간을 정하여 변호사를 선임할 것을 명하게 되는데, 원고가 정해진 기간 내에 변호사를 선임 하지 아니한 때에는 법원은 소각하 결정을 하여야 한다. 당해 각하 결정에 대해 원고는 즉시항고를 할 수 있다(「개인정보 단체소송규칙」제11조제4항).

8) 확정판결의 효력

① 원고의 청구를 기각하는 판결이 확정된 경우, 이와 동일한 사안에 관하여는 다른 소비자단체나 비영리단체도 다시 단체소송을 제기할 수 없다. 즉 단체소송의 확정판결 효과는 다른 단체에게까지 미친다(제56조 본문). 그러나 개별 정보주체들은 개인정보 단체소송의 결과에 관계 없이 권리침해 행위의 금지·중지를 구하는 소송 또는 손해배상 청구를 구하는 소송을 제기할 수 있다.

② 원고가 청구 기각 판결을 받았더라도 판결이 확정된 후 그 사안과 관련하여 국가·지방자치단체 또는 국가·지방자치단체가 설립한 기관에 의하여 새로운 증거가 나타나거나 기각판결이 원고의 고의로 인한 것임이 밝혀진 경우에는 다른 단체가 동일 사안에 대하여 다시 단체소송을 제기할 수 있다.

1 개인정보보호 법제에 대한 설명으로 틀린 것은?

① 개인정보보호법의 상위 법령인 헌법에는 사생활의 비밀과 자유를 침해받지 않을 권리를 개인정보 보호의 기본 이념으로 규정되어 있다.

② 일반법인 개인정보보호법과 특별법인 충돌할 때에는 특별법이 우선 적용된다.

③ 개인정보보호법의 수범자는 개인정보처리자이다.

④ 개인정보보호법에는 광고성 정보 전송에 대한 규제가 포함되어 있다.

⑤ 개인정보보호법의 적용대상은 공공기관, 법인, 단체 뿐 아니라 개인도 포함되어 있다.

> **해설** 광고성 정보 전송에 대한 규제는 정보통신망법 제50조에 규정되어 있다.

2 OECD 프라이버시 8원칙에 대한 설명으로 옳은 것은?

① 개인정보는 이용목적에 부합되어야 하고, 이용목적 범위에서 정확하고, 완전하며, 최신화하는 것은 목적 명확화의 원칙에 해당한다.

② 개인정보 분실, 불법접근, 파괴, 오남용, 수정, 게시 등 위험에 대하여 합리적인 안전조치를 함은 책임의 원칙에 해당한다.

③ 정보주체 동의, 법률 규정에 의한 경우 예외로 하고, 명확화된 목적이외에 이용, 제공을 금지하는 것은 목적 명확화의 원칙에 해당한다.

④ 합법적, 공정한 절차로 수집하고 익명처리를 원칙으로 함은 수집제한의 원칙에 해당한다.

⑤ 개인정보 관련 개발, 실시, 정책을 공개하는 것은 정보주체 참여의 원칙에 해당한다.

> **해설** ① 정보정확성의 원칙
> ② 안전성확보의 원칙
> ③ 이용제한의 원칙
> ⑤ 처리방침의 공개 원칙

3 개인정보보호법과 동법 시행령에 따른 민감정보에 설명으로 옳은 것은?

① 민감정보는 수사기관인 경찰 등의 요구가 있을 때에는 공익적 목적에 해당하므로 즉시 제공하여야 한다.

② 유전정보, 범죄경력 정보는 공공기관이 업무수행을 위하여 처리하는 경우에는 민감정보로 보지 아니하므로, 이 경우에는 정보주체로부터의 별도 동의 없이 처리가 가능하다.

③ 민족은 일정한 지역에서 오랜 세월 동안 공동생활을 하면서 언어와 문화 상의 공통성에 기초하여 역사적으로 형성된 사회 집단으로서, 인종이나 국가 단위인 국민과 일치한다고 볼 수 있다.

④ 사상, 신념, 노동조합(정당)의 가입/탈퇴, 정치적 견해, 건강, 성생활, 유전정보, 범죄경력, 개인 특정정보, 인종이나 민족에 관한 정보 이외의 통상적으로 정보주체가 민감하다고 판단하는 정보는 민감정보에 해당한다.

⑤ 사진을 이용하여 특정개인을 알아볼 수 있도록 기술적 수단을 통해 특징정보를 생성하는 특징정보뿐 아니라 사진 자체를 수집, 저장, 출력하는 등의 처리를 하는 것도 민감정보의 처리에 해당한다.

> **해설** ① 민감정보는 수사기관인 경찰 등의 요구가 있을 때 원칙적으로 영장에 의해서만 제공하여야 한다.
> ② 민족과 국가(국민)는 일치한다고 볼 수 없다.
> ③ 민감정보는 정보주체의 주관적인 판단이 아닌 개인정보법령에 따른다.
> ④ 사진 그 자체를 수집, 저장, 출력하는 행위는 특정개인을 알아보는 행위가 아니므로 민감정보가 아니다.

4 개인정보보호 처리를 위하여 정보주체의 동의가 필요한 경우가 있는 것은?

① 개인정보처리자가 가명정보를 처리하는 경우

② 개인정보처리자가 개인정보 처리업무를 위탁하는 경우

③ 개인정보처리자가 국외이전에 따른 개인정보 이전을 하는 경우

④ 이용자가 이용내역 통지를 받으려는 경우

⑤ 개인정보처리자가 영업 양수도에 따른 개인정보를 이전하는 경우

> **해설** ① 가명처리 : 동의없이 가능
> ② 위탁 : 개인정보처리방침 공개 필요
> ③ 국외이전 : 개인정보처리방침 공개, 고지, 동의 필요
> ④ 이용내역 : 통지 필요
> ⑤ 영업 양도 양수 : 통지 필요

★ 정답 ★ | **1** ④ | **2** ④ | **3** ② | **4** ③

5 개인정보보호법에 따른 개인정보보호책임자(CPO)에 대한 설명 중 틀린 것은?

① CPO는 개인정보보호와 독자적인 의사결정을 하는 대표자, 임원이 있더라도 개인정보 처리 관련 업무 담당 부서장이 할 수 있다.

② 개인정보 처리방침에 개인정보보호책임자의 직통 연락처를 기재하지 않고 개인정보보호 실무나 개인정보 관련 고충 처리 및 상담을 처리할 수 있는 연락처를 기재하여도 된다.

③ 직원 수 5명 미만의 소규모 개인사업자도 개인정보보호책임자를 지정하지 않아도 되나 이 경우 사업주나 대표자가 개인정보보호책임자가 된다.

④ 공공기관에서 중앙 행정기관의 개인정보보호책임자는 고위공무원단에 속하는 공무원이 해야 한다.

⑤ 정보보호관리체계 수립 및 운영 업무는 개인정보보호책임자의 업무가 아니다.

> **해설** CPO는 예산, 인력을 할당할 수 있도록 의사 결정권자인 임원을 지정하여야 하며, 임원이 없는 경우 개인정보 처리 업무를 담당하는 부서장이 CPO 직무를 수행할 수 있다.

6 개인정보보호법에서 규정하고 있는 가명정보 처리에 대한 설명 중 틀린 것은?

① 민간 회사가 도로구조 개선 및 휴게공간 추가설치 등 고객서비스 개선을 위하여 월별 시간 대별 차량 평균속도, 상습 정체구간, 사고구간 및 원인 등에 대한 통계를 작성하는 경우 가 명정보 처리가 가능하다.

② 민간 연구소에서 연령, 성별에 따른 체중관리 운동 시뮬레이션 프로그램 또는 운동관리 애 플리케이션을 개발하기 위하여 웨어러블 기기를 이용하여 수집한 맥박, 운동량, 평균 수 면시간 등에 관한 정보와 이미 보유한 성별, 연령, 체중을 가명처리하여 활용하는 경우 가 명정보 처리가 가능하다.

③ 민간 연구소가 현대사 연구 과정에서 수집한 정보 중에서 사료가치가 있는 생존 인물에 관 한 정보를 기록·보관하고자 하는 경우 가명정보 처리가 가능하다.

④ 가명정보 처리 시 기록 보관 사항으로 1. 가명정보 처리의 목적, 2. 가명처리한 개인정보 의 항목, 3. 가명정보의 이용내역, 4. 제3자 제공 시 제공받는 자, 5. 그 밖에 가명정보의 처 리 내용을 관리하기 위하여 보호위원회가 필요하다고 인정하여 고시하는 사항이 있다.

⑤ 가명정보를 통계작성, 과학적 연구, 공익적 기록보존 등을 위하여 공개할 수 있다.

> **해설** 가명정보는 유출 시 신고, 통지의무까지 면제로 하고 있으나 유출 시 추가정보를 통해 재식별이 가능하므로 공개하 는 것을 금지하고 있다.

7 개인정보보호법의 적용대상인 개인정보처리자가 아닌 자는?

① 영리 목적으로 하는 개인정보를 처리하여 업무를 수행하는 정보통신서비스 제공자
② 비영리 목적으로 개인정보를 처리하여 업무를 수행하는 단체
③ 계속 반복 의사가 없는 상태로 1회성으로 개인정보를 처리하는 법인
④ 업무를 목적으로 개인정보를 처리하는 개인
⑤ 업무를 목적으로 다른 사람을 통하여 개인정보를 처리하는 공공기관

해설 계속 반복 의사가 없는 상태로 1회성으로 개인정보를 처리하는 자는 수범자에 해당하지 않는다.
업무를 목적으로 개인정보파일을 운용하기 위하여 스스로 또는 다른 사람을 통하여 개인정보를 처리하는 공공기관, 법인, 단체 및 개인이 수범자이며, 직업상 또는 사회생활상의 지위에 기하여 계속적으로 종사하는 사무나 사업의 일체'를 의미하는 것으로 보수 유무나 영리 여부와는 관계가 없으며, 단 1회의 행위라도 계속·반복의 의사가 있다면 업무로 볼 수 있다.

8 개인정보보호법에 따른 개인정보보호 원칙에 대한 설명 중 틀린 것은?

① 개인정보처리자는 정보주체의 사생활 침해를 최소화하는 방법으로 개인정보를 처리하여야 한다.
② 개인정보처리자는 관계 법령에서 규정하고 있는 책임과 의무를 준수하고 실천함으로써 정보주체의 신뢰를 얻기 위하여 노력하여야 한다.
③ 개인정보처리자는 개인정보를 익명처리로 목적을 달성할 수 없는 경우에는 가명에 의하여 처리될 수있도록 하여야 한다.
④ 개인정보처리자는 개인정보의 처리 목적에 필요한 범위에서 적합하게 개인정보를 처리하여야 하며, 그 목적 외의 용도로 활용하여서는 아니 된다.
⑤ 개인정보처리자는 개인정보의 처리에 관한 사항은 정보주체의 권리가 침해되지 않도록 비밀로 안전하게 관리하여야 한다.

해설 개인정보처리자는 개인정보 처리방침 등 개인정보의 처리에 관한 사항을 공개하여야 하며, 열람청구권 등 정보주체의 권리를 보장하여야 한다.

9 다음 개인정보 처리에 대한 법조항과 관련법이 바르게 짝지어지지 않은 것은?

① 주민등록번호 처리(사용) 제한 : 개인정보보호법, 정보통신망법
② 고유식별정보 처리(사용) 제한 : 개인정보보호법
③ 이용제공 내역 통지 : 정보통신망법
④ 영리목적의 광고성 정보 전송 제한 : 정보통신망법
⑤ 간접 수집 보호조치 : 개인정보보호법

해설 이용제공 내역 통지는 개인정보보호법 제20조의2에 개인정보처리자로 확대하여 규정하고 있다.

★ 정답 ★ | 5 ① | 6 ⑤ | 7 ③ | 8 ⑤ | 9 ③

10 최소한의 개인정보 수집에 대한 설명으로 틀린 것은?

① 최소한의 개인정보 수집이라는 입증책임은 개인정보보호책임자가 부담한다.

② 개인정보처리자는 정보주체의 동의를 받아 개인정보를 수집하는 경우 필요한 최소한의 정보 외의 개인정보 수집에는 동의하지 아니할 수 있다는 사실을 구체적으로 알리고 개인정보를 수집하여야 한다.

③ 개인정보처리자는 정보주체가 필요한 최소한의 정보 외의 개인정보 수집에 동의하지 아니한다는 이유로 정보주체에게 재화 또는 서비스의 제공을 거부하여서는 아니 된다.

④ 쇼핑업체가 고객에게 상품을 배송하기 위해 수집한 이름, 주소, 전화번호(자택 및 휴대전화번호) 등은 필요 최소한의 개인정보라고 할 수 있다.

⑤ 취업 희망자의 경력, 전공, 자격증 등에 관한 정보는 업무능력을 판단하기 위한 최소한의 정보라고 할 수 있으나 가족관계, 결혼유무, 본적(원적) 등에 관한 정보는 최소정보의 범위를 벗어난 것이다.

해설 최소한의 개인정보 수집이라는 입증책임은 개인정보보호책임자가 아닌 개인정보처리자가 부담한다.

11 공공기관이 업무수행을 위해 정보주체 별도 동의 없이 민감정보의 처리 가능 경우가 아닌 것은?

① 범죄의 수사와 공소의 제기 및 유지를 위하여 필요한 경우

② 형 및 감호, 보호처분의 집행을 위하여 필요한 경우

③ 개인정보를 목적 외의 용도로 이용하거나 이를 제3자에게 제공하지 아니하면 다른 법률에서 정하는 소관 업무를 수행할 수 없는 경우

④ 법원의 재판업무 수행을 위하여 필요한 경우

⑤ 조약, 그 밖의 국제협정의 이행을 위하여 외국정부 또는 국제기구에 제공하기 위하여 필요한 경우

해설 개인정보를 목적 외의 용도로 이용하거나 이를 제3자에게 제공하지 아니하면 다른 법률에서 정하는 소관 업무를 수행할 수 없는 경우로서 보호위원회의 심의·의결을 거친 경우에 가능하다.

12 개인정보보호법에서 정의하고 있는 고유식별정보에 대한 설명으로 틀린 것은?

① 고유식별정보란 법령에 따라 개인을 고유하게 구별하기 위하여 부여된 식별정보로서 대통령령으로 정하는 정보를 말한다.

② 고유식별정보의 범위를 주민등록번호, 여권번호, 운전면허번호, 외국인등록번호로 정하고 있다.

③ 공공기관이 아닌 개인정보처리자는 원칙적으로 고유식별정보를 처리하여서는 안 된다.

④ 보호위원회는 공공기관 또는 5만명 이상 정보주체의 고유식별정보를 처리하는 개인정보처리자에 대해서는 고유식별정보의 안전성 확보 조치를 하였는지를 3년마다 1회 이상 조사하여야 한다.

⑤ 고유식별정보는 공공기관이 소관업무를 처리하는 경우에는 고유식별정보로 보지 아니한다.

해설 고유식별정보는 공공기관에서 많이 사용하지만, 다른 개인정보처리자도 본인인증 등의 목적으로 정보주체의 동의 또는 법령에 따라 고유식별정보를 처리할 수 있다.

13 개인정보보호법에 따른 주민등록번호 처리 제한에 대한 설명으로 틀린 것은?

① 주민등록번호는 정보주체의 고유식별정보 별도 동의에 의하여 수집할 수 있다.
② 법령에 의하여 주민등록번호 처리하는 개인정보처리자도 회원가입 단계에서는 주민등록 번호 대체 본인확인수단을 제공하여야 한다.
③ 주민등록번호도 고유식별정보의 하나이다.
④ 개인정보처리자는 주민등록번호의 암호화 조치를 통하여 안전하게 보관하여야 한다.
⑤ 각급 행정기관의 훈령·예규·고시 및 지방자치단체의 조례·규칙 등은 주민등록번호 수집 의 근거가 될 수 없다.

> **해설** 주민등록번호는 정보주체의 동의에 의하여 수집할 수 없다.

14 개인정보보호법에 따른 고정형 영상정보처리기기의 설치·운영 제한에 대한 설명으로 틀린 것은?

① 누구든지 원칙적으로 공개된 장소에 고정형 영상정보처리기기를 설치·운영하여서는 아 니 된다.
② 고정형 영상정보처리기기운영자는 영상정보처리기기의 설치 목적과 다른 목적으로 영상 정보처리기기를 임의로 조작하거나 다른 곳을 비춰서는 아니 되며, 녹음기능은 사용할 수 있다.
③ 교도소, 정신보건 시설에서는 목욕실, 화장실, 발한실, 탈의실 등에도 고정형 영상정보처 리기기를 설치, 운영할 수 있다.
④ 고정형 영상정보처리기기운영자는 고정형 영상정보처리기기의 설치·운영에 관한 사무를 위탁할 수 있다.
⑤ 고정형 영상정보처리기기운영자는 고정형 영상정보처리기기 운영·관리 방침을 마련하여 야 한다.

> **해설** 고정형 영상정보처리기기운영자는 고정형 영상정보처리기기의 설치 목적과 다른 목적으로 고정형 영상정보처리기 기를 임의로 조작하거나 다른 곳을 비춰서는 아니 되며, 녹음기능은 사용할 수 없다.

15 개인정보보호법에 따른 가명정보 처리에 대한 설명으로 틀린 것은?

① 개인정보처리자는 통계작성, 과학적 연구, 공익적 기록보존 등을 위하여 정보주체의 동의 없이 가명정보를 처리할 수 있다.

② 통계작성, 과학적 연구, 공익적 기록보존 등을 위한 서로 다른 개인정보처리자 간의 가명정보의 결합은 개인정보 영향평가 기관이 수행한다.

③ 개인정보처리자는 가명정보를 제3자에게 제공하는 경우에는 특정 개인을 알아보기 위하여 사용될 수 있는 정보를 포함해서는 아니 된다.

④ 개인정보처리자는 가명정보를 처리하고자 하는 경우에는 가명정보의 처리 목적, 제3자 제공 시 제공받는 자 등 가명정보의 처리 내용을 관리하기 위하여 관련 기록을 작성하여 보관하여야 한다.

⑤ 누구든지 특정 개인을 알아보기 위한 목적으로 가명정보를 처리해서는 아니 된다.

> **해설** 서로 다른 개인정보처리자 간의 가명정보의 결합은 보호위원회 또는 관계 중앙행정기관의 장이 지정하는 전문기관이 수행한다.

16 개인정보보호법에 따른 개인정보 처리방침을 공개하는 방법이 아닌 것은?

① 개인정보처리자의 사업장 등의 보기 쉬운 장소에 게시하는 방법

② 관보나 신문에 싣는 방법

③ 간행물·소식지·홍보지 또는 청구서 등에 지속적으로 싣는 방법

④ 개인정보처리자가 전자우편을 통해 정보주체에게 알리는 방법

⑤ 개인정보처리자와 정보주체가 작성한 계약서 등에 실어 정보주체에게 발급하는 방법

> **해설** 개인정보처리자가 전자우편을 통해 정보주체에게 알리는 방법은 개인정보처리방침 공개 방법에 해당하지 않는다.

17 개인정보보호법에 따른 개인정보보호책임자의 자격 요건이 아닌 것은?

① 정무직공무원을 장(長)으로 하는 국가기관 : 3급 이상 공무원

② 각급 학교 : 해당 학교 전산 업무를 총괄하는 사람

③ 시·군 및 자치구 : 4급 공무원

④ 국회, 법원, 헌법재판소, 중앙선거관리위원회의 행정사무를 처리하는 기관 및 중앙행정기관 : 고위공무원단에 속하는 공무원

⑤ 기타 국가기관(소속기관 포함) : 해당기관의 개인정보 처리 업무 관련 업무 담당부서장

> **해설** 각급 학교 : 해당 학교 행정사무를 총괄하는 사람

18 개인정보보호법에 따른 개인정보 유출통지 및 신고에 대한 설명으로 틀린 것은?

① 개인정보처리자는 1천명 이상 정보주체에 관한 개인정보 유출 시 유출되었음을 알게 되었을 때 72시간 이내 보호위원회 또는 KISA에 신고하여야 한다.

② 개인정보처리자는 1천명 미만의 개인정보가 유출되었다면 해당 정보주체에게 그 사실에 대한 통지 의무는 면제된다.

③ 개인정보처리자는 정보주체에게 알릴 수 없을 때 인터넷홈페이지에 30일 이상 게재하여야 한다.

④ 시간적 여유가 없거나 특별한 사정이 있는 경우 전화를 통하여 통지내용을 신고한 후, 유출 신고서를 제출할 수 있다.

⑤ 유출된 개인정보가 암호화 되어 있는 때에는 통지의무를 면제하고 있는 나라도 있지만 우리나라에서는 그와 같은 예외를 인정하고 있지 않다.

> **해설** 1건의 개인정보가 유출되었더라도 해당 정보주체에게 그 사실을 통지해야 한다.

19 개인정보 분쟁조정 제도에 대한 설명으로 틀린 것은?

① 개인정보 분쟁조정 제도의 의의는 개인정보 침해를 당한 국민의 피해를 신속하고 원만하게 구제한다는데 그 의미가 있다.

② 개인정보 분쟁조정 제도는 소송 비용은 동일하되, 신속하게 분쟁을 해결할 수 있다.

③ 재판상 화해의 효력이 부여되며 조정성립 후 당사자가 결정내용을 이행하지 않을 경우에 법원으로부터 집행문을 부여받아 강제집행을 할 수 있는 강력한 효력이 있다.

④ 개인정보 분쟁조정은 누구든지 신청이 가능하다.

⑤ 집단 분쟁조정은 분쟁이 집단성을 띠고, 오남용 개인정보 항목이나 피해의 유형이 같거나 비슷한 경우에 신청이 가능하다.

> **해설** 개인정보 분쟁조정제도는 비용 없이 신속하게 분쟁을 해결할 수 있다.

20 개인정보 침해사고에 대한 피해 구제 제도에 대한 설명으로 옳은 것은?

① 법정 손해배상제도에서는 피해액을 피해자가 입증한다.

② 개인정보 침해 신고 상담을 위해서는 개인정보 분쟁조정위원회에 문의한다.

③ 징벌적 손해배상제도는 실제 피해액의 3배 이내로 배상할 수 있다.

④ 집단소송의 목적은 위법행위의 금지 또는 중지이다.

⑤ 법정 손해배상제도에서는 300만 원 이하의 범위에서 배상할 수 있다.

> **해설** ① 법정 손해배상제도는 수범자가 고의 또는 과실이 없음을 입증하지 못하면 책임을 면할 수 없다.
> ② 개인정보침해 신고센터 → 한국인터넷 진흥원
> ③ 징벌적 손해배상은 손해액의 5배까지 보상할 수 있다.
> ④ 위법행위의 금지또는 중지를 구하는 소송은 단체 소송에 해당한다.

★ 정답 ★	15 ②	16 ④	17 ②	18 ②	19 ②	20 ⑤

PART 3

개인정보
라이프사이클 관리

① 개인정보 수집, 이용

🔒 01 개인정보 수집 및 이용

(1) 관련 법령

개인정보보호법(2025.10.2) 제15조

제15조(개인정보의 수집·이용)
① 개인정보처리자는 다음 각 호의 어느 하나에 해당하는 경우에는 **개인정보를 수집**할 수 있으며 그 **수집 목적의 범위에서 이용**할 수 있다.
  1. 정보주체의 **동의**를 받은 경우
  2. **법률**에 특별한 **규정**이 있거나 **법령**상 **의무**를 준수하기 위하여 불가피한 경우
  3. **공공기관**이 법령 등에서 정하는 **소관 업무**의 수행을 위하여 불가피한 경우
  4. 정보주체와 체결한 **계약**을 이행하거나 계약을 체결하는 과정에서 정보주체의 요청에 따른 조치를 이행하기 위하여 필요한 경우
  5. 명백히 정보주체 또는 제3자의 **급박**한 생명, 신체, 재산의 이익을 위하여 필요하다고 인정되는 경우
  6. 개인정보처리자의 **정당한 이익**을 달성하기 위하여 필요한 경우로서 명백하게 정보주체의 권리보다 우선하는 경우. 이 경우 개인정보처리자의 정당한 이익과 상당한 관련이 있고 합리적인 범위를 초과하지 아니하는 경우에 한한다.
  7. 공중위생 등 공공의 **안전과 안녕**을 위하여 긴급히 필요한 경우
② 개인정보처리자는 제1항제1호에 따른 동의를 받을 때에는 다음 각 호의 사항을 정보주체에게 알려야 한다. 다음 각 호의 어느 하나의 사항을 변경하는 경우에도 이를 알리고 동의를 받아야 한다.
  1. 개인정보의 수집·이용 **목적**
  2. 수집하려는 개인정보의 **항목**
  3. 개인정보의 보유 및 이용 **기간**
  4. 동의를 **거부할 권리**가 있다는 사실 및 동의 거부에 따른 불이익이 있는 경우에는 그 **불이익의 내용**
③ 개인정보처리자는 당초 수집 목적과 합리적으로 관련된 범위에서 정보주체에게 불이익이 발생하는지 여부, 암호화 등 안전성 확보에 필요한 조치를 하였는지 여부 등을 고려하여 대통령령으로 정하는 바에 따라 정보주체의 동의 없이 개인정보를 이용할 수 있다.

(2) 관련 지식

1) 개인정보의 수집·이용이 가능한 경우

개인정보보호법(2025.10.2) 제15조 1항

1. 정보주체의 **동의**를 받은 경우
2. **법률**에 특별한 규정이 있거나 법령상 의무를 준수하기 위하여 불가피한 경우

3. **공공기관**이 법령 등에서 정하는 소관 업무의 수행을 위하여 불가피한 경우
4. 정보주체와 체결한 **계약**을 이행하거나 계약을 체결하는 과정에서 정보주체의 요청에 따른 조치를 이행하기 위하여 필요한 경우
5. 명백히 정보주체 또는 제3자의 **급박**한 생명, 신체, 재산의 이익을 위하여 필요하다고 인정되는 경우
6. 개인정보처리자의 **정당한 이익**을 달성하기 위하여 필요한 경우로서 명백하게 정보주체의 권리보다 우선하는 경우. 이 경우 개인정보처리자의 정당한 이익과 상당한 관련이 있고 합리적인 범위를 초과하지 아니하는 경우에 한한다.
7. 공중위생 등 공공의 **안전과 안녕**을 위하여 긴급히 필요한 경우

2) 개인정보의 수집·이용이 가능한 경우 상세

수집 이용 가능	설명	업무	근거
법률에 특별한 규정	• 법률에서 개인정보의 수집·이용을 구체적으로 요구하거나 허용하고 있어야 함 • 법률에 위임근거가 없는 한 **시행령이나 시행규칙에 규정하는 것은 안됨**	채권추심	신용정보법 제40조(신용정보회사등의 금지 사항)
		순보험요율 산출	보험업법 제176조(보험요율산출기관)
		진료기록의 열람	자동차 손해배상 보장법 제14조(진료기록의 열람 등)
		병역판정검사	병역법 제11조의2(자료의 제출 요구 등)
		진료기록의 송부	의료법 제21조의2(진료기록의 송부 등)
법령상 의무 준수	• 법령에서 개인정보처리자에게 일정한 의무를 부과하고 있는 경우로서 해당 개인정보처리자가 그 의무 이행을 위해서는 불가피하게 개인정보를 수집·이용할 수밖에 없는 경우 • **법률**에 의한 의무뿐만 아니라 **시행령, 시행규칙**에 따른 의무도 **포함**	본인확인	정보통신망법 제44조의5 게시판이용자의 본인확인
			공직선거법 제82조의6 인터넷언론사 게시판·대화방 등의 실명확인
			금융실명거래 및 비밀보장에 관한 법률 제3조 금융실명거래를 위한 실명확인
			「법원경비관리대의 설치, 조직 및 분장사무 등에 관한 규칙」 제5조 청사출입자의 신분을 확인
			선원법 신원조사
		연령 확인	청소년보호법 제16조 청소년유해매체물 판매·대여·배포 시 연령 확인
			청소년보호법 제26조 인터넷게임 이용 시 연령 확인
			청소년보호법 제29조 청소년유해업소 업주는 종업원을 고용 시 연령 확인
			「민법」상 미성년자 보호제도 미성년자와 거래 연령 확인

수집 이용 가능	설명	업무	근거
공공기관이 법령 등에서 정하는 소관업무	• 공공기관의 경우에는 개인정보를 수집할 수 있도록 명시적으로 허용하는 **법률 규정**이 없더라도 **법령** 등에서 소관 업무를 정하고 있음	공공기관 소관 업무	• 「정부조직법」 및 각 기관별 직제령·직제규칙, 개별 조직법 등 • 「주민등록법」, 「국세기본법」, 「의료법」, 「국민건강보험법」 등
정보주체와의 계약 체결·이행	• 정보주체와 계약 체결 및 이행을 위하여 정보주체의 동의를 받도록 하면 경제활동에 막대한 지장을 초래하고 동의 획득에 소요 되는 비용만 증가시키게 됨 • '계약체결'에는 계약체결을 위한 **준비단계**도 포함 • '계약이행'은 **물건의 배송·전달이나 서비스의 이행**과 같은 주된 의무의 이행뿐만 아니라 부수의무 즉 **경품배달, 포인트(마일리지) 관리, 애프터서비스 의무** 등의 이행도 포함	계약 체결	보험회사가 계약체결을 위해 청약자의 자동차사고 이력, 다른 유사보험의 가입여부
			거래 체결 전에 거래상대방의 신용도 평가
			회사가 취업지원자와 근로계약 체결 전에 지원자의 이력서, 졸업증명서, 성적증명서 수집
		계약 이행	고객이 주문한 상품을 배송하기 위하여 주소, 연락처 정보를 수집
			경품행사시 당첨자에게 경품을 발송하기 위해 주소와 연락처 수집
			쇼핑몰이 주문시 포인트를 지급하기로 약정하고 주문정보 수집
급박한 생명·신체·재산상 이익	명백히 정보주체 또는 제3자의 **급박**한 생명, 신체, 재산의 이익을 위하여 필요하다고 인정되는 경우	명백히 정보주체 등의 이익	• 명백하게 정보주체 또는 제3자의 생명·신체·재산상의 이익 • 제3자의 재산상 이익은 정보주체의 생명·신체상 이익을 앞설 수는 없다고 봄
		급박한 생명·신체·재산상 이익	• 조난·홍수 등으로 실종되거나 고립된 **사람을 구조** • 아파트에 화재가 발생한 경우, 집안에 있는 사람 구조 • 의식불명이나 중태에 빠진 환자의 수술 등 **의료조치** • 고객이 전화사기(**보이스피싱**)에 걸린 것으로 보여 은행이 임시로 자금이체 중단
개인정보처리자의 정당한 이익 달성	개인정보처리자의 정당한 이익을 달성하기 위하여 필요한 경우로서 명백하게 정보주체의 권리보다 우선하는 경우	개인정보처리자의 정당한 이익	• **요금 징수 및 정산, 채권추심, 소 제기 및 진행** 등을 위하여 증빙자료를 조사·확보 • 정보주체로부터 직접 제공받은 성명·주민등록번호 등의 정보가 아니더라도 **사업자가 생성한 정보도 개인정보의 '수집'행위에 해당** • **도난방지, 시설안전** 등을 위해서 회사 출입구(현관), 엘리베이터, 복도 등에 **CCTV를 설치·운영**

수집 이용 가능	설명	업무	근거
친목단체의 운영	친목단체는 친목단체의 운영을 위하여 회원의 개인정보를 수집·이용하는 경우	친목단체의 운영	자원봉사, 취미, 정치, 종교 등 공통의 관심사나 목표를 전제로 단체를 이루는 구성원 상호간 친교하면서 화합을 조성하는 것을 목적

3) 개인정보의 수집·이용 시 고지사항

개인정보보호법(2025.10.2) 제15조 2항

1. 개인정보의 수집·이용 **목적**
2. 수집하려는 개인정보의 **항**목
3. 개인정보의 보유 및 이용 **기간**
4. 동의를 **거**부할 권리가 있다는 사실 및 동의 거부에 따른 불이익이 있는 경우에는 그 불이익의 내용

4) 개인정보의 추가적인 이용

추가적 이용 요건	설명
당초 수집 목적과 관련성이 있는지 여부	• 당초 수집 목적과 추가적 이용·제공의 목적 사이에 관련성을 고려하여야 함 • 관련성이 있다는 것은 당초 수집 목적과 추가적 이용·제공의 목적이 서로 그 성질이나 경향 등에 있어서 연관이 있다는 것을 의미함
개인정보를 수집한 정황 또는 처리 관행에 비추어 볼 때 개인정보의 추가적인 이용 또는 제공에 대한 예측 가능성이 있는지 여부	• 수집 정황이나 처리 관행에 비추어 합리적으로 예측 가능한지 고려하여야 함 • 정황은 개인정보의 수집 목적·내용, 추가적 처리를 하는 개인정보처리자와 정보주체간의 관계, 현재의 기술 수준과 그 기술의 발전 속도 등 비교적 구체적 사정을 의미하고, 관행은 개인정보 처리가 비교적 오랜 기간 정립된 일반적 사정을 의미함
정보주체의 이익을 부당하게 침해하는지 여부	• 정보주체의 이익을 부당하게 침해하는지 여부는 정보주체의 이익을 실질적으로 침해하는지와 해당 이익 침해가 부당한지를 고려하여야 함 • 추가적인 이용의 목적이나 의도와의 관계에서 판단되어야 함
가명처리 또는 암호화 등 안전성 확보에 필요한 조치를 하였는지 여부	• 개인정보 침해 우려를 최소화하기 위하여, 가명처리 또는 암호화 등 안전성 확보에 필요한 조치를 하여야 함
개인정보의 추가적인 이용 시 고려하여야 할 사항	• 개인정보처리자는 위 고려사항에 대한 구체적 기준을 스스로 정하여 개인정보 처리방침에 미리 공개하여야 함

5) 개인정보의 추가적 이용 사례
① 추가적인 이용·제공이 지속적으로 발생하는 경우(개인정보처리방침 공개)
- 정보주체가 택시 중개서비스 앱을 이용하기 위하여 이용계약을 체결하고 해당 택시 중개서비스 앱 사업자가 정보주체의 요청에 따른 택시 호출을 위해 정보주체의 개인정보를 제3자인 택시기사에게 제공하는 경우
- 인터넷 쇼핑몰(오픈마켓) 사업자가 상품 중개서비스 계약 이행을 위해 수집한 정보주체의 개인정보를 해당 인터넷 쇼핑몰에 입점하고 있는 제3자인 상품 판매자에게 배송 등 계약 이행을 목적으로 제공하는 경우

- 통신판매중개플랫폼 사업자가 플랫폼 입점 사업자와 고객을 연결하는 플랫폼을 통해 플랫폼 이용자의 이름, 주소, 연락처, 주문내역, 결제 내역 등의 개인정보를 거래 확인 및 배송 등을 위한 목적으로 입점 사업자에게 제공하는 경우
- 통신과금서비스 제공자가 소액결제 등 휴대전화 결제 서비스를 제공하는 과정에서 서비스 이용 계약을 체결 하고 통신과금서비스를 이용 중인 정보주체의 가입자식별정보, 결제일시·결제금액 등 결제내역정보를 결제 목적으로 이동통신사에 제공하는 경우

② 추가적인 이용·제공이 일회성으로 발생하는 경우
- 화장품을 판매한 소매점이 소비자(정보주체)의 동의를 받아 수집한 연락처 정보를 화장품 제조회사가 실시하는 소비자 보호 목적의 리콜 실시를 위해 화장품 제조회사에 제공하는 경우
- 고객이 가게에서 계산한 물건을 가져가지 않고 다른 고객이 실수로 그 물건을 가져간 경우 가게주인이 물건을 가져간 고객에게 연락하여 물건반환을 요청하기 위해 이용하는 경우
- 회사가 근로자의 경력증명을 위하여 취업규칙에 명시된 경력증명서 발급기간이 경과한 후 근로자의 요청에 따라 경력증명서를 발급하기 위해 개인정보를 이용하는 경우

6) 개인정보 수집 및 이용 FAQ

Q 이전에 경품 이벤트에 응모했던 고객 리스트를 활용해 신상품 출시를 안내하는 홍보 이메일을 보내도 문제가 없는지?

A 경품 이벤트를 통해 이벤트 활용 목적으로만 동의를 받고 '상품광고'에 대해서는 동의를 받지 않았다면, 해당 개인정보는 상품출시 안내 이메일 발송 등의 광고 목적으로 이용할 수 없다. 다만 홍보 목적에 대해 별도의 동의를 받으면 가능하다.

Q 정보주체로부터 제공받은 명함이나, 전화번호부, 공개된 인터넷 홈페이지를 통해 개인정보를 수집하는 경우에도 법 제15조제1항제1호에 따라 정보주체의 동의를 받아야 하는지?

A 정보주체로부터 직접 명함 또는 그와 유사한 매체를 제공받음으로써 개인정보를 수집하는 경우, 정보주체가 동의의사를 명확히 표시하거나 그렇지 않은 경우 명함 등을 제공하는 정황 등에 비추어 사회통념상 동의 의사가 있었다고 인정되는 범위 내에서만 이용할 수 있다. 또한 전화번호부, 공개된 인터넷 홈페이지를 통해 개인정보를 수집하는 경우에도 본인의 개인정보를 인터넷 홈페이지 등에 게시하거나 게시하도록 허용한 정보주체의 동의 의사가 명확히 표시되거나 인터넷 홈페이지 등의 표시 내용에 비추어 사회통념상 동의 의사가 있었다고 인정되는 범위 내에서 이용하여야 한다.

Q 정보주체의 동의가 필요한 개인정보는 장래에 변경이 가능하다는 점에서 정보주체가 동의할 시점에서 확정한 동의를 받아야 할 항목을 모두 열거하고 그 외 이에 준하거나 유사한 항목을 포섭하는 의미로 '등'의 용어를 사용하는 것이 허용되는지?

A 「개인정보보호법」은 개인정보 수집 시 필요 최소한의 개인정보만을 수집하도록 하고 있으며, '등'의 용어를 써서 추가적인 개인정보를 받을 수 있도록 한다면 무분별한 개인정보 수집으로 이어질 소지가 있으므로 정보주체 동의 시 수집할 구체적인 개인정보 항

목을 나열하면서 '등'을 써서는 안 되며, 추후 업무상 새로운 개인정보가 필요한 경우 별도로 동의를 얻어야 한다.

Q 직원 채용 시 이력서 등을 통하여 얻게 되는 직원 개인정보는 "정보주체와의 계약의 체결 및 이행을 위하여 불가피하게 필요한 경우"에 해당하는 것으로 보아 그 수집·이용에 대하여 동의가 면제되는 것으로 볼 수 있는지

A 「근로기준법 시행령」 제27조에 의하면 사업자는 직원의 성명, 주민등록번호, 가족수당의 계산기초가 되는 사항과 기타 근로조건에 관한 사항을 임금 대장에 기록하여야 하는 바, 이는 법령이 정한 경우에 해당한다. 기타 정보의 경우에도 구직예정자의 개인정보 또한 그 수집, 이용과 관련하여 법 제15조제1항제4호(계약의 체결 및 이행에 필요한 경우)에 의하여 구직예정자의 동의가 면제될 수 있을 것이다. 다만 기본적으로 직원에 관한 정보는 계약체결 목적뿐만 아니라 복지, 노조관리, 위탁 등의 목적으로 활용 여지가 높고 민감정보를 수집할 여지가 있기 때문에, 채용 시에는 입사서류에 채용을 포함한 회사의 개인정보 이용목적, 기간 등을 명확히 기재하여 대상자에게 알리는 것이 바람직하다.

Q 임차인이 전세대출을 위해 은행에 전세계약서를 제출하는 경우 전세계약서에는 임차인의 정보뿐만 아니라 임대인의 개인정보도 포함하고 있는데, 이때 은행은 임대인의 개인정보 수집·이용에 대한 동의를 받아야 하는지?

A 은행이 임대인의 동의 없이 계약서에 기재된 임대인의 개인정보를 수집할 수 있는 경우는
① 법률의 특별한 규정 또는 법령상 의무준수를 위해 불가피한 경우
② 정보주체의 사전 동의가 어려운 경우로써 제3자의 급박한 생명, 신체, 재산의 이익을 위해 필요한 경우
③ 개인정보처리자의 정당한 이익 달성에 필요한 경우(정보주체의 권리보다 우선하는 경우)로 한정된다.
은행은 전세대출계약을 함에 있어 임대차계약이 진정하게 성립되었는지 여부를 확인할 필요가 있으며, 이를 위하여 전세계약서를 통해 임대인의 개인정보를 확인하는 것은 개인정보처리자(은행)의 정당한 이익에 해당된다. 즉 전세자금대출은 임대차계약상의 임차보증금에 담보를 설정하는 것으로, 임대차계약의 허위여부를 판단하기 위하여 임대인의 개인정보를 수집하는 것은 은행의 정당한 이익(대출금 회수 등)과 상당한 관련이 있고 합리적인 범위를 초과하였다고 볼 수 없다. 또한 은행의 전세자금대출은 임대인에게 미치는 피해가 없으며, 임대인의 개인정보 역시 단순히 임대차계약의 진위여부를 확인하기 위한 목적으로만 처리되므로 임대인의 개인정보에 관한 권리가 침해될 소지가 적다. 따라서 은행은 「개인정보보호법」 제15조제1항제6호에 의하여 동의 없이 임대인의 개인정보를 수집 이용할 수 있으며, 다만 이 경우에도 「개인정보보호법」 제24 조의2에 따라 주민등록번호의 수집은 제한된다.

Q 가명정보를 과학적 연구 등의 목적으로 이용하려는 경우, 영 제14조의2에 따라 당초 수집 목적과 합리적 관련성이 있어야 하는지?

A 영 제14조의2는 법 제15조에 따라 개인정보를 추가적으로 이용할 수 있도록 하는 규정으로서 법 제28조의2에 따라 가명정보를 과학적 연구 등의 목적으로 이용하도록 하는 규정과 구별된다. 가명정보이면 당초 수집 목적과 관련성이 없더라도 과학적 연구 등의 목적으로 이용할 수 있다.

Q 민감정보 또는 고유식별정보를 영 제14조의2에 따라 추가적으로 이용할 수 있는지?

A 민감정보 또는 고유식별정보의 경우 다른 개인정보와 달리 법 제23조 또는 제24조에 따라 정보주체로부터 별도의 동의를 받거나 법령에 근거가 있는 경우에 한하여 처리할 수 있는 바, 법 제15조를 근거로 추가적 이용을 할 수 없다.

🔓 02 동의를 받는 방법

(1) 관련 법령

개인정보보호법(2025.10.2) 제22조

제22조(동의를 받는 방법)
① 개인정보처리자는 이 법에 따른 개인정보의 처리에 대하여 정보주체(제22조의2제1항에 따른 법정대리인을 포함한다. 이하 이 조에서 같다)의 동의를 받을 때에는 각각의 동의 사항을 구분하여 정보주체가 이를 명확하게 인지할 수 있도록 알리고 동의를 받아야 한다. 이 경우 다음 각 호의 경우에는 동의 사항을 구분하여 각각 동의를 받아야 한다.
  1. 제15조제1항제1호에 따라 동의를 받는 경우
  2. 제17조제1항제1호에 따라 동의를 받는 경우
  3. 제18조제2항제1호에 따라 동의를 받는 경우
  4. 제19조제1호에 따라 동의를 받는 경우
  5. 제23조제1항제1호에 따라 동의를 받는 경우
  6. 제24조제1항제1호에 따라 동의를 받는 경우
  7. **재화나 서비스를 홍보하거나 판매를 권유**하기 위하여 개인정보의 처리에 대한 동의를 받으려는 경우
  8. 그 밖에 정보주체를 보호하기 위하여 동의 사항을 구분하여 동의를 받아야 할 필요가 있는 경우로서 대통령령으로 정하는 경우
② 개인정보처리자는 제1항의 동의를 서면(「전자문서 및 전자거래 기본법」 제2조제1호에 따른 전자문서를 포함한다)으로 받을 때에는 개인정보의 수집·이용 목적, 수집·이용하려는 개인정보의 항목 등 **대통령령으로 정하는 중요한 내용**을 보호위원회가 고시로 정하는 방법에 따라 **명확히 표시하여 알아보기 쉽게** 하여야 한다.
③ 개인정보처리자는 **정보주체의 동의 없이 처리할 수 있는 개인정보**에 대해서는 **그 항목과 처리의 법적 근거를 정보주체의 동의를 받아 처리하는 개인정보와 구분**하여 제30조제2항에 따라 공개하거나 전자우편 등 대통령령으로 정하는 방법에 따라 정보주체에게 알려야 한다. 이 경우 **동의 없이 처리할 수 있는 개인정보라는 입증책임은 개인정보처리자가 부담**한다.

④ 삭제

⑤ 개인정보처리자는 **정보주체가 선택적으로 동의할 수 있는 사항을 동의하지 아니하거나** 제1항제3호 및 제7호에 따른 **동의를 하지 아니한다는 이유로 정보주체에게 재화 또는 서비스의 제공을 거부하여서는 아니 된다.**

⑥ 삭제

⑦ 제1항부터 제5항까지에서 규정한 사항 외에 **정보주체의 동의를 받는 세부적인 방법에 관하여 필요한 사항은 개인정보의 수집매체 등을 고려하여 대통령령**으로 정한다.

■ 개인정보 수집 시 동의받는 경우
- 제15조(개인정보의 수집·이용)
- 제17조(개인정보의 제공)
- 제18조(개인정보의 목적 외 이용·제공 제한)
- 제19조(개인정보를 제공받은 자의 이용·제공 제한)
- 제23조(민감정보의 처리 제한)
- 제24조(고유식별정보의 처리 제한)
- 재화나 서비스를 홍보하거나 판매를 권유하기 위하여 개인정보의 처리에 대한 동의를 받으려는 경우

개인정보보호법 시행령(2025.10.2) 제17조

제17조(동의를 받는 방법)

① 개인정보처리자는 법 제22조에 따라 개인정보의 처리에 대하여 정보주체의 동의를 받을 때에는 다음 각 호의 조건을 모두 충족해야 한다.
 1. 정보주체가 **자유로운 의사에 따라 동의 여부를 결정**할 수 있을 것
 2. 동의를 받으려는 **내용이 구체적이고 명확**할 것
 3. 그 **내용을 쉽게 읽고 이해할 수 있는 문구를 사용**할 것
 4. **동의 여부를 명확하게 표시할 수 있는 방법**을 정보주체에게 제공할 것

② 개인정보처리자는 법 제22조에 따라 개인정보의 처리에 대하여 다음 각 호의 어느 하나에 해당하는 방법으로 정보주체의 동의를 받아야 한다.
 1. 동의 내용이 적힌 **서면**을 정보주체에게 직접 발급하거나 **우편 또는 팩스** 등의 방법으로 전달하고, 정보주체가 **서명하거나 날인한 동의서**를 받는 방법
 2. **전화**를 통하여 동의 내용을 정보주체에게 알리고 동의의 의사표시를 확인하는 방법
 3. **전화**를 통하여 동의 내용을 정보주체에게 알리고 정보주체에게 **인터넷주소** 등을 통하여 동의 사항을 확인하도록 한 후 다시 전화를 통하여 그 동의 사항에 대한 동의의 의사표시를 확인하는 방법
 4. **인터넷 홈페이지** 등에 동의 내용을 게재하고 정보주체가 동의 여부를 표시하도록 하는 방법
 5. 동의 내용이 적힌 **전자우편**을 발송하여 정보주체로부터 동의의 의사표시가 적힌 전자우편을 받는 방법
 6. 그 밖에 제1호부터 제5호까지의 규정에 따른 방법에 준하는 방법으로 동의 내용을 알리고 동의의 의사표시를 확인하는 방법

③ 법 제22조제2항에서 "대통령령으로 정하는 **중요한 내용**"이란 다음 각 호의 사항을 말한다.
 1. 개인정보의 수집·이용 목적 중 재화나 서비스의 **홍보 또는 판매 권유** 등을 위하여 해당 개인정보를 이용하여 정보주체에게 **연락할 수 있다는 사실**
 2. 처리하려는 개인정보의 항목 중 다음 각 목의 사항
  가. **민감정보**

나. 제19조제2호부터 제4호까지의 규정에 따른 **여권번호, 운전면허의 면허번호 및 외국인 등록번호**
3. 개인정보의 보유 및 이용 기간(제공 시에는 제공받는 자의 **보유 및 이용 기간**을 말한다)
4. 개인정보를 **제공받는 자** 및 개인정보를 제공받는 자의 개인정보 이용 **목적**
④ 개인정보처리자는 정보주체로부터 법 제22조제1항 각 호에 따른 동의를 받으려는 때에는 정보주체가 동의 여부를 선택할 수 있다는 사실을 명확하게 알 수 있도록 표시해야 한다.
⑤ 법 제22조제3항 전단에서 "대통령령으로 정하는 방법"이란 서면, 전자우편, 팩스, 전화, 문자 전송 또는 이에 상당하는 방법(이하 "서면등의 방법"이라 한다)을 말한다.
⑥ 중앙행정기관의 장은 제2항에 따른 동의방법 중 소관 분야의 개인정보처리자별 업무, 업종의 특성 및 정보주체의 수 등을 고려하여 적절한 동의방법에 관한 기준을 법 제12조제2항에 따른 개인정보 보호지침(이하 "개인정보 보호지침"이라 한다)으로 정하여 그 기준에 따라 동의를 받도록 개인정보처리자에게 권장할 수 있다.

개인정보보호법 시행령(2025.10.2) 제17조의2

제17조의2(아동의 개인정보 보호)
① 개인정보처리자는 법 제22조의2제1항에 따라 **법정대리인이 동의했는지를 확인하는 경우**에는 다음 각 호의 어느 하나에 해당하는 **방법**으로 해야 한다.
1. 동의 내용을 게재한 **인터넷 사이트에 법정대리인이 동의 여부를 표시**하도록 하고 개인정보처리자가 그 **동의 표시를 확인했음을 법정대리인의 휴대전화 문자메시지로 알리는 방법**
2. 동의 내용을 게재한 **인터넷 사이트에 법정대리인이 동의 여부를 표시**하도록 하고 **법정대리인의 신용카드·직불카드 등의 카드정보를 제공받는 방법**
3. 동의 내용을 게재한 **인터넷 사이트에 법정대리인이 동의 여부를 표시**하도록 하고 **법정대리인의 휴대전화 본인인증 등을 통하여 본인 여부를 확인하는 방법**
4. 동의 내용이 적힌 서면을 법정대리인에게 직접 발급하거나 우편 또는 팩스를 통하여 전달하고, **법정대리인이 동의 내용에 대하여 서명날인 후 제출하도록 하는 방법**
5. 동의 내용이 적힌 **전자우편을 발송**하고 **법정대리인으로부터 동의의 의사표시가 적힌 전자우편을 전송받는 방법**
6. **전화를 통하여 동의 내용을 법정대리인에게 알리고 동의를 받거나 인터넷주소 등 동의 내용을 확인할 수 있는 방법을 안내하고 재차 전화 통화를 통하여 동의를 받는 방법**
7. 그 밖에 제1호부터 제6호까지의 규정에 준하는 방법으로서 법정대리인에게 동의 내용을 알리고 동의의 의사표시를 확인하는 방법
② 법 제22조의2제2항에서 "대통령령으로 정하는 정보"란 법정대리인의 성명 및 연락처에 관한 정보를 말한다.
③ 개인정보처리자는 **개인정보 수집 매체의 특성상 동의 내용을 전부 표시하기 어려운 경우**에는 인터넷주소 또는 사업장 전화번호 등 동의 내용을 확인할 수 있는 방법을 법정대리인에게 안내할 수 있다.

(2) 관련 지식

1) 법정대리인 동의를 얻기 위한 방법 (예시)
① 법정대리인의 전자서명을 이용하는 방법

② 법정대리인이 휴대폰 인증, 아이핀 등을 통해 본인확인 후 명시적으로 동의하는 방법
③ 우편, 팩스, 전자우편 등으로 법정대리인이 서명 날인한 서류를 제출받는 방법
④ 법정대리인과 직접 통화하여 확인하는 방법 등

2) 개인정보의 수집매체에 따른 동의를 받는 방법

개인정보보호법 시행령 제17조

1. 동의 내용이 적힌 **서면**을 정보주체에게 직접 발급하거나 **우편** 또는 팩스 등의 방법으로 전달하고, 정보주체가 서명하거나 날인한 동의서를 받는 방법
2. **전화**를 통하여 동의 내용을 정보주체에게 알리고 동의의 의사표시를 확인하는 방법
3. **전화**를 통하여 동의 내용을 정보주체에게 알리고 정보주체에게 **인터넷주소** 등을 통하여 동의 사항을 확인하도록 한 후 다시 **전화**를 통하여 그 동의 사항에 대한 동의의 의사표시를 확인하는 방법
4. **인터넷 홈페이지** 등에 동의 내용을 게재하고 정보주체가 동의 여부를 표시하도록 하는 방법
5. 동의 내용이 적힌 **전자우편**을 발송하여 정보주체로부터 동의의 의사표시가 적힌 전자우편을 받는 방법
6. 그 밖에 제1호부터 제5호까지의 규정에 따른 방법에 준하는 방법으로 동의 내용을 알리고 동의의 의사표시를 확인하는 방법

3) 수집매체 5가지 방법에 준하는 방법

전자문서를 통해 동의내용을 정보주체에게 알리고 정보주체가 전자서명을 받는 방법, 개인명의의 휴대전화 문자메세지를 이용한 동의, 신용카드 비밀번호를 입력하는 방법 등도 해당된다.

동의 방법	보관방법	설명	사례
서면	서면 동의 서류 보관	• 가입신청서 등의 서면에 직접 자신의 성명을 기재하고 인장을 찍는 방법 • 가입신청서 등의 서면에 자필 서명하는 방법	영화관 멤버쉽카드 발급 시 「개인정보 활용동의서」에 기명날인하는 경우
인터넷 화면	전자적 동의 기록 보관	• 인터넷 웹사이트 화면에서 '동의' 버튼을 클릭	공공기관의 인터넷홈페이지 회원가입시 개인정보 수집·이용 동의에 체크하는 경우
전화 통화	전화 통화내용 녹취 보관	• 전화상으로 개인정보 수집·에 대한 정보주체의 동의	보험회사 전화권유 판매원과 통화 시 개인정보 수집에 동의를 하는 경우
문자 메시지	문자 메시지 동의 기록 보관	• SMS, 알림톡 등을 통한 개인정보 수집 동의	미술 학원 등록을 위해 카카오톡에서 개인정보를 수집·이용 동의하는 경우

동의 방법	보관방법	설명	사례
ARS	ARS 입력 기록 보관	• 전화 ARS를 통해 개인정보를 수집하는 방법	렌터카 업체 서비스 만족도 조사를 위해 개인정보 수집에 동의를 하는 경우
전자우편	전자우편 기록 보관	• 동의 내용이 기재된 전자우편을 발송하여 정보주체로부터 동의 의사가 표시된 전자우편 전송받음	채용 중개 사업자가 전자우편으로 개인정보 수집 동의를 요구하는 경우
공개 정보	사회통념상 동의 의사가 있었다고 판단	• 명함을 주고받는 행위 • 공공기관 홈페이지에서 담당직원의 연락처를 기재한 경우	• 인터넷 거래사이트에서 정보주체가 자신의 전화번호를 기재하는 경우 • 정보주체가 자동차 구매를 위해 자동차판매점을 방문하고 명함을 준 경우

03 개인정보 간접 수집

(1) 관련 법령

개인정보보호법(2025.10.2) 제20조

제20조(정보주체 이외로부터 수집한 개인정보의 수집 출처 등 통지)
① 개인정보처리자가 정보주체 이외로부터 수집한 개인정보를 처리하는 때에는 정보주체의 요구가 있으면 즉시 다음 각 호의 모든 사항을 정보주체에게 알려야 한다.
　1. 개인정보의 수집 **출처**
　2. 개인정보의 처리 **목적**
　3. 제37조에 따른 개인정보 처리의 **정지를 요구하거나 동의를 철회할 권리**가 있다는 사실
② 제1항에도 불구하고 처리하는 **개인정보의 종류·규모, 종업원 수 및 매출액 규모 등을 고려하여 대통령령으로 정하는 기준**에 해당하는 개인정보처리자가 제17조제1항제1호에 따라 정보주체 이외로부터 개인정보를 수집하여 처리하는 때에는 제1항 각 호의 모든 사항을 정보주체에게 알려야 한다. 다만, 개인정보처리자가 수집한 정보에 **연락처 등 정보주체에게 알릴 수 있는 개인정보가 포함되지 아니한 경우에는 그러하지 아니하다.**
③ 제2항 본문에 따라 알리는 경우 정보주체에게 **알리는 시기·방법 및 절차 등 필요한 사항은 대통령령**으로 정한다.
④ 제1항과 제2항 본문은 다음 각 호의 어느 하나에 해당하는 경우에는 적용하지 아니한다. 다만, 이 법에 따른 정보주체의 권리보다 명백히 우선하는 경우에 한한다.
　1. 통지를 요구하는 대상이 되는 개인정보가 제32조제2항 각 호의 어느 하나에 **해당하는 개인정보파일에 포함**되어 있는 경우
　2. 통지로 인하여 다른 **사람의 생명·신체를 해할 우려**가 있거나 다른 사람의 재산과 그 밖의 **이익을 부당하게 침해**할 우려가 있는 경우

개인정보보호법 시행령(2025.10.2) 제15조의2

제15조의2(개인정보 수집 출처 등 통지 대상·방법·절차)
① 법 제20조제2항 본문에서 "대통령령으로 정하는 기준에 해당하는 개인정보처리자"란 다음 각 호의 어느 하나에 해당하는 개인정보처리자를 말한다. 이 경우 다음 각 호에 규정된 정보주체의 수는 전년도 말 기준 직전 3개월 간 일일평균을 기준으로 산정한다.
  1. **5만명** 이상의 정보주체에 관하여 법 제23조에 따른 **민감정보**(이하 "민감정보"라 한다) 또는 법 제24조제1항에 따른 **고유식별정보**(이하 "고유식별정보"라 한다)를 처리하는 자
  2. **100만명** 이상의 정보주체에 관하여 **개인정보**를 처리하는 자
② 제1항 각 호의 어느 하나에 해당하는 개인정보처리자는 법 제20조제1항 각 호의 사항을 다음 각 호의 어느 하나에 해당하는 방법으로 개인정보를 제공받은 날부터 **3개월 이내**에 정보주체에게 알려야 한다. 다만, 법 제17조제2항제1호부터 제4호까지의 사항에 대하여 같은 조 제1항제1호에 따라 정보주체의 동의를 받은 범위에서 **연 2회 이상 주기적으로 개인정보를 제공받아 처리하는 경우**에는 개인정보를 제공받은 날부터 3개월 이내에 정보주체에게 알리거나 그 **동의를 받은 날부터 기산하여 연 1회 이상** 정보주체에게 알려야 한다.
  1. 서면·전자우편·전화·문자전송 등 정보주체가 통지 내용을 쉽게 확인할 수 있는 방법
  2. 재화 및 서비스를 제공하는 과정에서 정보주체가 쉽게 알 수 있도록 알림창을 통해 알리는 방법
③ 개인정보처리자는 법 제20조제2항에 따라 **개인정보의 수집 출처 등에 관한 사항을 알리는 것**과 법 제20조의2제1항에 따른 **이용·제공 내역의 통지를 함께 할 수 있다.**
④ 제1항 각 호의 어느 하나에 해당하는 개인정보처리자는 제2항에 따라 알린 경우 다음 각 호의 사항을 법 제21조 또는 제37조제5항에 따라 해당 개인정보를 파기할 때까지 보관·관리하여야 한다.
  1. 정보주체에게 알린 **사실**
  2. 알린 **시기**
  3. 알린 **방법**

개인정보보호법 표준지침 제9조

제9조(개인정보 수집 출처 등 통지)
① 개인정보처리자가 정보주체 이외로부터 수집한 개인정보를 처리하는 때에는 정당한 사유가 없는 한 정보주체의 요구가 있은 날로부터 3일 이내에 법 제20조제1항 각 호의 모든 사항을 정보주체에게 알려야 한다. 다만, 다음 각 호의 어느 하나에 해당하는 경우에는 그러하지 아니 하다.
  1. 통지를 요구하는 대상이 되는 개인정보가 법 제32조제2항 각 호의 어느 하나에 해당하는 개인정보파일에 포함되어 있는 경우
  2. 통지로 인하여 다른 사람의 생명·신체를 해할 우려가 있거나 다른 사람의 재산과 그 밖의 이익을 부당하게 침해할 우려가 있는 경우
② 개인정보처리자는 제1항 단서에 따라 제1항 전문에 따른 정보주체의 요구를 거부하는 경우에는 정당한 사유가 없는 한 정보주체의 요구가 있은 날로부터 3일 이내에 그 거부의 근거와 사유를 정보주체에게 알려야 한다.

(2) 관련 지식

1) 정보주체 이외의 의미

정보주체 이외로부터 수집한 개인정보에는 제3자로부터 제공받은 정보, 신문·잡지·인터넷 등에 공개되어 있어 수집한 정보 등이 해당된다. 예를 들어, 인물DB 사업자가 학교·기관 홈페이지 등에 공개된 자료를 통하여 개인정보를 수집하는 경우가 이에 해당한다. 그러나 자체적으로 생산하거나 생성된 정보는 제외한다.

2) 통지 거부 사유

통지로 인하여 다른 사람의 생명·신체를 해할 우려가 있거나 다른 사람의 재산과 그 밖의 이익을 부당하게 침해할 우려가 있는 때에도 개인정보처리자는 정보주체의 고지요구를 거부할 수 있다. 예컨대 수사기관이 제보자 또는 참고인의 신분을 피의자에게 알릴 경우 생명·신체의 위험이 따를 수도 있으므로 개인정보의 출처 통지를 거부할 수 있다. 단, 개인정보보호법에 따른 정보주체의 권리보다 명백히 우선하는 경우에 한한다.

3) 개인정보 자동수집장치 (쿠키)

① 이용자에게 개별적인 맞춤서비스를 제공하기 위해 이용정보를 저장하고 수시로 불러오는 '쿠키(cookie)'를 사용
② 쿠키는 웹사이트를 운영하는데 이용되는 서버(http)가 이용자의 컴퓨터 브라우저에게 보내는 소량의 정보이며 이용자들의 PC 컴퓨터 내 하드디스크에 저장되기도 함
③ 쿠키의 사용목적은 이용자가 방문한 각 서비스와 웹 사이트들에 대한 방문 및 이용형태, 인기 검색어, 보안접속 여부 등을 파악하여 이용자에게 최적화된 정보 제공을 위해 사용됨

4) 가명정보의 적용 제외

제20조는 가명정보의 처리에는 적용되지 않는다(제28조의7).

5) 대량의 개인정보처리자 간접 수집 시 통지 의무

구분	내용
통지의무가 부과되는 개인정보처리자 요건	• **5만명** 이상 정보주체에 관한 **민감정보** 또는 **고유식별정보**를 처리하는 자 • **100만명** 이상의 정보주체에 관한 **개인정보**를 처리하는 자
통지해야 할 사항	• 개인정보의 수집 **출처** • 개인정보의 처리 **목적** • 개인정보 처리의 **정지**를 요구하거나 동의를 **철퇴**할 권리가 있다는 사실
통지 시기	• 개인정보를 제공받는 날로부터 **3개월** 이내 • 단, 동의를 받은 범위에서 **연 2회** 이상 주기적으로 개인정보를 제공받아 처리하는 경우에는 제공받은 날로부터 **3개월** 이내에 통지하거나 그 **동의를 받은 날**로부터 기산하여 **연1회** 이상 통지
통지 방법	• 서면·전화·문자전송·전자우편 등 정보주체가 쉽게 알 수 있는 방법

6) 간접 수집 통지 개념도

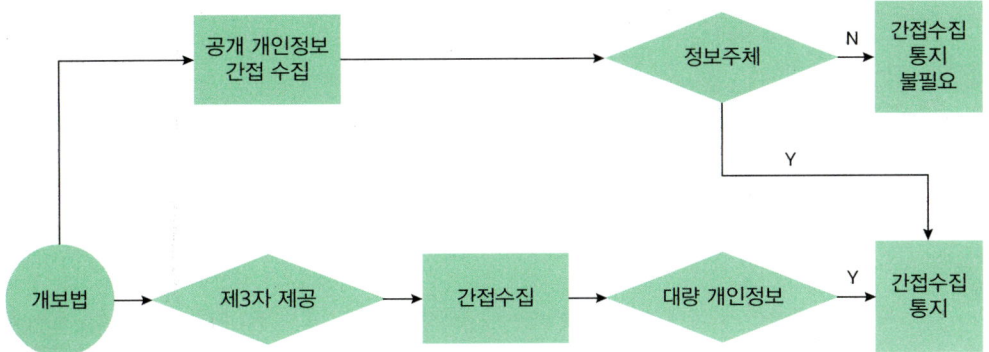

04 목적 외 이용 및 제공 제한

(1) 관련 법령

개인정보보호법(2025.10.2) 제18조
제18조(개인정보의 목적 외 이용·제공 제한) ① 개인정보처리자는 개인정보를 제15조제1항에 따른 **범위를 초과하여 이용**하거나 제17조제1항 및 제28조의8제1항에 따른 범위를 초과하여 **제3자에게 제공하여서는 아니 된다.** ② 제1항에도 불구하고 개인정보처리자는 다음 각 호의 어느 하나에 해당하는 경우에는 정보주체 또는 제3자의 이익을 부당하게 침해할 우려가 있을 때를 제외하고는 개인정보를 **목적 외의 용도로 이용**하거나 이를 **제3자에게 제공할 수 있다.** 다만, **제5호부터 제9호까지에 따른 경우는 공공기관**의 경우로 한정한다. 　　1. 정보주체로부터 별도의 **동의**를 받은 경우 　　2. 다른 **법률**에 특별한 규정이 있는 경우 　　3. 명백히 정보주체 또는 제3자의 **급박**한 생명, 신체, 재산의 이익을 위하여 필요하다고 인정되는 경우 　　4. 삭제 　　5. 개인정보를 목적 외의 용도로 이용하거나 이를 제3자에게 제공하지 아니하면 다른 법률에서 정하는 **소관 업무**를 수행할 수 없는 경우로서 **보호위원회의 심의·의결**을 거친 경우 　　6. **조약**, 그 밖의 국제협정의 이행을 위하여 외국정부 또는 국제기구에 제공하기 위하여 필요한 경우 　　7. **범죄**의 수사와 공소의 제기 및 유지를 위하여 필요한 경우 　　8. **법원**의 재판업무 수행을 위하여 필요한 경우 　　9. **형(刑)** 및 감호, 보호처분의 집행을 위하여 필요한 경우 　　10. 공중위생 등 공공의 **안전과 안녕**을 위하여 긴급히 필요한 경우

③ 개인정보처리자는 제2항제1호에 **따른 동의를 받을 때에는** 다음 각 호의 사항을 정보주체에게 **알려야 한다.** 다음 각 호의 어느 하나의 사항을 변경하는 경우에도 이를 알리고 동의를 받아야 한다.
  1. 개인정보를 제공받는 **자**
  2. 개인정보의 이용 **목적**(제공 시에는 제공받는 자의 이용 목적을 말한다)
  3. 이용 또는 제공하는 개인정보의 **항목**
  4. 개인정보의 보유 및 이용 **기간**(제공 시에는 제공받는 자의 보유 및 이용 기간을 말한다)
  5. 동의를 **거부할 권리**가 있다는 사실 및 동의 거부에 따른 불이익이 있는 경우에는 그 불이익의 내용
④ **공공기관**은 제2항제2호부터 제6호까지, 제8호부터 제10호까지에 따라 개인정보를 **목적 외의 용도로 이용하거나 이를 제3자에게 제공하는 경우**에는 그 이용 또는 제공의 **법적 근거, 목적 및 범위** 등에 관하여 필요한 사항을 보호위원회가 고시로 정하는 바에 따라 **관보 또는 인터넷 홈페이지 등에 게재**하여야 한다.
⑤ 개인정보처리자는 제2항 각 호의 어느 하나의 경우에 해당하여 개인정보를 목적 외의 용도로 제3자에게 제공하는 경우에는 **개인정보를 제공받는 자에게 이용 목적, 이용 방법**, 그 밖에 **필요한 사항에 대하여 제한**을 하거나, **개인정보의 안전성 확보를 위하여 필요한 조치를 마련하도록 요청**하여야 한다. 이 경우 요청을 받은 자는 개인정보의 안전성 확보를 위하여 필요한 조치를 하여야 한다.

(2) 관련 지식

1) 목적 외 이용사례
① 공무원들에게 업무용으로 발급한 이메일 계정 주소로 사전 동의절차 없이 교육 등 마케팅 홍보자료를 발송한 경우
② 조세 담당 공무원이 자신과 채권채무 관계로 소송 중인 사람에 관한 납세정보를 조회하여 소송에 이용한 경우
③ 상품배송을 목적으로 수집한 개인정보를 사전에 동의받지 않은 자사의 별도 상품·서비스의 홍보에 이용
④ 고객 만족도 조사, 판촉행사, 경품행사에 응모하기 위하여 입력한 개인정보를 사전에 동의받지 않고 자사의 할인판매행사 안내용 광고물 발송에 이용
⑤ A/S센터에서 고객 불만 및 불편 사항을 처리하기 위해 수집한 개인정보를 자사의 신상품 광고에 이용
⑥ 공개된 개인정보의 성격과 공개 취지 등에 비추어 그 공개된 목적을 넘어 DB마케팅을 위하여 수집한 후 이용하는 행위

2) 목적 외 제공사례
① 주민센터 복지카드 담당 공무원이 복지카드 신청자의 개인정보(홍보 마케팅 등으로 개인정보 제공을 동의하지 않은 경우)를 정보주체의 동의 없이 사설학습지 회사에 제공
② 홈쇼핑 회사가 주문상품을 배달하기 위해 수집한 고객정보를 정보주체의 동의 없이 계열 콘도미니엄사에 제공하여 콘도미니엄 판매용 홍보자료 발송에 활용

3) 개인정보를 목적 외의 용도로 이용·제공이 가능한 경우

No	목적 외의 용도로 이용·제공이 가능한 경우	공공기관	공공기관 외
1	정보주체의 별도의 **동의**가 있는 경우	○	○
2	다른 **법률**에 특별한 규정이 있는 경우	○	○
3	정보주체 또는 그 법정대리인이 의사표시를 할 수 없는 상태에 있거나 주소 불명 등으로 사전 동의를 받을 수 없는 경우로서 명백히 정보주체 또는 제3자의 **급박**한 생명, 신체, 재산의 이익을 위하여 필요하다고 인정되는 경우	○	○
4	〈삭제〉	–	–
5	개인정보를 목적 외의 용도로 이용하거나 이를 제3자에게 제공하지 아니하면 다른 법률에서 정하는 **소관** 업무를 수행할 수 없는 경우로서 **보호위원회**의 심의·의결을 거친 경우	○	–
6	**조약**, 그 밖의 국제협정의 이행을 위하여 외국정부 또는 국제기구에 제공하기 위하여 필요한 경우	○	–
7	**범죄**의 수사와 공소의 제기 및 유지를 위하여 필요한 경우	○	–
8	**법원**의 재판업무 수행을 위하여 필요한 경우	○	–
9	**형(刑)** 및 감호, 보호처분의 집행을 위하여 필요한 경우	○	–
10	공중위생 등 공공의 **안전과 안녕**을 위하여 긴급히 필요한 경우	○	○

4) 다른 법률의 특별한 규정 사례

① 소득세법 제170조에 따른 세무공무원의 조사, 질문
② 감사원법 제27조에 따른 감사원의 자료 요구
③ 국가유공자 등 예우 및 지원에 관한 법률 제77조에 따른 국가보훈처장의 자료제공 요구
④ 병역법 제81조제2항에 따른 병무청장의 자료제공 요구
⑤ 부패방지 및 국민권익위원회 설치와 운영에 관한 법률 제42조제1항 및 제3항에 따른 국민권익위원회의 자료제출 요청 등

5) 개인정보의 단계별 규제 수준 비교

구분	수집·이용 및 제공기준	목적 외 이용·제공 기준
공통기준	–	정보주체 또는 제3자의 이익을 부당하게 침해하지 않는 범위 안에서만 목적 외 이용·제공이 가능함
동의	정보주체의 **동의**를 받은 경우 → 수집·이용 및 제공 가능	정보주체로부터 **별도의 동의**를 받은 경우 (모든 개인정보처리자)
법률규정	**법률**에 특별한 규정이 있거나 법령상 의무를 준수하기 위하여 불가피한 경우 → 수집 및 해당 목적범위 안에서 이용·제공 가능	**다른 법률에 특별한 규정**이 있는 경우 (모든 개인정보처리자)

구분	수집·이용 및 제공기준	목적 외 이용·제공 기준
공공기관 소관업무 수행	공공기관이 **소관 업무**의 수행을 위하여 불가피한 경우 → 수집 및 해당 목적범위 안에서 이용·제공 가능	개인정보를 목적 외로 이용하거나 제공하지 아니하면 **다른 법률에서 정하는 소관 업무를 수행할 수 없는 경우로서 보호위원회의 심의**를 거친 경우(공공기관만 적용)
계약이행	계약의 이행을 위하여 불가피하게 수반되는 경우 → 수집 및 해당 목적범위 안에서 이용 가능 (제공 불가)	–
정보주체 또는 제3자의 이익	**정보주체 또는 제3자의 생명, 신체, 재산의 이익**을 위하여 필요하다고 인정되는 경우로서 정보주체의 사전 동의를 받기 곤란한 경우 → 수집 및 해당 목적범위 안에서 이용·제공 가능	명백히 정보주체 또는 제3자의 급박한 생명, 신체, 재산의 이익을 위하여 필요하다고 인정되는 경우(모든 개인정보처리자)
개인정보처리자의 이익	개인정보처리자의 정당한 이익을 달성하기 위하여 필요한 경우로서 명백히 정보주체의 권리보다 우선하는 경우 → 수집 및 해당 목적범위 안에서 이용 가능 (제공 불가)	–
통계·학술 연구목적	–	통계작성 및 학술연구 등의 목적을 위한 경우로서 특정 개인을 식별할 수 없는 형태로 제공하는 경우(모든 개인정보처리자)
국제협정 이행	–	조약 그 밖의 국제협정의 이행을 위하여 외국정부 또는 국제기구에 제공하기 위하여 필요한 경우(공공기관만 적용)
범죄수사 등	–	범죄의 수사와 공소제기 및 유지를 위하여 필요한 경우(공공기관만 적용)
재판,형·감호 집행	–	법원의 재판업무 수행을 위하여 필요한 경우(공공기관만 적용)

6) 목적외 이용, 제공 시 수행 내역

구분	수행 내역
1단계	목적 외 이용 및 제공 가능 여부 확인 ※정보주체의 동의를 받아야하는 경우 동의서 필수
2단계	제공 방법 확인 (공문, 서면 등)
3단계	제공받는 자에게 이용 목적 및 이용 방법, 그 밖의 사항 제한
4단계	제공후 안전성확보조치를 위해 구체적인 조치를 마련하도록 문서(전자문서 등)요청
5단계	홈페이지 게시 및 목적외 이용 관리대장에 작성하여 보관

7) 개인정보 목적 외 이용 및 제3자 제공시 대장에 기록·관리해야 하는 사항(공공기관)

① 이용하거나 제공하는 개인정보 또는 개인정보파일의 명칭

② 이용기관 또는 제공받는 기관의 명칭

③ 이용 목적 또는 제공받는 목적

④ 이용 또는 제공의 법적 근거

⑤ 이용하거나 제공하는 개인정보의 항목

⑥ 이용 또는 제공의 날짜, 주기 또는 기간

⑦ 이용하거나 제공하는 형태

⑧ 개인정보보호를 위해 제한을 하거나 필요한 조치를 마련할 것을 요청하는 경우에는 그 내용

8) 관보 또는 인터넷 홈페이지 게재 시점 및 기간(공공기관)

① 게재 시점 : 목적 외 이용·제공한 날로부터 30일 이내

② 게재 기간 : 인터넷 홈페이지에 게재하는 경우 10일 이상

05 영리목적의 광고성 정보 전송 제한

(1) 관련 법령

정보통신망법(2025.7.22) 제50조

제50조(영리목적의 광고성 정보 전송 제한)

① 누구든지 전자적 전송매체를 이용하여 **영리목적의 광고성 정보를 전송**하려면 그 수신자의 명시적인 **사전 동의**를 받아야 한다. 다만, 다음 각 호의 어느 하나에 해당하는 경우에는 사전 동의를 받지 아니한다.

  1. **재화등의 거래관계**를 통하여 수신자로부터 **직접 연락처를 수집한 자**가 대통령령으로 **정한 기간** 이내에 자신이 처리하고 수신자와 거래한 것과 같은 종류의 재화등에 대한 영리목적의 광고성 정보를 전송하려는 경우

  2. 「**방문판매** 등에 관한 법률」에 따른 **전화권유판매자**가 육성으로 수신자에게 개인정보의 **수집출처를 고지하고 전화권유**를 하는 경우

② 전자적 전송매체를 이용하여 영리목적의 광고성 정보를 전송하려는 자는 제1항에도 불구하고 수신자가 **수신거부의사를 표시하거나 사전 동의를 철회**한 경우에는 영리목적의 **광고성 정보를 전송하여서는 아니 된다.**

③ **오후 9시부터 그 다음 날 오전 8시**까지의 시간에 전자적 전송매체를 이용하여 영리목적의 광고성 정보를 전송하려는 자는 제1항에도 불구하고 그 수신자로부터 별도의 **사전 동의**를 받아야 한다. 다만, **대통령령으로 정하는 매체의 경우에는 그러하지 아니하다.**

④ 전자적 전송매체를 이용하여 영리목적의 광고성 정보를 전송하는 자는 대통령령으로 정하는 바에 따라 다음 각 호의 사항 등을 광고성 정보에 구체적으로 밝혀야 한다.

  1. **전송자의 명칭 및 연락처**

  2. **수신의 거부** 또는 수신동의의 철회 의사표시를 쉽게 할 수 있는 조치 및 **방법**에 관한 사항

⑤ 전자적 전송매체를 이용하여 영리목적의 광고성 정보를 전송하는 자는 다음 **각 호**의 어느 하나에 해당하는 **조치를 하여서는 아니 된다.**

  1. 광고성 정보 수신자의 수신거부 또는 수신동의의 철회를 회피·방해하는 조치

2. 숫자·부호 또는 문자를 조합하여 전화번호·전자우편주소 등 수신자의 연락처를 자동으로 만들어 내는 조치
3. 영리목적의 광고성 정보를 전송할 목적으로 전화번호 또는 전자우편주소를 자동으로 등록하는 조치
4. 광고성 정보 전송자의 신원이나 광고 전송 출처를 감추기 위한 각종 조치
5. 영리목적의 광고성 정보를 전송할 목적으로 수신자를 기망하여 회신을 유도하는 각종 조치
⑥ 전자적 전송매체를 이용하여 영리목적의 광고성 정보를 전송하는 자는 수신자가 수신거부나 **수신동의의 철회**를 할 때 발생하는 전화요금 등의 **금전적 비용을 수신자가 부담하지 아니하도록** 대통령령으로 정하는 바에 따라 필요한 조치를 하여야 한다.
⑦ 전자적 전송매체를 이용하여 영리목적의 광고성 정보를 전송하려는 자는 수신자가 제1항에 따른 사전 동의, 제2항에 따른 수신거부의사 또는 수신동의 철회 의사를 표시할 때에는 해당 수신자에게 대통령령으로 정하는 바에 따라 **수신동의, 수신거부 또는 수신동의 철회에 대한 처리 결과를 알려야 한다.**
⑧ 제1항 또는 제3항에 따라 수신동의를 받은 자는 대통령령으로 정하는 바에 따라 **정기적**으로 광고성 정보 수신자의 **수신동의 여부를 확인**하여야 한다.

정보통신망법 시행령(2025.5.20) 제61~62조

제61조(영리목적의 광고성 정보 전송기준)
① 법 제50조제1항제1호에서 "대통령령으로 정한 기간"이란 해당 재화등의 거래가 종료된 날부터 6개월을 말한다.
② 법 제50조제3항 단서에서 "대통령령으로 정하는 매체"란 **전자우편**을 말한다.
③ 법 제50조제4항에 따라 전자적 전송매체를 이용하여 영리목적의 광고성 정보를 전송하는 자가 해당 정보에 **명시하여야 할 사항과 그 방법**은 별표 6과 같다.
제62조(수신거부 또는 수신동의 철회용 무료전화서비스 등의 제공)
법 제50조제6항에 따라 전자적 전송매체를 이용하여 영리목적의 광고성 정보를 전송하는 자는 별표 6에서 정하는 바에 따라 **수신거부 및 수신동의 철회용 무료전화서비스** 등을 해당 정보에 명시하여 수신자에게 이를 제공하여야 한다.
제62조의2(수신동의 등 처리 결과의 통지)
법 제50조제7항에 따라 전자적 전송매체를 이용하여 영리목적의 광고성 정보를 전송하려는 자는 수신자가 수신동의, 수신거부 또는 수신동의 철회 의사를 표시한 날부터 14일 이내에 다음 각 호의 사항을 해당 수신자에게 알려야 한다.
1. **전송자의 명칭**
2. 수신자의 **수신동의, 수신거부 또는 수신동의 철회 사실**과 **해당 의사를 표시한 날짜**
3. **처리 결과**
제62조의3(수신동의 여부의 확인)
① 법 제50조제1항 또는 제3항에 따라 수신자의 사전 동의를 받은 자는 같은 조 제8항에 따라 그 **수신동의를 받은 날부터 2년마다**(매 2년이 되는 해의 수신동의를 받은 날과 같은 날 전까지를 말한다) 해당 수신자의 수신동의 여부를 확인하여야 한다.
② 제1항에 따라 수신동의 여부를 확인하려는 자는 수신자에게 다음 각 호의 사항을 밝혀야 한다.
1. **전송자의 명칭**
2. 수신자의 **수신동의 사실**과 **수신에 동의한 날짜**
3. 수신동의에 대한 **유지 또는 철회의 의사를 표시하는 방법**

(2) 관련 지식

1) 영리 목적의 광고성 정보의 개념
① 영리목적의 광고성 정보는 전송자가 경제적 이득을 취할 목적으로 전송하는 전송자에 관한 정보, 전송자가 제공할 재화나 서비스의 내용을 말한다. 전송을 하게 한 자도 전송자에게 포함한다.
② 영업을 하는 자가 고객에게 보내는 정보는 원칙적으로 모두 광고성 정보에 해당한다.
③ 영리법인은 존재 목적이 영리추구이기 때문에 원칙적으로 고객에게 전송하는 모든 정보는 영리 목적 광고성 정보에 해당하며, 비영리법인은 전송하는 정보의 성격에 따라 영리목적 광고성 여부를 판단한다.
④ 구체적인 재화나 서비스의 홍보가 아니더라도 수신자에게 발송하는 정보가 발신인의 이미지 홍보에 해당하는 경우에는 광고성 정보로 볼 수 있다.
⑤ 주된 정보가 광고성 정보가 아니더라도 부수적으로 광고성 정보가 포함되어 있으면 전체가 광고성 정보에 해당한다.

2) 영리 목적의 광고성 정보의 예외
① 수신자와 이전에 체결하였던 거래를 용이하게 하거나, 완성 또는 확인하는 것이 목적인 정보
② 수신자가 사용하거나 구매한 재화 또는 서비스에 대한 설명, 보증, 제품 리콜, 안전 또는 보안 관련 정보
③ 고객의 요청에 의해 발송하는 1회성 정보(견적서 등)
④ 수신자가 금전적 대가를 지불하고 신청한 정보(뉴스레터, 주식정보, 축산물 거래정보 등)
⑤ 전송자가 제공하는 재화 또는 서비스에 대해 수신자가 구매 또는 이용과 관련한 안내 및 확인 정보 등(회원 등급 변경, 포인트 소멸 안내 등)
⑥ 정보제공을 서비스로 하는 자가 이용자와 명시적인 계약체결을 하여 정보를 전송하되 이를 대가로 직접적인 수익이 발생하지 않아야 하며, 정보의 내용이 서비스·재화 구매와 직접적인 관련이 없는 정보

3) 거래관계에 의한 광고성 정보전송 수신 동의 예외
① 재화 등의 거래관계를 통하여 수신자로부터 직접 연락처를 수집한 자가 거래가 있은 날로부터 6개월 이내에 자신이 처리하고 수신자와 거래한 것과 동종의 재화 등에 대한 영리목적의 광고성 정보를 전송하려는 경우
② 『방문판매 등에 관한 법률』에 따른 전화권유 판매자가 육성으로 수신자에게 개인정보의 수집출처를 고지하고 전화권유 하는 경우

4) 광고의 표시 기준
① 광고를 표시하는 경우에는 수신자의 수신거부 (필터링) 를 회피하기 위한 목적으로 빈칸·부호·문자 등을 삽입하거나 표시방법을 조작하는 조치를 하여서는 안된다.
② (광 / 고), (광 고), (광 . 고), ("광고"), (대출광고) 와 같이 변칙 표기하여서는 안된다.

③ 전송자가 통신사업자 , 수신자 등의 필터링을 방해하거나 회피할 목적으로 위와 같은 방법이나 특수문자를 사용하여서는 안된다.

④ 광고성 정보의 표시의무사항을 이미지파일로 하여 전송하는 것도 금지된다.

5) 옵트인(Opt-in)과 옵트아웃(Opt-out)

① 옵트인(선동의 후사용)
- 정보주체 즉, 당사자에게 개인정보 수집·이용·제공에 대한 동의를 먼저 받은 후에 개인정보를 처리하는 방식

② 옵트아웃(선사용 후배제)
- 정보주체 즉, 당사자의 동의를 받지 않고 개인정보를 수집·이용한 후, 당사자가 거부 의사를 밝히면 개인정보 활용을 중지하는 방식

6) 약관 동의와 일괄 동의 금지

약관과 개인정보 처리에 대한 동의를 일괄하여 한 번의 서명을 받는 경우에는 정보주체가 자신의 개인정보처리에 대한 사항을 자세하게 인지하지 못할 우려가 있고 정보주체의 선택권 행사가 어려울 수 있으므로 개인정보 처리에 대한 동의는 약관에 대한 동의와는 별도로 동의를 받아야 한다.

7) 야간시간에 광고성 정보를 전송할 수 있는 매체

① 제50조(영리목적의 광고성 정보 전송 제한)

오후 9시부터 그 다음 날 오전 8시까지의 시간에 전자적 전송매체를 이용하여 영리목적의 광고성 정보를 전송하려는 자는 제1항에도 불구하고 그 수신자로부터 별도의 사전동의를 받아야 한다. 다만, 대통령령으로 정하는 매체의 경우에는 그러하지 아니하다.

② 시행령 제61조(영리목적의 광고성 정보 전송기준)

"대통령령으로 정하는 매체"란 전자우편을 말한다.

8) 수신거부 의사표시를 쉽게 할 수 있는 조치 및 방법

① 수신의 거부 및 수신동의 철회의 의사표시를 쉽게 할 수 있는 조치 및 방법을 광고 본문에 표기하여 구체적으로 밝혀야 한다.

② 동 조치 및 방법으로 수신의 거부 또는 수신동의 철회가 쉽게 이루어지지 않거나 불가능할 경우에는 이를 표기하지 않은 것으로 간주한다.

※ 전자우편을 수신거부하기 위하여 웹사이트에 로그인하도록 하는 것은 수신 거부 또는 수신동의 철회를 어렵게 하는 것으로 법 위반에 해당한다.

9) 광고 정기적 동의 여부 확인

① 수신동의자에게 수신동의 했다는 사실에 대한 안내의무를 부과한 것이므로 재동의를 받을 필요는 없다.

② 수신자가 아무런 의사표시를 하지 않는 경우에는 수신동의 의사가 그대로 유지되는 것으로 본다.

10) 개인정보 수집 동의서의 동의함이 기본값으로 설정(Bad)

▶ 개인정보 수집·이용 동의

OOOO는 "개인정보보호법"에 따라 본인의 동의를 얻어 개인 맞춤형 광고 및 마케팅 제공을 위해 개인정보를 수집·이용합니다.

'동의함'이 기본값(Default)으로 설정되어서는 안 됨

1. 개인정보 수집 목적 : 신상품 홍보 및 맞춤형 광고, 타깃 마케팅 제공

2. 개인정보 수집 항목 : 이메일, 휴대폰번호

3. 보유 및 이용기간 : 회원 탈퇴 시

위 개인정보 수집·이용에 동의합니다.(선택)   동의 ☑ 동의하지 않음 ☐

06 개인정보 수집 및 이용 시 유의사항

(1) 동의, 고지, 통지, 안내

1) 동의, 고지, 통지, 안내 용어

용어	정의	용도	정보주체 피드백	사례
고지	기별을 보내어 사전에 알게 함	어떤 방식으로든 상대방에게 무엇을 알게 하는 경우	불필요	수집동의 고지, 납세 고지서, 범칙금 고지서
동의	의사나 의견을 같이함	고지 행위를 승인하거나 시인하는 경우	필요	개인정보 수집 동의, 광고 전송 수신 동의
통지	게시나 글을 통하여 사후에 알림	'게시'나 '글'이 매개가 되어 상대방에게 무엇을 알리는 경우	불필요	침해사실 통지, 입영 통지서, 합격 통지서
안내 (공개, 게시)	어떤 내용을 소개하여 알려 줌	어떤 사실이나 사물, 내용 따위를 여러 사람에게 알리는 경우	불필요	개인정보처리방침 공개, 인터넷 웹사이트 공지

2) 개인정보의 수집·이용 시 고지사항

개인정보보호법 제15조제2항 (개인정보처리자)	개인정보보호법 제17조제2항 (개인정보처리자)	개인정보보호법 제18조제3항 (개인정보처리자)
1. 개인정보의 수집·이용 **목적** 2. 수집하려는 개인정보의 **항목** 3. 개인정보의 보유 및 이용 **기간** 4. 동의를 **거**부할 권리가 있다는 사실 및 동의 거부에 따른 불이익이 있는 경우에는 그 불이익의 내용	1. 개인정보를 제공받는 **자** 2. 개인정보를 제공받는 자의 개인정보 이용 **목적** 3. 제공하는 개인정보의 **항목** 4. 개인정보를 제공받는 자의 개인정보 보유 및 이용 **기간** 5. 동의를 **거**부할 권리가 있다는 사실 및 동의 거부에 따른 불이익이 있는 경우에는 그 불이익의 내용	1. 개인정보를 제공받는 **자** 2. 개인정보의 이용 **목적**(제공 시에는 제공받는 자의 이용 목적을 말한다) 3. 이용 또는 제공하는 개인정보의 **항목** 4. 개인정보의 보유 및 이용 **기**간(제공 시에는 제공받는 자의 보유 및 이용기간을 말한다) 5. 동의를 **거**부할 권리가 있다는 사실 및 동의 거부에 따른 불이익이 있는 경우에는 그 불이익의 내용
• 개인정보 수집 동의 • 민감정보 수집 동의 • 고유식별정보 수집 동의	• 개인정보 제공 동의 • 민감정보 제공 동의 • 고유식별정보 제공 동의	• 개인정보 목적 외 이용 및 제공 동의 • 민감정보 목적 외 이용 및 제공 동의 • 고유식별정보 목적 외 이용 및 제공 동의

3) 개인정보의 처리 시 고지, 통지 사항

개인정보보호법 제20조 (정보주체 이외로부터 수집한 개인정보의 수집 출처 등 통지)	개인정보보호법 제27조 (영업양도 등에 따른 개인정보의 이전 제한)	개인정보보호법 제26조 (업무위탁에 따른 개인정보의 처리 제한)	개인정보보호법 제34조 (개인정보 유출 등의 통지·신고)	개인정보보호법 제20조의2 (개인정보 이용·제공 내역의 통지)
1. 개인정보의 수집 **출처** 2. 개인정보의 처리 **목적** 3. 제37조에 따른 개인정보 처리의 **정**지를 요구하거나 동의를 철회할 권리가 있다는 사실	1. 개인정보를 이전하려는 **사실** 2. 개인정보를 이전받는 **자**(이하 "영업양수자등"이라 한다)의 성명(법인의 경우에는 법인의 명칭을 말한다), 주소, 전화번호 및 그 밖의 연락처 3. 정보주체가 개인정보의 이전을 원하지 **아**니하는 경우 조치할 수 있는 방법 및 절차	1. 위탁업무의 **목적** 및 **범위** 2. **재**위탁 제한에 관한 사항 3. 개인정보에 대한 접근 제한 등 **안**전성 확보 조치에 관한 사항 4. 위탁업무와 관련하여 보유하고 있는 개인정보의 관리 현황 점검 등 **감**독에 관한 사항 5. 법 제26조제2항에 따른 수탁자 (이하 "수탁자"라 한다)가 준수하여야 할 의무를 위반한 경우의 **손**해배상 등 책임에 관한 사항	1. 유출등이 된 개인정보의 **항목** 2. 유출등이 된 **시점**과 그 경위 3. 유출등으로 인하여 발생할 수 있는 피해를 최소화하기 위하여 **정**보주체가 할 수 있는 방법 등에 관한 정보 4. 개인정보처리자의 **대**응조치 및 피해 구제절차 5. 정보주체에게 피해가 발생한 경우 신고 등을 접수할 수 있는 담당부서 및 **연락처**	1. 개인정보의 수집·이용 **목적** 및 수집한 개인정보의 **항목** 2. 개인정보를 제공받은 **자**와 그 제공 **목적** 및 제공한 개인정보의 **항목**

(2) 개인정보 동의 관련 유의 사항

1) 동의를 받는 경우 명확히 표시해야 하는 중요 내용

개인정보보호법 제17조 제3항
1. 개인정보의 수집·이용 목적 중 재화나 서비스의 **홍보** 또는 판매 권유 등을 위하여 해당 개인정보를 이용하여 정보주체에게 연락할 수 있다는 사실 2. 처리하려는 개인정보의 항목 중 다음 각 목의 사항 　가. **민감정보** 　나. 제19조제2호부터 제4호까지의 규정에 따른 **여권번호, 운전면허의 면허번호 및 외국인등록번호** 3. 개인정보의 보유 및 이용 **기간**(제공 시에는 제공받는 자의 보유 및 이용 기간을 말한다) 4. 개인정보를 **제공받는 자** 및 개인정보를 제공받는 자의 개인정보 이용 **목적**

2) 중요한 내용의 명확한 표시 방법

개인정보 처리 방법에 관한 고시 제4조
1. 글씨의 **크기**, **색깔**, **굵기** 또는 **밑줄** 등을 통하여 그 내용이 명확히 표시되도록 할 것 2. 동의 사항이 많아 중요한 내용이 명확히 구분되기 어려운 경우에는 중요한 내용이 쉽게 확인될 수 있도록 **그 밖의 내용과 별도로 구분**하여 표시할 것

3) 동의를 받는 경우 중요 내용을 명확히 표시한 사례

■ 개인정보 3자 제공 내역

제공받는 자	제공목적	제공 항목	보유기간
OO계열사	채용절차 진행	학력, 경력	「채용공정화에 관한 법률」에 따라 채용 종료 후 180일까지

■ 민감정보 처리 내역

항목	수집 목적	보유기간
정신질환 여부	운전직 채용 관리	「채용공정화에 관한 법률」에 따라 채용 종료 후 180일까지

■ 고유식별정보 수집·이용 내역

항목	수집 목적	보유기간
운전면허번호	운전직 채용 관리	「채용공정화에 관한 법률」에 따라 채용 종료 후 180일까지

■ 개인정보 3자 제공 내역

제공받는 자	제공목적	제공 항목	보유기간
OO호텔	홍보 및 마케팅	관심 여행지, 여행이력	1년

4) 개인정보 수집 동의 시 유의 사항

유의 사항	설명
필수, 선택 구분	필수정보와, 선택정보 구분
동의 시점에 따라 동의	배송주소, 결제용 신용카드 번호, 환불 계좌는 필요한 시점에 동의
고지 항목 포함	목항기거, 목항기거자 등
포괄적 안내 금지	개인정보 항목에서 등
디폴트 동의 체크 금지	웹페이지에서 사전 동의 체크 금지
모두 동의 금지	개인정보 수집 목적별 별도 동의하도록 함
만14세 아동 법정대리인 동의	아동 나이 체크, 부모 연락처 동의 거절 시 파기
동의 기록 보존	동의 기록(동의 일시 등) 보존

5) 개인정보 수집, 이용 시 위험 및 대책

원인	위험	대책
과도한 개인정보 수집·이용	개인정보 오남용, 유출로 인한 정보주체 개인정보 침해 우려	• 정보주체 동의, 법적 근거에 수집,이용 • 필수정보, 선택정보 개인정보 구분하여 수집
정보주체 개인정보 수집 시 불명확한 고지	개인정보 처리에 대한 정보주체의 개인정보 자기결정권 침해 우려	• 개인정보 수집 시 법적 요건에 맞게 명확하게 고지 후 동의
고유식별정보 등 별도 동의 절차 미흡	개인정보 수집 시 별도 동의 법위반 및 개인정보 자기결정권 침해 우려	• 고유식별정보, 민감정보, 홍보 및 마케팅, 제3자 제공, 목적외 이용 등 개인정보 수집 시 별도 동의
만14세 미만 아동 개인정보 무단 수집이용	만14세 미만 아동의 개인정보 오남용 피해 및 개인정보 수집 동의 법위반	• 만14세 미만 아동 개인정보 법정대리인 동의
수집, 동의 사실 등 기록 보관 미흡	이용내역 통지, 정보주체 요구 시 동의 사실 등 통지 미흡	• 수집, 동의 사실 기록 보관
영상정보처리기기 설치 운영 시 보호조치 미흡	영상정보처리기기에 개인영상정보 오남용으로 인한 정보주체 피해	• 법적 요건 확인 후 설치, 안내판 설치, 공공기관 의견 수렴절차 이행, 개인영상정보 열람 등 조치
홍보 및 마케팅 목적 개인정보 무단수집, 이용	원하지 않는 광고 수신 및 판매권유로 인한 정보주체 스트레스 등 피해	• 홍보 및 마케팅 목적 개인정보 수집 별도 동의 • 광고성 정보전송 수신 동의 • 수신 거부 절차 마련 및 수신 거부 시 처리결과 전송 • 매2년마다 광고성 정보전송 수신 재동의 이행

2 개인정보 저장, 관리

🔓 01 개인정보의 파기

(1) 관련 법령

개인정보보호법(2025.10.2) 제21조

제21조(개인정보의 파기)
① 개인정보처리자는 **보유기간의 경과, 개인정보의 처리 목적 달성, 가명정보의 처리 기간 경과** 등 그 **개인정보가 불필요하게 되었을 때에는 지체 없이 그 개인정보를 파기**하여야 한다. 다만, **다른 법령에 따라 보존하여야 하는 경우에는 그러하지 아니하다.**
다만, **다른 법령에 따라 보존하여야 하는 경우에는 그러하지 아니하다.**
② 개인정보처리자가 제1항에 따라 개인정보를 **파기할 때에는 복구 또는 재생되지 아니하도록 조치**하여야 한다.
③ 개인정보처리자가 제1항 단서에 따라 개인정보를 파기하지 아니하고 **보존하여야 하는 경우**에는 **해당 개인정보 또는 개인정보파일을 다른 개인정보와 분리**하여서 **저장·관리**하여야 한다.
④ 개인정보의 **파기방법 및 절차** 등에 필요한 사항은 대통령령으로 정한다.

개인정보보호법 시행령(2025.10.2) 16조

제16조(개인정보의 파기방법)
① 개인정보처리자는 법 제21조에 따라 개인정보를 파기할 때에는 다음 각 호의 구분에 따른 방법으로 하여야 한다.
　1. **전자적 파일** 형태인 경우: 복원이 불가능한 방법으로 영구 삭제. 다만, 기술적 특성으로 영구 삭제가 현저히 곤란한 경우에는 법 제58조의2에 해당하는 정보로 처리하여 복원이 불가능하도록 조치해야 한다.
　2. 제1호 외의 기록물, 인쇄물, **서면**, 그 밖의 기록매체인 경우: **파쇄 또는 소각**
② 제1항에 따른 개인정보의 안전한 파기에 관한 세부 사항은 보호위원회가 정하여 고시한다.

개인정보보호법 표준지침 10조, 11조

제10조(개인정보의 파기방법 및 절차)
① 개인정보처리자는 개인정보의 보유 기간이 경과하거나 개인정보의 처리 목적 달성, 해당 서비스의 폐지, 사업의 종료 등 그 개인정보가 불필요하게 되었을 때에는 정당한 사유가 없는 한 그로부터 **5일 이내**에 그 **개인정보를 파기**하여야 한다.
② 영 제16조제1항제1호의 '복원이 불가능한 방법'이란 현재의 기술 수준에서 사회통념상 적정한 비용으로 파기한 개인정보의 복원이 불가능하도록 조치하는 방법을 말한다.
③ 개인정보처리자는 개인정보의 파기에 관한 사항을 기록·관리하여야 한다.
④ 개인정보 보호책임자는 개인정보 파기 시행 후 파기 결과를 확인하여야 한다.
⑤ 개인정보처리자 중 공공기관의 개인정보파일 파기에 관하여는 제55조및 제56조를 적용한다.

제11조(법령에 따른 개인정보의 보존)
① 개인정보처리자가 법 제21조제1항 단서에 따라 법령에 근거하여 개인정보를 파기하지 아니하고 보존하여야 하는 경우에는 물리적 또는 기술적 방법으로 분리하여서 저장·관리하여야 한다.
② 제1항에 따라 개인정보를 분리하여 저장·관리하는 경우에는 개인정보 처리방침 등을 통하여 법령에 근거하여 해당 개인정보 또는 개인정보파일을 저장·관리한다는 점을 정보주체가 알 수 있도록 하여야 한다.

(2) 관련 지식

1) 개인정보가 불필요하게 되었을 때 지체없이(5일 이내) 파기
① 개인정보처리자가 당초 고지하고 동의를 받았던 보유기간의 경과
② 동의를 받거나 법령 등에서 인정된 수집·이용·제공 목적의 달성
③ 회원탈퇴, 제명, 계약관계 종료, 동의철회 등에 따른 개인정보처리의 법적 근거 소멸
④ 개인정보처리자의 폐업·청산
⑤ 대금 완제일이나 채권소멸시효기간의 만료

2) 개인정보 수집 및 이용 목적을 달성한 경우(예시)
① 정보주체(이용자)가 웹사이트에서 탈퇴한 경우
② 이용자가 초고속인터넷을 해지한 경우
③ 정보주체(이용자)가 마일리지 회원에서 탈퇴를 요청한 경우
④ 개인정보를 수집하는 이벤트가 종료된 경우
⑤ 제3의 업체에서 텔레마케팅을 위해 정보를 제공한 후 해당 업체의 TM업무가 종료된 경우 등

3) 파기절차
개인정보처리자는 개인정보의 파기에 관한 사항을 기록하고 관리하여야 한다. 보유목적을 달성한 개인정보의 파기는 법적 의무사항이며 위반 시 벌칙이 부과되는 사항이므로 파기는 반드시 개인정보 보호책임자의 책임 하에 수행되어야 하며, 개인정보 보호책임자는 파기 결과를 확인하여야 한다.

4) 개인정보의 일부만 파기하는 경우 (예시)

① 운영 중인 개인정보가 포함된 여러 파일 중, 특정 파일을 파기하는 경우

② 개인정보가 저장된 백업용 디스크나 테이프에서 보유기간이 만료된 특정 파일이나 특정 정보주체의 개인정보만 파기하는 경우

③ 운영 중인 데이터베이스에서 탈퇴한 특정 회원의 개인정보를 파기하는 경우

④ 회원가입신청서 종이문서에 기록된 정보 중, 특정 필드의 정보를 파기하는 경우 등

5) 개인정보 파기 의무 예외

개인정보처리자는 다른 법령에 따라 보존해야 하는 경우에는 예외적으로 개인정보를 파기하지 않아도 된다. 개인정보처리자가 개인정보를 파기하지 않고 보존하려고 하는 경우에는 그 법적 근거를 명확히 해야 한다.

6) 가명정보의 적용 제외

제39조의6 특례규정은 가명정보의 파기에 대해서는 적용되지 않는다(제28조의7).

7) 개인정보 보존의무를 명시한 다른 법령

법령	보존의무 기간
「전자상거래 등에서의 소비자보호에 관한 법률」 제6조 및 동시행령 제6조	① **표시·광고**에 관한 기록 : **6개월** ② **계약** 또는 청약철회 등에 관한 기록 : **5년** ③ **대금결제** 및 재화등의 공급에 관한 기록 : **5년** ④ 소비자의 불만 또는 **분쟁처리**에 관한 기록 : **3년**
전자금융거래법 (전자금융거래기록)	① 건당 거래금액 **1만원 이하** 전자금융거래에 관한 기록, 전자지급수단 이용과 관련된 거래승인에 관한 기록 : **1년** ② 건당 거래금액 **1만원 초과** 전자금융거래에 관한 기록, 전자지급수단 이용과 관련된 거래승인에 관한 기록 : **5년**
신용정보의 이용 및 보호에 관한 법률	① **신용정보 업무처리**에 관한 기록 : **3년**
「통신비밀보호법」 제15조의2 및 동시행령 제41조	① 법 제2조제11호가목부터 라목까지 및 바목에 따른 **통신사실확인자료** : **12개월** ② 위의 자료 중 시외·시내전화역무와 관련된 자료인 통신사실확인자료 : 6개월 ③ 법 제2조제11호마목 및 사목에 따른 통신사실확인자료(컴퓨터통신 또는 인터넷의 **로그기록자료**, 정보통신기기의 위치를 확인할 수 있는 **접속지** 추적자료) : **3개월**
「의료법」 시행규칙 제15조	① **환자 명부** : **5년** ② **진료기록부** : **10년** ③ 처방전 : 2년 ④ **수술기록** : **10년** ⑤ 검사소견기록 : 5년 ⑨ **진단서** 등의 부본 : **3년** (진단서·사망진단서 및 시체검안서 등을 따로 구분하여 보존할 것)

법령	보존의무 기간
국세기본법	① 국세 부과 제척기간(조세시효) : 10년 ② 국세징수권 및 국세환급금 소멸시효 : 5년
상법	① 상사채권 소멸시효, 배당금 지급청구권 소멸시효 : 5년 ② 사채상환청구권 소멸시효 : 10년
제조물책임법	① 손해배상청구권 소멸시효 : 3년 / 10년

8) 개인정보 파기 FAQ

Q 고객이 TV홈쇼핑, 온라인 쇼핑몰을 통해 여행 상품에 대해 상담하였으나, 실제로 계약이 체결되지 않은 경우, 고객이 예약 후 취소한 경우 개인정보의 파기는 어떻게 해야 하는가?

A TV홈쇼핑, 온라인 쇼핑몰로부터 제공받은 고객정보를 바탕으로 여행 상담 이후 계약 체결이 되지 않고 상담으로만 끝나는 경우라면 제공받은 고객정보는 지체 없이(5일 이내) 파기하여야 한다. 다만, 고객이 예약 후 취소한 경우라면 고객이 여행상품에 대한 비용결제는 하지 않았다면 지체 없이 파기하는 것이 바람직하고 고객이 여행상품에 대한 비용결제를 완료하였다면 환불 등 과정을 거쳐야 하므로 법적근거에 따라 그 기간 동안 보유해야 한다.

Q 쇼핑몰에서 탈퇴한 회원들의 개인정보를 파기하려고 하는데, 일부 회원들은 할부 요금이 아직 미납되었거나 제품 A/S 기간이 남아있다. 이러한 경우에는 어떻게 해야 하는가?

A 사업자는 개인정보의 수집·이용 목적이 달성된 경우 등에는 5일 이내에 개인정보를 파기하여야 하나, 예외적으로 "다른 법률에 따라 개인정보를 보존하여야 하는 경우"에는 개인정보를 파기하지 않고 보존할 수 있다. 예를 들어, 전자상거래 등에서의 소비자 보호에 관한 법률 및 시행령에서는 대금결제 및 재화 공급에 관한 기록을 5년간 보관하도록 하고 있으므로, 질의와 같이 요금 미납, A/S 등에 해당하는 경우에는 동법에 의거 5년간 개인정보 보관이 가능하다.

Q 할인마트의 고객들을 대상으로 경품추첨 이벤트를 실시하였는데, 이벤트 종료 후 이벤트 응모신청서는 어떻게 처리하면 되는가?

A 경품추첨 이벤트가 종료되고 당첨자발표 및 경품배송까지 모두 종료되었다면, 그 이후에는 개인정보의 보유·이용기간에 대해 별도의 동의를 얻지 않은 한 5일이내에 개인정보가 기재된 응모신청서를 파기하여야 한다.

Q 학원에서 학생들의 개인정보 수집 동의서 징구 시, 개인정보 보유기간을 '학원을 폐쇄할 때까지'라고 정해도 되는지?

A 학원은 원칙적으로 학습자가 퇴원 후, 수강목적을 달성했으므로 지체 없이 해당 학습자의 개인정보를 모두 파기하여야 한다. 다만, 학원법에 따른 비치서류의 보관기간 준수와, 법인세 등의 증빙을 위하여 필요한 자료(전표, 영수증)는 별도로 분리하여 해당 법령에서 보관하도록 한 기간 동안 (국세기본법 5년) 정보주체의 동의 없이 보관할 수 있다.

02 개인정보 파기 방법

1) 파기 등 필요한 조치 대상 개인정보의 범위

구분	파기 방법	형태	파기 대상
회원 가입 및 수정 개인정보	직접 수집	이름, 생년월 일, 전자우편, 전화번호, 주소	해당
처리 과정 수집 개인정보	직접 수집	본인확인, 배송정보, 설문조사, 이벤트 등 개인정보	해당
서비스 이용 시 생성되는 정보	간접 수집	접속 로그, 쿠키, 결제 기록	해당
백업, 연계 개인정보	N/A	종류 다양	해당
인터넷 게시 콘텐츠	직접 수집	인터넷 상 게시 글	미해당

2) 회원 정보 테이블에 탈퇴 회원 개인정보를 그대로 보존한 경우

NO.	☐	아이디	사용자이름	사용자이메일	전화번호	등록일	가입상태
1	☐	hgd001	홍길동	hdg001@naver.com	010-2222-2222	2009-04-18	회원가입삭제
2	☐	ggc001	강감찬	ggc001@naver.com	010-3333-3333	2009-04-17	회원가입신청
3	☐	ejmd001	을지문덕	ejmd001@naver.com	010-4444-4444	2009-04-17	회원탈퇴
4	☐	ssid	신사임당	ssid001@naver.com	010-5555-5555	2009-04-17	회원가입신청

3) 개인정보 파기 방법

구분	파기 방법	형태	내용
완전파괴	소각·파쇄 등	지류 출력물/전자파일	개인정보가 저장된 회원가입신청서 등의 종이문서, 하드디스크나 자기테이프를 파쇄기로 파기하거나 용해, 또는 소각장, 소각로에서 태워서 파기
전용 소자장비	디가우저	전자파일	디가우저(Degausser)를 이용해 하드디스크나 자기테이프에 저장된 개인정보 삭제 등
초기화 또는 덮어쓰기	로우레벨 포맷, 와이핑	전자파일	개인정보가 저장된 하드디스크에 대해 완전포맷(3회 이상 권고), 데이터 영역에 무작위 값(0, 1 등) 으로 덮어쓰기(3회 이상 권고), 해당 드라이브를 안전한 알고리즘 및 키 길이로 암호화 저장 후 삭제하고 암호화에 사용된 키 완전 폐기 및 무작위 값 덮어쓰기 등

4) 정보통신서비스 제공자등이 복구·재생할 수 없는 파기 방법

구분	파기 방법	내용
하드 디스크 등 매체 전체의 데이터를 파기하는 경우	프로그램을 이용한 파기	① 하드디스크, USB 메모리의 경우 '로우레벨포맷(Low level format)' 방법으로 파기 ※ 로우레벨포맷 : 하드디스크를 공장에서 나온 초기상태로 만들어주는 포맷 ② 0, 1 혹은 랜덤한 값으로 기존 데이터를 여러 번 덮어씌우는 와이핑(Wiping) 방법으로 파기
	물리적인 파기	① 데이터가 저장되는 디스크 플레터에 강력한 힘으로 구멍을 내어 복구가 불가능하도록 하는 천공 방법으로 파기 ② CD/DVD의 경우 가위 등으로 작은 입자로 조각 내거나, 전용 CD파쇄기나 CD 파쇄가 가능한 문서파쇄기 등을 이용하여 파기 ③ 고온에 불타는 종류의 매체는 소각하는 방법으로 파기 ④ 자기장치를 이용해 강한 자기장으로 데이터를 복구 불가능하게 하는 디가우저(Degausser) 파기
고객 서비스에 이용 중인 DB서버에 저장된 일부 데이터를 파기하는 경우	DBMS를 통한 파기	① 서비스 중인 DB의 해당 개인정보 위에 임의의 값(Null값 등)을 덮어쓰기한 후 삭제 (delete) ② DB의 특정부분에 덮어쓰기가 곤란한 경우에는 테이블 데이터에 대한 논리적인 삭제 (delete)도 허용되나, 신속하게 다른 데이터로 덮어쓰기(overwriting)될 수 있도록 운영

03 노출된 개인정보의 삭제·차단

(1) 관련 법령

개인정보보호법(2025.10.2) 제34조의2

제34조의2(노출된 개인정보의 삭제·차단)
① 개인정보처리자는 고유식별정보, 계좌정보, 신용카드정보 등 개인정보가 정보통신망을 통하여 공중(公衆)에 노출되지 아니하도록 하여야 한다.
② 개인정보처리자는 공중에 노출된 개인정보에 대하여 보호위원회 또는 대통령령으로 지정한 전문기관의 요청이 있는 경우에는 해당 정보를 삭제하거나 차단하는 등 필요한 조치를 하여야 한다.

개인정보보호법 시행령(2025.10.2) 제40조의2

제40조의2(노출된 개인정보의 삭제·차단 요청 기관)
법 제34조의2제2항에서 "대통령령으로 지정한 전문기관"이란 한국인터넷진흥원을 말한다.

(2) 공중에 노출된 개인정보에 대한 삭제·차단 등 필요한 조치 의무

개인정보 노출 원인	조치 내용 예시
관리자 부주의	• 마스킹 및 삭제 조치(공통) • 관리자 페이지에 대한 안전한 접속 수단 혹은 인증수단 적용 • 노출된 개인정보에 대한 접근 제어
이용자 부주의	• 마스킹 및 삭제 조치(공통) • 개인정보를 입력하지 않도록 안내 • 게시판 운영을 비공개로 전환
설계 및 개발 오류	• 마스킹 및 삭제 조치(공통) • 홈페이지 설계 변경, 디렉터리 설정 변경 등 조치
검색엔진 등을 통한 노출	• 마스킹 및 삭제 조치(공통) • 당해 검색엔진에 캐쉬 페이지 삭제 등 요청 • 노출된 개인정보에 로봇배제 규칙을 적용하여 외부 검색엔진의 접근 자체를 차단 • 시스템의 계정, 로그 등 점검 후 분석 결과에 따른 접속 경로 차단 조치

🔒 04 개인정보 처리 시 유의 사항

(1) 개인정보 처리 시 위험 및 대책

원인	위험	대책
개인정보 미파기로 인한 관리 소홀	개인정보 유출 위험	개인정보 파기, 파기기록 보관 및 검토
개인정보 분리보관 미흡	개인정보 오남용 위험	법적 보존하여야 할 개인정보 분리 보관 및 접근권한 제한
목적 상실 개인정보 이용	홍보 및 마케팅 권유 또는 광고 전송 등	홍보 마케팅, 광고 전송 시 대상자 및 수신 동의 여부 확인
휴면 이용자 개인정보 파기 프로세스 미흡	휴면(서비스 장기 미이용) 이용자 개인정보 미파기	휴면 이용자 개인정보 파기 프로세스 수립
보유기간 초과로 인한 법 위반 소지	파기 관련 법적 준거성 미준수	개인정보 파기, 주기적 검토
법령상 보존 의무 개인정보 처리 기록 남기지 않음	법령에 의한 개인정보 처리 기록 보존 의무 미준수	법령에 의한 기록 보존 의무 대상 정보 조사 및 보관

3 개인정보 제공

🔒 01 개인정보의 제공

(1) 관련 지식

1) 개인정보 제3자 제공의 의미

개인정보의 제공이란 개인정보처리자 외의 제3자에게 개인정보의 지배·관리권이 이전되는 것을 의미한다. 즉 개인정보를 저장한 매체나 수기문서를 전달하는 경우뿐만 아니라, DB 시스템에 대한 접속권한을 허용하여 열람·복사가 가능하게 하여 개인정보를 공유하는 경우 등도 '제공'에 포함된다.

2) 제3자 의미

구분	정의	제3자 해당 여부	비고	사례
정보주체	개인정보의 소유자	미해당	본인의 개인정보 자기결정권리 행사	개인정보 수집을 허용
개인정보 처리자	개인정보를 처리하는 자	미해당	수집 목적이 다를 시 목적외 이용	공공기관, 일반사업자, 개인, 단체 등
영업 양수자	영업을 양도받은 자	해당	수집 목적이 같고 처리 주체만 다름	개인정보가 포함된 사업 인수, 합병, 분할 등
수탁자	업무를 위탁 받은자	해당	위탁자의 이익을 위해 개인정보 처리	배송업체, 콜센터 등
제3자 제공받은 자	수집목적과 달리 개인정보를 제공 받은자	해당	제3자의 이익을 위해 개인정보 처리	제휴 판매사, 계열회사, 모회사-자회사, 관계회사
국외이전 받은자	정보주체의 개인정보를 받은 국외 처리자	해당	위탁, 제3자 제공 모두 해당할 수 있음	해외 지사, 글로벌 해외 소재 회사

3) 제공의 의미

구분	제공 방법	제공 레벨	제공 사례
저장매체를 통한 전달	물리적	사물	디스크, 테이프, 외장하드, USB, CD, 출력물 전달
네트워크를 통한 전송	논리적	네트워크	파일 업로드, 파일 다운로드, FTP 등을 통한 파일 전송
DB 제3자 접근권한 부여	논리적	데이터베이스	개인정보 DB 제3자 열람, 복사 등 권한 부여
개인정보처리시스템 접근권한 부여	논리적	응용프로그램	종류 다양
기타 확인 행위	N/A	다양	육안, SMS, 이메일 등

4) 제3자 제공, 처리위탁, 영업양도 시 개인정보 이전의 차이점

구분	제3자 제공	처리 위탁	양도 개인정보 이전
목적	**제공받는 자(제3자)의 목적·이익**을 위해 개인정보 이전	**제공하는 자의 목적·이익**을 위해 개인정보 이전	개인정보 처리목적은 유지되고 단지 **개인정보의 보유·관리주체만 변경**
관리책임	개인정보 이전 후에는 제공받는 자 (제3자)의 관리 범위에 속함	개인정보 이전 후에도 원칙적으로 제공하는 자의 관리 범위에 속함	영업양도·합병 후에는 양수자의 관리범위에 속함
허용요건	**정보주체 고지·동의 또는 법률의 규정 등**	**처리위탁사실 공개**	**정보주체에 통지**
위반 시 처벌	형사벌금 (5년 이하 징역 또는 5천 만원 이하 벌금)	과태료 (2천만원 이하)	과태료 (1천만원 이하)
사례	기업 간 이벤트 또는 업무 제휴 등을 통한 개인정보 제공	콜센터, A/S센터 등의 외부 위탁	기업간 양도·합병

02 개인정보 제3자 제공

(1) 관련 법령

개인정보보호법(2025.10.2) 제17조

제17조(개인정보의 제공)
① 개인정보처리자는 다음 각 호의 어느 하나에 해당되는 경우에는 정보주체의 개인정보를 **제3자에게 제공**(공유를 포함한다. 이하 같다)할 수 있다.
    1. 정보주체의 **동의**를 받은 경우
    2. 제15조제1항제2호, 제3호 및 제5호부터 제7호까지에 따라 개인정보를 **수집한 목적 범위**에서 개인정보를 **제공**하는 경우
② 개인정보처리자는 제1항제1호에 따른 동의를 받을 때에는 다음 **각 호의 사항을 정보주체에게 알려야 한다.** 다음 각 호의 어느 하나의 사항을 변경하는 경우에도 이를 알리고 동의를 받아야 한다.
    1. 개인정보를 **제공받는 자**
    2. 개인정보를 제공받는 자의 개인정보 이용 **목적**
    3. 제공하는 개인정보의 **항목**
    4. 개인정보를 제공받는 자의 개인정보 보유 및 이용 **기간**
    5. 동의를 **거부할 권리**가 있다는 사실 및 동의 거부에 따른 불이익이 있는 경우에는 그 **불이익의 내용**
④ 개인정보처리자는 **당초 수집 목적과 합리적으로 관련된 범위**에서 정보주체에게 **불이익이 발생하는지 여부, 암호화 등 안전성 확보에 필요한 조치**를 하였는지 여부 등을 고려하여 대통령령으로 정하는 바에 따라 **정보주체의 동의 없이 개인정보를 제공**할 수 있다.

개인정보보호법 시행령(2025.10.2) 제14조의 2

제14조의2(개인정보의 추가적인 이용·제공의 기준 등)
① 개인정보처리자는 법 제15조제3항 또는 제17조제4항에 따라 정보주체의 동의 없이 개인정보를 이용 또는 제공(이하 "개인정보의 추가적인 이용 또는 제공"이라 한다)하려는 경우에는 다음 각 호의 사항을 고려해야 한다.
    1. 당초 수집 목적과 관련성이 있는지 여부
    2. 개인정보를 수집한 정황 또는 처리 관행에 비추어 볼 때 개인정보의 추가적인 이용 또는 제공에 대한 예측 가능성이 있는지 여부
    3. 정보주체의 이익을 부당하게 침해하는지 여부
    4. 가명처리 또는 암호화 등 안전성 확보에 필요한 조치를 하였는지 여부
② 개인정보처리자는 제1항 각 호의 고려사항에 대한 판단 기준을 법 제30조 제1항에 따른 개인정보 처리방침에 미리 공개하고, 법 제31조제1항에 따른 개인정보 보호책임자가 해당 기준에 따라 개인정보의 추가적인 이용 또는 제공을 하고 있는지 여부를 점검해야 한다.

개인정보보호법 제15조 제1항 제2호 · 제3호 · 제5호 · 제6호 · 제7호

2. **법률**에 특별한 규정이 있거나 법령상 의무를 준수하기 위하여 불가피한 경우
3. **공공기관**이 법령 등에서 정하는 소관 업무의 수행을 위하여 불가피한 경우
5. 명백히 정보주체 또는 제3자의 **급박**한 생명, 신체, 재산의 이익을 위하여 필요하다고 인정되는 경우
6. 개인정보처리자의 **정당한 이익**을 달성하기 위하여 필요한 경우로서 명백하게 정보주체의 권리보다 우선하는 경우. 이 경우 개인정보처리자의 정당한 이익과 상당한 관련이 있고 합리적인 범위를 초과하지 아니하는 경우에 한한다.
7. 공중위생 등 공공의 **안전과 안녕**을 위하여 긴급히 필요한 경우

(2) 관련 지식

1) 개인정보를 제3자에게 제공할 수 있는 경우

개인정보보호법 제15조 제1항

1. 정보주체의 **동의**를 받은 경우
2. **법률**에 특별한 규정이 있거나 법령상 의무를 준수하기 위하여 불가피한 경우
3. **공공기관**이 법령 등에서 정하는 소관 업무의 수행을 위하여 불가피한 경우
5. 명백히 정보주체 또는 제3자의 **급박**한 생명, 신체, 재산의 이익을 위하여 필요하다고 인정되는 경우
6. 개인정보처리자의 **정당한 이익**을 달성하기 위하여 필요한 경우로서 명백하게 정보주체의 권리보다 우선하는 경우. 이 경우 개인정보처리자의 정당한 이익과 상당한 관련이 있고 합리적인 범위를 초과하지 아니하는 경우에 한한다.
7. 공중위생 등 공공의 **안전과 안녕**을 위하여 긴급히 필요한 경우

2) 개인정보의 제3자 제공 동의 시 알려야 할 사항

개인정보보호법 제17조 제2항

1. 개인정보를 **제공받는 자**의 성명(법인 또는 단체인 경우에는 그 명칭)
2. 제공받는 자의 개인정보 이용 **목적**
3. 제공하는 개인정보의 **항목**
4. 제공받는 자의 개인정보 보유 및 이용 **기간**
5. 동의 **거부권**이 존재한다는 사실 및 동의 거부에 따른 불이익이 있는 경우에는 그 내용

3) 개인정보의 수집·이용기준과 제공기준의 비교

기준	수집·이용(제15조)	제공(제17조)
정보주체의 동의를 받은 경우	수집·이용 가능	제공 가능
법률에 특별한 규정이 있거나 법령상 의무를 준수하기 위하여 불가피한 경우	수집·이용 가능	수집목적 범위 안에서 제공 가능
공공기관이 법령 등에서 정하는 소관 업무의 수행을 위하여 불가피한 경우	수집·이용 가능	수집목적 범위 안에서 제공 가능
정보주체와의 계약의 체결 및 이행을 위하여 불가피하게 수반되는 경우	수집·이용 가능	**제공 불가 (정보주체 동의 필요)**
정보주체 또는 그 법정대리인이 의사표시를 할 수 없는 상태에 있거나 주소불명 등으로 사전 동의를 받을 수 없는 경우로서 명백히 정보주체 또는 제3자의 급박한 생명, 신체, 재산의 이익을 위하여 필요하다고 인정되는 경우	수집·이용 가능	수집목적 범위 안에서 제공 가능
개인정보처리자의 정당한 이익을 달성하기 위하여 필요한 경우로서 명백히 정보주체의 권리보다 우선하는 경우	수집·이용 가능	수집목적 범위 안에서 제공 가능
공중위생 등 공공의 안전과 안녕을 위하여 긴급히 필요한 경우	수집·이용 가능	수집목적 범위 안에서 제공 가능

4) 개인정보 제3자 제공 동의 양식 (여행업, 건설 예시)

■ 개인정보 3자 제공 내역

제공받는 자	제공목적	제공 항목	보유기간
○○호텔	홍보 및 마케팅	관심 여행지, 여행이력	1년

※ 위의 개인정보 제공에 대한 동의를 거부할 권리가 있습니다.

　그러나 동의를 거부할 경우 원할한 서비스 제공에 일부 제한을 받을 수 있습니다.

☞ 위와 같이 개인정보를 제3자 제공하는데 동의하십니까?　　동의 [　　]　　미동의 [　　]

■ 개인정보 제3자 제공 내역

제공기관	수집목적	항목	보유기간
○○건축연구소	맞춤형 건설 동향 정보 수집	생년월일, 결혼여부, 관심지역, 성별	1년

※ 위의 개인정보 제공에 대한 동의를 거부할 권리가 있습니다.

　그러나 동의를 거부할 경우 원할한 서비스 제공에 일부 제한을 받을 수 있습니다.

☞ 위와 같이 개인정보를 제3자 제공하는데 동의하십니까?　　동의 [　　]　　미동의 [　　]

5) 개인정보 제3자 제공 FAQ

Q 같은 그룹 내의 호텔, 여행, 쇼핑몰 사이트 등 회원정보 DB를 통합하고 1개의 ID로 로그인이 가능하게 하는 이른바 '패밀리 사이트'제도를 도입하려 한다. 같은 그룹 내부의 계열사이기 때문에 고객들의 별도 동의는 필요 없는지?

A 제3자는 고객으로부터 개인정보를 수집한 해당 사업자를 제외한 모든 법인, 단체 등을 의미하므로, 같은 그룹 내부의 계열사라 하더라도 개인정보의 수집·이용목적이 다른 별도의 법인에 해당한다면 제3자에 해당한다. 따라서 그룹 계열사 간이라도 패밀리 사이트라는 명목으로 개인정보를 제공·공유하기 위해서는 제3자 제공에 따른 사항을 알리고 동의를 얻어야 한다.

🔓 03 개인정보 국외이전

(1) 관련 법령

개인정보보호법(2025.10.2) 제28조의8

제28조의8(개인정보의 국외 이전)
① 개인정보처리자는 개인정보를 국외로 제공(조회되는 경우를 포함한다)·처리위탁·보관(이하 이 절에서 "이전"이라 한다)하여서는 아니 된다. 다만, 다음 각 호의 어느 하나에 해당하는 경우에는 개인정보를 국외로 이전할 수 있다.
  1. 정보주체로부터 국외 이전에 관한 별도의 동의를 받은 경우
  2. 법률, 대한민국을 당사자로 하는 조약 또는 그 밖의 국제협정에 개인정보의 국외 이전에 관한 특별한 규정이 있는 경우
  3. 정보주체와의 계약의 체결 및 이행을 위하여 개인정보의 처리위탁·보관이 필요한 경우로서 다음 각 목의 어느 하나에 해당하는 경우
     가. 제2항 각 호의 사항을 제30조에 따른 개인정보 처리방침에 공개한 경우
     나. 전자우편 등 대통령령으로 정하는 방법에 따라 제2항 각 호의 사항을 정보주체에게 알린 경우
  4. 개인정보를 이전받는 자가 제32조의2에 따른 개인정보 보호 인증 등 보호위원회가 정하여 고시하는 인증을 받은 경우로서 다음 각 목의 조치를 모두 한 경우
     가. 개인정보 보호에 필요한 안전조치 및 정보주체 권리보장에 필요한 조치
     나. 인증받은 사항을 개인정보가 이전되는 국가에서 이행하기 위하여 필요한 조치
  5. 개인정보가 이전되는 국가 또는 국제기구의 개인정보 보호체계, 정보주체 권리보장 범위, 피해구제 절차 등이 이 법에 따른 개인정보 보호 수준과 실질적으로 동등한 수준을 갖추었다고 보호위원회가 인정하는 경우
② 개인정보처리자는 제1항제1호에 따른 동의를 받을 때에는 미리 다음 각 호의 사항을 정보주체에게 알려야 한다.
  1. 이전되는 개인정보 항목
  2. 개인정보가 이전되는 국가, 시기 및 방법
  3. 개인정보를 이전받는 자의 성명(법인인 경우에는 그 명칭과 연락처를 말한다)
  4. 개인정보를 이전받는 자의 개인정보 이용목적 및 보유·이용 기간
  5. 개인정보의 이전을 거부하는 방법, 절차 및 거부의 효과

③ 개인정보처리자는 제2항 각 호의 어느 하나에 해당하는 사항을 **변경하는 경우에는 정보주체에게 알리고 동의**를 받아야 한다.

④ 개인정보처리자는 제1항 각 호 외의 부분 단서에 따라 개인정보를 국외로 이전하는 경우 **국외 이전과 관련한 이 법의 다른 규정, 제17조부터 제19조까지의 규정 및 제5장의 규정을 준수하여야 하고, 대통령령으로 정하는 보호조치**를 하여야 한다.

⑤ 개인정보처리자는 이 **법을 위반하는 사항을 내용**으로 하는 개인정보의 **국외 이전에 관한 계약을 체결하여서는 아니 된다.**

⑥ 제1항부터 제5항까지에서 규정한 사항 외에 개인정보 국외 이전의 기준 및 절차 등에 필요한 사항은 대통령령으로 정한다.

개인정보보호법 시행령(2025.10.2) 제29조의8

제29조의8(개인정보의 국외 이전 인증)

① 보호위원회는 법 제28조의8제1항제4호 각 목 외의 부분에 따른 **인증**을 고시하려는 경우에는 다음 각 호의 **순서에 따른 절차를 모두 거쳐야 한다.**
   1. 제34조의6에 따른 **개인정보 보호 인증 전문기관의 평가**
   2. 제5조제1항제1호에 따른 **개인정보의 국외 이전 분야 전문위원회**(이하 "국외이전전문위원회"라 한다)**의 평가**
   3. **정책협의회의 협의**

② 보호위원회는 법 제28조의8제1항제4호 각 목 외의 부분에 따른 **인증을 고시할 때에는 5년의 범위에서 유효 기간**을 정하여 고시할 수 있다.

③ 제1항 및 제2항에서 규정한 사항 외에 인증의 고시 절차 등에 관하여 필요한 사항은 보호위원회가 정하여 고시한다.

개인정보보호법 시행령(2025.10.2) 제29조의9

제29조의9(국가 등에 대한 개인정보 보호 수준 인정)

① 보호위원회는 법 제28조의8제1항제5호에 따라 개인정보가 제공(조회되는 경우를 포함한다)·처리위탁·보관(이하 이 장에서 "이전"이라 한다)되는 **국가 또는 국제기구**(이하 "이전대상국등"이라 한다)의 **개인정보 보호체계, 정보주체 권리보장 범위, 피해구제 절차** 등이 법에 따른 개인정보 보호 수준과 실질적으로 동등한 수준을 갖추었다고 인정하려는 경우에는 다음 각 호의 사항을 종합적으로 고려해야 한다.
   1. 이전대상국등의 법령, 규정 또는 규칙 등 **개인정보 보호체계**가 법 제3조에서 정하는 개인정보 보호 원칙에 부합하고, 법 제4조에서 정하는 **정보주체의 권리를 충분히 보장**하고 있는지 여부
   2. 이전대상국등에 개인정보 보호체계를 보장하고 집행할 책임이 있는 **독립적 감독기관**이 존재하는지 여부
   3. 이전대상국등의 **공공기관**(이와 유사한 사무를 수행하는 기관을 포함한다)**이 법률에 따라 개인정보를 처리**하는지 여부 및 이에 대한 **피해구제 절차 등 정보주체에 대한 보호수단이 존재**하고 실질적으로 보장되는지 여부
   4. 이전대상국등에 정보주체가 쉽게 접근할 수 있는 **피해구제 절차가 존재하는지 여부** 및 **피해구제 절차가 정보주체를 효과적으로 보호**하고 있는지 여부
   5. 이전대상국등의 **감독기관이 보호위원회와 정보주체의 권리 보호에 관하여 원활한 상호 협력**이 가능한지 여부

6. 그 밖에 이전대상국등의 개인정보 보호체계, 정보주체의 권리보장 범위, 피해구제 절차 등의 개인정보 보호 수준을 인정하기 위해 필요한 사항으로서 보호위원회가 정하여 고시하는 사항

② 보호위원회는 제1항에 따른 **인정을 하려는 경우**에는 다음 각 호의 절차를 거쳐야 한다.
   1. **국외이전전문위원회의 평가**
   2. **정책협의회의 협의**

③ 보호위원회는 제1항에 따른 인정을 할 때에는 정보주체의 권리 보호 등을 위하여 필요한 경우 이전대상국등으로 **이전되는 개인정보의 범위, 이전받는 개인정보처리자의 범위, 인정 기간, 국외 이전의 조건 등을 이전대상국등별로 달리 정할 수 있다.**

④ 보호위원회는 제1항에 따른 인정을 한 경우에는 인정 기간 동안 **이전대상국등의 개인정보 보호수준이 법에 따른 수준과 실질적으로 동등한 수준을 유지하고 있는지 점검**해야 한다.

⑤ 보호위원회는 제1항에 따른 인정을 받은 이전대상국등의 개인정보 보호체계, 정보주체의 권리보장 범위, 피해구제 절차 등의 수준이 변경된 경우에는 해당 이전대상국등의 의견을 듣고 해당 이전대상국등에 대한 **인정을 취소하거나 그 내용을 변경할 수 있다.**

⑥ 보호위원회가 제1항에 따른 인정을 하거나 제5항에 따라 **인정을 취소하거나 그 내용을 변경하는 경우에는 그 사실을 관보에 고시하고 보호위원회 인터넷 홈페이지에 게재**해야 한다.

⑦ 제1항부터 제6항까지에서 규정한 사항 외에 이전대상국등에 대한 인정에 필요한 사항은 보호위원회가 정하여 고시한다.

개인정보보호법 시행령(2025.10.2) 제29조의10

제29조의10(개인정보의 국외 이전 시 보호조치 등)

① 개인정보처리자는 법 제28조의8제1항 각 호 외의 부분 단서에 따라 **개인정보를 국외로 이전하는 경우**에는 같은 조 제4항에 따라 다음 각 호의 **보호조치**를 해야 한다.
   1. 제30조제1항에 따른 개인정보 보호를 위한 **안전성 확보 조치**
   2. 개인정보 침해에 대한 **고충처리 및 분쟁해결에 관한 조치**
   3. 그 밖에 정보주체의 개인정보 보호를 위하여 필요한 조치

② 개인정보처리자는 법 제28조의8제1항 각 호 외의 부분 단서에 따라 개인정보를 국외로 이전하는 경우에는 제1항 각 호의 사항에 관하여 이전받는 자와 미리 협의하고 이를 계약내용 등에 반영해야 한다.

개인정보보호법(2025.10.2) 제28조의9

제28조의9(개인정보의 국외 이전 중지 명령)

① 보호위원회는 개인정보의 **국외 이전이 계속되고 있거나 추가적인 국외 이전이 예상되는 경우**로서 다음 각 호의 어느 하나에 **해당하는 경우**에는 개인정보처리자에게 개인정보의 국외 이전을 중지할 것을 명할 수 있다.
   1. **제28조의8제1항, 제4항 또는 제5항을 위반**한 경우
   2. **개인정보를 이전받는 자나 개인정보가 이전되는 국가 또는 국제기구**가 이 법에 따른 개인정보 보호 수준에 비하여 **개인정보를 적정하게 보호하지 아니하여 정보주체에게 피해가 발생하거나 발생할 우려가 현저한 경우**

② 개인정보처리자는 제1항에 따른 **국외 이전 중지 명령을 받은 경우에는 명령을 받은 날부터 7일 이내에 보호위원회에 이의를 제기할 수 있다.**

③ 제1항에 따른 개인정보 국외 이전 중지 명령의 기준, 제2항에 따른 불복 절차 등에 필요한 사항은 대통령령으로 정한다.

개인정보보호법 시행령(2025.10.2) 제29조의11

제29조의11(국외 이전 중지 명령의 기준 등)

① 보호위원회는 법 제28조의9제1항에 따라 개인정보의 국외 이전을 중지할 것을 명하려는 경우에는 다음 각 호의 사항을 종합적으로 고려해야 한다.

1. 국외로 이전되었거나 추가적인 **국외 이전**이 예상되는 **개인정보의 유형 및 규모**
2. **법** 제28조의8제1항, 제4항 또는 제5항 **위반의 중대성**
3. **정보주체에게 발생하거나 발생할 우려가 있는 피해**가 중대하거나 회복하기 어려운 피해인지 여부
4. **국외 이전의 중지를 명하는 것**이 중지를 명하지 않는 것보다 **명백히 정보주체에게 이익**이 되는지 여부
5. 법 제64조제1항 각 호에 해당하는 **조치를 통해 개인정보의 보호 및 침해 방지가 가능**한지 여부
6. 개인정보를 이전받는 자나 개인정보가 이전되는 이전대상국등이 **정보주체의 피해구제를 위한 실효적인 수단**을 갖추고 있는지 여부
7. 개인정보를 이전받는 자나 개인정보가 이전되는 이전대상국등에서 중대한 개인정보 침해가 발생하는 등 **개인정보를 적정하게 보호하기 어렵다고 인정할 만한 사유가 존재**하는지 여부

② 보호위원회는 법 제28조의9제1항에 따라 개인정보의 **국외 이전을 중지할 것을 명하려는 경우에는 국외이전전문위원회의 평가를 거쳐야 한다.**

③ 보호위원회는 법 제28조의9제1항에 따라 개인정보의 국외 이전을 중지할 것을 명할 때에는 개인정보처리자에게 중지명령의 내용, 사유, 이의 제기 절차·방법 및 그 밖에 필요한 사항을 문서로 알려야 한다.

④ 제1항부터 제3항까지에서 규정한 사항 외에 개인정보의 국외 이전 중지 명령의 기준 등에 관하여 필요한 사항은 보호위원회가 정하여 고시한다.

개인정보보호법(2025.10.2) 제28조의10

제28조의10(상호주의)

제28조의8에도 불구하고 개인정보의 국외 이전을 제한하는 국가의 개인정보처리자에 대해서는 해당 국가의 수준에 상응하는 제한을 할 수 있다. 다만, 조약 또는 그 밖의 국제협정의 이행에 필요한 경우에는 그러하지 아니하다.

(2) 관련 지식

1) 개인정보의 국외 제3자 제공

① 개인정보처리자가 개인정보를 국외의 제3자에게 '제공'하고자 할 때에는 이전되는 개인정보 항목, 개인정보가 이전되는 국가, 시기 및 방법, 개인정보를 이전받는 자의 성명(법인인 경우에는 그 명칭과 연락처를 말한다), 개인정보를 이전받는 자의 개인정보 이용목적 및 보유·이용 기간, 개인정보의 이전을 거부하는 방법, 절차 및 거부의 효과를 모두 정보주체에게 알리고 동의를 받아야 한다.

② 개인정보처리자는 동의 받은 범위를 초과하여 국외 제3자에게 제공하여서는 아니 된다. 그러나 제18조제2항 각 호의 어느 하나에 해당하는 경우에는 정보주체 또는 제3자의 이익을 부당하게 침해할 우려가 있을 때를 제외하고는 동의 받은 범위를 초과하여 국외 제3자에게 제공할 수 있다.

2) 국외이전 유형

① 제3자 제공형
   • 해외 여행업을 하는 사업자가 외국 협력사에게 고객정보를 제공하는 경우, 다국적기업의 한국지사가 수집한 고객정보를 미국 본사로 이전하는 경우
② 해외 위탁형
   • 인건비가 저렴한 중국에 자회사를 설치하고 국내 고객DB를 이용해 콜센터업무(고객 대응업무)를 대행시키는 경우
③ 직접 수집형
   • 해외 인터넷쇼핑몰 사업자가 국내 소비자의 개인정보를 해외에서 직접 수집하는 경우

3) 국외이전 사례

① 온라인 업종
   • 국내에서 서버를 운영하는 국내업체는 해외 이전이 거의 없고, 국내 서버가 없는 해외업체는 빈번하게 발생
② 여행업
   • 여행사의 자체적 필요보다는 고객편의를 위해 항공사, 호텔 등 협력업체에 제공해야 할 개인정보를 수집하는 경우가 대부분
③ 쇼핑업종
   • 쇼핑의 경우는 온라인 업종과 유사함
   • 해외업체 대부분은 국내 서버를 운영하지 않음
④ 택배업종
   • 개인정보 국외 이전이 다량 발생
   • 수취인 정보(이름, 주소) 표기는 불가피, 조약 등에 따라 국제적으로 인정
⑤ 금융업종
   • 현지화가 중요한 업종으로 본사–지사간 고객정보 공유 필요성이 낮고, 국제 송금시에도 계좌번호·이름 정도만 이전되는 등 국외로 이전되는 정보가 제한적임
⑥ 인사노무
   • 근로관계 설정 및 유지를 위해 다양한 개인정보 이전 발생

4) 개인정보 국외 이전 가능 경우

개인정보보호법 제28조의8(개인정보의 국외 이전) 1항

1. 정보주체로부터 국외 이전에 관한 별도의 **동의**를 받은 경우
2. 법률, 대한민국을 당사자로 하는 **조약** 또는 그 밖의 국제협정에 개인정보의 국외 이전에 관한 특별한 규정이 있는 경우
3. 정보주체와의 **계약의 체결 및 이행**을 위하여 개인정보의 처리위탁·보관이 필요한 경우로서 다음 각 목의 어느 하나에 해당하는 경우
   가. 제2항 각 호의 사항을 제30조에 따른 **개인정보 처리방침에 공개**한 경우
   나. 전자우편 등 대통령령으로 정하는 방법에 따라 제2항 각 호의 사항을 **정보주체에게 알린 경우**
4. 개인정보를 이전받는 자가 제32조의2에 따른 개인정보 보호 인증 등 보호위원회가 정하여 고시하는 **인증**을 받은 경우로서 다음 각 목의 조치를 모두 한 경우
   가. 개인정보 **보호에 필요한 안전조치** 및 **정보주체 권리보장에 필요한 조치**
   나. **인증받은 사항**을 개인정보가 **이전되는 국가에서 이행**하기 위하여 필요한 **조치**
5. 개인정보가 이전되는 국가 또는 국제기구의 개인정보 보호체계, 정보주체 권리보장 범위, 피해구제 절차 등이 이 법에 따른 **개인정보 보호 수준과 실질적으로 동등한 수준**을 갖추었다고 보호위원회가 인정하는 경우

5) 개인정보 국외 이전 동의 시 고지사항

개인정보보호법 제28조의8(개인정보의 국외 이전) 2항

1. 이전되는 개인정보 **항목**
2. 개인정보가 이전되는 **국가, 시기 및 방법**
3. 개인정보를 **이전받는 자**의 성명(법인인 경우에는 그 명칭과 연락처를 말한다)
4. 개인정보를 이전받는 자의 개인정보 이용**목적** 및 보유·이용 **기간**
5. 개인정보의 이전을 **거부하는 방법**, 절차 및 거부의 효과

6) 정보주체의 별도 동의 없이 개인정보 국외 이전이 가능한 경우

① 해외기업이 법 제32조의2에 따른 개인정보 보호 인증(ISMS-P)을 취득한 경우, 법 제28조의8제1항 제4호에 따라 국내기업에서 해당 해외기업으로 개인정보를 제공(조회되는 경우 포함)·처리위탁·보관할 때 개인정보의 국외 이전에 관한 정보주체의 별도 동의 획득이 불필요

② 보호위원회는 개인정보 국외 이전 대상국 후보로 A국가를 선정하고 개인정보 보호 수준을 검토한 결과 A국의 개인정보 보호 수준이 국내법과 동등하다고 인정하였다. 이에 따라, 정보주체의 동의를 통해 국외로 개인정보를 이전하고 있던 기업은 향후 국외 이전에 관한 정보주체의 별도 동의 없이도 A국가의 개인정보처리자에게 개인정보 이전이 가능하게 됨

7) 법 개정 전후 비교 및 운영절차

구분		제3자 해당 여부	비고	사례
개인정보 국외이전	대상	개인정보처리자 (법 제17조③)	정보통신서비스 제공자등 (법 제39조의12)	개인정보처리자(법 제28조의 8) (온·오프라인 통합)
	요건	국외 제3자 제공 시 정보주체의 동의	국외 이전 시 정보주체의 동의 * 제공(조회 포함)·처리위탁· 보관	국외 이전 시 정보주체의 동의 * 제공(조회 포함)·처리위탁 · 보관
			• 처리위탁·보관의 경우 개인 정보 처리방침 공개 시 동의 대체	• 계약체결 및 이행을 위해 처 리 위탁·보관이 필요한 경 우로서 개인정보 처리방침 에 공개한 경우 • 보호위원회가 정하여 고시 한 인증을 받은 경우 • 국가 또는 국제기구의 보호 수준을 보호위원회가 인정 한 경우

8) 개인정보 국외 이전 인증 절차

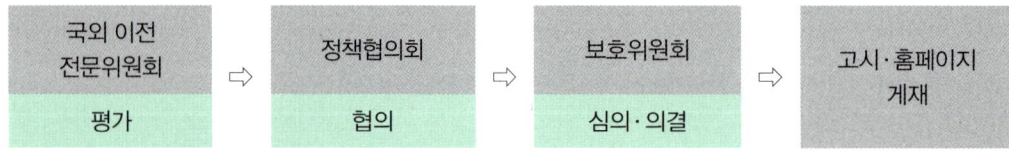

개인정보 보호 인증 전문기관	⇨	국외 이전 전문위원회	⇨	정책협의회	⇨	보호위원회	⇨	고시
평가		평가		협의		심의·의결		관보 게재

9) 개인정보 국외 이전 인증 절차

국외 이전 전문위원회	⇨	정책협의회	⇨	보호위원회	⇨	고시·홈페이지 게재
평가		협의		심의·의결		

10) 개인정보 국외이전 FAQ

Q 정보 주체와의 계약체결 및 이행을 위해 처리위탁·보관이 필요한 경우란 어떤 경우를 말하는 것인지?

A 정보 주체와의 계약체결 및 이행을 위해 필요한 경우는 정보주체와 체결한 계약을 이행하거나 계약을 체결하는 과정에서 정보주체의 요청에 따른 조치를 이행하기 위하여 필요한 경우로서, 국외에서 개인정보 처리위탁이 필요하거나 국외에서 개인정보 보관이 필요한 경우를 의미함. 다만 특정 업무가 정보 주체의 요청에 따른 조치를 이행하기 위하여 필요한 경우인지 여부는 해당 사업자가 제공하는 서비스·제품의 성격 및 사업 구조 등을 종합적으로 고려하여 판단이 필요

Q 개인정보 보호와 관련된 인증은 아무거나 보유하고 있으면 정보 주체의 동의 없이 국외 이전이 가능한지?

A 이전받는 자가 법 제32조의2에 따른 개인정보 보호 인증(ISMS-P) 등 보호위원회가 정하여 고시하는 인증을 받은 경우로서, 제28조의8제1항제4호 각 목의 조치들을 이행한 경우에 한정하고 있음

가. 개인정보 보호에 필요한 안전조치 및 정보주체 권리보장에 필요한 조치

나. 인증받은 사항을 개인정보가 이전되는 국가에서 이행하기 위하여 필요한 조치

Q 개인정보를 이전받는 기업의 개인정보 국외 이전 인증이 갱신되지 않는 경우에는 어떻게 되는지?

A 국외 이전을 위해서는 법 제28조의8제1항에 명시된 국외 이전 요건 중 어느 하나에 해당하여야 하므로, 개인정보를 이전받는 자의 인증이 만료된 경우 다른 국외 이전 요건을 준수하거나, 국외 이전을 중단해야 함

Q 개인정보 국외 이전 인증, 국외 이전이 가능한 이전대상국등 인정에 대한 검토는 신청하는 별도의 절차가 있나요? 향후 검토 일정은 어떻게 되는지?

A 개인정보 국외 이전 인증 및 국외 이전이 가능한 이전대상국등에 대한 인정은 별도의 신청 절차를 두고 있지 않으며, 상대 국가·기관 등과의 협의 진척 수준, 경제적 효과및 기타 정책적 고려사항을 바탕으로 순차적으로 검토에 착수할 계획임

Q 제3자 제공동의 받을 때 국외 이전 동의도 함께 명시하여 하나로 동의를 받아도 되는지?

A 제28조의8제1항제1호에 정보주체로부터 국외 이전에 관해 별도로 동의를 받도록 규정하고 있어, 국외 이전에 대한 동의는 다른 동의와 '별도로' 받아야 함

11) **국외 이전 중지 명령에 불복한 개인정보처리자의 절차**

국외 이전 중지를 명령받은 개인정보처리자는 이에 불복하는 경우, 명령을 받은 날부터 7일 이내에 이를 증빙하는 서류를 첨부하여 보호위원회에 제출하는 방식으로 이의를 제기할 수 있는데, 보호위원회는 이의 제기내용에 대해 검토하여 30일 이내에 처리결과를 해당 개인 정보처리자에게 통보해야 한다.

12) **국외이전 중지 명령 대상**

① 개인정보 보호 인증을(ISMS-P) 받은 해외기업은 국내 정보주체의 국외 이전 동의 없이 개인정보를 국외로 이전받고 있었음. 그런데 ISMS-P 인증기간이 만료되어 인증 효력이 상실되었으나, 계속 개인정보를 국외로 이전하고 있었음. 이 경우 개인정보 국외 이전 중지 명령 대상이 될 수 있음

② 국내기업이 개인정보 국외 이전 인정을 받은 국가에 있는 해외기업으로 개인정보를 이전하는 과정에서 개인정보처리자 및 개인정보를 이전받는자가 개인정보 보호에 필요한 안전조치를 누락한 사실이 확인됨. 이 경우 국외 이전 중지 명령 대상이 될 수 있음

13) 국외이전 중지 관련 FAQ

Q 국외 이전 중지 명령에 대해 이의를 제기한 후 보호위원회로부터 이의제기 결과를 통보받기 전이라면 개인정보의 국외 이전을 중단하지 않아도 되는지?

A 국외 이전 중지명령은 권한이 있는 기관이 취소 또는 철회하거나 기간의 경과 등으로 소멸되기 전까지는 유효한 것으로 통용되며(행정기본법 제15조), 법령에 별도의 규정이 없는 한 이의제기로 인하여 그 집행이 정지되지 않음. 개정 개인정보보호법 제28조의9에서는 집행정지에 관한 규정을 두고 있지 않으므로 보호위원회에 국외 이전 중지 명령에 대한 이의가 제기되더라도 중지명령의 효력, 집행 또는 절차의 속행에 영향을 주지 않음

Q 국외 이전 중지 명령을 받는 즉시 개인정보의 국외 이전을 중단하여야 하는지?

A 국외 이전 중지 명령 시 구체적인 중지 시점을 명시할 계획이며, 개인정보 국외 이전 중지명령이 발효되면 즉시 개인정보 국외 이전을 중지하여야 함

Q 국외 이전 중지 명령은 어떻게 해제될 수 있나요?

A 국외 이전 중지 명령에 대한 사유가 해소되면, 해당 개인정보처리자는 보호위원회에 중지 명령 해제신청서를 제출함으로써 해제를 요청할 수 있음 보호위원회는 중지 명령의 해제를 요청받은 경우 중지 명령 사유가 해소되었는지를 검토하고 보호위원회의 심의·의결을 거쳐 중지 명령이 해제되었음을 해당 개인정보처리자에게 통보함으로써 중지 명령이 해제됨

Q 국외 이전 중지 명령권 발동을 위한 조사 개시는 어떤 방식으로 이루어지는지?

A 국외 이전 중지를 명하기 위한 사실 조사와 처분은 위법 사항이 발견되어 국외 이전 으로 인한 정보주체의 권리 침해 우려가 현저한 개인정보처리자를 중심으로 이루어질 전망임

Q 법 제28조의9(개인정보의 국외 이전 중지 명령)에서 언급한 정보주체에게 피해가 발생될 우려가 '현저한' 경우는 어떻게 판단하는지?

A 법령 위반의 정도, 예상되는 정보주체의 피해 규모, 기타 수단을 통한 해소 가능성 등을 종합 고려하여 국외이전전문위원회를 통해 전문가 의견을 바탕으로 판단할 계획임

04 개인정보 처리 위탁

(1) 관련 법령

개인정보보호법(2025.10.2) 제26조

제26조(업무위탁에 따른 개인정보의 처리 제한)

① 개인정보처리자가 **제3자**에게 개인정보의 **처리 업무를 위탁**하는 경우에는 다음 **각 호의 내용이 포함된 문서**로 한다.

  1. 위탁업무 수행 **목적 외 개인정보의 처리 금지**에 관한 사항

  2. 개인정보의 **기술적·관리적 보호조치**에 관한 사항

  3. 그 밖에 개인정보의 **안전한 관리**를 위하여 대통령령으로 정한 사항

② 제1항에 따라 개인정보의 처리 업무를 위탁하는 개인정보처리자(이하 "위탁자"라 한다)는 **위탁하는 업무의 내용**과 **개인정보 처리 업무를 위탁받아 처리하는 자**(개인정보 처리 업무를 위탁받아 처리하는 자로부터 위탁받은 업무를 다시 위탁받은 제3자를 포함하며, 이하 "수탁자"라 한다)를 **정보주체가 언제든지 쉽게 확인할 수 있도록 대통령령으로 정하는 방법에 따라 공개**하여야 한다.

③ 위탁자가 **재화 또는 서비스를 홍보하거나 판매를 권유하는 업무**를 위탁하는 경우에는 대통령령으로 정하는 방법에 따라 위탁하는 업무의 내용과 **수탁자를 정보주체에게 알려야 한다.** 위탁하는 업무의 내용이나 수탁자가 변경된 경우에도 또한 같다.

④ 위탁자는 업무 위탁으로 인하여 정보주체의 개인정보가 분실·도난·유출·위조·변조 또는 훼손되지 아니하도록 **수탁자를 교육**하고, 처리 현황 점검 등 대통령령으로 정하는 바에 따라 **수탁자가 개인정보를 안전하게 처리하는지를 감독**하여야 한다.

⑤ 수탁자는 개인정보처리자로부터 **위탁받은 해당 업무 범위를 초과**하여 개인정보를 **이용하거나 제3자에게 제공하여서는 아니 된다.**

⑥ 수탁자는 **위탁받은 개인정보의 처리 업무를 제3자에게 다시 위탁**하려는 경우에는 **위탁자의 동의를 받아야 한다.**

⑦ 수탁자가 위탁받은 업무와 관련하여 개인정보를 처리하는 과정에서 이 법을 위반하여 발생한 **손해배상책임**에 대하여는 **수탁자를 개인정보처리자의 소속 직원으로 본다.**

⑧ 수탁자에 관하여는 제15조부터 제18조까지, 제21조, 제22조, 제22조의2, 제23조, 제24조, 제24조의2, 제25조, 제25조의2, 제27조, 제28조, 제28조의2부터 제28조의5까지, 제28조의7부터 제28조의11까지, 제29조, 제30조, 제30조의2, 제31조, 제33조, 제34조, 제34조의2, 제35조, 제35조의2, 제36조, 제37조, 제37조의2, 제38조, 제59조, 제63조, 제63조의2 및 제64조의2를 준용한다. 이 경우 "개인정보처리자"는 "수탁자"로 본다.

개인정보보호법 시행령(2025.10.2) 제28조

제28조(개인정보의 처리 업무 위탁 시 조치)

① 법 제26조제1항제3호에서 "대통령령으로 정한 사항"이란 다음 각 호의 사항을 말한다.

   1. 위탁업무의 **목적** 및 **범위**

   2. **재위탁 제한**에 관한 사항

   3. 개인정보에 대한 접근 제한 등 **안전성 확보 조치**에 관한 사항

   4. 위탁업무와 관련하여 보유하고 있는 개인정보의 관리 현황 점검 등 **감독**에 관한 사항

   5. 법 제26조제2항에 따른 수탁자(이하 "수탁자"라 한다)가 준수하여야 할 의무를 위반한 경우의 **손해배상 등 책임**에 관한 사항

② 법 제26조제2항에서 "대통령령으로 정하는 방법"이란 개인정보 처리 업무를 위탁하는 개인정보처리자(이하 "위탁자"라 한다)가 **위탁자의 인터넷 홈페이지**에 **위탁하는 업무의 내용**과 **수탁자**를 지속적으로 게재하는 방법을 말한다.

③ 제2항에 따라 **인터넷 홈페이지에 게재할 수 없는 경우**에는 다음 각 호의 어느 하나 이상의 방법으로 위탁하는 업무의 내용과 수탁자를 공개하여야 한다.

   1. 위탁자의 **사업장등**의 보기 쉬운 장소에 게시하는 방법

   2. **관보**(위탁자가 공공기관인 경우만 해당한다)나 위탁자의 사업장등이 있는 시·도 이상의 지역을 주된 보급지역으로 하는 「신문 등의 진흥에 관한 법률」 제2조제1호가목·다목 및 같은 조 제2호에 따른 **일반일간신문, 일반주간신문 또는 인터넷신문**에 싣는 방법

   3. 같은 제목으로 연 2회 이상 발행하여 정보주체에게 배포하는 **간행물·소식지·홍보지 또는 청구서** 등에 지속적으로 싣는 방법

   4. 재화나 서비스를 제공하기 위하여 위탁자와 정보주체가 작성한 **계약서** 등에 실어 정보주체에게 발급하는 방법

④ 법 제26조제3항 전단에서 "대통령령으로 정하는 방법"이란 서면등의 방법을 말한다.

⑤ 위탁자가 과실 없이 제4항에 따른 방법으로 위탁하는 업무의 내용과 수탁자를 **정보주체에게 알릴 수 없는 경우**에는 해당 사항을 **인터넷 홈페이지에 30일 이상 게재**하여야 한다. 다만, 인터넷 **홈페이지를 운영하지 아니하는 위탁자의 경우**에는 **사업장등의 보기 쉬운 장소에 30일 이상 게시**하여야 한다.

⑥ **위탁자는 수탁자**가 **개인정보 처리 업무를 수행하는 경우**에 법 또는 이 영에 따라 개인정보처리자가 준수하여야 할 사항과 법 제26조제1항 각 호의 사항을 준수하는지를 같은 조 제4항에 따라 **감독**하여야 한다.

(2) 관련 지식

1) 위탁 증가와 위험

현대사회의 분업화에 따라 나타난 자연스런 경영방식의 하나 비용절감, 업무효율화, 서비스 개선 등 다양한 목적으로 위탁하는 사례가 증가하고 있다. 고객의 개인정보도 함께 이전하게 되어 개인정보가 재유통되거나 남용될 위험이 크므로 이에 대한 대책이 필요하다.

2) 업무위탁으로 인한 개인정보 침해유형

① 판매실적 증대를 위한 무분별한 재위탁 등 개인정보의 재제공

② 다른 회사의 상품·서비스를 동시 취급하면서 개인정보를 공유

③ 고객 개인정보를 이용하여 부가서비스 등 다른 서비스에 무단 가입
④ 서비스가입신청서 등 개인정보의 분실·유출
⑤ 고객DB를 빼내어 판매
⑥ 정보시스템 안전조치 미비로 인한 개인정보 유출 등

3) 위탁자와 수탁자 책임과 의무

① 위탁자의 책임과 의무
- 수탁자에 대한 교육 및 감독(제4항, 영 제28조제6항)
- 수탁자의 불법행위로 인한 손해배상책임(제6항)

② 수탁자의 책임과 의무
- 수탁업무 목적 외 개인정보 이용·제공 금지(제5항)
- 개인정보처리자의 의무 등 준용(제7항)

4) 위탁의 유형

구분	설명	유형
개인정보처리업무 위탁	개인정보의 **수집·관리 업무** 그 자체를 위탁	**개인정보처리시스템 운영** 업무 위탁
개인정보취급업무 위탁	개인정보의 이용·제공이 수반되는 **일반업무를 위탁**	홍보·판매권유 등 **마케팅**업무의 위탁
		상품배달·애프터서비스 등 계약이행업무의 위탁

5) 위탁자와 수탁자

구분	위탁자	수탁자
개념	본래의 개인정보 수집·이용 목적으로 개인정보를 이전하는 자	본래의 개인정보 수집·이용 목적으로 개인정보를 이전받는 자
예시	고객 대상 만족도 조사를 하려는 A기업	A기업과 계약을 맺고 고객명단을 넘겨받은 B 컨설팅회사
	직원복지 일환으로 리조트와 계약을 맺은 A기업	A기업으로부터 직원의 성명, 전화번호를 받아 객실 예약을 하는 리조트
	도서관 대출 반납기기를 설치운영하는 도서관	반납기기를 유지보수하는 업체
	CCTV관제센터를 설립 운영하는 OO구	OO구의 CCTV를 24시간 모니터링하는 보안업체
	직원교육을 위해 교육업체와 계약을 맺은 A기업	교육 안내 문자를 위해 A기업으로부터 휴대폰번호, 이름을 받은 교육업체

6) 업무 위탁과 제3자 제공 비교

구분	업무 위탁	제3자 제공
관련조항	개인정보보호법 제26조	개인정보보호법 제17조
예시	**배송업무 위탁, TM 위탁** 등	**사업제휴, 개인정보 판매** 등
이전 목적	**위탁자의 이익**을 위해 처리(수탁업무 처리)	**제3자의 이익**을 위해 처리
예측 가능성	정보주체가 사전 **예측 가능** (정보주체의 신뢰 범위 내)	정보주체가 사전 **예측 곤란** (정보주체의 신뢰 범위 밖)
이전 방법	원칙 : **위탁사실 공개** 예외 : 위탁사실 고지(마케팅 업무위탁)	원칙 : 제공목적 등 **고지 후 정보주체 동의 획득**
관리·감독 책임	위탁자 책임	제공받는 자 책임
손해배상 책임	위탁자 부담(사용자 책임)	제공받는 자 부담

7) 위·수탁 시 절차별 수행 내역

구분	절차	수행내역
1단계	개인정보 처리 위·수탁 전	개인정보처리 위탁 업무 및 수탁자 선정
1단계	개인정보 처리 위·수탁 전	개인정보 위·수탁 문서 작성
2단계	개인정보처리 위·수탁 업무 수행 중	개인정보 위탁사실 홈페이지 공개
2단계	개인정보처리 위·수탁 업무 수행 중	수탁자 관리감독 및 교육
3단계	개인정보처리 위·수탁 업무 종료	개인정보 파기 확인

8) 위탁 목적 등 문서화

① 위탁업무 수행 목적 외 개인정보의 처리 금지에 관한 사항
② 개인정보의 기술적·관리적 보호조치에 관한 사항
③ 위탁업무의 목적 및 범위
④ 재위탁 제한에 관한 사항
⑤ 개인정보에 대한 접근 제한 등 안전성 확보 조치에 관한 사항
⑥ 위탁업무와 관련하여 보유하고 있는 개인정보의 관리 현황 점검 등 감독에 관한 사항
⑦ 수탁자가 준수하여야 할 의무를 위반한 경우의 손해배상 등 책임에 관한 사항

9) 위탁 업무 내용 공개 방법

인터넷 홈페이지 게재 가능	인터넷 홈페이지 게재 불가능
인터넷 홈페이지에 게재	1. 위탁자의 **사업장** 등의 보기 쉬운 장소에 게시하는 방법 2. **관보**(위탁자가 공공기관인 경우만 해당한다)나 위탁자의 사업장등이 있는 시·도 이상의 지역을 주된 보급지역으로 하는 「신문 등의 진흥에 관한 법률」 제2조제1호가목·다목 및 같은 조 제2호에 따른 일반일간**신문**, 일반주간신문 또는 인터넷 신문에 싣는 방법 3. **같은 제목으로 연 2회 이상** 발행하여 정보주체에게 배포하는 **간행물·소식지·홍보지** 또는 **청구서** 등에 지속적으로 싣는 방법 4. 재화나 용역을 제공하기 위하여 위탁자와 정보주체가 작성한 **계약서** 등에 실어 정보주체에게 발급하는 방법

10) 홍보, 판매권유 등 위탁업무 내용 등의 통지

① 위탁자가 재화 또는 서비스를 홍보하거나 판매를 권유하는 업무를 위탁하는 경우에는 서면, 전자우편, 모사전송, 전화, 문자전송 또는 이에 상당하는 방법으로 위탁하는 업무의 내용과 수탁자를 정보주체에게 알려야 한다(영 제28조제4항). 위탁하는 업무의 내용이나 수탁자가 변경된 경우에도 또한 같다.

② 위탁자가 과실 없이 서면, 전자우편 등의 방법으로 위탁하는 업무의 내용과 수탁자를 정보주체에게 알릴 수 없는 경우에는 해당 사항을 인터넷 홈페이지에 30일 이상 게재하여야 한다. 다만, 인터넷 홈페이지를 운영하지 않는 위탁자의 경우에는 사업장 등의 보기 쉬운 장소에 30일 이상 게시하여야 한다.

11) 수탁자 선정시 고려사항

① 인력
② 물적 시설
③ 재정 부담능력
④ 기술 보유의 정도
⑤ 책임능력 등 수탁자의 개인정보 처리 및 보호역량

12) 개인정보 처리 업무 위탁 FAQ

Q 여행사를 운영하면서 예약확인 및 고객 상담업무를 전문 콜센터에서 처리하고 있는데, 고객 대상 이벤트와 여행상품 홍보 업무도 해당 콜센터에서 모두 진행하려고 한다. 법률상 문제가 없는지?

A 본래의 서비스 이행을 위한 처리위탁 업무가 아닌 별도의 이벤트, 홍보 등의 업무를 위탁하기 위해서는 그 위탁하는 업무의 내용과 수탁자를 정보주체에게 통지하여야 한다.

Q 병원과 의료정보 전달시스템 관리업체 간에 환자의 정보를 공유하는 것도 처리위탁에 따른 동의를 받아야 하는가?

A 「의료법」 등에 따른 전자처방전, 전자의무기록 등의 공유·제공을 위해 관리업체를 활용하는 것은 서비스 제공에 관한 계약을 이행하기 위해 필요한 개인정보 처리위탁에 해당하므로 별도의 동의획득 없이 정보주체에 대하여 공개하여야 하며 위탁 업무 중 홍보·판매 업무가 포함되어 있는 경우 정보주체에게 통지하여야 한다.

Q 대리점 직원(수탁자)이 고객의 개인정보를 부정 이용해 고객에게 피해를 입혔다면, 대리점 직원의 행위에 대해 본사(위탁자)도 책임이 있는가?

A 위탁자(본사)는 수탁자(대리점)에 대해 법률의 개인정보보호 규정을 준수하도록 관리·감독할 의무가 있으며, 수탁자가 법령을 위반해 정보주체에게 손해를 발생시킨 경우에는 위탁자가 이에 대한 책임을 지도록 하고 있다. 따라서 대리점 직원의 행위에 대해서는 본사가 손해배상 책임을 부담한다.

 ## 05 영업의 양도양수

(1) 관련 법령

개인정보보호법(2025.10.2) 제27조
제27조(영업양도 등에 따른 개인정보의 이전 제한) ① 개인정보처리자는 영업의 전부 또는 일부의 양도·합병 등으로 개인정보를 다른 사람에게 이전하는 경우에는 미리 다음 각 호의 사항을 대통령령으로 정하는 방법에 따라 해당 정보주체에게 알려야 한다. 　1. 개인정보를 이전하려는 사실 　2. 개인정보를 이전받는 자(이하 "영업양수자등"이라 한다)의 성명(법인의 경우에는 법인의 명칭을 말한다), 주소, 전화번호 및 그 밖의 연락처 　3. 정보주체가 개인정보의 이전을 원하지 아니하는 경우 조치할 수 있는 방법 및 절차 ② 영업양수자등은 개인정보를 이전받았을 때에는 지체 없이 그 사실을 대통령령으로 정하는 방법에 따라 정보주체에게 알려야 한다. 다만, 개인정보처리자가 제1항에 따라 그 이전 사실을 이미 알린 경우에는 그러하지 아니하다. ③ 영업양수자등은 영업의 양도·합병 등으로 개인정보를 이전받은 경우에는 이전 당시의 본래 목적으로만 개인정보를 이용하거나 제3자에게 제공할 수 있다. 이 경우 영업양수자등은 개인정보처리자로 본다.

> **개인정보보호법 시행령(2025.10.2) 제29조**
>
> 제29조(영업양도 등에 따른 개인정보 이전의 통지)
> ① 법 제27조제1항 각 호 외의 부분과 같은 조 제2항 본문에서 "대통령령으로 정하는 방법"이란 서면 등의 방법을 말한다.
> ② 법 제27조제1항에 따라 개인정보를 이전하려는 자(이하 이 항에서 "영업 양도자등"이라 한다)가 과실 없이 제1항에 따른 방법으로 법 제27조제1항각 호의 사항을 정보주체에게 알릴 수 없는 경우에는 해당 사항을 인터넷 홈페이지에 30일 이상 게재하여야 한다. 다만, 인터넷 홈페이지에 게재할 수 없는 정당한 사유가 있는 경우에는 다음 각 호의 어느 하나 이상의 방법으로 법 제27조제1항 각 호의 사항을 정보주체에게 알릴 수 있다.
> 1. 영업양도자등의 사업장등의 보기 쉬운 장소에 30일 이상 게시하는 방법
> 2. 영업양도자등의 사업장등이 있는 시·도 이상의 지역을 주된 보급지역으로 하는 「신문 등의 진흥에 관한 법률」 제2조제1호가목·다목 및 같은 조제2호에 따른 일반일간신문·일반주간신문 및 인터넷신문에 싣는 방법

(2) 관련 지식

1) 양수, 양도 개념

① 양수(讓受) : 타인의 권리, 재산 및 법률상의 지위 따위를 넘겨받는 일
② 양도(讓渡) : 권리나 재산, 법률에서의 지위 따위를 남에게 넘겨줌

2) 영업양도, 합병 대상

민간 사업자를 대상으로 하며, 공공기관은 해당하지 아니한다.

3) 영업 양도·합병에 따른 개인정보 이전 시 통지 의무 대상

통지 의무대상	개인정보보호법
양도자	통지 필요
양수자	통지 필요 ※ 단, **양도자가 이미 이전 사실을 알린 경우 통지의무 면제**

4) 영업양도 시 통지사항

① 개인정보를 이전하려는 사실
② 개인정보를 이전받는 자(영업양수자등)의 성명(법인의 경우에는 법인의 명칭을 말한다), 주소, 전화번호 및 그 밖의 연락처
③ 정보주체가 개인정보의 이전을 원하지 아니하는 경우 조치할 수 있는 방법 및 절차

5) 영업양도, 양수 등의 통지시기

① 영업양도자등이 정보주체에게 개인정보의 이전 사실 등을 통지할 때에는 개인정보를 이전하기 전에 미리 통지하여야 한다. 법문(法文)상 개인정보를 이전하는 경우에 미리 통지하여야 하며 최소한 정보주체가 이전 사실을 확인하고 회원탈퇴 등의 권리를 행사할 수 있는 충분한 시간적 여유가 주어져야 할 것이다. 또한 법문상 개인정보를 '이전'하는 경우에 통지하도록 하고 있는데, 이는 실제 개인정보 DB가 이전되는 시점이 아닌 합병 등 계약 체결 시점에 통지하는 것으로 보아야 할 것이다.

② 영업양수자등이 정보주체에게 개인정보의 이전사실 등을 통지할 때에는 개인정보를 이전 받은 후 지체 없이 통지하여야 한다.

6) 개인정보의 목적 외 이용·제공 금지

영업양수자등은 영업의 양도·합병 등으로 개인정보를 이전받은 경우에는 이전 당시의 본래 목적으로만 개인정보를 이용하거나 제3자에게 제공할 수 있다. 이 경우 영업양수자등은 개인정보처리자로 본다. 따라서 영업양수자등이 영업양수·합병 당시의 개인정보 처리 목적과 다른 용도로 개인 정보를 이용·제공하고자 한다면 개인정보의 목적 외 이용·제공에 관한 규정(제18조)에 따라 정보주체의 별도 동의를 받거나 다른 요건을 충족하여야 한다.

7) 가명정보의 적용 제외

제27조는 영업양도 등에 따라 가명정보를 이전하는 경우에는 적용되지 않는다(제28조의7).

8) 영업 양도양수 시 개인정보 이전 FAQ

Q 다른 사업자와 영업을 합병하게 되어서 고객을 대상으로 통지를 하려고 하는데, 우리 회사 및 합병 회사가 모두 다 통지를 해야 하는가?

A 영업 양도, 합병 등으로 개인정보를 이전하는 경우에는 원칙적으로는 개인정보를 이전하는 자 및 이전받는 자 모두가 '개인정보 이전 사실, 이전받는 자의 성명(명칭)·주소·전화번호 등 연락처, 이용자가 개인정보 이전을 원하지 않는 경우 동의 철회 방법·절차'를 이용자에게 알려야 한다. 다만, 경제현실상 양도자와 양수자 모두가 이를 통지하게 되면 비용상의 부담 및 정보주체의 혼란을 야기할 우려도 있으므로, 「개인정보보호법」은 개인정보를 이전하는 자(사업자)가 관련 사실을 알린 경우에는 이전받는 자(영업양수자등)는 알리지 않아도 되도록 규정하고 있다.

06 개인정보 제공 시 유의사항

(1) 개인정보 제공 시 위험 및 대책

원인	위험	대책
개인정보 취급자 증가	개인정보 오남용으로 인한 침해 위험 증가	개인정보 제공 시 최소한의 개인정보를 최소권한에 따라 처리
침해로 인한 책임소재 불분명	침해 원인 및 책임 소재 파악 어려움	개인정보 처리에 대해 계약서 등으로 손해배상 명시
개인정보보호 통제력 약화	제3자에게 통제할 수 있는 영향력 감소	개인정보 처리 관리감독, 처리 제한, 재위탁 시 승인 등 보호대책 이행
정보주체 제공 사실 고지/통지/공유 미흡	개인정보 제공에 대한 예측 어려움	제공 시 고지 및 동의, 개인정보 처리방침 공개 또는 정보주체 통지

(2) 개인정보 제공 유형별 유의사항

구분	제3자 제공	처리 위탁	양도 개인정보 이전	국외이전
고지·동의·통지	제3자 제공 시 명확히 고지 후 별도 동의	• 동의 불필요 • 홍보 및 판매 권유 시 정보주체 통지	개인정보 이전 사실 통지	개인정보 국외 이전 시 명확히 고지 후 별도 동의
개인정보 처리방침	공개(제3자 제공 현황)	공개(업무 내용 및 수탁자)	N/A	국외 이전 사실 공개
보호대책 통제	• 제3자 목적 외 이용 및 제공 제한 • 제3자 보호조치 요청 • 제3자 제공 시 제공 내역 기록, 보관	• 위탁 시 계약서 작성 • 재위탁 시 위탁자 사전 동의 • 수탁사 관리감독	• 양수자 목적외 이용 및 제공 제한 • 양도자 및 양수자 이전사실 통지(양도자 통지시 양수자 통지 면제)	국외 이전 시 보호조치 이행

1 다음 중 개인정보 처리행위가 적법하지 않은 것은?

① 목적외 이용을 위하여 목적외 이용 동의서 작성 요구

② 개인정보 처리업무 위탁을 위하여 개인정보 처리 위탁 동의서 작성 요구

③ 정보주체가 간접수집 출처를 요구하여 3일 이내에 고지

④ 영업양수도에 따른 개인정보 이전을 위하여 양도자와 양수자가 통지

⑤ 개인정보처리자가 계약 체결 및 이행과 무관한 국외 이전 제3자 제공을 위하여 개인정보 처리방침에 국외이전 관련 사항 공개

> **해설** 개인정보처리자가 계약 체결 및 이행과 무관한 국외 이전 제3자 제공을 하는 경우 제3자 제공 동의를 받고, 개인정보처리방침에 국외이전 관련 사항 공개하여야 한다.

2 정보주체 동의 없이 개인정보를 수집·이용할 수 있는 경우에 대한 설명으로 틀린 것은?

① 정보주체와의 계약을 위해 계약 이행 뿐 아니라 계약 체결전에도 정보주체의 동의없이 수집할 수 있는 경우가 있다.

② 연령 확인은 법령상 의무 준수를 위해 수집할 수 있는 경우로서 주로 청소년보호법에 따른 미성년 거래를 제한하기 위함이다.

③ 사전동의를 받을 수 없는 경우로 제3자의 재산상 이익이 정보주체의 생명·신체상 이익을 현저히 앞설 때는 정보주체의 동의 없이 수집할 수 있다.

④ 공통의 관심사나 목표를 전제로 단체를 이루는 구성원 상호간 친교하면서 화합을 조성하는 것이 목적인 경우에는 정보주체의 동의 없이 수집할 수 있다.

⑤ 요금 징수 및 정산, 채권추심의 경우 개인정보처리자의 정당한 이익 달성을 위해 정보주체의 동의 없이 수집할 수 있다.

> **해설** 제3자의 이익이 정보주체의 이익보다 더욱 크다 하더라도 정보주체의 생명, 신체상의 이익을 침해하는 경우 동의 없이 수집할 수 없다.

3 개인정보보호법에 따라 공공기관만이 대장 작성, 관리 의무가 있는 것으로 묶인 것은?

> **보기**
> ㄱ. 개인정보의 목적 외 이용 및 제3자 제공 대장
> ㄴ. 개인영상정보 관리대장
> ㄷ. 개인정보파일 대장
> ㄹ. 개인정보파일 파기 관리대장
> ㅁ. 결합정보 및 심사 대상 정보에 대한 파기 대장

① ㄱ, ㄴ, ㄷ   ② ㄱ, ㄷ, ㄹ
③ ㄷ, ㄹ, ㅁ   ④ ㄱ, ㄷ, ㄹ, ㅁ
⑤ ㄱ, ㄴ, ㄷ, ㄹ, ㅁ

> **해설** 개인정보파일에 관한 사항은 법적으로 공공기관만 대상이므로 (ㄱ) (ㄷ), (ㄹ) 에 해당한다.
> (ㄴ), (ㅁ)의 경우에는 공공기관과 민간기업 모두 해당된다.

4 개인정보보호법에서 규정하고 있는 민감정보에 대한 설명으로 틀린 것은?

① 개인의 사진, 안면 영상은 민감정보에 해당한다.
② 개인이 소속된 국가의 국민 여부 정보는 민감정보에 해당하지 않는다.
③ 개인의 적법하지 않은 노동조합 가입 여부는 민감정보에 해당한다.
④ 개인의 종교적 신념은 민감정보에 해당한다.
⑤ 개인의 특정 정당의 지지 여부는 민감정보에 해당한다.

> **해설** 사진, 안면 영상 등 생체정보는 민감정보가 아니다.
> 생체인식정보(특징 패턴 정보)는 민감정보에 해당한다.

5 개인정보처리자의 영업 양도양수 시 개인정보 이전에 대한 설명으로 틀린 것은?

① 영업 양도자, 양수자 모두 개인정보 이전시 원칙적으로 통지 의무가 부과된다.
② 개인정보처리자의 통지의무가 부담이 될 수 있으므로 영업 양수자가 알릴 경우 영업 양도자가 알리지 않을 수 있다.
③ 영업 양수도에 따른 개인정보 이전 사실을 통지할 때에는 개인정보를 이전하기 전에 미리 통지하여야 한다.
④ 영업의 양도, 합병 등으로 개인정보를 이전받는 경우는 당시의 본래의 목적으로만 개인정보를 이용해야 한다.
⑤ 영업양도 등에 따라 가명정보를 이전하는 경우 정보주체에게 개인정보 이전 통지의무가 부과되지 않는다.

> **해설** 원칙적으로 양도,양수자 모두 통지 의무가 있으나, 양도자가 알린 경우 양수자는 통지 의무가 면제된다.

★ 정답 ★	1 ⑤	2 ③	3 ②	4 ①	5 ②

6 정보주체 이외로부터 수집한 개인정보의 경우 정보주체의 요구가 있으면 통지해야 하는 사항이 아닌 것은?

① 개인정보 처리의 정지를 요구할 권리가 있다는 사실
② 개인정보의 처리 목적
③ 개인정보의 수집 출처
④ 개인정보 수집 동의를 철회할 권리가 있다는 사실
⑤ 개인정보의 항목

해설 개인정보의 항목은 간접수집의 통지사항에 해당하지 않는다.

7 개인정보처리자별 개인정보 수집, 이용 동의를 받을 때 필수적으로 정보주체에게 알려야 하는 사항으로 바르게 묶인 것은?

보기

ㄱ. 개인정보의 수집·이용 목적
ㄴ. 수집하려는 개인정보의 항목
ㄷ. 개인정보의 보유 및 이용 기간
ㄹ. 동의를 거부할 권리가 있다는 사실 및 동의 거부에 따른 불이익이 있는 경우에는 그 불이익의 내용
ㅁ. 열람, 정정, 처리정지 등 정보주체의 권리에 대한 사항

① 개인정보처리자 : ㄱ, ㄴ, ㄷ
　정보통신서비스 제공자 : ㄱ, ㄴ, ㄷ
② 개인정보처리자 : ㄱ, ㄴ, ㄷ, ㄹ
　정보통신서비스 제공자 : ㄱ, ㄴ, ㄷ
③ 개인정보처리자 : ㄱ, ㄴ, ㄷ
　정보통신서비스 제공자 : ㄱ, ㄴ, ㄷ, ㄹ
④ 개인정보처리자 : ㄱ, ㄴ, ㄷ, ㄹ
　정보통신서비스 제공자 : ㄱ, ㄴ, ㄷ, ㄹ
⑤ 개인정보처리자 : ㄱ, ㄴ, ㄷ, ㄹ, ㅁ
　정보통신서비스 제공자 : ㄱ, ㄴ, ㄷ, ㄹ, ㅁ

해설 정보통신서비스 제공자도 개인정보 처리자와 마찬가지로 ㄱ, ㄴ, ㄷ, ㄹ에 관하여 고지하여야 한다.

8 공공기관이 개인정보 목적 외 이용 및 제3자 제공대장에 기록·관리해야 하는 사항으로 묶인 것은?

> **보기**
> ㄱ. 이용하거나 제공하는 개인정보 또는 개인정보파일의 명칭
> ㄴ. 이용기관 또는 제공받는 기관의 명칭
> ㄷ. 이용 목적 또는 제공받는 목적
> ㄹ. 이용 또는 제공의 법적 근거
> ㅁ. 이용하거나 제공하는 개인정보의 항목
> ㅂ. 이용 또는 제공의 날짜, 주기 또는 기간
> ㅅ. 이용하거나 제공하는 형태
> ㅇ. 개인정보 보호를 위해 제한을 하거나 필요한 조치를 마련할 것을 요청하는 경우에는 그 내용

① ㄱ, ㄴ, ㄷ, ㄹ, ㅁ   ② ㄴ, ㄷ, ㄹ, ㅁ, ㅂ
③ ㄱ, ㄴ, ㄷ, ㄹ, ㅁ, ㅂ   ④ ㄱ, ㄴ, ㄷ, ㄹ, ㅁ, ㅂ, ㅅ
⑤ ㄱ, ㄴ, ㄷ, ㄹ, ㅁ, ㅂ, ㅅ, ㅇ

해설 공공기관은 위 모든 사항을 개인정보 목적 외 이용 및 제3자 제공대장에 기록·관리해야 한다.

9 공공기관외 민간 개인정보처리자가 개인정보를 목적 외의 용도로 이용·제공이 가능한 경우로 묶인 것은?

> **보기**
> ㄱ. 정보주체의 별도의 동의가 있는 경우
> ㄴ. 다른 법률에 특별한 규정이 있는 경우
> ㄷ. 명백히 정보주체 또는 제3자의 급박한 생명, 신체, 재산의 이익을 위하여 필요하다고 인정되는 경우
> ㄹ. 개인정보를 목적 외의 용도로 이용하거나 이를 제3자에게 제공하지 아니하면 다른 법률에서 정하는 소관 업무를 수행할 수 없는 경우로서 보호위원회의 심의·의결을 거친 경우
> ㅁ. 조약, 그 밖의 국제협정의 이행을 위하여 외국정부 또는 국제기구에 제공하기 위하여 필요한 경우
> ㅂ. 범죄의 수사와 공소의 제기 및 유지를 위하여 필요한 경우
> ㅅ. 법원의 재판업무 수행을 위하여 필요한 경우
> ㅇ. 형(刑) 및 감호, 보호처분의 집행을 위하여 필요한 경우

① ㄱ, ㄴ   ② ㄱ, ㄴ, ㄷ
③ ㄱ, ㄴ, ㄷ, ㄹ   ④ ㄱ, ㄴ, ㄷ, ㄹ, ㅁ
⑤ ㄱ, ㄴ, ㄷ, ㄹ, ㅁ, ㅂ, ㅅ, ㅇ

해설 (ㄱ), (ㄴ), (ㄷ)은 공공기관 및 공공기관 외 민간 개인정보처리자에 해당하며, (ㄹ), (ㅁ), (ㅂ), (ㅅ), (ㅇ)은 공공기관에만 해당하는 개인정보 목적외 이용, 제공이 가능한 경우이다.

★ 정답 ★ | 6 ⑤ | 7 ④ | 8 ⑤ | 9 ②

10 전자적 전송매체를 이용하여 영리목적의 광고성 정보를 전송을 할 수 있는 경우로 틀린 것은?

① 수신자의 명시적인 사전 동의를 받은 경우

② 재화등의 거래관계를 통하여 수신자로부터 직접 연락처를 수집한 자가 6개월 기간 이내에 자신이 처리하고 수신자와 거래한 것과 같은 종류의 재화등에 대한 영리목적의 광고성 정보를 전송하려는 경우

③ 「방문판매 등에 관한 법률」에 따른 전화권유 판매자가 육성으로 수신자에게 개인정보의 수집출처를 고지하고 전화권유를 하는 경우

④ 영리목적의 광고성 정보 전송 사전동의를 받은 수신자에게 오후 9시부터 그 다음 날 오전 8시에 전자적 전송매체를 이용하여 영리목적의 광고성 정보를 전송하는 경우

⑤ 오후 9시부터 그 다음 날 오전 8시까지의 시간에 전자우편을 이용하여 영리목적의 광고성 정보를 전송하는 경우

> **해설** 오후 9시부터 그 다음 날 오전 8시까지의 시간에 전자적 전송매체를 이용하여 영리목적의 광고성 정보를 전송하려는 자는 영리목적의 광고성 정보 전송 사전동의에도 불구하고 그 수신자로부터 별도의 사전 동의를 받아야 한다. 다만, 대통령령으로 정하는 매체(전자우편)의 경우에는 그러하지 아니하다.

11 영리목적의 광고성 정보 전송 제한에 대한 설명으로 틀린 것은?

① 전자적 전송매체를 이용하여 영리목적의 광고성 정보를 전송하는 자는 전송 시 전송자의 명칭 및 연락처를 밝혀야 한다.

② 전자적 전송매체를 이용하여 영리목적의 광고성 정보를 전송하는 자는 수신자가 수신거부나 수신동의의 철회를 할 때 발생하는 전화요금 등의 금전적 비용을 수신자가 부담하지 아니하도록 필요한 조치를 하여야 한다.

③ 수신동의를 받은 자는 매2년 정기적으로 광고성 정보 수신자의 수신동의 여부를 확인하여야 한다.

④ 전자적 전송매체를 이용하여 영리목적의 광고성 정보를 전송하려는 자는 수신자가 사전 동의, 제2항에 따른 수신거부의사 또는 수신동의 철회 의사를 표시할 때에는 해당 수신자에게 수신동의, 수신거부 또는 수신동의 철회에 대한 처리 결과를 알려야 한다.

⑤ 전자적 전송매체를 이용하여 영리목적의 광고성 정보를 전송하는 자는 광고성 정보 수신자의 수신거부 또는 수신동의의 철회를 회피·방해하는 조치를 하여서는 아니 된다.

> **해설** ① 전송자의 명칭 및 연락처, ② 수신의 거부 또는 수신동의의 철회 의사표시를 쉽게 할 수 있는 조치 및 방법에 관한 사항를 구체적으로 밝혀야 한다.

12 개인정보 수집, 이용 동의를 받는 경우 명확히 표시해야 하는 중요 내용에 대한 설명으로 틀린 것은?

① 개인정보의 수집·이용 목적 중 재화나 서비스의 홍보 또는 판매 권유 등을 위하여 해당 개인정보를 이용하여 정보주체에게 연락할 수 있다는 사실
② 처리하려는 개인정보의 항목 중 민감정보, 여권번호, 운전면허의 면허번호 및 외국인등록 번호
③ 개인정보의 수집 목적
④ 개인정보의 보유 및 이용 기간
⑤ 개인정보를 제공받는 자 및 개인정보를 제공받는 자의 개인정보 이용 목적

해설 개인정보 수집 목적은 동의를 받는 경우 명확히 표시해야 하는 중요 내용이 아니다.

13 개인정보보호법에 따른 개인정보의 파기에 대한 설명으로 틀린 것은?

① 개인정보를 파기하지 아니하고 보존하여야 하는 경우에는 해당 개인정보 또는 개인정보 파일을 다른 개인정보와 분리하여서 저장·관리하여야 한다.
② 전자적 파일 형태인 경우는 복원이 불가능한 방법으로 영구 삭제 조치하여야 한다.
③ 기록물, 인쇄물, 서면, 그 밖의 기록매체인 경우는 파쇄 또는 소각 조치하여야 한다.
④ 개인정보를 파기할 때에는 복구 또는 재생되지 아니하도록 조치하여야 한다.
⑤ 다른 법령에 따라 보존하여야 하는 경우에도 개인정보를 파기하여야 한다.

해설 개인정보가 불필요하게 되었을 때에는 지체 없이 그 개인정보를 파기하여야 하지만, 다른 법령에 따라 보존하여야 하는 경우에는 그러하지 아니하다.

14 개인정보 보존의무를 명시한 법령과 보존의무 기간에 대한 설명으로 틀린 것은?

① 대금결제 및 재화등의 공급에 관한 기록 : 5년
② 계약 또는 청약철회 등에 관한 기록 : 5년
③ 소비자의 불만 또는 분쟁처리에 관한 기록 : 3년
④ 건당 거래금액 1만원 이하 전자금융거래에 관한 기록,
  전자지급수단 이용과 관련된 거래승인에 관한 기록 : 3년
⑤ 건당 거래금액 1만원 초과 전자금융거래에 관한 기록 ,
  전자지급수단 이용과 관련된 거래승인에 관한 기록 : 5년

해설 건당 거래금액 1만원 이하 전자금융거래에 관한 기록, 전자지급수단 이용과 관련된 거래승인에 관한 기록 : 1년

★ 정답 ★ **10** ④ **11** ① **12** ③ **13** ⑤ **14** ④

15 개인정보의 보호조치에 따른 개인정보 파기 방법에 대한 설명으로 틀린 것은?

① 로우레벨포맷은 0, 1 혹은 랜덤한 값으로 기존 데이터를 여러 번 덮어씌우는 포맷이다.

② 물리적인 파기 방법으로는 데이터가 저장되는 디스크 플레터에 강력한 힘으로 구멍을 내어 복구가 불가능하도록 하는 천공 방법이 있다.

③ 디가우저(Degausser) 파기는 자기장치를 이용해 강한 자기장으로 데이터를 복구 불가능하게 하는 파기 방법이다.

④ 고객 서비스에 이용 중인 DB서버에 저장된 일부 데이터를 파기하는 경우 서비스 중인 DB의 해당 개인정보 위에 임의의 값(Null값 등)을 덮어쓰기한 후 삭제 (delete)하는 방법이 있다.

⑤ DB의 특정부분에 덮어쓰기가 곤란한 경우에는 테이블 데이터에 대한 논리적인 삭제 (delete)도 허용되나, 신속하게 다른 데이터로 덮어쓰기(overwriting)될 수 있도록 운영할 수 있다.

> **해설** 로우레벨포맷은 하드디스크를 공장에서 나온 초기상태로 만들어주는 포맷이다.

16 개인정보의 제공에서 제3자에 해당하는 것으로 묶인 것은?

> **보기**
> ㄱ. 정보주체
> ㄴ. 개인정보처리자
> ㄷ. 영업 양수자
> ㄹ. 수탁자
> ㅁ. 제3자 제공받은 자
> ㅂ. 국외이전 받은 자

① ㅁ
② ㄷ, ㄹ, ㅁ
③ ㄱ, ㄷ, ㄹ, ㅁ
④ ㄷ, ㄹ, ㅁ, ㅂ
⑤ ㄴ, ㄷ, ㄹ, ㅁ, ㅂ

> **해설** 제3자는 정보주체와 개인정보처리자를 제외하고 제3자 제공받은 자뿐 아니라 개인정보를 이전 받은 모든 자를 의미한다.

17 개인정보의 추가적인 이용·제공 시 고려사항이 아닌 것은?

① 당초 수집 목적과 관련성이 있는지 여부

② 개인정보를 수집한 정황 또는 처리 관행에 비추어 볼 때 개인정보의 추가적인 이용 또는 제공에 대한 예측 가능성이 있는지 여부

③ 정보주체의 이익을 부당하게 침해하는지 여부

④ 개인정보 수집, 이용의 별도 동의를 받았는지 여부

⑤ 가명처리 또는 암호화 등 안전성 확보에 필요한 조치를 하였는지 여부

> **해설** 개인정보의 추가적인 이용, 제공은 정보주체의 동의 없이 개인정보를 이용 또는 제공하는 경우이다.

18 개인정보 처리업무 위탁과 제3자 제공과 관련한 설명 중 틀린 것은?

① 사업 제휴, 개인정보 판매는 제3자 제공에 해당한다.
② 제3자 제공은 정보주체가 사전 예측이 곤란하다.
③ 업무 위탁은 관리, 감독 책임과 손해배상책임이 위탁자에게 있다.
④ 업무 위탁의 이전 목적은 수탁자의 이익을 위해 업무를 처리하는 것이다.
⑤ 업무 위탁은 일반적으로 정보주체의 동의 없이 위탁사실을 공개하면 되며, 마케팅 업무위탁 시에는 위탁 사실을 고지하여야 한다.

> **해설** 업무 위탁의 이전 목적은 위탁자의 이익을 위해 업무를 처리하는 것이다.

19 개인정보 처리업무 위탁과 제3자 제공과 관련한 설명 중 틀린 것은?

① 업무 위탁은 정보주체의 사전 예측이 가능하다.
② 마케팅 업무위탁 시는 정보주체의 사전 고지 및 동의가 필요하다.
③ 업무 위탁 시 관리, 감독 책임은 위탁자에게 있다.
④ 제3자 제공의 경우 관리, 감독, 손해배상 책임이 제공받는 자에게 있다.
⑤ 사업 제휴, 개인정보 판매는 제3자 제공의 사례이다.

> **해설** 마케팅 업무위탁 시는 정보주체의 사전 고지만 필요할 뿐 동의까지 받을 필요는 없다.

20 개인정보 처리업무 위·수탁 시 절차에 대한 설명 중 틀린 것은?

① 개인정보 처리 위·수탁 전 개인정보처리 위탁 업무를 식별하고, 적합한 수탁자를 선정해야 한다.
② 선정된 수탁자와 개인정보 위·수탁 문서를 작성해야 한다.
③ 개인정보처리 위·수탁 업무 수행 중 개인정보 위탁사실을 홈페이지에 공개해야 한다.
④ 위탁자는 수탁자의 관리감독 및 교육을 수행해야 한다.
⑤ 개인정보처리 위·수탁 업무 종료 시 수탁자에게 개인정보 파기를 요청함으로써 위·수탁 의무가 소멸된다.

> **해설** 개인정보처리 위·수탁 업무 종료 시 개인정보 파기 사실을 확인 후 증빙 자료를 남겨야 한다.

★ 정답 ★ | 15 ① | 16 ④ | 17 ④ | 18 ④ | 19 ② | 20 ⑤

21 영업양도 등에 따른 개인정보의 이전 제한에 대한 설명 중 틀린 것은?

① 개인정보처리자는 영업의 전부 또는 일부의 양도·합병 등으로 개인정보를 다른 사람에게 이전하는 경우에는 이전 사실, 이전받는자의 성명, 주소, 연락처, 이전 거부 시 방법 및 절차를 알려야 한다.

② 영업양수자등은 개인정보를 이전받았을 때에는 지체 없이 그 사실을 정보주체에게 알려야 한다.

③ 개인정보처리자가 이전 사실을 이미 알린 경우에도 양수자는 반드시 알려야 한다.

④ 영업양수자등은 영업의 양도·합병 등으로 개인정보를 이전받은 경우에는 이전 당시의 본래 목적으로만 개인정보를 이용하거나 제3자에게 제공할 수 있다.

⑤ 개인정보를 이전 받은 영업양수자등은 개인정보처리자로 본다.

> **해설** 개인정보처리자가 이전 사실을 이미 알린 경우에는 양수자도 알리는 것이 원칙이나, 양수자의 통지의무가 면제된다.

22 영업양도 등에 따른 개인정보 이전의 통지에 대한 설명 중 틀린 것은?

① 영업양도자등이 정보주체에게 알릴 수 없는 경우에는 개인정보 이전 사실 등의 사항을 인터넷 홈페이지에 30일 이상 게재하여야 한다.

② 인터넷 홈페이지에 게재할 수 없는 정당한 사유가 있는 경우에는 영업양도자등의 사업장 등의 보기 쉬운 장소에 60일 이상 게시하는 방법으로 통지할 수 있다.

③ 영업양도, 합병 대상은 민간 사업자를 대상으로 하며, 공공기관은 해당하지 아니한다.

④ 영업양도자등의 사업장등이 있는 시·도 이상의 지역을 주된 보급지역으로 하는 일반일간 신문·일반주간신문 및 인터넷신문에 싣는 방법으로 통지할 수 있다.

⑤ 영업양도자등이 정보주체에게 개인정보의 이전 사실 등을 통지할 때에는 개인정보를 이전하기 전에 미리 통지하여야 한다.

> **해설** 인터넷 홈페이지에 게재할 수 없는 정당한 사유가 있는 경우에는 영업양도자등의 사업장등의 보기 쉬운 장소에 30일 이상 게시하는 방법으로 통지할 수 있다.

23 개인정보보호법에 따른 개인정보 처리 상황 중 위법에 해당하는 경우는?

① 정부기관에서 정책홍보 퀴즈이벤트를 진행하는데 참여자의 개인정보(성명/연락처)를 수집하면서 개인정보 취득 동의 여부(예: 개인정보 수집에 동의합니다)에 대한 확인만을 요청하는 경우

② 초등학교 앞에서 만14세 미만 아동의 개인정보를 수집·이용하는 경우에 부모 등의 법정대리인의 동의를 받은 경우

③ 선거 후보자 등이 선거운동 목적의 정보를 정보주체의 동의 없이 문자메시지를 전송하는 경우

④ 환자의 시술 관련 사진을 환자 본인의 치료 목적을 위해서만 이용하다가 별도 동의를 얻고 홍보에 사용한 경우

⑤ 만14세 미만의 개인정보를 수집, 이용하기 위해 법정대리인의 동의를 받으려 했으나 법정대리인이 동의를 거부하거나 동의 여부가 확인되지 않아 수집일로부터 5일 이내에 파기한 경우

해설 개인정보 수집·이용시 개인정보의 수집·이용 목적 등을 알리고 적법하게 동의를 받아야 한다.

24 개인정보보호법에 따른 법정대리인 동의방법에 대한 설명으로 적절하지 않은 것은?
① 법정대리인의 동의를 받기 위하여 필요한 최소한의 정보는 법정대리인의 동의 없이 해당 아동으로부터 직접 수집할 수 있다.
② 법정대리인이 휴대폰 인증, 아이핀 등을 통해 본인확인 후 명시적으로 동의하는 방법이 있다.
③ 법정대리인과 직접 통화하여 확인하는 방법이 있다.
④ 우편, 팩스, 전자우편 등으로 법정대리인이 서명 날인한 서류를 제출받는 방법이 있다.
⑤ 만14세 미만 아동에게 법정대리인의 동의사실을 물어보고 확인받는 방법이 있다.

해설 법정대리인의 동의 확인방법은 개인정보처리자가 직접 법정대리인의 동의사실을 확인받고 기록을 남겨야 한다.

25 정보주체 동의 없이 개인정보를 수집·이용할 수 있는 경우로 정보주체와의 계약 체결·이행에 대한 설명으로 틀린 것은?
① 정보주체와 계약 체결 및 이행을 위하여 정보주체의 동의를 받도록 하면 경제활동에 막대한 지장을 초래하고 동의 획득에 소요 되는 비용만 증가시키게 된다.
② 계약이행은 물건의 배송·전달이나 서비스의 이행과 같은 주된 의무의 이행뿐만 아니라 부수의무 즉 경품배달, 포인트(마일리지) 관리, 애프터서비스 의무 등의 이행도 포함된다.
③ 계약체결에는 계약체결을 위한 준비단계는 포함되지 않는다.
④ 고객이 주문한 상품을 배송하기 위하여 주소, 연락처 정보를 수집하는 것은 계약 이행에 포함된다.
⑤ 경품행사시 당첨자에게 경품을 발송하기 위해 주소와 연락처를 수집하는 것은 계약 이행에 포함된다.

해설 계약체결에는 계약체결을 위한 준비단계도 포함된다.

PART 4

개인정보의
보호조치

① 개인정보의 보호조치 개요

🔓 01 보호조치 기준 개요

(1) 개인정보보호조치 기준 요약

개인정보보호위원회는「개인정보의 안전성 확보조치 기준」을 개정하여 2023년 9월 22일부터 시행한다. 이번 고시 개정을 통해 개인정보처리자와 정보통신서비스 제공자로 이원화되어 있는 안전조치 고시를 통합하고 공공시스템 운영기관의 안전조치를 강화하였다. 기존에는 개인정보처리자는 개인정보의 안전성 확보조치 기준(일반규정) 정보통신서비스 제공자는 개인정보의 기술적·관리적 보호조치 기준(특례규정)을 적용하였으나 일반규정과 특례규정의 유사·상이한 규정을 일반규정으로 통합하여 수범자를 개인정보처리자로 일원화하고 기술중립적으로 개선하였다.

구분	개인정보의 안전성 확보조치 기준
규제기관	**개인정보보호위원회**
대상자	**개인정보처리자**
고시 근거	• 개인정보보호법 　– 제23조의2항(민감정보의 처리 제한) 　– 제24조의3항(고유식별정보의 처리 제한) 　– 제29조(안전조치의무) • 개인정보보호법 시행령 　– 제21조(고유식별정보의 안전성 확보 조치) 　– 제30조(개인정보의 안전성 확보 조치)
처벌 규정	• 안전성 확보에 필요한 조치를 하지 않은 자(제29조 위반) 　– 5천만원 이하 과태료(제75조제2항제5호) • 개인정보처리자가 처리하는 개인정보가 분실·도난·유출·위조·변조·훼손된 경우 　– 위반행위와 관련한 매출액의 100분의 3 이하 과징금(제64조의2제1항제9호) 　– 다만, 개인정보가 분실·도난·유출·위조·변조·훼손되지 아니하도록 개인정보처리자가 제29조(제26조제8항에 따라 준용되는 경우를 포함한다)에 따른 안전성 확보에 필요한 조치를 다한 경우에는 그러하지 아니함

(2) 개인정보 안전성 확보조치 기준 '23년 9월 개정 요약

구분	개정사항	내용	비고
1	일방 대상자에게만 적용되던 **안전조치 기준**을 **확대 적용**	개인정보처리자 * 및 정보통신서비스 제공자 ** 중 **일방에만 적용되던 규정을 전체 개인정보처리자로 확대** 확대된 규정을 새로 적용받는 대상자의 경우 '24.9.15.부터 적용	* (개인정보처리자 의무를 **전체 정보통신서비스 제공자**에게도 적용) 일정 횟수 인증 실패시 조치(제5조 제6항), **접속기록 점검**(제8조 제2항) 등 (개인정보를 대규모로 처리하는 정보통신서비스 제공자에게도 적용) **암호키 관리 절차 수립·시행**(제7조 제6항), **재해·재난 대비 안전조치**(제11조) 등 ** (정보통신서비스 제공자 의무를 개인정보처리자에게도 적용) 인터넷망 구간 전송 시 암호화(제7조 제4항), 출력·복사시 보호조치(제12조) 등
2	양 대상자 간 상이한 **안전조치 기준 일원화**	**(유형 삭제)** 별표의 "개인정보처리자 유형 및 개인정보 보유량에 따른 안전조치 기준"을 삭제하여 **모든 개인정보처리자에 동일 규정 적용**	※ 단, 기존 **유형1**에 적용되던 **내부 관리계획 수립 예외**(제4조 제1항), 기존 **유형3**에 적용되던 **암호키 관리**(제7조 제6항), **재해·재난 대비 안전조치**(제11조)는 **본문에 반영**
		(내부 관리계획) **내부 관리계획 수록사항** 중 중복 삭제 및 상이 내용을 통합하여 총 **16개 항목**으로 정비(제4조)	조직, 개인정보 보호책임자 지정, 개인정보 보호책임자와 개인정보취급자의 역할 및 책임, 개인정보취급자에 대한 관리감독 및 교육, 접근권한 관리, 접근통제, 개인정보의 암호화조치, 접속기록 보관 및 점검, 악성프로그램 등 방지, 취약점 점검, 물리적 안전조치, 개인정보 유출사고 대응 계획 수립, 위험 분석 및 관리, 수탁자 관리 및 감독, 개인정보 내부관리계획의 수립, 변경 및 승인, 기타
		(권한변경 관리) 시스템 **권한 변경 내역 보관기간을 3년으로 통일**(제5조 제3항)	※ **(기존 특례규정)** 권한 부여, 변경 또는 말소에 대한 내역을 최소 **5년간 보관**
		(전송 시 암호화) 특례규정의 인터넷망 구간 전송 시 암호화(보안 서버 적용 등)를 전체 개인정보처리자로 확대(제7조 제4항)	
3	수범자의 **부담이 우려**되는 일부 상이한 **규정은 현행 유지**	외부에서 접속 시 안전조치(제6조 제2항), **인터넷망 차단**(제6조 제6항),	
		저장 시 암호화(제7조 제2항·제3항·제5항) 등 수범자 부담이 우려되는 규정은 기존과 동일 * 하게 유지	* **이용자의 개인정보를 처리**하는 경우(**현행 특례규정 적용범위와 동일**)와 그 밖의 경우를 구분하여 규정

(3) 개인정보보호조치 기준 조항 비교

구분	개인정보의 안전성 확보조치 기준	개인정보의 안전성 확보조치 기준(기존)	개인정보의 기술적·관리적 보호조치 기준(폐지)
1	제1조 (목적)	제1조 (목적)	제1조 (목적)
2	제2조 (정의)	제2조 (정의)	제2조 (정의)
3	제3조(안전조치의 적용 **원칙**)	제3조 (안전조치 기준 적용)	–
4	제4조(내부 관리계획의 수립·시행 및 **점검**)	제4조(내부 관리계획의 수립·시행)	제3조(내부관리계획의 수립·시행)
5	제5조(접근 권한의 관리)	제5조(접근 권한의 관리)	
6	제6조(접근통제)	제6조(접근통제)	제4조(접근통제)
6-2	제6조의2(인터넷망의 차단 조치 등)	–	–
7	제7조(개인정보의 암호화)	제7조(개인정보의 암호화)	제6조(개인정보의 암호화)
8	제8조(접속기록의 보관 및 점검)	제8조(접속기록의 보관 및 점검)	제5조(접속기록의 위·변조방지)
9	제9조(악성프로그램 등 방지)	제9조(악성프로그램 등 방지)	제7조(악성프로그램 방지)
–		제10조(관리용 단말기의 안전조치)	–
10	제10조(물리적 안전조치)	제11조(물리적 안전조치)	제8조(물리적 접근 방지)
11	제11조(재해·재난 대비 안전조치)	제12조(재해·재난 대비 안전조치)	
12	제12조(출력·복사시 보호조치)	–	–
13	제13조(개인정보의 파기)	제13조(개인정보의 파기)	–
14	**제14조(공공시스템운영기관의 안전조치 기준 적용)**	–	제9조(출력·복사시 보호조치)
15	**제15조(공공시스템운영기관의 내부 관리계획의 수립·시행)**	–	제10조(개인정보 표시 제한 보호조치)
16	**제16조(공공시스템운영기관의 접근 권한의 관리)**	–	–
17	**제17조(공공시스템운영기관의 접속기록의 보관 및 점검)**	–	–
18	제18조(재검토 기한)	제14조(재검토 기한)	제11조(재검토 기한)

(4) 보호조치 목적

안전성 확보조치 기준(2025.10.31) 제1조
제1조(목적) 이 기준은 「개인정보 보호법」(이하 "법"이라 한다) 제29조와 같은 법 시행령(이하 "영"이라 한다) 제16조제2항, 제30조 및 제30조의2에 따라 개인정보처리자가 개인정보를 처리함에 있어서 개인정보가 분실·도난·유출·위조·변조 또는 훼손되지 아니하도록 안전성 확보에 필요한 **기술적·관리적 및 물리적 안전조치에 관한 최소한의 기준**을 정하는 것을 목적으로 한다.

1) 개인정보 보호조치 기준 (예시)
① 이 기준에서 최소한으로 정하는 수준 이상의 기술적·관리적 및 물리적 보호조치
- 비밀번호에 유효기간을 설정하여 반기별 1회 이상 변경 → 분기별 1회 이상 변경

② 그 밖에 개인정보보호를 위해 필요한 사항
- 웹 해킹 위험이 높은 경우에는 웹방화벽을 도입하고 정책설정, 이상행위 대응 등 운영·관리에 관한 사항 등을 수립 등

02 보호조치 기준상 용어 정의

(1) 관련 법령

안전성 확보조치 기준(2025.10.31) 제2조
1. "개인정보처리시스템"이란 **데이터베이스시스템** 등 개인정보를 처리할 수 있도록 **체계적으로 구성한 시스템**을 말한다. 2. "이용자"란 「정보통신망 이용촉진 및 정보보호 등에 관한 법률」 제2조제1항제4호에 따른 **정보통신서비스 제공자**가 제공하는 **정보통신서비스를 이용하는 자**를 말한다. 3. "접속기록"이란 **개인정보처리시스템에 접속하는 자가** 개인정보처리시스템에 **접속하여 수행한 업무내역**에 대하여 **식별자, 접속일시, 접속지 정보, 처리한 정보주체 정보, 수행업무** 등을 **전자적으로 기록**한 것을 말한다. 이 경우 "**접속**"이란 **개인정보처리시스템과 연결되어 데이터 송신 또는 수신이 가능한 상태**를 말한다. 4. "정보통신망"이란 「정보통신망 이용촉진 및 정보보호 등에 관한 법률」 제2조제1항제1호의 「전기통신사업법」 제2조제2호에 따른 **전기통신설비를 이용**하거나 **전기통신설비와 컴퓨터 및 컴퓨터의 이용기술을 활용**하여 **정보를 수집·가공·저장·검색·송신 또는 수신하는 정보통신체계를** 말한다. 5. "P2P(Peer to Peer)"란 정보통신망을 통해 **서버의 도움 없이 개인과 개인이 직접 연결되어 파일을 공유**하는 것을 말한다. 6. "공유설정"이란 **컴퓨터 소유자의 파일을 타인이 조회·변경·복사 등을 할 수 있도록 설정**하는 것을 말한다. 7. "모바일 기기"란 **무선망을 이용**할 수 있는 스마트폰, 태블릿 컴퓨터 등 **개인정보 처리에 이용되는 휴대용 기기**를 말한다.

8. "비밀번호"란 정보주체 및 개인정보취급자 등이 개인정보처리시스템 또는 정보통신망을 관리하는 시스템 등에 접속할 때 **식별자와 함께 입력**하여 **정당한 접속 권한을 가진 자라는 것을 인증**할 수 있도록 **시스템에 전달해야 하는 고유의 문자열**로서 **타인에게 공개되지 않는 정보**를 말한다.
9. "생체정보"란 지문, 얼굴, 홍채, 정맥, 음성, 필적 등 **개인의 신체적, 생리적, 행동적 특징에 관한 정보**로서 **특정 개인을 인증·식별**하거나 **개인에 관한 특징을 알아보기 위해** 일정한 **기술적 수단을 통해 처리되는 정보**를 말한다.
10. "생체인식정보"란 **생체정보 중 특정 개인을 인증 또는 식별할 목적**으로 일정한 **기술적 수단을 통해 처리되는 정보**를 말한다.
11. "인증정보"란 개인정보처리시스템 또는 정보통신망을 관리하는 시스템 등에 **접속을 요청하는 자의 신원을 검증하는데 사용되는 정보**를 말한다.
12. "내부망"이란 **인터넷망 차단, 접근 통제시스템** 등에 의해 **인터넷 구간에서의 접근이 통제 또는 차단되는 구간**을 말한다.
13. "위험도 분석"이란 개인정보 유출에 영향을 미칠 수 있는 다양한 **위험요소를 식별·평가**하고 **해당 위험요소를 적절하게 통제할 수 있는 방안** 마련을 위한 **종합적으로 분석하는 행위**를 말한다.
14. "보조저장매체"란 이동형 하드디스크(HDD), 유에스비(USB)메모리 등 **자료를 저장할 수 있는 매체**로서 **개인정보처리시스템 또는 개인용 컴퓨터 등과 쉽게 연결·분리할 수 있는 저장매체**를 말한다.

(2) 용어 정의 상세

1) 안전성 확보조치 정의 설명

용어	정의	설명
개인정보 처리시스템	**데이터베이스시스템** 등 개인정보를 처리할 수 있도록 체계적으로 구성한 시스템	일반적으로 **데이터베이스(DB)** 내의 데이터에 접근할 수 있도록 해주는 **응용시스템**을 의미하며, 데이터베이스를 구축하거나 운영하는데 필요한 시스템 • 개인정보처리시스템은 개인정보처리자의 개인정보 처리방법, 시스템 구성 및 운영환경 등에 따라 달라질 수 있음 • 클라우드컴퓨팅서비스를 통해 개인정보의 생성, 기록, 저장, 검색, 이용 등 개인정보 처리 기능을 구현한 경우 해당 **클라우드컴퓨팅서비스는 개인정보처리시스템**으로 볼 수 있음 • 개인정보처리시스템 (예시) 　– 데이터베이스를 구성·운영하는 시스템 그 자체 　– 데이터베이스의 개인정보를 처리할 수 있도록 구성한 응용프로그램(Web서버, WAS 등) 　– 개인정보 처리를 위해 구성된 파일처리시스템(FTP서버, 백업서버 등) 　– 개인정보의 처리를 위해 클라우드컴퓨팅 환경에 구축한 시스템 또는 서비스

용어	정의	설명
개인정보 처리시스템		• **업무용 컴퓨터의 경우에도 데이터베이스 응용프로그램**이 설치·운영되어 다수의 개인정보 취급자가 개인정보를 처리하는 경우에는 **개인정보처리시스템에 해당** • **데이터베이스 응용프로그램이 설치·운영되지 않는** PC, 노트북과 같은 업무용 컴퓨터는 **개인정보처리시스템에서 제외**
이용자	**정보통신서비스 제공자가 제**공하는 **정보통신서비스를 이용하는 자**	cf) 개인정보보호법 : "**정보주체**"란 처리되는 정보에 의하여 **알아볼 수 있는** 사람으로서 그 **정보의 주체가 되는 사람** 영리를 목적으로 전기통신사업자의 전기통신역무를 이용하여 정보를 제공하거나 정보의 제공을 매개하는 자는 인터넷 홈페이지 등을 이용하여 정보 및 서비스를 제공하는 자를 의미하며, 보통 영업 행위를 하는 주체가 홈페이지를 개설하고 회원가입을 받을 때에는 모두 적용 대상이 됨('영리를 목적'은 자기 또는 제3자의 재산상 이익을 얻기 위한 목적을 말하는 것으로 해석하고 있으며 여기서의 이익은 계속적, 반복적일 필요가 없음)
접속기록	개인정보처리시스템에 접속하여 수행한 업무 내역에 대하여 개인정보취급자 **등의 계정, 접속일시, 접속지 정보, 처리한 정보주체 정보, 수행업무 등을 전자적**으로 기록한 것 **접속**이란 개인정보 처리시스템과 연결되어 **데이터 송신 또는 수신이 가능한 상태**	접속기록은 개인정보처리시스템에 접속 및 운영 등에 관한 **이력정보를 남기는 기록**으로서, **접속에 관한 정보**와 **서비스 이용에 관한 정보** 등을 개인정보처리 시스템의 로그(Log)파일 또는 로그관리시스템 등에 **전자적으로 기록한 것** 개인정보취급자 등의 **계정, 접속일시, 접속지 정보, 처리한 정보주체 정보, 수행업무**는 개인정보취급자 등의 **개인정보처리시스템에 접속한 사실과 접속하여 수행한 업무내역을 확인**하는데 필요한 정보 – 계정 : 개인정보처리시스템에서 접속자를 식별할 수 있도록 부여된 **ID 등 계정 정보** – 접속일시 : **접속한 시점 또는 업무를 수행한 시점**(년-월-일, 시:분:초) – 접속지 정보 : 개인정보처리시스템에 접속한 자의 **컴퓨터 또는 서버의 IP 주소** 등 – 처리한 정보주체 정보 : 개인정보취급자가 **누구의 개인정보**를 처리하였는지를 알 수있는 **식별정보(ID, 고객번호, 학번, 사번 등)** – 수행업무 : 개인정보취급자가 개인정보처리시스템을 이용하여 개인정보를 **처리한 내용을 알 수 있는 정보(검색, 열람, 조회, 입력, 수정, 삭제, 출력, 다운로드 등)**

용어	정의	설명
정보통신망	「전기통신기본법」제2조제2호에 따른 전기통신설비를 이용하거나 전기통신설비와 컴퓨터 및 컴퓨터의 **이용기술을 활용**하여 **정보를 수집·가공·저장·검색·송신 또는 수신하는 정보통신체계**	정보통신망은 전기통신을 하기 위한 기계·기구·선로 기타 전기통신에 필요한 **설비를 이용하거나** 컴퓨터 및 컴퓨터의 **이용기술을 활용**하여 정보를 수집·가공·저장·검색·송신 또는 수신하는 **정보통신체계**
P2P (Peer to Peer)	정보통신망을 통해 **서버의 도움 없이 개인과 개인이 직접 연결**되어 **파일을 공유**하는 것	• P2P는 서버 등의 **중간매개자 없이 정보 제공자(개인)와 정보 수신자(개인)가 직접 연결**되어 **각 개인이 가지고 있는 파일 등을 공유하는 것(개인↔개인)** • 정보 제공자 및 정보 수신자 모두가 동시에 접속하지 않고서도 정보 **제공자가 어떠한 파일을 공유하면 정보 수신자가 그 파일을 내려 받을 수 있는 형태** – 개인이 인터넷 상에서 정보 검색 등을 통해 파일을 찾는 방식(**개인↔서버**)과는 **다른 개념**
공유설정	**컴퓨터 소유자의 파일을 타인이 조회·변경·복사 등을 할 수 있도록 설정**하는 것	공유설정은 컴퓨터 소유자의 파일, 폴더 등을 타인이 접근하여 조회, 변경, 복사 등을 할 수 있도록 권한을 설정하는 것
모바일 기기	**무선망을 이용**할 수 있는 PDA, 스마트폰, 태블릿PC 등 **개인정보 처리에 이용되는 휴대용 기기**	이동통신망, 와이파이(Wi-Fi) 등의 **무선망을 이용**하여 개인정보 처리에 이용되는 휴대용 기기로서, 스마트폰, 태블릿PC, PDA(Personal Digital Assistant) – **개인 소유의 휴대용기기**라 할지라도 개인정보처리자의 **업무 목적으로 개인정보 처리에 이용되는 경우 "모바일 기기"에 포함** – 개인정보처리자의 "업무 목적"으로 "**개인정보 처리**"에 **이용되지 않는 휴대용기기**는 "모바일 기기"에서 제외
비밀번호	정보주체 또는 개인정보취급자 등이 개인정보처리시스템, 업무용 컴퓨터 또는 정보통신망 등에 접속할 때 **식별자와 함께 입력하여 정당한 접속 권한을 가진 자**라는 것을 **인증할 수 있도록 시스템에 전달**해야 하는 고유의 문자열로서 **타인에게 공개되지 않는 정보**	정보주체 또는 개인정보취급자 등이 개인정보처리시스템, 업무용 컴퓨터 또는 정보통신망 등에 접속할 때 계정정보(ID)와 함께 입력하여 정당한 접속 권한을 가진 자라는 것을 인증할 수 있도록 시스템에 전달해야 하는 고유의 문자열로서 타인에게 공개되지 않는 정보 – 사용자 인증 및 비밀번호의 기능으로 생체인식, 보안카드, 일회용 비밀번호(One Time Password)가 사용
생체정보		개인의 신체적·생리적·행동적 특징 – **신체적 특징** : 지문, 얼굴, 홍채·망막의 혈관 모양, 손바닥·손가락의 정맥 모양, 장문, 귓바퀴의 모양 등 – **생리적 특징** : 뇌파, 심전도, 유전정보 등

용어	정의	설명
생체정보	얼굴, 홍채, 정맥, 음성, 필적 등 ① **개인의 신체적, 생리적, 행동적 특징**에 관한 정보로서 ② **특정 개인을 인증·식별**하거나 ③ **개인에 관한 특징**(연령·성별·감정 등)을 **알아보기 위해** ④ 일정한 **기술적 수단**을 통해 처리되는 정보	– **행동적** 특징 : **음성, 필적, 걸음걸이, 자판입력 간격·속도** 등 특정 개인을 인증·식별: 지문·홍채·얼굴 등에서 **추출한 특징점 등을 이용(비교·대조)**하여 특정 개인임을 확인 i) **인증** : 이용 권한이 있는 특정 개인임을 확인하기 위하여 이용자가 입력한 생체정보를 기기 등에 **저장된 정보와 대조하여 본인 여부 확인** ※ (예시) 지문을 입력하면 본인 여부를 확인한 후 출입을 허용하는 출입통제 시스템 ii) **식별** : 개인의 생체정보를 데이터베이스에 저장된 다수의 생체정보와 대조하여 여러 사람 중 **특정 개인을 구분하여 확인** ※ (예시) 기 등록된 여러 가족 구성원의 음성 중 지금 말하는 사람을 확인하여 대답하는 인공지능 스피커 개인에 관한 특징을 알아보기 위해: 인증·식별 목적이 아닌, 사람의 연령·성별·감정 등의 상태를 확인 또는 분류하는 것 ※ (예시1) 안면인식을 통해 연령이나 성별 등을 추정하여 이용자를 분류하는 행위 ※ (예시2) 이용자의 얼굴을 자동 인식해 눈·코·입 위치에 맞는 스티커를 얼굴위에 덧입히는 것 일정한 기술적 수단을 통해 처리 : **센서 입력장치 등을 통해 이미지 등 원본정보를 수집·입력**하고 해당 원본정보로부터 **특징점을 추출**하는 등 개인을 인증·식별하거나 개인에 관한 특징을 알아보기 위해 전자적으로 처리되는 전 과정
생체 인식정보	**생체정보 중 특정 개인을 인증·식별할 목적**으로 **처리되는 정보**	생체정보는 특정 개인을 인증·식별하기 위한 **목적**으로 처리되는 '**생체인식정보**'와 인증·식별 목적이 아닌, 개인에 관한 특징(연령·성별·감정 등)을 **알아보기 위해** 처리되는 일반적인 **생체정보**(이하 "일반적인 생체정보")로 **구성**
인증정보	개인정보처리시스템 또는 정보통신망을 관리하는 **시스템 등이 요구한 식별자의 신원을 검증**하는데 **사용되는 정보**	• 시스템 등이 요구한 **식별자**는 해당 시스템에 접속하여 업무를 수행하기 위해서 시스템에게 알려주어야 하는 **ID 등의 정보**로서, 시스템에 등록 시 이용자가 선택하거나 계정(또는 권한) 관리자가 부여한 고유한 문자열 • 신원을 검증하는데 사용되는 정보는 해당 시스템에서 업무를 수행할 수 있는 **정당한 식별자임을 증명하기 위하여 식별자와 연계된 정보**로서 비밀번호, 생체인식정보, 전자 서명값 등이 있음
내부망	**물리적 망분리, 접근 통제시스템** 등에 의해 **인터넷 구간에서의 접근이 통제**	**인터넷 구간과 물리적으로 망이 분리**되어 있거나, 비인가된 불법적인 접근을 차단하는 기능 등을 가진 **접근통제시스템에 의하여** 인터넷 구간에서의 직접 접근이 불가능 하도록 통제·차단되어 있는 구간

용어	정의	설명
위험도 분석	개인정보 유출에 영향을 미칠 수 있는 다양한 위험요소를 식별·평가하고 해당 위험요소를 적절하게 통제할 수 있는 방안 마련을 위한 종합적으로 분석하는 행위	**개인정보 처리 시 다양한 위험요소를 사전에 식별·평가하고 해당 위험요소를 적절하게 통제할 수 있는 방안** 마련을 위하여 **종합적으로 분석하는 행위** – 내부자의 고의·과실 등 **관리적인 측면**과 개인정보처리시스템, 관리용 단말기 등의 악성코드 감염으로 인한 해킹 등 **기술적인 측면** – 비인가자의 전산실 출입 등 **물리적인 측면** – 위험요소 식별·평가 및 통제방안으로는 개인정보처리시스템 등 자산식별, 위협확인, 위험확인, 대책마련, 사후관리 등이 해당
보조 저장매체	이동형 하드디스크, USB메모리, CD(Compact Disk), DVD(Digital Versatile Disk) 등 **자료를 저장할 수 있는 매체**로서 개인정보처리시스템 또는 **개인용 컴퓨터 등과 용이하게 연결·분리할 수 있는** 저장매체	보조저장매체에는 이동형 하드디스크, USB메모리, CD, DVD 등이 해당된다. 경우에 따라서는 **스마트폰도 보조저장매체가 될 수 있음**

2) 금번 안전성 확보 조치 기준 개정에서 삭제된 기술적 관리적 보호조치 기준 용어

용어	정의	설명
개인정보 보호책임자	이용자의 **개인정보보호 업무를 총괄하거나 업무처리를 최종 결정**하는 임직원	정보통신서비스 제공자등은 이용자의 개인정보를 보호하고 개인정보와 관련한 **이용자의 고충을 처리**하기 위하여 **개인정보 보호책임자**를 지정 요건에 맞게 **지정**하고, 법률에 따라 업무를 수행하도록 보장하여야 함
개인정보 취급자	이용자의 **개인정보를 수집, 보관, 처리, 이용, 제공, 관리 또는 파기 등의 업무를 하는 자**	개인정보취급자란 정보통신서비스 제공자의 지휘·감독을 받아 이용자의 개인정보를 처리하는 자로서, **고용관계가 없더라도 실질적으로 개인정보처리자의 지휘·감독을 받아 개인정보를 처리하는 자는 개인정보취급자에 포함** – 지휘·감독 : 조직·인사 상의 지휘·감독 뿐만 아니라, 개인정보 처리 또는 시스템 등과 관련된 정책상의 지휘·감독을 포함할 수 있음 – 처리 : 개인정보를 수집, 생성, 연계, 연동, 기록, 저장, 보유, 가공, 편집, 검색, 출력, 정정(訂正), 복구, 이용, 제공, 공개, 파기(破棄), 그 밖에 이와 유사한 행위 – 개인정보취급자는 근로형태를 불문하며, 이용자의 개인정보를 처리한다면 **정규직, 비정규직, 파견직, 시간제 근로자 등이 모두 이에 해당**한다. 또한 **고용관계가 없더라도** 실질적으로 정보통신서비스 제공자의 지휘·감독을 받아 이용자의 개인정보를 처리 하는 자도 개인정보취급자에 포함(예시: 이동통신사 영업점, 오픈마켓 판매자 등)

용어	정의	설명
망분리	외부 인터넷망을 통한 불법적인 접근과 내부정보 유출을 차단하기 위해 업무망과 외부 인터넷망을 분리하는 망 차단조치	• 정보통신서비스 제공자등이 개인정보를 처리하는 과정에서의 외부와의 접점을 차단하여 외부로부터 들어오는 공격이나, 내부에서 외부로의 개인정보 유출 등을 차단하기 위한 조치 • 망분리는 업무망과 외부 인터넷망에 속하거나 접근하는 컴퓨터를 각 각 분리하여두 영역이 서로 접근할 수 없도록 하는 것 – 물리적 망분리 : 통신망, 장비 등을 물리적으로 이원화하여 인터넷 접속이 불가능한 컴퓨터와 인터넷 접속만 가능한 컴퓨터로 분리하는 방식 – 논리적 망분리 : 물리적으로 하나의 통신망, 장비 등을 사용하지만 가상화 등의 방법으로 내부 업무영역과 인터넷 접속영역을 분리하는 방식

※ 개인정보처리자 유형에 따른 규제수준 차등화가 없어지면서 대기업, 중견기업, 중소기업, 소상공인 용어 정의도 삭제되었다.

2 개인정보의 보호조치 기준

🔒 01 안전조치 기준 적용

(1) 관련 법령

안전성 확보조치 기준(2025.10.31) 제3조
제3조(안전조치 기준 적용) 개인정보처리자는 처리하는 **개인정보의 보유 수, 유형 및 정보주체에게 미치는 영향 등을 고려**하여 **스스로의 환경에 맞는 개인정보의 안전성 확보에 필요한 조치를 적용**하여야 한다.

(2) 관련 지식

1) 개인정보처리자 유형 분류 기준 <삭제>

구분	1만 명 미만	1만 명~10만 명 미만	10만 명~100만 명 미만	100만 명 이상
공공기관	유형2(표준)	유형2(표준)	유형3(강화)	유형3(강화)
대기업	유형2(표준)	유형2(표준)	유형3(강화)	유형3(강화)
중견기업	유형2(표준)	유형2(표준)	유형3(강화)	유형3(강화)
중소기업	유형2(표준)	유형2(표준)	유형2(표준)	유형3(강화)
소상공인	유형1(완화)	유형2(표준)	유형2(표준)	유형2(표준)
개인	유형1(완화)	유형2(표준)	유형2(표준)	유형2(표준)
단체	유형1(완화)	유형2(표준)	유형2(표준)	유형3(강화)

[개인정보처리자 유형별 분류 기준]

※ 개인정보처리자 유형에 따른 안전조치 기준은 삭제되었다. 다만, 개별 조항에서는 내부관리계획의 수립과 같이 현재와 같이 존치하는 경우도 있다. **예** 내부관리계획 수립 : 1만 명 미만의 정보주체에 관하여 개인정보를 처리하는 소상공인·개인·단체의 경우에는 생략할 수 있다.

02 내부 관리계획의 수립·시행

(1) 관련 법령

안전성 확보조치 기준(2025.10.31) 제4조

제4조(내부 관리계획의 수립·시행 및 점검)
① 개인정보처리자는 개인정보의 분실·도난·유출·위조·변조 또는 훼손되지 아니하도록 내부 의사결정 절차를 통하여 다음 각 호의 사항을 포함하는 **내부 관리계획을 수립·시행**하여야 한다. 다만, **1만명 미만의 정보주체**에 관하여 개인정보를 처리하는 **소상공인·개인·단체의 경우에는 생략**할 수 있다.
　1. 개인정보 보호 **조직**의 구성 및 운영에 관한 사항
　2. **개인정보 보호책임자**의 **자격**요건 및 **지정**에 관한 사항
　3. **개인정보 보호책임자**와 **개인정보취급자**의 **역할 및 책임**에 관한 사항
　4. **개인정보취급자에 대한 관리·감독** 및 **교육**에 관한 사항
　5. **접근 권한**의 관리에 관한 사항
　6. **접근통제**에 관한 사항
　7. 개인정보의 **암호화** 조치에 관한 사항
　8. **접속기록** 보관 및 점검에 관한 사항
　9. **악성프로그램** 등 방지에 관한 사항
　10. 개인정보의 유출, 도난 방지 등을 위한 **취약점 점검**에 관한 사항
　11. **물리적 안전조치**에 관한 사항
　12. **출력·복사시 안전조치**에 관한 사항
　13. **개인정보의 파기**에 관한 사항
　14. 개인정보 **유출사고 대응 계획 수립·시행**에 관한 사항
　15. **위험 분석 및 관리**에 관한 사항
　16. 개인정보 처리업무를 위탁하는 경우 **수탁자에 대한 관리 및 감독**에 관한 사항
　17. 개인정보 **내부 관리계획의 수립, 변경 및 승인**에 관한 사항
　18. 그 밖에 개인정보 보호를 위하여 필요한 사항
② 개인정보처리자는 다음 각 호의 사항을 정하여 개인정보 보호책임자 및 개인정보취급자를 대상으로 사업규모, 개인정보 보유 수, 업무성격 등에 따라 차등화하여 필요한 교육을 정기적으로 실시하여야 한다.
　1. **교육목적 및 대상**
　2. 교육 **내용**
　3. 교육 **일정** 및 **방법**
③ 개인정보처리자는 제1항 각 호의 사항에 **중요한 변경이 있는 경우**에는 이를 **즉시 반영**하여 내부 관리계획을 수정하여 시행하고, 그 **수정 이력을 관리**하여야 한다.
④ 개인정보 보호책임자는 접근 권한 관리, 접속기록 보관 및 점검, 암호화 조치 등 **내부 관리계획의 이행 실태를 연1회 이상 점검·관리**하여야 한다.

(2) 관련 지식

1) 내부 관리계획의 문서 제목

내부 관리계획의 문서 제목은 가급적 "내부 관리계획"이라는 용어를 사용하는 것이 바람직하나, 개인정보처리자의 내부 방침에 따라 다른 용어를 사용할 수 있다.

2) 내부 관리계획 포함사항(안전성 확보 조치기준)

① 개인정보 보호 조직의 구성 및 운영에 관한 사항
② 개인정보 보호책임자의 자격요건 및 지정에 관한 사항
③ 개인정보 보호책임자와 개인정보취급자의 역할 및 책임에 관한 사항
④ 개인정보취급자에 대한 관리·감독 및 교육에 관한 사항
⑤ 접근 권한의 관리에 관한 사항
⑥ 접근통제에 관한 사항
⑦ 개인정보의 암호화 조치에 관한 사항
⑧ 접속기록 보관 및 점검에 관한 사항
⑨ 악성프로그램 등 방지에 관한 사항
⑩ 개인정보의 유출, 도난 방지 등을 위한 취약점 점검에 관한 사항
⑪ 물리적 안전조치에 관한 사항
⑫ 출력·복사시 안전조치에 관한 사항
⑬ 개인정보의 파기에 관한 사항
⑭ 개인정보 유출사고 대응 계획 수립·시행에 관한 사항
⑮ 위험 분석 및 관리에 관한 사항
⑯ 개인정보 처리업무를 위탁하는 경우 수탁자에 대한 관리 및 감독에 관한 사항
⑰ 개인정보 내부 관리계획의 수립, 변경 및 승인에 관한 사항
⑱ 그 밖에 개인정보 보호를 위하여 필요한 사항

[개인정보 내부 관리계획 목차]

제1장 총칙
제1조(목적)
제2조(용어정의)
제3조(적용범위)
제2장 내부 관리계획의 수립 및 시행제
제4조(내부 관리계획의 수립 및 승인)
제5조(내부 관리계획의 공표)
제3장 개인정보 보호책임자의 역할과 책임
제6조(개인정보 보호책임자의 지정)
제7조(개인정보 보호책임자의 역할 및 책임)
제8조(개인정보취급자의 역할 및 책임)
제4장 개인정보 보호 교육
제9조(개인정보 보호책임자의 교육)
제10조(개인정보취급자의 교육)

> **제5장 기술적 안전조치**
> 제11조(접근권한의 관리)
> 제12조(접근통제) 제13조(개인정보의 암호화)
> 제14조(접속기록의 보관 및 점검)
> 제15조(악성프로그램 등 방지)
> **제6장 관리적 안전조치**
> 제16조(개인정보 보호조직 구성 및 운영)
> 제17조(개인정보 유출사고 대응)
> 제18조(위험도 분석 및 대응)
> 제19조(수탁자에 대한 관리 및 감독)
> **제7장 물리적 안전조치**
> 제20조(물리적 안전조치)
> 제21조(재해 및 재난 대비 안전조치)
> 제22조(출력·복사시 안전조치)
> 제23조(개인정보의 파기)
> **제8장 그 밖에 개인정보 보호를 위하여 필요한 사항**

3) 개인정보 내부관리계획의 수립 및 승인에 관한 사항

① 내부관리계획은 조직(회사) 전체를 대상으로 마련한다.

② 이 기준에서 정하는 기술적·관리적 및 물리적 보호조치에 관한 사항은 모두 포함한다.

③ 법률 또는 이 기준에서 규정하는 내용만을 그대로 반영하는 것이 아니라, 스스로의 환경에 맞는 내부관리계획을 수립한다.

④ 내부관리계획을 구체적으로 수립하고, 이를 기초로 세부 지침, 절차, 가이드, 안내서 등을 추가적으로 수립한다.

⑤ 내부관리계획은 전사적인 계획 내에서 시행될 수 있도록 사업주 또는 대표자에게 내부결재 등의 승인을 득한다.

⑥ 사내 게시판 게시, 교육 등의 방법으로서 모든 임직원 및 관련자에게 전파한다.

⑦ 개인정보 처리 방법 및 환경 등의 변화로 인하여 내부관리계획에 중요한 변경이 있을 때에는 변경 사항을 즉시 반영하고 내부관리계획을 승인한다.

⑧ 내부관리계획 수정·변경 시 내용 및 시행 시기 등 그 이력의 관리 등을 한다.

⑨ 개인정보 처리방침을 내부관리계획으로 사용할 수 없다.

⑩ 내부관리계획이 적절하게 시행되기 위해서는 개인정보 보호책임자가 정기적으로 내부관리계획의 이행 실태를 점검·관리하고, 그 결과에 따라 적절한 조치를 취하여야 한다.

⑪ 중대한 영향을 초래하거나 해를 끼칠 수 있는 사안 등에 대해서는 사업주 또는 대표자에게 보고 후, 의사결정 절차를 통하여 적절한 대책을 마련하여야 한다.

4) 개인정보의 내부관리계획 이행 여부의 내부 점검에 관한 사항

① 이 기준에서 정하는 보호조치에 관한 사항은 모두 이행하여야 함

② 내부관리계획의 적정성과 실효성을 보장하기 위하여 내부관리계획에 따른 보호조치의 이행 여부의 점검·관리에 관한 사항을 포함하여야 함

③ "○○년 개인정보 보호조치 이행 점검 계획(안)" 등과 같은 형태로 수립할수 있으며, 점검 대상, 점검 항목 및 방법 등을 포함하도록 함

④ 이행 점검은 사내 독립성이 보장되는 부서(감사팀 등), 관련 부서(개인정보 보호팀) 또는 개인정보보호 전문업체 등에서 수행할 수 있음

⑤ 이행 점검은 개인정보취급자가 적절하게 개인정보 보호조치를 이행하고 있는지 여부 등을 파악할 수 있도록 정기적으로(최소 연 1회 권고) 점검하도록 함

⑥ 이행 점검 결과는 "○○년 개인정보 보호조치 이행 점검 결과" 등과 같은 형태로 작성할 수 있으며, 필요하면 사업주 또는 대표자에게 점검결과 및 개선조치를 보고할 수 있음

5) 이행 점검 (예시)

① 점검 대상 및 시기
② 점검 조직 및 인력
③ 점검 항목 및 내용
④ 점검 방법 및 절차
⑤ 점검 결과 기록 및 보관
⑥ 점검 결과 후속조치(개선, 보고) 등

6) 수탁자 관리 및 감독 (예시)

① 관리·감독 대상 및 시기
② 관리·감독 항목 및 내용
③ 관리·감독 방법 및 절차
④ 관리·감독 결과 기록 및 보관
⑤ 관리·감독 결과 후속조치(개선, 보고) 등

7) 그 밖에 개인정보보호조치 (예시)

① 개인정보보호 관리체계(PIMS) 등 개인정보보호 관련 인증 획득
② 개인정보보호 컨설팅
③ 위험관리(자산식별, 위험평가, 대책마련, 사후관리)
④ 개인정보처리시스템 설계, 개발, 운영 보안
⑤ 보안장비 및 보안솔루션 도입 및 운영, 형상·운영 관리 및 기록
⑥ 개인정보보호 예산 및 인력의 적정수준 반영
⑦ 개인정보보호 관련 지침, 규정 등 수립 및 시행
⑧ 개인정보 파기 절차 수립 및 시행 등

8) 개인정보보호 교육 고려사항

① 개인정보의 안전한 처리를 위하여 개인정보 보호책임자및 개인정보취급자에게 최소 연 1회 이상 필요한 교육을 실시하여야 한다.

② 개인정보보호 교육의 구체적인 사항은 교육 목적 및 대상, 교육 내용(프로그램 등), 교육 일정 및 방법 등을 포함하도록 한다.

③ 내부관리계획 등에 규정하거나 "○○년 개인정보보호 교육 계획(안)" 등과 같은 형태로 수립할 수 있다.

④ 교육 내용은 개인정보 보호책임자 그리고 개인정보취급자의 지위·직책, 담당 업무의 내용, 업무 숙련도 등에 따라 각기 다르게 할 필요가 있다.

⑤ 해당 업무를 수행하기 위한 분야별 전문기술 교육뿐만 아니라 개인정보보호 관련 법률 및 제도, 내부관리계획 등 필히 알고 있어야 하는 사항을 포함하여 교육을 실시하도록 한다.

⑥ 교육 방법에는 사내교육, 외부교육, 위탁교육 등 여러 종류가 있을 수 있으며, 조직의 여건 및 환경을 고려하여 집체 교육, 온라인 교육 등 다양한 방법을 활용할 수 있다.

⑦ 교육 결과의 세부 실적은 정보통신서비스 제공자등이 실시한 개인정보보호 관련 사내교육, 외부교육, 위탁교육 등에서 교육 과정별 수료증 등을 발급·보관함으로써 관리할 수 있다.

⑧ 교육 참석자를 확인할 수 있는 정보로는 해당 교육 시간에 교육장소에 출입한 기록(태그 등), 교육 참석자 명단에 수기로 서명한 자료 등을 활용할 수 있다.

9) 교육 내용 (예시)

① 개인정보 보호의 중요성
② 개인정보 내부관리계획 등 규정, 지침의 제·개정에 따른 사항
③ 개인정보처리시스템의 안전한 운영·사용법(하드웨어, 소프트웨어 등)
④ 개인정보의 기술적·관리적 보호조치 기준
⑤ 개인정보 처리업무 위·수탁시 보호조치
⑥ 개인정보 보호업무의 절차, 책임, 방법
⑦ 개인정보 처리 절차별 준수사항 및 금지사항
⑧ 개인정보 유·노출 및 침해신고 등에 따른 사실 확인 및 보고, 피해구제 절차 등

🔒 03 접근 권한의 관리

(1) 관련 법령

안전성 확보조치 기준(2025.10.31) 제5조
제5조(접근 권한의 관리) ① 개인정보처리자는 개인정보처리시스템에 대한 **접근 권한**을 업무 수행에 필요한 **최소한의 범위로 차등 부여**하여야 한다. ② 개인정보처리자는 개인정보취급자 또는 개인정보취급자의 **업무가 변경되었을 경우 지체 없이** 개인정보처리시스템의 **접근 권한을 변경 또는 말소**하여야 한다. ③ 개인정보처리자는 제1항 및 제2항에 의한 **권한 부여, 변경 또는 말소에 대한 내역을 기록**하고, 그 **기록을 최소 3년간 보관**하여야 한다.

④ 개인정보처리자는 개인정보처리시스템에 접근할 수 있는 계정을 발급하는 경우 **정당한 사유가 없는 한 개인정보취급자 별로 계정을 발급**하고 **다른 개인정보취급자와 공유되지 않도록**하여야 한다.

⑤ 개인정보처리자는 **개인정보취급자 또는 정보주체의 인증수단을 안전하게 적용**하고 관리하여야 한다.

⑥ 개인정보처리자는 **정당한 권한을 가진 자**만이 개인정보처리시스템에 접근할 수 있도록 **일정 횟수 이상 인증에 실패한 경우 개인정보처리시스템에 대한 접근을 제한**하는 등 필요한 조치를 하여야 한다.

(2) 관련 지식

1) 가명정보 접근권한의 관리

① 개인정보처리자가 가명정보를 처리하는 경우, 가명정보에 접근권한이 있는 담당자가 특정 개인을 알아보기 위한 목적으로 가명정보를 처리하는 것을 방지하기 위하여 가명정보에 접근할 수 있는 담당자와 추가 정보에 접근할 수 있는 담당자를 반드시 구분하여야 한다.

② 가명정보에 접근권한이 있는 담당자가 특정 개인을 식별할 수 있는 정보에 접근할 수 없도록 제한하여야 한다.

③ 가명정보와 추가 정보에 대한 접근 권한의 분리가 어려운 정당한 사유가 있는 경우 (소상공인으로서 가명정보를 취급할 자를 추가로 둘 여력이 없는 경우 등), 업무 수행에 필요한 최소한의 접근 권한 부여 및 접근 권한의 보유 현황을 기록으로 보관하는 등 접근 권한을 관리 및 통제하여야 한다.

④ 개인정보처리시스템의 데이터베이스(DB)에 대한 직접적인 접근은 데이터베이스 운영관리자에 한정하는 등의 안전조치를 적용할 필요성이 있다.

2) 접근 권한 부여, 변경 또는 말소에 대한 내역 보관

개인정보처리자는 접근권한 부여, 변경, 말소에 대한 내역을 전자적으로 기록하거나 수기로 작성한 관리대장 등에 기록하고 해당 기록을 최소 3년간 보관하여야 한다.

3) 담당자 업무별 접근 권한의 부여 예시

메뉴명		개인정보처리여부	권한 그룹														
			최고 관리자					회원 관리자					게시판 관리자				
1단계	2단계		조회	쓰기	수정	삭제	다운로드	조회	쓰기	수정	삭제	다운로드	조회	쓰기	수정	삭제	다운로드	…
회원 관리	회원정보 관리	O	V	V	V	V	V	V	V	V	V	–	–	–	–	–	–
	문의/상담 관리	O	V	V	V	V	V	V	V	V	V	–	–	–	–	–	–
	회원 통계	O	V	V	V	V	V	V	V	V	V	–	–	–	–	–	–

게시판 관리	공지사항	–	V	V	V	V	V	V	–	–	–	–	V	V	V	V	–
	자유 게시판	o	V	V	V	V	V	V	–	–	–	–	V	V	V	V	–
...	...																

4) 접근 권한을 차등화하여 부여하지 않은 사례

① 개발 초기 및 설치 시 부여되었던 관리자 권한, 디폴트 권한 등을 일괄 부여한 경우
② 회계부서가 영업부서의 화면에 접근한 경우
③ 열람 권한과 다운로드 권한이 분리되지 않아 열람 권한만 부여하여도 다운로드 권한이 자동으로 부여되는 경우
④ 부서 단위로 접근 권한을 부여하여 개인정보 처리 업무를 하지 않는 부서 내 직원도 개인정보를 처리하는 화면에 접근할 수 있는 경우
⑤ 단순 조회 업무만 담당하는 아르바이트 직원에게 팀 관리자 권한을 부여한 경우

5) 접근권한 변경·말소 미조치 사례 (예시)

① 다수 시스템의 접근권한 변경·말소가 필요함에도 일부 시스템의 접근권한만 변경·말소할 때
② 접근권한의 전부를 변경·말소하여야 함에도 일부만 변경·말소할 때
③ 접근권한 말소가 필요한 계정을 삭제 또는 접속차단조치를 하였으나, 해당 계정의 인증값 등을 이용하여 우회 접근이 가능할 때 등

6) 접근 권한 내역·보관 기록 예시

번호	사용자 ID	사용자명	권한명	권한 ID	유형	일자	작업자	사유	...
...									
51503	cskim	김철수	회원관리자	S0002	부여	20190220 10:22:01	gdhong	담당업무 변경	...
51504	yhkim	김영희	상담관리자	C0005	부여	20181210 09:50:33	gdhong	상담팀 입사	...
51505	yhkim	김영희	상담관리자	C0005	말소	20190420 13:55:20	gdhong	퇴사	...
...									

7) 접근 권한 부여·변경·말소 내역 보관 미조치 예시

① 부서 이동에 따라 개인정보취급자의 업무 변경이 발생하였음에도 권한 변경 이력이 확인되지 않는 경우
② 개인정보 접근 권한의 내역은 보관하고 있으나, 최근 6개월 치만 보관·관리하고 있는 경우
③ 개인정보 접근 권한의 내역은 보관하고 있으나, 발급·변경 사유 등이 확인되지 않는 경우

8) 인증수단의 예시

① 비밀번호 인증 : 문자열로 구성된 인증번호를 입력

② 일회용 비밀번호(OTP) 인증 : 한 번의 로그인 시도 또는 거래에 사용하기 위해 무작위로 생성되어 사용자에게 전송된 일회용 인증번호를 입력

③ 생체인증 : 홍채, 지문 등의 생체정보를 입력하여 본인 여부를 확인

④ SMS 인증 : 본인 명의의 휴대폰에서 문자로 받은 인증번호를 입력

⑤ 전화 인증 : 본인 명의의 휴대폰에서 ARS 안내에 따라 본인 여부를 확인

⑥ 소셜 로그인 : 포털사이트 등에서 제공하는 인증수단을 이용하여 본인 여부를 확인

9) 비밀번호 작성규칙 적용

① 개인정보취급자 또는 정보주체가 안전한 비밀번호를 설정하여 이행할 수 있도록 비밀번호 작성규칙을 수립하고 이를 개인정보처리시스템, 접근통제시스템, 인터넷 홈페이지 등에 적용하여야 한다.

② 비밀번호는 정당한 접속 권한을 가지지 않는 자가 추측하거나 접속을 시도하기 어렵도록 문자, 숫자 등으로 조합, 구성하여야 한다.

　※ 비밀번호 이외의 추가적인 인증에 사용되는 휴대폰 인증, 일회용 비밀번호(OTP) 등은 비밀번호 작성규칙을 적용하지 아니할 수 있음

③ 개인정보처리시스템의 데이터베이스(DB)에 접속하는 DB관리자의 비밀번호는 복잡하게 구성하고 변경 주기를 짧게 하는 등 강화된 안전조치를 적용할 필요가 있다.

10) 비밀번호 작성규칙 (예시)

① 비밀번호는 문자, 숫자의 조합·구성에 따라 최소 8자리 또는 10자리 이상의 길이로 구성

② 최소 8자리 이상 : 두 종류 이상의 문자를 이용하여 구성한 경우

　※ 문자 종류 : 알파벳 대문자와 소문자, 특수문자, 숫자

③ 최소 10자리 이상 : 하나의 문자종류로 구성한 경우

　※ 단, 숫자로만 구성할 경우 취약할 수 있음

④ 비밀번호는 추측하거나 유추하기 어렵도록 설정

⑤ 동일한 문자 반복(aaabbb, 123123 등), 키보드 상에서 나란히 있는 문자열(qwer 등), 일련번호(12345678 등), 가족이름, 생일, 전화번호 등은 사용하지 않는다.

⑥ 비밀번호가 제3자에게 노출되었을 경우 지체 없이 새로운 비밀번호로 변경해야 한다.

11) 계정정보 또는 비밀번호를 일정 횟수 이상 오입력 시 접근 제한

① 계정정보 또는 비밀번호를 일정 횟수(예: 5회) 이상 잘못 입력한 경우 사용자계정 잠금 등의 조치를 취하거나 계정정보·비밀번호 입력과 동시에 추가적인 인증수단(인증서, OTP 등)을 적용하여 정당한 접근 권한자임을 확인하는 등의 조치를 취하는 것을 말한다.

　※ 개인정보취급자에게 개인정보처리시스템에 대한 접근을 재부여하는 경우에도 반드시 개인정보취급자 여부를 확인 후 계정 잠금 해제 등의 조치가 필요

12) 비밀번호 공격방법

① 사전공격(Dictionary Attack) : 자주 사용되는 단어를 비밀번호에 대입하는 공격 방법

② 무작위 대입공격(Brute Force) : 가능한 한 모든 값을 비밀번호에 대입해 보는 공격 방법

③ 레인보우 테이블공격(Rainbow Table) : 무작위 대입공격(브루트 포스 공격)시 더 빠르게 비밀번호를 시도해 보기 위해서 해시 함수(MD5, SHA-1, SHA-2 등)를 사용하여 만들어낼 수 있는 값들을 왕창 저장한 표를 이용한 공격

13) 계정/권한 관리 서비스

구분	SSO	EAM	IAM
개념	한번의 로그인으로 다양한 시스템 혹은 인터넷 서비스를 사용할 수 있게 해주는 보안 솔루션	SSO와 사용자의 인증을 관리하며 어플리케이션 및 데이터에 대한 사용자 접근을 관리하기 위하여 보안정책 기반의 단일 메커니즘을 이용한 솔루션	단순한 한가지 어플리케이션을 지칭하는 용어가 아니라 계정관리 전반 및 프로비저닝 기능을 포함한 포괄적인 의미의 계정관리 솔루션
기술	PKI, LDAP	SSO, AC, LDAP, PKI, 암호화	통합자원관리 + Provisioning
특징	단일로그인, 여러 자원 접근	SSO + 통합권한 관리	EAM + 통합계정 관리
장점	사용 편의성	보안성 강화	관리 효율화
단점	인증 이외에 보안 취약	사용자 관리 어려움	시스템 구축 복잡

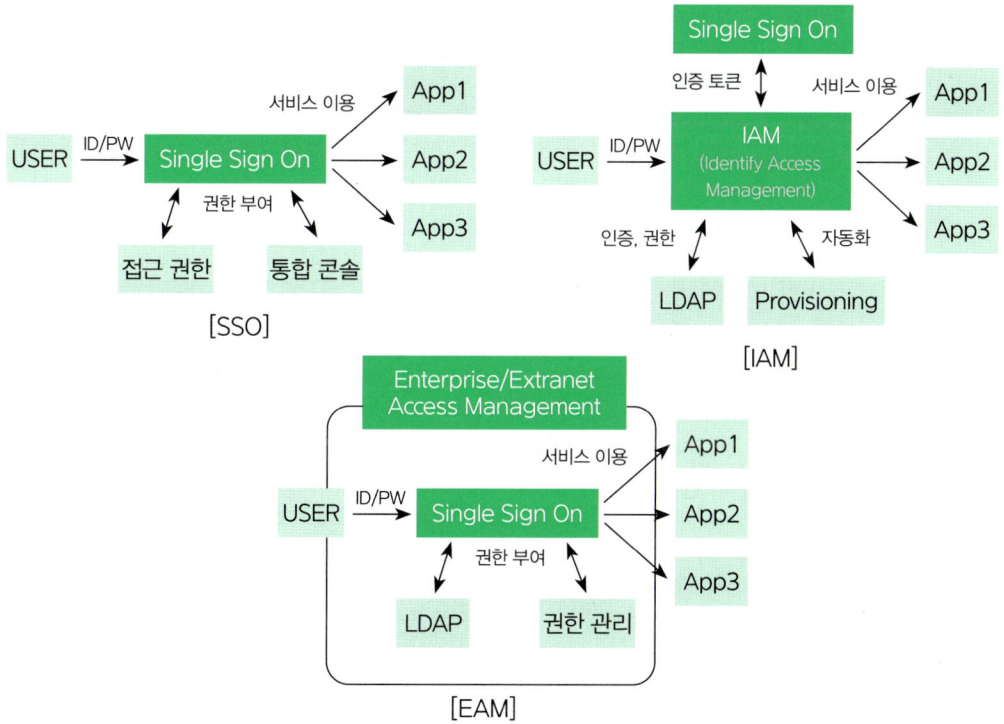

[SSO]

[IAM]

[EAM]

🔓 04 접근통제

(1) 관련 법령

안전성 확보조치 기준(2025.10.31) 제6조

제6조(접근통제)
① 개인정보처리자는 정보통신망을 통한 불법적인 접근 및 침해사고 방지를 위해 다음 각 호의 안전조치를 하여야 한다.
  1. 개인정보처리시스템에 대한 **접속 권한을 인터넷 프로토콜(IP) 주소** 등으로 **제한**하여 인가받지 않은 접근을 제한
  2. 개인정보처리시스템에 접속한 **인터넷 프로토콜(IP) 주소 등을 분석**하여 **개인정보 유출 시도 탐지 및 대응**
② 개인정보처리자는 **개인정보취급자**가 정보통신망을 통해 **외부에서 개인정보처리시스템에 접속**하려는 경우 **인증서, 보안토큰, 일회용 비밀번호** 등 **안전한 인증수단을 적용**하여야 한다. 다만, **이용자가 아닌 정보주체**의 개인정보를 처리하는 **개인정보처리시스템**의 경우 **가상사설망 등 안전한 접속 수단** 또는 **안전한 인증수단**을 적용할 수 있다.
③ 개인정보처리자는 처리하는 **개인정보가** 인터넷 홈페이지, P2P, 공유설정 등을 통하여 **권한이 없는 자에게 공개되거나 유출되지 않도록** 개인정보처리시스템, 개인정보취급자의 컴퓨터 및 모바일 기기 등에 **조치**를 하여야 한다.
④ 개인정보처리자는 개인정보처리시스템에 대한 불법적인 접근 및 침해사고 방지를 위하여 개인정보취급자가 **일정시간 이상 업무처리를 하지 않는** 경우에는 **자동으로 접속이 차단되도록 하는 등 필요한 조치**를 하여야 한다.
⑤ 개인정보처리자는 업무용 모바일 기기의 분실·도난 등으로 개인정보가 유출되지 않도록 해당 **모바일 기기에 비밀번호 설정 등의 보호조치**를 하여야 한다.
⑥ 전년도 말 기준 직전 3개월간 그 개인정보가 저장·관리되고 있는 **이용자 수가** 일일평균 **100만 명** 이상인 개인정보처리자는 개인정보처리시스템에서 개인정보를 **다운로드** 또는 **파기**할 수 있거나 개인정보처리시스템에 대한 **접근 권한을 설정**할 수 있는 개인정보취급자의 컴퓨터 등에 대한 **인터넷망 차단 조치**를 하여야 한다. 다만, 「클라우드 컴퓨팅 발전 및 이용자 보호에 관한 법률」 제2조제3호에 따른 **클라우드 컴퓨팅 서비스**를 이용하여 개인정보처리시스템을 구성·운영하는 경우에는 해당 서비스에 대한 접속 외에는 **인터넷을 차단하는 조치**를 하여야 한다.

안전성 확보조치 기준(2025.10.31) 제6조의2

제6조의2(인터넷망의 차단 조치 등)
① 전년도 말 기준 직전 3개월간 그 개인정보가 저장·관리되고 있는 **이용자 수가 일일평균 100만 명 이상**인 개인정보처리자는 다음 각 호의 어느 하나에 해당하는 **개인정보취급자의 컴퓨터** 등에 대해 **인터넷망 차단 조치**를 하여야 한다. 다만, 「클라우드컴퓨팅 발전 및 이용자 보호에 관한 법률」 제2조제3호에 따른 클라우드컴퓨팅서비스를 이용하여 개인정보처리시스템을 구성·운영하는 경우에는 해당 서비스에 대한 접속 외에는 인터넷을 차단하는 조치를 하여야 한다.
  1. 개인정보처리시스템에 대한 **접근 권한을 설정**할 수 있는 개인정보취급자
  2. 개인정보처리시스템에서 개인정보를 **다운로드 또는 파기**할 수 있는 개인정보취급자

---

② **제1항제2호에도 불구**하고 개인정보처리자는 내부 관리계획에서 정한 **위험 분석 결과**가 다음 각 호의 어느 하나에 해당하는 경우에는 제1항에 따른 **인터넷망 차단 조치를 하지 아니**할 수 있다. 다만, 법 제23조에 따른 **민감정보** 또는 제7조제1항·제2항에 따른 개인정보를 **다운로드 또는 파기**할 수 있는 개인정보취급자의 컴퓨터 등에 대해서는 그러하지 아니하다.
1. 위험 분석 결과 확인된 **위험이 현저히 낮은** 경우
2. 위험 분석 결과 확인된 위험을 감소시킬 수 있는 **보호조치를 적용**한 경우. 이 경우 개인정보 처리자는 [**별표**]에 따른 예시를 고려하여야 한다.

1) [별표] 위험을 감소시킬 수 있는 보호조치 예시 (제6조의2 관련)

용어	정의
1. 개인정보 파일을 다운로드 할 수 있는 개인정보취급자의 컴퓨터 등	• 개인정보처리시스템 접속 시 안전한 인증수단 적용 • 개인정보 파일 저장 시 안전한 암호 알고리즘으로 암호화 • 개인정보 다운로드 건수 제한 • 개인정보 다운로드 권한을 가진 개인정보취급자 최소화 • 개인정보 출력시 마스킹, 안심번호 등 표시제한 조치 적용
2. 개인정보 파일을 파기할 수 있는 개인정보취급자의 컴퓨터 등	• 개인정보 파기 권한을 가진 개인정보취급자 최소화 • 개인정보 파기시 관리자 등으로부터 별도 승인을 받도록 설정

※ "예시"는 개인정보처리자가 개인정보에 대한 접근을 통제하기 위해 필요한 조치를 마련하는 과정에서 '필요한 조치'에 해당하는지를 판단할 때 적용해야 하는 안전조치 사례로, 실제 사례에서는 구체적 사실관계에 따라 필요한 부분을 선별적으로 적용할 수 있음

(2) 관련 지식

1) 불법적인 접근, 침해사고

① 불법적인 접근 : 인가되지 않은 자(내·외부자 모두 포함)가 사용자 계정 탈취, 개인정보 유출 등의 목적으로 개인정보처리시스템, 개인정보취급자의 컴퓨터 등에 접근하는 것을 말한다.

② 침해사고 : 해킹, 컴퓨터바이러스, 논리폭탄, 메일폭탄, 서비스 거부 또는 고출력 전자기파 등의 방법으로 정보통신망 또는 이와 관련된 정보시스템을 공격하는 행위를 하여 발생한 사태를 말한다(「정보통신망법」 제2조제1항제7호).

2) 정보통신망을 통한 불법적인 접근 및 침해사고 방지 조치

① 개인정보처리시스템에 대한 접속 권한을 IP(Internet Protocol)주소, 포트(Port), MAC(Media Access Control) 주소 등으로 제한하여 인가받지 않은 접근을 제한(침입차단 기능)한다.

② 개인정보처리시스템에 접속한 IP(Internet Protocol)주소, 포트(Port), MAC(Media Access Control) 주소 등을 분석하여 불법적인 개인정보 유출 시도를 탐지(침입탐지 기능)한다.

3) 침입차단 및 침입탐지 기능을 갖춘 장비의 설치 방법 예시

① 침입차단시스템, 침입탐지시스템, 침입방지시스템 등 설치, 운영한다.

② 웹방화벽, 보안 운영체제(Secure OS) 등 도입한다.

③ 스위치 등의 네트워크 장비에서 제공하는 ACL(Access Control List : 접근제어목록) 기능을 이용하여 IP 주소 등을 제한함으로써 침입차단 기능을 구현한다.

④ 공개용 소프트웨어를 사용하거나, 운영체제(OS)에서 제공하는 기능을 활용하여 해당 기능을 포함한 시스템을 설치·운영한다.

⑤ 공개용 소프트웨어를 사용하는 경우에는 적절한 보안이 이루어지는지를 사전에 점검하고 정기적인 업데이트 여부 등 확인 후 적용이 필요하다.

⑥ 인터넷데이터센터(IDC), 클라우드 서비스, 보안업체 등에서 제공하는 보안서비스 등도 활용 가능하다.

⑦ 접근 제한 기능 및 유출 탐지 기능의 충족을 위해서는 단순히 시스템을 설치하는 것만으로는 부족하며, 신규 위협 대응 및 정책의 관리를 위하여 다음과 같은 방법 등을 활용하여 체계적으로 운영·관리하여야 한다.

⑧ 정책 설정 운영 : 신규 위협 대응 등을 위하여 접근 제한 정책 및 유출 탐지 정책을 설정하고 지속적인 업데이트 적용 및 운영·관리하여야 한다.

⑨ 이상 행위 대응 : 모니터링 등을 통해 인가받지 않은 접근을 제한하거나 인가자의 비정상적인 행동에 대응한다.

⑩ 로그 분석 : 로그 등의 대조 또는 분석을 통하여 이상 행위를 탐지 또는 차단한다.

⑪ 로그는 침입차단시스템 또는 침입탐지시스템의 로그기록에 한정하지 않고 개인정보처리시스템의 접속기록, 네트워크 장비의 로그기록, 보안장비소프트웨어의 기록 등을 포함한다.

⑫ IP주소 등에는 IP주소, 포트 그 자체뿐만 아니라, 해당 IP주소의 행위(과도한 접속성공 및 실패, 부적절한 명령어 등 이상 행위 관련 패킷)를 포함한다.

4) 이상 행위 대응 (예시)

① 동일 IP, 해외 IP 주소에서의 과도한 또는 비정상적인 접속시도 탐지 및 차단 조치

② 개인정보처리시스템에서 과도한 또는 비정상적인 트래픽 발생 시 탐지 및 차단 조치 등

5) 이용자가 아닌 정보주체의 개인정보 처리(안전한 접속수단을 적용하거나 안전한 인증수단 적용)

① 인터넷구간 등 외부로부터 개인정보처리시스템에 대한 접속은 원칙적으로 차단하여야 하나, 개인정보처리자의 업무 특성 또는 필요에 의해 개인정보취급자가 노트북, 업무용 컴퓨터, 모바일 기기 등으로 외부에서 정보통신망을 통해 개인정보처리시스템에 접속이 필요한 경우에는 안전한 접속수단을 적용하거나 안전한 인증수단을 적용하여야 한다.

② 접속수단 예시: 가상사설망(VPN : Virtual Private Network) 또는 전용선 등

③ 인증수단 예시: 인증서(PKI), 보안토큰, 일회용 비밀번호(OTP) 등

④ 인증수단만을 적용하는 경우에는 통신 보안을 위한 암호화 기술의 추가 적용이 필요할 수 있으므로, 보안성 강화를 위하여 안전한 접속수단을 권고한다.

6) 이용자의 개인정보 처리(안전한 인증수단 적용)

① 인터넷 구간 등 외부로부터 개인정보처리시스템에 접속은 원칙적으로 차단하여야 하나, 정보통신서비스 제공자등의 업무 특성 또는 필요에 의해 개인정보취급자가 노트북, 업무용 컴퓨터, 모바일 기기 등으로 외부에서 정보통신망을 통해 개인정보처리 시스템에 접속이 필요할 때에는 안전한 인증수단을 적용하여야 한다.

② 안전한 인증 수단의 적용 : 개인정보처리시스템에 사용자계정과 비밀번호를 입력하여 정당한 개인정보취급자 여부를 식별·인증하는 절차 이외에 추가적인 인증 수단을 적용한다.

③ 안전한 인증 수단을 적용할 때에도 보안성 강화를 위하여 VPN, 전용선 등 안전한 접속수단의 적용을 권고한다.

④ IPsec, SSL 등의 기술이 사용된 가상사설망을 안전하게 사용하기 위해서는, 잘 알려진 취약점(예시: Open SSL의 HeartBleed 취약점)들을 조치하고 사용할 필요가 있다.

7) 안전한 접속수단, 인증수단 용어 정의

① 가상사설망(VPN : Virtual Private Network) : 개인정보취급자가 사업장 내의 개인정보처리 시스템에 대해 원격으로 접속할 때 IPsec이나 SSL 기반의 암호 프로토콜을 사용한 터널링 기술을 통해 안전한 암호통신을 할 수 있도록 해주는 보안 시스템을 의미

② 전용선 : 물리적으로 독립된 회선으로서 두 지점간에 독점적으로 사용하는 회선으로 개인정보 처리자와 개인정보취급자, 또는 본점과 지점간 직통으로 연결하는 회선 등을 의미

③ IPsec(IP Security Protocol)은 인터넷 프로토콜(IP) 통신 보안을 위해 패킷에 암호화 기술이 적용된 프로토콜 집합

④ SSL(Secure Socket Layer)은 웹 브라우저(클라이언트)와 웹 서버(서버)간에 데이터를 안전하게 주고받기 위해 암호화 기술이 적용된 보안 프로토콜

⑤ IPsec, SSL 등의 기술이 사용된 가상사설망을 안전하게 사용하기 위해서는, 잘 알려진 취약점(예시: Open SSL의 HeartBleed 취약점)들을 조치하고 사용 할 필요가 있다.

⑥ 인증서(PKI, Public Key Infrastructure) : 전자상거래 등에서 상대방과의 신원확인, 거래사실 증명, 문서의 위·변조 여부 검증 등을 위해 사용하는 전자서명으로서 해당 전자서명을 생성한 자의 신원을 확인하는 수단

⑦ 보안토큰 : 암호 연산장치 등으로 내부에 저장된 정보가 외부로 복사, 재생성되지 않도록 공인인증서 등을 안전하게 보호할 수 있는 수단으로 스마트 카드, USB 토큰 등이 해당

⑧ 일회용 비밀번호(OTP; One Time Password) : 무작위로 생성되는 난수를 일회용 비밀번호로 한 번 생성하고, 그 인증값이 한 번만 사용가능하도록 하는 방식

[가상 사설망 및 전용선 구성 예시]

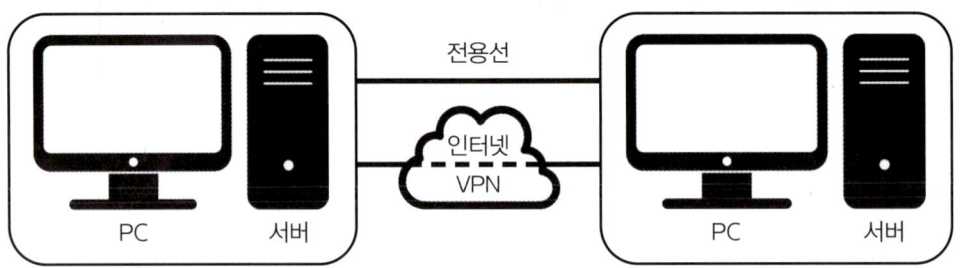

[사용자 인증 수단 예시]

구분	인증 수단	비 고
지식 기반	비밀번호	• 안전한 비밀번호 작성규칙 및 주기적 변경 • 비밀번호 도용, 무작위 대입 공격 등에 대응 • 시스템 설치 시 제품 등에서 제공하는 디폴트 계정 및 비밀번호 사용정지 또는 변경
소유 기반	인증서(PKI)	• 개인키의 안전한 보관 필요(안전한 보안매체에 보관 권고)
	OTP	• OTP토큰, 모바일OTP 등 다양한 방식
	기타	• 스마트 카드 방식 • 물리적 보안 토큰 방식 등
생체 기반	지문, 홍채 얼굴 등	• 생체 정보의 안전한 관리 필요
기타 방식	IP 주소	• 특정 IP주소에서만 해당 아이디로 접속할 수 있도록 제한
	MAC 주소	• 단말기의 MAC주소를 기반으로 해당 아이디로 접속할 수 있도록 제한하는 방식
	기기 일련번호	• 특정 PC 또는 특정 디바이스(스마트폰 등)에서만 접속할 수 있도록 제한하는 방식
	기타	• 위치 정보 등

8) 멀티팩터 인증(Multi-factor authentication, MFA)

구분	정의	비고
다소요 인증 (MFA)	두 가지에 한해 별도의 여러 증거 부분을 인증 매커니즘에 성공적으로 제시한 이후에만 사용자가 접근 권한이 주어지는 컴퓨터 접근 제어 방식	지식(knowledge), 소유(possession), 속성(inherence) 중 두 가지 이상
2-factor 인증	두 개의 다른 요소를 병합함으로써 사용자가 주장하는 식별자를 확인하는 방식	2-factor 인증은 다요소 인증의 일종

9) 정보통신서비스 제공자 등 : 인터넷망 차단 조치 적용 의무

① 전년도 말 기준 직전 3개월간 그 개인정보가 저장·관리되고 있는 이용자 수가 일일평균 100만명 이상(제공하는 정보통신서비스가 다수일 때에는 전체를 합산하여 적용)

② 위에 해당하지 아니하는 개인정보처리자는 인터넷망 차단조치를 적용하지 아니할 수 있으나, 보안성 강화 등을 위해서 적용을 권고함

③ 물리적 인터넷망 차단 조치 : 통신망, 장비 등을 물리적으로 이원화하여 인터넷 접속이 불가능한 컴퓨터와 인터넷 접속만 가능한 컴퓨터로 분리하는 방식

④ 논리적 인터넷망 차단 조치 : 물리적으로 하나의 통신망, 장비 등을 사용하지만 가상화 등의 방법으로 인터넷 접속이 불가능한 내부 업무영역과 인터넷 접속영역을 분리하는 방식

10) 인터넷망 차단 조치 적용 대상

① 개인정보처리시스템에서 개인정보를 다운로드, 파기, 접근권한을 설정할 수 있는 개인정보취급자의 컴퓨터 등

② 개인정보처리시스템에서 단순히 개인정보를 열람, 조회 등만을 할 때에는 망분리를 적용하지 아니할 수 있다.

③ 다운로드 : 개인정보처리시스템에 직접 접속하여 개인정보취급자의 컴퓨터 등에 개인정보를 엑셀, 워드, 텍스트, 이미지 등의 파일형태로 저장하는 것

④ 파기 : 개인정보처리시스템에 저장된 개인정보 파일, 레코드, 테이블 또는 데이터베이스(DB)를 삭제하는 것

⑤ 접근권한 설정 : 개인정보처리시스템에 접근하는 개인정보취급자에게 다운로드, 파기 등의 접근권한을 설정하는 것

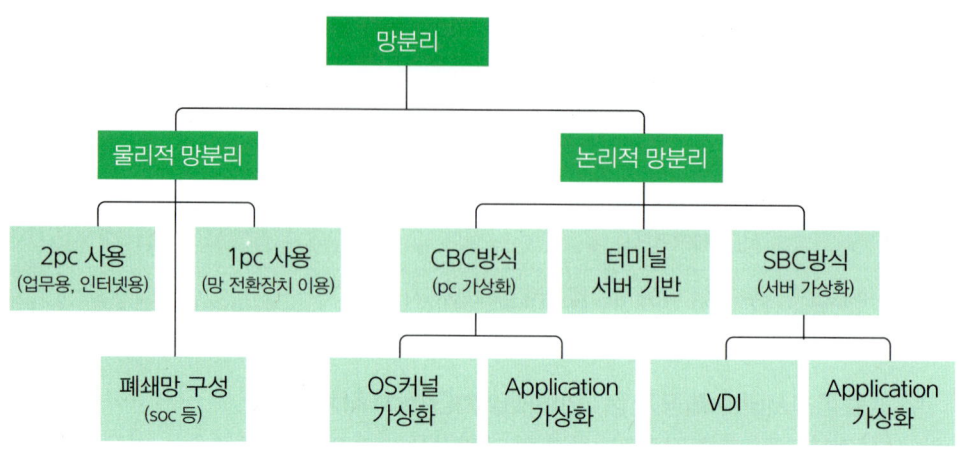

[망분리 방식 구분]

물리적 망분리는 통신망, 장비 등을 물리적으로 이원화하여 인터넷 접속이 불가능한 컴퓨터와 인터넷 접속만 가능한 컴퓨터로 분리하는 방식이다. 논리적 망분리는 물리적으로 하나의 통신 망, 장비 등을 사용하지만 가상화 등의 방법으로 내부 업무영역과 인터넷 접속영역을 분리하는 방식이다. 컴퓨터는 물리적으로 분리하되, 네트워크는 하나의 회선을 가상화하여 분리하는 하이브리드 망분리 방식도 존재한다.

[망분리 방식 장단점]

구분	물리적 망분리	논리적 망분리
운영 방법	업무용 망과 인터넷용 망을 물리적으로 분리	가상화 등의 기술을 이용하여 논리적으로 분리
도입 비용	높음(추가 PC, 별도 망 구축 등)	구축환경에 따라 상이함
보안성	높은 보안성(근본적 분리)	상대적으로 낮은 보안성(구성 방식에 따라 취약점 발생 가능)
효율성	업무 환경의 효율성 저하	상대적으로 관리 용이

11) 안전한 비밀번호 이용 방안 (예시)

① 생성 : 비밀번호 길이와 복잡도 설정, 계정(ID)과 비밀번호를 동일하게 생성 금지, 비밀 번호 재발급 시 랜덤하게 임시 비밀번호를 발급하여 최초 로그인시 새로운 비밀번호로 변경하도록 적용 등

② 암호화 : 비밀번호는 전송 시 암호화 적용, 저장 시 일방향(해쉬) 암호화 적용 등

③ 변경 : 비밀번호 사용 만료일 이전에 이용자에게 알려주어 변경 유도, 비밀번호 유효기 간을 설정하여 강제 변경 등

④ 공격 대응 : 5회 이상 로그인 시도 실패 시 계정 잠금, 로그인 실패 횟수에 따라 로그인 지연시간 설정, 사전에 있는 단어 사용 금지, 비밀번호에 난수 추가(Salting) 등

⑤ 운영 관리 : 일정시간 작업이 없는 로그온 세션 종료, 장기 휴면계정 계정 삭제, 비밀번호 공유 금지, 초기값(Default) 비밀번호 변경 후 사용, 로그인 시도 및 로그인 기록 유지, 비밀번호 재사용 금지 등

12) 정보통신서비스 제공자등 [이용자 비밀번호 작성규칙 (예시)]

① 비밀번호는 문자, 숫자의 조합·구성에 따라 최소 8자리 또는 10자리 이상의 길이로 구성
② 최소 8자리 이상: 두 종류 이상의 문자를 이용하여 구성한 경우
   ※ 문자 종류 : 알파벳 대문자와 소문자, 특수문자, 숫자
③ 최소 10자리 이상: 하나의 문자종류로 구성한 경우
   ※ 단, 숫자로만 구성할 경우 취약할 수 있음
④ 비밀번호는 추측하거나 유추하기 어렵도록 설정
⑤ 동일한 문자 반복(aaabbb, 123123 등), 키보드 상에서 나란히 있는 문자열(qwer 등), 일련번호(12345678 등), 가족이름, 생일, 전화번호 등은 사용하지 않음
⑥ 비밀번호가 제3자에게 노출되었을 경우 지체없이 새로운 비밀번호로 변경해야 한다.

13) 정보통신서비스 제공자등 (개인정보취급자 비밀번호 관리)

① 영대문자, 영소문자, 숫자, 특수문자 중 2종류 이상을 조합하여 최소 10자리 이상 또는 3종류 이상을 조합하여 최소 8자리 이상의 길이로 구성하여야 한다.
② 연속적인 문자열이나 숫자, 생년월일, 전화번호 등 추측하기 쉬운 정보 및 아이디와 비슷한 비밀번호는 사용하지 않는 것을 권고한다.
③ 비밀번호에 유효기간을 설정하여 반기별 1회 이상 변경하여야 한다.
④ 비밀번호는 정당한 접속 권한을 가지지 않는 자가 추측하거나 접속을 시도하기 어렵도록 문자, 숫자 등으로 조합·구성하여야 한다.

14) 정보통신서비스 제공자등 : 개인정보취급자 비밀번호 작성규칙

① 비밀번호는 문자, 숫자의 조합·구성에 따라 최소 10자리 또는 8자리 이상의 길이로 설정
   ※ 기술 발달에 따라 비밀번호의 최소 길이는 늘어날 수 있다.
② 최소 10자리 이상: 두 종류 이상의 문자로 구성한 경우
   ※ 문자 종류 : 알파벳 대문자와 소문자, 특수문자, 숫자
③ 최소 8자리 이상: 세 종류 이상의 문자를 이용하여 구성한 경우
④ 비밀번호는 추측하거나 유추하기 어렵도록 설정
   ※ 일련번호(12345678 등), 전화번호, 잘 알려진 단어(love, happy 등), 키보드 상에서 나란히 있는 문자열(qwer 등) 등을 사용하지 않도록 함
⑤ 비밀번호를 최소 6개월마다 변경하도록 변경기간을 적용하는 등 장기간 사용하지 않는다.
   ※ 변경시 동일한(예시: Mrp15@*1aT와 Mrp15@*1at) 비밀번호를 교대로 사용하지 않도록 함

15) 개인정보가 인터넷 홈페이지 등 공개, 유출 방지 조치

① 인터넷 홈페이지 중 서비스 제공에 사용되지 않거나 관리되지 않는 사이트 또는 URL(Uniform Resource Locator)에 대한 삭제 또는 차단 조치를 한다.

② 인터넷 홈페이지의 설계·개발 오류 또는 개인정보취급자의 업무상 부주의 등으로 인터넷 서비스 검색엔진(구글링 등) 등을 통해 관리자 페이지와 취급중인 개인정보가 노출되지 않도록 필요한 조치를 한다.

③ 인터넷 홈페이지를 통하여 개인정보가 유출될 수 있는 위험성을 줄이기 위하여 정기적으로 웹 취약점 점검을 권고한다.

④ 업무상 꼭 필요한 경우라도 드라이브 전체 또는 불필요한 폴더가 공유되지 않도록 조치하고, 공유폴더에 개인정보 파일이 포함되지 않도록 정기적인 점검이 필요하다.

⑤ 상용 웹메일, 웹하드, 메신저, SNS 서비스 등을 통하여 고의 혹은 부주의로 인한 개인정보 유·노출 방지 조치 등이 해당될 수 있다.

⑥ P2P, 웹하드 등의 사용을 제한하는 경우에도 단순히 사용금지 조치를 취하는 것이 아니라 시스템 상에서 해당 포트를 차단하는 등 근본적인 안전조치를 취하는 것이 필요하다.

⑦ 공개된 무선망을 이용하여 개인정보를 처리 시 신뢰되지 않은 무선접속장치(AP), 무선전송 구간 및 무선접속장치의 취약점 등에 의해 열람권한이 없는 자에게 공개되거나 유출되지 않도록 접근 통제 등에 관한 안전조치를 하여야 한다.

16) 인터넷 홈페이지를 통한 개인정보 유·노출 유형

① 검색엔진(구글링 등) 등을 통한 개인정보 유·노출

② 웹 취약점을 통한 개인정보 유·노출

③ 인터넷 게시판을 통한 개인정보 유·노출

④ 홈페이지 설계·구현 오류로 인한 개인정보 유·노출

⑤ 기타 방법을 통한 개인정보 유·노출

17) 인터넷 홈페이지 설계 시 개인정보 유노출 보안대책 (예시)

① 입력 데이터의 유효성을 검증

② 인증, 접근통제 등의 보호조치 적용

③ 에러, 오류 상황이 처리되지 않거나 불충분하게 처리되지 않도록 구성

④ 세션을 안전하게 관리하도록 구성 등

18) 인터넷 홈페이지 개발 시 보안 기술 적용 (예시)

① 홈페이지 주소(URL), 소스코드, 임시 저장 페이지 등에 개인정보 사용 금지

② 홈페이지에 관리자 페이지의 주소 링크 생성 금지, 관리자 페이지 주소는 쉽게 추측하기 어렵도록 생성, 관리자 페이지 노출 금지

③ 엑셀 파일 등 숨기기 기능에 의한 개인정보 유·노출 금지

④ 시큐어 코딩(Secure coding) 도입

⑤ 취약점을 점검하고 그 결과에 따른 적절한 개선 조치

⑥ 인증 우회(Authentication bypass)에 대비하는 조치 등

19) 인터넷 홈페이지 운영 및 관리 (예시)

① 인터넷 홈페이지 등에 보안대책을 정기적으로 검토
② 홈페이지 게시글, 첨부파일 등에 개인정보 포함 금지, 정기적 점검 및 삭제 등의 조치
③ 서비스 중단 또는 관리되지 않는 홈페이지는 전체 삭제 또는 차단 조치
④ 공격패턴, 위험분석, 침투 테스트 등을 수행하고 발견되는 결함에 따른 개선 조치
⑤ 취약점을 점검하고 그 결과에 따른 적절한 개선 조치 등

20) P2P 및 공유설정을 통한 개인정보 유·노출 방지 조치 (예시)

① 불가피하게 공유설정 등을 할 때에는 업무용 컴퓨터에 접근권한 비밀번호를 설정하고, 사용이 완료된 후에는 공유설정을 제거
② 파일 전송이 주된 목적일 때에는 읽기 권한만을 주고 상대방이 쓰기를 할 때만 개별적으로 쓰기 권한을 설정
③ P2P 프로그램, 상용 웹메일, 웹하드, 메신저, SNS 서비스 등을 통하여 고의·부주의로 인한 개인정보 유·노출 방지
④ WPA2(Wi-Fi Protected Access 2) 등 보안 프로토콜이 적용된 무선망 이용 등

21) 무선망 개인정보 처리 시 보호조치

① 비밀번호 등 송신 시 SSL, VPN 등의 보안기술이 적용된 전용 프로그램을 사용하거나 암호화하여 송신한다.
※ 모바일 기기, 노트북에서 개인정보처리시스템에 개인정보 전송시, 전송 암호화 기능이 탑재된 별도의 앱(App)이나 프로그램을 설치하고 이를 이용하여 전송
② 고유식별정보 등이 포함된 파일 송신 시 파일을 암호화하여 저장 후 송신한다.
※ 모바일 기기, 노트북에서 개인정보처리시스템에 고유식별정보가 포함된 파일 송신 시, 암호화 저장한 후 송신
③ 개인정보 유출 방지 조치가 적용된 공개된 무선망을 이용한다.
※ 모바일 기기, 노트북에서 설치자를 신뢰할 수 있고 관리자 비밀번호 등을 포함한 알려진 보안취약점이 조치된 무선접속장치에 안전한 비밀번호를 적용한 WPA2(Wi-Fi Protected Access 2) 보안 프로토콜을 사용하는 공개된 무선망 사용

구분	WEP (Wired Equivalent Privacy)	WPA (Wi-Fi Protected Access)	WPA2 (Wi-Fi Protected Access2)
인증	사전 공유된 비밀키 사용 (64비트, 128비트)	사전에 공유된 비밀키를 사용하거나 별도의 인증서버 이용	사전에 공유된 비밀키를 사용하거나 별도의 인증서버 이용
암호 방법	• 고정 암호키 사용 • RC4 알고리즘 사용	• 암호키 동적 변경(TKIP) • RC4 알고리즘 사용	암호키 동적 변경 AES 등 강력한 암호 알고리즘 사용
보안성	가장 취약하여 널리 사용되지 않음	WEP 방식보다 안전하나 불완전한 RC4 알고리즘 사용	가장 강력한 보안기능 제공

22) 고유식별정보를 처리 시 연 1회 취약점 점검 및 보완조치

① 인터넷 홈페이지를 통해 고유식별정보(주민등록번호, 운전면허번호, 외국인등록번호, 여권번호)를 처리하는 개인정보처리자는 고유식별정보가 유출·변조·훼손되지 않도록 해당 인터넷 홈페이지에 대해 연 1회 이상 취약점을 점검하여야 하며, 그 결과에 따른 개선 조치를 하여야 한다.

• 웹 취약점 점검 항목 예시 : SQL_Injection 취약점, CrossSiteScript 취약점, File Upload 및 Download 취약점, ZeroBoard 취약점, Directory Listing 취약점, URL 및 Parameter 변조 등

② 인터넷 홈페이지의 취약점 점검 시에는 기록을 남겨 책임 추적성 확보 및 향후 개선조치 등에 활용할 수 있도록 해야 한다.

③ 인터넷 홈페이지의 취약점 점검은 개인정보처리자의 자체인력, 보안업체 등을 활용할 수 있으며, 취약점 점검은 상용 도구, 공개용 도구, 자체 제작 도구 등을 사용할 수 있다.

[SQL 인젝션 공격]

SQL 인젝션(SQL 삽입, SQL 주입으로도 불린다)은 코드 인젝션의 한 기법으로 클라이언트의 입력값을 조작하여 서버의 데이터베이스를 공격할 수 있는 공격방식

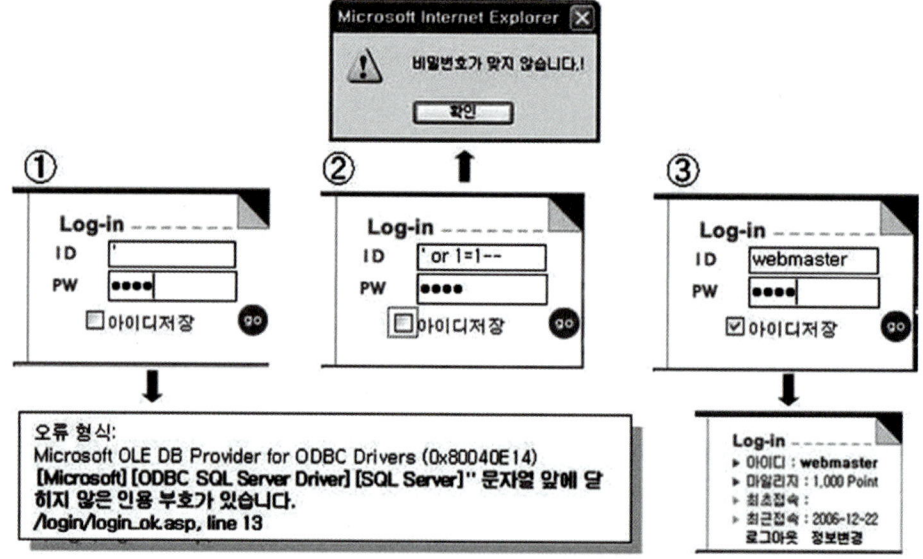

(출처 : 웹서버 구축 안내서, KISA)

[XSS (Cross Site Scripting) 공격]

게시판, 웹 메일 등에 삽입된 악의적인 스크립트에 의해 페이지가 깨지거나 다른 사용자의 사용을 방해하거나 쿠키 및 기타 개인 정보를 특정 사이트로 전송시키는 공격

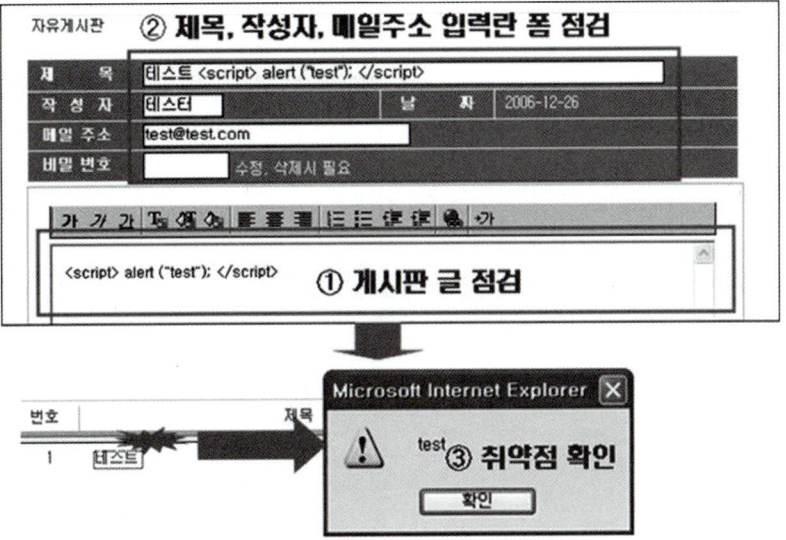

[CSRF(Cross Site Request Forgery)]

CSRF(Cross Site Request Forgery)는 특정 사용자를 대상으로 하지 않고, 불특정 다수를 대상으로 로그인된 사용자가 자신의 의지와는 무관하게 공격자가 의도한 행위(수정, 삭제, 등록, 송금 등)를 하게 만드는 공격

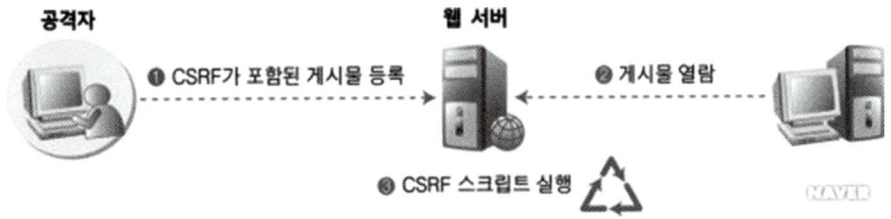

[파일업로드 공격]

홈페이지 스크립트를 확인한 후 관련 웹쉘 스크립트 파일 업로드를 시도하고 필터링을 지원할 경우 필터링 대상이 되지 않는 jpg 확장자를 중간에 넣은 파일명 "(cmd.jpg.jsp")으로 바꿔 업로드를 시도하는 공격

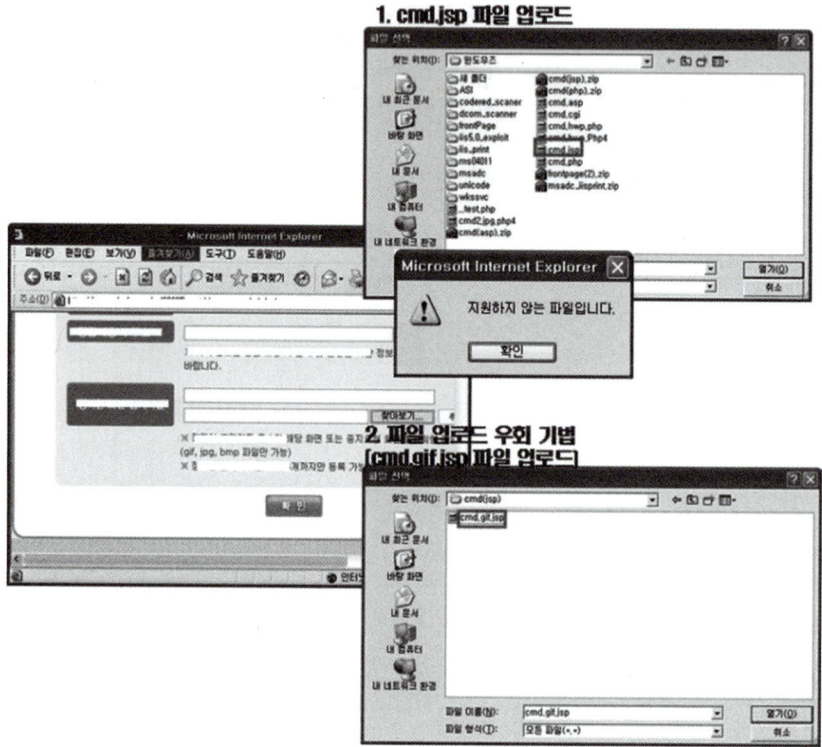

[쿠키값 변조 공격]

웹 서버에서 사용자 측에 생성하는 쿠키를 이용해 웹 프록시와 같은 도구를 이용하여 조작해 다른 사용자로 변경하거나 관리자로 권한 상승하는 공격

① 관리자 아이디 확인

② 일반사용자로 로그인 후 쿠키 ID값 변경

Cookie: login=id=hackin9; ASPSESSIONIDCARBQSSC=NHLJMANBHOGMDAALBBEGLNFD

Cookie: login=id=webmaster; ASPSESSIONIDCARBQSSC=NHLJMANBHOGMDAALBBEGLNFD

[파일 다운로드 공격]

홈페이지 상에서 파일 열람 또는 다운로드를 위해 입력되는 경로를 체크하지 않을 때 웹서버의 홈 디렉토리를 벗어나서 임의의 위치에 있는 파일을 열람하거나 다운로드 받는 공격

보통 파일 다운 받을 때 전용 다운로드 프로그램을 이용해 다음과 같이 입력한다.
http://www.domain.com/bbs/download.jsp?filename=테스트.doc
여기서 테스트.doc 대신 다음과 같이 시도하면 /etc/passwd를 다운로드 받을 수 있다.
http://www.domain.com/bbs/download.jsp?filename=../../../../etc/passwd

[SSL/TLS 취약점 및 종류]

유형	설명	대응방안
HeartBleed (하트블리드)	• SSL과 TLS 오픈소스 구현판인 OpenSSL의 보안 결함으로 인한 취약점 • **HeartBeat 모듈의 취약점**을 이용하여 공격해서 하트블리드라고 명명 • 인터넷에서 각종 정보를 암호화하는 데 쓰이는 오픈소스 암호화 라이브러리인 오픈SSL(OpenSSL)에서 발견된 심각한 보안 결함	• 취약한 버전 : OpenSSL-1.0.2 / 1.0.1 • 업데이트를 하거나, DOPENSSL_NO_HEARTBEATS를 비활성화 해야 함
Poodle (Padding Oracle On Downgraded Legacy Encryption)	• MITM 공격으로 **SSL 버전을 다운그레이드**하고 Padding Oracle 취약점을 통해 암호문을 복호화하는 취약점 • SSL 3.0 버전에 Padding Oracle 취약점이 있음	• 이전 버전과의 호환성을 제거
SSL Strip	• SSL을 벗겨낸다는 뜻으로 **HTTPS 통신을 강제로 HTTP 통신**을 하게 만드는 공격(중간자 공격)	• 공개 키 기반구조(PKI), -강력한 상호 인증(비밀번호, 암호키) • 대기 시간 점검 • HSTS (Http Strict Tansport Security), 강제로 HTTPS 접근 기능
Freak SSL	• Client 가 WebServer 와 SSL/TLS 를 위해 SSL Handshake 과정을 거칠 때 RSA 를 EXPORT_RSA 로 down grade 할 수 있는 문제점	• 현재 CVE-2015-0204 보안취약점 관련하여 몇몇 사이트에서 이슈가 되어있는 상태이나 WebtoB 에서는 OpenSSL 패치 없이 설정만으로 해결 가능한 이슈로 확인

[기타 오픈소스 취약점 및 종류]

유형	설명	대응방안
Log4j 취약점	• 아파치 소프트웨어 재단의 프로젝트 아파치 로깅 서비스(Apache Logging Services) • JNDI(Java Naming and Directory Interface)와 LDAP를 이용 • URL ldap://localhost:389/o=JNDITutorial • 해커가 로그에 기록되는 곳을 찾아 ${jndi:sndi:snd://example.com/a}과 같은 값을 추가하기만 하면 취약점을 이용할 수 있음	• 현재 2.17.0 버전의 새로운 취약점 CVE-2021-44832이 발견되었으므로 반드시 2.17.1 버전으로 업데이트
쉘쇼크 (Shellshock)	• 시스템 환경변수에 특정 패턴의 명령어 저장 → 쉘 실행시 해당 명령어 실행 • 특정패턴 • () { :; }; 〈명령어〉 • 취약 여부 테스트 명령문 • env x = '() { :; }; echo vulnerable' bash -c 'echo this is test' • 취약할 경우 vulnerable 문자열이 출력 (취약하지 않을 경우 뒷부분만 출력)	• 최신버전 업데이트 • OWASP Dependency-Check : 오픈소스 라이브러리의 알려진 취약점을 찾고 정보 제공
Ghost	• 리눅스 GNU C 라이브러리(glibc)의 특정 함수에서 임의코드를 실행할 수 있는 취약점 • 리눅스 계열에서 사용하고 있는 glibc 라이브러리에 있는 __nss_hostname_digits_dots 함수에서 잘못된 메모리 사용으로 인해 메모리 변조	• 업데이트 패치 • 데비안/우분투 : apt-get update && apt-get upgrade glibc • 레드햇/CentOS : yum update glibc

23) 일정시간 이상 업무처리를 하지 않는 경우 자동으로 시스템 접속 차단

① 개인정보처리시스템에 접속하는 업무용 컴퓨터 등에서 해당 개인정보처리시스템에 대한 접속의 차단을 의미하며, 업무용 컴퓨터의 화면보호기 등은 접속차단에 해당하지 않는다.

② 개인정보취급자가 일정시간 이상 업무처리를 하지 않아 개인정보처리시스템에 접속이 차단된 이후, 다시 접속하고자 할 때에도 최초의 로그인과 동일한 방법으로 접속하여야 한다.

③ 정보통신서비스 제공자등은 개인정보를 처리하는 방법 및 환경, 보안위험요인, 업무특성(DB 운영·관리, 시스템 모니터링 및 유지보수 등) 등을 고려하여 스스로의 환경에 맞는 최대 접속시간을 각각 정하여 시행할 수 있다.

④ 최대 접속시간은 최소한(통상 10~30분 이내)으로 정하여야 한다. 다만, 장시간 접속이 필요할 때에는 접속시간 등 그 기록을 보관, 관리하여야 한다.

24) 접속 차단 미조치 사례 (예시)

① 개인정보처리시스템에 접속 차단 등의 조치 없이 업무용 컴퓨터에 화면보호기만을 설정한 때

② 개인정보처리시스템 등에 다시 접속 시 자동 로그인 기능을 사용한 때

③ 서버접근제어 프로그램 등을 이용하여 별도의 로그인 절차 없이 개인정보처리시스템에 접속이 가능하도록 구성하면서 해당 프로그램에 접속 차단 조치를 하지 않은 때

25) 업무용 컴퓨터 또는 모바일 기기를 이용하여 개인정보를 처리 시 접근통제

① PC, 노트북 등의 업무용 컴퓨터의 운영체제(OS)에서 제공하는 접근 통제 기능 설정 방법은 아래와 같으며, 별도의 보안프로그램을 사용하여 접근 통제 기능을 설정하고 이용할 수 있다.

② 모바일 기기에서는 네트워크 및 소프트웨어 통제, 인입 포트 차단 등의 접근 통제 기능을 제공하는 운영체제를 사용할 수 있으며, 접근 통제 기능을 제공하는 방화벽 등, 어플리케이션(App)을 설치·운영 할 수 있다.

26) 업무용 모바일 기기의 분실·도난 등 개인정보 유출방지 대책

① 비밀번호, 패턴, PIN, 지문, 홍채 등을 사용하여 화면 잠금 설정

② 디바이스 암호화 기능을 사용하여 애플리케이션, 데이터 등 암호화

③ USIM 카드에 저장된 개인정보 보호를 위한 USIM 카드 잠금 설정

④ 모바일 기기 제조사 및 이동통신사가 제공하는 기능을 이용한 원격 잠금, 원격 데이터 삭제

⑤ 중요한 개인정보를 처리하는 모바일 기기는 MDM(Mobile Device Management) 등 모바일 단말 관리 프로그램을 설치하여 원격 잠금, 원격 데이터 삭제, 접속 통제 등

⑥ MDM은 무선망을 이용해 원격으로 스마트폰 등의 모바일 기기를 제어하는 솔루션으로서, 분실된 모바일 기기의 위치 추적, 잠금 설정, 정보 삭제, 특정 사이트 접속 제한 등의 기능 제공

⑦ 모바일 기기의 도난 또는 분실 시 원격 잠금, 데이터 삭제 등을 위해 제조사별로 지원하는 '킬 스위치(Kill Switch) 서비스'나 이동통신사의 '잠금 앱 서비스'를 이용할 수 있다.

05 개인정보의 암호화

(1) 관련 법령

안전성 확보조치 기준(2025.10.31) 제7조

제7조(개인정보의 암호화)

① 개인정보처리자는 **비밀번호, 생체인식정보** 등 **인증정보를 저장** 또는 정보통신망을 통하여 **송·수신**하는 경우에 이를 안전한 암호 알고리즘으로 **암호화**하여야 한다. 다만, **비밀번호**를 저장하는 경우에는 복호화되지 아니하도록 **일방향 암호화하여 저장**하여야 한다.

② 개인정보처리자는 다음 각 호의 해당하는 **이용자의 개인정보**에 대해서는 **안전한 암호 알고리즘으로 암호화**하여 저장하여야 한다.
1. 주민등록번호
2. 여권번호
3. 운전면허번호
4. 외국인등록번호
5. 신용카드번호
6. 계좌번호
7. 생체인식정보

③ 개인정보처리자는 **이용자가 아닌 정보주체의 개인정보**를 다음 각 호와 같이 저장하는 경우에는 **암호화**하여야 한다.
1. **인터넷망 구간** 및 인터넷망 구간과 내부망의 중간 지점(**DMZ** : Demilitarized Zone)에 **고유식별 정보를 저장**하는 경우
2. **내부망**에 고유식별정보를 저장하는 경우(다만, **주민등록번호 외의 고유식별정보를 저장**하는 경우에는 다음 각 목의 기준에 따라 **암호화의 적용여부** 및 적용범위를 정하여 시행할 수 있다)
   가. 법 제33조에 따른 **개인정보 영향평가**의 대상이 되는 **공공기관**의 경우에는 해당 **개인정보 영향평가의 결과**
   나. 암호화 미적용시 **위험도 분석**에 따른 결과

④ 개인정보처리자는 개인정보를 정보통신망을 통하여 **인터넷망 구간으로 송·수신**하는 경우에는 이를 안전한 암호 알고리즘으로 **암호화**하여야 한다.

⑤ 개인정보처리자는 **이용자의 개인정보** 또는 **이용자가 아닌 정보주체의 고유식별정보, 생체인식정보**를 개인정보취급자의 컴퓨터, 모바일 기기 및 보조저장매체 등에 **저장**할 때에는 안전한 암호 알고리즘을 사용하여 **암호화한 후 저장**하여야 한다.

⑥ **10만명** 이상의 정보주체에 관하여 개인정보를 처리하는 **대기업·중견기업·공공기관** 또는 **100만명** 이상의 정보주체에 관하여 개인정보를 처리하는 **중소기업·단체**에 해당하는 개인정보처리자는 암호화된 개인정보를 안전하게 보관하기 위하여 안전한 **암호 키 생성**, 이용, 보관, 배포 및 파기 등에 **관한 절차**를 수립·시행하여야 한다.

(2) 관련 지식

1) 암호화 대상 개인정보

구분		이용자가 아닌 정보주체의 개인정보	이용자의 개인정보
정보통신망을 통한 송·수신 시	정보통신망	인증정보(비밀번호, 생체인식정보 등)	
	인터넷망	개인정보	
저장 시	저장 위치 무관	인증정보(비밀번호, 생체인식정보 등) ※ 단, 비밀번호는 일방향 암호화	
			신용카드번호, 계좌번호
		주민등록번호	
	인터넷구간, DMZ	고유식별정보 (주민등록번호 제외)	여권번호, 운전면허번호 외국인등록번호
	내부망	고유식별정보 (주민등록번호 제외) ※ 영향평가 또는 위험도 분석을 통해 암호화 미적용 가능	
개인정보취급자 컴퓨터, 모바일기기, 보조저장매체 등에 저장 시		고유식별정보, 생체인식정보	개인정보

2) 암호화 방식

암호화 방식	암·복호화 모듈 위치	암·복호화 요청 위치	설명
응용 프로그램 자체 암호화	어플리케이션 서버	응용 프로그램	① 암·복호화 모듈이 API 라이브러리 형태로 각 어플리케이션 서버에 설치되고, 응용프로그램에서 해당 암·복호화 모듈을 호출하는 방식
DB 서버 암호화	DB 서버	DB 서버	① 암·복호화 모듈이 DB 서버에 설치되고 DB 서버에서 암·복호화 모듈을 호출하는 방식 ② 기존 Plug-In 방식과 유사
DBMS 자체 암호화	DB 서버	DB 서버	① DB 서버의 DBMS 커널이 자체적으로 암·복호화 기능을 수행하는 방식 ② 기존 커널 방식(TDE 방식과 유사)
DBMS 암호화 기능 호출	DB 서버	응용 프로그램	① 응용프로그램에서 DB 서버의 DBMS 커널이 제공하는 암·복호화 API를 호출하는 방식 ② 구축 시 암·복호화 API를 사용하는 응용프로그램의 수정이 필요 ③ 기존 커널 방식(DBMS 함수 호출)과 유사
운영체제 암호화	파일서버	운영체제 (OS)	① OS에서 발생하는 물리적인 입출력을 이용한 암·복호화 방식으로 DBMS의 데이터파일 암호화 ② 기존 DB 파일암호화 방식과 유사

구분	암호화 방식
정보통신망을 통한 전송 시	① 웹서버에 SSL 인증서를 설치하여 전송하는 정보를 암호화 송·수신 ② 웹서버에 암호화 응용프로그램을 설치하여 전송하는 정보를 암호화하여 송·수신 ③ 그 밖에 암호화 기술 활용 : VPN, PGP 등
보조저장매체로 전달 시	① 암호화 기능을 제공하는 보안 저장매체 이용(보안USB 등) ② 해당 정보를 암호화한 후 보조저장매체에 저장 등
개인정보처리시스템 저장 시	① 응용프로그램 자체 암호화(API 방식) ② DB서버 암호화(Plug-in 방식) ③ DBMS 자체 암호화(TDE 방식) ④ DBMS 암호화 기능 호출 ⑤ 운영체제 암호화(파일암호화 등) ⑥ 그 밖의 암호화 기술 활용
업무용 컴퓨터 및 모바일 기기 저장 시	① 문서도구 자체 암호화(오피스 등에서 제공하는 암호 설정 기능 활용) ② 암호 유틸리티를 이용한 암호화 ③ DRM(Digital Right Management) 적용 등

3) 안전한 알고리즘

구분	취약한 알고리즘	안전한 알고리즘
대칭키 암호 알고리즘	DES, 128bit 미만의 AES, ARIA, SEED	SEED, ARIA-128/192/256, AES-128/192/256, HIGHT, LEA 등
공개키 암호 알고리즘	2048bit 미만의 RSA, RSAES	RSAES-OAEP, RSAES-PKCS1 등
일방향 암호 알고리즘	MD5, SHA-1, HAS-160	SHA-256/384/512 등

4) 알고리즘 유형 분류

암호 기술	유형	적용사례
대칭키 알고리즘	블록암호	DES, AES, SEED
	스트림암호	RC4, LFSR
공개키 알고리즘	소인수 분해 문제	RSA, Rabin
	이산대수 문제	Elgamal, DSA, Diffie-Hellman
	타원곡선(이산대수) 문제	ECC, ECDSA, KCDSA, EC-KCDSA
해시 알고리즘	MDC (Modification Detection Code)	MD5, SHA-1, SHA-2
	MAC(Message Authentication Code)	HMAC, CMAC, GMAC

5) 개인정보 암호화하여 송신, 전달
① 정보통신망을 통하여 비밀번호를 송신하는 경우에는 SSL 등의 통신 암호 프로토콜이 탑재된 기술을 활용하여야 한다.
② 보조저장매체를 통해 고유식별정보, 비밀번호, 바이오정보를 전달하는 경우에도 암호화하여야 한다.
③ 암호화 기능을 제공하는 보안 USB 등의 보조저장매체에 저장하여 전달한다.
④ 해당 개인정보를 암호화 저장한 후, 보조저장매체에 저장하여 전달한다.

6) 개인정보 암호화 전송 기술 SSL 적용
① SSL(Secure Socket Layer)은 웹 브라우저와 웹 서버간에 데이터를 안전하게 주고받기 위해 암호화 기술이 적용된 보안 프로토콜이다.
② 개인정보 암호화 전송기술 사용 시 안전한 전송을 위해 잘 알려진 취약점(예시: Open SSL 사용 시 HeartBleed 취약점)들을 조치하고 사용할 필요가 있다.

7) 공개 구간 고유식별정보 암호화

① 인터넷 구간 및 인터넷 구간과 내부망의 중간 지점(DMZ ; Demilitarized Zone)에 고유식별정보를 저장한다.

② 인터넷 구간은 개인정보처리시스템과 인터넷이 직접 연결되어 있는 구간을 의미한다.

③ DMZ 구간은 인터넷과 내부망 사이에 위치한 중간 지점 또는 인터넷 구간 사이에 위치한 중간 지점으로서 인터넷 구간에서 직접 접근이 가능한 영역이다.

④ 내부망은 접근통제시스템 등에 의해 차단되어 외부에서 직접 접근이 불가능한 영역이다.

8) SSL 을 통한 개인정보 암호화

일반 웹주소

SSL 적용 웹주소

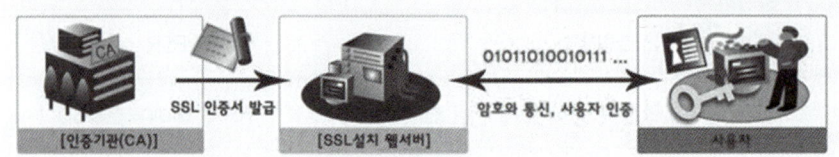

9) 개인정보처리자가 내부망에 고유식별정보를 저장 시 암호화 여부 결정

① 법 제33조에 따른 개인정보 영향평가의 대상이 되는 공공기관의 경우에는 해당 개인정보 영향평가의 결과이다.

② 암호화 미적용시 위험도 분석에 따른 결과 단, 내부망에 주민등록번호를 저장하는 경우 조건 없이 암호화하여야 한다.

10) 개인정보 암호키 관리

10만 명 이상의 정보주체에 관하여 개인정보를 처리하는 대기업·중견기업·공공기관 또는 100만명 이상의 정보주체에 관하여 개인정보를 처리하는 중소기업·단체에 해당하는 개인정보처리자는 암호화된 개인정보를 안전하게 보관하기 위하여 안전한 암호 키 생성, 이용, 보관, 배포 및 파기 등에 관한 절차를 수립·시행하여야 한다.

단계	설명	상태
준비 단계	암호 키가 사용되기 이전의 단계	미생성 또는 준비 상태
운영 단계	암호 키가 암호 알고리즘 및 연산에 사용되는 단계	운영 상태
정지 단계	암호 키가 더 이상 사용되지 않지만, 암호 키에 대한 접근은 가능한 단계	정지 또는 위험 상태
폐기 단계	암호 키가 더 이상 사용될 수 없는 단계	폐기 또는 사고 상태

(출처 : 개인정보의 암호화 조치 안내서, KISA)

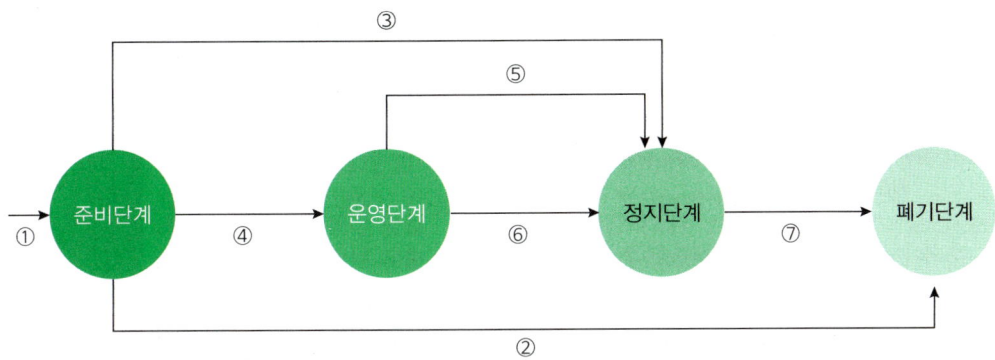

① 암호키는 생성됨과 동시에 준비 단계
② 암호키가 생성되고 한 번도 사용되지 않은 경우, 폐기 가능
③ 준비단계의 암호키가 손상시, 해당 암호키를 정지 단계로 전환
④ 준비 단계의 암호키가 사용될 준비가 되면 키 관리자는 해당 암호키를 적절한 때에 운영 단계로 전환
⑤ 운영 단계의 암호키가 손상되면 키 관리자는 암호 키를 정지 단계로 전환
⑥ 암호키의 유효기간이 만료되는 등으로 더 이상 사용되지 않지만 암호키에 대한 접근이 필요한 경우, 키 관리자는 해당 암호키를 운영 단계에서 정지 단계로 전환
⑦ 정지 단계에 있는 암호 키가 더 이상 필요하지 않은 경우, 해당 암호키를 폐기 단계로 전환하고 폐기

11) 암호키 유형에 따른 암호화 방식

구분	대칭키(비밀키) 암호화 방식	공개키(비대칭키) 암호화 방식
개념	• 암호키(비밀키) = 복호키(비밀키) • 대칭구조	• 암호키(공개키)와 복호키(개인키)가 다르며, 이들 중 복호화키만 비밀로 간직 • 비대칭구조를 가짐
특징	• 대량 Data 암호화 유리	• 전자서명, 공인인증서 등 다양한 이용
장점	• 연산속도가 빠르고 구현이 용이 • 일반적으로 같은 양의 데이터를 암호화하기 위한 연산이 공개키 암호보다 빠름 • 손쉽게 기밀성을 제공 • 암호화 할 수 있는 평문의 길이에 제한이 없음	• 키 분배/키 관리가 용이 • 사용자의 증가에 따라 관리할 키의 개수가 상대적으로 적다 • 키 변화의 빈도가 적다(공개키의 복호화키는 길고 복잡하기 때문) • 기밀성, 인증, 무결성을 지원하고 특히 부인방지 기능을 제공
단점	• 키 관리가 어려움 • 인증, 무결성 지원이 부분적으로만 가능하며, 부인방지기능을 제공하지 못함	• 키의 길이가 길고 연산속도가 느림 • 암호화 할 수 있는 평문의 길이에 제한이 있음

구분	대칭키(비밀키) 암호화 방식	공개키(비대칭키) 암호화 방식
알고리즘	DES, AES, SEED, HIGHT, IDEA, RC5, ARIA	Diff-Hellman, RSA, DSA, ECC, Rabin, ElGamal
키의 개수	$n(n-1)/2$	$2n$
단점	인증 이외에 보안 취약	시스템 구축 복잡
개념도	동일한 키 사용 (대칭기, 비밀키 방식) 평문 → 암호화 → 암호문 → 복호화 → 평문	다른 키 사용 (비대칭키 방식=공개키+개인키) 평문 → 암호화 → 암호문 → 복호화 → 평문

06 접속기록의 보관 및 점검

(1) 관련 법령

안전성 확보조치 기준(2025.10.31) 제8조

제8조(접속기록의 보관 및 점검)

① 개인정보처리자는 **개인정보취급자**의 **개인정보처리시스템에 대한 접속기록**을 **1년** 이상 보관·관리하여야 한다. 다만, **다음 각 호**의 어느 하나에 해당하는 경우에는 **2년 이상 보관·관리**하여야 한다.

  1. **5만명** 이상의 **정보주체**에 관한 개인정보를 처리하는 개인정보처리시스템에 해당하는 경우

  2. **고유식별정보** 또는 **민감정보**를 처리하는 개인정보처리시스템에 해당하는 경우

  3. 개인정보처리자로서 「전기통신사업법」제6조제1항에 따라 등록을 하거나 같은 항 단서에 따라 신고한 **기간통신사업자**에 해당하는 경우

② 개인정보처리자는 개인정보의 오·남용, 분실·도난·유출·위조·변조 또는 훼손 등에 대응하기 위하여 개인정보처리시스템의 접속기록 등을 **월 1회** 이상 **점검**하여야 한다. 특히 **개인정보의 다운로드**가 확인된 경우에는 **내부 관리계획 등으로 정하는 바**에 따라 그 **사유를 반드시 확인**하여야 한다.

③ 개인정보처리자는 접속기록이 위·변조 및 도난, 분실되지 않도록 해당 **접속기록을 안전하게 보관** 하기 위한 조치를 하여야 한다.

(2) 관련 지식

1) 접근권한 기록, 접속기록

[접근권한기록, 접속기록 보관 기간]

① 접근권한기록 보관 : **3년**

② 접속기록 보관 : **1년 or 2년(5만 명 개인정보, 고유식별정보, 민감정보 or 기간통신사업자)**

③ 접속기록 검토주기 : **월1회(내부관리계획)**

[보관(보존)기간과 보유기간]

① 보관(보존)기간 : 접근권한기록, 접속기록과 같이 책임추적성을 위해 보관하는 기간으로, **보관기간보다 적게 가지고 있으면 결함**

② 보유기간 : 개인정보의 목적 달성 시 파기해야 하는 기간으로 보유기간보다 오래 가지고 있으면 결함

2) 개인정보처리시템 접속기록 남길 시 유의사항

① 기록하는 정보주체 정보의 경우 민감하거나 과도한 개인정보가 저장되지 않도록 하여야 한다.

② 가명정보를 처리하는 경우 추가 정보의 사용 없이는 정보주체를 식별 할 수 없으므로 정보주체를 구별할 수 있는 정보(가명정보ID, 일련번호 등)가 있다면 '처리한 정보주체 정보' 항목으로 해당 정보를 기록하여야 하며, 정보주체를 구별할 수 있는 정보가 없는 경우는 '처리한 정보주체 정보' 항목을 남기지 아니할 수 있다.

③ 검색조건문(쿼리)을 통해 대량의 개인정보를 처리했을 경우 해당 검색조건문을 정보주체 정보로 기록할 수 있으나, 이 경우 DB테이블 변경 등으로 책임추적성 확보가 어려울 수 있으므로 해당시점의 DB를 백업하는 등 책임추적성 확보를 위해 필요한 조치를 취하여야 한다.

3) 개인정보처리시템 접속기록 항목

① 계정 : 개인정보처리시스템에서 접속자를 식별할 수 있도록 부여된 ID 등 계정 정보

② 접속일시 : 접속한 시간 또는 업무를 수행한 시간(년−월−일, 시:분:초)

③ 접속지 정보 : 개인정보처리시스템에 접속한 자의 컴퓨터 또는 서버의 IP 주소 등

④ 처리한 정보주체 정보 : 개인정보취급자가 누구의 개인정보를 처리하였는지를 알 수 있는 식별정보(ID, 고객번호, 학번, 사번 등)

⑤ 수행업무 : 개인정보취급자가 개인정보처리시스템을 이용하여 개인정보를 처리한 내용을 알 수 있는 정보

4) 개인정보처리시템 접속기록 항목 예시

① 계정 : A0001(개인정보취급자 계정)

② 접속일시 : 2019−02−25, 17:00:00

③ 접속지 정보 : 192.168.100.1(접속한 자의 IP주소)

④ 처리한 정보주체 정보 : CLI060719(정보주체를 특정하여 처리한 경우 정보주체의 식별 정보)

⑤ 수행업무 : 회원목록 조회, 수정, 삭제, 다운로드 등

  ※ 위 정보는 반드시 기록하여야 하며 개인정보처리자의 업무환경에 따라 책임추적성 확보에 필요한 항목은 추가로 기록해야 함

5) 접속기록 내 비정상 행위 예시

① 계정 : 접근권한이 부여되지 않은 계정으로 접속한 행위 등

② 접속일시 : 출근시간 전, 퇴근시간 후, 새벽시간, 휴무일 등 업무시간 외에 접속한 행위 등

③ 접속지 정보 : 인가되지 않은 단말기 또는 지역(IP)에서 접속한 행위 등

④ 처리한 정보주체 정보 : 특정 정보주체에 대하여 과도하게 조회, 다운로드 등의 행위 등

⑤ 수행업무 : 대량의 개인정보에 대한 조회, 정정, 다운로드, 삭제 등의 행위 등

⑥ 그 밖에 짧은 시간에 하나의 계정으로 여러 지역(IP)에서 접속한 행위 등

6) 다운로드 사유확인이 필요한 기준 책정 예시

① 다운로드 정보주체의 수 : 통상적으로 개인정보 처리 건수가 일평균 20건 미만인 소규모 기업에서 개인정보취급자가 100명 이상의 정보주체에 대한 개인정보를 다운로드 한 경우 사유 확인

② 일정기간 내 다운로드 횟수 : 개인정보취급자가 1시간 내 다운로드한 횟수가 20건 이상일 경우 단시간에 수차례에 걸쳐 개인정보를 다운로드 한 행위에 대한 사유 확인

③ 업무시간 외 다운로드 수행 : 새벽시간, 휴무일 등 업무시간 외 개인정보를 다운로드 한 경우 사유 확인

  ※ 다운로드란 개인정보처리시스템에 접속하여 개인정보취급자의 컴퓨터 등에 개인정보를 엑셀, 워드, 텍스트, 이미지 등의 파일형태로 저장하는 것을 말함

7) 개인정보처리자 접속기록 보관

① 상시적으로 접속기록 백업을 수행하여 개인정보처리시스템 이외의 별도의 보조저장매체나 별도의 저장장치에 보관

② 접속기록에 대한 위·변조를 방지하기 위해서는 CD-ROM, DVD-R, WORM(Write Once Read Many) 등과 같은 덮어쓰기 방지 매체를 사용

③ 접속기록을 수정 가능한 매체(하드디스크, 자기 테이프 등)에 백업하는 경우에는 무결성 보장을 위해 위·변조 여부를 확인할 수 있는 정보를 별도의 장비에 보관·관리

  ※ 접속기록을 HDD에 보관하고, 위·변조 여부를 확인할 수 있는 정보(MAC 값, 전자서명 값 등)는 별도의 HDD 또는 관리대장에 보관하는 방법 등으로 관리할 수 있음

8) 정보통신서비스 제공자등 접속기록 보관

① 정기적으로 접속기록 백업을 수행하여 개인정보처리시스템 이외의 별도의 물리적인 저장장치에 보관

② 접속기록을 수정 가능한 매체(하드디스크, 자기 테이프 등)에 백업할 때에는 위변조 여부를 확인할 수 있는 정보를 별도의 장비에 보관,관리

③ 다양한 접속기록 위변조 방지 기술의 적용 등

9) 개인정보처리시스템 접속기록 점검 방안 예시

항목	항목	설명
접속기록 점검계획 (관리적 방안)	점검 방법, 담당자	수작업 또는 자동화 도구 활동 등
	점검 기준	유명인사 조회, 짧은 시간 내 대량 조회·다운로드, 야간 또는 주말 접속, 특정 건수 이상의 과다 조회, 민감정보 조회, 원격 접속 조회 등
	점검 주기	일 단위·월 단위·분기 단위·반기 단위 등
	보고 절차	점검결과 보고 절차, 의심사항 발견 시 조치 방법 및 절차 등
점검기능 구현 (기술적 방안)	점검계획에서 수립된 점검방법, 점검기준, 점검주기 등을 효과적이고 효율적으로 수행할 수 있도록 기능 구현	• 개인정보처리시스템의 응용프로그램 기능으로 구현 (검색기능) • DB접근제어 등 보안시스템에서 제공하는 기능 활용 • 별도의 통합로그 분석시스템 도입 및 적용 등

10) 검색조건문(쿼리)의 예시

'김'씨 성을 가진 회원을 조회하는 경우	정보주체의 정보: SELECT * FROM student WHERE name LIKE '김%'; ※ name: 학생이름(컬럼), student: 학생정보(테이블)
영화를 연간 50회 이상 관람한 고객에게 VIP 등급부여	정보주체의 정보: UPDATE member SET membership='VIP' WHERE movie_count_per_year>=50; ※ member: 회원정보(테이블), membership: 고객정보(컬럼), movie_count_per_year: 연간 영화관람 건수(컬럼)

11) 접속기록 보관 관련 FAQ

Q 기존에는 개인정보취급자에 대한 접속기록을 보관하고 관리하도록 의무화되어 있었는데, 이제는 이용자의 접속기록도 보관하고 관리해야 하는지?

A 개인정보처리시스템에 접속한 자의 접속기록을 보관·관리하도록 한 「개인정보의 안전성 확보조치 기준」 행정예고안('23.7월)의 제8조 제1항은 개정 고시에서 삭제되었으므로 개인정보보호법상 이용자의 접속기록 보관 의무는 없음

Q 개인정보 처리 목적을 달성하여 파기하는 경우라도 개인정보취급자의 접속기록은 보관해야 하는지?

A 개인정보취급자의 접속기록을 보관하도록 하는 것은 개인정보를 처리하는 개인정보취급자의 업무수행과 관련하여 과도한 개인정보의 조회, 정정, 다운로드, 삭제 등 비정상적인 행위를 탐지하고 적절한 조치를 하는 등의 책임 추적성 확보를 위한 취지이므로, 영 제30조 및 「개인정보의 안전성 확보조치 기준」 제8조에서 정한 사항에 따른 기간 동안 접속 기록을 보관해야 함

07 악성프로그램 등 방지

(1) 관련 법령

안전성 확보조치 기준(2025.10.31) 제9조

제9조(악성프로그램 등 방지)
① 개인정보처리자는 **악성프로그램 등을 방지·치료할 수 있는 보안 프로그램**을 **설치·운영**하여야 하며, 다음 각 호의 사항을 준수하여야 한다.
   1. 프로그램의 자동 업데이트 기능을 사용하거나, 정당한 사유가 없는 한 **일 1회 이상 업데이트를 실시**하는 등 **최신의 상태로 유지**
   2. **발견된 악성프로그램 등에 대해 삭제** 등 **대응 조치**
② 개인정보처리자는 악성프로그램 관련 **경보가 발령된 경우** 또는 **사용 중인 응용 프로그램이나 운영체제 소프트웨어의 제작업체에서 보안 업데이트 공지**가 있는 경우 정당한 사유가 없는 한 **즉시 이에 따른 업데이트** 등을 실시하여야 한다.

(2) 관련 지식

1) 백신 소프트웨어 설정 예시

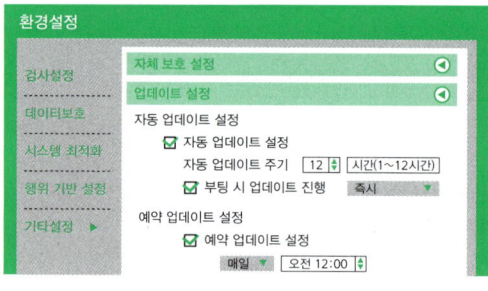

[자동, 예약 업데이트]

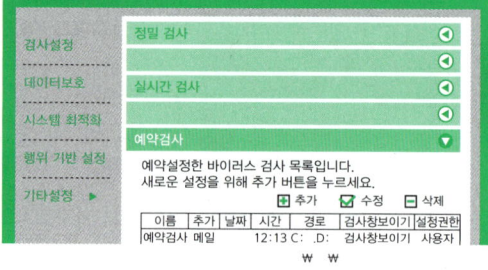

[실시간 예약 검사]

08 물리적 안전조치

(1) 관련 법령

안전성 확보조치 기준(2025.10.31) 제10조

제10조(물리적 안전조치)
① 개인정보처리자는 전산실, 자료보관실 등 **개인정보를 보관**하고 있는 **물리적 보관 장소를 별도로 두고 있는 경우에는** 이에 대한 **출입통제 절차를 수립·운영**하여야 한다.
② 개인정보처리자는 **개인정보가 포함된 서류, 보조저장매체** 등을 **잠금장치가 있는 안전한 장소에 보관**하여야 한다.
③ 개인정보처리자는 **개인정보가 포함된 보조저장매체의 반출·입 통제**를 위한 보안대책을 마련하여야 한다. 다만, **별도의 개인정보처리시스템을 운영하지 아니하고 업무용 컴퓨터 또는 모바일 기기를 이용하여 개인정보를 처리**하는 경우에는 이를 적용하지 **아니할 수 있다.**

(2) 관련 지식

1) 출입 통제 방법
① 물리적 접근 방지를 위한 장치(예시)
비밀번호 기반 출입통제 장치, 스마트 카드 기반 출입 통제장치, 지문 등 바이오정보 기반 출입통제 장치 등

> **Tip**
>
> • 전산실은 다량의 정보시스템을 운영하기 위한 별도의 물리적인 공간으로 전기시설(UPS, 발전기 등), 공조시설(항온항습기 등), 소방시설(소화설비 등) 등을 갖춘 시설을 의미함
> • 자료보관실은 가입신청서 등의 문서나 DAT(Digital Audio Tape), LTO(Linear Tape Open), DLT(DigitalLinear Tape), 하드디스크 등이 보관된 물리적 저장장소를 의미함

② 수기문서 대장 기록 방법(예시): 출입자, 출입일시, 출입목적, 소속 등

2) 보조저장매체의 반출·입 통제를 위한 보안대책 마련 시 고려사항
① 보조저장매체 보유 현황 파악 및 반출·입 관리 계획
② 개인정보취급자 및 수탁자 등에 의한 개인정보 유출 가능성
③ 보조저장매체의 안전한 사용 방법 및 비인가된 사용에 대한 대응
④ USB를 PC에 연결시 바이러스 점검 디폴트로 설정 등 기술적 안전조치 방안 등

3) 정보통신서비스 제공자 출입통제 절차
① 출입 요청 및 승인 : 전산실, 자료보관실 등에 '출입 신청서'를 작성하여 개인정보 보호책임자 또는 전산실, 자료보관실 등 운영, 관리책임자의 승인을 받아야 한다.
② 출입 기록 작성 : 출입에 관한 사항을 '출입 관리대장'에 기록하고 해당 업무 관계자가 이를 확인하여야 한다.

③ 출입 기록 관리 : 정상, 비정상적인 출입 여부, 장비 반입, 반출의 적정성 등을 정기적으로 검토하여야 한다.

4) 출입 신청서 및 관리대장 작성 (예시)

① 출입 신청서 : 소속, 부서명, 신청자, 연락처, 출입일자, 입실·퇴실시간, 출입목적, 작업 내역 등

② 출입 관리대장 : 출입일자, 입실·퇴실시간, 출입자 정보(소속, 성명, 연락처), 출입목적, 승인부서, 입회자 정보(성명 등), 승인자 서명 등

09 재해·재난 대비 안전조치

(1) 관련 법령

안전성 확보조치 기준(2025.10.31) 제11조

제11조(재해·재난 대비 안전조치)
10만명 이상의 정보주체에 관하여 개인정보를 처리하는 **대기업·중견기업·공공기관** 또는 **100만명** 이상의 정보주체에 관하여 개인정보를 처리하는 **중소기업·단체**에 해당하는 개인정보처리자는 화재, 홍수, 단전 등의 **재해·재난 발생 시 개인정보처리시스템 보호**를 위한 다음 각 호의 조치를 하여야 한다.
1. **위기대응 매뉴얼** 등 대응절차를 마련하고 정기적으로 점검
2. **개인정보처리시스템 백업 및 복구**를 위한 계획을 마련

(2) 관련 지식

1) 재난과 재해 개념

「재난 및 안전관리 기본법」 제2조 정의
"재난"이란 국민의 생명·신체·재산과 국가에 피해를 주거나 줄 수 있는 것으로서 다음 각 목의 것을 말한다.
가. 자연재난: 태풍, 홍수, 호우, 강풍, 풍랑, 해일, 대설, 낙뢰, 가뭄, 지진, 황사, 조류 대발생, 조수, 화산활동, 소행성·유성체 등 자연우주물체의 추락·충돌, 그 밖에 이에 준하는 자연현상으로 인하여 발생하는 재해
나. 사회재난: 화재·붕괴·폭발·교통사고(항공사고 및 해상사고를 포함한다)·화생방사고·환경오염 사고 등으로 인하여 발생하는 대통령령으로 정하는 규모 이상의 피해와 에너지·통신·교통·금융·의료·수도 등 국가기반체계의 마비, 「감염병의 예방 및 관리에 관한 법률」에 따른 감염병 또는 「가축전염병예방법」에 따른 가축전염병의 확산 등으로 인한 피해

「자연재해대책법」 제2조 정의
1. "재해"란 「재난 및 안전관리 기본법」(이하 "기본법"이라 한다) 제3조제1호에 따른 재난으로 인하여 발생하는 피해를 말한다.

2) 개인정보처리시스템 위기대응 메뉴얼 및 백업·복구 계획 예시

① 개인정보처리시스템 구성 요소(개인정보 보유량, 종류·중요도, 시스템 연계 장비·설비 등)

② 재해·재난 등에 따른 파급효과(개인정보 유출, 손실, 훼손 등) 및 초기대응 방안

③ 개인정보처리시스템 백업 및 복구 우선순위, 목표시점·시간

④ 개인정보처리시스템 백업 및 복구 방안(복구센터 마련, 백업계약 체결, 비상가동 등)

⑤ 업무분장, 책임 및 역할

⑥ 실제 발생 가능한 사고에 대한 정기적 점검, 사후처리 및 지속관리 등

구분	전체 백업	차등 백업	증분 백업
정의	시스템에 저장된 모든 파일의 백업	마지막 전체 데이터 백업 이후 변경한 모든 파일의 백업	모든 유형의 마지막 백업 이후 각각의 새로운 및 변경된 파일의 백업
백업 속도	가장 느린	빠른	가장 빠른
데이터 복원속도	가장 빠른	빠른	가장 느린
장점	가장 빠른 복원 시간	증분 백업보다 복원 속도 빠름	백업의 증가 속도 가장 작은 공간 소모
단점	저장 공간의 큰 공간을 소모	증분 백업 데이터 백업보다 느린 속도	데이터 복원의 가장 느린 속도

[백업유형]

전체(풀)백업	차등백업	증분백업
선택된 폴더의 DATA를 모두 백업하는 방식	선택된 폴더의 Full 백업 이후 변경/추가된 Data를 모두 포함하여 백업하는 방식	선택된 폴더의 Full 백업 이후 변경/추가된 Data만 백업하는 방식

전체(풀)백업:
Full 월
Full 화
Full 수
Full 목
Full 금
Full 토
Full 일
Full 월
Full 화
Full 수

차등백업:
Full 월
Diff 화
Diff 수
Diff 목
Diff 금
Diff 토
Diff 일
Full 월
Diff 화
Diff 수

증분백업:
Full 월
Incre 화
Incre 수
Incre 목
Incre 금
Incre 토
Incre 일
Full 월
Incre 화
Incre 수

(3) 재해복구시스템 구축 및 운영 방식 유형과 특징

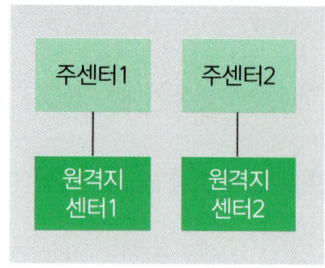
독자구축

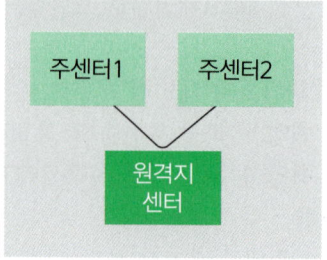
공동구축

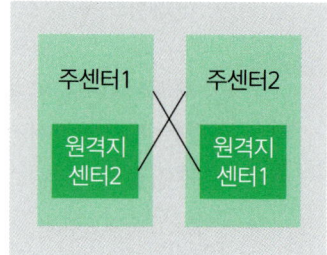
상호구축

[재해복구시스템 구축 방식 별 유형]

구분	유형	설명	구축비용	운영비용	보안성	복구 신뢰성
구축 형태별	독자 구축	기관 전용의 재해복구시스템을 독자적으로 구축	H	H	H	H
	공동 구축	두 개 이상의 기관이 재해복구 시스템을 공동으로 구축	M	M	M	M
	상호 구축	복수의 기관 또는 단일 기관의 복수의 사이트 상호간 재해복구시스템의 역할을 수행	L	L	L	L
운영 주체별	자체 운영	기관 자체의 인력으로 재해복구 시스템을 운영		H	H	H
	공동 운영	두 개 이상의 기관이 재해복구 시스템의 운영인력을 상호 공유		M	기관협조 의존적	기관협조 의존적
	위탁 운영	재해복구시스템의 운영을 민간 IDC 운영자 등 외부의 다른 기관에 위탁		L	위탁운영자 신뢰도 의존적	위탁운영자 신뢰도 의존적

(4) 재해복구시스템 구축 및 운영 방식 유형과 특징

구분	미러사이트	핫사이트	웜사이트	콜드사이트
개념	DB시스템 이중화로 실시간 이중 처리하는 시스템	백업센터에 동일한 전산센터 구축으로 가동 유지	백업센터에 장비 일부를 설치하여 주요 업무만 복구	시스템 가동 환경 유지하고 재해 시 HW, SW 설치 사용
RPO	0	0 지향	수시간~1일	수일~수주
RTO	0	4시간	수일~수주	수주~수개월
장점	재해 즉시 업무대행	단시간 내 가동유지	비용 다소 저렴	저비용
단점	고비용	고비용	복구시간 다소 걸림 복구수준 불완전	복구시간 매우 김 저신뢰도
용도	**저빈도 DB 업데이트**	**고빈도 DB 업데이트**	**핵심 업무 백업**	**원격지 백업**

(5) BCP(Business Continuity Plan, 업무연속성계획)

구분	설명	핵심
프로젝트 범위 설정 및 기획	프로젝트 계획을 수립하는 단계	• 명확한 범위, 조직, 시간, 인원 등을 정의
사업영향평가	BIA라고 하며, 각 사업단위가 재정적 손실의 영향도 파악하고, 문서화하는 단계	• 핵심우선순위결정 • 중단시간 선정 • 자원요구사항
복구전략 개발	BIA 단계에서 수집된 정보로 복구 자원 추정하여 비상계획을 위한 전략 수립	• 지속전략 정의 • 지속전략 문서화
복구계획 수립	사업을 계속해서 하기 위한 복구계획 수립단계	• 지속전략정의 : 컴퓨팅, 설비, 사람, 자원과 장비를 지속계획에 정의 • 지속전략 문서화
프로젝트 수행 테스트 및 유지보수	유지보수 활동현황을 포함, 테스트 및 유지관리 절차 수행	• 시험 • 교육과 인식제고, 훈련 • 변경관리 • 보증

🔒 10 출력·복사시 보호조치

(1) 관련 법령

안전성 확보조치 기준(2025.10.31) 제12조

제12조(출력·복사시 보호조치)
① 개인정보처리자는 개인정보처리시스템에서 개인정보의 **출력시(인쇄, 화면표시, 파일생성** 등) **용도를 특정**하여야 하며, **용도에 따라 출력 항목을 최소화**하여야 한다.
② 개인정보처리자는 개인정보가 포함된 **종이 인쇄물, 개인정보가 복사된 외부 저장매체** 등 개인정보의 **출력·복사물을 안전하게 관리**하기 위해 필요한 **안전조치**를 하여야 한다.

(2) 관련 지식

1) 출력시 주의사항

① 오피스(엑셀 등)에서 개인정보가 숨겨진 필드 형태로 저장되지 않도록 조치
② 웹페이지 소스 보기 등을 통하여 불필요한 개인정보가 출력되지 않도록 조치 등

2) 출력·복사물 보호조치 (예시)

① 출력·복사물 보호 및 관리 정책, 규정, 지침 등 마련
② 출력·복사물 생산·관리 대장 마련 및 기록
③ 출력·복사물 운영·관리 부서 지정·운영
④ 출력·복사물 외부반출 및 재생산 통제·신고·제한 등

🔒 11 개인정보의 파기

(1) 관련 법령

안전성 확보조치 기준(2025.10.31) 제13조

제13조(개인정보의 파기)
① 개인정보처리자는 개인정보를 파기할 경우 다음 각 호 중 어느 하나의 조치를 하여야 한다.
   1. **완전파괴(소각·파쇄** 등)
   2. **전용 소자장비(자기장**을 이용해 저장장치의 데이터를 삭제하는 장비)를 이용하여 삭제
   3. 데이터가 복원되지 않도록 **초기화** 또는 **덮어쓰기** 수행
② 개인정보처리자가 개인정보의 일부만을 파기하는 경우, 제1항의 방법으로 파기하는 것이 어려울 때에는 다음 각 호의 조치를 하여야 한다.
   1. **전자적 파일** 형태인 경우 : 개인정보를 삭제한 후 복구 및 재생되지 않도록 관리 및 감독
   2. 제1호 외의 기록물, **인쇄물, 서면, 그 밖의 기록매체**인 경우 : 해당 부분을 **마스킹**, **구멍 뚫기** 등으로 삭제
③ 기술적 특성으로 제1항 및 제2항의 방법으로 파기하는 것이 현저히 곤란한 경우에는 법 제58조 의2에 해당하는 정보로 처리하여 복원이 불가능하도록 조치를 하여야 한다.

(2) 관련 지식

1) 개인정보를 파기할 때 복구 또는 재생되지 않도록 하는 조치

① 완전파괴(소각·파쇄 등)

> **예** 개인정보가 저장된 회원가입신청서 등의 종이문서, 하드디스크나 자기테이프를 파쇄기로 파기하거나 용해, 또는 소각장, 소각로에서 태워서 파기 등

② 전용 소자장비를 이용하여 삭제

> **예** 디가우저(Degausser)를 이용해 하드디스크나 자기테이프에 저장된 개인정보 삭제 등

③ 데이터가 복원되지 않도록 초기화 또는 덮어쓰기 수행

> **예** 개인정보가 저장된 하드디스크에 대해 완전포맷(3회 이상 권고), 데이터 영역에 무작위 값(0, 1 등)으로 덮어쓰기(3회 이상 권고), 해당 드라이브를 안전한 알고리즘 및 키 길이로 암호화 저장 후 삭제하고 암호화에 사용된 키 완전 폐기 및 무작위 값 덮어쓰기 등

2) 개인정보를 일부만 파기할 때 복구 또는 재생되지 않도록 하는 조치

① 전자적 파일 형태인 경우: 개인정보를 삭제한 후 복구 및 재생되지 않도록 관리 및 감독

- 개인정보를 삭제하는 방법 예시: 운영체제, 응용프로그램, 상용 도구 등에서 제공하는 삭제 기능을 사용하여 삭제, 백업시 파기 대상 정보주체의 개인정보를 제외한 백업 등 (운영체제, 응용프로그램, 상용 도구 등에서 제공하는 삭제 기능을 사용하는 경우에도 가능한 복구 불가능한 방법을 사용해야 복구 및 재생의 위험을 줄일 수 있다)
- 복구 및 재생되지 않도록 관리 및 감독하는 방법 예시: 복구 관련 기록·활동에 대해 모니터링하거나 주기적 점검을 통해 비인가된 복구에 대해 조치

② 제1호 외의 기록물, 인쇄물, 서면, 그 밖의 기록매체인 경우: 해당 부분을 마스킹, 천공 등으로 삭제

> **예** 회원가입 신청서에 기재된 주민등록번호 삭제시, 해당 신청서에서 주민등록번호가 제거되도록 절삭, 천공 또는 펜 등으로 마스킹

(3) 공공시스템운영기관등의 안전성 확보조치

1) 공공시스템운영기관의 안전조치 기준 적용

안전성 확보조치 기준(2025.10.31) 제12조

제14조(공공시스템운영기관의 안전조치 기준 적용)
① 다음 각 호의 어느 하나에 해당하는 개인정보 처리시스템 중에서 개인정보보호위원회(이하 "보호위원회"라 한다)가 지정하는 **개인정보처리시스템**(이하 "**공공시스템**"이라 한다)을 운영하는 **공공기관**(이하 "**공공시스템운영기관**"이라 한다)은 **제2장**의 개인정보의 안전성 확보 조치 **외에 이 장의 조치**를 하여야 한다.

1. **2개 이상 기관의 공통** 또는 **유사한 업무를 지원**하기 위하여 **단일 시스템을 구축하여 다른 기관이 접속하여 이용**할 수 있도록 한 **단일접속 시스템**으로서 다음 각 목의 어느 하나에 해당하는 경우

   가. **100만명** 이상의 정보주체에 관한 개인정보를 처리하는 시스템

   나. 개인정보처리시스템에 대한 **개인정보취급자의 수가 200명** 이상인 시스템

   다. 정보주체의 사생활을 현저히 침해할 우려가 있는 **민감한 개인정보**를 처리하는 시스템

2. **2개 이상 기관의 공통** 또는 **유사한 업무를 지원**하기 위하여 **표준이 되는 시스템**을 개발하여 다른 기관이 운영할 수 있도록 배포한 **표준배포 시스템**으로서 **대국민 서비스**를 위한 **행정업무** 또는 **민원업무** 처리용으로 사용하는 경우

3. **기관의 고유한 업무** 수행을 지원하기 위하여 기관별로 운영하는 **개별 시스템**으로서 다음 각 목의 어느 하나에 해당하는 경우

   가. **100만명** 이상의 정보주체에 관한 개인정보를 처리하는 시스템

   나. 개인정보처리시스템에 대한 **개인정보취급자의 수가 200명** 이상인 시스템

   다. 「주민등록법」에 따른 **주민등록정보시스템과 연계**하여 운영되는 시스템

   라. **총 사업비가 100억원** 이상인 시스템

② 제1항에도 불구하고 보호위원회는 다음 각 호의 어느 하나에 해당하는 개인정보처리시스템에 대하여는 **공공시스템으로 지정하지 않을 수 있다.**

1. 체계적인 개인정보 **검색이 어려운 경우**
2. **내부적 업무처리**만을 위하여 사용되는 경우
3. 그 밖에 개인정보가 **유출될 가능성이 상대적으로 낮은 경우**로서 **보호위원회가 인정하는 경우**

2) 공공시스템운영기관 내부 관리계획

안전성 확보조치 기준(2025.10.31) 제15조

제15조(공공시스템운영기관의 내부 관리계획의 수립·시행)
공공시스템운영기관은 **공공시스템 별로** 다음 각 호의 사항을 포함하여 **내부 관리계획을 수립**하여야 한다.

1. 영 제30조의2제4항에 따른 **관리책임자**(이하 "관리책임자"라 한다)의 **지정**에 관한 사항
2. **관리책임자의 역할 및 책임**에 관한 사항
3. 제4조제1항제3호에 관한 사항 중 **개인정보취급자의 역할 및 책임**에 관한 사항
4. 제4조제1항제4호부터 제6호까지 및 제8호에 관한 사항
5. 제16조 및 제17조에 관한 사항

- 공공시스템운영기관 공공시스템 별로 내부 관리계획을 수립 시 포함사항
  - 제4조 제1항 3. 개인정보 보호책임자와 개인정보취급자의 역할 및 책임에 관한 사항
  - 제4조 제1항 4. 개인정보취급자에 대한 관리·감독 및 교육에 관한 사항
  - 제4조 제1항 5. 접근 권한의 관리에 관한 사항
  - 제4조 제1항 6. 접근 통제에 관한 사항
  - 제4조 제1항 8. 접속기록 보관 및 점검에 관한 사항
  - 제16조(공공시스템운영기관의 접근 권한의 관리)
  - 제17조(공공시스템운영기관의 접속기록의 보관 및 점검)

- ▣ 협의회 구성원
  - 공공시스템운영기관
  - 공공시스템의 운영을 위탁하는 경우 해당 수탁자
  - 공공시스템운영기관이 필요하다고 인정하는 공공시스템이용기관
- ▣ 공공시스템 관리책임자의 역할 및 책임(예시)
  - 인사정보 미등록자(비공무원)가 공공시스템에 대한 접근 권한을 부여받을 경우 개인정보 보안서약서 제출 및 개인정보 보호 교육 이수
  - 인사이동 등으로 공공시스템에 접근이 필요하거나, 필요 없어진 경우 지체 없이 접근 권한 부여·변경·말소 신청
  - 주어진 접근 권한 내에서 공공시스템을 통한 개인정보 처리
  - 공공시스템운영기관이 정하는 이상행위 기준에 해당하는 개인정보 처리를 한 경우 공공시스템 관리책임자 또는 부서장에게 사전승인을 받거나 정당한 업무였음을 사후소명

3) 공공시스템운영기관 접근 권한의 관리

안전성 확보조치 기준(2025.10.31) 제16조

제16조(공공시스템운영기관의 접근 권한의 관리)
① 공공시스템운영기관은 공공시스템에 대한 **접근 권한을 부여, 변경 또는 말소**하려는 때에는 **인사정보와 연계**하여야 한다.
② 공공시스템운영기관은 **인사정보에 등록되지 않은 자에게** 제5조제4항에 따른 **계정을 발급해서는 안된다.** 다만, **긴급상황 등 불가피한 사유**가 있는 경우에는 **그러하지 아니하며**, 그 사유를 제5조제3항에 따른 내역에 포함하여야 한다.
③ 공공시스템운영기관은 제5조제4항에 따른 **계정을 발급**할 때에는 **개인정보 보호 교육을 실시**하고, **보안 서약**을 받아야 한다.
④ 공공시스템운영기관은 정당한 권한을 가진 개인정보취급자에게만 접근 권한이 부여·관리되고 있는지 확인하기 위하여 제5조제3항에 따른 **접근 권한 부여, 변경 또는 말소 내역** 등을 **반기별 1회 이상 점검**하여야 한다.
⑤ 공공시스템에 접속하여 개인정보를 처리하는 기관(이하 **"공공시스템이용기관"**이라 한다)은 소관 개인정보취급자의 계정 발급 등 **접근 권한의 부여·관리를 직접하는 경우** 제2항부터 제4항까 지의 조치를 하여야 한다.

- ▣ 인사정보 연계 예시
  - 인사발령, 전보 등 인사정보시스템에 등록된 사항에 따른 지체 없이 접근 권한을 부여, 변경, 말소하도록 시스템을 구축·운영함
  - 인사정보에 변동이 발생하는 경우 지체 없이 해당 내용을 공공시스템에 반영하여 접근 권한을 부여, 변경, 말소하는 조치를 함
  - 조직 변경, 인사 이동 시 시스템 변경 매뉴얼에 접근 권한의 부여, 변경, 말소에 대한 사항을 반영하고 이행함
- ▣ 불가피한 사유 예시
  - 중앙행정기관으로부터 공공시스템 개발·운영 업무를 위탁받은 공공기관이 해당 공공시스템을 운영해야 하는데, 자체적인 인사정보가 없거나 인사정보가 있음에도 접근 권한 관리기능과 연계가 곤란한 경우
  - 공공시스템에 대한 유지보수를 수행하는 업체 직원의 경우
  - 사무·시설 수탁자인 기업·비영리민간단체 등의 직원이 공공시스템을 이용해야 하는 경우

■ 개인정보취급자 표준행동수칙(안)

1. 정당한 사유 없이 다른 사람의 개인정보를 열람하거나 처리하지 않는다.

2. 업무상 알게 된 개인정보를 누설하거나 다른 사람에게 제공하지 않는다.

3. 개인정보가 포함된 자료를 외부에 전송할 때는 반드시 안전한 비밀번호를 설정하고, 설정한 비밀번호는 다른 연락수단을 활용하여 수신자에게 알려 준다.

4. 개인정보가 포함된 자료를 가급적 개인용 컴퓨터에 저장하지 않는다. 업무상 불가피하게 저장하는 경우에는 문서를 암호화하여 저장한다.

5. 개인정보가 담긴 서류 또는 보조저장매체는 안전한 장소에 보관한다.

6. 개인정보처리시스템 계정 로그인 정보를 다른 취급자와 공유하지 않는다. 특히 권한 없는 제3자가 나의 계정을 사용하게 하지 않는다.

7. 전보나 휴직 등으로 사용하던 개인정보처리시스템과 관련한 업무처리권한이 없어진 경우 해당 시스템을 사용하지 않는다.

8. 비밀번호는 알파벳 대문자·소문자, 숫자, 특수기호 등을 활용하여 최소 8자리 이상으로 안전하게 설정하고, 주기적으로 변경한다.

9. 개인용 컴퓨터에 백신 소프트웨어를 설치하고 수시로 업데이트하여 최신 버전으로 관리한다.

10. 개인정보 열람 요구 등 국민의 정당한 개인정보 관련 권리를 보장하기 위해 노력한다.

※ 이 외에 시스템별 특성을 담은 행동수칙을 추가하여 활용

4) 공공시스템운영기관 접속기록의 보관 및 점검

안전성 확보조치 기준(2025.10.31) 제17조

제17조(공공시스템운영기관의 접속기록의 보관 및 점검)
① 공공시스템 접속기록 등을 **자동화된 방식**으로 **분석**하여 불법적인 개인정보 유출 및 오용·남용 **시도를 탐지**하고 그 사유를 **소명**하도록 하는 등 필요한 조치를 하여야 한다.
② 공공시스템운영기관은 공공시스템이용기관이 소관 **개인정보취급자의 접속기록을 직접 점검할 수 있는 기능**을 제공하여야 한다.

■ 접속기록 생성시 일부 누락하는 사례(예시)
  • 시스템 개통 후 추가된 메뉴·기능에 대해 접속기록 생성 로직과 연계하지 않아, 해당 메뉴 또는 기능을 이용하는 접속기록이 전혀 생성되지 않는 경우
  • 개인정보 항목을 정보주체별로 하나하나 열람하거나 내려받지 않고, 검색 조건을 통해 다량의 개인정보를 한꺼번에 열람하거나 내려받는 경우 처리한 정보주체의 정보가 공란으로 처리되는 경우
  • 하나의 메뉴 또는 기능에 접속하면 보이는 첫 화면에서 미리 설정된 조건으로 개인정보가 검색되어 화면에 보이는데도, 이러한 접근이 접속기록에 반영되지 않는 경우(화면에서 개인정보를 일부 마스킹 처리하여 특정 개인을 식별하지 못하게 조치한 경우에는 접속기록이 생성되지 않아도 됨)

■ 이상행위 판단 기준 예시
  • 공휴일, 업무 시간 외 개인정보 열람 또는 다운로드
  • 전 3개월 평균 개인정보 열람 또는 다운로드 횟수·정보량을 초과하는 개인정보 열람 또는 다운로드
  • 월별 개인정보 다운로드 건수 상위 개인정보취급자
  • 월별 접속지(IP 주소) 정보가 다수인 개인정보취급자

5) 재검토 기한 / 부칙

안전성 확보조치 기준(2025.10.31) 제18조

제18조(재검토 기한)
개인정보보호위원회는 「행정규제기본법」 제8조 및 「훈령·예규 등의 발령및 관리에 관한 규정」
에 따라 이 고시에 대하여 **2023년 9월 15일을 기준으로 매 3년**이 되는 시점(매 3년째의 9월 14
일까지를 말한다)마다 그 타당성을 검토하여 개선 등의 조치를 하여야 한다.

안전성 확보조치 기준(2025.10.31) 부칙

부칙〈제2023-6호, 2023.09.22.〉
이 고시는 발령한 날부터 시행한다. 다만, 다음 각 호의 개정규정은 각 호의 구분에 해당하는 개
인정보처리자에 대해서는 **2024년 9월 15일부터 시행**한다.
1. **제5조제6항, 제7조제6항, 제8조제2항, 제11조**의 개정규정 : **종전의** 「(개인정보보호위원회)
   개인정보의 기술적·관리적 보호조치 기준」(개인정보보호위원회고시 제2021-3호) 적용대
   상인 **개인정보처리자**
2. **제7조제4항, 제12조제2항의 개정규정 및 제5조제6항** 중 정보주체에 관한 개정규정 : **종전
   의** 「(개인정보보호위원회) **개인정보의 안전성 확보조치** 기준」(개인정보보호위원회고시 제
   2021-2호) 적용대상인 **개인정보처리자**
3. **제14조부터 제17조**까지의 개정규정 : **공공시스템운영기관과 공공시스템이용기관**

부칙 〈제2025-9호, 2025.10.31.〉
제1조(시행일) 이 고시는 발령한 날부터 시행한다. 다만, **제4조제1항 제12호 및 제13호, 제5조
제1항 및 제6항, 제6조제2항, 제8조제1항 및 제2항**은 발령한 날의 1년 후부터 시행한다.

■ 2026년 10월 31일부터 시행되는 조치 (1년 유예)
   제4조제1항 제12호(출력·복사시 안전조치에 관한 사항) 및 제13호(개인정보의 파기에 관한 사항), 제5조
   제1항(접근권한 차등 부여) 및 제6항(일정 횟수 이상 인증 실패시 접근 제한), 제6조제2항(안전한 인증수
   단 또는 안전한 접속수단), 제8조제1항(접속기록 보관) 및 제2항(접속기록 점검)

3 개인정보 보호조치 FAQ

🔒 01 개인정보의 안전성 확보 조치 기준

Q 개인정보의 안전성 확보에 필요한 기술적·관리적 및 물리적 안전 조치에 관한 최소한의 기준 이란 무엇을 의미하는지?

A 이 기준은 개인정보처리자가 개인정보를 처리함에 있어서 개인정보가 분실·도난·유출· 위조·변조 또는 훼손되지 아니하도록 안전성 확보에 필요한 기술적·관리적 및 물리적 안 전 조치에 관한 최소한의 기준입니다.

개인정보처리자는 처리하는 개인정보의 종류 및 중요도, 개인정보를 처리하는 방법 및 환 경 등을 고려하여 개인정보가 분실·도난·유출·위조·변조 또는 훼손되지 아니하도록 충 분한 안전조치를 취하도록 노력하여야 합니다.

Q 개인정보처리시스템의 범위는 어디까지를 말하는지?

A 개인정보처리시스템이란 일반적으로 데이터베이스(DB) 내의 데이터에 접근할 수 있도록 해주는 응용시스템을 의미하며, 데이터베이스를 구축하거나 운영하는데 필요한 시스템을 말합니다. 다만, 개인정보처리시스템은 개인정보처리자의 개인정보 처리방법, 시스템 구 성 및 운영환경 등에 따라 달라질 수 있습니다.

업무용 컴퓨터에 데이터베이스 응용프로그램이 설치·운영되어 다수의 개인정보취급자가 사용하거나, 웹서버라도 데이터베이스에 연결되어 개인정보를 처리하는 경우에는 개인정 보처리시스템에 해당될 수 있습니다. 다만, 데이터베이스 응용프로그램이 설치·운영되지 않는 PC, 노트북과 같은 업무용 컴퓨터는 개인정보처리시스템에서 제외됩니다.

Q 개인용 스마트폰에서 회사 e-mail 서버로부터 자료를 주고받아 개인정보 처리 업무를 수행 하는 경우에, 모바일 기기에 포함되는지?

A 모바일 기기에 포함됩니다.

개인용 스마트폰이나 태블릿PC에 회사의 업무용 앱(App)을 설치하여 업무목적의 개인정 보를 처리하는 경우나, 개인용 스마트폰이나 태블릿PC에 설치된 메일 읽기 프로그램을 사 용하여 회사 메일서버에 접속하여 업무목적의 개인정보를 처리하는 경우에는 모바일 기 기에 해당됩니다.

다만, 개인용 스마트폰이 회사 e-mail 서버로부터 자료를 주고 받더라도 개인정보가 포함 되지 않거나, 회사 업무목적 아닌 경우는 모바일 기기에서 제외됩니다.

Q 전용선의 범위는 어디까지인지?

A 물리적으로 독립된 회선으로서 두 지점간에 독점적으로 사용하는 회선으로 개인정보처리 자와 개인정보취급자, 또는 본점과 지점 간 직통으로 연결하는 회선 등을 의미합니다.

Q 개인정보처리자로부터 업무를 위탁받아 처리하는 수탁자도 이 기준을 준수하여야 합니까?

A 그렇습니다.
"수탁자"는 개인정보처리자로부터 개인정보의 수집, 생성, 기록, 저장, 보유, 가공, 편집, 검색, 출력, 정정(訂正), 복구, 이용, 제공, 공개, 파기(破棄), 그 밖에 이와 유사한 행위 등의 업무를 위탁받아 처리하는 자를 말합니다.(법 제26조)
수탁자도 개인정보의 안전성 확보조치에 관한 개인정보보호법 제24조제3항, 제29조가 준용되어 적용됩니다.(법 제26조제7항) 따라서 수탁자는 이 기준에 따라 개인정보의 안전성 확보에 필요한 조치를 이행하여야 합니다.

Q 내부 관리계획 수립 시, 문서 제목을 반드시 "내부 관리계획" 으로 하여야 하나요?

A 내부 관리계획의 문서 제목은 가급적 "내부 관리계획"이라는 용어를 사용하는 것이 바람직하나, 개인정보처리자의 내부 방침에 따라 다른 용어를 사용할 수도 있습니다. 다른 용어를 사용하는 경우에도 이 기준 제4조(내부 관리계획의 수립·시행)에 관한 사항을 이행하여야 합니다.

Q 공공기관에서 암호화를 수행하는 경우, 이 기준에서 규정하는 사항과 다른 기관에서 규정하는 지침 등이 있는 경우에는 어느 규정을 준수해야 하는지?

A 이 기준의 제7조(개인정보의 암호화)에서 규정하는 사항을 이행하면 "개인정보보호법"상 암호화 의무는 준수한 것으로 볼 수 있습니다. 다만, 해당 분야에 관련된 다른 암호화 지침 등이 있는 경우에는 해당 규정도 준수하여야 할 것입니다.

Q 공공기관입니다. 고객정보 데이터베이스를 운영하고 있습니다. 개인정보보호법에서 규정하는 암호화 대상이 무엇이며 어떻게 해야 하는지?

A "개인정보보호법" 상에서 요구되는 암호화 대상은 비밀번호, 생체인식정보, 고유식별정보(주민등록번호, 외국인등록번호, 운전면허번호, 여권번호)입니다. 개인정보처리자는 비밀번호, 생체인식정보, 고유식별정보를 정보통신망 또는 보조저장매체 등을 통해 전달하는 경우 암호화하여 전송해야 합니다. 인터넷 구간 및 인터넷 구간과 내부망의 중간 지점(DMZ)에 고유식별정보를 저장하는 경우에도 반드시 암호화하여야 합니다. 또한, 내부망에 주민등록번호를 제외한 고유식별정보를 저장하는 경우 영향평가의 결과에 따라 암호화의 적용여부 및 적용범위를 정하여 시행할 수 있습니다.

Q 내부망에 저장하는 주민등록번호는 영향평가나 위험도 분석을 통해 암호화하지 않고 보유할 수 있는지?

A 내부망에 주민등록번호를 저장하는 경우, 법 제24조의2, 동법 시행령 제21조의2에 따라 "개인정보 영향평가"나 "암호화 미적용시 위험도 분석"의 결과에 관계없이 암호화 하여야 합니다. 100만명 미만의 정보주체에 관한 주민등록번호를 보관하는 경우에는 2017년 1월 1일 그리고 100만명 이상은 2018년 1월1일 이전까지 암호화 적용을 완료하여야 합니다.

Q 암호화해야 하는 생체인식정보의 대상은 어디까지인지?

A 생체인식정보를 식별 및 인증 등의 업무에 활용하기 위하여 수집·이용하는 경우에는 암호화 조치를 하여야 하며 복호화가 가능한 양방향 암호화 저장을 할 수 있습니다.

Q 업무용 PC에서 고유식별정보나 바이오정보를 처리하는 경우 개인정보 암호화는 어떻게 해야 하는지?

A PC에 저장된 개인정보의 경우 상용프로그램(한글, 엑셀 등)에서 제공하는 비밀번호 설정 기능을 사용하여 암호화를 적용하거나, 안전한 암호화 알고리즘을 이용하는 소프트웨어를 사용하여 암호화해야 합니다. 암호화에 관한 세부사항은 "개인정보의 암호화 조치 안내서"를 참고 할 수 있습니다.

Q 전산실 또는 자료보관실이 없는 중소기업입니다. "개인정보의 안전성 확보조치 기준" 제11조 (물리적 안전조치)조항을 준수해야 하는지?

A 개인정보가 포함된 서류나 보조저장매체 등을 운영하는 경우에는 잠금장치가 있는 캐비넷 등 안전한 장소에 보관하여야 하며, 보조저장매체의 반출·입 통제를 위한 보안대책을 마련하여 운영해야 합니다.
다만, 전산실, 자료보관실 등 개인정보를 보관하고 있는 물리적 보관장소를 별도로 두고 있지 않는 경우에는 이에 대한 출입통제 절차를 수립·운영하지 않을 수 있습니다.

Q 접속기록에는 어떠한 정보를 보관·관리하여야 하는지?

A 접속기록에는 계정(개인정보처리시스템에서 접속자를 식별할 수 있도록 부여된 ID 등 계정정보), 접속일시(접속한 시간 또는 업무를 수행한 시간), 접속자 정보(접속한 자의 PC, 모바일기기 등 단말기 정보 또는 서버의 IP 등 접속지 주소), 수행업무(열람, 수정, 삭제, 인쇄, 입력 등 개인정보취급자가 개인정보처리시스템을 이용하여 개인정보를 처리한 내용을 알 수 있는 정보)가 포함됩니다.

Q 재해·재난 대비 안전조치는 반드시 필요한가요?

A 재해·재난 발생 시 개인정보처리시스템에 보관된 개인정보의 손실, 훼손 등을 방지하고 개인정보유출사고 등을 예방하기 위한 안전조치는 필요합니다.
개인정보처리자는 재해·재난 발생 시 혼란을 완화시키고 신속한 의사 결정을 위하여 대응절차 마련 및 점검, 백업 및 복구 계획 수립 등을 하여야 합니다

🔒 02 개인정보의 기술적·관리적 보호조치 기준

Q 부가통신사업자로 신고하였으나 해당 사업에서 개인정보를 수집하지는 않고, 오프라인으로 컴퓨터를 판매하는 과정에서 고객의 개인정보를 수집하고 있는 때에도 이 기준을 이행하여야 합니까?

A 부가통신사업자로 신고하여 "정보통신서비스 제공자등"의 범위에 속하더라도 정보통신서비스와 관계없이 오프라인에서만 고객의 개인정보가 처리된다면 이 기준이 적용되지 않습니다. 이러한 때에는 「개인정보보호법」제29조(안전조치의무)에 따른 '개인정보의 안전성 확보조치 기준'을 이행하여야 합니다.

Q 여행사입니다. 홈페이지를 운영하고 있지는 않지만 오프라인으로 여행상품의 계약 등을 하는 과정에서 고객의 개인정보를 수집하고 있을 때에도 이 기준을 이행하여야 합니까?

A 정보통신서비스를 제공하고 있지 않은 사업자일 때에는 이 기준이 적용되지 않습니다. 이러한 때에는 「개인정보보호법」제29조(안전조치의무)에 따른 '개인정보의 안전성 확보조치 기준'을 이행하여야 합니다.

Q 회사에서 내부 직원의 인사관리에 사용되는 시스템을 보유 운영할 때에도 이 기준을 이행하여야 합니까?

A 전기통신사업자의 전기통신역무를 이용하여 고객에게 정보를 제공하거나 정보의 제공을 매개하지 않고 회사 내부에서만 직원관리 용도 등으로 사용할 때에는 이 기준이 적용되지 않습니다. 이러한 때에는 「개인정보보호법」제29조(안전조치의무)에 따른 '개인정보의 안전성 확보조치 기준'을 이행하여야 합니다.

Q 금융 회사에서 개인정보보호를 위한 기술적, 관리적, 물리적 보호조치를 이행하려고 하는데 이 기준을 이행하면 됩니까? 아니면 다른 기준을 이행하여야 합니까?

A 금융 업종에 속하는 사업자일 때는 「신용정보의 이용 및 보호에 관한 법률」의 적용을 받습니다. 따라서 동법 제19조(신용정보전산시스템의 안전보호)에 따른 '신용정보업감독규정'을 이행하여야 합니다. 다만, 해당 사업자가 인터넷 홈페이지 등을 이용하여 정보 및 서비스를 제공할 때에는 영리 목적의 정보통신서비스 제공자에 해당하므로 '신용정보업감독규정'에서 정하지 않은 사항에 대해서는 이 기준을 이행하여야 합니다.

Q 당사는 자동차판매회사로서 고객정보가 취득되는 경로를 보면 당사 차량구입고객정보, 오토카드, 정비고객, 영업사원 취득정보, 홈페이지 회원 정보, 이벤트 참여고객 등으로 나누어지는데 보호조치 기준을 이행하여야 하는 고객정보에는 홈페이지 회원 정보만 해당되는 건가요?

A 자동차 판매회사는 「개인정보보호법」에 따른 '개인정보의 안전성 확보조치 기준'을 이행하여야 합니다. 다만, 인터넷 홈페이지를 통해 서비스를 제공하는 부분에 대해서는 주된 사업 형태인지 여부, 인터넷 홈페이지를 통해서 처리되는 개인정보의 양 등을 고려하여 보호조치 기준 적용여부를 판단하여야 합니다. 오프라인 자동차 판매의 목적을 부수적으로 지원하는 것에 그친다고 볼 수 없고 처리되는 개인정보의 양이 적지 않다면 영리 목적의 정보통신서비스 제공자등으로 보아 이 기준을 이행하여야 합니다.

Q 고시 제1조(목적)의 개인정보의 안전성 확보에 필요한 기술적·관리적 및 물리적 보호조치에 관한 최소한의 기준이란 무엇을 의미하는지?

A 이 기준에서 정하는 사항은 정보통신서비스 제공자등이 개인정보의 안전성 확보를 위하여 반드시 준수하여야 하는 최소한의 기준입니다. 따라서 이외에도 정보통신서비스 제공자등은 사업규모, 서비스의 유형, 개인정보 보유 수, 처리하는 개인정보의 유형 및 중요도, 개인정보를 처리하는 방법 및 환경, 보안위험요인 등을 고려하여 스스로의 환경에 맞도록 필요시 추가적인 개인정보보호조치 기준을 수립하고 시행하여야 합니다.

Q 개인정보처리시스템의 범위는 어디까지를 말하는지요?

A 개인정보처리시스템이란 일반적으로 데이터베이스(DB)와 데이터베이스 내의 데이터에 접근할 수 있도록 해주는 응용시스템을 의미하며, 데이터베이스를 구축하거나 운영하는 데 필요한 시스템을 말합니다. 다만, 개인정보처리시스템은 정보통신서비스 제공자등의 개인정보 처리 방법, 시스템 구성 및 운영 환경 등에 따라 달라질 수 있습니다. 업무용 컴퓨터, 노트북도 데이터베이스 관련 응용프로그램이 설치·운영되어 개인정보취급자가 사용하거나, 웹서버라도 데이터베이스에 연결되어 개인정보를 처리하는 경우에는 개인정보처리시스템에 해당될 수 있습니다.

Q 이용자가 접속하는 웹페이지도 개인정보처리시스템입니까?

A 이용자가 접속하는 웹페이지를 통해 데이터베이스 내의 데이터(개인정보)에 접근하여 조회, 수정, 삭제 등 처리할 수 있다면 개인정보처리시스템에 해당됩니다.

Q 내부관리계획에 출력·복사시 보호조치에 관한 사항도 포함하여야 합니까?

A 제4조제1항에 따라 이 기준에서 정하는 기술적·관리적 및 물리적 보호조치에 관한 사항은 모두 포함되어야 합니다. 결국 이 기준 제12조(출력·복사시 안전조치)에 관한 사항도 포함되어야 합니다.

Q 내부관리계획의 변경·업데이트 주기는 어떻게 해야 합니까?

A 개인정보보호 관련 법·제도의 제·개정 여부를 정기적으로 확인하여 변경이 있을 때에는 변경 사항을 반영하고 개인정보 처리 방법, 처리 환경 및 보호조치 사항 등에 변경이 있을 때에도 변경사항을 내부관리계획에 반영하여 시행하여야 합니다.

Q 개인정보 보호책임자는 새로운 임원으로 별도 채용해야 하나요?

A 반드시 새로운 임원을 별도 채용하지 않아도 됩니다.
개인정보 보호책임자는 임원 또는 개인정보와 관련하여 이용자의 고충처리 담당부서의 장 등을 지정할 수 있으며, 별도로 새로운 인력을 채용하여 개인정보 보호책임자로 지정할 수도 있습니다. 다만, 개인정보 보호책임자는 「정보통신망 이용촉진 및 정보보호 등에 관한 법률」제27조(개인정보 보호책임자의 지정)에서 정하는 요건을 충족한 자로 지정하여야 합니다.

Q 개인정보보호 교육은 누구를 대상으로 해야 하는 것인가요?

A 고객의 개인정보를 보호하고 개인정보와 관련한 이용자의 고충을 처리하는 '개인정보 보호 책임자' 그리고 고객의 개인정보를 처리하는 '개인정보취급자'(정규직, 비정규직, 파견직, 시간제 등 근로형태 불문) 등을 대상으로 개인정보보호 교육을 실시하여야 합니다.

Q 정보보호 교육의 일부분으로 개인정보보호에 관한 사항이 포함되었다면 개인정보보호 교육을 실시한 것으로 볼 수 있나요?

A 교육과정명이 '정보보호 교육'이라 하더라도 회사 내부의 '개인정보보호 교육계획'에 의해 실시되었다면 개인정보보호 교육으로 볼 수 있습니다. 다만, 이러한 때에는 교육 목적, 대상, 내용, 일정, 방법 등이 개인정보보호 교육 계획과 맞아야 합니다. 교육 실시 결과는 문서화하여 보관하도록 합니다.

Q 개인정보취급자의 접근권한 부여는 어떻게 해야 하나요?

A 정보통신서비스 제공자등은 개인정보처리시스템에 접근권한을 서비스 제공을 위해 필요한 최소한의 인원에게 부여해야 합니다. 특히, 개인정보처리시스템의 데이터베이스(DB)에 직접 접속은 데이터베이스 운영·관리자에 한정하는 등의 보호조치를 적용할 필요성이 있습니다. 정보통신서비스 제공자등은 개인정보처리시스템에 열람, 수정, 다운로드 등 접근권한을 부여할 때에는 서비스 제공을 위해 필요한 범위에서 구체적으로 차등화 하여 부여하여야 합니다.

Q 개인정보처리시스템에 접근권한의 변경·말소는 어떻게 해야 하나요?

A 정보통신서비스 제공자등은 개인정보취급자가 전보 또는 퇴직, 휴직 등 인사이동이 발생하여 개인정보처리시스템에 사용자계정 등 접근권한의 변경·말소 등이 필요할 때에는 정당한 사유가 없는 한 즉시 조치하여야 합니다. 정보통신서비스 제공자등은 불완전한 접근권한의 변경 또는 말소 조치로 인하여 정당한 권한이 없는 자가 개인정보처리시스템에 접근될 수 없도록 하여야 합니다.

Q 침입 탐지 및 유출 탐지 기능을 갖춘 접근통제 장치만 설치한다면, 이 기준에서 정한 접근통제 요구사항을 충족하나요?

A 아닙니다. 단순히 방화벽 등 정보보호 솔루션을 구매 및 설치하는 것만으로는 부족하며 신규 위협 대응 및 정책의 관리를 위하여 정책설정의 지속적인 업데이트 적용 및 운영·관리, 이상행위 대응, 로그분석 등의 방법으로 체계적으로 운영 관리를 하여야 합니다.

Q 현재 설치 운영중인 침입차단시스템, 침입탐지시스템을 교체 변경하려고 합니다. 시스템의 규격, 성능 등을 이 기준에서 정하고 있습니까?

A 기준에서는 침입차단시스템, 침입탐지시스템 등의 설치 규격, 성능 등을 정하고 있지 않습니다. 다만, 이 기준에서 정하는 사항을 이행하기 위하여 필요한 기능이 해당 시스템에서 제공되는지 여부를 사전에 확인하기 바랍니다.

Q 일정시간 이상 업무처리를 하지 않을 때 자동으로 시스템 접속이 차단되도록 하는 최대 접속 시간은 어느 정도를 의미합니까?

A 정보통신서비스 제공자등은 개인정보를 처리하는 방법 및 환경, 보안위험요인, 업무특성 (DB 운영·관리, 시스템 모니터링 및 유지보수 등) 등을 고려하여 스스로의 환경에 맞는 최대 접속시간을 각각 정하여 시행할 수 있습니다. (예를 들어, DB 운영·관리자일 때에는 10분 등) 최대 접속시간은 최소한으로 정하여야 하며 장시간 접속이 필요할 때에는 접속 시간 등 그 기록을 보관·관리 하여야 합니다.

Q 망분리 의무화 대상 사업자의 기준은?

A 망분리를 하여야 하는 정보통신서비스 제공자등은 다음과 같습니다.
① 전년도말 기준 직전 3개월간 그 개인정보가 저장·관리되고 있는 이용자수가 일일평균 100만명 이상(제공하는 정보통신서비스가 다수일 때에는 전체를 합산하여 적용)
② 「클라우드컴퓨팅 발전 및 이용자 보호에 관한 법률」 제2조제3호에 따른 클라우드컴퓨 팅서비스를 이용하여 개인정보처리시스템을 구성·운영하는 경우에는 해당 서비스에 대한 접속 외에는 인터넷을 차단하는 조치

Q 망분리 의무화 대상 개인정보취급자 단말기는?

A 정보통신서비스 제공자등이 망분리를 할 때에는 개인정보처리시스템에서 개인정보를 다 운로드 또는 파기할 수 있거나 개인정보처리시스템에 대한 접근권한을 설정할 수 있는 개 인정보취급자(예시 : 데이터베이스 운영관리자)의 컴퓨터 등을 인터넷망으로부터 분리하 여야 합니다.

Q 온라인과 오프라인으로 서비스를 제공하고 있는 업체입니다. 오프라인으로만 수집한 고객의 개인정보가 100만명 이상이면 망분리를 적용해야 합니까?

A 오프라인으로 수집한 고객의 개인정보도 온라인으로 서비스 된다면 이 기준을 이행하여 야 합니다. 따라서, 수집 경로와 상관없이 정보통신서비스 부문에서 수집한 전년도 말 기 준 직전 3개월간 그 개인정보가 저장·관리되고 있는 고객 수가 일일평균 100만명 이상일 때에는 망분리를 하여야 합니다.

Q 소량의 개인정보를 다운로드하는 개인정보취급자도 망분리 대상인지요?

A 망분리 적용 대상 여부는 개인정보를 다운로드하는 건수로 정하고 있지 않습니다.
따라서 망분리 적용 대상 정보통신서비스 제공자에 해당하는 이상 소량의 개인정보를 다 운로드하는 개인정보취급자의 컴퓨터도 망분리 하여야 합니다.

Q 오픈마켓 서비스 제공자가 정보통신망을 통해 오픈마켓 서비스에 상품을 등록·판매하는 판매업자에게 판매정보를 제공하는 경우 취해야 할 보호조치는?

A 오픈마켓 서비스 제공자는 판매업자가 정보통신망을 통해 외부에서 개인정보 처리시스템에 접속이 필요할 때에는 사용자계정(ID)과 비밀번호를 입력하여 정당한 개인정보취급자 여부를 식별·인증하는 절차 이외에 본 해설서에서 안내 하는 제4조 제4항에 따른 추가적인 인증수단을 적용하여야 합니다.

Q 비밀번호와 관련된 다른 조치(5회 이상 비밀번호 입력 오류시 로그인 제한 등)를 적용할 때에도 개인정보취급자의 비밀번호 작성규칙은 반드시 8자리 또는 10자리로 이상으로 해야 합니까?

A 이 기준에서는 개인정보취급자를 대상으로 영문자(영대문자, 영소문자), 숫자, 특수문자 중 2종류 이상을 조합하여 최소 10자리 이상 또는 3종류 이상을 조합하여 최소 8자리 이상의 길이로 구성하도록 정하고 있으므로 이행하여야 합니다.

Q 개인정보 수집이 필요한 웹기반 시스템을 개발 중인데 일방향 암호화를 어떻게 적용하라는 의미인지요?

A 웹기반 시스템의 DB에 이용자의 비밀번호가 평문으로 저장되어 이용자가 입력한 비밀번호와 단순 비교하는 방식으로 인증 시스템 개발이 되지 않아야 한다는 의미입니다. 다시 말해, 개발 시 상용 암호 모듈을 이용하여 적용하는 방법, 자체 DB 시스템에서 제공하는 암호 모듈 활용 방법, 공개용 암호 라이브러리 등을 사용하여 프로그램을 직접 개발하는 방법이 있는데 이들 모두 일방향(해쉬함수) 암호화 기능이 제공되는 라이브러리를 이용하여 개발하여야 합니다. 다만, 일방향 암호 알고리즘 중 보안수준이 떨어지는 MD5, SHA-1 등은 사용해서는 안됩니다.

Q 개인정보취급자가 아닌 이용자의 접속기록은 보관하지 않아도 되나요?

A 이용자의 접속기록 보관에 관한 사항은 이 기준에서 규정하고 있지는 않습니다.
다만, 이용자의 접속기록은 통신비밀보호법 제2조제11호마목 및 사목, 같은 법 시행령 제41조제2항제2호에 따라 3개월 이상 보관하여야 합니다.
[통신비밀보호법 시행령]

> 제41조(전기통신사업자의 협조의무 등)
> ① 법 제15조의2에 따라 전기통신사업자는 살인·인질강도 등 개인의 생명·신체에 급박한 위험이 현존하는 경우에는 통신제한조치 또는 통신사실 확인자료제공 요청이 지체 없이 이루어질 수 있도록 협조하여야 한다.
> ② 법 제15조의2제2항에 따른 전기통신사업자의 통신사실확인자료 보관기간은 다음 각 호의 구분에 따른 기간 이상으로 한다.
> 2. 법 제2조제11호마목 및 사목에 따른 통신사실확인자료 : 3개월

Q 비밀번호가 아닌 신용카드정보, 계좌정보 또는 기타 고객 정보도 일방향 암호화의 적용이 필요한가요?

A 신용카드번호 및 계좌번호 등은 일방향(해쉬) 암호화하여 저장하지 않아도 되며, 본 해설서에서 권고하는 안전한 암호화 알고리즘으로 암호화하여 저장하면 됩니다.

Q 개인정보처리시스템에서 개인정보의 출력시 용도에 따른 출력항목의 최소화가 무엇을 의미하는지?

A 정보통신서비스 제공자등의 업무 수행 형태 및 목적, 유형, 장소 등 여건 및 환경에 따라 개인정보처리시스템에 대한 접근권한 범위내에서 최소한의 개인정보를 출력하도록 조치하라는 것입니다.

1 다음 중 개인정보의 안전성 확보조치 기준상 용어가 바른 것은?

① 개인정보처리자란 영리를 목적으로 개인정보파일을 운용하기 위하여 스스로 또는 다른 사람을 통하여 개인정보를 처리하는 공공기관, 법인, 단체 및 개인 등을 말한다.

② 접속기록이란 개인정보처리시스템에 접속하는 자가 개인정보처리시스템에 접근하여 수행한 업무내역에 대하여 식별자, 접속일시, 접속지 정보, 처리한 정보주체 정보, 수행업무 등을 전자적으로 기록한 것을 말한다.

③ 개인정보취급자란 개인정보보호책임자의 지휘·감독을 받아 개인정보를 처리하는 업무를 담당하는 자로서 임직원, 파견근로자, 시간제근로자 등을 말한다.

④ 개인정보파일이란 데이터베이스시스템 등 개인정보를 처리할 수 있도록 체계적으로 구성한 시스템을 말한다.

⑤ 인증정보란 정보주체 또는 개인정보취급자 등이 개인정보처리시스템, 업무용 컴퓨터 또는 정보통신망 등에 접속할 때 식별자와 함께 입력하여 정당한 접속 권한을 가진 자라는 것을 식별할 수 있도록 시스템에 전달해야 하는 고유의 문자열로서 타인에게 공개되지 않는 정보를 말한다.

> **해설** ① 영리목적이 아니라 업무 목적이다.
> ③ 개인정보보호책임자가 아니라 개인정보처리자의 지휘감독을 받는다.
> ④ 개인정보처리시스템에 대한 정의에 해당한다.
> ⑤ 비밀번호 정의에 해당한다.

2 다음 중 개인정보의 안전성 확보조치 기준에 따른 안전조치 기준 적용에 대한 설명으로 틀린 것은?

① 1만명 미만의 정보주체에 관하여 개인정보를 처리하는 소상공인·개인·단체의 경우에 내부 관리계획을 수립·시행을 생략할 수 있다.

② 개인정보처리자는 처리하는 개인정보의 보유 수, 유형 및 정보주체에게 미치는 영향 등을 고려하여 스스로의 환경에 맞는 개인정보의 안전성 확보에 필요한 조치를 적용하여야 한다.

③ 100만 명 이상의 정보주체에 관하여 개인정보를 처리하는 중소기업·단체에 해당하는 개인정보처리자는 재해·재난 발생 시 개인정보처리시스템 보호조치를 하여야 한다.

④ 10만 명 이상의 정보주체에 관하여 개인정보를 처리하는 대기업·중견기업·공공기관에 해당하는 개인정보처리자는 재해·재난 발생 시 개인정보처리시스템 보호조치를 하여야 한다.

⑤ 대기업·중견기업·공공기관에 해당하는 개인정보처리자는 재해·재난 발생 시 개인정보처리시스템 보호조치를 하여야 한다.

> **해설** 10만 명 이상의 정보주체에 관하여 개인정보를 처리하는 대기업·중견기업·공공기관 또는 100만 명 이상의 정보주체에 관하여 개인정보를 처리하는 중소기업·단체에 해당하는 개인정보처리자는 화재, 홍수, 단전 등의 재해·재난 발생 시 개인정보처리시스템 보호조치를 하여야 한다.

★ 정답 ★ 1 ② 2 ⑤

3 개인정보의 암호화 조치 중 설명이 틀린 것은?

① 모든 개인정보에 대해 저장 시 암호화 대상은 주민등록번호, 여권번호, 운전면허번호, 외국인등록번호, 신용카드번호, 계좌번호, 생체인식정보이다.

② 개인정보처리자는 이용자가 아닌 정보주체의 개인정보를 인터넷망 구간 및 DMZ에 고유식별 정보를 저장하는 경우 암호화하여야 한다.

③ 개인정보처리자는 이용자가 아닌 정보주체의 개인정보를 내부망에 고유식별정보를 저장하는 경우 정당한 사유가 있을 시 암호화 적용을 하지 않을 수 있다.

④ 이용자의 개인정보 또는 이용자가 아닌 정보주체의 고유식별정보, 생체인식정보를 개인정보취급자의 컴퓨터, 모바일 기기 및 보조저장매체 등에 저장할 때에는 안전한 암호 알고리즘을 사용하여 암호화한 후 저장하여야 한다.

⑤ 10만 명 이상의 정보주체에 관하여 개인정보를 처리하는 대기업·중견기업·공공기관 또는 100만 명 이상의 정보주체에 관하여 개인정보를 처리하는 중소기업·단체에 해당하는 개인정보처리자는 암호화된 개인정보를 안전하게 보관하기 위하여 안전한 암호 키 생성, 이용, 보관, 배포 및 파기 등에 관한 절차를 수립·시행하여야 한다.

해설 이용자의 개인정보에 대해 저장 시 암호화 대상은 주민등록번호, 여권번호, 운전면허번호, 외국인등록번호, 신용카드번호, 계좌번호, 생체인식정보이다.

4 개인정보의 암호화 기술에 대한 설명으로 틀린 것은?

① 대칭키 암호화 방식은 공개키 암호화 방식에 비해 빠른 처리속도를 제공한다.

② 대칭키 암호화 방식은 정보 교환 당사자 간에 동일한 키를 공유해야 하므로 여러 사람과의 정보 교환 시 많은 키를 유지 및 관리해야 하는 어려움이 있다.

③ 공개키 암호화 방식은 대칭키 암호화 방식의 키 분배나 전자서명 또는 카드번호와 같은 작은 크기의 데이터 암호화에 많이 사용된다.

④ 일방향 암호화 방식은 비밀번호와 같이 복호화를 하여 입력 값의 정확성 검증이 필요한 경우 사용된다.

⑤ 공개키 암호화 방식은 서로 다른 키를 사용하는 방식으로 비대칭키 암호화 방식이라고도 불린다.

해설 일방향 암호화 방식은 복호화가 불가능한 암호화방식이다.

5 개인정보보호조치 관련 고시에 대한 설명으로 틀린 것은?

① 개인정보의 기술적·관리적 보호조치 기준은 2023년 9월 22일 폐지되어 개인정보의 안전성 확보조치 기준을 따라야 한다.

② 개인정보의 안전성 확보조치 기준에서는 1만명 미만의 정보주체에 관한 개인정보를 보유한 소상공인, 단체, 개인에 대하여 내부 관리계획의 수립·시행 적용을 제외한다.

③ 개인정보의 안전성 확보조치 기준에서는 개인정보처리시스템에 대한 접근권한 부여 등의 내역 기록 보관 의무 최소 5년간 보관하도록 한다.

④ 개인정보의 안전성 확보조치 기준에는 외부 인터넷망 차단 의무화 규정이 있다.

⑤ 이용자의 개인정보는 개인정보 저장 시 암호화 대상이 비밀번호, 생체인식정보, 주민번호, 여권번호, 운전면허번호, 외국인등록번호, 신용카드번호, 계좌번호이다.

> **해설** 개인정보의 안전성 확보조치 기준에서는 개인정보처리시스템에 대한 접근권한 부여 등의 내역 기록 보관 의무 최소 3년간 보관하도록 한다.

6 개인정보 안전성 확보조치 상의 용어 정의에 대한 설명으로 틀린 것은?

① 이용자는 「정보통신망 이용촉진 및 정보보호 등에 관한 법률」 제2조제1항제4호에 따른 정보통신서비스 제공자가 제공하는 정보통신서비스를 이용하는 자를 말한다.

② 접속이란 컴퓨터 소유자의 파일을 타인이 조회·변경·복사 등을 할 수 있도록 설정하는 것을 말한다.

③ 순수한 개인적인 활동이나 가사활동을 위해서 개인정보를 수집·이용·제공하는 자는 개인정보처리자에 포함되지 않는다.

④ 고용관계가 없더라도 실질적으로 개인정보 처리자의 지휘·감독을 받아 개인정보를 처리하는 자는 개인정보취급자에 포함된다.

⑤ 개인정보처리시스템은 데이터베이스시스템 등 개인정보를 처리할 수 있도록 체계적으로 구성한 시스템이다.

> **해설** 공유설정에 대한 정의이다.

7 개인정보 안전성 확보조치 상의 용어 정의에 대한 설명으로 틀린 것은?

① 정보통신망은 전기통신을 하기 위한 기계·기구·선로 기타 전기통신에 필요한 설비를 이용하거나 컴퓨터 및 컴퓨터의 이용기술을 활용하여 정보를 수집·가공·저장·검색·송신 또는 수신하는 정보통신체계를 말한다.

② 공개된 무선망에서 직원의 업무처리 목적으로 사무실, 회의실 등에 무선접속장치(AP)와 CDMA, WCDMA 등의 기술을 사용하는 이동통신망은 제외된다.

③ 개인 소유의 휴대용기기라 할지라도 개인정보처리자의 업무 목적으로 개인정보 처리에 이용되는 경우 모바일 기기에 포함한다.

④ 생체인식정보는 생체정보 중 특정 개인을 인증·식별할 목적으로 처리되는 정보를 말한다.

⑤ 보조저장매체에는 이동형 하드디스크, USB메모리, CD, DVD 등이 해당되며, 스마트폰은 포함되지 않는다.

> **해설** 보조저장매체에는 이동형 하드디스크, USB메모리, CD, DVD 등이 해당된다. 경우에 따라서는 스마트폰도 보조저장매체가 될 수 있다.

★ 정답 ★	3 ①	4 ④	5 ③	6 ②	7 ⑤

8 개인정보 안전성 확보조치에서 정보통신서비스 제공자가 2024년 9월 15일까지 시행이 유예되는 보호조치로 묶인 것은?

> **보기**
> ㄱ. 일정 횟수 이상 인증에 실패한 경우 개인정보처리시스템에 대한 접근을 제한
> ㄴ. 안전한 암호 키 생성, 이용, 보관, 배포 및 파기 등에 관한 절차를 수립·시행
> ㄷ. 개인정보의 다운로드가 확인된 경우에는 내부 관리계획 등으로 정하는 바에 따라 그 사유 확인
> ㄹ. 재해·재난 대비 안전조치
> ㅁ. 출력·복사시 보호조치

① ㄱ
② ㄱ, ㄴ
③ ㄱ, ㄴ, ㄷ
④ ㄱ, ㄴ, ㄷ, ㄹ
⑤ ㄱ, ㄴ, ㄷ, ㄹ, ㅁ

> **해설** ㄱ, ㄴ, ㄷ, ㄹ 은 정보통신서비스 제공자가 2024년 9월 15일까지 시행이 유예되는 보호조치이고, 출력·복사 시 보호조치는 개인정보처리자가 2024년 9월 15일까지 시행이 유예되는 보호조치이다.

9 개인정보 안전성 확보조치 상 1만 명 미만의 정보주체에 관하여 개인정보를 처리하는 소상공인·개인·단체인 개인정보처리자가 면제가 되는 않는 조치를 고르시오.

① 내부 관리계획 수립·시행
② 재해 및 재난 대비 개인정보처리시스템의 물리적 안전조치
③ 안전한 암호 키 생성, 이용, 보관, 배포 및 파기 등에 관한 절차를 수립·시행
④ 개인정보취급자의 컴퓨터 등에 대한 인터넷망 차단 조치
⑤ 개인정보처리시스템에 대한 접근 권한을 개인정보취급자에게만 업무 수행에 필요한 최소한의 범위로 차등 부여 조치

> **해설** 개인정보처리시스템에 대한 접근 권한을 개인정보취급자에게만 업무 수행에 필요한 최소한의 범위로 차등 부여조치는 유형과 관계없이 하여야 하는 조치이다.

10 개인정보 안전성 확보조치 상 내부관리계획의 수립, 시행에 대한 설명 중 틀린 것은?

① 개인정보처리자는 개인정보 보호 조직을 구성·운영하여야 한다.

② 개인정보처리자는 개인정보 보호책임자 및 개인정보취급자를 대상으로 사업규모, 개인정보 보유 수 등을 고려하여 필요한 교육을 정기적으로 실시하여야 한다.

③ 개인정보처리자는 보호조치 이행을 위한 세부적인 추진방안을 포함한 내부관리계획을 수립·시행하여야 한다.

④ 내부 관리계획의 문서 제목은 가급적 "내부 관리계획"이라는 용어를 사용하는 것이 바람직하나, 개인정보처리자의 내부 방침에 따라 다른 용어를 사용 할 수 있다.

⑤ 내부관리계획은 조직의 개인정보 취급 부서를 대상으로 마련하여야 한다.

해설 내부관리계획은 조직(회사) 전체를 대상으로 마련하여야 한다.

11 개인정보 안전성 확보 조치 기준 상 개인정보보호 교육에 대한 설명 중 틀린 것은?

① 개인정보처리자는 개인정보의 안전한 처리를 위하여 개인정보 보호책임자 및 개인정보취급자에게 최소 연1회 이상 필요한 교육을 실시하여야 한다.

② 개인정보보호 교육의 구체적인 사항은 교육 목적 및 대상, 교육 내용(프로그램 등), 교육 일정 및 방법 등을 포함하도록 한다.

③ 교육 내용은 개인정보보호책임자 그리고 개인정보취급자의 지위·직책, 담당 업무의 내용, 업무 숙련도 등에 따라 각기 다르게 할 필요가 있다.

④ 교육 프로그램은 개인정보보호 관련 법률 및 제도, 내부관리계획을 교육하고, 분야별 전문기술 교육은 개인정보보호 교육 대상에 포함되지 않는다.

⑤ 교육 방법에는 사내교육, 외부교육, 위탁교육 등 여러 종류가 있을 수 있으며, 조직의 여건 및 환경을 고려하여 집체 교육, 온라인 교육 등 다양한 방법을 활용할 수 있다.

해설 해당 업무를 수행하기 위한 분야별 전문기술 교육뿐만 아니라 개인정보보호 관련 법률 및 제도, 내부관리계획등 필히 알고 있어야 하는 사항을 포함하여 교육을 실시하도록 한다.

12 개인정보 안전성 확보조치 상 접근 권한의 관리에 대한 설명 중 틀린 것은?

① 정보통신서비스 제공자가 아닌 개인정보처리자는 권한 부여, 변경 또는 말소에 대한 내역을 기록하고, 그 기록을 최소 3년간 보관하여야 한다.

② 유형과 관계없이 개인정보처리자는 개인정보처리시스템에 대한 접근 권한을 업무 수행에 필요한 최소한의 범위로 업무 담당자에 따라 차등 부여하여야 한다.

③ 정보통신서비스 제공자인 개인정보처리자는 권한 부여, 변경 또는 말소에 대한 내역을 기록하고, 그 기록을 최소 5년간 보관하여야 한다.

④ 개인정보처리자는 개인정보취급자 또는 정보주체의 인증수단을 안전하게 적용하고 관리하여야 한다.

⑤ 개인정보처리자는 개인정보처리시스템에 접근할 수 있는 계정을 발급하는 경우 정당한 사유가 없는 한 개인정보취급자 별로 계정을 발급하고 다른 개인정보취급자와 공유되지 않도록 하여야 한다.

> **해설** 정보통신서비스 제공자를 포함한 모든 개인정보처리자는 권한 부여, 변경 또는 말소에 대한 내역을 기록하고, 그 기록을 최소 3년간 보관하여야 한다.

13 개인정보의 안전성 확보 조치에서 접근 권한의 관리에 대한 설명 중 틀린 것은?

① 개인정보처리자는 접근권한 부여, 변경, 말소에 대한 내역을 전자적으로 기록하여야 하고, 수기로 작성한 기록은 인정되지 않는다.

② 가명정보에 접근권한이 있는 담당자가 특정 개인을 식별할 수 있는 정보에 접근할 수 없도록 제한하여야 한다.

③ 개인정보처리자가 가명정보를 처리하는 경우, 가명정보에 접근권한이 있는 담당자가 특정 개인을 알아보기 위한 목적으로 가명정보를 처리하는 것을 방지하기 위하여 가명정보에 접근할 수 있는 담당자와 추가 정보에 접근할 수 있는 담당자를 반드시 구분하여야 한다.

④ 접근권한 변경·말소 미조치 사례로 다수 시스템의 접근권한 변경·말소가 필요함에도 일부 시스템의 접근권한만 변경·말소할 때, 접근권한의 전부를 변경·말소하여야 함에도 일부만 변경·말소할 때, 접근권한 말소가 필요한 계정을 삭제 또는 접속차단조치를 하였으나, 해당 계정의 인증값 등을 이용하여 우회 접근이 가능할 때 등이 있다.

⑤ 접근 권한 변경·말소 미조치 시 ISMS인증을 받는 경우 2.5.6 접근권한 검토 결함에 해당한다.

> **해설** 개인정보처리자는 접근권한 부여, 변경, 말소에 대한 내역을 전자적으로 기록하거나 수기로 작성한 관리대장 등에 기록하고 해당 기록을 최소 3년간 보관하여야 한다.

14 개인정보의 보호조치에 따른 비밀번호 관리에 대한 설명 중 틀린 것은?

① 개인정보취급자 또는 정보주체가 안전한 비밀번호를 설정하여 이행할 수 있도록 비밀번호 작성규칙을 수립하고 이를 개인정보처리시스템, 접근통제시스템, 인터넷 홈페이지 등에 적용하여야 한다.

② 비밀번호는 정당한 접속 권한을 가지지 않는 자가 추측하거나 접속을 시도하기 어렵도록 문자, 숫자 등으로 조합, 구성하여야 한다.

③ 안전한 비밀번호 작성규칙을 통해 무작위 대입공격에 대해 어느정도 대응이 가능하다.

④ 비밀번호에 난수 추가(Salting)하고 양방향 암호화하여 비밀번호의 기밀성을 확보할 수 있다.

⑤ 개인정보처리자는 업무용 모바일 기기의 분실·도난 등으로 개인정보가 유출되지 않도록 해당 모바일 기기에 비밀번호 설정 등의 보호조치를 하여야 한다.

해설 비밀번호는 복호화가 불가능한 일방향 암호화(HASH) 암호화하여야 한다.

15 개인정보의 보호조치에 따른 안전한 인증수단과 안전한 접속수단에 대한 설명 중 틀린 것은?

① 이용자가 아닌 정보주체의 개인정보를 처리하는 개인정보처리자는 개인정보취급자가 정보통신망을 통해 외부에서 개인정보처리시스템에 접속하려는 경우 안전한 접속수단을 적용 및 안전한 인증수단을 적용하여야 한다.

② 개인정보처리자 유형이 삭제되었으므로 이용자의 개인정보를 처리하는 모든 개인정보처리자는 개인정보취급자가 정보통신망을 통해 외부에서 개인정보처리시스템에 접속하려는 경우 인증서, 보안토큰, 일회용 비밀번호 등 안전한 인증수단을 적용하여야 한다.

③ 안전한 접속수단은 IPSec, SSL 기술이 적용된 가상사설망(VPN), 전용선이 있으며, 안전한 인증수단은 인증서(PKI), 보안토큰, 일회용 비밀번호(OTP)가 있다.

④ 안전한 인증 수단을 적용할 때에도 보안성 강화를 위하여 VPN, 전용선 등 안전한 접속수단의 적용을 권고한다.

⑤ 안전한 인증수단 적용의 예시로는 개인정보처리시스템에 사용자계정과 비밀번호를 입력하여 정당한 개인정보취급자 여부를 식별·인증하는 절차 이외에 추가적인 인증 수단의 적용하여야 하는 것을 말한다.

해설 이용자가 아닌 정보주체의 개인정보를 처리하는 개인정보처리자는 개인정보취급자가 정보통신망을 통해 외부에서 개인정보처리시스템에 접속하려는 경우 가상사설망(VPN : Virtual Private Network) 또는 전용선 등 안전한 접속수단을 적용하거나 안전한 인증수단을 적용하여야 한다.

★ 정답 ★ 12 ③ 13 ① 14 ④ 15 ①

16 개인정보의 보호조치에 따른 침입차단 및 침입탐지 조치에 대한 설명 중 틀린 것은?

① 침입차단시스템, 침입탐지시스템, 웹방화벽, 보안 운영체제(Secure OS) 등을 도입하여 설치, 운영할 수 있다.

② 스위치 등의 네트워크 장비에서 제공하는 ACL(Access Control List : 접근제어목록) 등 기능을 이용하여 IP 주소 등을 제한함으로써 침입차단 기능을 구현하는 방법도 적용이 가능하다.

③ 공개용 소프트웨어를 사용하거나, 운영체제(OS)에서 제공하는 기능을 활용하여 해당 기능을 포함한 시스템을 설치·운영할 수 있으며, 공개용 소프트웨어를 사용하는 경우에는 적절한 보안이 이루어지는지를 사전에 점검하고 정기적인 업데이트 여부 등을 확인해야 한다.

④ 접근 제한 기능 및 유출 탐지 기능의 충족을 위해서는 보안시스템을 설치하는 것으로 충족된다.

⑤ IP주소 등에는 IP주소, 포트 그 자체뿐만 아니라, 해당 IP주소의 행위(과도한 접속성공및 실패, 부적절한 명령어 등 이상 행위 관련 패킷)를 포함한다.

해설 접근 제한 기능 및 유출 탐지 기능의 충족을 위해서는 단순히 시스템을 설치하는 것만으로는 부족하며, 신규 위협 대응 및 정책의 관리를 위하여 다음과 같은 방법 등을 활용하여 체계적으로 운영·관리하여야 한다.

17 개인정보의 보호조치에 따른 망분리 조치에 대한 설명 중 틀린 것은?

① 정보통신서비스 제공자 등의 매출액 기준은 망분리 의무 대상자 기준에 더 이상 포함되지 않는다.

② 전년도 말 기준 직전 3개월간 그 개인정보가 저장·관리되고 있는 이용자 수가 일일평균 100만명 이상인 개인정보처리자 등은 망분리 의무 대상자이다.

③ 망분리 의무대상자가 아닌 정보통신서비스 제공자등은 망분리를 적용하지 아니할 수 있으나, 보안성 강화 등을 위해서 적용을 권고한다.

④ 논리적 망분리는 물리적으로 하나의 통신망, 장비 등을 사용하지만 가상화 등의 방법으로 인터넷 접속이 불가능한 내부 업무영역과 인터넷 접속영역을 분리하는 방식으로 망전환 장치 방식이 있다.

⑤ IP주소 등에는 IP주소, 포트 그 자체뿐만 아니라, 해당 IP주소의 행위(과도한 접속성공및 실패, 부적절한 명령어 등 이상 행위 관련 패킷)를 포함한다.

해설 물리적 망분리에는 2PC방식, 1PC(망전환 장치), 폐쇄망 구성 방식이 있고, 논리적 망분리에는 CBC(PC 가상화), 터미널 서버 기반, SBC(VDI, Apllication 가상화) 방식이 있다.

18 개인정보의 보호조치에 따른 세션 타임아웃 조치에 대한 설명 중 틀린 것은?

① 개인정보처리시스템에 접속하는 업무용 컴퓨터 등에서 해당 개인정보처리시스템에 대한 접속의 차단을 의미한다.

② 업무용 컴퓨터의 화면보호기 등은 접속차단 조치의 방법 중 하나이다.

③ 정보통신서비스 제공자등은 개인정보를 처리하는 방법 및 환경, 보안위험요인, 업무특성 (DB 운영·관리, 시스템 모니터링 및 유지보수 등) 등을 고려하여 스스로의 환경에 맞는 최대 접속시간을 각각 정하여 시행할 수 있다.

④ 최대 접속시간은 최소한(통상 10~30분 이내)으로 정하여야 하며, 장시간 접속이 필요할 때에는 접속시간 등 그 기록을 보관, 관리하여야 한다.

⑤ 모든 개인정보처리자는 세션 타임아웃 조치를 하여야 한다.

해설 업무용 컴퓨터의 화면보호기 등은 접속차단에 해당하지 않는다.

19 개인정보의 암호화 방식에 대한 설명 중 틀린 것은?

① 응용프로그램 자체 암호화는 암·복호화 모듈이 API 라이브러리 형태로 각 어플리케이션 서버에 설치되고, 응용프로그램에서 해당 암·복호화 모듈을 호출하는 방식이다.

② DB서버 암호화는 암·복호화 모듈이 DB 서버에 설치되고 DB 서버에서 암·복호화 모듈을 호출하는 방식으로 기존 Plug-in 방식과 유사하다.

③ DBMS 자체 암·복호화 방식은 기존 DBMS 함수 호출 방식과 유사하다.

④ DBMS 암호화 기능 호출은 구축 시 암·복호화 API를 사용하는 응용프로그램의 수정이 필요하다.

⑤ 운영체제 암호화는 OS에서 발생하는 물리적인 입출력을 이용한 암·복호화 방식으로 DBMS의 데이터파일 암호화 방식이다.

해설 DBMS 자체 암·복호화 방식은 기존 TDE 방식과 유사하다.

20 개인정보의 안전성 확보 조치 기준에 따른 개인정보의 암호화 조치에 대한 설명 중 틀린 것은?

① 개인정보처리자는 비밀번호는 복호화 되지 아니하도록 일방향 암호화하여 저장한다.

② 개인정보처리자는 개인정보를 정보통신망을 통하여 인터넷망 구간으로 송·수신하는 경우에는 이를 안전한 암호 알고리즘으로 암호화하여야 한다.

③ 10만 명 이상의 정보주체에 관하여 개인정보를 처리하는 중소기업·단체에 해당하는 개인정보처리자는 암호화된 개인정보를 안전하게 보관하기 위하여 안전한 암호 키 생성, 이용, 보관, 배포 및 파기 등에 관한 절차를 수립·시행하여야 한다.

④ 이용자가 아닌 정보주체의 개인정보를 처리하는 개인정보처리자가 내부망에 고유식별정보를 저장하는 경우에는 개인정보 영향평가의 대상이 되는 공공기관의 경우에는 해당 개인정보 영향평가의 결과 또는 암호화 미적용시 위험도 분석에 따른 결과에 따라 암호화 적용 여부 및 적용범위를 정하여 시행할 수 있다.

⑤ 개인정보처리자는 업무용 컴퓨터 또는 모바일 기기에 고유식별정보를 저장하여 관리하는 경우 안전한 암호화 알고리즘을 사용하여 암호화한 후 저장하여야 한다.

> **해설** 10만 명 이상의 정보주체에 관하여 개인정보를 처리하는 대기업·중견기업·공공기관 또는 100만 명 이상의 정보주체에 관하여 개인정보를 처리하는 중소기업·단체에 해당하는 개인정보처리자는 암호화된 개인정보를 안전하게 보관하기 위하여 안전한 암호 키 생성, 이용, 보관, 배포 및 파기 등에 관한 절차를 수립·시행하여야 한다.

21 개인정보의 암호화 조치를 위한 안전한 암호 알고리즘에 대한 설명 중 틀린 것은?

① 대칭키 암호 알고리즘으로 DES, 128bit 미만의 AES, ARIA, SEED 는 안전하지 않다.

② 비밀번호 암호화는 SHA-256/384/512, HAS-160 으로 안전하게 일방향 암호화할 수 있다.

③ 정보통신서비스 제공자등은 개인정보처리시스템 저장 시 비밀번호, 생체인식정보, 신용카드번호, 계좌번호, 고유식별정보를 암호화하여야 한다.

④ 정보통신서비스 제공자등은 정보통신망을 통한 전송 시 개인정보, 인증정보를 암호화하여야 한다.

⑤ 응용프로그램 자체 암호화 방식은 암·복호화 모듈이 API 라이브러리 형태로 각 어플리케이션 서버에 설치되고, 응용프로그램에서 해당 암·복호화 모듈을 호출하는 방식이다.

> **해설** 비밀번호 암호화 알고리즘으로 SHA-256/384/512 는 안전한 일방향 암호 알고리즘이나 현재 HAS-160 는 안전하지 않다.

22 개인정보 보호조치 상의 개인정보처리시스템에 접속한 기록의 보관 및 점검에 대한 설명 중 틀린 것은?

① 모든 개인정보처리자는 개인정보취급자가 개인정보처리시스템에 접속한 기록을 1년 이상 보관·관리하여야 한다.

② 접속기록은 고시에서 정한 접속지 정보 등 5개 항목을 모두 생성· 보관하여야 하며, 개발·운영기관만 분석·점검하는 것이 아니라 이용기관도 소속 취급자의 접속기록을 점검·분석·관리할 수 있어야 한다.

③ 개인정보를 다운로드한 것이 발견되었을 경우에는 내부 관리계획으로 정하는 바에 따라 그 사유를 반드시 확인하여야 한다.

④ 개인정보처리자는 개인정보의 오·남용, 분실·도난·유출·위조·변조 또는 훼손 등에 대응하기 위하여 개인정보처리시스템의 접속기록 등을 월 1회 이상 점검하여야 한다.

⑤ 개인정보처리자는 개인정보취급자의 접속기록이 위·변조되지 않도록 해당 접속기록을 안전하게 보관하기 위한 조치를 하여야 한다.

> **해설** 5만 명 이상의 정보주체에 관하여 개인정보를 처리하거나, 고유식별정보 또는 민감정보를 처리하는 개인정보처리시스템, 기간통신사업자에 해당하는 경우에는 2년 이상 보관 관리하여야 한다.

23 개인정보 보호조치 상의 개인정보처리자 접속기록 보관에 관한 설명 중 틀린 것은?

① 상시적으로 접속기록 백업을 수행하여 개인정보처리시스템 이외의 별도의 보조저장매체나 별도의 저장장치에 보관한다.

② 접속기록에 대한 위·변조를 방지하기 위해서는 CD-ROM, DVD-R, WORM(Write Once Read Many) 등과 같은 덮어쓰기 방지 매체를 사용한다.

③ 접속기록을 수정 가능한 매체(하드디스크, 자기 테이프 등)에 백업하는 경우에는 무결성 보장을 위해 동일한 장비에 보관·관리한다.

④ 5만 명 이상의 정보주체에 관하여 개인정보를 처리하거나, 고유식별정보 또는 민감정보를 처리하는 개인정보처리시스템의 경우에는 2년 이상 보관·관리하여야 한다.

⑤ 접속기록을 HDD에 보관하고, 위·변조 여부를 확인할 수 있는 정보(MAC 값, 전자서명 값 등)는 별도의 HDD 또는 관리대장에 보관하는 방법 등으로 관리할 수 있다.

> **해설** 접속기록을 수정 가능한 매체(하드디스크, 자기 테이프 등)에 백업하는 경우에는 무결성 보장을 위해 위·변조 여부를 확인할 수 있는 정보를 별도의 장비에 보관·관리한다.

★ 정답 ★	20 ③	21 ②	22 ①	23 ③

24 개인정보보호조치 상의 악성프로그램 등 방지에 관한 설명 중 틀린 것은?

① 보안 프로그램의 자동 업데이트 기능을 사용하거나, 일 1회 이상 업데이트를 실시하여 최신의 상태로 유지해야 한다.

② 악성프로그램 관련 경보가 발령된 경우 또는 사용 중인 응용 프로그램이나 운영체제 소프트웨어의 제작업체에서 보안 업데이트 공지가 있는 경우 즉시 이에 따른 업데이트를 실시한다.

③ 발견된 악성프로그램 등에 대해 삭제 등 대응 조치를 실시한다.

④ 논리 폭탄은 관리자나 개발자가 시스템 접근을 용이하게 하기 위해 숨겨놓은 코드이다.

⑤ 호스트 독립형 프로그램으로 웜과 좀비(봇)이 있다.

> **해설** 논리 폭탄은 정상적인 프로그램의 일부를 조작하여 특정 조건을 충족하는 경우 실행하는 악성코드이고, 트랩 도어(백도어)는 관리자나 개발자가 시스템 접근을 용이하게 하기 위해 숨겨놓은 코드이다.

25 SSL/TLS 관련 오픈소스 취약점 중 다음에서 설명하고 있는 취약점은?

> **보기**
>
> MITM 공격으로 SSL 버전을 다운그레이드하고 Padding Oracle 취약점을 통해 암호문을 복호화하는 취약점

① HeartBleed   ② Poodle
③ SSL Strip   ④ Freak SSL
⑤ Log4j

> **해설** Poodle (Padding Oracle On Downgraded Legacy Encryption)에 대한 설명이다. SSL 3.0 버전에 Padding Oracle 취약점이 있었으며, 대응 방안으로는 이전 버전과의 호환성을 제거하는 방법이 있다.

26 개인정보보호조치 상의 물리적 안전조치에 관한 설명 중 틀린 것은?

① 개인정보처리자는 전산실, 자료보관실 등 개인정보를 보관하고 있는 물리적 보관 장소를 별도로 두고 있는 경우에는 이에 대한 출입통제 절차를 수립·운영하여야 한다.

② 개인정보처리자는 개인정보가 포함된 보조저장매체의 반출·입 통제를 위한 보안대책을 마련하여야 한다.

③ 개인정보처리자가 개인정보처리시스템을 운영하지 아니하고 업무용 컴퓨터 또는 모바일 기기를 이용하여 개인정보를 처리하는 경우에는 이를 적용하지 아니할 수 있다.

④ 물리적 접근 방지를 위한 장치로 비밀번호 기반 출입통제 장치, 스마트 카드 기반 출입 통제장치, 지문 등 바이오정보 기반 출입통제 장치 등이 있다.

⑤ 자료보관실은 가입신청서 등의 문서나 DAT(Digital Audio Tape), LTO(Linear Tape Open), DLT(DigitalLinear Tape), 하드디스크 등이 보관된 물리적 저장장소를 의미하며, 전자적 출입통제 기록이 아닌 수기문서 대장 기록은 보호조치로 인정되지 않는다.

> **해설** 전자적 출입통제 기록이 아닌 수기문서 대장 기록도 출입자, 출입일시, 출입목적, 소속 등이 잘 관리되고 있으면 물리적 안전 보호조치로 인정된다.

27 개인정보보호조치 상의 재해·재난 대비 안전조치에 관한 설명 중 틀린 것은?

① RTO는 서비스 중단 시점과 서비스 복원 시점 간에 허용되는 최대 지연 시간으로, 서비스를 사용할 수 없는 상태로 허용되는 기간을 결정한다.

② RPO는 마지막 데이터 복구 시점 이후 허용되는 최대 시간으로, 마지막 복구 시점과 서비스 중단 시점 사이에 허용되는 데이터 손실량을 결정한다.

③ 미러사이트는 RPO와 RPO가 수일에서 수주 이내면 된다.

④ RPO가 작으면 데이터 가용성 비용이 증가하고 RPO가 크면 데이터 손실비용이 증가한다.

⑤ RTO가 작으면 시스템 가용성 비용이 증가하고 RTO가 크면 시스템 다운 비용이 증가한다.

해설 미러사이트는 RPO와 RPO가 0인 사이트이다.

28 개인정보보호조치 상의 재해·재난 대비 안전조치 중 백업 유형에 관한 설명 중 틀린 것은?

① 전체 백업은 시스템에 저장된 모든 파일의 백업 방식이다.

② 증분 백업은 마지막 전체 데이터 백업 이후 변경한 모든 파일의 백업 방식이다.

③ 전체 백업은 백업속도가 가장 느리나 데이터 복원속도가 빠르다.

④ 전체 백업은 저장 공간의 큰 공간을 소모한다.

⑤ 증분 백업은 데이터 복원의 속도가 가장 느리다.

해설 차등 백업은 마지막 전체 데이터 백업 이후 변경한 모든 파일의 백업 방식이다.

29 개인정보보호조치 상의 개인정보의 파기에 관한 설명 중 틀린 것은?

① 개인정보가 저장된 회원가입신청서 등의 종이문서, 하드디스크나 자기테이프를 파쇄기로 파기하거나 용해, 또는 소각장, 소각로에서 태워서 파기한다.

② 디가우저(Degausser)를 이용해 하드디스크나 자기테이프에 저장된 개인정보를 삭제한다.

③ 개인정보가 저장된 하드디스크에 대해 완전포맷(3회 이상 권고), 데이터 영역에 무작위 값 (0, 1 등)으로 덮어쓰기를 통해 삭제한다.

④ 하드디스크는 해당 드라이브를 안전한 알고리즘 및 키 길이로 암호화 저장 후 삭제하고 암호화에 사용된 키를 안전하게 보존한다.

⑤ 개인정보를 일부만 파기하는 경우 파기할 때에는 회원가입 신청서에 기재된 주민등록번호 삭제시, 해당 신청서에서 주민등록번호가 제거되도록 절삭, 천공 또는 펜 등으로 마스킹한다.

해설 하드디스크는 해당 드라이브를 안전한 알고리즘 및 키 길이로 암호화 저장 후 삭제하고 암호화에 사용된 키를 완전 폐기를 해야 한다.

| ★ 정답 ★ | 24 ④ | 25 ② | 26 ⑤ | 27 ③ | 28 ② | 29 ④ |

30 다음의 그림에서 나타내는 해킹 공격에 해당하는 것은?

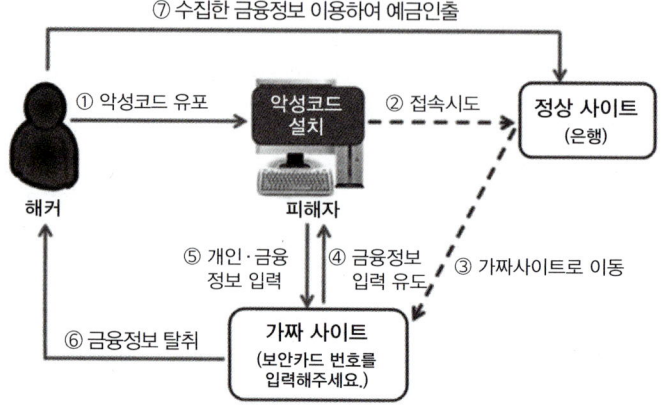

① 파밍 공격　　　　　　　② 메모리 해킹 공격
③ 피싱 공격　　　　　　　④ 사회 공학 공격
⑤ 랜섬웨어 공격

> **해설** 파밍 기술은 DNS, 호스트(hosts.ics), PAC(Proxy Auto-config) 등의 기법이 있다. 암호화되지 않은 인터넷 공유기의 DNS 주소가 공격자에 의해 변조되어 발생하기도 한다. 개인 컴퓨터의 호스트파일의 주소변조를 통해 도메인 주소를 탈취하는 경우가 발생하기도 한다. 인터넷뱅킹의 디자인을 도용하거나 네이버, 다음 등의 포털사이트에 접속하면 상단의 이미지와 같은 팝업창이 뜨는데, 이와 같이 의심이 가는 사이트가 하라는 대로 계좌번호나 보안카드번호 등을 입력하면 절대 안 된다. 개인정보가 유출되어 금전적 피해가 뒤따를 수 있다.

31 개인정보의 안전성 확보조치 기준에서 출력·복사시 보호조치에 대한 설명으로 틀린 것은?

① 개인정보처리시스템에서 개인정보의 출력시(인쇄, 화면표시, 파일생성 등) 용도를 특정하여야 하며, 용도에 따라 출력 항목을 최소화하여야 한다.
② 개인정보처리시스템에서 웹페이지 소스 보기 등을 통하여 불필요한 개인정보가 출력되지 않도록 조치하여야 한다.
③ 개인정보는 오피스(엑셀 등)에서 숨겨진 필드 형태로 저장하여야 한다.
④ 출력·복사물 보호 및 관리 정책, 규정, 지침 등 마련하고, 출력·복사물 생산·관리 대장 마련 및 기록하여야 한다.
⑤ 개인정보처리자는 출력·복사시 보호조치를 하여야 한다.

> **해설** 개인정보의 노출 우려가 있으므로 오피스(엑셀 등)에서 개인정보가 숨겨진 필드 형태로 저장되지 않도록 조치하여야 한다.

PART 5

개인정보
관리체계

① 개인정보 관리체계 개요

🔒 01 정보보호 일반

정보에 대한 위협이란 허락되지 않은 접근, 수정, 노출, 훼손, 파괴 등이다. 정보위협의 주체는 외부의 해커가 될 수도 있고, 내부인이 될 수도 있다. 정보에 대한 위협은 나날이 늘어가고 있기 때문에 모든 위협을 나열할 수는 없다. 전통적으로는 기밀성, 무결성, 가용성이 정보 보안의 주요한 목표이며, 인증, 부인방지성, 책임추적성 등도 목표로 추가되고 있다.

(1) 정보보안 요소

정보보안 요소	정의	공격	대책
기밀성 (Confidentiality)	오직 인가된 사람만이 알 필요성에 근거하여 시스템에 접근하여야 한다는 특성	스니핑, 도청	정보는 소유자의 인가를 받은 사람만이 접근할 수 있어야 하며 인가되지 않은 정보의 공개는 반드시 금지 암호화, 자산 분류, 방화벽 설정
무결성 (Integrity)	정보의 내용이 불법적으로 생성 또는 변경되거나 삭제되지 않도록 보호되어야 한다는 특성	중간자 공격, 바이러스, 해킹	접근 제어, 메시지 인증 등이 있으며 변경 위험에 대한 탐지 및 복구할 수 있는 침입탐지, 백업, 직무 분리 등
가용성 (Abailablity)	정보 시스템은 정당한 방법으로 권한이 주어진 사용자에게 정보 서비스를 거부하여서는 안 된다는 것으로 정보는 지속적으로 변화하고, 인가된 자가 접근할 수 있어야 한다는 특성	DDoS, 재해/사고	데이터의 백업, 이중화, 물리적 위협으로부터의 보호 등 보안 기술
인증 (Authentication)	임의 정보에 접근할 수 있는 객체의 자격이나 객체의 내용을 검증하는데 사용되는 특성	부정 인증, 메시지 변조	사용자가 정말 그 사용자인지 시스템에 도착한 자료가 신뢰할 수 있는 출처에서부터 온 것인지를 확인할 수 있는 것
부인 방지성 (Non-Repudiation)	송수신자가 송수신 사실에 대한 행동을 추적해서 부인을 할 수 없도록 한다는 특성	서명 사실 부인	잔자서명
책임추적성 (Accountability)	개체의 행동을 유일하게 추적해서 찾아낼 수 있어야 한다는 사항이 포함되어야 한다는 특성	추적성 미흡, 추적 회피	부인 방지, 억제, 결함 분리, 침입 탐지예방, 사후 복구와 법적인 조치

(2) ISMS 위험 관리

현재 존재하는 위험이 조직에서 수용할 수 있는 수준을 넘어선다면, 이 위험을 어떤 방식으로든 처리하여야 한다. 위험의 처리 방식은 위험 회피, 위험 전가, 위험 감소, 위험 수용의 네 가지로 나눌 수 있다.

위험처리 전략	예시
위험감소	패스워드 도용의 위험을 줄이기 위하여 개인정보처리시스템의 로그인 패스워드 복잡도와 길이를 3가지 문자조합 및 8글자 이상으로 강제 설정되도록 패스워드 설정 모듈을 개발하여 적용한다.
위험회피	회사 홍보용 인터넷 홈페이지에서는 회원 관리에 따른 리스크가 크므로 회원 가입을 받지 않는 것으로 변경하고 기존 회원정보는 모두 파기한다.
위험전가	중요정보 및 개인정보 유출 시 손해배상 소송 등에 따른 비용 손실을 줄이기 위하여 관련 보험에 가입한다.
위험수용	유지보수 등 협력업체, 개인정보 처리 수탁자 중 당사에서 직접 관리·감독할 수 없는 PG사, 본인확인기관 등과 같은 대형 수탁자에 대하여는 해당 수탁자가 법령에 의한 정부감독을 받거나 정부로부터 보안인증을 획득한 경우에는 개인정보보호법에 따른 문서체결 이외의 별도 관리·감독은 생략할 수 있도록 한다.

02 개인정보 관리체계 개념

기업(조직)이 각종 위협으로부터 주요 정보자산을 보호하기 위해 수립·관리·운영하는 종합적인 체계이다. 최근 정보통신 분야는 다른 분야보다 빠르게 발전하고 있으며, 모바일, 클라우드, IoT(Internet of Things) 등 새로운 기술의 발달은 기업과 개인에 많은 편리함을 주고 있다. 그러나 정보통신 기술의 발달은 개인정보와 기업 기밀의 탈취 또는 유출 위험도 커지고 있다. 기업의 기밀이나 개인정보 등을 노린 사이버 공격 범위가 넓어지고 있으며, 공격 기법 또한 점점 지능화, 고도화 되고 있다. 이에 특정 제품이나 일부 조직에 의존하는 정보보호 활동만으로는 기업의 정보보호 수준 향상에 한계를 가질 수 밖에 없으며, '일회성 관리', '부분적 보안'이 아닌 '지속적 관리', '전사적 보안'을 위한 보다 높은 수준의 보안관리 활동이 가능한 정보보호 관리체계(ISMS) 구축이 요구되었다.

(1) 관련 지식

1) 리비히의 최소량의 법칙

다른 요소가 충분할지라도 어느 하나를 소홀히 하면, 소홀한 최소량 만큼만의 효과가 있다. 즉, 다른 부분이 아무리 완벽해도 빈틈 하나로 큰 의미가 없을 수도 있다는 것을 의미한다.
정보보호관리체계 구축을 통해 체계적 대응과 지속적, 종합적 관리가 필요함을 비유적으로 표현한 것이다.

2) 지속적인 관리의 필요성

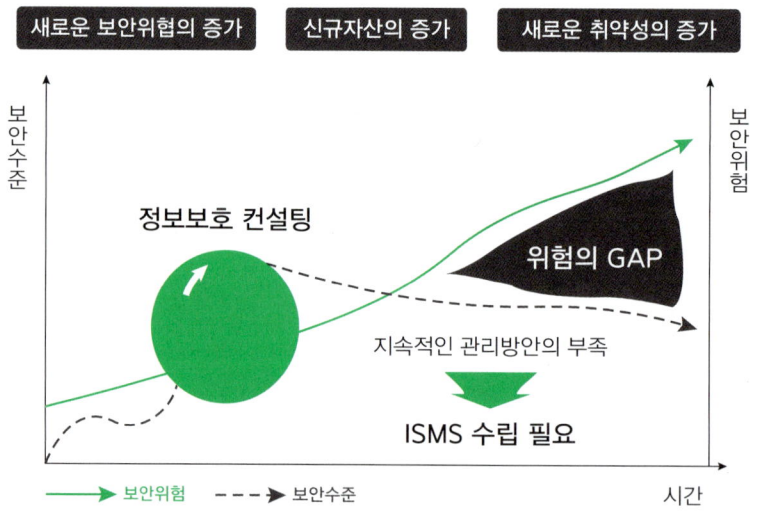

3) 개인정보보호 관리체계 개념

구분	개인정보보호 관리체계
개념	• 기업이 고객의 개인정보 보호활동을 체계적·지속적으로 수행하기 위해 필요한 일련의 조치 • 기업이 정보주체의 개인정보를 안전하게 보호할 수 있도록 기술적·관리적·물리적·조직적인 다양한 보호대책을 구현하고 지속적으로 관리·운영하는 종합적인 체계

구분		개인정보보호 관리체계
등장 배경		• 고객 개인정보는 비즈니스 이익 창출의 원동력과 유출사고로 인한 리스크 요소 • 침해시도 행위의 목적은 기존의 실력과시에서 금전적 이익 획득으로 변화하고 있음 • OECD의 개인정보보호 8원칙이 최초 국제규범으로 채택되고 대다수의 국가가 개인정보보호법을 보유하고 있음 • 전사적 차원의 개인정보보호활동에 대한 기존의 기밀정보 보호중심의 보호체계의 한계 • 개인정보 침해사고로 인한 법률 분쟁시, 개인정보보호 노력에 대한 객관적 증빙 필요
기대 효과	외부	• 적절한 법률적 대응 • 대내외 신뢰 증진
	내부	• 개인정보 관리수준 제고 및 지속적 유지 • 유출사고로 인한 재산 피해와 사전 보호대책을 위한 지나친 투자비용 남용 방지 • 개인정보보호 관련 기술 및 노하우 축적
수립시 고려사항		• (보호대상) 조직이 보호해야 하는 고객의 개인정보와 그 가치의 근거 • (처리과정) 고객의 개인정보의 수집, 이용, 전달, 저장, 파기 과정 • (보호수준) 고객의 개인정보의 적절한 관리와 보호의 수준 • (보호방안) 고객의 개인정보의 보호를 위해 적절한 방법
위험요소		• (기밀성) 허가되지 않은 사람에 대한 개인정보자산의 노출 여부 • (무결성) 허가되지 않은 사람에 의한 개인정보자산의 변경·훼손 여부 • (준거성) 관련하여 법률적으로 규정된 사항에 대한 준수 여부
관리절차 (PDCA)		• (계획) 명확한 목표 설정 및 전략 수립 • (실행) 수립된 계획을 실행 • (검토) 수립된 계획대비 실행의 결과를 검토 • (반영) 검토결과를 차기 계획에 반영

4) 개인정보 관리체계 의의

기업의 자산은 부동산, 인력 등의 유형 자산이나 기업 중요정보, 가입자 등의 무형 자산이 있다. 물론 제조업을 영위하는 회사의 경우 유형자산을 중요시하지만, 최근에는 비즈니스 생태계에서 개인정보나 중요정보 등을 직·간접적으로 활용하기 때문에 무형의 정보자산의 중요성이 높아지고 있다. 이러한 정보자산 보호를 위해 정보보호, 특히 정보의 기밀성, 무결성, 가용성을 확보해야 한다. 정보보호 거버넌스 관점에서 조직, 프로세스, 시스템을 종합한 정보보호 관리체계 구축이 필수적이다.

ISMS-P 인증심사는 기업의 어두운 점을 들추어 내어 면박을 주는 용도가 아니라 비즈니스 영속성을 확보하기 위해 취약점을 진단하고, 개선하는 데 의의가 있다. 따라서 기업은 정보보호 관리체계 상의 취약한 면을 무턱대고 감추는 것이 아니라 오히려 정보보호 수준 제고를 위해 마음을 열고, 현황을 공유해야 한다.

03 국내외 개인정보보호 관리체계

(1) 개인정보보호 관리체계

1) 국가별 개인정보보호 관리체계

구분	내용	국가	인증명	주관기관	비고
개인정보보호 마크제도	개인정보보호 관련 일정 요건을 갖춘 사이트 대상 마크 부여	미국	BBBOnline 마크제도	미국 경영개선협회	개인정보방침 심사
		일본	프라이버시 마크제도	일본정보처리개발협회 (JIPDEC)	개인정보보호 체계 심사
개인정보보호 관리체계 인증 제도	개인정보를 안전하게 보호할 수 있도록 기술적·관리적·물리적·조직적인 다양한 보호대책을 구현하고 지속적으로 관리·운영하는 종합적인 체계	한국	ISMS-P (정보보호 및 개인정보보호 관리체계 인증)	과학기술정보통신부, 개인정보보호위원회	정보보호 및 개인정보보호 관리체계 인증 (적용대상) 개인정보의 흐름과 정보보호 영역 인증
		국제 표준	ISO 27001	ISO/IEC	경영시스템 중 정보보호관리체계 시스템 심사 및 인증
		영국	BS 10012	BSI Group	개인정보경영시스템 (PIMS) 심사 및 인증
공공기관의 개인정보보호 평가제도	공공기관의 개인정보 관리체계 및 유출 예방 활동 등을 진단하여 국민의 개인정보가 안전하게 관리될 수 있는 기반 조성을 유도하기 위한 제도	한국	PIA(개인정보 영향평가)	개인정보보호위원회	개인정보 영향평가 (적용대상) 개인정보파일을 구축·운영 또는 변경하려는 공공기관
			개인정보보호 수준진단	개인정보보호위원회	공공기관 관리수준 진단 (적용대상) 중앙행정기관 및 산하 공공기관, 지방자치단체, 지방공기업

2) 개인정보보호 마크제도

개인정보보호 마크제도는 인터넷사이트의 개인정보 관리 및 보호수준을 평가해 일정요건을 충족한 사이트에 대해 마크를 부여함으로써 인터넷 이용자의 개인정보 보호를 강화하기 위한 것이다. 외국에서는 BBBonline(미국), JIPDEC(일본), CNSg(싱가포르) 등의 기관에서 민간자율규제 수단으로 마크제도를 시행해오고 있다.

구분	BBBOnline	Privacy Mark
국가	미국	일본
마크	프라이버시(Privacy) 마크와 신뢰성 (Reliability)마크로 구성	프라이버시(Privacy) 마크
주관 기관	미국경영개선협회	일본정보처리개발협회 (JIPDEC)
심사 신청	온라인	오프라인
심사 형태	온라인 심사	서류심사, 현지조사
유효기간	1년	2년
심사대상	개인정보방침	개인정보보호 체계
심사 항목	• 범위 및 이행 • 정보수집 • 접속 및 수정 • 행위정보 • 정보의 통합 • 예측정보 • 정보 접근제한 • 민감정보 • 사업영역 • 정보공유 • 어린이 보호	• 개인정보보호방침의 제정여부 • 개인정보의 특정 • 내부규정의 정비여부 　– 부문별 개인정보보호체제, 권한, 책임에 관한 규정 　– 개인정보 수집, 이용, 제공 및 관리에 관한 규정 　– 정보주체로부터 개인정보에 관한 게시, 정정, 삭제에 관한 규정 　– 개인정보보호 교육에 관한 규정 　– 개인정보보호 감사에 관한 규정 　– 내부규정의 위반에 관한 처벌 규정 • 내부규정의 준수에 필요한 계획 　– 교육계획 　– 감사교육

3) 개인정보보호 관리체계 인증제도

구분	ISMS-P	ISO 27001	BS 10012
국가	대한민국	국제	국제
마크	ISMS·P ISMS	ISO 27001 Certified	bsi. BS 10012 Data Protection
정의	정보보호 및 개인정보보호를 위한 일련의 조치와 활동이 인증기준에 적합함을 인터넷진흥원 또는 인증기관이 증명하는 제도	정보보호경영시스템 (Information Security Management System : ISMS)의 수립, 이행, 유지관리 및 지속적 개선 등을 위해, 정보보호 관리를 위한 표준화 된 실무 규약(code of practice for information security management specification), Global Best Practice 등을 기반으로 제정된 정보보호에 대한 국제 표준	조직 전체를 아우르는 정보 거버넌스 인프라의 일부분으로써, 데이터보호 요구사항을 준수 및 개선하기 위한 프레임워크인 개인정보경영시스템 (PIMS: Personal information management system) 구축 및 적용하기 위한 국제 표준
주관 기관	과학기술정보통신부, 개인정보보호위원회	ISO/IEC	BSI Group
인증대상	정보보호 및 개인정보보호 관리체계	경영시스템 중 정보보호관리체계 시스템	개인정보경영시스템 (PIMS)
심사방법	문서심사 + 현장 심사	문서심사 + 현장 심사	문서심사 + 현장 심사(원격 심사)
유효기간	3년	3년	3년
사후관리 심사	연 1회 이상	연 1회 이상	연 1회 이상
인증기준	(ISMS) 2개 영역 80개 인증기준 (ISMS-P) 3개 영역 102개의 인증기준	11개 영역, 133개 통제항목	PDCA 11개 영역 29개 통제항목

04 국내 개인정보보호 관리체계 인증

(1) ISMS-P 인증과 ISMS 인증

ISMS-P(Personal Information & Information Security Management System) 인증은 과학기술정보통신부 산하의 정보보호 전문기관인 한국인터넷진흥원(KISA) 또는 인증기관에서 인증을 부여하는 것으로 정보통신서비스 제공자에게 정보보호관리체계 또는 개인정보관리체계에 대한 안전성이 적합한지 심사하고, 인증서를 부여하는 제도이다.

구분	ISMS-P	ISMS
유형	정보보호 및 개인정보보호 관리체계 인증	정보보호 관리체계 인증
영문 명칭	Personal information & Information Security Management System	Information Security Management System
개념	• 정보보호 및 개인정보보호를 위한 일련의 조치와 활동이 인증기준에 적합함을 인터넷진흥원 또는 인증기관이 증명하는 제도	• 정보보호를 위한 일련의 조치와 활동이 인증기준에 적합함을 인터넷진흥원 또는 인증기관이 증명하는 제도
대상	• 개인정보의 흐름과 정보보호 영역을 모두 인증하는 경우 • 개인정보 보유 조직	• 정보보호 영역만 인증하는 경우 • 개인정보 미보유 조직 • 기존 ISMS 의무대상 기업, 기관
선택 기준	• 보호하고자 하는 정보서비스가 개인정보의 흐름을 가지고 있어 처리단계별 보안을 강화할 필요가 있는 경우	• 정보서비스의 안정성, 신뢰성 확보를 위한 종합적인 체계를 갖추기 원하는 경우
범위	• 정보서비스의 운영 및 보호를 위한 **조직, 물리적 위치, 정보자산** • 개인정보 처리를 위한 수집, 보유, 이용, 제공, 파기에 관여하는 **개인정보처리시스템 및 취급자**	정보서비스의 운영 및 보호를 위한 **조직, 물리적 위치, 정보자산**
인증 마크	**ISMS·P** 정보보호 및 개인정보보호 관리체계 인증 Personal information & Information Security Management System	**ISMS** 정보보호 관리체계 인증 Information Security Management System

(2) 인증심사 개념 및 종류

1) 인증과 인증심사 용어

① ISMS-P 인증

인증 신청인의 정보보호 관련 일련의 조치와 활동이 인증기준에 적합함을 인터넷진흥원 또는 인증기관이 증명하는 것을 말한다.

② ISMS-P 인증심사

신청기관이 수립하여 운영하는 관리체계가 인증기준에 적합한지의 여부를 인터넷진흥원·인증기관 또는 심사기관(이하 "심사수행기관"이라 한다)이 서면심사 및 현장심사의 방법으로 확인하는 것을 말한다.

2) 인증심사의 종류

종류	특징	인증위원회
최초심사	• 정보보호관리체계 인증을 **처음 취득 시** 시행 • 인증 범위의 **중요한 변경**이 있어 다시 인증을 신청 시 실시 • 최초 인증을 취득하면 **3년의 유효기간** 부여	개최
사후심사	• 인증 취득 이후 정보보호 관리체계가 지속적으로 **유지**되는지를 **확인**하는 목적으로 인증 유효기간 중 **매년 1회** 이상 시행	미개최
갱신심사	• 정보보호 관리체계 **인증** 유효기간 **연장**을 목적으로 하는 심사	개최

최초심사	→ 1년	사후관리	→ 1년	사후관리	→ 1년	갱신심사

3) 보완조치 및 사후관리

① 보완조치 기간 확대
- 보완조치 기간 기존 30일에서 40일로 확대(보완조치 기간 이내 심사팀장의 확인이 완료되어야 함)
- 보완조치 사항 미흡 시 재조치 요구기간은 60일 유지
- 신규 기준부터 적용

② 보완조치 종료 시점 기준
- 심사팀장이 이행점검을 완료하고 완료확인서에 서명하는 일자가 최종 일자가 됨
  (조치 완료일이 휴일이 종료되는 날짜 다음날까지 제출하도록 선정)

③ 사후관리
- 사후심사는 1년 주기로 심사를 받아야 함
- 인증 취득한 범위와 관련하여 침해사고 또는 개인정보 유출사고가 발생한 경우 인터넷진흥원은 필요에 따라 인증관련 항목의 보안향상을 위한 필요한 지원

④ 인증 유효기간
- 사후심사, 갱신심사 연장신청 불가
- 갱신심사는 유효기간 만료 3개월 전에 신청하여야 하며, 신청하지 않고 유효기간이 경과한 때에는 인증 효력은 상실된다.

4) ISMS-P 법적근거

법	정보통신망법 제47조	개인정보보호법 제32조의 2
하위 법령	• 정보통신망 이용촉진 및 정보보호에 관한 법률 제47조 • 정보통신망 이용촉진 및 정보보호에 관한 법률 시행령 제47조~제54조 • 정보통신망 이용촉진 및 정보보호에 관한 법률 시행규칙 제3조	• 개인정보보호법 제32조의2 • 개인정보보호법 시행령 제34조의2~제34조의8
고시	정보보호 및 개인정보보호 관리체계 인증 등에 관한 고시	

5) ISMS-P 인증체계

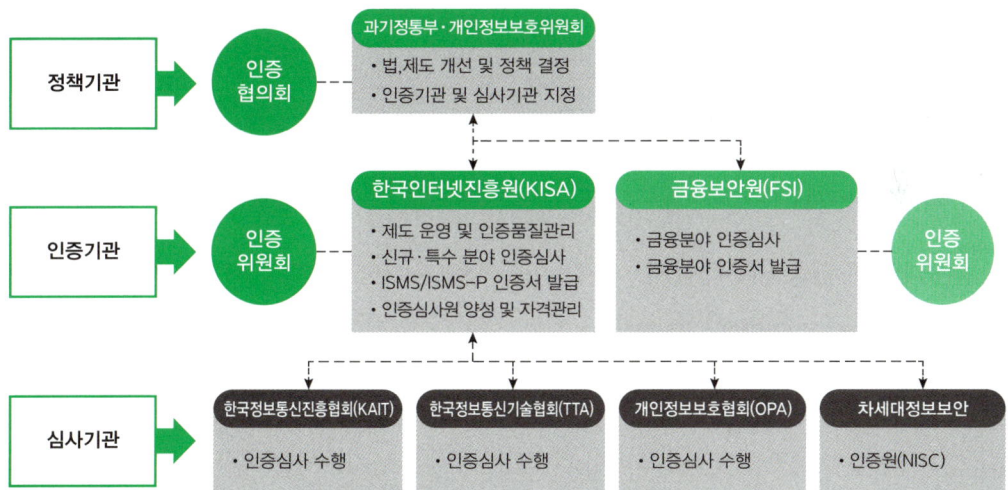

[정보보호 및 개인정보보호 관리체계 인증 체계]

구분	구성기관 설명
정책기관(협의회)	• 과학기술정보통신부장관과 개인정보보호위원회는 ISMS-P 인증 운영에 관한 정책 사항을 협의하기 위하여 ISMS-P 인증 협의회(이하 "협의회"라 한다)를 구성하여 운영 • 협의회는 인증제도와 관련한 법제도 개선, 정책 결정, 인증기관 및 심사기관 지정 등의 업무 수행
인증기관	• 법정인증기관인 한국인터넷진흥원, 과학기술정보통신부장관과 개인정보보호위원회가 지정한 인증 기관은 인증에 관한 업무 수행 • 한국인터넷진흥원은 인증위원회 운영, 인증심사원 양성 및 자격관리, 인증 제도 및 기준 개선 등 ISMS-P 인증제도 전반에 걸친 업무를수행 • 인증기관은 신청기관이 수립·운영하는 관리체계를 인증기준에 따라 심사하고, 인증위원회를 운영 하여 인증기준에 적합한 기관에게 인증서 발급 • 과학기술정보통신부장관, 개인정보보호위원회가 2019년 7월 지정한 인증기관인 금융보안원(FSI)은 금융 분야 인증위원회를 구성·운영하고, 인증심사 및 인증서 발급 업무 수행

구분	구성기관 설명
인증위원회	• 인증위원회는 인증심사 결과가 인증기준에 적합한지 여부, 인증 취소에 관한 사항, 이의신청에 관한 사항 등 심의·의결 • 인증위원회는 35명 이하의 위원으로 구성하며, 위원은 정보보호 또는 개인정보보호 분야에 학식과 경험이 있는 전문가 중에서 한국인터넷진흥원 또는 인증기관의 장이 위촉
심사기관	• 심사기관은 인증심사 일정이 확정될 시 한국인터넷진흥원에 심사원 모집을 요청하여 심사팀을 구성 하고, 신청기관이 수립·운영하는 정보보호 및 개인정보보호 관리체계를 인증기준에 따라 심사하며, 심사기간에 발견된 결함사항의 보완조치 이행 여부 확인 등 인증심사 업무 수행 • 2019년 7월, 한국정보통신진흥협회(KAIT)와 한국정보통신기술협회(TTA)가 ISMS-P 심사기관으로 지정되었고, 2020년 2월 개인정보보호협회(OPA)가 심사기관으로 추가 지정되었음
신청기관	• 신청기관은 정보보호 및 개인정보보호 활동이 체계적이고 지속적으로 관리되고 있는지를 객관적 으로 검증 받기 위하여 ISMS-P 인증을 취득하고자 신청하는 자를 의미함

(3) ISMS 인증 의무대상자

1) ISMS 인증 의무대상자 정의

ISMS 인증 의무대상자(정보통신망법 제47조 2항)는 「전기통신사업법」 제2조제8호에 따른 전기통신사업자와 전기통신사업자의 전기통신역무를 이용하여 정보를 제공하거나 정보의 제공을 매개하는 자로서 표에서 기술한 의무대상자 기준에 하나라도 해당되는 자이다.

용어	정의
전기통신사업자	"전기통신사업자"란 이 법에 따른 허가를 받거나 등록 또는 신고(신고가 면제된 경우를 포함한다)를 하고 **전기통신역무를 제공**하는 자를 말한다. (전기통신사업법 제2조 8호)
전기통신역무	"전기통신역무"란 **전기통신설비**를 이용하여 타인의 **통신을 매개**하거나 전기통신설비를 **타인의 통신용으로 제공**하는 것을 말한다. (전기통신사업법 제2조 6호)
기간통신사업자 (ISP)	**불특정 다수의 공중에게 차별 없이 서비스를 제공**하는 전기통신사업자 기간통신사업을 경영하려는 자는 과학기술정보통신부장관의 허가를 받아야 한다. (전기통신사업법 6조 제1항)
집적정보통신시설 (IDC)	"집적정보통신시설"이라 함은 법 제2조제2호에 따른 정보통신서비스를 제공하는 고객의 **위탁**을 받아 컴퓨터장치 등 전자정부법 제2조제13호에 따른 **정보시스템을 구성하는 장비**(이하 "정보시스템 장비"라 한다)를 일정한 공간(이하 "전산실"이라 한다)에 **집중**하여 **관리**하는 **시설**을 말한다. (집적정보 통신시설 보호지침 제2조 1호)

용어	정의
정보통신서비스 제공자	「전기통신사업법」 제2조제8호에 따른 **전기통신사업자**와 **영리**를 목적으로 전기통신사업자의 전기통신역무를 이용하여 **정보를 제공**하거나 정보의 **제공을 매개하는 자**를 말한다. (정보통신망법 제2조 3항)
상급종합병원	종합병원 중에서 중증질환에 대하여 **난이도가 높은 의료행위**를 전문적으로 하는 **종합병원**을 상급종합병원으로 지정 (의료법 제3조의 4)
학교의 종류	1. 대학 2. 산업대학 3. 교육대학 4. 전문대학 5. 방송대학·통신대학·방송통신대학 및 사이버대학 6. 기술대학 7. 각종학교 (고등교육법 제2조)

2) ISMS 인증 의무대상자 기준

구분	의무대상자 기준
ISP	「전기통신사업법」 제6조제1항에 따른 허가를 받은 자로서 서울특별시 및 모든 광역시에서 **정보통신망서비스를 제공하는 자** – 이동통신, 인터넷전화, 인터넷접속서비스 등
IDC	정보통신망법 제46조에 따른 **집적정보통신시설 사업자** – 서버호스팅, 코로케이션 서비스 등 ※ 재판매사업자(VIDC)는 매출 100억 이상만 해당
다음의 조건 중 하나라도 해당하는 자	**연간 매출액 또는 세입이 1,500억원 이상**인 자 중에서 다음에 해당되는 경우 – 「의료법」 제3조의4에 따른 **상급종합병원** – 직전연도 12월 31일 기준으로 **재학생 수가 1만명** 이상인 「고등교육법」 제2조에 따른 학교
	정보통신서비스 부문 전년도(법인인 경우에는 전 사업연도를 말한다) **매출액이 100억원** 이상인 자 – 쇼핑몰, 포털, 게임사 등
	전년도 직전 3개월간 정보통신서비스 **일일평균 이용자 수가 100만명** 이상인 자 – 쇼핑몰, 포털, 게임사, 예약, Cable-SO 등

(4) ISMS-P 인증 범위

1) ISMS-P 인증 범위 요약

구분		인증범위	상세 범위
ISMS-P 인증	ISMS 인증 (인증기준 1. 2)	정보통신서비스 등의 운영을 위한 조직 및 인력	• 시스템 운영팀, 정보보안팀, 인사팀 등 • 관제, 재해복구
		정보통신서비스 등의 운영을 위한 물리적 장소	• 시스템 운영장소 • 정보서비스 운영 관련 부서
		정보통신서비스 등의 운영을 위한 설비	• 정보시스템, 네트워크시스템, 보안시스템, 보호설비(UPS, 항온항습기, 화재감지, 누수감지 등)
	개인정보보호 (인증기준 3)	개인정보 처리를 위한 조직 및 인력	• 고객센터, 영업점, 물류센터 • 개인정보보호팀 등
		개인정보 처리를 위한 물리적 장소	• 개인정보 처리 부서 • 개인정보 처리 수탁사

2) ISMS 인증범위 설정(예시)

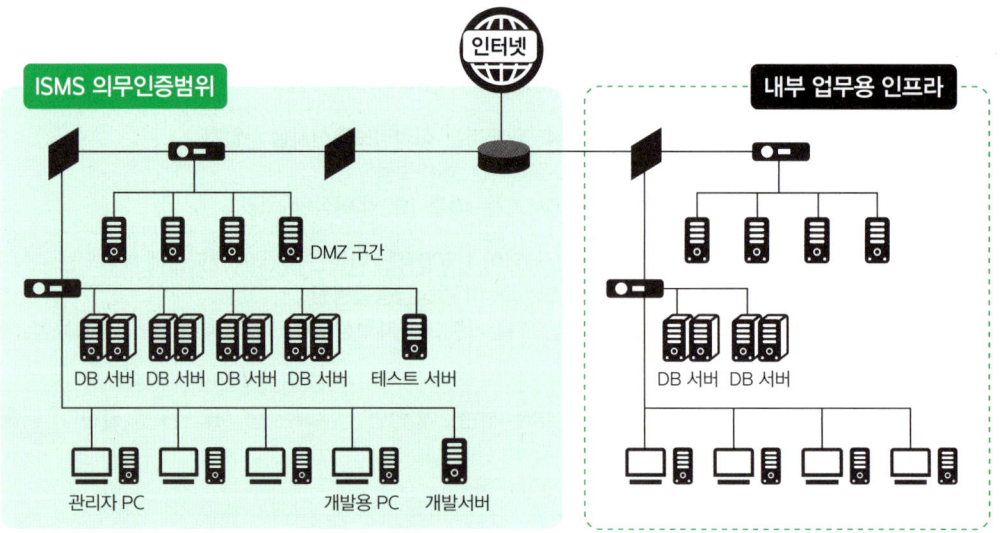

[ISMS 의무 인증 범위]

3) ISMS 인증 의무대상자 인증범위 기준

인증 의무대상자인 경우, 인증범위는 신청기관의 정보통신서비스를 모두 포함하여 설정해야 한다.

① 정보통신서비스란 전기통신사업자의 전기통신역무를 이용하여 정보를 제공하거나 정보의 제공을 매개하는 서비스를 말한다.

② 인증범위는 신청기관이 제공하는 정보통신서비스를 기준으로, 해당 서비스에 포함되거나 관련 있는 자산(시스템, 설비, 시설 등), 조직 등을 모두 포함한다.

③ 해당 서비스의 직접적인 운영 및 관리를 위한 백오피스 시스템은 인증범위에 포함되며, 해당 서비스와 관련이 없더라도 그 서비스의 핵심정보자산에 접근 가능하다면 포함한다.

④ ISMS 의무인증범위 내에 있는 서비스, 자산, 조직(인력)을 보호하기 위한 보안시스템은 모두 포함한다.

⑤ 정보통신서비스와 직접적인 관련성이 낮은 전사적자원관리시스템(ERP), 분석용데이터베이스 (DW), 그룹웨어 등 기업 내부 시스템, 영업·마케팅 조직은 일반적으로 인증범위에서 제외한다.

4) 서비스 유형별 인증범위

인증범위를 설정하기 위해서는 신청기관이 제공하는 정보통신서비스를 분류하고, 해당 서비스를 위한 자산 및 조직을 모두 식별해야 한다. 정보통신서비스 부문 매출액 또는 일일평균 이용자 수 요건에 해당하여 의무대상으로 포함된 경우는 정보통신서비스가 외부 정보통신망을 통해 접근 가능한지의 여부에 따른 의무 심사범위를 구분할 수 있다.

구분	서비스	설비
정보통신망 서비스제공자(ISP)	전국망(서울특별시 및 모든 광역시)을 통한 정보통신망 서비스	IP기반의 인터넷 연결을 위한 정보통신설비 및 관련 서비스를 제공하기 위한 정보통신설비
집적정보통신시설 (IDC)사업자	정보통신서비스를 제공하는 고객의 위탁을 받아 컴퓨터 장치 및 정보시스템을 구성하는 일정한 공간에 집중하여 시설을 운영·관리하는 서비스(공간 임대서비스, 서버호스팅, 네트워크 서비스 등)	집적정보통신시설의 관리운영 용도로 설치된 컴퓨터 장치 및 네트워크 장비 등의 정보통신설비
연간 매출액, 이용자 수 등이 정보통신망법 및 시행령 기준에 해당하는 자	불특정 다수의 이용자가 접근 가능한 모든 정보통신서비스	해당 정보통신서비스의 제공 또는 운영을 위해 필요한 정보통신설비

5) 외부 정보통신망 공개 여부에 따른 의무 심사범위

인터넷 공개여부	설명	의무 범위
공개	• 외부 정보통신망을 통해 불특정 다수 또는 권한을 가지고 있는 자가 직접적으로 접근이 가능한 서비스 • 인증 의무대상인 신청기관이 다수의 정보통신서비스를 운영하는 경우, 개별 정보통신서비스가 인증 의무대상에 포함되지 않아도 모두 인증범위에 포함 • IP주소 제한을 통해 특정 위치 및 단말에서만 접속이 가능하도록 접근제어가 되어 있다 하더라도, 외부 정보통신망을 통해 직접 연결이 되어 있다면 인증범위에 포함 • 웹기반 서비스 뿐만 아니라, 모바일 기반 서비스도 동일한 기준이 적용됨	O
미공개	• 외부 정보통신망을 통해 직접 접속이 불가능한 내부용 서비스	X

6) 심사 의무대상자 정보통신서비스

영리를 목적으로 하지 않더라도 정보통신망을 통해 정보를 제공하거나 정보의 제공을 매개하는 서비스는 모두 인증범위에 포함한다.

유형	설명	예시
대표홈페이지	• 기업(기관)의 대표홈페이지	• 단순 홈페이지 포함
채용사이트	• 인터넷을 통하여 채용공고, 입사지원 등 채용 절차를 수행하는 시스템	• 온라인 채용시스템
비영리 사이트	• 비영리 목적으로 운영하는 인터넷 사이트	• 공익 사이트(자원봉사 등) • 학교 홈페이지(포털)
기타	• 임직원 복지를 위한 인터넷 시스템	• 임직원 복지몰
	• 기타 대외 서비스 및 업무처리를 위해 인터넷에 공개된 시스템	• 인터넷 방문예약 • 인터넷 신문고 등

7) 시스템 유형별 인증범위 고려사항

유형	포함	제외
응용프로그램 (Application)	• 정보통신망을 통해 이용자에게 직접 노출되거나 접점이 되는 응용시스템은 심사범위에 포함 • 정보통신서비스의 제공 또는 운영을 위하여 직접적으로 관련된 서비스 제공시스템, 서비스 관리용 시스템, 백오피스 시스템 등은 심사범위에 포함	• 정보통신서비스의 데이터베이스를 직접 이용하지 않고, 복제 등의 방법으로 별도 데이터베이스를 구성한 후 이를 분석, 마케팅 등의 용도로 사용하는 응용시스템(DW, CRM 등)은 심사범위에서 제외 • 정보통신서비스 관련 이용자 상담, 문의 대응 등을 위해 콜센터를 운영하는 경우, 콜센터 관련 시스템(교환기, CTI, IVR 등)은 의무 심사범위에서 제외 • 정보통신서비스와 직접적인 관련 없이 내부업무 처리가 주목적인 그룹웨어, ERP 등은 심사 범위에서 제외
데이터베이스 (Database)	• 인증 대상 서비스 및 응용시스템을 위해 필요한 데이터가 저장·관리되는 데이터베이스는 심사범위에 포함(회원DB, 운영DB, 백업DB 등)	

유형	포함	제외
서버(Server)	• 인증범위에 포함된 서비스 및 응용시스템이 설치되어 운영되는 서버는 심사범위에 포함(운영서버, 연계서버 등) • 인증범위에 포함된 서비스 및 응용프로그램의 개발 및 운영·보안 관리를 위해 필요한 서버는 심사범위에 포함(개발서버, 시험서버, 형상관리서버, 모니터링서버, 백업서버, 로그서버, 보안관리 서버, 패치관리서버 등) • 임대장비 등 소유자가 해당 기업이 아니더라도, 데이터 등 실질적인 운영 또는 서비스에 이용(지배권 소유)하고 있는 경우에는 심사범위에 포함	
네트워크(Network) 장비	• 인증 대상 서비스와 직접적으로 관련된 네트워크 장비는 모두 포함(DMZ 등 정보통신서비스 구간에 설치된 네트워크 장비 등) • 인증범위에 포함된 정보자산(응용시스템, 서버, 보안시스템 등) 및 물리적 시설(전산실 등)의 연결 및 구성을 위한 네트워크 장비는 포함 • 인증범위에 포함된 조직 및 인력이 인터넷 사용, 원격접속 등을 위해 필요한 네트워크 장비는 포함	• 별도의 보안설정 없는 더미(Dummy) 역할을 하는 스위치는 심사범위에서 제외 가능
정보보호시스템(Security System)	• 내·외부 침해로부터 인증 대상 서비스 및 관련 자산을 보호하기 위한 정보보호시스템은 심사범위에 포함 • 인증범위에 포함된 조직 및 인력을 대상으로 적용된 정보보호시스템은 심사범위에 포함(DRM, DLP, PC보안, 백신, 패치관리시스템 등)	
클라우드서비스 이용 시	• 신청기관이 클라우드서비스를 이용하여 정보통신서비스를 제공하는 경우, 신청기관이 관리 가능한 운영체제, DB, 응용프로그램 등은 인증범위에 포함 • 국내 및 해외 클라우드서비스 모두 해당 범위에 포함됨 ※ 클라우드서비스 이용 시 안전성 및 신뢰성이 검증된 클라우드서비스 제공자를 이용할 것을 권고함	• 단, 클라우드서비스 형태에 따라 심사범위가 달라질 수 있으므로 관리 범위, 지배권 소유 여부, 책임 소재 등에 따라 심사범위를 판단해야 함

8) ISMS 인증심사 생략

① 관련 법령

정보보호 및 개인정보보호 관리체계 인증 등에 관한 고시

제20조(인증심사의 일부 생략 신청 등)

① 신청인이 제18조제1항제2호의 정보보호 관리체계 인증을 신청한 자가 다음 각 호의 어느 하나에 해당하는 인증을 받거나 정보보호 조치를 취한 경우 별표 5의 인증심사 일부 생략의 범위 내에서 인증심사의 일부를 생략할 수 있다.

  1. 국제인정협력기구에 가입된 인정기관이 인정한 인증기관으로부터 받은 ISO/IEC 27001 인증

  2. 「정보통신기반 보호법」제9조에 따른 주요정보통신기반시설의 취약점 분석·평가

② 제1항에 따라 정보보호 관리체계 인증심사의 일부를 생략하려는 경우에는 다음 각 호의 요건을 모두 충족하여야 한다.

  1. 해당 국제표준 정보보호 인증 또는 정보보호 조치의 범위가 정보보호 관리체계 인증의 범위와 일치할 것

  2. 정보보호 관리체계 인증 신청 및 심사 시에 해당 국제표준 정보보호 인증이나 정보보호 조치가 유효하게 유지되고 있을 것

③ 제1항에 따른 인증심사 일부 생략을 신청하고자하는 자는 별지 제10호서식의 인증심사 일부 생략 신청서를 심사수행기관에 제출하여야 한다.

④ 심사수행기관은 별표 5의 인증심사 일부 생략의 범위를 생략하여 심사하고 인터넷진흥원 또는 인증기관이 인증을 부여할 때에는 그 사실을 인증서에 표기하여야 한다.

⑤ 정보통신망법 시행규칙 제3조제4항에서 "과학기술정보통신부장관이 고시하는 결과"란 「교육부 정보보안 기본지침」 제94조제1항에 따른 정보보안 수준에 대한 해당 연도의 평가결과가 만점의 100분의 80 이상인 것을 말한다.

⑥ 심사수행기관은 신청인의 인증범위 내에서 업무를 위탁받아 처리하는 자가 제18조제1항 각 호의 인증을 받은 범위의 현장심사를 생략할 수 있다.

② ISMS 인증심사 일부 생략의 범위

	분야		항목
2.1	정책, 조직, 자산 관리	2.1.1	정책의 유지관리
		2.1.2	조직의 유지관리
		2.1.3	정보자산 관리
2.2	인적 보안	2.2.1	주요 직무자 지정 및 관리
		2.2.2	직무 분리
		2.2.3	보안 서약
		2.2.4	인식제고 및 교육훈련
		2.2.5	퇴직 및 직무변경 관리
		2.2.6	보안 위반 시 조치

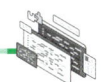

	분야		항목
		2.3.1	외부자 현황 관리
2.3	외부자 보안	2.3.2	외부자 계약 시 보안
		2.3.3	외부자 보안 이행 관리
		2.3.4	외부자 계약 변경 및 만료 시 보안
		2.4.1	보호구역 지정
		2.4.2	출입통제
		2.4.3	정보시스템 보호
2.4	물리 보안	2.4.4	보호설비 운영
		2.4.5	보호구역 내 작업
		2.4.6	반출입 기기 통제
		2.4.7	업무환경 보안
2.12	재해복구	2.12.1	재해, 재난 대비 안전조치
		2.12.2	재해 복구 시험 및 개선

(5) ISMS-P 인증심사원

ISMS-P 인증심사원이란 **한국인터넷진흥원**으로부터 **인증심사를 수행할 수 있는 자격을 부여 받고 인증심사를 수행하는 자**를 말한다.(정보보호 및 개인정보보호 관리체계 인증 등에 관한 고시)

1) 인증심사원 등급별 자격 요건

구분	경력 인정 요건	연수
정보보호 경력	• "정보보호" 관련 박사 학위 취득자	2년
	• "정보보호" 관련 석사 학위 취득자 • **정보보안기사** • 정보시스템감사통제협회(ISACA)의 정보시스템감사사 (**CISA**) • 국제정보시스템보안자격협회(ISC²)의 정보시스템 보호전문가 (**CISSP**)	1년
개인정보보호 경력	• "개인정보보호" 관련 박사 학위 취득자	2년
	• "개인정보보호" 관련 석사 학위 취득자 • 개인정보 영향평가에 관한 고시 제6조에 따른 개인정보 영향평가 전문인력(**PIA**) • 개인정보관리사(**CPPG**)	1년
정보기술 경력	• "정보기술" 관련 박사 학위 취득자 • 정보관리기술사, 컴퓨터시스템응용기술사 • 정보시스템감리사	2년
	• "정보기술" 관련 석사 학위 취득자 • 정보시스템감리원 • 정보처리기사, 전자계산기조직응용기사	1년

2) 인증심사원 등급별 자격 요건

구분	내용
4년제 대학	4년제 대학졸업 이상 또는 이와 동등학력을 취득
6년 이상	정보보호, 개인정보보호 또는 정보기술 경력을 합하여 6년 이상을 보유
필수 1년	정보보호 및 개인정보보호 경력을 각 1년 이상 필수로 보유

3) 인증심사원 자격요건 핵심사항

구분	내용
합산 불가	두 가지 이상 중복 업무경력인 경우에 경력기간을 중복하여 합산하지 않음
10년 이내	모든 해당 경력은 신청일 기준 최근 10년 이내의 경력에 한해 인정
보안 필수	정보보호 또는 개인정보보호 필수 경력을 인정경력으로 대체할 수 있으며 중복 인정 불가
완료 자격증	신청일 기준 취득 완료한 자격만 인증

4) 인증심사원 등급

구분	자격기준	1일 자문료
심사원보	인증심사원 자격 신청 요건을 만족하는 자로서 인터넷진흥원이 수행하는 **인증심사원 양성과정 통과**하여 자격을 취득한 자	200,000원
심사원	**심사원보 자격 취득자**로서 인증심사에 **4회 이상 참여**하고 심사일수의 합이 **20일 이상**인 자	300,000원
선임심사원	**심사원 자격 취득자**로서 **정보보호 및 개인정보보호 관리체계 인증심사(ISMS-P)**를 **3회 이상 참여**하고 심사일수의 합이 **15일 이상**인 자	350,000원
책임심사원	**인터넷진흥원**은 인증심사원의 인증심사 능력에 따라 매년 책임심사원을 **지정**할 수 있다.	450,000원

5) 책임심사원 등급 부여

심사능력이 우수하고 참여율이 높은 심사원에 대해 책임심사원 등급부여(기간 1년)

등급	자격기준
책임심사원	선임심사원이 매년 1월 1일 기준으로 1년 동안 다음의 요건을 모두 만족하는 경우 다음해 1년 동안 책임심사원으로 활동 ① ISMS-P 2회를 포함하여 인증심사 **4회 이상 참여**하고 심사일수의 합이 **20일 이상** ② **최초 또는 갱신심사 1회 이상** 참여 ③ 인증심사 수행 결과에 대한 **심사원 평가** 충족 ※ 인터넷진흥원은 매년 1월 책임심사원을 선정하고 해당 심사원에 그 결과를 안내 ※ 책임심사원 요건은 추후 변경될 수 있으며 변경 시 공지 예정

6) 심사원 평가 기준(KISA 지침)

평가항목	평가방법
인증기준 이해력	분야 전문성, 자료요구 및 인터뷰 내용과 인증기준과 연관성 등
심사 보고서 작성능력	양식작성, 문맥오류, 보고서의 논리력 및 전달력, 기한 내 작성 등
피심사자와의 의사소통 능력	인터뷰 언행, 자료요구 및 현장심사 태도 등
결함 판단 능력	정보수집력, 결함에 따른 조치방안의 적절성 등
협업 및 심사태도	심사팀 내 의견제시, 심사참여 적극성, 심사준비, 시간준수, 복장, 보안 의식 등
인증심사 관련 이의제기	타당성이 인정된 민원 접수 건

(6) ISMS-P 인증기준

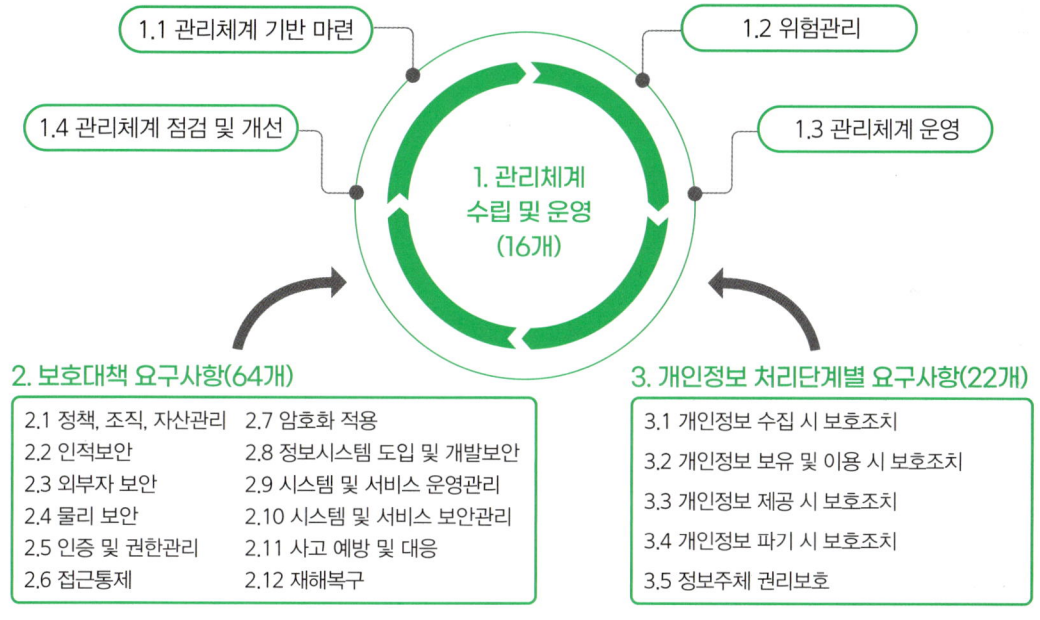

[ISMS-P 인증 기준]

1) ISMS, ISMS-P 인증 영역

영역	분야	ISMS	ISMS-P
1. 관리체계 수립 및 운영	1.1 관리체계 기반 마련	○	○
	1.2 위험 관리	○	○
	1.3 관리체계 운영	○	○
	1.4 관리체계 점검 및 개선	○	○
2. 보호대책 요구사항	2.1 정책, 조직, 자산 관리	○	○
	2.2. 인적 보안	○	○
	2.3. 외부자 보안	○	○
	2.4. 물리 보안	○	○
	2.5. 인증 및 권한관리	○	○
	2.6. 접근통제	○	○
	2.7 암호화 적용	○	○
	2.8 정보시스템 도입 및 개발 보안	○	○
	2.9 시스템 및 서비스 운영관리	○	○
	2.10 시스템 및 서비스 보안관리	○	○
	2.11 사고 예방 및 대응	○	○
	2.12 재해복구	○	○
3. 개인정보 처리 단계별 요구사항	3.1 개인정보 수집 시 보호조치	–	○
	3.2 개인정보 보유 및 이용 시 보호조치	–	○
	3.3 개인정보 제공 시 보호조치	–	○
	3.4 개인정보 파기 시 보호조치	–	○
	3.5 정보주체 권리보호	–	○

2) 인증심사 결함 보고서

ISMS-P 인증심사에는 ① 현황 파악, ② 결함도출이라는 2개의 큰 과제가 있다.
마지막으로는 현황과 결함에 대해 **결함보고서를 작성**하는 것이 인증심사의 핵심이다.
결함보고서는 현황과 결함 내용에 대한 전문적인 지식이 없는 누구라도 이해할 수 있도록
쉽고, 정확하게 작성해야 한다.
결함보고서에 대한 형식을 이해하고, 핵심 포인트를 인지하고 있어야 한다.

```
┌──────────┐    ┌──────────┐    ┌──────────┐    ┌──────────┐    ┌──────────┐
│  인증심사  │ ▶ │ 결함후보  │ ▶ │ 사실관계  │ ▶ │ 결함보고서 │ ▶ │ 결함보고서 │
│           │    │   도출    │    │    확인    │    │   작성    │    │    서명    │
└──────────┘    └──────────┘    └──────────┘    └──────────┘    └──────────┘
```

문서심사,	심사일지에	결함 후보에	확인된 결함에	신청기관 담당자,
인터뷰,	결함 후보	대한 확인.	대해 결함보고서	CISO, CPO 서
시스템 실사	작성	필요 시 증적 요청	작성	명

결함보고서 구성항목	설명
인증심사 기본 정보	인증 유형, 일자, 회사, 담당자
결함 유형	• 중결함 : 중대한 결함 • 결함 : 일반적인 결함 • 권고 : 경미한 결함
인증 기준	• 관리체계 • 보호대책 • 개인정보
관련 근거	• (인증기준) 그대로 받아 씀 • (법령) 필요 시 작성 • (내부규정) 필요 시 작성
운영현황 및 결함내역	• (운영현황) 현재 운영현황을 요약하여 작성 • (결함내역) 구체적인 정황을 팩트 기반으로 작성 • 대상 시스템, 대상자, IP주소 등 • (조치사항) 보안요구사항을 명시하고, 구체적인 방안은 지양함
근거목록	• 심사 시 근거가 되는 문서 또는 증적 자료
문서 품질	• 보고서용 문어체와 자구 사용 • 폰트, 정렬, 표 등 문서 품질 확보

결 함 보 고 서

신청기관	좋은 회사			
인증범위	구분	결함유형	인증범위명	기관 확인자
	ISMS-P	결함	이용자가 사랑하는 서비스	홍길동 팀장 (인)
심사원명	강감찬 (인)			
관계부서	정보보안팀			

관련조항	(보호대책) 2.7.1 암호정책 적용
관련 근거	◇ (인증기준) 개인정보 및 주요정보 보호를 위하여 법적 요구사항을 반영한 암호화 대상, 암호 강도, 암호 사용 정책을 수립하고 개인정보 및 주요정보의 저장·전송·전달 시 암호화를 적용하여야 한다. ◇ (법령) 「개인정보의 기술적·관리적 보호조치 기준」 제6조(개인정보의 암호화) ③ 정보통신서비스 제공자등은 정보통신망을 통해 이용자의 개인정보 및 인증정보를 송·수신할 때에는 안전한 보안서버 구축 등의 조치를 통해 이를 암호화해야 한다. 보안서버는 다음 각 호 중 하나의 기능을 갖추어야 한다. 1. 웹서버에 SSL(Secure Socket Layer) 인증서를 설치하여 전송하는 정보를 암호화하여 송·수신하는 기능 2. 웹서버에 암호화 응용프로그램을 설치하여 전송하는 정보를 암호화하여 송·수신하는 기능 ◇ (내부규정) 「개인정보보호지침」 제21조(암호화) (2020.1.14.) ① 개인정보처리시스템은 다음 각 호의 항목에 따라 전송 암호화를 구현한다. 1. 인터넷 등 공중망을 통한 개인정보 전송 시 암호화 채널 등의 안전한 경로 구현 2. 암호화 통신은 VPN, SSL 또는 암호화소프트웨어를 설치하여 전송정보 암호화 적용

운영현황 및 결함내역	◇ (운영현황) 인증범위 內 서비스에 대하여 암호화 정책을 수립하고 있음
	• 중요 정보에 암호화가 요구되는 경우 법적 요구사항을 고려하여 적용하도록 규정
	• 개인정보 및 주요 정보의 저장, 전송, 전달 시 암호화를 적용함
	  – 개인정보 저장 시 비밀번호, 계좌번호, 핸드폰번호를 암호화
	◇ (결함내역) 인증범위 內 서비스의 암호화 운영에서 다음의 문제점이 발견됨
	• 전송구간 취약 암호화 프로토콜 허용
	  – SSL 운영 설정에서 취약한 TLS 1.1 프로토콜을 허용하고 있음(www.abc.co.kr)
	◇ (조치사항) 쇼핑몰 서비스 암호화 정책을 재검토하여 필요시 개인정보가 암호화 저장되도록 하고, 운영에 있어 안전한 암호화 수단을 적용하도록 하여야 함

근거목록	• 쇼핑몰 SSL 프로토콜 분석 • 협력사 서버/DB 실사

3) ISMS-P 인증기준

1. 관리체계 수립 및 운영	1.1. 관리체계 기반 마련	1.1.1 경영진의 참여
		1.1.2 최고책임자의 지정
		1.1.3 조직 구성
		1.1.4 범위 설정
		1.1.5 정책 수립
		1.1.6 자원 할당
	1.2. 위험 관리	1.2.1 정보자산 식별
		1.2.2 현황 및 흐름분석
		1.2.3 위험 평가
		1.2.4 보호대책 선정
	1.3. 관리체계 운영	1.3.1 보호대책 구현
		1.3.2 보호대책 공유
		1.3.3 운영현황 관리
	1.4. 관리체계 점검 및 개선	1.4.1 법적 요구사항 준수
		1.4.2 관리체계 점검
		1.4.3 관리체계 개선
2. 보호대책 요구사항	2.1. 정책, 조직, 자산 관리	2.1.1 정책의 유지관리
		2.1.2 조직의 유지관리
		2.1.3 정보자산 관리
	2.2. 인적 보안	2.2.1 주요 직무자 지정 및 관리
		2.2.2 직무 분리
		2.2.3 보안 서약
		2.2.4 인식제고 및 교육훈련
		2.2.5 퇴직 및 직무변경 관리
		2.2.6 보안 위반 시 조치

2. 보호대책 요구사항	2.3. 외부자 보안	2.3.1 외부자 현황 관리
		2.3.2 외부자 계약 시 보안
		2.3.3 외부자 보안 이행 관리
		2.3.4 외부자 계약 변경 및 만료 시 보안
	2.4. 물리 보안	2.4.1 보호구역 지정
		2.4.2 출입통제
		2.4.3 정보시스템 보호
		2.4.4 보호설비 운영
		2.4.5 보호구역 내 작업
		2.4.6 반출입 기기 통제
		2.4.7 업무환경 보안
	2.5. 인증 및 권한관리	2.5.1 사용자 계정 관리
		2.5.2 사용자 식별
		2.5.3 사용자 인증
		2.5.4 비밀번호 관리
		2.5.5 특수 계정 및 권한관리
		2.5.6 접근권한 검토
	2.6. 접근통제	2.6.1 네트워크 접근
		2.6.2 정보시스템 접근
		2.6.3 응용프로그램 접근
		2.6.4 데이터베이스 접근
		2.6.5 무선 네트워크 접근
		2.6.6 원격접근 통제
		2.6.7 인터넷 접속 통제
	2.7. 암호화 적용	2.7.1 암호정책 적용
		2.7.2 암호키 관리

2. 보호대책 요구사항	2.8 정보시스템 도입 및 개발 보안	2.8.1 보안 요구사항 정의
		2.8.2 보안 요구사항 검토 및 시험
		2.8.3 시험과 운영 환경 분리
		2.8.4 시험 데이터 보안
		2.8.5 소스 프로그램 관리
		2.8.6 운영환경 이관
	2.9. 시스템 및 서비스 운영 관리	2.9.1 변경관리
		2.9.2 성능 및 장애관리
		2.9.3 백업 및 복구관리
		2.9.4 로그 및 접속기록 관리
		2.9.5 로그 및 접속기록 점검
		2.9.6 시간 동기화
		2.9.7 정보자산의 재사용 및 폐기
	2.10. 시스템 및 서비스 보안 관리	2.10.1 보안시스템 운영
		2.10.2 클라우드 보안
		2.10.3 공개서버 보안
		2.10.4 전자거래 및 핀테크 보안
		2.10.5 정보전송 보안
		2.10.6 업무용 단말기기 보안
		2.10.7 보조저장매체 관리
		2.10.8 패치관리
		2.10.9 악성코드 통제
	2.11. 사고 예방 및 대응	2.11.1 사고 예방 및 대응체계 구축
		2.11.2 취약점 점검 및 조치
		2.11.3 이상행위 분석 및 모니터링
		2.11.4 사고 대응 훈련 및 개선
		2.11.5 사고 대응 및 복구
	2.12. 재해복구	2.12.1 재해·재난 대비 안전조치
		2.12.2 재해 복구 시험 및 개선

3. 개인정보 처리 단계별 요구사항	3.1. 개인정보 수집 시 보호조치	3.1.1 개인정보 수집·이용
		3.1.2 개인정보의 수집 제한
		3.1.3 주민등록번호 처리 제한
		3.1.4 민감정보 및 고유식별정보의 처리 제한
		3.1.5 간접수집 보호조치
		3.1.6 영상정보처리기기 설치·운영
		3.1.7 홍보 및 마케팅 목적 활용 시 조치
	3.2. 개인정보 보유 및 이용 시 보호조치	3.2.1 개인정보 현황관리
		3.2.2 개인정보 품질보장
		3.2.3 이용자 단말기 접근 보호
		3.2.4 개인정보 목적 외 이용 및 제공
		3.2.5 가명정보 처리
	3.3. 개인정보 제공 시 보호조치	3.3.1 개인정보 제3자 제공
		3.3.2 개인정보 처리 업무 위탁
		3.3.3 영업의 양도 등에 따른 개인정보 이전
		3.3.4 개인정보 국외이전
	3.4. 개인정보 파기 시 보호조치	3.4.1 개인정보의 파기
		3.4.2 처리목적 달성 후 보유 시 조치
	3.5. 정보주체 권리보호	3.5.1 개인정보처리방침 공개
		3.5.2 정보주체 권리보장
		3.5.3 정보주체에 대한 통지

05 ISO 27001

(1) ISO 27001 표준 구성

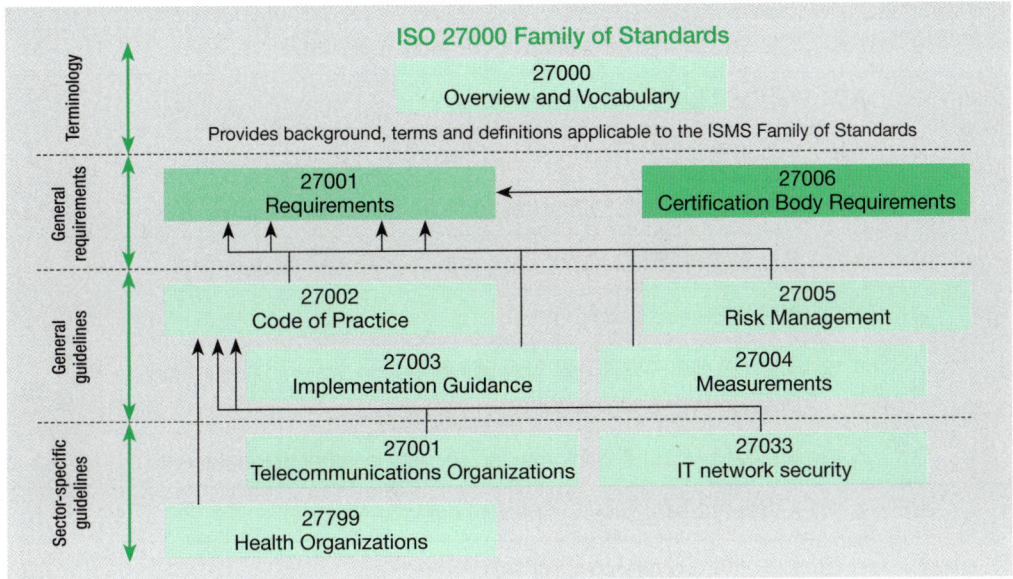

(2) ISO 27001 심사 절차

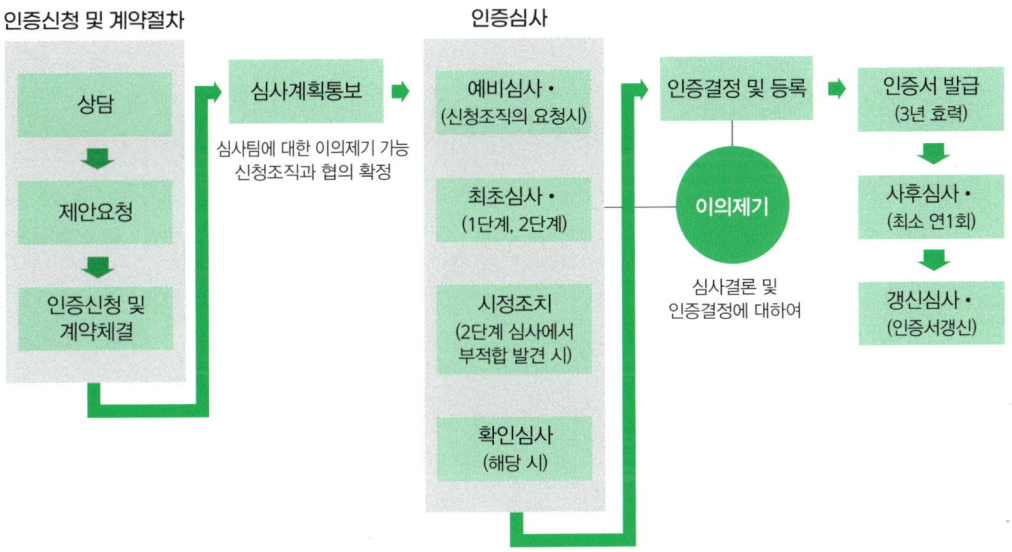

(3) ISO 27001 평가항목

순번	구분	세부 평가 항목
1	A.5 보안 정책(Security Policy)	2
2	A.6 정보 보안 조직(Organization of Information Security)	11
3	A.7 자산 분류 및 통제(Asset management)	5
4	A.8 인력 자원 보안(Human Resource Security)	9
5	A.9 물리적 및 환경적 보안(Physical and Environmental Security)	13
6	A.10 통신 및 운영 관리(Communications & Operations Management)	32
7	A.11 접근 제어(Access control)	25
8	A.12 정보 시스템의 구축과 개발 및 운영(Information Systems Acquisition, Development & Maintenance)	16
9	A.13 정보 보안 사고의 관리(Information security incident management)	5
10	A.14 사업의 연속성(Business continuity management)	5
11	A.15 준거성(Regulatory compliance)	10

(4) ISO 경영시스템 인정제도

인정(Accreditation)이란 특정 적합성평가표준에 따라 적합성평가를 제공하는 적합성평가 기관(이하 "CAB")이 국제적으로 요구되는 적격성을 갖추고 있으며, 공평하게 적합성평가 활동을 수행하고 있음을 확인하는 것으로, 사회와 수요자에게 적합성평가에 대한 신뢰를 보장하는 활동이다.

인정기관은 또한 국제표준에 근거한 국제상호인정(MLA/MRA)을 통해 이러한 CAB 의 적 격성과 그들이 수행한 적합성평가의 결과가 전 세계적으로 신뢰할 수 있음을 보장함으로 써, 적합성평가의 수요자가 나라마다 다른 기준을 만족하기 위해 중복적인 적합성평가를 받아야 하는 불편함을 해소하고, 국제적인 기술무역장벽을 극복할 수 있는 수단을 제공하 며, 결과적으로 국제무역을 활성화하는 데 기여한다.

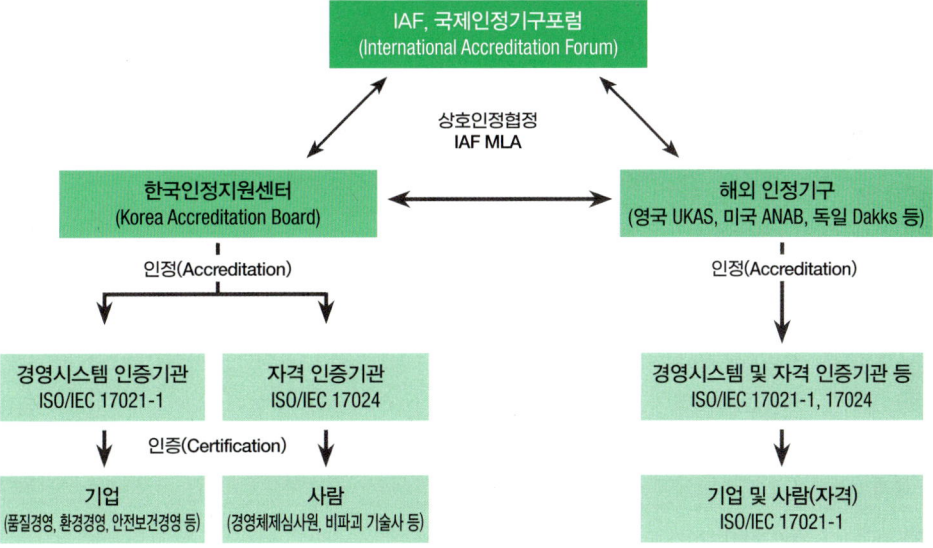

[ISO 경영시스템 인정제도]

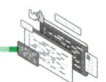

06 정보보호, 개인정보보호 감사

구분	근거	기준	의무 대상자				
			공공기관	민간기관	금융기관	의료기관	교육기관
ISMS 인증	개인정보보호법 제32조의2 정보통신망법 제47조	의무대상	X (정보통신 서비스 제공여부)	O (ISP, IDC)	X (정보통신 서비스 제공여부)	O (상급종합병원)	O (대학)
		매출액		정보통신 서비스 100억원		1500억 상급 종합병원	1500억 재학생수 1만명
		이용자수		100만명			
개인정보 영향평가	개인정보보호법 제33조	개인정보	O (5만 민감정보, 고유식별정보, 50만 연계, 100만 개인정보)	X	X	X	X
정보보호 준비도 평가	정보보호산업 진흥법 제12조	자율	X	X	X	X	X
공공기관 관리수준 진단	개인정보보호법 제11조	의무대상	O (중앙행정 기관의 장, 지방자치 단체의 장 및 관계 기관·단체)	X	X	X	X
정보보호 상시평가제	신용정보법 제45조의5	의무대상	X	X	O (신용정보회사등)	X	X
정보보호 공시제도	정보보호산업법 제13조	의무대상	X	O (ISP, IDC, CSP)	X	O (상급종합병원)	X
		매출액		상장법인 3천억원	상장법인 3천억원		
		이용자수		100만명	100만명		

② 주요 개인정보 관리체계

01 개인정보 영향평가

(1) 관련 법령

개인정보보호법(2025.10.2) 제33조

제33조(개인정보 영향평가)
① 공공기관의 장은 대통령령으로 정하는 기준에 해당하는 개인정보파일의 운용으로 인하여 정보주체의 개인정보 침해가 우려되는 경우에는 그 위험요인의 분석과 개선 사항 도출을 위한 평가(이하 "영향평가"라 한다)를 하고 그 결과를 보호위원회에 제출하여야 한다.
② 보호위원회는 대통령령으로 정하는 인력·설비 및 그 밖에 필요한 요건을 갖춘 자를 영향평가를 수행하는 기관(이하 "평가기관"이라 한다)으로 지정할 수 있으며, 공공기관의 장은 영향평가를 평가기관에 의뢰하여야 한다.
③ 영향평가를 하는 경우에는 다음 각 호의 사항을 고려하여야 한다.
　　1. 처리하는 **개인정보의 수**
　　2. 개인정보의 **제3자 제공** 여부
　　3. **정보주체의 권리**를 해할 가능성 및 그 위험 정도
　　4. 그 밖에 대통령령으로 정한 사항
④ 보호위원회는 제1항에 따라 제출받은 영향평가 결과에 대하여 의견을 제시할 수 있다.
⑤ 공공기관의 장은 제1항에 따라 **영향평가를 한 개인정보파일을** 제32조제1항에 따라 등록할 때에는 **영향평가 결과를 함께 첨부하여야 한다.**
⑥ 보호위원회는 영향평가의 활성화를 위하여 관계 전문가의 육성, 영향평가 기준의 개발·보급 등 필요한 조치를 마련하여야 한다.
⑦ 보호위원회는 제2항에 따라 지정된 평가기관이 다음 각 호의 어느 하나에 해당하는 경우에는 평가기관의 지정을 취소할 수 있다. 다만, 제1호 또는 제2호에 해당하는 경우에는 평가기관의 지정을 취소하여야 한다.
　　1. 거짓이나 그 밖의 부정한 방법으로 지정을 받은 경우
　　2. 지정된 평가기관 스스로 지정취소를 원하거나 폐업한 경우
　　3. 제2항에 따른 지정요건을 충족하지 못하게 된 경우
　　4. 고의 또는 중대한 과실로 영향평가업무를 부실하게 수행하여 그 업무를 적정하게 수행할 수 없다고 인정되는 경우
　　5. 그 밖에 대통령령으로 정하는 사유에 해당하는 경우
⑧ 보호위원회는 제7항에 따라 지정을 취소하는 경우에는 「행정절차법」에 따른 청문을 실시하여야 한다.
⑨ 제1항에 따른 영향평가의 기준·방법·절차 등에 관하여 필요한 사항은 대통령령으로 정한다.
⑩ 국회, 법원, 헌법재판소, 중앙선거관리위원회(그 소속 기관을 포함한다)의 영향평가에 관한 사항은 국회규칙, 대법원규칙, 헌법재판소규칙 및 중앙선거관리위원회규칙으로 정하는 바에 따른다.
⑪ **공공기관 외의 개인정보처리자는** 개인정보파일 운용으로 인하여 정보주체의 개인정보 침해가 우려되는 경우에는 **영향평가를 하기 위하여 적극 노력하여야 한다.**

개인정보보호법 시행령 제37조
제37조(영향평가 시 고려사항) 1. 민감정보 또는 고유식별정보의 처리 여부 2. 개인정보 보유기간

(2) 개인정보 영향평가 개요

구분	설명
개념	• 개인정보파일을 운용하는 **새로운 정보시스템의 도입**이나 기존에 운영 중인 개인정보 처리시스템의 **중대한 변경 시** • 시스템의 구축·운영·변경 등이 개인정보에 미치는 **영향(impact)을 사전에 조사·예측·검토**하여 **개선방안을 도출하고 이행여부를 점검**하는 체계적인 절차
목적 및 필요성	• 개인정보 처리가 수반되는 사업 추진시 해당 사업이 개인정보에 미치는 영향을 사전에 분석하고 이에 대한 개선방안을 수립하여 개인정보 침해사고를 사전에 예방
평가 대상	• 일정규모 이상의 개인정보를 전자적으로 처리하는 개인정보파일을 구축·운영 또는 변경하려는 공공기관은 「개인정보보호법」(이하 "법"이라 한다) 제33조 및「개인정보보호법 시행령」(이하 "영"이라 한다) 제35조에 근거하여 영향평가를 수행 　– (5만명 조건) **5만명 이상**의 정보주체의 **민감정보 또는 고유식별정보**의 처리가 수반되는 개인정보파일 　– (50만명 조건) 해당 공공기관의 내부 또는 외부의 다른 개인정보파일과 연계하려는 경우로서, **연계** 결과 정보주체의 수가 **50만 명 이상**인 개인정보파일 　– (100만명 조건) **100만 명 이상**의 **정보주체 수**를 포함하고 있는 개인정보파일 　　※ 현시점 기준으로 영향평가 대상은 아니나 가까운 시점(1년 이내)에 정보주체의 수가 법령이 정한 기준 이상이 될 가능성이 있는 경우, 영향평가를 수행할 것을 권고 　– (변경 시) 영제35조에 근거하여 영향평가를 실시한 기관이 개인정보 검색체계 등 개인정보파일의 운용체계를 변경하려는 경우, 변경된 부분에 대해서는 영향평가를 실시 　　※ 법령상 규정된 대상시스템이 아니더라도 대량의 개인정보나 민감한 개인정보를 수집·이용하는 기관은 개인정보 유출 및 오·남용으로 인한 사회적 피해를 막기 위해 영향평가 수행 가능
평가 수행 주체	공공기관은 개인정보보호위원회가 지정한 영향평가기관에 평가를 의뢰하여 수행 ※ 영향평가기관에 대한 정보는 개인정보보호 포털(privacy.go.kr)에서 확인 가능

(3) 개인정보 영향평가 수행체계

1) 평가 수행 체계

영향평가는 개인정보보호위원회가 지정한 영향평가기관에 의뢰하여 영향평가를 수행하고 그 결과를 사업 완료 후 2개월 이내에 개인정보보호위원회에 제출
① 개인정보보호위원회는 심의·의결을 거쳐 해당 사업에 대한 의견 제시 가능
(개인정보보호 종합지원시스템(https://intra.privacy.go.kr)에 등록)

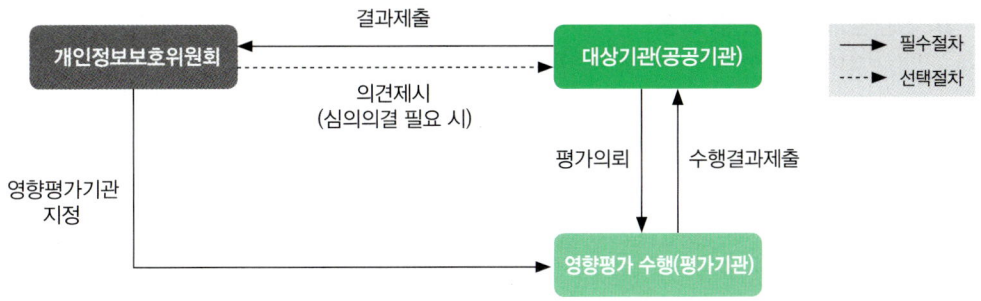

(4) 개인정보 영향평가 시기

1) 시스템을 신규 구축 또는 기존 시스템을 변경하는 경우

개인정보처리시스템을 신규로 구축 하거나 기존 시스템을 변경하려는 기관은 사업계획 단계에서 영향평가 의무대상 여부를 파악하여 예산을 확보한 후, 대상 시스템의 설계 완료 전에 영향평가를 수행해야 함. 또한 영향평가 결과는 시스템 설계·개발 시 반영해야 함(「개인정보 영향평가에 관한 고시」제9조의2)

2) 기 구축되어 운영 중인 시스템의 경우

개인정보처리시스템을 기 구축·운영 중, 아래의 경우 추가적으로 영향평가 수행 가능
① 수집·이용 및 관리상에 중대한 침해위험의 발생이 우려되는 경우
② 전반적인 개인정보 보호체계를 점검하여 개선하기 위한 경우

(5) 영향평가 수행 절차

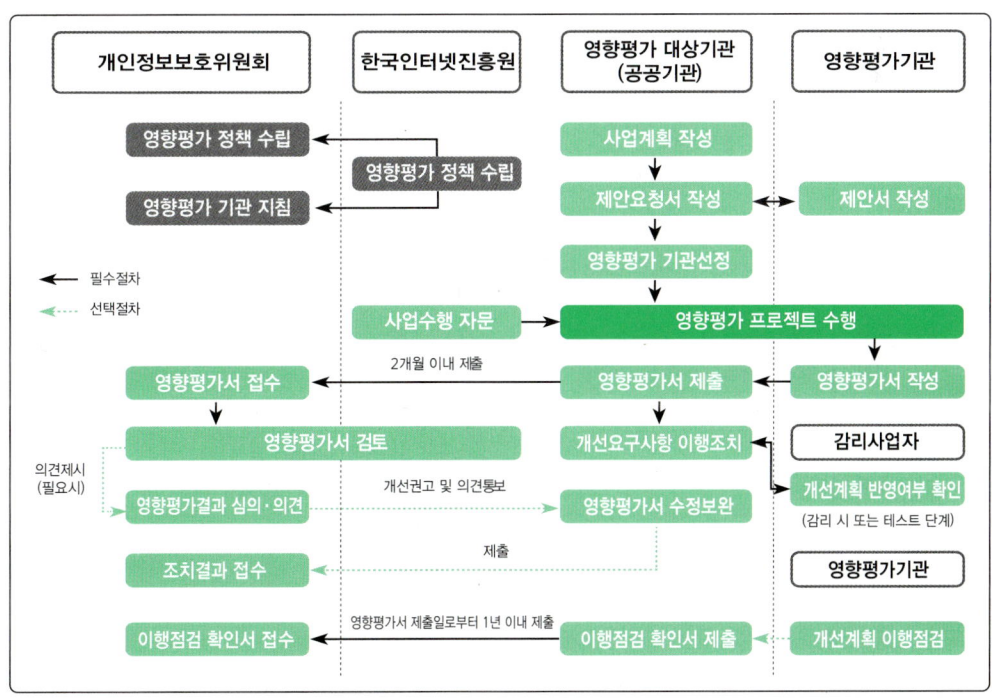

1) 영향평가서 작성 및 제출

영향평가 사업은 직전연도에 예산을 확보하고, 당해연도에 평가기관을 선정하여 대상기관과 평가기관이 협업을 통해 영향평가서를 완성

① 영향평가서는 최종 제출받은 날로부터 2개월 이내에 개인정보보호위원회에 제출

② 영향평가서를 제출한 날로부터 1년 이내에 이행점검 확인서를 개인정보보호위원회에 제출
(제출방법 : 개인정보보호 종합지원시스템(https://intra.privacy.go.kr)에 등록)

2) 영향평가 절차

영향평가는 사전준비단계, 수행단계, 이행단계 등 3단계로 구성된다.

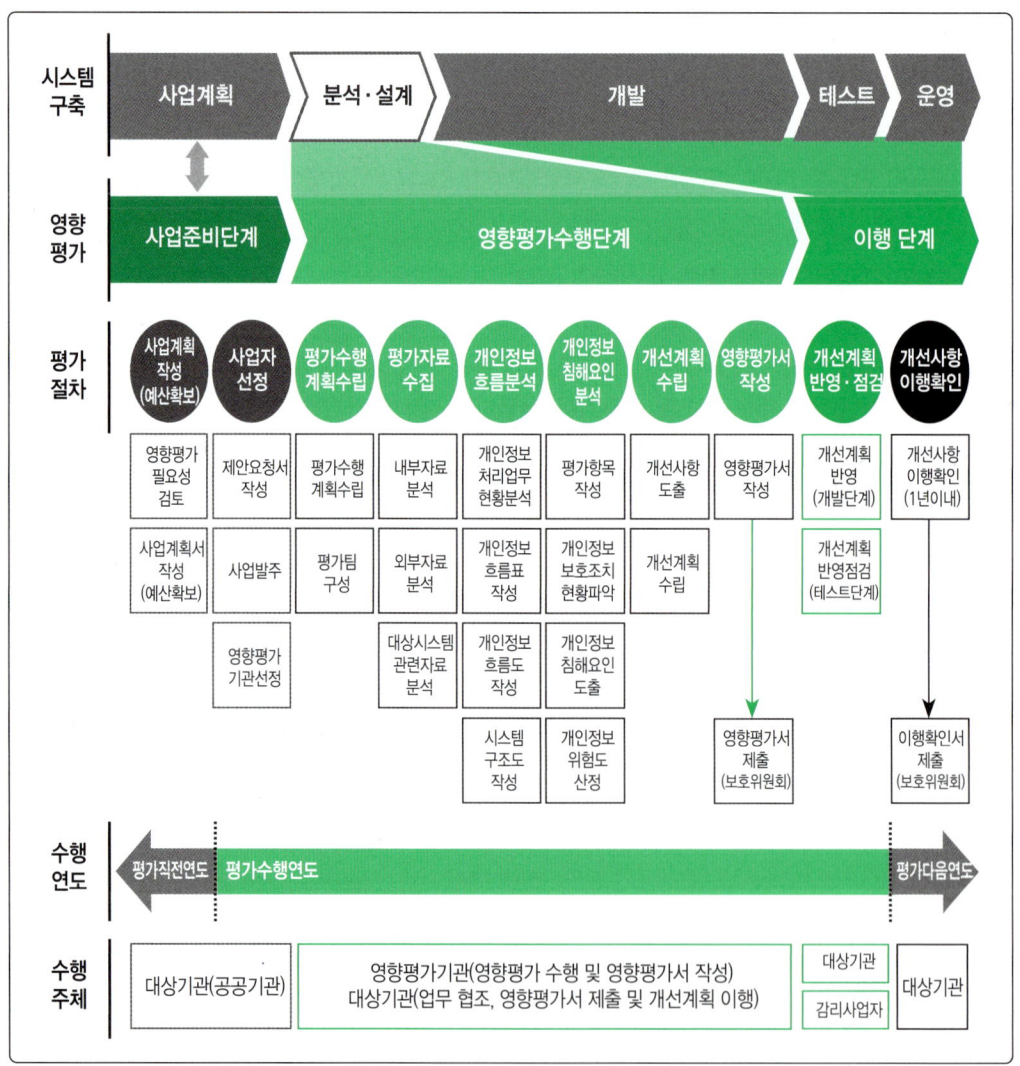

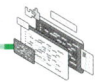

단계	영향평가 수행 절차
영향평가 사전준비 단계	영향평가 사업계획을 수립하여 신규 또는 변경 사업 추진 시 **타당성 검토 후 조직 내 영향평가 협력 조직 구성 및 영향평가 수행 방향**을 수립하여야 한다. 이후 필요한 예산 및 지원 인력 등의 자원을 확보하고 평가기관을 선정, 선정된 평가기관이 포함된 영향평가팀을 구성
영향평가 수행단계	선정된 평가기관이 **개인정보 침해요인을 분석하고 개선계획을 수립하여 영향평가서를 작성**
이행 단계	영향평가서의 침해요인에 대한 **개선계획을 반영하고 이를 점검**

[영향평가 사전준비 단계]

영향평가 사전준비 단계는 사업계획의 작성, 영향평가 기관 선정 업무가 있다.

구분	영향평가 사전준비 단계	설명
1. 사업계획의 작성	1.1 영향평가 필요성 검토	구축 또는 변경하고자 하는 정보화사업(정보시스템)에 대해 영향평가 필요성 여부 판단 – 영향평가를 실시하는 3가지 유형 ① 개인정보파일을 **신규 구축·운용**하려는 경우 ② 기 운용 중인 개인정보파일의 수집, 보유, 이용·제공, 파기 등 처리절차를 변경하거나 개인정보 검색 체계 등 **개인정보파일 운용 체계를 변경**하려는 경우 ③ 개인정보파일을 **타 시스템과 연계·제공**하려는 경우
	1.2 사전평가 수행(선택사항)	대상기관은 영향평가기관을 통해 영향평가를 수행하기 전에 **영향평가 자율수행 프로그램(privacy.go.kr)을 통해 맛보기 기능** 활용 가능 – 영향평가 맛보기 기능은 대상시스템 및 영향평가 절차 등에 대한 이해도를 높일 수 있고, 사업발주 시 평가 기관에 대한 사업관리 등에 활용 가능
	1.3 사업계획서 작성	영향평가 사전준비 단계로 **영향평가 사업계획서를 작성**하고, **영향평가 예산 확보를 위해 사업계획에 포함**
2. 영향평가 기관 선정	2.1 제안요청서 작성 및 사업발주	**기관의 영향평가를 수행할 평가기관을 선정** – 개인정보보호위원회가 지정한 영향평가기관을 대상으로 평가기관을 선정 – 제안요청서를 작성하고, 사업발주 후 평가기관 중 적합한 기관을 선정
	2.2 영향평가 기관 선정	영향평가기관 중 제안요청사항을 충족할 수 있는 적정 기관을 선정하되, 문제점이 있으면 평가 수행 업체로 부적절하므로 선정시 유의

• 영향평가 필요성 검토 질문서

질문	Y	N	N/A
당해사업의 수행을 위해 개인정보를 신규로 수집·보유, 이용·제공, 공개하거나 기존 개인정보의 수집·보유·이용/제공·공개하는 범위를 확대하는가?			
당해사업이 개인정보의 수집 방법을 기존에 정보주체로부터 직접 수집하는 방식에서 타 기관(산하기관 포함)으로부터 제공받는 경우 등과 같이 수집하는 방식 등을 변경하는가?			
당해 사업의 수행을 위해 타 기관으로부터 개인정보를 제공받거나 당해기관의 개인정보 DB를 타 기관과 연계하여 이용할 필요가 있는가?			
당해사업의 수행을 위해 개인정보를 수집·보유, 이용·제공, 파기하는 기존의 업무수행 절차에 중대한 변경이 초래되는가?			
기존의 정보시스템에 특정 IT기술을 적용하는 새로운 활용법을 채택함으로써 기존에 수집되거나 향후 수집 될 정보가 본인 확인이 가능한 형태로 변경되는 등 시스템 상에 중대한 변화가 발생하는가?			
당해 사업의 수행을 위해 개인정보 수집 등의 업무처리 절차를 변경함으로써 기존에 예상치 못한 개인정보의 사용 또는 폐기를 야기하거나 본인확인이 가능한 형태의 정보를 주기적으로 수집해야 하는 필요성이 있는가?			
서비스 이용 과정에서 생성되는 정보를 기존에 수집한 개인정보와 결합함으로써 정보주체의 프라이버시에 영향을 미칠 수 있는 2차적 정보가 생성되는가?			
당해사업의 수행을 위해 기존에 수집된 개인정보를 개인정보 수집 시 정보주체에게 고지한 수집목적 또는 이용목적 외로 사용할 가능성이 있는가?			
구축하고자 하는 정보시스템이 위치정보, RFID 등 특정 IT기술을 활용한 서비스를 제공하기 위한 것으로서 정보주체의 프라이버시 침해 문제가 발생할 가능성이 있다고 예측되는가?			
신규 또는 추가로 구축되는 시스템이 개인정보DB에 대한 접근을 관리 또는 통제하기 위해 사용되는 보안체계에 중대한 변화를 초래하는가?			

• 사업계획서 및 제안요청서 목차(예시)

사업계획서 목차			제안요청서 목차	
Ⅰ. 사업개요	1. 사업개요	1. 사업개요	Ⅰ. 사업 안내	
	2. 추진배경 및 필요성	2. 추진배경 및 필요성		
	3. 사업범위	3. 사업범위		
	4. 기대효과	4. 기대효과		
Ⅱ. 대상업무현황	1. 업무현황	1. 업무현황	Ⅱ. 대상업무현황	
	2. 정보시스템 현황	2. 정보시스템 현황		
	3. 선진사례	3. 선진사례		
	4. 문제점 및 개선과제	4. 문제점 및 개선과제		
Ⅲ. 사업추진계획	1. 추진목표	1. 추진목표	Ⅲ. 사업추진계획	
	2. 추진전략	2. 추진전략		
	3. 추진체계 및 역할	3. 추진체계 및 역할		
	4. 추진일정	4. 추진일정		
Ⅳ. 사업내용	1. 주요 사업내용	1. 주요 사업내용	Ⅳ. 제안요청개요	
	2. 세부 사업내용	2. 세부 사업내용		
Ⅴ. 소요자원 및 예산		3. 용역산출물		
Ⅵ. 기타지원요건	1. 교육지원 요건	4. 보안요건		
	2. 기술지원 요건	5. 기타지원요건		
	3. 유지보수 요건			

[영향평가 수행단계]

영향평가 수행단계는 영향평가 수행계획 수립, 평가자료 수집, 개인정보 흐름 분석, 개인정보 침해요인 분석, 개선계획 수립, 영향평가서 작성 단계로 구성된다.

① 영향평가 수행계획 수립

구분	영향평가 수행 절차	설명
1. 영향평가 수행계획 수립	1.1 영향평가 수행계획 수립	효율적인 평가 수행을 위해 사전 계획 수립 – 영향평가팀은 평가과정에 필요한 사항들을 정리하고 영향평가팀 내에서 공유할 수 있는 세부적인 영향평가 수행계획을 수립하여 **"영향평가 수행계획서"**를 작성 – 영향평가 수행계획서 내 반영 사항 : **평가목적, 평가대상 및 범위, 평가주체(영향평가팀), 평가기간, 평가 절차(방법), 주요 평가사항, 평가기준 및 항목, 자료수집 및 분석계획 등** – 개인정보 보호책임자 등에 영향평가 수행계획서를 보고하고, 영향평가 대상사업 최종 책임자의 영향평가 수행 지시 후 평가를 실시
	1.2 영향평가팀 구성방안 협의	**평가기관의 PM**(Project Manager : 프로젝트 책임자)은 대상기관 사업 관리 담당자의 협조 하에 **개인정보 보호 담당자, 유관부서 담당자, 외부 전문가 등의 참여를 요청** – 위탁 개발·관리되고 있는 정보시스템의 경우에는 실제 업무담당자와 사업담당자가 다르므로 현업 업무담당자는 반드시 참여 – 공공기관이 사업을 추진하나 실제 정보화사업 운영·관리를 산하기관 등 외부기관이 주관한다면 해당 산하기관 담당자 참여 – 외부 정보시스템 구축업체에 용역을 의뢰하여 구축사업을 추진 시, 프로젝트관리자(PM) 또는 파트리더 (PL) 등이 참여
	1.3 영향평가팀 역할 정의	**영향평가팀의 평가기관 PM은 각 구성원의 역할 및 책임 사항을 배분** – 영향평가팀은 대상기관 사업주관부서와 기관 내 유관부서 및 외부기관, 사업구축 부서를 기본적으로 포함 ※ **외부용역을 통해 개발하는 경우, 정보시스템 개발업체(개발용역업체)를 포함** – 개인정보보호를 위한 법률해석의 자문이 필요하거나 전문가의 조언이 필요한 경우, 외부 자문위원 포함 가능 **영향평가기관의 평가수행 인력은 반드시 상주, 품질관리 담당자는 비상주 가능** – 영향평가 업무의 연속성 확보 및 품질 제고를 위해 투입인력 중 최소 1명 이상은 업무분석 단계부터 위험 분석, 개선계획 도출 등 사업 전 기간 동안 상주
	1.4 영향평가팀 운영계획 수립	영향평가팀 구성과 각 구성원의 역할 및 책임 사항의 정의가 완료되면 이를 문서화한 **"영향평가팀 구성·운영계획서"**를 작성

• 영향평가 수행계획서 작성 예시

목차	주요내용	참고자료
1. 평가 목적	영향평가 수행 필요성 및 추진 배경 등을 기술	필요성 검토 질문서
2. 평가 대상	평가대상이 되는 정보화사업(정보시스템)명칭 기술	제안요청서(RFP), 사업계획서 등
3. 평가 주체	영향평가팀 구성 현황	영향평가팀 구성 및 운영계획서
4. 평가 기간	영향평가 착수시점부터 완료시점까지의 평가 기간을 산정하여 기술	영향평가기관 선정단계에서 산출물 및 협의내용, 영향평가 수행 안내서 참고
5. 평가 절차(방법)	영향평가 수행안내서 등을 참조하여 평가 절차 및 단계별 주요 수행사항 및 기간 등 기술	
6. 주요 평가사항	중점적으로 평가되어야 하는 사항 기술	
7. 평가기준 및 평가항목	영향평가 수행안내서에서 표준적으로 요구되는 평가항목(표)과 해당 사업의 특정 IT 기술 활용 여부 확인 ※부록으로 영향평가 항목 첨부	
8. 자료수집 및 분석계획	영향평가 수행 시 분석하여야 하는 관련 참고 자료를 확인하여 해당 기관과 관련 있는 자료 파악	개인정보 관련 정책, 법규 검토 단계의 산출물 참조
9. 평가결과의 정리	영향평가 결과로 도출된 산출물(보고서)과 이를 활용하여 당해 사업에 적용하기 위한 방안 등 기술	영향평가팀 회의 내용 등 참조
10. 품질관리 방안	영향평가 결과의 품질 보장을 위한 상세 방안 기술	영향평가 품질검토 체크리스트 등 참고

• 영향평가팀 역할 구분

구분	역할
개인정보 보호책임자	– 영향평가 총괄
대상기관 사업주관부서	– 영향평가 사업관리 – 영향평가 사업 진행 단계별 산출물 등에 대한 품질관리·검토 – 기관 내 업무 유관 부서 협력요청 – 영향평가팀 착수회의, 중간보고 및 종료회의 등 공식 회의 주관 – 개선계획 이행 관리 및 확인
영향평가기관	– 평가계획 수립 – 영향평가 팀 구성 – 영향평가 사업 수행 – 평가업무 간 수집된 자료와 산출물에 대한 보안관리, 품질관리 – 평가를 위한 중간 산출물 및 영향평가서 작성 – 영향평가 이행점검(발주기관 요청 시)
유관 부서, 외부기관	– 당해 사업 관련 자료 및 영향평가팀이 요청하는 자료 제공 – 영향평가팀 요청에 의한 인터뷰 참여 – 개인정보 흐름분석 결과 검토 및 의견제시 – 영향평가서의 검토 및 의견 제공
시스템 개발부서	– 당해 사업 관련 자료 및 영향평가팀이 요청하는 자료 제공 – 영향평가팀 요청에 의한 인터뷰 참여 – 개인정보 흐름분석 결과 검토 및 의견제시 – 영향평가서의 검토 및 의견 제공 등 – 평가결과에 대한 개선 수행 ※ 시스템개발을 직접 수행하지 않는 경우, 외부 개발업체 담당

• 영향평가팀 업무 배분 예시

업무 \ 담당	평가기관	대상기관 사업주관 부서	정보통신 또는 보안 담당관	시스템 개발자 또는 운영자	분야별 개인정보 보호 책임자	개인정보 보호 책임자	최고의사 결정권자	기타
영향평가 필요성 검토		●			◎	◇		외부 용역 업체, 외부 전문가 참여 가능
개인정보관련 정책, 법규 및 사업내용 검토		●	◎		◎			
개인정보 흐름 분석		●	◎	◎	◎			
개인정보 침해요인 및 위험평가		●	◎	◎	◎			
개선계획 수립		●	◎	◎	◎			
영향평가서 작성		●			◎	◇		
영향평가서 검수 및 제출		●			◎	◎	◇	
개선계획 이행 관리	◎	●	◎	◎	◎	◎	◇	

● : 업무 주관   ◎ : 지원   ◇ : 승인 및 의사결정

• 영향평가팀 구성·운영계획서 예시

사업명	문화건강 포털사이트 구축사이트에 대한 영향평가			
작성자	영향평가팀			
영향평가팀 구성	담당업무	성명	소속	인증번호
	영향평가 총괄	김OO	대상기관 업무 총괄	
	영향평가 수행총괄	홍OO	평가기관 PM	2000-OOO
	정책 및 법적요건 검토	정OO	대상기관 업무담당자	
		김XX	평가기관 업무담당자	2000-OOO
	개인정보 흐름분석	김OO	대상기관 업무담당자	
		이XX	평가기관 업무담당자	2000-OOO
	시스템 및 네트워크 분석	강OO	대상기관 업무담당자	
		박XX	평가기관 업무담당자	2000-OOO
	…	…	…	…
영향평가팀	• 담당업무의 상세업무 정의			
영향평가팀	• 평가팀 운영 원칙, 회의 주기 및 횟수 등 명시 • 평가에 필요한 자원(예산, 자료, 공간 등) 확보에 관한 내용			
영향평가팀	• 평가계획의 수립부터 영향평가서 작성까지의 일정 작성			

② 평가자료 수집

구분	영향평가 수행 절차	설명
2. 평가자료 수집	2.1 내부 정책자료 분석	(조직·체계 자료) **기관별 개인정보 보호지침, 개인정보보호 내부 관리계획, 개인정보 처리방침, 개인정보 보호업무 관련 직제표, 개인정보보호규정, 정보보안규정 등** (인적 통제·교육 자료) **개인정보 관련 조직 내 업무분장표 및 직급별 업무 권한 현황, 정보 시스템의 접근권한에 대한 내부규정, 시스템 관리자 및 개인정보취급자에 대한 교육계획, 위탁업체 관리규정 등** (정보보안 자료) **방화벽 등 침입차단시스템 및 백신프로그램 도입현황, 네트워크 구성도 등**
	2.2 외부 정책자료 분석	외부 정책자료는 공통적으로 해당되는 일반 정책자료와 대상사업에 제한적으로 적용되는 특수 정책자료가 있으며 유형은 **법령, 지침, 가이드라인, 훈령 등으로 다양** 개인정보보호 관련 법규 준수 여부(Compliance)를 판단할 근거자료의 확보
	2.3 대상시스템 관련 자료 분석	대상사업의 추진배경, 추진목표, 사업개요 및 사업에 영향을 미치는 제반 사항에 대한 검토·분석을 실시 하고, 사업 내용을 이해할 수 있도록 '사업개요서'를 작성 – **사업추진계획서, 제안요청서(RFP), 과제수행계획서, 요구사항 정의서** 등 다양한 형태의 사업 설명자료를 참조 (사업수행자료) **사업추진계획서, 제안요청서, 과제수행계획서, 요구사항 정의서, (기 구축 시) 업무매뉴얼** 등 (외부연계) 위탁계획서, 연계계획서, 인터페이스 정의서, 아키텍처 설계서 등 (개발 산출물) 시스템 설계서, 요건 정의서, 업무 흐름도, 기능 정의서, ERD(Entity Relationship Diagram), DFD(Data Flow Diagram), 유스케이스 다이어그램(Use Case Diagram), 시퀀스 다이어그램(Sequence Diagram), 테이블 정의서, 화면 설계서, 메뉴 구조도, 아키텍처 설계서, 시스템 구조도 등 – 기 구축된 개인정보 처리시스템은 업무매뉴얼 등으로 검토 가능하며, 사업관련 자료 분석을 위한 수집 내용은 영향평가 수행 시 활용되므로 상세히 검토 – 대상기관의 정보화사업 및 개인정보 수집·이용이 법률에 근거하여 추진하는 경우가 많으므로, 관련 법률 근거를 조사하고 사업개요서 내에 반영

• 영향평가 수집대상 자료

항목	수집목적	수집
① 내부 정책 자료	기관 내부의 개인정보호 체계, 규정, 조직 현황 등 분석	• 기관 내 개인정보 보호 규정 • 기관 내 정보보안 관련 규정 • 기관 내 직제표 등
	개인정보취급자(정보시스템 관리자, 접근자 등), 위탁업체 등에 대한 내부 규정 및 관리·교육 체계 확인	• 개인정보 관련 조직 내 업무 분장표 및 직급별 권한 • 정보시스템의 접근권한에 대한 내부 규정 • 위탁업체 관리 규정 등 • 시스템 관리자 및 정보취급자에 대한 교육계획
② 외부 정책 자료	개인정보보호 정책 환경 분석	• 개인정보보호법, 관련 지침 등 • 개인정보보호 기본계획 등
	영향평가 대상사업의 특수성을 반영한 정책 환경 분석	• 평가대상사업 추진 근거 법률 및 개인정보 보호 관련 법령
③ 대상 시스템 관련자료	정보시스템을 통해 수집되는 개인정보의 양과 범위가 해당 사업 수행을 위해 적절한지 파악	• 사업 수행 계획서, 요건정의서 • 제안서, 업무기능분해도 • 업무흐름도, 화면설계서
	정보시스템의 외부연계 여부 검토	• 위탁계획서, 연계 계획서 • 인터페이스 정의서 • 메뉴 구조도
	정보시스템의 구조와 연계된 개인정보 보호 기술 현황 파악	• 침입차단시스템 등 보안 시스템 구조도 • 인터페이스 정의서

• 개인정보보호 관련 주요 법규

관련 법규	주요 내용
개인정보보호법	개인정보 처리 과정상의 정보주체와 개인정보처리자의 권리·의무 등 규정 ※ 공공·민간 구분 없이 모든 개인정보처리자에게 적용함
신용정보의 이용 및 보호에 관한 법률	개인 신용정보의 취급 단계별 보호조치 및 의무사항에 관한 규정 ※ 신용정보를 취급하는 금융회사(은행, 보험, 타드 등)에게 적용함
위치정보의 보호 및 이용 등에 관한 법률	개인위치정보 수집, 이용·제공 파기 및 정보주체의 권리 등 규정
표준 개인정보 보호지침	개인정보취급자 및 처리자가 준수하여야 하는 개인정보의 처리에 관한 기준, 개인정보침해의 유형 및 예방조치 등에 관한 세부사항 규정
개인정보의 안정성 확보조치 기준	개인정보처리자가 개인정보를 처리함에 있어서 개인정보가 분실·도난·유출·변조·훼손되지 아니하도록 안정성을 확보하기 위하여 취하여야 하는 최소한의 기준 규정
개인정보 영향평가에 관한 고시	영향평가 수행을 위한 평가기관의 지정 및 영향평가의 절차 등에 관한 세부기준 규정
개인정보 위험도 분석 기준	개인정보 처리시스템의 보호수준을 진단하여 암호화에 상응하는 조치필요 여부를 판단할 수 있는 기준을 규정

• 특정 IT 기술 관련 규정

관련 지침	주요 내용
RFID 프라이버시 보호 가이드라인	RFID 활용 시 개인정보보호 조치 사항
위치정보의 보호 및 이용 등에 관한 법률 위치정보의 관리적·기술적 보호조치 가이드라인	위치정보 수집 및 이용 시 개인정보보호 조치 사항
바이오정보 보호 가이드라인	지문, 홍채 등 생체 정보 수집·이용 시 개인정보 보호조치 사항

③ 개인정보 흐름 분석

구분	영향평가 수행 절차	설명
3. 개인정보 흐름 분석	3.1 개인정보 처리업무 분석	• 영향평가 대상 업무 중에서 개인정보 처리업무를 도출하여 **평가범위를 선정** • 개인정보를 처리(수집, 생성, 연계, 연동, 기록, 저장, 보유, 가공, 편집, 검색, 출력, 정정, 복구, 이용, 제공, 공개, 파기 등)하는 모든 업무를 파악
	3.2 개인정보 흐름표 작성	• 개인정보의 수집, 보유, 이용·제공, 파기에 이르는 Life-Cycle별 현황을 식별하여 **개인정보 처리현황**을 명확히 알 수 있도록 **흐름표 작성**
	3.3 개인정보 흐름도 작성	• 개인정보흐름표를 바탕으로 개인정보의 수집, 보유, 이용·제공, 파기에 이르는 Life-Cycle별 현황을 식별하여 개인정보 처리현황을 명확히 알 수 있도록 **흐름도 작성**
	3.4 정보시스템 구조도 작성	• **개인정보 처리시스템, 개인정보 내·외부 연계시스템 및 관련 인프라의 구성 파악** • 다른 단계와 병렬 진행 가능하며, 분석 초기에 작성하여 타 단계 진행 시 참고 가능

- 개인정보 흐름 분석 단계별 세부 절차

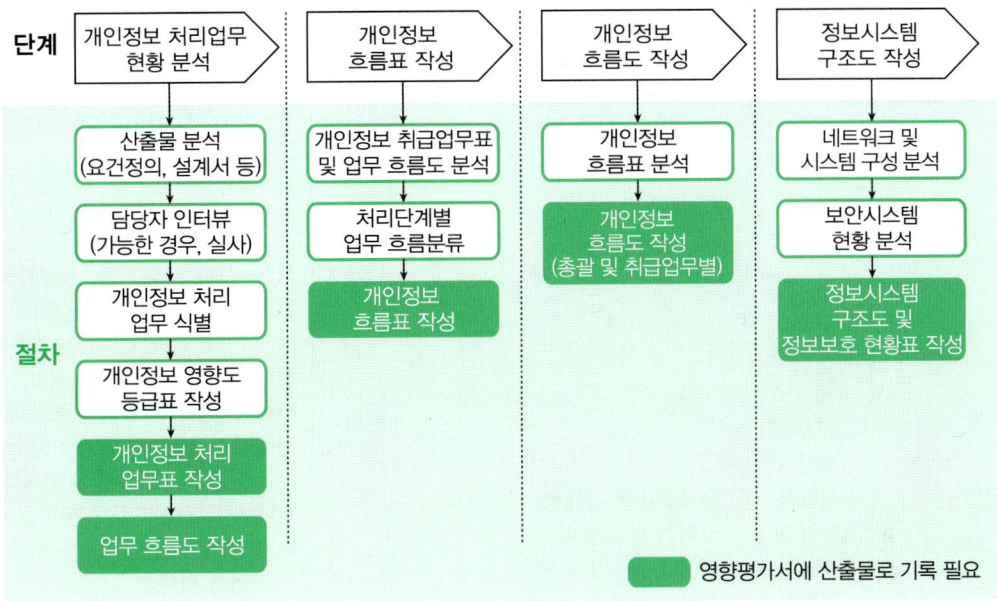

단계	개인정보 처리업무 현황 분석	개인정보 흐름표 작성	개인정보 흐름도 작성	정보시스템 구조도 작성
절차	산출물 분석 (요건정의, 설계서 등)	개인정보 취급업무표 및 업무 흐름도 분석	개인정보 흐름표 분석	네트워크 및 시스템 구성 분석
	담당자 인터뷰 (가능한 경우, 실사)	처리단계별 업무 흐름분류	개인정보 흐름도 작성 (총괄 및 취급업무별)	보안시스템 현황 분석
	개인정보 처리 업무 식별	개인정보 흐름표 작성		정보시스템 구조도 및 정보보호 현황표 작성
	개인정보 영향도 등급표 작성			
	개인정보 처리 업무표 작성			
	업무 흐름도 작성			

영향평가서에 산출물로 기록 필요

• 개인정보 영향도 등급표 작성

등급	조합설명	위험성	자산가치	분류	개인정보 종류
1등급	그 자체로 개인의 식별이 가능하거나 매우 민감한 개인정보 또는 관련 법령에 따라 처리가 엄격하게 제한된 개인정보	• 정보주체의 경제적/사회적 손실을 야기하거나, 사생활을 현저하게 침해 • 범죄에 직접적으로 악용 가능 • 유출 시 민/형사상 법적 책임 부여 가능 및 대외 신인도 크게 저하	5	고유 식별정보	주민등록번호, 여권번호, 외국인등록번호 ※「개인정보보호법」제24조 및 동법 시행령 제19조
				민감정보	사상·신념, 노동조합·정당의 가입·탈퇴, 정치적 견해, 병력(病歷), 신체적·정신적 장애, 성적(性的) 취향, 유전자 검사정보, 범죄경력정보, 개인의 신체적, 생리적, 행동적 특징에 관한 정보로서 특정 개인을 알아볼 목적으로 일정한 기술적 수단을 통해 생성한 정보, 인종이나 민족에 관한 정보 ※「개인정보보호법」제23조 및 동법 시행령 제18조
				인증정보	비밀번호, 바이오정보(지문, 홍채, 정맥 등) ※「개인정보의 안전성 확보조치 기준 고시」제2조
				신용정보/금융정보	신용카드번호, 계좌번호 등 ※「신용정보의 이용 및 보호에 관한 법률」제2조, 제1호 가목, 제1의2호, 2호
				의료정보	건강상태, 진료기록 등 ※「의료법」제22조, 제23조 및 동법 시행규칙 제14조 등
				위치정보	개인 위치정보 등 ※「위치정보의 보호 및 이용 등에 관한 법률」제2조, 제16조 등
				기타 중요정보	해당 사업의 특성에 따라 별도 정의
2등급	조합되면 명확히 개인의 식별이 가능한 개인정보	• 정보주체의 신분과 신상 정보에 대한 확인 또는 추정 가능 • 광범위한 분야에서 불법적인 이용 가능 • 유출 시 민/형사상 법적 책임 부여 가능 및 대외 신인도 저하	3	개인식별정보	이름, 주소, 전화번호, 핸드폰번호, 이메일주소, 생년월일, 성별 등
				개인관련정보	학력, 직업, 키, 몸무게, 혼인여부, 가족상황, 취미 등
				기타개인정보	해당 사업의 특성에 따라 별도 정의

등급	조합설명	위험성	자산가치	분류	개인정보 종류
3등급	개인식별정보와 조합되면 부가적인 정보를 제공하는 간접 개인정보	• 정보주체의 활동 성향 등에 대한 추정 가능 • 제한적인 분야에서 불법적인 이용 가능 • 대외 신인도 다소 저하	1	자동생성정보	IP정보, MAC주소, 사이트 방문기록, 쿠키(cookie) 등
				가공정보	통계성 정보 등
				제한적 본인 식별 정보	회원번호, 사번, 내부용 개인식별정보 등
				기타 간접 개인정보	해당 사업의 특성에 따라 별도 정의

※ 서로 다른 등급의 개인정보가 혼재한 경우, 상위 등급의 개인정보로 선정
※ 영향도의 산정은 영향평가 기관의 고유 방법론에 따라 달라질 수 있으며 개인정보 영향도 등급표 예시에 따른 등급(1~3등급) 또는 자산가치(5, 3, 1)의 값을 정하여 사용 가능

• 개인정보 처리 업무표 예시

평가 업무명	처리 목적	처리 개인정보	주관 부서	개인정보 건수 (고유식별정보수)	개인정보 영향도
회원관리	홈페이지 회원가입, 본인확인, 정보제공 등 회원 서비스 제공	필수 : 성명, 생년월일, 전화번호, 이메일주소, ID, 비밀번호 선택 : 집주소, 전화번호	민원팀	10만건(0건)	5
상담업무	고객 문의 및 민원 응대	필수 : 성명, 전화번호, 상담내용	민원팀	5천건(0건)	3
실업급여 관리	실업급여 지급확인 및 관련 절차 알림, 확인	필수 : 성명, 주민등록번호, 계좌번호, 전화번호 선택 : 이메일주소	민원팀	3만건(3만건)	5
…	…	…	…	…	…

• 개인정보 처리업무 흐름도(공용시설물 관리업무) 예시

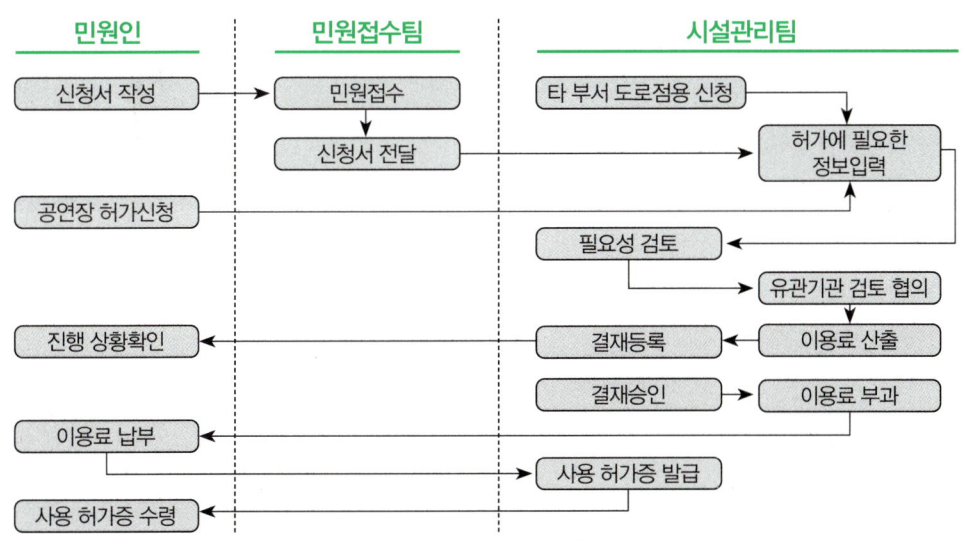

• 개인정보 흐름표(민원처리업무) 예시

〈수집 흐름표〉

평가 업무명	수집					
	수집 항목	수집 경로	수집 대상	수집 주기	수집담당자	수집 근거
민원 처리	**(필수)** 성명, 주민등록번호, 전화번호, 이메일 주소, 민원 내용 **(선택)** 집전화번호	온라인 (홈페이지)	민원인	상시	–	이용자 동의/ ○○법제○조○항 (주민등록번호
		오프라인 (민원신청서 작성)	민원인	상시	안내창구 담당자	이용자 동의/ ○○법제○조○항 (주민등록번호)

〈보유·이용 흐름표〉

평가 업무명	보유·이용							
	보유형태	암호화항목	민원 처리			통계 관리		
			이용 목적	개인정보 취급자	이용방법	이용 목적	개인정보 취급자	이용방법
민원 처리	Web DB	주민등록번호, 비밀번호 (일방향)	민원 처리 및 결과 관리	민원 처리 담당자, 민원 관련 업무 담당자	관리자 홈페이지의 민원 처리 화면 접속	민원 현황 조회	통계 담당자	관리자 홈페이지의 통계관리 화면 접속
	민원 DB	주민등록번호, 비밀번호 (일방향)						
	캐비넷 (신청서류철)	–						

〈제공·파기 흐름표〉

평가 업무명	제공								파기			
	제공 목적	제공자	수신자	제공 정보	제공 방법	제공 주기	암호화 여부	제공 근거	보관 기간	파기 담당자	파기 절차	분리보관 여부
민원 처리	민원 처리 실적 집계	통계 담당자	○○ 도청	민원인 성명, 민원 접수내용, 처리 결과	실시간 DB 연동	상시	통신 구간 암호화 (VPN)	전자 정부법 시행령 ○○조	민원 처리 완료후 1년	DB 관리자	일단위 DB 파기	별도 보존DB 구성
									민원DB 입력 후 스캔 후 파기	통계 담당자	주단위 문서 절단	–

• 총괄 개인정보 흐름도 범례

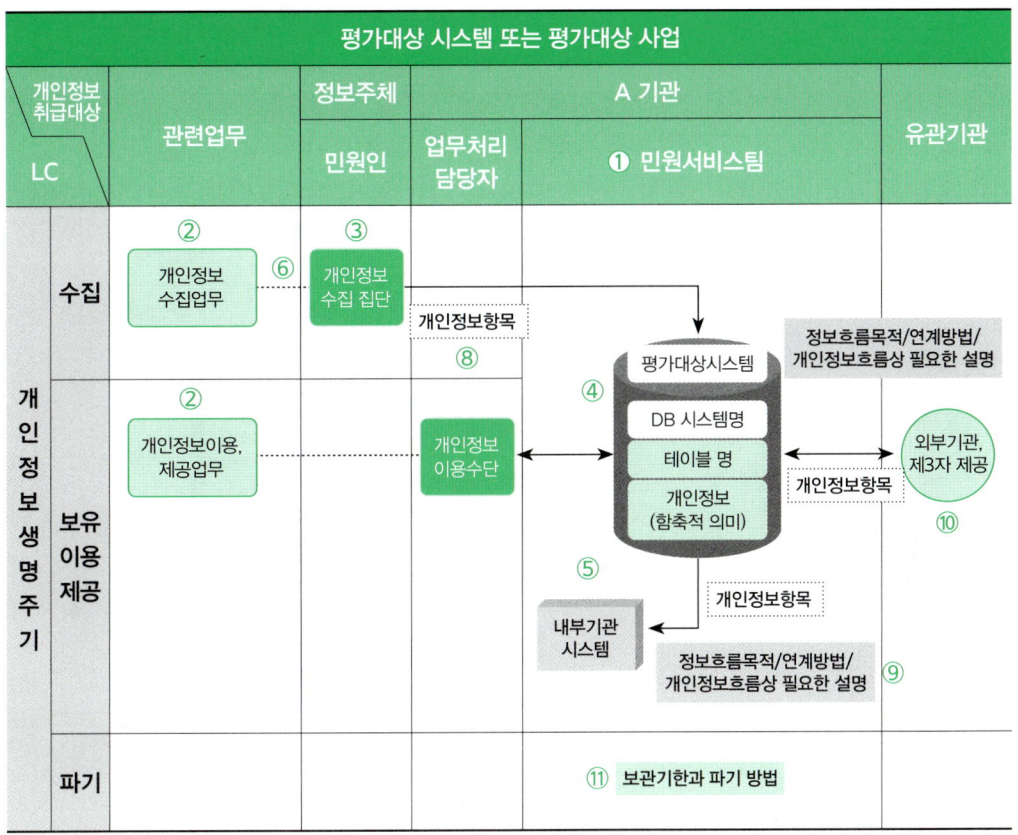

• 민원처리시스템 총괄 개인정보 흐름도 예시

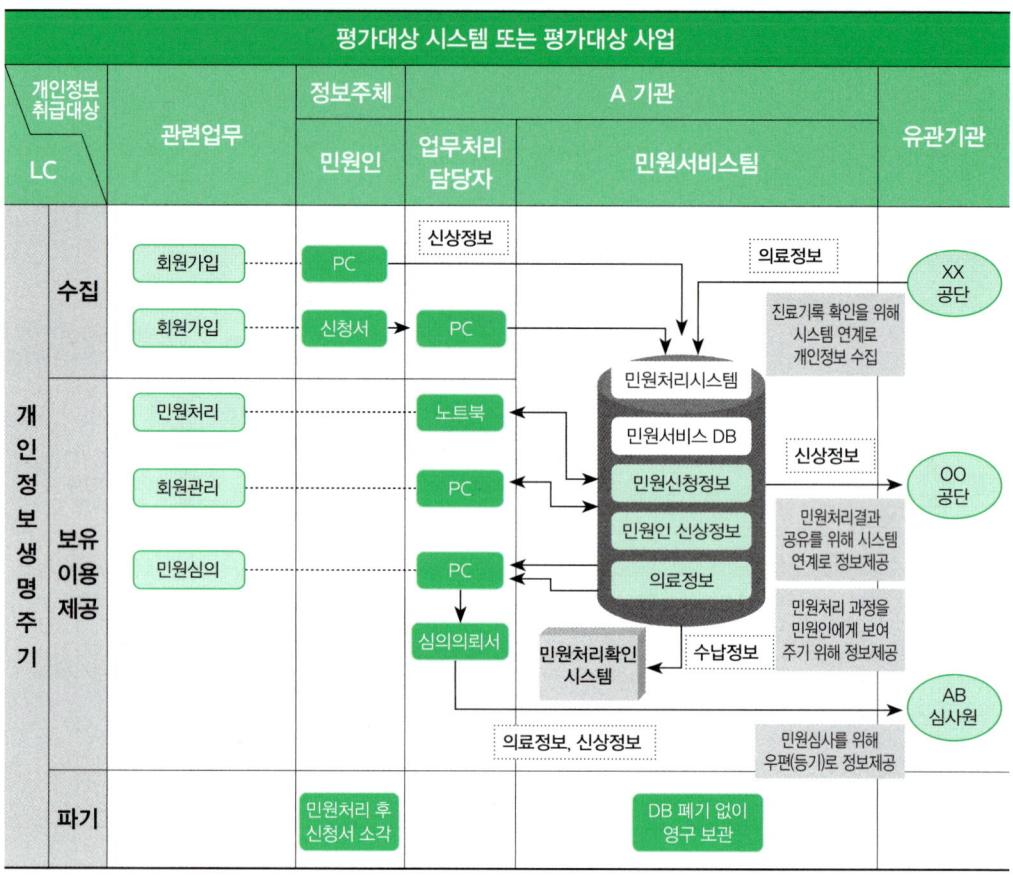

• 업무별 개인정보 흐름도 범례

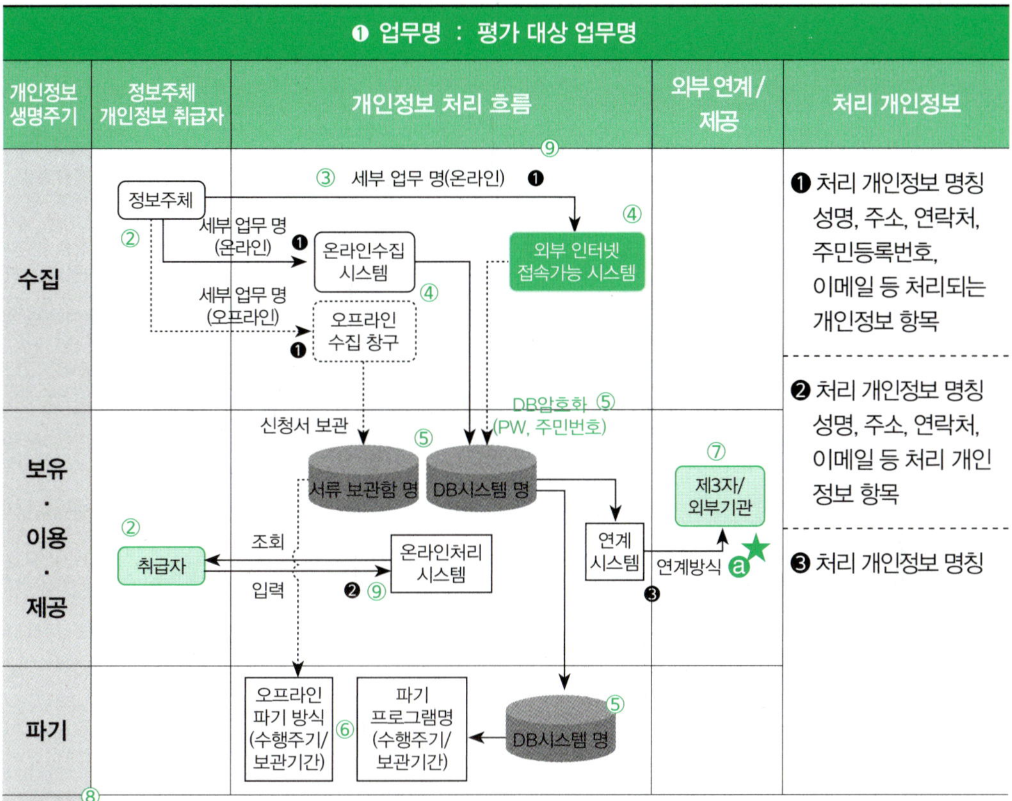

❶ 업무명 ： 평가 대상 업무명				
개인정보 생명주기	정보주체 개인정보 취급자	개인정보 처리 흐름	외부 연계/ 제공	처리 개인정보
수집	② 정보주체 세부 업무 명 (온라인) ❶ 세부 업무 명 (오프라인) ❶	⑨ ③ 세부 업무 명(온라인) ❶ ④ 온라인수집 시스템 ④ 오프라인 수집 창구 외부 인터넷 접속가능 시스템		❶ 처리 개인정보 명칭 성명, 주소, 연락처, 주민등록번호, 이메일 등 처리되는 개인정보 항목
보유 · 이용 · 제공	신청서 보관 ② 취급자 조회 입력	DB암호화 ⑤ (PW, 주민번호) ⑤ ⑤ 서류 보관함 명 DB시스템 명 온라인처리 시스템 ❷⑨ 연계 시스템 ❸	⑦ 제3자/ 외부기관 연계방식 ⓐ★	❷ 처리 개인정보 명칭 성명, 주소, 연락처, 이메일 등 처리 개인 정보 항목 ❸ 처리 개인정보 명칭
파기		오프라인 파기 방식 (수행주기/ 보관기간) 파기 프로그램명 (수행주기/ 보관기간) ⑥ DB시스템 명 ⑤		
주요 ⑧ 업무흐름 설명	• 정보 주체로부터 온라인 및 오프라인을 통해 개인정보를 수집하여 각각 DB시스템 및 서류보 관함에 보관함 • DB시스템에 보관된 개인정보는 외부 기관으로 연계를 통해 제공됨			
우려 ⑩ 사항	ⓐ 외부기관과 인터넷을 통한 개인정보 제공 시, 안전 조치(암호화 전송)가 이루어지지 않음 (ISMS-P 2.7.1)			

• 민원처리 업무 개인정보 흐름도 예시

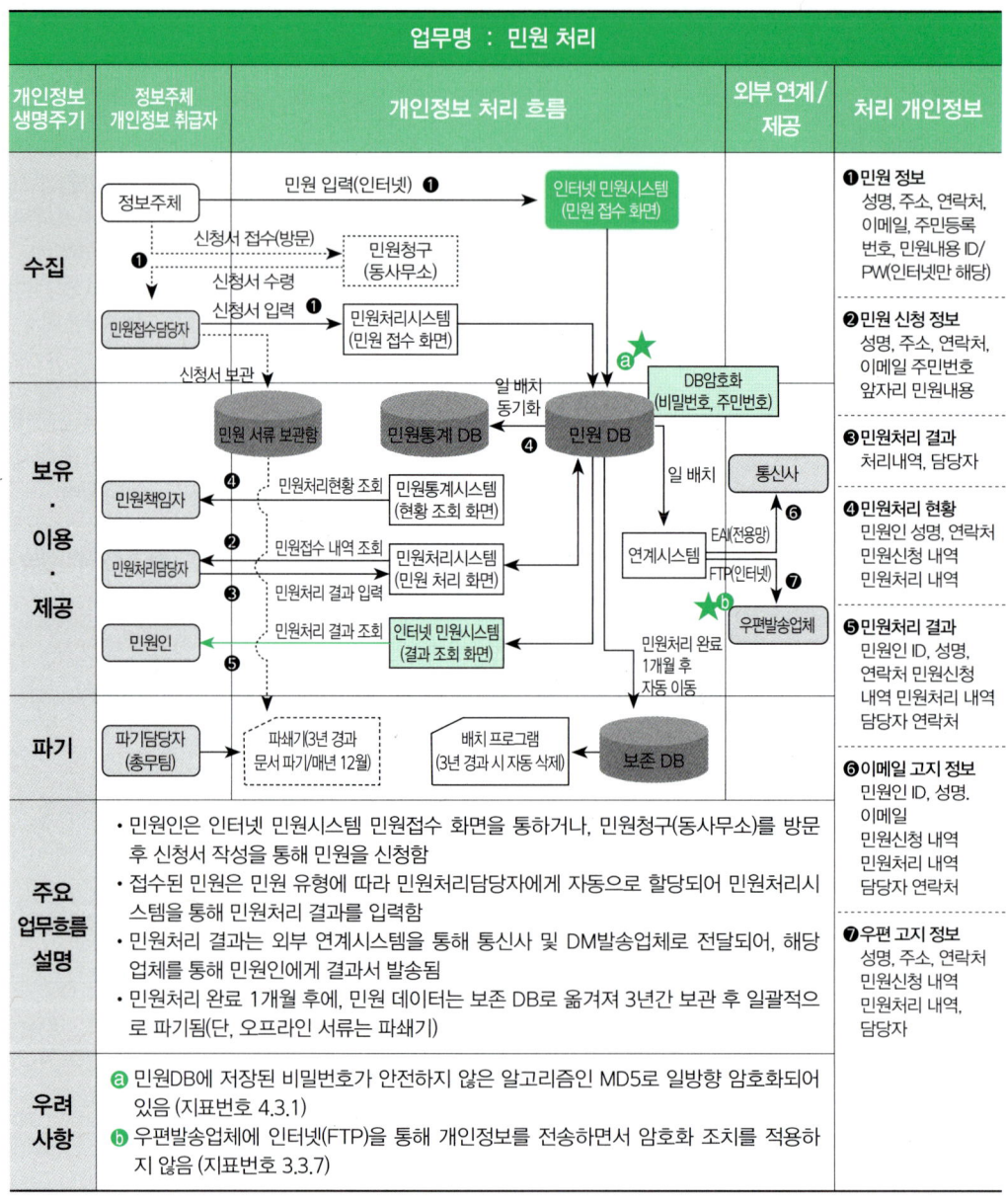

업무명 : 민원 처리

개인정보 생명주기	정보주체 개인정보 취급자	개인정보 처리 흐름	외부 연계 / 제공	처리 개인정보
수집		정보주체 → 민원 입력(인터넷) ❶ → 인터넷 민원시스템(민원 접수 화면) 신청서 접수(방문) ❶ → 민원청구(동사무소) 민원접수담당자 신청서 수령 ❶, 신청서 입력 → 민원처리시스템(민원 접수 화면) ★ⓐ		❶ 민원 정보 성명, 주소, 연락처, 이메일, 주민등록번호, 민원내용 ID/PW(인터넷만 해당) ❷ 민원 신청 정보 성명, 주소, 연락처, 이메일 주민번호 앞자리 민원내용
보유·이용·제공	민원책임자, 민원처리담당자, 민원인	신청서 보관 → 민원 서류 보관함, 민원통계 DB, 민원 DB ❹ 일 배치 동기화 DB암호화(비밀번호, 주민번호) 민원처리현황 조회 ❹ → 민원통계시스템(현황 조회 화면) 민원접수 내역 조회 ❷ → 민원처리시스템(민원 처리 화면) 민원처리 결과 입력 ❸ 민원처리 결과 조회 → 인터넷 민원시스템(결과 조회 화면) ❺ 일 배치 → 연계시스템 EAI(전용망) / FTP(인터넷) → 통신사 ❻, 우편발송업체 ⓑ ❼ 민원처리 완료 1개월 후 자동 이동	통신사 ❻ 우편발송업체	❸ 민원처리 결과 처리내역, 담당자 ❹ 민원처리 현황 민원인 성명, 연락처 민원신청 내역 민원처리 내역 ❺ 민원처리 결과 민원인 ID, 성명, 연락처 민원신청 내역 민원처리 내역 담당자 연락처
파기	파기담당자(총무팀)	파쇄기(3년 경과 문서 파기/매년 12월), 배치 프로그램(3년 경과 시 자동 삭제), 보존 DB		❻ 이메일 고지 정보 민원인 ID, 성명, 이메일 민원신청 내역 민원처리 내역 담당자 연락처
주요 업무흐름 설명	• 민원인은 인터넷 민원시스템 민원접수 화면을 통하거나, 민원청구(동사무소)를 방문 후 신청서 작성을 통해 민원을 신청함 • 접수된 민원은 민원 유형에 따라 민원처리담당자에게 자동으로 할당되어 민원처리시스템을 통해 민원처리 결과를 입력함 • 민원처리 결과는 외부 연계시스템을 통해 통신사 및 DM발송업체로 전달되어, 해당 업체를 통해 민원인에게 결과서 발송됨 • 민원처리 완료 1개월 후에, 민원 데이터는 보존 DB로 옮겨져 3년간 보관 후 일괄적으로 파기됨(단, 오프라인 서류는 파쇄기)		❼ 우편 고지 정보 성명, 주소, 연락처 민원신청 내역 민원처리 내역, 담당자
우려 사항	ⓐ 민원DB에 저장된 비밀번호가 안전하지 않은 알고리즘인 MD5로 일방향 암호화되어 있음 (지표번호 4.3.1) ⓑ 우편발송업체에 인터넷(FTP)을 통해 개인정보를 전송하면서 암호화 조치를 적용하지 않음 (지표번호 3.3.7)		

• 정보시스템 구조도 예시

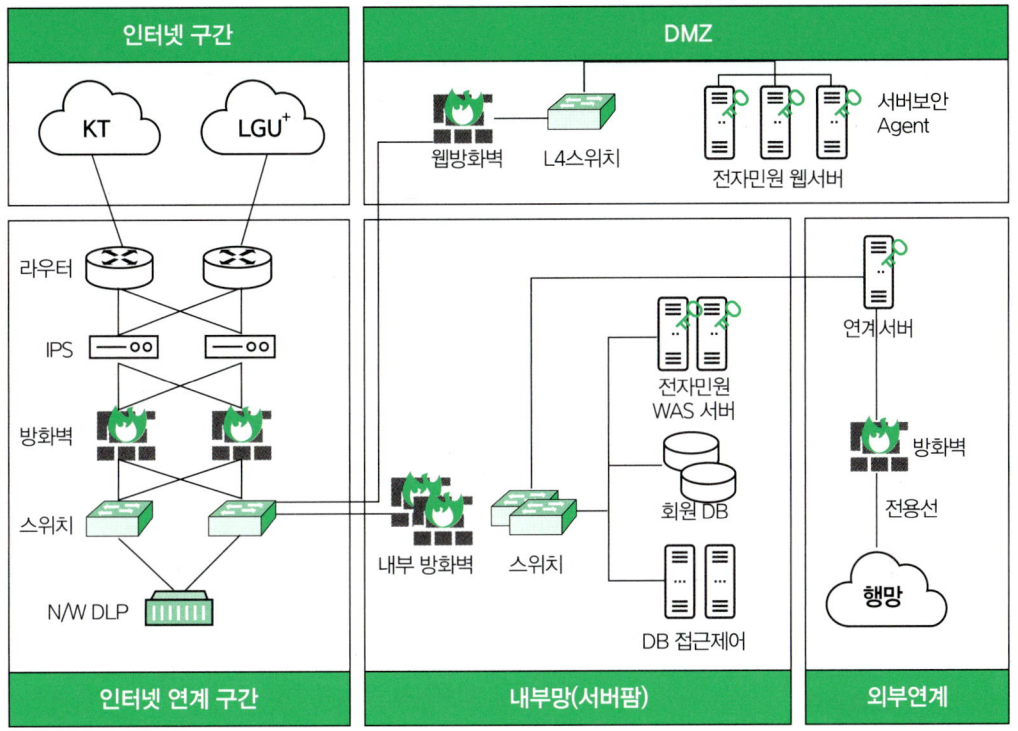

• 정보보호 시스템 목록 예시

유형	적용 솔루션명	목적 및 용도	적용 대상	본 사업 범위 여부
방화벽	SuhoGod FW v4.0	– 인터넷과 내부 네트워크 분리 – DMZ 구성 및 접근통제 – 내부서버에 대한 접근 통제	– 인터넷 관문(이중화) – 내부 서버팜 앞단 (1)	기 운영 중
IPS	SafeZ IPS v3.5	– 인터넷에서의 네트워크 공격 탐지 및 차단	– 인터넷 관문(이중화)	기 운영 중
서버보안	SecuOS for UNIX	– 서버 계정관리, 접근통제, 이력 로깅	– UNIX 서버 전체 – Windows 계열서버 제외	O
DB 접근제어	DB Security v2.0	– DB 계정 관리, 접근통제, 개인정보 접속 기록 저장 등	– 홈페이지 회원DB – 상담DB – 민원서비스 DB	O
DB 암호화	DB Boan v1.0	– 고유식별정보 등 중요 개인정보에 대한 DB암호화	– 홈페이지 회원DB – 민원서비스 DB	O
보안USB	S–USB Plus	– 개인정보파일 등을 USB 저장/전달 시 자동암호화 – USB 분실 통제	– 민원부서 사용자(200명)	O

④ 개인정보 침해요인 분석

구분	영향평가 수행 절차	설명
4. 개인정보 침해요인 분석	4.1 평가항목 구성	• 개인정보 침해요인 분석을 위한 평가항목은 **5개 평가영역 25개 평가분야에 대하여 총 85개의 지표로 구성** – 단, **'대상기관 개인정보보호 관리체계' 평가영역은 1년 이내에 수행된 이전 영향평가를 통해 이미 평가를 수행한 경우 대상기관과의 협의를 거쳐 제외 가능** 평가항목은 침해사고 사례, 법제도의 변화, 대상기관 및 대상사업의 특성 등에 따라 추가·삭제·변경 등 탄력적으로 구성하여 사용할 필요가 있으며, 특히 개인정보보호 관련 법령·고시가 개정된 경우 해당 사항에 대해서는 반드시 평가항목에 반영하여 점검하여야 함 **개인정보의 안전성 확보조치 기준과 관련된 평가항목은 대상기관의 유형에 따라 필수·선택 여부가 결정 되므로, 대상기관이 어떤 유형에 속하는지 분석 필요** – 10만명 이상의 정보주체에 관한 개인정보를 보유한 공공기관은 유형3에 해당하며, 10만명 미만의 정보 주체에 관한 개인정보를 보유한 공공기관은 유형2에 해당함
	4.2. 개인정보 보호조치 현황파악	• 대상 사업의 특성에 맞게 작성된 평가항목을 바탕으로 **자료검토, 시스템 점검, 현장실사, 인터뷰** 등을 통해 개인정보보호 조치사항을 파악하여 분석 고유식별정보(주민등록번호 제외)가 내부망에 저장될 때에는 영향평가 또는 위험도분석 결과에 따라 암호화 여부의 결정이 가능 개인정보 취급업무 및 개인정보 흐름이 다수 존재하는 경우에는 각 흐름별로 관련된 평가항목에 대하여 각각 평가 수행 평가항목 별 평가 결과는 상세한 근거와 함께 정리하여 기재
	4.3 개인정보 침해요인 도출	• **개인정보 흐름 분석 및 개인정보보호 조치 현황에 대한 평가결과를 기반으로 개인정보 침해요인 분석** 침해요인은 유사 침해사고 사례, 대상시스템 및 업무특성 등을 반영하여 작성하고, 법률 위반 사항에 대해서는 별도로 표기 필요
	4.4 개인정보 위험도 산정	• **도출된 침해요인은 모두 개선하는 것이 원칙이나, 기관내 예산이 부족한 경우 등 불가피한 사유가 있는 경우에는 위험분석 결과에 따라 개선사항의 우선 순위를 정하여 선택적 조치 가능** ※ 단, 법적 의무사항은 필수적으로 조치 필요 • 위험도 산정방법은 아래에서 제시된 예시 외에도 위험에 대한 관점에 따라 다양하므로, 평가기관의 자체 위험분석 방법론을 활용하여 위험도를 산정

평가 영역	평가 분야	세부 분야
I. 대상기관 개인정보보호 관리체계	1. 개인정보 보호 조직	개인정보보호책임자의 지정
		개인정보보호책임자 역할수행
	2. 개인정보 보호 계획	내부관리계획 수립
		개인정보보호 연간계획 수립
	3. 개인정보 침해대응	침해사고 신고 방법 안내
		유출사고 대응
	4. 정보주체권리보장	정보주체 권리보장 절차 수립
		정보주체 권리보장 방법 안내
II. 대상시스템의 개인정보보호 관리체계	5. 개인정보취급자 관리	개인정보취급자 지정
		개인정보취급자 관리·감독
	6. 개인정보파일 관리	개인정보파일대장 관리
		개인정보파일 등록
	7. 개인정보처리방침	개인정보처리방침의 공개
		개인정보처리방침의 작성
III. 개인정보처리단계별 보호조치	8. 수집	개인정보 수집의 적합성
		동의 받는 방법의 적절성
	9. 보유	보유기간 산정
	10.이용·제공	개인정보 제공의 적합성
		목적 외 이용·제공 제한
		제공시 안전성 확보
	11. 위탁	위탁사실 공개
		위탁 계약
		수탁사 관리·감독
	12. 파기	파기 계획 수립
		분리보관 계획 수립
		파기대장 작성

평가 영역	평가 분야	세부 분야
IV. 대상시스템의 기술적 보호조치	13. 접근권한 관리	계정 관리
		인증 관리
		권한 관리
	14. 접근통제	접근통제 조치
		인터넷 홈페이지 보호조치
		업무용 모바일기기 보호조치
	15. 개인정보의 암호화	저장시 암호화
		전송시 암호화
	16. 접속기록의 보관 및 점검	접속기록 보관
		접속기록 점검
		접속기록 보관 및 백업
	17. 악성프로그램 등 방지	백신 설치 및 운영
		보안업데이트 적용
	18. 물리적 접근방지	출입통제 절차 수립
		반출·입 통제 절차 수립
	19. 개인정보의 파기	안전한 파기
	20. 기타 기술적 보호조치	개발 환경 통제
		개인정보처리화면 보안
		출력시 보호조치
	21.개인정보처리구역보호	보호구역지정
V. 특정 IT기술 활용시 개인 정보 보호	22. CCTV	CCTV 설치시 의견수렴
		CCTV 설치 안내
		CCTV 사용 제한
		CCTV 설치 및 관리에 대한 위탁
	23. RFID	RFID 이용자 안내
		RFID 태그부착 및 제거
	24. 바이오정보	원본정보 보관시 보호조치
	25. 위치정보	개인위치정보 수집 동의
		개인위치정보 제공시 안내사항

• 평가항목 예시

세부분야	개인정보보호 책임자의 지정				
질의문 코드	질의문	이행	부분이행	미이행	해당없음
1.1.1	• 개인정보 보호책임자를 법령 기준에 따라 지정하고 있습니까?		O		
평가 예시	• 이행 : 개인정보 보호책임자를 법령 기준에 따라 지정하고, 지침 또는 직무기술서, 임명장 등 관련 문서 등을 통해 개인정보 보호책임자의 지정사실을 알리고 있는 경우 • 부분 이행 : 개인정보 보호책임자가 지정되어 있으나 법률기준을 만족하지 못하거나, 지정사실을 전체 직원이 알 수 있도록 공식화하지 않은 경우				
평가근거 및 의견	• 평가대상기관인 △△△ 기관은 4급 이상의 공무원 자격 기준을 만족하고 있는 자를 개인정보 보호책임자로 지정하여야 하나, 현재 5급 공무원이 책임자로 지정되어 있음				

• 평가기준

평가기준	내용
이행 (Y)	**정상적으로 조치되어 있음** – 점검항목에 대해 실제 이행, 적용하고 있고 그 사실에 대한 정확한 근거(문서)가 존재하는 경우
부분이행 (P)	**부분적으로 조치되어 있음** – 점검항목에 대해 이행, 적용하고 있으나 정확한 근거(문서) 없이 인터뷰에 의하여 계획으로만 되어 있거나 이행, 적용여부의 확인이 어려운 경우
미이행 (N)	**해당사항에 대해 조치된 바 없음** – 점검항목에 대해 실제 이행, 적용하지 않고 있거나 계획도 없는 경우
해당없음 (N/A)	**해당사항 없음** – 점검항목이 대상사업과 무관한 경우

※ Y : Yes, P : Partial, N : No, N/A : Not Applicable

• 고유식별정보 암호화 적용여부 판단 절차

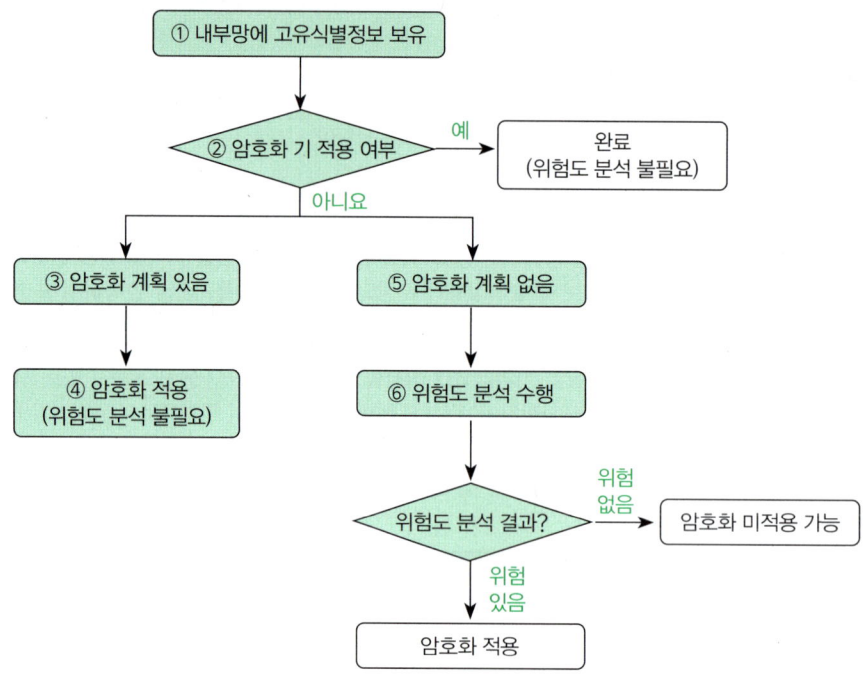

• 평가항목별 결과 작성 예시

질의문 코드	질의문	이행	부분이행	미이행	해당없음
4.3.3	• 고유식별정보, 바이오정보, 비밀번호 등 중요 개인정보를 정보통신망을 통해 송·수신하거나 보조저장매체 등을 통해 전달하는 경우 암호화하도록 계획하고 있습니까?			O	
평가 근거 및 의견	– ○○○웹사이트에 보안서버(SSL)가 적용되어 있지 않아 인터넷 회원의 인증정보(ID/PW), 고유식별정보 등 개인정보가 인터넷 구간에 평문으로 전송되고 있음 **[회원 로그인시 전송 데이터 캡처 결과 – ID/PW 평문 노출]**				
항목 설명	• 웹사이트에서 ID/PW와 같은 인증정보, 고유식별정보 등 중요 개인정보를 전송하는 경우, 네트워크 도청을 통한 개인정보 노출을 방지하기 위하여 인증정보를 포함한 개인정보에 대하여 암호화하여 전송하도록 함				
평가 예시	• 이행 : 웹사이트에 보안서버(SSL)를 적용하여 인증정보, 고유식별정보 등 개인정보를 암호화하여 전송함 • 부분 이행 : 웹사이트에 보안서버(SSL)를 적용하여 개인정보를 암호화하여 전송하고 있으나, 비밀번호 변경 등 일부 화면에서 암호화 전송이 누락됨				
관련 법률 및 문서	「개인정보의 안전성 확보조치 기준 고시」제7조(개인정보의 암호화)				

• 침해요인 작성 예시

질의문 코드	질의문	평가근거 및 의견	개인정보 침해 요인	법적 준거성
4.3.3	고유식별정보, 바이오정보, 비밀번호 등 중요 개인정보를 정보통신망을 통해 송·수신하거나 보조저장매체 등을 통해 전달하는 경우 암호화하도록 계획하고 있습니까?	현 시스템 및 설계서 상에 고유식별정보 등 개인정보를 홈페이지 서버로 전송 시 암호화가 적용되어 있지 않음	스니핑 등 네트워크 도청을 통해 홈페이지 회원의 고유식별정보, 인증정보가 비인가자에게 유출될 우려가 있음	개인정보 안전성 확보 조치 기준 고시 제7조 위반 (3,000만원 이하 과태료)

• 개인정보 처리업무별 침해요인 연계 개념도

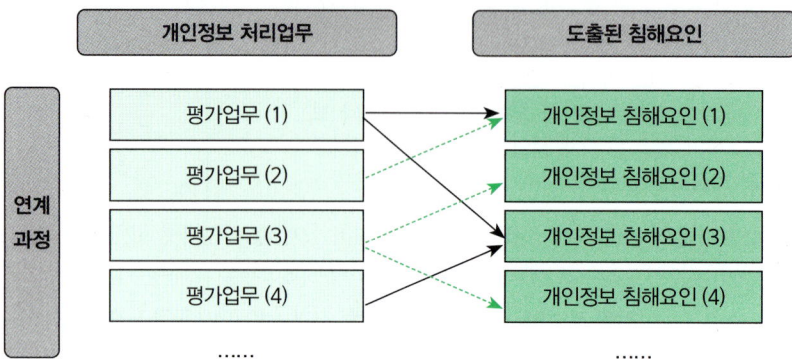

• 개인정보 침해 위험 위험도 산정예시

위험도 = 개인정보 영향도 + (침해요인 발생가능성 × 법적 준거성) × 2

• 개인정보 침해요인 위험도 산정

개인정보 영향도(자산 가치)

등급	설명	자산가치
1등급	– 그 자체로 개인 식별이 가능하거나 민감한 개인정보 – 관련 법령에 따라 처리가 엄격히 제한된 개인정보 – 유출 시 범죄에 직접적으로 이용 가능한 정보	5
2등급	– 조합되면 명확히 개인의 식별이 가능한 개인정보 – 유출시 법적 책임 부담 가능한 정보	3
3등급	– 개인정보와 결합하여 부가적인 정보 제공 가능 정보 – 제한적인 분야에서 불법적 이용 가능 정보	1

법적 준거성 가중치 부여

구분	법적 준거성	중요도
높음	법적 준수 사항	1.5
낮음	법률 외 요건	1

개인정보 침해요인 발생가능성

구분	발생 가능 정도	중요도
높음	즉각적인 침해 발생 가능성이 있는 경우	3
중간	침해발생 가능성이 존재하지만 즉각적이지는 않는 경우	2
낮음	침해발생 가능성이 희박한 경우	1

위험도 범위

구분	산정식	위험도
최대값	위험도=5+(3×1.5)×2	14
최소값	위험도=1+(1×1)×2	3

• 개인정보 침해요인 위험도 산정 예시

개인정보 처리업무명	처리 개인정보	개인정보 영향도	질의문 코드	침해요인	발생 가능성	법적 준거성	위험도
회원가입 (수집)	성명, 주민등록번호, 전화번호, 이메일 주소, 퇴직정보	5	2.2.1	변경된 부분에 대한 정보가 반영되지 않아 개인정보파일 현황을 적절히 파악하지 못해 보유하고 있는 개인정보의 관리가 어려움	3	1.5	14
회원가입 (보유·이용)	성명, 주민등록번호, 전화번호, 이메일 주소, 퇴직정보	5	3.4.1	정보주체가 위탁되는 개인정보 항목 및 위탁 목적 등을 알 수 없게 되어 정보주체의 권리를 제한할 수 있음	3	1.0	11
회원가입 (보유·이용)	성명, 주민등록번호, 전화번호, 이메일 주소, 퇴직정보	5	4.3.1	개인정보유출 사고 발생 시 개인정보를 취득한 자가 개인정보를 손쉽게 이용할 수 있음	2	1.0	9
회원가입 (파기)	성명, 주민등록번호, 전화번호, 이메일 주소, 퇴직정보	5	3.5.1	관련 법률을 위반하여 징계나 형사벌금 등의 처벌을 받을 수 있음	3	1.5	14
민원처리 (수집)	성명, 전화번호, 주소, 이메일주소	3	2.3.2	개인정보 제3자 제공에 대한 기준이 없어 제3자에게 개인정보를 무분별하게 제공하게 될 수 있으며 정보주체의 권리가 침해될 수 있음	3	1.5	12
민원처리 (수집)	성명, 전화번호, 주소, 이메일주소	3	2.2.2	변경된 부분에 대한 정보가 반영되지 않아 개인정보파일 현황을 적절히 파악하지 못해 보유하고 있는 개인정보의 관리가 어려움	3	1.5	12

⑤ 개선계획 수립

구분	영향평가 수행 절차	설명
5. 개선계획 수립	5.1 개선방안 도출	식별된 침해요인별 위험도를 측정하고 검토한 후, 위험요소를 제거하거나 최소화하기 위한 개선방안 도출 - 개선방안은 위험도의 우선순위에 따라 해당기관이 수용 가능한 수준을 정하여 단기, 중·장기로 구분하고, 수행 시기는 가능한 구체적으로 제시 - 도출된 개선과제에 대하여 실질적인 개선이 가능하도록 상세 개선방안 제시
	5.2 개선계획 수립	• 도출된 개선방안을 기반으로 대상기관 내 보안조치현황, 예산, 인력, 사업 일정 등을 고려하여 개선계획 수립 • 도출된 개선계획은 위험평가 결과를 참고하여 위험도가 높은 순서의 개선방안을 먼저 실행하도록 개선 계획표 작성

• 침해요인별 개선 방안 작성 양식 예시

위험도	개인정보 처리업무명	질의문 코드	침해요인	개선방안	수행시기	담당 부서
14	회원가입 (수집)	2.2.1	변경된 부분에 대한 정보가 반영되지않아 개인정보파일 현황을 적절히 파악하지 못해 보유하고 있는 개인정보의 관리가 어려움	개인정보파일 변경사항을 파악하여 개인정보파일 대장에 빠짐없이 반영	2020.09 (단기)	○○ 팀
14	회원가입 (수집)	2.2.2	○○○ 개인정보파일의 보호위원회 등록이 누락됨에 따라 개인정보보호법을 위반할 수 있으며, 정보주체의 알 권리를 침해함	○○○ 개인정보파일을 내부 승인절차를 거쳐 보호위원회에 등록	2020.09 (단기)	○○ 팀
14	회원가입 (파기)	3.5.1	회원가입 서류를 관련 법률 등에 명시된 기한을 넘겨 보관하여 처벌을 받을 수 있음	법률근거 및 수집목적에 따라 보유기간으로 산정	2020.09 (단기)	○○ 팀
…	…	…	…	…		

• 개선 계획표 예시

순번	개선과제명	개선내용	담당부서	수행시기
1	개인정보보호 교육 강화	- 개인정보보호 교육계획 수립(2.1.2) - 개인정보취급자에 대한 교육 수행(2.1.2)	고객보호팀	사업종료전 (2020.06)
2	개인정보 수집·저장 시 보호 조치 강화	- 회원 가입 시 입력받는 개인정보 수집항목 최소화(3.1.2) - 회원정보 DB 저장 시 암호화 등의 설계 변경 (4.3.1)	사업주관부서	사업종료전 (2020.06)
3	개인정보취급자 PC 보안강화	- 개인정보취급자 단말기에 키보드 해킹방지 솔루션 도입(4.8.2)	사업주관부서	2차 사업 (2021.06)
	…	…	…	…

• 상세 개선방안 작성 양식 예시

개선과제명	1. 홈페이지 회원 비밀번호 일방향 암호화	순번	1
관련 평가항목	4.3.1	법적요건	필수 사항

<table>
<tr><td rowspan="2">과제
상세 내용</td><td colspan="3">
• 일방향 암호화 대상 정보 : 홈페이지 회원 비밀번호, 관리자 비밀번호
• 일방향 암호화 알고리즘 : SHA-256 이상 적용 필요

[보안강도에 따른 일방향(단순해쉬/전자서명용 해쉬함수) 암호 분류]
</td></tr>
</table>

보안강도	NIST(미국)	CRYPTREC (일본)	ECRYPT (유럽)	국내	안정성 유지기간 (연도)
80비트 이상	SHA-1 SHA-224/256/384/512	SHA-↑ SHA-256/384/512 RIPEMD-160	SHA-1↑ SHA-256/384/512 RIPEMD-160 Whirlpool	SHA-1↑ HAS-160 SHA-256/384/512	2010년 까지
112비트 이상	SHA-224/256/384/512	SHA-256/384/512	SHA-256/384/512 Whirlpool	SHA-256/384/512	2011년부터 2030년까지 (최대 20년)
128비트 이상	SHA-256/384/512	SHA-256/384/512	SHA-256/384/512 Whirlpool	SHA-256/384/512	
192비트 이상	SHA-384/512	SHA-384/512	SHA-384/512 Whirlpool	SHA-384/512	2030년 이후 (최대 30년)
256비트 이상	SHA-512	SHA-512	SHA-512 Whirlpool	SHA-512	

• 비밀번호 일방향 암호화 적용 시 고려 사항 (Salt값 적용 등)

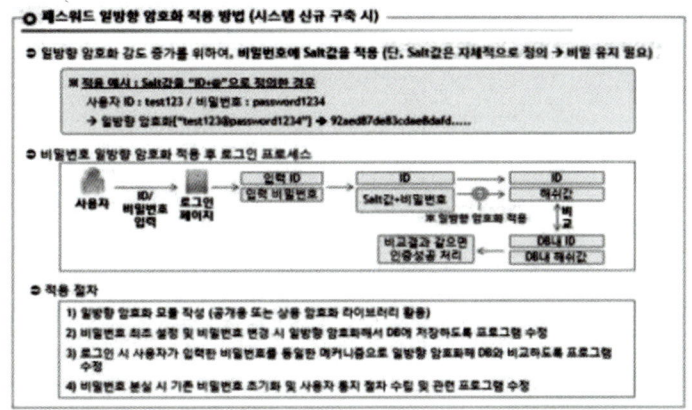

담당부서 (수행주체)	○○팀	수행 시기	2018.06
관련 법률	– 「개인정보보호법」 제29조(안전조치의무) – 「개인정보의 안전성 확보조치 기준 고시」 제7조(개인정보의 암호화)		

⑥ 영향평가서 작성

구분	영향평가 수행 절차	설명
6. 영향평가서 작성	6.1 영향평가서 작성	• 영향평가서는 사전 준비단계에서부터 위험관리 단계까지 모든 절차, 내용, 결과 등을 취합·정리한 문서 • 잔존 위험이나 이해관계자 간의 의견충돌이 있는 경우에는 의사결정권자(CEO, CPO 등)를 토론에 참여시켜 개인정보보호 목표 수준에 대한 합의 도출 • 영향평가팀은 영향평가서를 최종적으로 검토 또는 승인할 수 있는 조직 내 최고 의사결정권자(기관장)에게 보고 • 대상기관내 다수의 개인정보처리시스템에 대하여 동시에 영향평가를 수행한 경우에는 개인정보처리시스템 단위로 영향평가서를 분리하여 작성

• 영향평가서 작성

목차	주요 내용
표지	대상 사업명, 날짜, 사업 수행 부서 등 기재
영향평가서 개요	「개인정보 영향평가에 관한 고시」 별지 7호 서식에 따른 개인정보 영향평가서 개요 작성
요약	영향평가에 대한 간략한 요약, 획득한 결론과 개선 사항들을 요약된 형태로 기술
목차	영향평가서의 주요 장과 절, 그리고 이들이 수록된 페이지 번호를 명시
Ⅰ. 추진 개요	
1. 사업(시스템)명	대상사업(시스템)명 기재
2. 추진 경과	평가팀 구성 등 영향평가 시작~종료시점까지 주요 경과 기술
3. 개인정보파일 개요	영향평가 대상시스템에서의 분석된 개인정보파일에 대한 내용 기술
Ⅱ. 개인정보 흐름분석	
1. 필요성 검토 결과	필요성 검토 결과 기재
2. 개인정보 처리업무표 및 업무흐름도	전체 업무 중 개인정보와 관련한 업무흐름
3. 개인정보 흐름표	개인정보 흐름표 제시 및 설명
4. 개인정보 흐름도	개인정보 흐름도 제시 및 설명
5. 시스템 구조도	대상사업의 시스템 구조도 제시

목차	주요 내용
Ⅲ. 영향평가 결과	
1. 대상기관 개인정보보호 관리체계	각 분야별 조치 현황 및 침해 요인 기술
2. 대상시스템의 개인정보보호 관리체계	
3. 개인정보 처리단계별 보호조치	
4. 대상시스템의 기술적 보호조치	
5. 특정 IT기술 활용 시 개인정보 보호조치	
Ⅳ. 위험평가	
1. 위험평가 개요	위험평가 개요 기술
2. 위험평가 결과	위험평가 결과 기술
3. 개선방안 도출	도출된 개선사항 정리
4. 개선계획 수립	도출된 개선사항의 이행계획 수립
Ⅴ. 총평	

• 영향평가서 개요

<table>
<tr><th colspan="5">개인정보 영향평가서 개요</th></tr>
<tr><td colspan="2">공공기관명</td><td colspan="3">– 영향평가 대상 공공기관명</td></tr>
<tr><td rowspan="11">평가
대상
시스템
개요</td><td>시스템명</td><td>– 영향평가 대상 개인정보처리시스템명</td><td>추진 일정</td><td>– 대상 시스템의 사업
기간(YYYY.MM.DD~
YYYY.MM.DD)</td></tr>
<tr><td>추진 개요 및
목적</td><td colspan="3">– 영향평가 대상 시스템 구축·변경 사업의 추진 개요 및 목적(핵심적인 사항 중심으로 간략히 작성)</td></tr>
<tr><td rowspan="3">추진 성격</td><td>대상여부</td><td>– 법 시행령 제35조의 각 요건 중 어디에
해당하는지 기록
① 5만 이상 민감정보·고유식별정보 처리
② 50만 이상 개인정보파일 연계
③ 100만 이상 개인정보파일 처리
④ 기존에 영향평가를 받은 후 변경</td><td>추진 예산</td><td>– 대상 시스템의 사업
비용 (단위:천원)</td></tr>
<tr><td>추진주체</td><td>– 사업 추진 기관명</td><td rowspan="2">비고</td><td rowspan="2">– 특이사항 기록
① 신규 구축·개발
② 변경(고도화 등)
③ 표준배포시스템
④ 기타 특이사항</td></tr>
<tr><td>추진근거</td><td>– 사업 추진의 근거가 되는 법령, 계획 등</td></tr>
<tr><td>주요 내용</td><td colspan="3">– 사업의 주요 내용</td></tr>
<tr><td rowspan="5">개인
정보
파일
개요</td><td>개인정보
수집목적</td><td colspan="3">–개인정보 수집목적</td></tr>
<tr><td rowspan="3">평가대상
파일</td><td>파일명</td><td>정보주체수</td><td>파일 및 범위 설명</td></tr>
<tr><td>– 영향평가 대상 개인정보파일명
※ 개인정보파일 수가 많을 경우 행을 삽입하여
추가 작성</td><td>○○명</td><td>– 개인정보파일에 대한 설명 기술</td></tr>
<tr><td></td><td></td><td>–</td></tr>
<tr><td>주요
개인정보
수집현황</td><td colspan="3">• 총 ( )개 항목 :
　– 필수 수집 :
　– 선택 수집 :</td></tr>
<tr><td rowspan="3">영향
평가
항목</td><td rowspan="3">주요 평가
항목
변경 내역</td><td colspan="3">주요내용</td></tr>
<tr><td>지표추가 항목</td><td colspan="2">– 수행안내서 지표기준으로 추가된 지표 개수 및 지표번호, 지표명 기술</td></tr>
<tr><td>지표삭제 항목</td><td colspan="2">– 해당사항 없음 등의 사유로 평가에서 제외된 지표 개수 및 내용 기술</td></tr>
<tr><td rowspan="4">평가
결과
및
개선
계획</td><td>평가
결과
및
개선
사항</td><td>주요
내용</td><td colspan="3">• 침해요인 및 개선사항 관련 주요 내용 기술</td></tr>
</table>

		침해요인 도출건수	개선대책 도출건수	개선계획 수립건수	조치완료 건수	조치예정 건수
		건	건	건	건	건

주요개선 계획 및 일정		• 주요 개선계획 및 일정 기술(개선계획 수가 많을 경우 행을 삽입하여 추가 작성

평가기관	평가기관명	평가기간	YYYY.MM.DD~YYYY.MM.DD	평가예산	○○천원 (VAT 포함)

[영향평가 이행단계]

구분	영향평가 이행 절차	설명
1. 이행점검	1.1 개선사항 반영여부 점검 (개인정보파일 구축·운용 前)	**분석·설계 단계에서 수행한 영향평가 개선계획의 반영여부를 개인정보파일 및 개인정보처리시스템 구축·운영 전에 확인** – 대상기관은 정보시스템 분석·설계 단계에서 수행한 영향평가 결과 및 개선계획에 따라 필요한 사항을 반영 – 감리 대상 정보화사업의 경우에는 영향평가 개선계획의 반영여부를 정보시스템 감리 시 확인 – 감리를 수행하지 않는 경우에는 정보시스템 테스트 단계에서 자체적으로 영향평가 개선계획의 반영 여부 확인
	1.2 개선사항 이행 확인	• **영향평가서를 제출받은 공공기관의 장은 개선사항으로 지적된 부분에 대한 이행 현황을 영향평가서를 제출받은 날로부터 1년 이내에 보호위원회에 제출**(「개인정보 영향평가에 관한 고시」 제14조) – 영향평가 시 도출된 개선계획이 예정대로 수행이 되고 있는 지 여부에 대해 점검 후 "개인정보 영향평가 개선사항 이행확인서"를 작성하여 개인정보보호위원회에 제출 – 개선계획 이행점검 결과는 내부 보고 절차를 거쳐 개인정보보호위원회에 제출하도록 하며, 이행점검 결과 미흡한 부분은 원인 등을 분석하여 계획대로 이행될 수 있도록 조치방안 마련 – 단, 기존 영향평가 수행기간 내에 모든 개선사항이 조치 완료되어 개인정보보호위원회에 제출한 영향 평가서에 개선과제가 없는 경우에는 '개인정보 영향평가 개선사항 이행확인서'를 제출할 필요 없음

• 이행확인서 양식

개인정보 영향평가 개선사항 이행확인서					
평가영역	개선 과제명	개선 요구내용	이행계획 (또는 결과)	완료일 (또는 예정일)	담당자 확인

대외유출주의

이 보고서는 ABC공공기관의 영향평가 결과자료입니다. 외부에 공개되지 않도록 유의하여 주시기 바랍니다.

ABC공공기관
홈페이지 시스템
개인정보 영향평가
결과보고서

2020년 ○○월

ABC공공기관
영향평가 사업 주관부서

영향평가서 개요				
공공기관명		ABC공공기관		
평가 대상 시스템 개요	시스템명	홈페이지 시스템	추진 일정	2020.○○.○○ ~ 2020.○○.○○
	추진개요 및 목적	홈페이지 이용자 요구사항과 운영·관리 담당자의 요구사항을 취합·반영함으로써 홈페이지에 대한 효율적 통합 운영·관리체계 확립과 이용자 중심의 서비스 품질 향상 및 신속하고 안정적인 사용자 중심의 고품질 서비스 제공		
	추진 성격	대상여부 : 시스템 확대 구축 / 추진주체 : ABC공공기관 시스템운영과 / 추진근거 : –	추진 예산 : 확대 구축비 : ○○원 / 비고	
	주요 내용	· 대표 홈페이지 및 관내 홈페이지, ○○○ 포털 및 통합검색 등의 통합 운영관리 · 이용자와 운영부서 의견 수렴 및 반영을 위한 수시 지원체계 운영		
개인 정보 파일 개요	개인정보 수집목적	○○○ 이용자 본인 확인 및 맞춤 서비스 제공		
	평가대상 파일	파일명 : ABC공공기관 통합회원 DB / 정보주체수 : ○○명 / 파일 및 범위 설명 : 홈페이지를 통하여 제공하는 서비스를 이용하는 통합회원 정보		
	주요 개인정보 수집현황	ABC공공기관 통합회원 DB : 총 (16)개 항목 필수 수집 : 성명, 생년월일, 성별, 장애구분, ID, 비밀번호, 주소, 직업, 전화번호, 휴대폰번호, 이메일 선택 수집 : ○○○, ○○○이용목적, 관심분야, ○○○, ○○○ 성명		
영향 평가 항목	주요 평가항목 변경 내역 (수행안내서 85개 지표)	구분 / 주요내용		
		지표추가 항목 – 개인정보보호 계획 준수 여부, 개인정보보호 계획 개정 및 이력관리 등 1개 항목		
		지표삭제 항목 – RFID, 바이오 정보, 위치정보 등 활용 없어 관련 12개 항목		

| **평가 결과 및 개선 계획** | 평가 결과 및 개선 사항 | 주요 내용 | ● 결과 : ABC공공기관 홈페이지 시스템은 개인정보보호법에 의거하여 개인정보를 처리하며 개인정보보호에 필요한 내부 관리계획과 지침을 수립하고 있으나 각종 신청업무 접수 시 추가로 수집하는 개인정보에 대한 수집동의가 누락되었고, 비밀번호가 일방향 암호화하지 않으며, 개인정보파일의 보관기간이 경과한 후에도 파기하지 않는 등 일부 침해요인이 존재하므로 개선이 필요함. | | | |

	개선 사항	구분	침해요인 도출건수	개선대책 도출건수	개선계획 수립건수	조치완료 건수	조치예정 건수
		ABC공공기관 홈페이지시스템	○○건	○○건	○○건	○○건	○○건

주요개선 계획 및 일정	● 2020.0월 접속기록 보관 강화 ● 2020.0월 개인정보처리시스템에 대한 점검 기간 강화
평가기관	㈜가나다 PIA기관 / 평가기간 : 2020.○○.○○ ~ 2020.○○.○ / 평가예산 : ○○천원 (VAT포함)

세부분야	개인정보 보호책임자 역할 수행				
질의문 코드	질의문	이행	부분이행	미이행	해당없음
1.1.2	● 개인정보 보호책임자에게 법령 등이 정하는 책임 및 역할이 부여되어 있으며, 관련 업무를 수행하고 있습니까?		○		
평가 예시	● 부분 이행 : 개인정보 보호책임자의 업무가 문서로 정의되어 있으나 법률에서 요구하는 요건 중 일부만을 반영하거나, 업무는 수행하고 있으나 문서로 증명할 수 없는 경우				
평가근거 및 의견	● 평가대상기관인 △△△ 기관은 '개인정보보호지침'에 개인정보보호법 제31조에 준하여 개인정보 보호책임자의 업무를 부여하고 있으나 법령에서 부여하고 있는 업무에 대하여 실질적으로 수행하고 있지 않음				

주요 점검 사항

1. 개인정보 보호책임자에게 법률 등에서 정하는 책임 및 역할이 공식적으로 부여되어야 한다.
2. 개인정보 보호책임자는 개인정보 보호계획의 수립·시행, 개인정보처리 실태 및 관행의 조사·개선 등 관련 업무를 실제로 수행하여야 한다.

지표 해설

● 개인정보 보호책임자의 업무는 총괄책임자로서 지는 업무이므로, 개인정보 보호책임자는 분야별로 개인정보 보호관리자, 개인정보 보호담당자 등을 두어 업무를 하게 할 수 있다.

개인정보 보호책임자의 역할
1. 개인정보 보호 계획의 수립 및 시행
2. 개인정보 처리 실태 및 관행의 정기적인 조사 및 개선
3. 개인정보 처리와 관련한 불만의 처리 및 피해 구제
4. 개인정보 유출 및 오용·남용 방지를 위한 내부통제시스템의 구축
5. 개인정보 보호 교육 계획의 수립 및 시행
6. 개인정보파일의 보호 및 관리·감독
7. 법 제30조에 따른 개인정보 처리방침의 수립·변경 및 시행
8. 개인정보 보호 관련 자료의 관리
9. 처리목적이 달성되거나 보유기간이 경과한 개인정보의 파기

● 개인정보 보호책임자의 책임 및 역할은 내부 관리계획, 개인정보보호지침 등 문서로 정의되어 승인되어야 한다.

● 개인정보 보호책임자는 법령 등에서 부여한 책임 및 역할을 실질적으로 수행하여야 하며, 내부관리체계 강화를 위하여 개인정보의 처리 현황, 처리 체계 등에 대하여 수시로 조사하거나 관계 당사자로부터 보고를 받아야 한다. 또한 법령 등 위반사실을 알게 된 경우에는 즉시 개선조치를 하여야 하며, 필요 시 해당 기관장에게 개선조치를 보고하여야 한다.

세부분야	개인정보보호 계획				
질의문 코드	질의문	이행	부분이행	미이행	해당없음
1.2.3	● 개인정보보호 교육, 실태 점검 등 개인정보 보호 활동에 대한 연간 수행계획을 수립·시행하고 있습니까?		○		
평가 예시	● 부분이행 : 개인정보보호 연간 계획 내에 개인정보 보호 교육계획만 수립되어 있고, 그 외 개인정보보호 활동을 위한 계획은 수립되지 않은 경우				
평가근거 및 의견	● 평가대상기관인 △△△ 기관은 '20XX년 개인정보보호 추진계획'의 '3.1 개인정보보호 교육 실시' 항목에 개인정보보호교육 계획만 수립하였고, 그 외 개인정보보호 활동을 위한 수탁사 관리감독 계획, 개인정보 파기 계획 등에 대한 계획은 수립되어 있지 않음				

주요 점검 사항

1. 개인정보보호 연간 계획이 수립되어, 내부 승인절차에 따라 시행되어야 한다.
2. 개인정보보호 연간 계획에는 아래와 같은 사항이 모두 포함되어야 한다.
    ① 개인정보보호 조직, 인력
    ② 개인정보보호 활동 계획 및 이에 따른 예산
    ③ 개인정보보호 실태 점검 계획(수탁자 포함)
    ④ 개인정보보호 교육 계획(책임자, 담당자, 취급자/일반직원 대상) 등
      ※ 실질적인 실행이 가능하도록 일정, 담당자, 예산 등 구체적인 방안 포함 필요
3. 개인정보 연간 계획에 따라 개인정보보호 활동이 이행되고 있는지 여부에 대해 정기적으로 검토하여 개인정보 보호 책임자에게 보고하여야 한다.

지표 해설

● 개인정보처리자는 취급하는 개인정보가 분실·도난·누출·변조 또는 훼손되지 아니하도록 안전성을 확보하기 위하여 개인정보 보호활동에 대한 조직 내부의 개인정보보호 연간 계획을 수립하고, 개인정보 처리와 관련된 모든 임직원 및 관련자에게 알림으로써 이를 준수할 수 있도록 하여야 한다.

● 개인정보 보호계획을 수립하는 이유는 개인정보 보호활동이 임기응변식이 아니라 체계적이고 전사적인 계획 내에서 수행될 수 있도록 하기 위함이다.

● 개인정보보호 연간계획은 개인정보처리자가 개인정보보호 활동을 체계적으로 하기 위해 필요한 사항이 모두 포함되어 있어야 한다.

(7) 개인정보 영향평가 FAQ

Q 신규 정보화사업 구축사업과 관련하여 구축 시점에는 개인정보수가 100만건을 넘지 않으나 향후 100만명이 넘을 것이 확실한 경우, 언제 영향평가를 받아야 하는가?

A 현재 시점 기준으로는 개인정보 영향평가 대상은 아니지만, 개인정보의 증가에 따라 가까운 시기(1년 이내)에「개인정보보호법 시행령」제35조의 기준을 초과할 것이 확실한 경우 개인정보 침해의 사전 예방을 위해 가급적 신규 정보화사업 구축 시점에 개인정보 영향평가를 수행할 것으로 권고합니다.

Q 30만명의 개인정보를 보유하고 있는 ○○○시스템은 100만명의 개인정보를 보유하고 있는 △△△ 시스템과 연계가 되어, ○○○시스템의 개인정보 처리화면에서 △△△시스템에서 보유하고 있는 개인정보를 조회, 변경, 삭제 가능하도록 구현되어 있습니다. 하지만 ○○○시스템에서 자체적으로 보유하고 있는 30만명 이외의 추가적인 정보주체에 대한 개인정보는 조회를 하거나 변경·삭제할 수 없도록 제한이 되어 있습니다. 이 경우 ○○○시스템은 영향평가 의무 대상이 되나요?

A 「개인정보보호법 시행령」제35조에 따르면 다른 개인정보파일과 연계 결과 50만명 이상의 정보 주체에 관한 개인정보가 포함되는 개인정보파일은 영향평가 의무대상이 됩니다. 위의 경우 30만명 이외의 개인정보는 조회, 변경, 삭제가 불가능하므로 연계 결과 최대 정보주체수는 30만명으로 볼 수있겠습니다. 따라서 ○○○시스템은 영향평가 의무 대상에서 제외가 가능할 것으로 판단됩니다.
다만, 연계방식이나 시스템 구성방식 등에 따라 연계되는 개인정보의 수가 달라질 수 있으므로 충분한 검토 후 의무 대상 여부를 판단할 필요가 있겠습니다.

Q 100만건이 넘는 개인정보가 종이문서로 존재하고, 정보시스템 상에는 5만건이 안된다면 영향평가 대상이 되나요?

A 영향평가의 대상은「개인정보보호법 시행령」제35조(개인정보 영향평가의 대상)에 따라서 전자적으로 처리할 수 있는 개인정보파일에 한합니다. 따라서 종이문서는 100만건이라 할지라도 영향평가의 대상이 아닙니다.

Q 사립대학교입니다. 개인정보 영향평가를 의무적으로 수행해야 하나요?

A 사립대학교의 경우에도「개인정보보호법」제2조제6호 및 동법 시행령 제2조 (공공기관의 범위)에 따른 공공기관에 해당됩니다. 따라서「개인정보보호법」제33조(개인정보 영향평가)에 따라서 개인 정보 영향평가를 의무적으로 수행해야 합니다.

Q 공공기관의 내부망에 저장된 인사정보도 영향평가 대상이 되나요?

A 영향평가의 예외가 되는 개인정보파일은 따로 없습니다. 따라서 인사정보도「개인정보보호법 시행령」제35조의 기준에 부합할 경우 영향평가 대상이 됩니다.

Q 중앙부처가 개발하고 지자체 등에 시스템을 배포하여 공통적으로 사용하는 국가보급 표준시스템에 대하여 개별 지자체에서 각각 영향평가를 수행해야 하나요?

A 원칙적으로 개인정보파일에 대한 관리 책임을 가지고 있는 기관에서 영향평가를 수행하여야 합니다.

즉 응용프로그램을 중앙부처가 개발·보급하였다 하더라도 물리적인 장비 및 개인정보파일이 지자체에 위치하는 경우 지자체가 영향평가 수행의 주체가 됩니다.

다만, 중앙부처에서 국가보급 표준시스템에 대한 영향평가를 이미 수행한 경우에는 해당 국가보급 표준시스템의 응용프로그램 부분을 제외한 나머지 평가지표(대상기관의 개인정보보호 관리체계, 대상시스템 개인정보보호 관리체계, 기술적 보호조치 중 응용프로그램 외에 서버, 네트워크 등 인프라와 관련된 지표 등)에 대해서만 영향평가를 수행하시면 됩니다. 이때, 제외 가능한 평가지표는 해당 국가보급 표준시스템의 성격, 구성 및 운영 방식, 중앙부처에 영향평가를 수행한 범위 등에 따라 상이할 수 있으므로, 중앙부처 및 영향평가 기관과 사전에 협의를 거쳐 제외항목을 결정할 것을 권고합니다.

동일 기관 내에 다양한 부서에서 개인정보파일과 개인정보처리시스템을 개별적으로 운영하고 있습니다.

Q 동일 기관 내에 다양한 부서에서 개인정보파일과 개인정보처리시스템을 개별적으로 운영하고 있습니다. 개인정보 영향평가를 각각 수행해야 하나요?

A 각각의 개인정보파일 및 개인정보처리시스템별로 영향평가를 수행할 수도 있고, 통합하여 수행할 수도 있습니다. 통합하여 발주시 영향평가 사업 수행의 효율성 측면에서 장점이 있으므로 통합하여 발주하는 방식을 권고합니다.

Q 발주기관에서 SI사업의 일환으로 영향평가를 포함하여 통합 발주하는 것이 가능한지요?

A 영향평가 사업을 SI사업에 포함하여 통합 발주할 경우, 영향평가 사업의 객관성과 독립성을 훼손할 가능성이 크므로, 분리 발주할 것을 권고합니다.

Q 영향평가 사업 발주 방식은 어떻게 해야 하나요? 반드시 협상에 의한 계약으로 해야 하는 건가요?

A 사업 발주 방식에 대해서는 별도의 권장 사항이 있지 않습니다.

기관의 편의에 따라 사업을 발주하시면 됩니다.

Q 수행안내서에서 제시된 85개 평가항목은 반드시 그대로 사용해야 하나요?

A 최신 침해사례, 법 제도의 변화, 대상기관 및 대상 사업의 특성에 따라 추가, 삭제, 변경 등 탄력적으로 구성하여 사용 가능합니다. 예를 들어 「개인정보보호법」외에 대상기관이 적용받는 법률에 개인정보 보호와 관련된 특별한 조항이 포함되어 있다면 평가항목에 추가하여 점검을 수행하는 것이 바람직합니다.

또한 「개인정보보호법」또는 관련 고시 등의 개정에 따라 기존 85개 평가항목과 상이한 사항이 발생할 수 있습니다. 따라서 영향평가 수행 시점에서 최신의 법률 등을 반드시 확인하여 평가항목의 추가·변경 필요성을 검토할 필요가 있습니다.

Q 개인정보 위험도 산정 방식은 수행안내서에서 제시된 방법만 사용해야 하나요?

A 아닙니다. 영향평가 기관 고유의 위험 분석 방법론이 있다면 해당 방법론을 사용하여 위험도를 산정할 수 있습니다. 이 경우, 위험도 산정 과정 및 결과는 합리적이고 납득 가능해야 하며 위험도 산정 값은 실질적인 위험의 크기를 대변할 수 있어야 합니다. 또한, 법적 준거성 등 개인정보보호 영역의 특성이 반영되어 있어야 합니다.

Q 개인정보 흐름표, 개인정보 흐름도 등과 같이 수행안내서에 제시된 양식은 그대로 사용해야 하나요?

A 수행안내서에 제시된 양식은 예시일 뿐 반드시 그대로 사용할 필요는 없습니다. 영향평가 기관의 자체 방법론에 따라 대상 사업의 특성 등을 고려하여 양식을 추가 또는 일부 변형하여 사용할 수 있습니다. 이 경우 수행안내서에 제시된 영향평가 각 단계별 기본 절차는 준수하여야 하며, 영향평가 품질 측면에서 각 절차의 취지 및 목적을 달성할 수 있도록 하여야 합니다.

Q 개인정보 영향평가 결과 도출된 침해요인은 모두 조치되어야 하나요?

A 도출된 침해요인은 모두 조치하는 것이 원칙이지만, 위험분석의 결과 위험도가 아주 낮거나 하는 등 합리적인 사유로 조치할 필요가 없다고 판단된다면 기관 내부의 의사결정 절차를 거쳐 조치하지 아니할 수 있습니다. 다만 법적 필수 사항인 경우에는 모두 조치될 수 있도록 하여야 합니다.

Q 정보화 사업 범위에 고유식별정보에 대한 DB암호화가 포함되어 있습니다. 행정안전부 "개인정보 위험도 분석기준"에 따라 내부망 고유식별정보 DB암호화 여부를 판단하기 위한 위험도 분석을 수행 하여야 하나요?

A 내부망에 저장되는 고유식별정보에 대하여 DB암호화를 적용하는 것이 사업 범위에 이미 포함되어 있다면 "개인정보 위험도 분석기준"에 따른 위험도 분석은 별도로 수행할 필요가 없습니다.

Q 「개인정보의 안전성 확보조치 기준 고시」 제7조제4항에 따르면 내부망에 고유식별정보를 저장할 경우 위험도 분석이나 영향평가의 결과에 따라 암호화 여부를 결정할 수 있다고 되어 있는데, 영향 평가 시 관련 지표가 따로 있나요?

A 영향평가의 경우에는 고유식별정보의 내부망 저장 시 암호화 여부를 결정하기 위해서 "개인정보 위험도 분석기준"의 26개 체크리스트를 준용하도록 권고하고 있습니다. 결국 영향평가 시에도 내부망에 저장된 고유식별정보의 암호화 여부를 판단하기 위해서는 "개인정보 위험도 분석기준"에 따른 위험도 분석을 수행하게 됩니다.(영향평가 지표 4.3.1 참고) 단, 위의 고유식별정보는 '주민등록번호를 제외한 고유식별정보'를 의미합니다.
주민등록번호는 「개인정보보호법 시행령」 제21조의2(주민등록번호 암호화 적용 대상 등)에 따라 저장 위치와 상관없이 의무적으로 암호화를 하셔야 합니다.

Q 다수의 개인정보파일 및 개인정보처리시스템에 대한 영향평가 사업을 통합 발주한 경우 영향평가서는 어떻게 작성해야 하나요?

A 영향평가서는 개인정보처리시스템별로 각각 작성하는 것을 권고드립니다. 예를 들어 5개의 개인정보 처리시스템에 대하여 동시에 영향평가를 수행하였다면 5개의 영향평가서를 작성하시면 됩니다. 다만 "대상기관 개인정보보호 관리체계" 평가 영역은 중복되게 되므로 하나의 영향평가서에만 포함하시면 됩니다.

Q 영향평가 수행 후 영향평가서를 제출하는 방법은 어떻게 되나요?

A 개인정보보호 종합지원시스템(http://intra.privacy.go.kr)의 영향평가 메뉴에서 영향평가서를 등록 하시면 됩니다.

Q 개인정보 영향평가를 수행한 후에 영향평가서를 언제까지 보호위원회에 제출하여야 하나요?

A 공공기관의 장은 「개인정보보호법 시행령」 제35조에 해당하는 개인정보파일을 구축·운용하기 전에 그 영향평가서를 보호위원회에 제출하여야 합니다. 다만, 기존에 운용 중이던 개인정보파일인 경우에는 영향평가서를 제출받은 날로부터 2개월 이내에 영향평가서를 보호위원회에 제출하여야 합니다.

Q 영향평가 이행점검 결과는 언제까지 어떻게 제출해야 하나요? 또한 미완료된 건에 대해서는 어떻게 처리해야 하나요?

A 영향평가 사업을 통해 영향평가서를 제출받은 날로부터 1년 이내에 개인정보보호 종합지원시스템 (http://intra.privacy.go.kr)의 영향평가 메뉴에서 "개선사항 이행확인서"를 등록하시면 됩니다.
모든 개선계획이 반드시 1년 이내에 완료될 필요는 없으며, 예산 등이 수반되어 1년 이내에 조치완료가 어려운 개선과제에 대해서는 이행점검 시점의 현황 및 계획을 작성해 주시면 됩니다.

02 개인정보보호 수준진단

(1) 관련 법령

개인정보보호법(2025.10.2) 제11조
제11조(자료제출 요구 등) ① 보호위원회는 기본계획을 효율적으로 수립하기 위하여 개인정보처리자, 관계 중앙행정기관의 장, 지방자치단체의 장 및 관계 기관·단체 등에 개인정보처리자의 법규 준수 현황과 개인정보 관리 실태 등에 관한 자료의 제출이나 의견의 진술 등을 요구할 수 있다. ② 보호위원회는 개인정보보호 정책 추진, 성과평가 등을 위하여 필요한 경우 개인정보처리자, 관계 중앙행정기관의 장, 지방자치단체의 장 및 관계 기관·단체 등을 대상으로 개인정보관리 수준 및 실태파악 등을 위한 조사를 실시할 수 있다. ③ 중앙행정기관의 장은 시행계획을 효율적으로 수립·추진하기 위하여 소관 분야의 개인정보처리자에게 제1항에 따른 자료제출 등을 요구할 수 있다. ④ 제1항부터 제3항까지에 따른 자료제출 등을 요구받은 자는 특별한 사정이 없으면 이에 따라야 한다. ⑤ 제1항부터 제3항까지에 따른 자료제출 등의 범위와 방법 등 필요한 사항은 대통령령으로 정한다.

(2) 공공기관 개인정보 수준진단 개요

구분	설명
개념	**공공기관의 개인정보 관리체계 및 유출 예방 활동 등을 진단**하여 국민의 개인정보가 안전하게 관리될 수 있는 기반 조성을 유도하기 위한 제도
법적 근거 및 적용 대상	(법적근거) 「개인정보보호법」 제11조(자료제출 요구 등) 제2항 ② 보호위원회는 개인정보 보호 정책 추진, 성과평가 등을 위하여...(중략)..개인정보관리 수준 및 실태파악 등을 위한 조사를 실시할 수 있다. (적용대상) **중앙행정기관 및 산하 공공기관, 지방자치단체, 지방공기업**
주요내용	개인정보 관리수준 진단 분야·지표·항목 마련 및 개선·확정 개인정보 관리수준 진단 매뉴얼 제작·배포 개인정보 관리수준 진단 계획 통보 및 진단기관 대상 설명회 개최 진단시스템 개선 및 기관별 관리수준 실적(증빙자료) 온라인 접수 진단위원회 구성·운영 및 진단평가 실시 중간결과 통보, 재검증 신청 접수·조정 및 컨설팅 대상기관 선정·지원 최종결과 통보 및 개선조치 지원
처리절차	**2월~3월** 진단 매뉴얼 마련 및 설명회 → **4월~5월** 현장 컨설팅 → **6월~7월** 실적 증빙자료 온라인 등록 (intra.privacy. go.kr) → **8월~9월** 진단실시 → **10월~11월** 잠정결과 통보 증빙자료 재검증 현장방문 → **12월~1월** 최종결과 확정 및 개선지원
담당부서 및 수행기관	(담당부서) 개인정보보호위원회 자율보호정책과 (수행기관) 한국인터넷진흥원 개인정보자율보호팀

※ 공공기관 개인정보 수준진단은 CPPG 자격증 시험 범위에는 포함되지 않는다.

(1) ISMS-P 인증기준 한줄 암기

1 Level	2 Level	No.	3 Level	핵심 키워드
1. 관리체계 수립 및 운영	1.1. 관리체계 기반 마련	1.1.1	경영진의 참여	경영진 역할 및 책임 문서화, 보고체계
		1.1.2	최고책임자의 지정	CISO, CPO 공식지정, 자격요건
		1.1.3	조직 구성	실무조직, 정보호위원회, 정보보호실무협의체
		1.1.4	범위 설정	핵심자산, 예외사항 근거 관리, 문서화
		1.1.5	정책 수립	정책, 시행문서 승인(CEO, CISO), 임직원 전달
		1.1.6	자원 할당	인력(전문성) 확보, 예산, 인력 지원, 계획, 결과 분석 평가
	1.2. 위험 관리	1.2.1	정보자산 식별	정보자산 분류 기준, 식별, 보안등급, 정기적 최신화
		1.2.2	현황 및 흐름분석	정보서비스흐름도, 개인정보흐름도, 최신화
		1.2.3	위험 평가	위험평가 방법론, 계획, 연1회, DOA, 경영진 승인
		1.2.4	보호대책 선정	위험처리(회피, 전가, 감소, 수용), 이행계획
	1.3. 관리체계 운영	1.3.1	보호대책 구현	보호대책 구현 정확성, 효과성, 구체성 진척 보고
		1.3.2	보호대책 공유	보호대책 담당자, 보호대책 공유&교육
		1.3.3	운영현황 관리	(개인)정보보호활동 문서화, 경영진 확인
	1.4. 관리체계 점검 및 개선	1.4.1	법적 요구사항 준수 검토	법규 최신성, 연1회 검토
		1.4.2	관리체계 점검	인력(독립성, 전문성), 연1회 경영진 보고
		1.4.3	관리체계 개선	근본원인, 재발방지 기준 절차

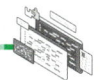

1 Level	2 Level	No.	3 Level	핵심 키워드
2. 보호대책 요구사항	2.1. 정책, 조직, 자산 관리	2.1.1	정책의 유지관리	타당성 검토, 환경 변화 제개정, 이해관계자 검토, 이력관리
		2.1.2	조직의 유지관리	담당자 R&R, 평가(MBO, KPI), 의사소통체계(주간보고, 게시판)
		2.1.3	정보자산 관리	보안등급 취급절차, 책임자 & 관리자
	2.2. 인적 보안	2.2.1	주요 직무자 지정 및 관리	기준 정의, 지정, 최신화, 개인정보취급자 목록, 최소화
		2.2.2	직무 분리	직무 분리 기준, 보완통제(상호검토, 상위 관리자 승인, 개인계정, 로그감사)
		2.2.3	보안 서약	채용, 퇴직, 외부자, 서약서 보관
		2.2.4	인식제고 및 교육훈련	교육계획, 승인, 연1회 수행, 직무자 별도 교육, 적정성 평가
		2.2.5	퇴직 및 직무변경 관리	인사변경 공유, 자산 반납 & 권한 회수 & 결과 확인
		2.2.6	보안 위반 시 조치	처벌규정 수립, 적발 시 조치
		No.	3 Level	핵심 키워드
	2.2. 인적 보안	2.3.1	외부자 현황 관리	위탁 업무, 시설, 서비스 식별, 위험 파악, 보호대책 마련
		2.3.2	외부자 계약 시 보안	위탁업체 역량 평가, 계약서(보안요건, 개발요건)
		2.3.3	외부자 보안 이행 관리	외부자 점검&감사, 개선계획, 재위탁 시 승인
		2.3.4	외부자 계약 변경 및 만료 시 보안	외부자 자산, 계정, 권한 회수, 서약서 징구, 중요정보 파기
		2.4.1	보호구역 지정	보호구역 지정 기준(통제, 제한, 접견), 보호대책
		2.4.2	출입통제	출입 통제 절차, 출입 기록 점검
		2.4.3	정보시스템 보호	특성 고려 배치, 배치도(서버, 랙), 케이블(전력, 통신)
		2.4.4	보호설비 운영	보호설비(항온항습, 화재감지, 소화, 누수, UPS, 발전기, 이중전원), IDC 계약서&검토
		2.4.5	보호구역 내 작업	보호구역 내 작업신청, 작업기록 검토

1 Level	2 Level	No.	3 Level	핵심 키워드
2. 보호대책 요구사항	2.2. 인적 보안	2.4.6	반출입 기기 통제	반출입기기 통제절차(서버, 모바일, 저장매체/보안스티커, 보안SW설치), 반출입 이력 점검
		2.4.7	업무환경 보안	시설(문서고), 기기(복합기, 파일서버), 개인 업무환경(PC, 책상) 보호대책, 검토
		2.5.1	사용자 계정 관리	사용자 계정 발급 절차(등록, 변경, 삭제), 최소권한, 계정책임(본인)
		2.5.2	사용자 식별	유일 식별자, 추측 식별자 제한, 동일식별자 타당성, 보완대책, 책임자 승인
		2.5.3	사용자 인증	인증 절차(로그인 횟수제한, 불법 로그인 시도 경고), 외부 개처시 안전 인증&접속 수단
	2.2. 인적 보안	2.5.4	비밀번호 관리	비밀번호 관리 절차, 작성규칙(사용자, 이용자)
		2.5.5	특수 계정 및 권한 관리	특수권한 최소인원, 공식 승인, 별도 목록화
		2.5.6	접근권한 검토	계정 및 접근권한 변경 이력 남김, 검토기준(주체, 방법, 주기) 수립 및 이행, 문제점 조치
		2.6.1	네트워크 접근	내부망 인가 사용자 접근, 영역 분리 및 접근통제, IP주소 기준(사설 IP), 원거리 구간 보호대책
		2.6.2	정보시스템 접근	서버, NW, 보안시스템 OS 접근 통제, 세션타임아웃, 불필요서비스 제거, 주요서비스 독립서버
		2.6.3	응용프로그램 접근	응용 접근권한 차등 부여, 정보 노출 최소화, 세션타임아웃, 동시세션 제한, 관리자 웹페이지, 표시제한 보호조치
		2.6.4	데이터베이스 접근	데이터베이스 테이블 목록 식별, 접근통제(응용프로그램, 서버, 사용자)
		2.6.5	무선 네트워크 접근	무선 네트워크 보호대책(인증, 암호화), 사용신청 및 해지절차, 비인가 무선 네트워크 보호대책
		2.6.6	원격접근 통제	원칙금지, 보완대책(승인, 특정 단말, 허용 범위, 기간 한정), 보호대책, 단말기 지정, 임의조작 금지

1 Level	2 Level	No.	3 Level	핵심 키워드
2. 보호대책 요구사항	2.2. 인적 보안	2.6.7	인터넷 접속 통제	주요 직무자, 취급 단말기, 주요 정보시스템(DB서버 등) 인터넷 접속통제, 망분리 대상 식별, 적용
		2.7.1	암호정책 적용	암호정책(대상, 강도, 사용) 수립, 저장, 전송, 전달 시 암호화
		2.7.2	암호키 관리	암호키 관리절차(생성, 이용, 변경, 파기), 복구방안(보관), 암호키 접근권한 최소화
		No.	3 Level	핵심 키워드
		2.8.1	보안 요구사항 정의	도입 시 타당성 검토 및 인수절차, 보안요구사항 정의, 시큐어코딩 표준
		2.8.2	보안 요구사항 검토 및 시험	검토기준(법 요건, 보안요건), 코딩 취약점 점검, 개선조치, 공공기관 개인정보영향평가 수행
		2.8.3	시험과 운영 환경 분리	개발 및 시험과 운영시스템 분리, 어려울 경우 보안대책(상호검토, 변경승인, 상급자, 백업)
		2.8.4	시험 데이터 보안	운영데이터 사용 제한, 불가피 사용 시 보완통제(책임자, 모니터링, 시험 후 삭제)
		2.8.5	소스 프로그램 관리	소스 접근통제 절차, 운영환경 아닌 곳 안전 보관, 변경이력 관리
		2.8.6	운영환경 이관	운영환경 이관 통제 절차로 실행, 문제 대응 방안 마련, 필요한 파일만 설치
		2.9.1	변경관리	정보자산 변경 절차, 변경 수행 전 영향 분석
		2.9.2	성능 및 장애관리	성능 및 용량 모니터링 절차, 초과 시 대응절차, 장애 인지, 대응절차, 장애조치 기록, 재발방지대책
		2.9.3	백업 및 복구관리	백업 및 복구절차(대상, 주기, 방법, 절차), 복구테스트, 중요정보 저장 백업매체 소산
		2.9.4	로그 및 접속기록 관리	로그관리 절차, 생성 보관, 별도 저장장치 백업, 로그 접근권한 최소화, 개처시 접속기록 법준수
		2.9.5	로그 및 접속기록 점검	로그 검토기준(비인가 접속, 과다조회), 주기적 점검, 문제 발생 시 사후조치

1 Level	2 Level	No.	3 Level	핵심 키워드
2. 보호대책 요구사항		2.9.6	시간 동기화	정보시스템 표준시간 동기화, 주기적 점검
		2.9.7	정보자산의 재사용 및 폐기	재사용 및 폐기 절차 수립, 복구 불가 방법, 폐기이력 및 증적, 폐기절차 계약서, 교체 복구시 대책
		2.10.1	보안시스템 운영	보안시스템 운영절차, 접근인원 최소화, 정책 변경 절차, 예외정책 최소화, 정책 타당성 검토, 설치
		2.10.2	클라우드 보안	CSP R&R 계약서 반영, 클라우드 보안 통제 정책수립·이행, 관리자 권한 보호대책, 정기적 검토
		2.10.3	공개서버 보안	공개서버 보호대책, DMZ에 설치, 보안시스템 통해 보호, 게시 저장 시 절차, 노출 확인 및 차단
		2.10.4	전자거래 및 핀테크 보안	전자거래 및 핀테크 보호대책, 연계 시 송수신 정보 보호대책 수립, 안전성 점검
		2.10.5	정보전송 보안	외부에 개인정보 전송 정책 수립, 조직 간 개인정보 상호교환 시 협약체결 등 보호대책
		2.10.6	업무용 단말기기 보안	업무용 단말기 접근통제 정책, 공유 시 DLP 정책, 분실 시 DLP 대책, 주기적 점검
		2.10.7	보조저장매체 관리	보조저장매체 취급 정책, 관리 실태 주기적 점검, 통제구역 사용 제한, 악성코드 및 DLP 대책, 보관
		2.10.8	패치관리	패치관리 정책, 패치현황 관리, 불가시 보완대책, 인터넷 패치 제한, PMS 보호대책
		2.10.9	악성코드 통제	악성코드 보호대책, 예방탐지 활동, 보안 프로그램 최신상태 유지, 감염 시 대응절차
		2.11.1	사고 예방 및 대응체계 구축	사고대응체계, 외부기관 침해사고 대응체계 구축 계약서 반영, 외부기관 협조체계 수립
		2.11.2	취약점 점검 및 조치	취약점 점검 절차 수립 및 정기적 점검, 결과 보고, 최신 보안취약점 발생 파악, 점검 이력 기록관리

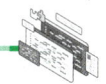

1 Level	2 Level	No.	3 Level	핵심 키워드
2. **보호대책** **요구사항**	**2.2.** **인적 보안**	2.11.3	이상행위 분석 및 모니터링	내외부 침해시도, 개인정보 유출시도, 부정행위 모니터링, 임계치 정의 및 이상행위 판단 등 조치
		2.11.4	사고 대응 훈련 및 개선	침해사고 및 유출사고 대응 모의훈련 계획수립, 모의훈련 연1회 실시, 대응체계 개선
		2.11.5	사고 대응 및 복구	침해사고 인지 시 대응 및 보고, 정보주체 통지 및 관계기관 신고, 종결 후 공유, 재발방지대책 수립
		2.12.1	재해·재난 대비 안전조치	IT 재해유형 식별, 피해&업무 영향 분석, 핵심 IT서비스 및 시스템 식별, RTO, RPO 정의, BCP
		2.12.2	재해 복구 시험 및 개선	BCP 수립·이행, 복구전략 및 대책 정기적 검토·보완
3. **개인정보** **처리단계별** **요구사항**	**3.1.** **개인정보** **수집 시 보호** **조치**	3.1.1	개인정보 수집·이용	적법요건, 명확 고지 동의, 방법 및 시점, 명확 표시, 만14세(법정대리인), 동의 기록 보관, 처리방침, 추가적 이용
		3.1.2	개인정보 수집 제한	개인정보 최소한 정보 수집, 최소 이외 개인정보 미동의 가능 사실 고지, 거부권
		3.1.3	주민등록번호 처리 제한	주민번호 수집 법적 근거, 법조항 구체적 식별, 대체수단 제공
		3.1.4	민감정보 및 고유식별정보의 처리 제한	민감정보&고유식별정보 별도 동의, 법령 구체적 근거, 민감정보 공개가능성
		3.1.5	개인정보 간접수집	간접수집 동의획득 책임(제공자), 사회통념 동의 의사 이용, 자동수집장치, 통지(요구, 처리자), 보관
		3.1.6	영상정보처리기기 설치·운영	허용장소 및 목적, 공공기관 공청회, 안내판, 이동형 촬영 표시, 운영관리방침, 보관기간 만료시 파기, 위탁 계약서
		3.1.7	마케팅 목적의 개인정보 수집·이용	홍보 별도 동의, 광고 사전 동의, 2년 확인, 영리목적 광고 고지(전송자, 수신거부 방법), 야간 금지
	3.2. **개인정보** **보유 및** **이용 시** **보호조치**	3.2.1	개인정보 현황관리	개인정보 현황 정기적 관리, 공공기관 개인정보파일 등록, 개인정보파일을 처리방침에 공개

1 Level	2 Level	No.	3 Level	핵심 키워드
3. 개인정보 처리단계별 요구사항	3.2. 개인정보 보유 및 이용 시 보호조치	3.2.2	개인정보 품질보장	수집 개인정보 최신화, 정보주체 개인정보 품질(정확성, 완전성, 최신성) 유지
		3.2.3	이용자 단말기 접근 보호	이동통신단말장치 접근권한 고지, 동의, 거부권, 동의 및 철회방법 마련
		3.2.4	개인정보 목적 외 이용 및 제공	목적 외 별도 동의, 법적 근거, 제3자 안전 조치, 공공기관(목적외 관보&홈페이지 게재, 목적외 대장)
		3.2.5	가명정보 처리	가명처리 절차, 적정 가명처리, 결합전문 기관, 추가정보 안전성 확보, 기간 경과 후 파기, 익명처리
	3.3. 개인정보 제공 시 보호 조치	3.3.1	개인정보 제3자 제공	적법 요건, 각각 동의, 명확 고지, 최소정 보 제한, 제3자 제공내역 기록보관, 제3자 접근 시 통제, 추가적 제공
		3.3.2	개인정보 처리 업무 위탁	위탁(재위탁) 시 위탁 내용과 수탁자 공개,(업무, 수탁자), 홍보&판매 시 통지
		3.3.3	영업의 양도 등에 따른 개인정보 이전	양도·합병 이전 시 통지(도통수면), 통지 요건(사실, 받는자, 이전 불원), 본래 목적 이용
		3.3.4	개인정보 국외이전	국외이전 적법요건, 고지(목항기거시방국 자) 동의, 계약 이행 공개, 법령 준수 국외 이전 계약, 보호조치
	3.4. 개인정보 파기 시 보호 조치	3.4.1	개인정보 파기	개인정보 보유기간 및 파기 정책, 불필요 시 파기, 안전한 방법 파기, 파기 기록 관리
		3.4.2	처리목적 달성 후 보유 시 조치	불필요 시 최소 기간, 최소정보 보관, 보 존 시 분리보관, 목적 범위 내 처리, 접근 권한 최소인원 제한
	3.5. 정보주체 권리보호	3.5.1	개인정보 처리방침 공개	법령 요구내용 포함, 알기 쉬운 용어, 개 인정보처리방침 공개, 변경 시 공지, 변경 사항 이력관리
		3.5.2	정보주체 권리보장	권리(열람, 정정·삭제, 처리정지) 행사 방 법 및 절차, 이의제기, 동의 철회 시 파기, 처리 기록, 타인 권리 침해
		3.5.3	정보주체에 대한 통지	개인정보 이용·제공 내역 주기적 통지(5 민고 100개 연1회), 통지항목 법 요구항 목 포함

(2) ISMS-P 인증기준

1) 관리체계 수립 및 운영

경영진 역할 및 책임 문서화, 보고체계

항목	1.1.1 경영진의 참여
인증기준	최고경영자는 정보보호 및 개인정보보호 관리체계의 수립과 운영활동 전반에 경영진의 참여가 이루어질 수 있도록 보고 및 의사결정 체계를 수립하여 운영하여야 한다.
주요 확인사항	1) 정보보호 및 개인정보보호 관리체계의 수립 및 운영활동 전반에 경영진의 참여가 이루어질 수 있도록 보고 및 의사결정 등의 책임과 역할을 문서화하고 있는가? 2) 경영진이 정보보호 및 개인정보보호 활동에 관한 의사결정에 적극적으로 참여할 수 있는 보고, 검토 및 승인 절차를 수립·이행하고 있는가?
결함사례	• 정보보호 및 개인정보보호 정책서에 분기별로 정보보호 및 개인정보보호 현황을 경영진에게 보고하도록 명시하였으나, 장기간 관련 보고를 수행하지 않은 경우 • 중요 정보보호 활동(위험평가, 위험수용수준 결정, 정보보호대책 및 이행계획 검토, 정보보호 대책 이행결과 검토, 보안감사 등)을 수행하면서 관련 활동관련 보고, 승인 등 의사결정에 경영진 또는 경영진의 권한을 위임받은 자가 참여하지 않았거나 관련 증적이 확인되지 않은 경우

CISO, CPO 공식지정, 자격요건

항목	1.1.2 최고책임자의 지정
인증기준	최고경영자는 정보보호 업무를 총괄하는 정보보호 최고책임자와 개인정보보호 업무를 총괄하는 개인정보보호 책임자를 예산·인력 등 자원을 할당할 수 있는 임원급으로 지정하여야 한다.
주요 확인사항	1) 최고경영자는 정보보호 및 개인정보보호 처리에 관한 업무를 총괄하여 책임질 최고책임자를 공식적으로 지정하고 있는가? 2) 정보보호 최고책임자 및 개인정보 보호책임자는 예산, 인력 등 자원을 할당할 수 있는 임원급으로 지정하고 있으며 관련 법령에 따른 자격요건을 충족하고 있는가?
결함사례	• 정보통신망법에 따른 정보보호 최고책임자 지정 및 신고 의무 대상자임에도 불구하고 정보보호 최고책임자를 지정 및 신고하지 않은 경우 • 개인정보보호법을 적용받는 민간기업이 개인정보 처리업무 관련 임원이 존재함에도 불구하고 부서장을 개인정보 보호책임자로 지정한 경우 • 조직도상에 정보보호 최고책임자 및 개인정보 보호책임자를 명시하고 있으나, 인사발령 등의 공식적인 지정절차를 거치지 않은 경우 • ISMS 인증 의무대상자이면서 전년도 말 기준 자산총액이 5천억 원을 초과한 정보통신서비스 제공자이지만 정보보호 최고책임자가 CIO를 겸직하고 있는 경우

항목	1.1.3 조직 구성
인증기준	최고경영자는 정보보호와 개인정보보호의 효과적 구현을 위한 실무조직, 조직 전반의 정보보호와 개인정보보호 관련 주요 사항을 검토 및 의결할 수 있는 위원회, 전사적 보호활동을 위한 부서별 정보보호와 개인정보보호 담당자로 구성된 협의체를 구성하여 운영하여야 한다.
주요 확인사항	1) 정보보호 최고책임자 및 개인정보 보호책임자의 업무를 지원하고 조직의 정보보호 및 개인정보보호 활동을 체계적으로 이행하기 위해 전문성을 갖춘 실무조직을 구성하여 운영하고 있는가? 2) 조직 전반에 걸친 중요한 정보보호 및 개인정보보호 관련사항에 대하여 검토, 승인 및 의사결정을 할 수 있는 위원회를 구성하여 운영하고 있는가? 3) 전사적 정보보호 및 개인정보보호 활동을 위하여 정보보호 및 개인정보보호 관련 담당자 및 부서별 담당자로 구성된 실무 협의체를 구성하여 운영하고 있는가?
결함사례	• 정보보호 및 개인정보보호위원회를 구성하였으나, 임원 등 경영진이 포함되어 있지 않고 실무부서의 장으로 구성되어 있어 조직의 중요 정보 및 개인정보 보호에 관한 사항을 결정할수 없는 경우 • 내부 지침에 따라 중요 정보처리부서 및 개인정보처리부서의 장(팀장급)으로 구성된 정보보호 및 개인정보보호 실무 협의체를 구성하였으나, 장기간 운영 실적이 없는 경우 • 정보보호 및 개인정보보호위원회를 개최하였으나, 연간 정보보호 및 개인정보보호 계획 및 교육 계획, 예산 및 인력 등 정보보호 및 개인정보보호에 관한 주요 사항이 검토 및 의사 결정이 되지 않은 경우

항목	1.1.4 범위 설정
인증기준	조직의 핵심 서비스와 개인정보 처리 현황 등을 고려하여 관리체계 범위를 설정하고, 관련된 서비스를 비롯하여 개인정보 처리 업무와 조직, 자산, 물리적 위치 등을 문서화하여야 한다.
주요 확인사항	1) 조직의 핵심 서비스 및 개인정보 처리에 영향을 줄 수 있는 핵심자산을 포함하도록 관리체계 범위를 설정하고 있는가? 2) 정의된 범위 내에서 예외사항이 있을 경우 명확한 사유 및 관련자 협의·책임자 승인 등 관련 근거를 기록·관리하고 있는가? 3) 정보보호 및 개인정보보호 관리체계 범위를 명확히 확인할 수 있도록 관련된 내용(주요 서비스 및 업무 현황, 정보시스템 목록, 문서목록 등)이 포함된 문서를 작성하여 관리하고 있는가?
결함사례	• 정보시스템 및 개인정보처리시스템 개발업무에 관련한 개발 및 시험 시스템, 외주업체직원, PC, 테스트용 단말기 등이 관리체계 범위에서 누락된 경우 • 정보보호 및 개인정보보호 관리체계 범위로 설정된 서비스 또는 사업에 대하여 중요 의사결정자 역할을 수행하고 있는 임직원, 사업부서 등의 핵심 조직(인력)을 인증범위에 포함하지 않은 경우 • 인증범위 내 조직 및 인력에 적용하고 있는 보안시스템(PC보안, 백신, 패치 등)을 인증범위에서 배제하고 있는 경우 • 정보통신망법에 따른 정보보호 관리체계 인증 의무대상자임에도 불구하고 인터넷에 공개되어 있는 일부 웹사이트가 관리체계 범위에서 누락된 경우

정책, 시행문서 승인(CEO, CISO), 임직원 전달

항목	1.1.5 정책 수립
인증기준	정보보호와 개인정보보호 정책 및 시행문서를 수립·작성하며, 이때 조직의 정보보호와 개인정보보호 방침 및 방향을 명확하게 제시하여야 한다. 또한 정책과 시행문서는 경영진 승인을 받고, 임직원 및 관련자에게 이해하기 쉬운 형태로 전달하여야 한다.
주요 확인사항	1) 조직이 수행하는 모든 정보보호 및 개인정보보호 활동의 근거를 포함하는 최상위 수준의 정보보호 및 개인정보보호 정책을 수립하고 있는가? 2) 정보보호 및 개인정보보호 정책의 시행을 위하여 필요한 세부적인 방법, 절차, 주기 등을 규정한 지침, 절차, 매뉴얼 등을 수립하고 있는가? 3) 정보보호 및 개인정보보호 정책·시행문서의 제·개정 시 최고경영자 또는 최고경영자로부터 권한을 위임받은 자의 승인을 받고 있는가? 4) 정보보호 및 개인정보보호 정책·시행문서의 최신본을 관련 임직원에게 접근하기 쉬운 형태로 제공하고 있는가?
결함사례	• 내부 규정에 따르면 정보보호 및 개인정보보호 정책서 제·개정 시에는 정보보호 및 개인 정보보호위원회의 의결을 거치도록 하고 있으나, 최근 정책서 개정 시 위원회에 안건으로 상정하지 않고 정보보호 최고책임자 및 개인정보 보호책임자의 승인을 근거로만 개정한 경우 • 정보보호 및 개인정보보호 정책 및 지침서가 최근에 개정되었으나, 해당 사항이 관련 부서 및 임직원에게 공유·전달되지 않아 일부 부서에서는 구버전의 지침서를 기준으로 업무를 수행하고 있는 경우 • 정보보호 및 개인정보보호 정책 및 지침서를 보안부서에서만 관리하고 있고, 임직원이 열람할 수 있도록 게시판, 문서 등의 방법으로 제공하지 않는 경우

인력(전문성) 확보, 예산, 인력 지원, 계획, 결과 분석 평가

항목	1.1.6 자원 할당
인증기준	최고경영자는 정보보호와 개인정보보호 분야별 전문성을 갖춘 인력을 확보하고, 관리체계의 효과적 구현과 지속적 운영을 위한 예산 및 자원을 할당하여야 한다.
주요 확인사항	1) 정보보호 및 개인정보보호 분야별 전문성을 갖춘 인력을 확보하고 있는가? 2) 정보보호 및 개인정보보호 관리체계의 효과적 구현과 지속적 운영을 위해 필요한 자원을 평가하여 필요한 예산과 인력을 지원하고 있는가? 3) 연도별 정보보호 및 개인정보보호 업무 세부추진 계획을 수립·시행하고 그 추진결과에 대한 심사분석·평가를 실시하고 있는가?
결함사례	• 정보보호 및 개인정보보호 조직을 구성하는데, 분야별 전문성을 갖춘 인력이 아닌 정보보호 관련 또는 IT 관련 전문성이 없는 인원으로만 보안인력을 구성한 경우 • 개인정보처리시스템의 기술적·관리적 보호조치의 요건을 갖추기 위한 보안 솔루션 등의 비용을 최고경영자가 지원하지 않고 법적 위험을 수용하고 있는 경우 • 인증을 취득한 이후에 인력과 예산 지원을 대폭 줄이고 기존 인력을 다른 부서로 배치하거나 일부 예산을 다른 용도로 사용하는 경우

항목	1.2.1 정보자산 식별
인증기준	조직의 업무특성에 따라 정보자산 분류기준을 수립하여 관리체계 범위 내 모든 정보자산을 식별·분류하고, 중요도를 산정한 후 그 목록을 최신으로 관리하여야 한다.
주요 확인사항	1) 정보자산의 분류기준을 수립하고 정보보호 및 개인정보보호 관리체계 범위 내의 모든 자산을 식별하여 목록으로 관리하고 있는가? 2) 식별된 정보자산에 대해 법적 요구사항 및 업무에 미치는 영향 등을 고려하여 중요도를 결정하고 보안등급을 부여하고 있는가? 3) 정기적으로 정보자산 현황을 조사하여 정보자산목록을 최신으로 유지하고 있는가?
결함사례	• 정보보호 및 개인정보보호 관리체계 범위 내의 자산 목록에서 중요정보 취급자 및 개인정보 취급자 PC를 통제하는 데 사용되는 출력물 보안, 문서암호화, USB매체제어 등의 내부 정보 유출통제 시스템이 누락되어 있는 경우 • 정보보호 및 개인정보보호 관리체계 범위 내에서 제3자로부터 제공받은 개인정보가 있으나, 해당 개인정보에 대한 자산 식별이 이루어지지 않은 경우 • 내부 지침에 명시된 정보자산 및 개인정보 보안등급 분류 기준과 자산관리 대장의 분류 기준이 일치하지 않은 경우

항목	1.2.2 현황 및 흐름분석
인증기준	관리체계 전 영역에 대한 정보서비스 및 개인정보 처리 현황을 분석하고 업무 절차와 흐름을 파악하여 문서화하며, 이를 주기적으로 검토하여 최신성을 유지하여야 한다.
주요 확인사항	1) 관리체계 전 영역에 대한 정보서비스 현황을 식별하고 업무 절차와 흐름을 파악하여 문서화하고 있는가? 2) 관리체계 범위 내 개인정보 처리 현황을 식별하고 개인정보의 흐름을 파악하여 개인정보 흐름도 등으로 문서화하고 있는가? 3) 서비스 및 업무, 정보자산 등의 변화에 따른 업무절차 및 개인정보 흐름을 주기적으로 검토하여 흐름도 등 관련 문서의 최신성을 유지하고 있는가?
결함사례	• 관리체계 범위 내 주요 서비스의 업무 절차·흐름 및 현황에 문서화가 이루어지지 않은 경우 • 개인정보 흐름도를 작성하였으나, 실제 개인정보의 흐름과 상이한 부분이 다수 존재하거나 중요한 개인정보 흐름이 누락되어 있는 경우 • 최초 개인정보 흐름도 작성 이후에 현행화가 이루어지지 않아 변화된 개인정보 흐름이 흐름도에 반영되지 않고 있는 경우

위험평가 방법론, 계획, 연1회, DOA ,경영진 승인

항목	1.2.3 위험 평가
인증기준	조직의 대내외 환경분석을 통해 유형별 위협정보를 수집하고 조직에 적합한 위험 평가 방법을 선정하여 관리체계 전 영역에 대하여 연 1회 이상 위험을 평가하며, 수용할 수 있는 위험은 경영진의 승인을 받아 관리하여야 한다.
주요 확인사항	1) 조직 또는 서비스의 특성에 따라 다양한 측면에서 발생할 수 있는 위험을 식별하고 평가할 수 있는 방법을 정의하고 있는가? 2) 위험관리 방법 및 절차(수행인력, 기간, 대상, 방법, 예산 등)를 구체화한 위험관리계획을 매년 수립하고 있는가? 3) 위험관리계획에 따라 연 1회 이상 정기적으로 또는 필요한 시점에 위험평가를 수행하고 있는가? 4) 조직에서 수용 가능한 목표 위험수준을 정하고 그 수준을 초과하는 위험을 식별하고 있는가? 5) 위험식별 및 평가 결과를 경영진에게 보고하고 있는가?
결함사례	• 수립된 위험관리계획서에 위험평가 기간 및 위험관리 대상과 방법이 정의되어 있으나, 위험관리 수행 인력과 소요 예산 등 구체적인 실행계획이 누락되어 있는 경우 • 전년도에는 위험평가를 수행하였으나, 금년도에는 자산 변경이 없었다는 사유로 위험 평가를 수행하지 않은 경우 • 위험관리 계획에 따라 위험 식별 및 평가를 수행하고 있으나, 범위 내 중요 정보자산에 대한 위험 식별 및 평가를 수행하지 않았거나, 정보보호 관련 법적 요구 사항 준수 여부에 따른 위험을 식별 및 평가하지 않은 경우 • 위험관리 계획에 따라 위험 식별 및 평가를 수행하고 수용 가능한 목표 위험수준을 설정 하였으나, 관련 사항을 경영진(정보보호 최고책임자 등)에 보고하여 승인받지 않은 경우

위험처리(회피, 전가, 감소, 수용), 이행계획

항목	1.2.4 보호대책 선정
인증기준	위험 평가 결과에 따라 식별된 위험을 처리하기 위하여 조직에 적합한 보호대책을 선정하고, 보호대책의 우선순위와 일정·담당자·예산 등을 포함한 이행계획을 수립하여 경영진의 승인을 받아야 한다.
주요 확인사항	1) 식별된 위험에 대한 처리 전략(감소, 회피, 전가, 수용 등)을 수립하고 위험처리를 위한 보호대책을 선정하고 있는가? 2) 보호대책의 우선순위를 고려하여 일정, 담당부서 및 담당자, 예산 등의 항목을 포함한 보호대책 이행계획을 수립하고 경영진에 보고하고 있는가?
결함사례	• 정보보호 및 개인정보보호 대책에 대한 이행계획은 수립하였으나, 정보보호 최고책임자 및 개인정보 보호책임자에게 보고가 이루어지지 않은 경우 • 위험감소가 요구되는 일부 위험의 조치 이행계획이 누락되어 있는 경우 • 이행계획 시행에 대한 결과를 정보보호 최고책임자 및 개인정보 보호책임자에게 보고하였으나, 일부 미이행된 건에 대한 사유 보고 및 후속 조치가 이루어지지 않은 경우 • 법에 따라 의무적으로 이행하여야 할 사항, 보안 취약성이 높은 위험 등을 별도의 보호조치 계획 없이 위험수용으로 결정하여 조치하지 않은 경우

보호대책 구현 정확성, 효과성, 구체성 진척 보고

항목	1.3.1 보호대책 구현
인증기준	선정한 보호대책은 이행계획에 따라 효과적으로 구현하고, 경영진은 이행결과의 정확성과 효과성 여부를 확인하여야 한다.
주요 확인사항	1) 이행계획에 따라 보호대책을 효과적으로 구현하고 이행결과의 정확성 및 효과성 여부를 경영진이 확인할 수 있도록 보고하고 있는가? 2) 관리체계 인증기준 별로 보호대책 구현 및 운영 현황을 기록한 운영명세서를 구체적으로 작성하고 있는가?
결함사례	• 정보보호 및 개인정보보호 대책에 대한 이행완료 결과를 정보보호 최고책임자 및 개인정보 보호책임자에게 보고하지 않은 경우 • 위험조치 이행결과보고서는 '조치 완료'로 명시되어 있으나, 관련된 위험이 여전히 존재하거나 이행결과의 정확성 및 효과성이 확인되지 않은 경우 • 전년도 정보보호대책 이행계획에 따라 중·장기로 분류된 위험들이 해당연도에 구현이 되고 있지 않거나 이행결과를 경영진이 검토 및 확인하고 있지 않은 경우

보호대책 담당자, 보호대책 공유&교육

항목	1.3.2 보호대책 공유
인증기준	보호대책의 실제 운영 또는 시행할 부서 및 담당자를 파악하여 관련 내용을 공유하고 교육하여 지속적으로 운영되도록 하여야 한다.
주요 확인사항	1) 구현된 보호대책을 운영 또는 시행할 부서 및 담당자를 명확하게 파악하고 있는가? 2) 구현된 보호대책을 운영 또는 시행할 부서 및 담당자에게 관련 내용을 공유 또는 교육하고 있는가?
결함사례	• 정보보호대책을 마련하여 구현하고 있으나, 관련 내용을 충분히 공유·교육하지 않아 실제 운영 또는 수행 부서 및 담당자가 해당 내용을 인지하지 못하고 있는 경우

(개인)정보보호 활동 문서화, 경영진 확인

항목	1.3.3 운영현황 관리
인증기준	조직이 수립한 관리체계에 따라 상시적 또는 주기적으로 수행하여야 하는 운영활동 및 수행 내역은 식별 및 추적이 가능하도록 기록하여 관리하고, 경영진은 주기적으로 운영활동의 효과성을 확인하여 관리하여야 한다.
주요 확인사항	1) 관리체계 운영을 위해 주기적 또는 상시적으로 수행해야 하는 정보보호 및 개인정보보호 활동을 문서화하여 관리하고 있는가? 2) 경영진은 주기적으로 관리체계 운영활동의 효과성을 확인하고 이를 관리하고 있는가?
결함사례	• 정보보호 및 개인정보보호 관리체계 운영현황 중 주기적 또는 상시적인 활동이 요구되는 활동 현황을 문서화하지 않은 경우 • 정보보호 및 개인정보보호 관리체계 운영현황에 대한 문서화는 이루어졌으나, 해당 운영현황에 대한 주기적인 검토가 이루어지지 않아 월별 및 분기별 활동이 요구되는 일부 정보보호 및 개인정보보호 활동이 누락되었고 일부는 이행 여부를 확인할 수 없는 경우

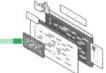

항목	1.4.1 법적 요구사항 준수 검토
인증기준	준수하여야 할 정보보호 및 개인정보보호 관련 법적 요구사항을 주기적으로 파악하여 규정에 반영하고, 준수 여부를 지속적으로 검토하여야 한다.
주요 확인사항	1) 조직이 준수하여야 하는 정보보호 및 개인정보보호 관련 법적 요구사항을 파악하여 최신성을 유지하고 있는가? 2) 법적 요구사항의 준수여부를 연 1회 이상 정기적으로 검토하고 있는가?
결함사례	• 정보통신망법 및 개인정보보호법이 최근 개정되었으나 개정사항이 조직에 미치는 영향을 검토하지 않았으며, 정책서 및 시행문서에도 해당 내용을 반영하지 않아 정책서 및 시행문서 내용이 법령 내용과 일치하지 않은 경우 • 조직에서 준수하여야 할 법률이 개정되었으나, 해당 법률 준거성 검토를 1년 이상 수행하지 않은 경우 • 법적 준거성 준수 여부에 대한 검토가 적절히 이루어지지 않아 개인정보보호법 등 법규 위반 사항이 다수 발견된 경우 • 개인정보보호법에 따라 개인정보 손해배상책임 보장제도 적용 대상이 되었으나, 이를 인지하지 못하여 보험 가입이나 준비금 적립을 하지 않은 경우 또는 보험 가입을 하였으나, 이용자 수 및 매출액에 따른 최저가입금액 기준을 준수하지 못한 경우 • 정보보호 공시 의무대상 사업자이지만 법에 정한 시점 내에 정보보호 공시가 시행되지 않은 경우

항목	1.4.2 관리체계 점검
인증기준	관리체계가 내부 정책 및 법적 요구사항에 따라 효과적으로 운영되고 있는지 독립성과 전문성이 확보된 인력을 구성하여 연 1회 이상 점검하고, 발견된 문제점을 경영진에게 보고하여야 한다.
주요 확인사항	1) 법적 요구사항 및 수립된 정책에 따라 정보보호 및 개인정보보호 관리체계가 효과적으로 운영되는지를 점검하기 위한 관리체계 점검기준, 범위, 주기, 점검인력 자격요건 등을 포함한 관리체계 점검 계획을 수립하고 있는가? 2) 관리체계 점검 계획에 따라 독립성, 객관성 및 전문성이 확보된 인력을 구성하여 연 1회 이상 점검을 수행하고 발견된 문제점을 경영진에게 보고하고 있는가?
결함사례	• 관리체계 점검 인력에 점검 대상으로 식별된 전산팀 직원이 포함되어 있어 점검의 독립성이 훼손된 경우 • 금년도 관리체계 점검을 실시하였으나, 점검범위가 일부 영역에 국한되어 있어 정보보호 및 개인정보보호 관리체계 범위를 충족하지 못한 경우 • 관리체계 점검 시 발견된 문제점에 대하여 조치계획을 수립하지 않았거나 조치 완료 여부를 확인하지 않은 경우

항목	1.4.3 관리체계 개선
인증기준	법적 요구사항 준수검토 및 관리체계 점검을 통해 식별된 관리체계상의 문제점에 대한 원인을 분석하고 재발방지 대책을 수립·이행하여야 하며, 경영진은 개선 결과의 정확성과 효과성 여부를 확인하여야 한다.
주요 확인사항	1) 법적 요구사항 준수검토 및 관리체계 점검을 통해 식별된 관리체계 상의 문제점에 대한 근본 원인을 분석하여 재발방지 및 개선 대책을 수립·이행하고 있는가? 2) 재발방지 및 개선 결과의 정확성 및 효과성 여부를 확인하기 위한 기준과 절차를 마련하고 있는가?
결함사례	• 내부점검을 통하여 발견된 정보보호 및 개인정보보호 관리체계 운영상 문제점이 매번 동일하게 반복되어 발생되는 경우 • 내부 규정에는 내부점검 시 발견된 문제점에 대해서는 근본원인에 대한 분석 및 재발방지 대책을 수립하도록 되어 있으나, 최근에 수행된 내부점검에서는 발견된 문제점에 대하여 근본원인 분석 및 재발방지 대책이 수립되지 않은 경우 • 관리체계상 문제점에 대한 재발방지 대책을 수립하고 핵심성과지표를 마련하여 주기적으로 측정하고 있으나, 그 결과에 대하여 경영진 보고가 장기간 이루어지지 않은 경우

2) 보호대책 요구사항

항목	2.1.1 정책의 유지관리
인증기준	정보보호 및 개인정보보호 관련 정책과 시행문서는 법령 및 규제, 상위 조직 및 관련 기관 정책과의 연계성, 조직의 대내외 환경변화 등에 따라 주기적으로 검토하여 필요한 경우 제·개정하고 그 내역을 이력관리하여야 한다.
주요 확인사항	1) 정보보호 및 개인정보보호 관련 정책 및 시행문서에 대한 정기적인 타당성 검토 절차를 수립·이행하고 있는가? 2) 조직의 대내외 환경에 중대한 변화 발생 시 정보보호 및 개인정보보호 관련 정책 및 시행문서에 미치는 영향을 검토하고 필요 시 제·개정하고 있는가? 3) 정보보호 및 개인정보보호 관련 정책 및 시행문서의 제·개정 시 이해 관계자의 검토를 받고 있는가? 4) 정보보호 및 개인정보보호 관련 정책 및 시행문서의 제·개정 내역에 대하여 이력 관리를 하고 있는가?
결함사례	• 지침서와 절차서 간 패스워드 설정 규칙에 일관성이 없는 경우 • 정보보호 활동(정보보호 교육, 암호화, 백업 등)의 대상, 주기, 수준, 방법 등이 관련 내부 규정, 지침, 절차에 서로 다르게 명시되어 일관성이 없는 경우 • 데이터베이스에 대한 접근 및 작업이력을 효과적으로 기록 및 관리하기 위하여 데이터베이스 접근통제 솔루션을 신규로 도입하여 운영하고 있으나, 보안시스템 보안 관리지침 및 데이터베이스 보안 관리지침 등 내부 보안지침에 접근통제, 작업이력, 로깅, 검토 등에 관한 사항이 반영되어 있지 않은 경우 • 개인정보보호 정책이 개정되었으나 정책 시행 기준일이 명시되어 있지 않으며, 관련 정책의 작성일, 작성자 및 승인자 등이 누락되어 있는 경우 • 개인정보 보호 관련 법령, 고시 등에 중대한 변경사항이 발생하였으나, 이러한 변경이 개인정보보호 정책 및 시행문서에 미치는 영향을 검토하지 않았거나 변경사항을 반영하여 개정하지 않은 경우

담당자 R&R, 평가(MBO, KPI), 의사소통체계(주간보고, 게시판)

항목	2.1.2 조직의 유지관리
인증기준	조직의 각 구성원에게 정보보호와 개인정보보호 관련 역할 및 책임을 할당하고, 그 활동을 평가할 수 있는 체계와 조직 및 조직의 구성원 간 상호 의사소통할 수 있는 체계를 수립하여 운영하여야 한다.
주요 확인사항	1) 정보보호 및 개인정보보호 관련 책임자와 담당자의 역할 및 책임을 명확히 정의하고 있는가? 2) 정보보호 및 개인정보보호 관련 책임자와 담당자의 활동을 평가할 수 있는 체계를 수립하고 있는가? 3) 정보보호 및 개인정보보호 관련 조직 및 조직의 구성원간 상호 의사소통할 수 있는 체계 및 절차를 수립·이행하고 있는가?
결함사례	• 내부 지침 및 직무기술서에 정보보호 최고책임자, 개인정보 보호책임자 및 관련 담당자의 역할과 책임을 정의하고 있으나, 실제 운영현황과 일치하지 않는 경우 • 정보보호 최고책임자 및 관련 담당자의 활동을 주기적으로 평가할 수 있는 목표, 기준, 지표 등의 체계가 마련되어 있지 않은 경우 • 내부 지침에는 부서별 정보보호 담당자는 정보보호와 관련된 KPI를 설정하여 인사평가시 반영하도록 되어 있으나, 부서별 정보보호 담당자의 KPI에 정보보호와 관련된 사항이 전혀 반영되어 있지 않은 경우 • 정보보호 최고책임자 및 개인정보 보호책임자가 지정되어 있으나, 관련 법령에서 요구하는 역할 및 책임이 내부 지침이나 직무기술서 등에 구체적으로 명시되어 있지 않은 경우

보안등급 취급절차, 책임자 & 관리자

항목	2.1.3 정보자산 관리
인증기준	정보자산의 용도와 중요도에 따른 취급 절차 및 보호대책을 수립·이행하고, 자산별 책임소재를 명확히 정의하여 관리하여야 한다.
주요 확인사항	1) 정보자산의 보안등급에 따른 취급절차(생성·도입, 저장, 이용, 파기) 및 보호대책을 정의하고 이행하고 있는가? 2) 식별된 정보자산에 대하여 책임자 및 관리자를 지정하고 있는가?
결함사례	• 내부 지침에 따라 문서에 보안등급을 표기하도록 되어 있으나, 이를 표시하지 않은 경우 • 정보자산별 담당자 및 책임자를 식별하지 않았거나, 자산목록 현행화가 미흡하여 퇴직, 전보 등 인사이동이 발생하여 주요 정보자산의 담당자 및 책임자가 변경되었음에도 이를 식별하지 않은 경우 • 식별된 정보자산에 대한 중요도 평가를 실시하여 보안등급을 부여하고 정보 자산목록에 기록하고 있으나, 보안등급에 따른 취급절차를 정의하지 않은 경우

기준 정의, 지정, 최신화, 개인정보취급자 목록, 최소화

항목	2.2.1 주요 직무자 지정 및 관리
인증기준	개인정보 및 중요정보의 취급이나 주요 시스템 접근 등 주요 직무의 기준과 관리방안을 수립하고, 주요 직무자를 최소한으로 지정하여 그 목록을 최신으로 관리하여야 한다.
주요 확인사항	1) 개인정보 및 중요정보의 취급, 주요 시스템 접근 등 주요 직무의 기준을 명확히 정의하고 있는가? 2) 주요 직무를 수행하는 임직원 및 외부자를 주요 직무자로 지정하고 그 목록을 최신으로 관리하고 있는가? 3) 업무상 개인정보를 취급하는 자를 개인정보취급자로 지정하고 목록을 관리하고 있는가? 4) 업무 필요성에 따라 주요 직무자 및 개인정보취급자 지정을 최소화하는 등 관리방안을 수립·이행하고 있는가?
결함사례	• 주요 직무자 명단(개인정보취급자 명단, 비밀정보관리자 명단 등)을 작성하고 있으나, 대량의 개인정보 등 중요정보를 취급하는 일부 임직원(DBA, DLP 관리자 등)을 명단에 누락한 경우 • 주요 직무자 및 개인정보취급자 목록을 관리하고 있으나, 퇴사한 임직원이 포함되어 있고 최근 신규 입사한 인력이 포함되어 있지 않는 등 현행화 관리가 되어 있지 않은 경우 • 부서 단위로 개인정보취급자 권한을 일괄 부여하고 있어 실제 개인정보를 취급할 필요가 없는 인원까지 과다하게 개인정보취급자로 지정된 경우 • 내부 지침에는 주요 직무자 권한 부여 시에는 보안팀의 승인을 받고 주요 직무에 따른 보안서약서를 작성하도록 하고 있으나, 보안팀 승인 및 보안서약서 작성 없이 등록된 주요 직무자가 다수 존재하는 경우

직무 분리 기준, 보완통제(상호검토, 상위관리자 승인, 개인계정, 로그감사)

항목	2.2.2 직무 분리
인증기준	권한 오·남용 등으로 인한 잠재적인 피해 예방을 위하여 직무 분리 기준을 수립하고 적용하여야 한다. 다만 불가피하게 직무 분리가 어려운 경우 별도의 보완대책을 마련하여 이행하여야 한다.
주요 확인사항	1) 권한 오·남용 등으로 인한 잠재적인 피해 예방을 위하여 직무 분리 기준을 수립하여 적용하고 있는가? 2) 직무분리가 어려운 경우 직무자간 상호 검토, 상위관리자 정기 모니터링 및 변경사항 승인, 책임추적성 확보 방안 등의 보완통제를 마련하고 있는가?
결함사례	• 조직의 규모와 인원이 담당자별 직무 분리가 충분히 가능한 조직임에도 업무 편의성만을 사유로 내부 규정으로 정한 직무 분리 기준을 준수하고 있지 않은 경우 • 조직의 특성상 경영진의 승인을 받은 후 개발과 운영 직무를 병행하고 있으나, 직무자 간 상호 검토, 상위관리자의 주기적인 직무수행 모니터링 및 변경 사항 검토·승인, 직무자의 책임추적성 확보 등의 보완통제 절차가 마련되어 있지 않은 경우

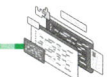

항목	2.2.3 보안 서약
인증기준	정보자산을 취급하거나 접근권한이 부여된 임직원·임시직원·외부자 등이 내부 정책 및 관련 법규, 비밀유지 의무 등 준수사항을 명확히 인지할 수 있도록 업무 특성에 따른 정보보호 서약을 받아야 한다.
주요 확인사항	1) 신규 인력 채용 시 정보보호 및 개인정보보호 책임이 명시된 정보보호 및 개인정보보호 서약서를 받고 있는가? 2) 임시직원, 외주용역직원 등 외부자에게 정보자산에 대한 접근권한을 부여할 경우 정보보호 및 개인정보보호에 대한 책임, 비밀유지 의무 등이 명시된 서약서를 받고 있는가? 3) 임직원 퇴직 시 별도의 비밀유지에 관련한 서약서를 받고 있는가? 4) 정보보호, 개인정보보호 및 비밀유지 서약서는 안전하게 보관하고 필요 시 쉽게 찾아볼 수 있도록 관리하고 있는가?
결함사례	• 신규 입사자에 대해서는 입사 절차상에 보안서약서를 받도록 규정하고 있으나, 최근에 입사한 일부 직원의 보안서약서 작성이 누락된 경우 • 임직원에 대해서는 보안서약서를 받고 있으나, 정보처리시스템에 직접 접속이 가능한 외주 인력에 대해서는 보안서약서를 받지 않은 경우 • 제출된 정보보호 및 개인정보보호 서약서를 모아 놓은 문서철이 비인가자가 접근 가능한 상태로 사무실 책상에 방치되어 있는 등 관리가 미흡한 경우 • 개인정보취급자에 대하여 보안서약서만 받고 있으나, 보안서약서 내에 비밀유지에 대한 내용만 있고 개인정보보호에 관한 책임 및 내용이 포함되어 있지 않은 경우

항목	2.2.4 인식제고 및 교육훈련
인증기준	임직원 및 관련 외부자가 조직의 관리체계와 정책을 이해하고 직무별 전문성을 확보할 수 있도록 연간 인식제고 활동 및 교육훈련 계획을 수립·운영하고, 그 결과에 따른 효과성을 평가하여 다음 계획에 반영하여야 한다.
주요 확인사항	1) 정보보호 및 개인정보보호 교육의 시기, 기간, 대상, 내용, 방법 등의 내용이 포함된 연간 교육 계획을 수립하고 경영진의 승인을 받고 있는가? 2) 관리체계 범위 내 모든 임직원과 외부자를 대상으로 연간 교육계획에 따라 연1회 이상 정기적으로 교육을 수행하고, 관련 법규 및 규정의 중대한 변경 시 이에 대한 추가교육을 수행하고 있는가? 3) 임직원 채용 및 외부자 신규 계약 시, 업무 시작 전에 정보보호 및 개인정보보호 교육을 시행하고 있는가? 4) IT 및 정보보호, 개인정보보호 조직 내 임직원은 정보보호 및 개인정보보호와 관련하여 직무별 전문성 제고를 위한 별도의 교육을 받고 있는가? 5) 교육시행에 대한 기록을 남기고 교육 효과와 적정성을 평가하여 다음 교육 계획에 반영하고 있는가?

항목	2.2.4 인식제고 및 교육훈련
결함사례	• 전년도에는 연간 정보보호 및 개인정보보호 교육 계획을 수립하여 이행하였으나, 당해 연도에 타당한 사유 없이 연간 정보보호 및 개인정보보호 교육 계획을 수립하지 않은 경우 • 연간 정보보호 및 개인정보보호 교육 계획에 교육 주기와 대상은 명시하고 있으나, 시행 일정, 내용 및 방법 등의 내용이 포함되어 있지 않은 경우 • 연간 정보보호 및 개인정보보호 교육 계획에 전 직원을 대상으로 하는 개인정보보호 인식 교육은 일정시간 계획되어 있으나, 개인정보 보호책임자 및 개인정보담당자 등 직무별로 필요한 개인정보보호관련 교육 계획이 포함되어 있지 않은 경우 • 정보보호 및 개인정보보호 교육 계획서 및 결과 보고서를 확인한 결과, 인증범위 내의 정보 자산 및 설비에 접근하는 외주용역업체 직원(전산실 출입 청소원, 경비원, 외주개발자 등)을 교육 대상에서 누락한 경우 • 당해 연도 정보보호 및 개인정보보호 교육을 실시하였으나, 교육시행 및 평가에 관한 기록(교육자료, 출석부, 평가 설문지, 결과보고서 등) 일부를 남기지 않고 있는 경우 • 정보보호 및 개인정보보호 교육 미이수자를 파악하지 않고 있거나, 해당 미이수자에 대한 추가교육 방법(전달교육, 추가교육, 온라인교육 등)을 수립·이행하고 있지 않은 경우

인사변경 공유, 자산 반납 & 권한 회수 & 결과 확인

항목	2.2.5 퇴직 및 직무변경 관리
인증기준	퇴직 및 직무변경 시 인사·정보보호·개인정보보호·IT 등 관련 부서별 이행하여야 할 자산반납, 계정 및 접근권한 회수·조정, 결과확인 등의 절차를 수립·관리하여야 한다.
주요 확인사항	1) 퇴직, 직무변경, 부서이동, 휴직 등으로 인한 인사변경 내용이 인사부서, 정보보호 및 개인정보보호 부서, 정보시스템 및 개인정보처리시스템 운영부서 간에 공유되고 있는가? 2) 조직 내 인력(임직원, 임시직원, 외주용역직원 등)의 퇴직 또는 직무변경 시 지체 없는 정보 자산 반납, 접근권한 회수·조정, 결과 확인 등의 절차를 수립·이행하고 있는가?
결함사례	• 직무 변동에 따라 개인정보취급자에서 제외된 인력의 계정과 권한이 개인정보처리시스템에 그대로 남아 있는 경우 • 최근에 퇴직한 주요직무자 및 개인정보취급자에 대하여 자산반납, 권한 회수 등의 퇴직절차 이행 기록이 확인되지 않은 경우 • 임직원 퇴직 시 자산반납 관리는 잘 이행하고 있으나, 인사규정에서 정한 퇴직자 보안점검 및 퇴직확인서를 작성하지 않은 경우

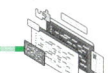

처벌규정 수립, 적발 시 조치

항목	2.2.6 보안 위반 시 조치
인증기준	임직원 및 관련 외부자가 법령, 규제 및 내부정책을 위반한 경우 이에 따른 조치 절차를 수립·이행하여야 한다.
주요 확인사항	1) 임직원 및 관련 외부자가 법령과 규제 및 내부정책에 따른 정보보호 및 개인정보보호 책임과 의무를 위반한 경우에 대한 처벌 규정을 수립하고 있는가? 2) 정보보호 및 개인정보 보호 위반 사항이 적발된 경우 내부 절차에 따른 조치를 수행하고 있는가?
결함사례	• 정보보호 및 개인정보보호 규정 위반자에 대한 처리 기준 및 절차가 내부 규정에 전혀 포함되어 있지 않은 경우 • 보안시스템(DLP, 데이터베이스 접근제어시스템, 내부정보유출통제시스템 등)을 통하여 정책 위반이 탐지된 관련자에게 경고 메시지를 전달하고 있으나, 이에 대한 소명 및 추가 조사, 징계 처분 등 내부 규정에 따른 후속 조치가 이행되고 있지 않은 경우

위탁 업무, 시설, 서비스 식별, 위험 파악, 보호대책 마련

항목	2.3.1 외부자 현황 관리
인증기준	업무의 일부(개인정보취급, 정보보호, 정보시스템 운영 또는 개발 등)를 외부에 위탁하거나 외부의 시설 또는 서비스(집적정보통신시설, 클라우드 서비스, 애플리케이션 서비스 등)를 이용하는 경우 그 현황을 식별하고 법적 요구사항 및 외부 조직·서비스로부터 발생되는 위험을 파악하여 적절한 보호대책을 마련하여야 한다.
주요 확인사항	1) 관리체계 범위 내에서 발생하고 있는 업무 위탁 및 외부 시설·서비스의 이용 현황을 식별하고 있는가? 2) 업무 위탁 및 외부 시설·서비스의 이용에 따른 법적 요구사항과 위험을 파악하고 적절한 보호대책을 마련하였는가?
결함사례	• 내부 규정에 따라 외부 위탁 및 외부 시설·서비스 현황을 목록으로 관리하고 있으나, 몇 개월 전에 변경된 위탁업체가 목록에 반영되어 있지 않은 등 현행화 관리가 미흡한 경우 • 관리체계 범위 내 일부 개인정보처리시스템을 외부 클라우드 서비스로 이전하였으나, 이에 대한 식별 및 위험평가가 수행되지 않은 경우

위탁업체 역량 평가, 계약서(보안요건, 개발요건)

항목	2.3.2 외부자 계약 시 보안
인증기준	외부 서비스를 이용하거나 외부자에게 업무를 위탁하는 경우 이에 따른 정보보호 및 개인정보보호 요구사항을 식별하고, 관련 내용을 계약서 또는 협정서 등에 명시하여야 한다.
주요 확인사항	1) 중요정보 및 개인정보 처리와 관련된 외부 서비스 및 위탁 업체를 선정하는 경우 정보보호 및 개인정보 보호 역량을 고려하도록 절차를 마련하고 있는가? 2) 외부 서비스 이용 및 업무 위탁에 따른 정보보호 및 개인정보보호 요구사항을 식별하고 이를 계약서 또는 협정서에 명시하고 있는가? 3) 정보시스템 및 개인정보처리시스템 개발을 위탁하는 경우 개발 시 준수해야 할 정보보호 및 개인정보보호 요구사항을 계약서에 명시하고 있는가?
결함사례	• IT 운영, 개발 및 개인정보 처리업무를 위탁하는 외주용역업체에 대한 위탁계약서가 존재하지 않는 경우 • 개인정보 처리업무를 위탁하는 외부업체와의 위탁계약서상에 개인정보보호법 등 법령에서 요구하는 일부 항목(관리·감독에 관한 사항 등)이 포함되어 있지 않은 경우 • 인프라 운영과 개인정보 처리업무 일부를 외부업체에 위탁하고 있으나, 계약서 등에는 위탁 업무의 특성에 따른 보안 요구사항을 식별·반영하지 않고 비밀유지 및 손해배상에 관한 일반 사항만 규정하고 있는 경우

외부자 점검&감사, 개선계획, 재위탁 시 승인

항목	2.3.3 외부자 보안 이행 관리
인증기준	계약서, 협정서, 내부정책에 명시된 정보보호 및 개인정보보호 요구사항에 따라 외부자의 보호대책 이행 여부를 주기적인 점검 또는 감사 등 관리·감독하여야 한다.
주요 확인사항	1) 외부자가 계약서, 협정서, 내부정책에 명시된 정보보호 및 개인정보보호 요구사항을 준수하고 있는지 주기적으로 점검 또는 감사를 수행하고 있는가? 2) 외부자에 대한 점검 또는 감사 시 발견된 문제점에 대하여 개선계획을 수립·이행하고 있는가? 3) 개인정보 처리업무를 위탁받은 수탁자가 관련 업무를 제3자에게 재위탁하는 경우 위탁자의 승인을 받도록 하고 있는가?
결함사례	• 회사 내에 상주하여 IT 개발 및 운영 업무를 수행하는 외주업체에 대해서는 정기적으로 보안점검을 수행하고 있지 않은 경우 • 개인정보 수탁자에 대하여 보안교육을 실시하라는 공문을 발송하고 있으나, 교육 수행 여부를 확인하고 있지 않은 경우 • 수탁자가 자체적으로 보안점검을 수행한 후 그 결과를 통지하도록 하고 있으나, 수탁자가 보안점검을 충실히 수행하고 있는지 여부에 대하여 확인하는 절차가 존재하지 않아 보안점검 결과의 신뢰성이 매우 떨어지는 경우 • 개인정보 처리업무 위탁계약서의 재위탁 제한 조항에는 재위탁 시 위탁자의 사전 승인을 받도록 하고 있으나, 수탁자 중 일부가 위탁자의 동의 없이 해당 업무를 재위탁한 경우 • 영리 목적의 광고성 정보전송 업무를 타인에게 위탁하면서 수탁자에 대한 관리·감독을 수행하지 않고 있는 경우

외부자 자산, 계정, 권한 회수, 서약서 징구, 중요정보 파기

항목	2.3.4 외부자 계약 변경 및 만료 시 보안
인증기준	외부자 계약만료, 업무종료, 담당자 변경 시에는 제공한 정보자산 반납, 정보시스템 접근계정 삭제, 중요정보 파기, 업무 수행 중 취득정보의 비밀유지 확약서 징구 등의 보호대책을 이행하여야 한다.
주요 확인사항	1) 외부자 계약만료, 업무 종료, 담당자 변경시 공식적인 절차에 따른 정보자산 반납, 정보시스템 접근계정 삭제, 비밀유지 확약서 징구 등이 이루어질 수 있도록 보안대책을 수립·이행하고 있는가? 2) 외부자 계약 만료 시 위탁 업무와 관련하여 외부자가 중요정보 및 개인정보를 보유하고 있는지 확인하고 이를 회수·파기할 수 있도록 절차를 수립·이행하고 있는가?
결함사례	• 일부 정보시스템에서 계약 만료된 외부자의 계정 및 권한이 삭제되지 않고 존재하는 경우 • 외주용역사업 수행과정에서 일부 용역업체 담당자가 교체되거나 계약 만료로 퇴직하였으나, 관련 인력들에 대한 퇴사 시 보안서약서 등 내부 규정에 따른 조치가 이행되지 않은 경우 • 개인정보 처리 위탁한 업체와 계약 종료 이후 보유하고 있는 개인정보를 파기하였는지 여부를 확인·점검하지 않은 경우

보호구역 지정 기준(통제, 제한, 접견), 보호대책

항목	2.4.1 보호구역 지정
인증기준	물리적·환경적 위협으로부터 개인정보 및 중요정보, 문서, 저장매체, 주요 설비 및 시스템 등을 보호하기 위하여 통제구역·제한구역·접견구역 등 물리적 보호구역을 지정하고 각 구역별 보호대책을 수립·이행하여야 한다.
주요 확인사항	1) 물리적, 환경적 위협으로부터 개인정보 및 중요정보, 문서, 저장매체, 주요 설비 및 시스템 등을 보호하기 위하여 통제구역, 제한구역, 접견구역 등 물리적 보호구역 지정기준을 마련하고 있는가? 2) 물리적 보호구역 지정기준에 따라 보호구역을 지정하고 구역별 보호대책을 수립·이행하고 있는가?
결함사례	• 내부 물리보안 지침에는 개인정보 보관시설 및 시스템 구역을 통제구역으로 지정한다고 명시되어 있으나, 멤버십 가입신청 서류가 보관되어 있는 문서고 등 일부 대상 구역이 통제구역에서 누락된 경우 • 내부 물리보안 지침에 통제구역에 대해서는 지정된 양식의 통제구역 표지판을 설치하도록 명시하고 있으나, 일부 통제구역에 표시판을 설치하지 않은 경우

출입 통제 절차, 출입 기록 점검

항목	2.4.2 출입통제
인증기준	보호구역은 인가된 사람만이 출입하도록 통제하고 책임추적성을 확보할 수 있도록 출입 및 접근 이력을 주기적으로 검토하여야 한다.
주요 확인사항	1) 보호구역은 출입절차에 따라 출입이 허가된 자만 출입하도록 통제하고 있는가? 2) 각 보호구역에 대한 내·외부자 출입기록을 일정기간 보존하고 출입기록 및 출입권한을 주기적으로 검토하고 있는가?
결함사례	• 통제구역을 정의하여 보호대책을 수립하고 출입 가능한 임직원을 관리하고 있으나, 출입기록을 주기적으로 검토하지 않아 퇴직, 전배 등에 따른 장기 미출입자가 다수 존재하고 있는 경우 • 전산실, 문서고 등 통제구역에 출입통제 장치가 설치되어 있으나, 타당한 사유 또는 승인 없이 장시간 개방 상태로 유지하고 있는 경우 • 일부 외부 협력업체 직원에게 과도하게 전 구역을 상시 출입할 수 있는 출입카드를 부여하고 있는 경우

특성 고려 배치, 배치도(서버, 랙), 케이블(전력, 통신)

항목	2.4.3 정보시스템 보호
인증기준	정보시스템은 환경적 위협과 유해요소, 비인가 접근 가능성을 감소시킬 수 있도록 중요도와 특성을 고려하여 배치하고, 통신 및 전력 케이블이 손상을 입지 않도록 보호하여야 한다.
주요 확인사항	1) 정보시스템의 중요도, 용도, 특성 등을 고려하여 배치 장소를 분리하고 있는가? 2) 정보시스템의 실제 물리적 위치를 손쉽게 확인할 수 있는 방안을 마련하고 있는가? 3) 전력 및 통신케이블을 외부로부터의 물리적 손상 및 전기적 영향으로부터 안전하게 보호하고 있는가?
결함사례	• 시스템 배치도가 최신 변경사항을 반영하여 업데이트되지 않아 장애가 발생된 정보시스템을 신속하게 확인할 수 없는 경우 • 서버실 바닥 또는 랙에 많은 케이블이 정리되지 않고 뒤엉켜 있어 전기적으로 간섭, 손상, 누수, 부주의 등에 의한 장애 발생이 우려되는 경우

보호설비(항온항습, 화재감지, 소화, 누수, UPS, 발전기, 이중전원), IDC 계약서&검토

항목	2.4.4 보호설비 운영
인증기준	보호구역에 위치한 정보시스템의 중요도 및 특성에 따라 온도·습도 조절, 화재감지, 소화설비, 누수감지, UPS, 비상발전기, 이중전원선 등의 보호설비를 갖추고 운영절차를 수립·운영하여야 한다.
주요 확인사항	1) 각 보호구역의 중요도 및 특성에 따라 화재, 수해, 전력 이상 등 인재 및 자연재해 등에 대비하여 필요한 설비를 갖추고 운영절차를 수립하여 운영하고 있는가? 2) 외부 집적정보통신시설(IDC)에 위탁 운영하는 경우 물리적 보호에 필요한 요구사항을 계약서에 반영하고 운영상태를 주기적으로 검토하고 있는가?
결함사례	• 본사 전산실 등 일부 보호구역에 내부 지침에 정한 보호설비를 갖추고 있지 않은 경우 • 전산실 내에 UPS, 소화설비 등의 보호설비는 갖추고 있으나, 관련 설비에 대한 운영 및 점검기준을 수립하고 있지 않은 경우 • 운영지침에 따라 전산실 내에 온·습도 조절기를 설치하였으나, 용량 부족으로 인하여 표준 온·습도를 유지하지 못하여 장애발생 가능성이 높은 경우

보호구역 내 작업신청, 작업기록 검토

항목	2.4.5 보호구역 내 작업
인증기준	보호구역 내에서의 비인가행위 및 권한 오·남용 등을 방지하기 위한 작업 절차를 수립·이행하고, 작업 기록을 주기적으로 검토하여야 한다.
주요 확인사항	1) 정보시스템 도입, 유지보수 등으로 보호구역 내 작업이 필요한 경우에 대한 공식적인 작업신청 및 수행 절차를 수립·이행하고 있는가? 2) 보호구역내 작업이 통제 절차에 따라 적절히 수행되었는지 여부를 확인하기 위하여 작업기록을 주기적으로 검토하고 있는가?
결함사례	• 전산실 출입로그에는 외부 유지보수 업체 직원의 출입기록이 남아 있으나, 이에 대한 보호구역 작업 신청 및 승인 내역은 존재하지 않은 경우(내부 규정에 따른 보호구역 작업 신청 없이 보호구역 출입 및 작업이 이루어지고 있는 경우) • 내부 규정에는 보호구역 내 작업기록에 대하여 분기별 1회 이상 점검하도록 되어 있으나, 특별한 사유 없이 장기간 동안 보호구역 내 작업기록에 대한 점검이 이루어지고 있지 않은 경우

반출입기기 통제절차(서버, 모바일, 저장매체/보안스티커, 보안SW설치), 반출입 이력 점검

항목	2.4.6 반출입 기기 통제
인증기준	보호구역 내 정보시스템, 모바일 기기, 저장매체 등에 대한 반출입 통제절차를 수립·이행하고 주기적으로 검토하여야 한다.
주요 확인사항	1) 정보시스템, 모바일기기, 저장매체 등을 보호구역에 반입하거나 반출하는 경우 정보유출, 악성코드 감염 등 보안사고 예방을 위한 통제 절차를 수립·이행하고 있는가? 2) 반출입 통제절차에 따른 기록을 유지·관리하고, 절차 준수 여부를 확인할 수 있도록 반출입 이력을 주기적으로 점검하고 있는가?
결함사례	• 이동컴퓨팅기기 반출입에 대한 통제 절차를 수립하고 있으나, 통제구역 내 이동컴퓨팅기기 반입에 대한 통제를 하고 있지 않아 출입이 허용된 내·외부인이 이동컴퓨팅기기를 제약 없이 사용하고 있는 경우 • 내부 지침에 따라 전산장비 반출입이 있는 경우 작업계획서에 반출입 내용을 기재하고 관리 책임자의 서명을 받도록 되어 있으나, 작업계획서의 반출입 기록에 관리책임자의 서명이 다수 누락되어 있는 경우

시설(문서고), 기기(복합기, 파일서버), 개인 업무환경(PC, 책상) 보호대책, 검토

항목	2.4.7 업무환경 보안
인증기준	공용으로 사용하는 사무용 기기(문서고, 공용 PC, 복합기, 파일서버 등) 및 개인 업무환경(업무용 PC, 책상 등)을 통해 개인정보 및 중요정보가 비인가자에게 노출 또는 유출되지 않도록 클린데스크, 정기점검 등 업무환경 보호대책을 수립·이행하여야 한다.
주요 확인사항	1) 문서고, 공용 PC, 복합기, 파일서버 등 공용으로 사용하는 시설 및 사무용 기기에 대한 보호대책을 수립·이행하고 있는가? 2) 업무용 PC, 책상, 서랍 등 개인업무 환경을 통한 개인정보 및 중요정보의 유·노출을 방지하기 위한 보호대책을 수립·이행하고 있는가? 3) 개인 및 공용업무 환경에서의 정보보호 준수여부를 주기적으로 검토하고 있는가?
결함사례	• 개인정보 내부관리계획서 내 개인정보보호를 위한 생활보안 점검(클린데스크 운영 등)을 정기적으로 수행하도록 명시하고 있으나, 이를 이행하지 않은 경우 • 멤버십 가입신청서 등 개인정보가 포함된 서류를 잠금장치가 없는 사무실 문서함에 보관한 경우 • 직원들의 컴퓨터 화면보호기 및 패스워드가 설정되어 있지 않고, 휴가자 책상 위에 중요 문서가 장기간 방치되어 있는 경우 • 회의실 등 공용 사무 공간에 설치된 공용PC에 대한 보호대책이 수립되어 있지 않아 개인정보가 포함된 파일이 암호화되지 않은 채로 저장되어 있거나, 보안 업데이트 미적용, 백신 미설치 등 취약한 상태로 유지하고 있는 경우

사용자 계정 발급 절차(등록, 변경, 삭제), 최소권한, 계정책임(본인)

항목	2.5.1 사용자 계정 관리
인증기준	정보시스템과 개인정보 및 중요정보에 대한 비인가 접근을 통제하고 업무 목적에 따른 접근 권한을 최소한으로 부여할 수 있도록 사용자 등록·해지 및 접근권한 부여·변경·말소 절차를 수립·이행하고, 사용자 등록 및 권한부여 시 사용자에게 보안책임이 있음을 규정화하고 인식시켜야 한다.
주요 확인사항	1) 정보시스템과 개인정보 및 중요정보에 접근할 수 있는 사용자 계정 및 접근권한의 등록·변경·삭제에 관한 공식적인 절차를 수립·이행하고 있는가? 2) 정보시스템과 개인정보 및 중요정보에 접근할 수 있는 사용자 계정 및 접근권한 생성·등록·변경 시 직무별 접근권한 분류 체계에 따라 업무상 필요한 최소한의 권한만을 부여하고 있는가? 3) 사용자에게 계정 및 접근권한을 부여하는 경우 해당 계정에 대한 보안책임이 본인에게 있음을 명확히 인식시키고 있는가?
결함사례	• 사용자 및 개인정보취급자에 대한 계정·권한에 대한 사용자 등록, 해지 및 승인절차 없이 구두 요청, 이메일 등으로 처리하여 이에 대한 승인 및 처리 이력이 확인되지 않는 경우 • 개인정보취급자가 휴가, 출장, 공가 등에 따른 업무 백업을 사유로 공식적인 절차를 거치지 않고 개인정보취급자로 지정되지 않은 인원에게 개인정보취급자 계정을 알려주는 경우 • 정보시스템 또는 개인정보처리시스템 사용자에게 필요 이상의 과도한 권한을 부여하여 업무상 불필요한 정보 또는 개인정보에 접근이 가능한 경우

유일 식별자, 추측 식별자 제한, 동일식별자 타당성, 보완대책, 책임자 승인

항목	2.5.2 사용자 식별
인증기준	사용자 계정은 사용자별로 유일하게 구분할 수 있도록 식별자를 할당하고 추측 가능한 식별자 사용을 제한하여야 하며, 동일한 식별자를 공유하여 사용하는 경우 그 사유와 타당성을 검토하여 책임자의 승인 및 책임추적성 확보 등 보완대책을 수립·이행하여야 한다.
주요 확인사항	1) 정보시스템 및 개인정보처리시스템에서 사용자 및 개인정보취급자를 유일하게 구분할 수 있는 식별자를 할당하고 추측 가능한 식별자의 사용을 제한하고 있는가? 2) 불가피한 사유로 동일한 식별자를 공유하여 사용하는 경우 그 사유와 타당성을 검토하고 보완대책을 마련하여 책임자의 승인을 받고 있는가?
결함사례	• 정보시스템(서버, 네트워크, 침입차단시스템, DBMS 등)의 계정 현황을 확인한 결과, 제조사에서 제공하는 기본 관리자 계정을 변경하지 않고 사용하고 있는 경우 • 개발자가 개인정보처리시스템 계정을 공용으로 사용하고 있으나, 타당성 검토 또는 책임자의 승인 등이 없이 사용하고 있는 경우 • 외부직원이 유지보수하고 있는 정보시스템의 운영계정을 별도의 승인 절차 없이 개인 계정처럼 사용하고 있는 경우

인증 절차(로그인 횟수제한, 불법 로그인 시도 경고), 외부 개처시 안전 인증&접속수단

항목	2.5.3 사용자 인증
인증기준	정보시스템과 개인정보 및 중요정보에 대한 사용자의 접근은 안전한 인증절차와 필요에 따라 강화된 인증방식을 적용하여야 한다. 또한 로그인 횟수 제한, 불법 로그인 시도 경고 등 비인가자 접근 통제방안을 수립·이행하여야 한다.
주요 확인사항	1) 정보시스템 및 개인정보처리시스템에 대한 접근은 사용자 인증, 로그인 횟수 제한, 불법 로그인 시도 경고 등 안전한 사용자 인증 절차에 의해 통제하고 있는가? 2) 정보통신망을 통해 외부에서 개인정보처리시스템에 접속하려는 경우에는 법적 요구사항에 따라 안전한 인증수단 또는 안전한 접속수단을 적용하고 있는가?
결함사례	• 개인정보취급자가 공개된 외부 인터넷망을 통하여 개인정보처리시스템에 접근 시 안전한 인증수단을 적용하지 않고 ID·비밀번호 방식으로만 인증하고 있는 경우 • 정보시스템 및 개인정보처리시스템 로그인 실패 시 해당 ID가 존재하지 않거나 비밀번호가 틀림을 자세히 표시해 주고 있으며, 로그인 실패횟수에 대한 제한이 없는 경우

비밀번호 관리 절차, 작성규칙(사용자, 이용자)

항목	2.5.4 비밀번호 관리
인증기준	법적 요구사항, 외부 위협요인 등을 고려하여 정보시스템 사용자 및 고객, 회원 등 정보주체(이용자)가 사용하는 비밀번호 관리절차를 수립·이행하여야 한다.
주요 확인사항	1) 정보시스템 및 개인정보처리시스템에 대한 안전한 사용자 비밀번호 관리절차 및 작성규칙을 수립·이행하고 있는가? 2) 정보주체(이용자)가 안전한 비밀번호를 이용할 수 있도록 비밀번호 작성 규칙을 수립·이행하고 있는가?
결함사례	• 정보보호 및 개인정보보호 관련 정책, 지침 등에서 비밀번호 생성규칙의 기준을 정하고 있으나, 일부 정보시스템 및 개인정보처리시스템에서 내부 지침과 상이한 비밀번호를 사용하고 있는 경우 • 비밀번호 관련 내부 규정에는 비밀번호를 초기화 시 임시 비밀번호를 부여받고 강제적으로 변경하도록 되어 있으나, 실제로는 임시 비밀번호를 그대로 사용하고 있는 경우 • 사용자 및 개인정보취급자의 비밀번호 변경주기가 규정되어 있음에도 불구하고 변경하지 않고 그대로 사용하고 있는 경우

특수권한 최소인원, 공식 승인, 별도 목록화

항목	2.5.5 특수 계정 및 권한 관리
인증기준	정보시스템 관리, 개인정보 및 중요정보 관리 등 특수 목적을 위하여 사용하는 계정 및 권한은 최소한으로 부여하고 별도로 식별하여 통제하여야 한다.
주요 확인사항	1) 관리자 권한 등 특수권한은 최소한의 인원에게만 부여될 수 있도록 공식적인 권한 신청 및 승인 절차를 수립·이행하고 있는가? 2) 특수 목적을 위해 부여한 계정 및 권한을 식별하고 별도의 목록으로 관리하는 등 통제절차를 수립·이행하고 있는가?
결함사례	• 정보시스템 및 개인정보처리시스템의 관리자 및 특수권한 부여 등의 승인 이력이 시스템이나 문서상으로 확인이 되지 않거나, 승인 이력과 특수권한 내역이 서로 일치되지 않는 경우 • 내부 규정에는 개인정보 관리자 및 특수권한 보유자를 목록으로 작성·관리하도록 되어 있으나 이를 작성·관리하고 있지 않거나, 보안시스템 관리자 등 일부 특수권한이 식별·관리되지 않는 경우 • 정보시스템 및 개인정보처리시스템의 유지보수를 위하여 분기 1회에 방문하는 유지보수용 특수 계정이 사용기간 제한없이 상시로 활성화되어 있는 경우 • 관리자 및 특수권한의 사용 여부를 정기적으로 검토하지 않아 일부 특수권한자의 업무가 변경되었음에도 불구하고 기존 관리자 및 특수권한을 계속 보유하고 있는 경우

계정 및 접근권한 변경 이력 남김, 검토기준(주체, 방법, 주기) 수립 및 이행, 문제점 조치

항목	2.5.6 접근권한 검토
인증기준	정보시스템과 개인정보 및 중요정보에 접근하는 사용자 계정의 등록·이용·삭제 및 접근권한의 부여·변경·삭제 이력을 남기고 주기적으로 검토하여 적정성 여부를 점검하여야 한다.
주요 확인사항	1) 정보시스템과 개인정보 및 중요정보에 대한 사용자 계정 및 접근권한 생성·등록·부여·이용·변경·말소 등의 이력을 남기고 있는가? 2) 정보시스템과 개인정보 및 중요정보에 대한 사용자 계정 및 접근권한의 적정성 검토 기준, 검토주체, 검토방법, 주기 등을 수립하여 정기적 검토를 이행하고 있는가? 3) 접근권한 검토 결과 접근권한 과다 부여, 권한부여 절차 미준수, 권한 오남용 등 문제점이 발견된 경우 그에 따른 조치절차를 수립·이행하고 있는가?
결함사례	• 접근권한 검토와 관련된 방법, 점검주기, 보고체계, 오·남용 기준 등이 관련 지침에 구체적으로 정의되어 있지 않아 접근권한 검토가 정기적으로 수행되지 않은 경우 • 내부 정책, 지침 등에 장기 미사용자 계정에 대한 잠금(비활성화) 또는 삭제 조치하도록 되어 있으나, 6개월 이상 미접속한 사용자의 계정이 활성화되어 있는 경우(접근권한 검토가 충실히 수행되지 않아 해당 계정이 식별되지 않은 경우) • 접근권한 검토 시 접근권한의 과다 부여 및 오·남용 의심사례가 발견되었으나, 이에 대한 상세조사, 내부보고 등의 후속조치가 수행되지 않은 경우

내부망 인가 사용자 접근, 영역 분리 및 접근통제, IP주소 기준(사설 IP), 원거리 구간 보호대책

항목	2.6.1 네트워크 접근
인증기준	네트워크에 대한 비인가 접근을 통제하기 위하여 IP관리, 단말인증 등 관리절차를 수립·이행하고, 업무목적 및 중요도에 따라 네트워크 분리(DMZ, 서버팜, DB존, 개발존 등)와 접근통제를 적용하여야 한다.
주요 확인사항	1) 조직의 네트워크에 접근할 수 있는 모든 경로를 식별하고 접근통제 정책에 따라 내부 네트워크는 인가된 사용자만이 접근할 수 있도록 통제하고 있는가? 2) 서비스, 사용자 그룹, 정보자산의 중요도, 법적 요구사항에 따라 네트워크 영역을 물리적 또는 논리적으로 분리하고 각 영역간 접근통제를 적용하고 있는가? 3) 네트워크 대역별 IP주소 부여 기준을 마련하고 DB서버 등 외부 연결이 필요하지 않은 경우 사설 IP로 할당하는 등의 대책을 적용하고 있는가? 4) 물리적으로 떨어진 IDC, 지사, 대리점 등과의 네트워크 연결 시 전송구간 보호대책을 마련하고 있는가?
결함사례	• 네트워크 구성도와 인터뷰를 통하여 확인한 결과, 외부 지점에서 사용하는 정보시스템 및 개인정보처리시스템과 IDC에 위치한 서버 간 연결 시 일반 인터넷 회선을 통하여 데이터 송수신을 처리하고 있어 내부 규정에 명시된 VPN이나 전용망 등을 이용한 통신이 이루어지고 있지 않은 경우 • 내부망에 위치한 데이터베이스 서버 등 일부 중요 서버의 IP주소가 내부 규정과 달리 공인 IP로 설정되어 있고, 네트워크 접근 차단이 적용되어 있지 않은 경우 • 서버팜이 구성되어 있으나, 네트워크 접근제어 설정 미흡으로 내부망에서 서버팜으로의 접근이 과도하게 허용되어 있는 경우 • 외부자(외부 개발자, 방문자 등)에게 제공되는 네트워크를 별도의 통제 없이 내부 업무 네트워크와 분리하지 않은 경우 • 내부 규정과는 달리 MAC주소 인증, 필수 보안 소프트웨어 설치 등의 보호대책을 적용하지 않은 상태로 네트워크 케이블 연결만으로 사내 네트워크에 접근 및 이용할 수 있는 경우

서버,NW,보안시스템 OS 접근 통제, 세션타임아웃, 불필요서비스 제거, 주요서비스 독립서버

항목	2.6.2 정보시스템 접근
인증기준	서버, 네트워크시스템 등 정보시스템에 접근을 허용하는 사용자, 접근제한 방식, 안전한 접근 수단 등을 정의하여 통제하여야 한다.
주요 확인사항	1) 서버, 네트워크시스템, 보안시스템 등 정보시스템 별 운영체제(OS)에 접근이 허용되는 사용자, 접근 가능 위치, 접근 수단 등을 정의하여 통제하고 있는가? 2) 정보시스템에 접속 후 일정시간 업무처리를 하지 않는 경우 자동으로 시스템 접속이 차단되도록 하고 있는가? 3) 정보시스템의 사용목적과 관계없는 서비스를 제거하고 있는가? 4) 주요 서비스를 제공하는 정보시스템은 독립된 서버로 운영하고 있는가?
결함사례	• 사무실에서 서버관리자가 IDC에 위치한 윈도우 서버에 접근 시 터미널 서비스를 이용하여 접근하고 있으나, 터미널 서비스에 대한 세션 타임아웃 설정이 되어 있지 않아 장시간 아무런 작업을 하지 않아도 해당 세션이 차단되지 않는 경우 • 서버 간 접속이 적절히 제한되지 않아 특정 사용자가 본인에게 인가된 서버에 접속한 후해당 서버를 경유하여 다른 인가받지 않은 서버에도 접속할 수 있는 경우 • 타당한 사유 또는 보완 대책 없이 안전하지 않은 접속 프로토콜(telnet, ftp 등)을 사용하여 접근하고 있으며, 불필요한 서비스 및 포트를 오픈하고 있는 경우

응용 접근권한 차등 부여, 정보 노출 최소화, 세션타임아웃, 동시세션 제한, 관리자페이지 통제

항목	2.6.3 응용프로그램 접근
인증기준	사용자별 업무 및 접근 정보의 중요도 등에 따라 응용프로그램 접근권한을 제한하고, 불필요한 정보 또는 중요정보 노출을 최소화할 수 있도록 기준을 수립하여 적용하여야 한다.
주요 확인사항	1) 중요정보 접근을 통제하기 위하여 사용자의 업무에 따라 응용프로그램 접근권한을 차등 부여하고 있는가? 2) 중요정보의 불필요한 노출(조회, 화면표시, 인쇄, 다운로드 등)을 최소화할 수 있도록 응용프로그램을 구현하여 운영하고 있는가? 3) 일정 시간 동안 입력이 없는 세션은 자동 차단하고, 동일 사용자의 동시 세션 수를 제한하고 있는가? 4) 관리자 전용 응용프로그램(관리자 웹페이지, 관리콘솔 등)은 비인가자가 접근할 수 없도록 접근을 통제하고 있는가?
결함사례	• 응용프로그램의 개인정보 처리화면 중 일부 화면의 권한 제어 기능에 오류가 존재하여 개인 정보 열람 권한이 없는 사용자에게도 개인정보가 노출되고 있는 경우 • 응용프로그램의 관리자 페이지가 외부인터넷에 오픈되어 있으면서 안전한 인증수단이 적용되어 있지 않은 경우 • 응용프로그램에 대하여 타당한 사유 없이 세션 타임아웃 또는 동일 사용자 계정의 동시 접속을 제한하고 있지 않은 경우 • 응용프로그램을 통하여 개인정보를 다운로드받는 경우 해당 파일 내에 주민등록번호 등 업무상 불필요한 정보가 과도하게 포함되어 있는 경우 • 응용프로그램의 개인정보 조회화면에서 like 검색을 과도하게 허용하고 있어, 모든 사용자가 본인의 업무 범위를 초과하여 전체 고객 정보를 조회할 수 있는 경우

데이터베이스 테이블 목록 식별, 접근통제(응용프로그램, 서버, 사용자)

항목	2.6.4 데이터베이스 접근
인증기준	테이블 목록 등 데이터베이스 내에서 저장·관리되고 있는 정보를 식별하고, 정보의 중요도와 응용프로그램 및 사용자 유형 등에 따른 접근통제 정책을 수립·이행하여야 한다.
주요 확인사항	1) 데이터베이스의 테이블 목록 등 저장·관리되고 있는 정보를 식별하고 있는가? 2) 데이터베이스 내 정보에 접근이 필요한 응용프로그램, 정보시스템(서버) 및 사용자를 명확히 식별하고 접근통제 정책에 따라 통제하고 있는가?
결함사례	• 대량의 개인정보를 보관·처리하고 있는 데이터베이스를 인터넷을 통하여 접근 가능한 웹 응용프로그램과 분리하지 않고 물리적으로 동일한 서버에서 운영하고 있는 경우 • 개발자 및 운영자들이 응응 프로그램에서 사용하고 있는 계정을 공유하여 운영 데이터베이스에 접속하고 있는 경우 • 내부 규정에는 데이터베이스의 접속권한을 오브젝트별로 제한하도록 되어 있으나, 데이터베이스 접근권한을 운영자에게 일괄 부여하고 있어 개인정보 테이블에 접근할 필요가 없는 운영자에게도 과도하게 접근 권한이 부여된 경우 • 데이터베이스 접근제어 솔루션을 도입하여 운영하고 있으나, 데이터베이스 접속자에 대한 IP주소 등이 적절히 제한되어 있지 않아 데이터베이스 접근제어 솔루션을 우회하여 데이터베이스에 접속하고 있는 경우 • 개인정보를 저장하고 있는 데이터베이스의 테이블 현황이 파악되지 않아, 임시로 생성된 테이블에 불필요한 개인정보가 파기되지 않고 대량으로 저장되어 있는 경우

무선 네트워크 보호대책(인증, 암호화), 사용신청 및 해지절차, 비인가 무선 네트워크 보호대책

항목	2.6.5 무선 네트워크 접근
인증기준	무선 네트워크를 사용하는 경우 사용자 인증, 송수신 데이터 암호화, AP 통제 등 무선 네트워크 보호대책을 적용하여야 한다. 또한 AD Hoc 접속, 비인가 AP 사용 등 비인가 무선 네트워크 접속으로부터 보호대책을 수립·이행하여야 한다.
주요 확인사항	1) 무선네트워크를 업무적으로 사용하는 경우 무선 AP 및 네트워크 구간 보안을 위해 인증, 송수신 데이터 암호화 등 보호대책을 수립·이행하고 있는가? 2) 인가된 임직원만이 무선네트워크를 사용할 수 있도록 사용 신청 및 해지 절차를 수립·이행하고 있는가? 3) AD Hoc 접속 및 조직내 허가 받지 않은 무선 AP 탐지·차단 등 비인가된 무선네트워크에 대한 보호대책을 수립·이행하고 있는가?
결함사례	• 외부인용 무선 네트워크와 내부 무선 네트워크 영역대가 동일하여 외부인도 무선네트워크를 통하여 별도의 통제 없이 내부 네트워크에 접근이 가능한 경우 • 무선 AP 설정 시 정보 송수신 암호화 기능을 설정하였으나, 안전하지 않은 방식으로 설정한 경우 • 업무 목적으로 내부망에 연결된 무선AP에 대하여 SSID 브로드캐스팅 허용, 무선AP 관리자 비밀번호 노출(디폴트 비밀번호 사용), 접근제어 미적용 등 보안 설정이 미흡한 경우

원칙금지, 보완대책(승인, 특정 단말, 허용범위, 기간 한정), 보호대책, 단말기 지정, 임의조작 금지

항목	2.6.6 원격접근 통제
인증기준	보호구역 이외 장소에서의 정보시스템 관리 및 개인정보 처리는 원칙적으로 금지하고, 재택근무·장애대응·원격협업 등 불가피한 사유로 원격접근을 허용하는 경우 책임자 승인, 접근단말 지정, 접근 허용범위 및 기간 설정, 강화된 인증, 구간 암호화, 접속단말 보안(백신, 패치 등) 등 보호대책을 수립·이행하여야 한다.
주요 확인사항	1) 인터넷과 같은 외부 네트워크를 통한 정보시스템 원격운영은 원칙적으로 금지하고 장애대응 등 부득이하게 허용하는 경우 보완대책을 마련하고 있는가? 2) 내부 네트워크를 통해서 원격으로 정보시스템을 운영하는 경우 특정 단말에 한해서만 접근을 허용하고 있는가? 3) 재택근무, 원격협업, 스마트워크 등과 같은 원격업무 수행 시 중요정보 유출, 해킹 등 침해사고 예방을 위한 보호대책을 수립·이행하고 있는가? 4) 개인정보처리시스템의 관리, 운영, 개발, 보안 등을 목적으로 원격으로 개인정보처리시스템에 직접 접속하는 단말기는 관리용 단말기로 지정하고 임의조작 및 목적 외 사용 금지 등 안전조치를 적용하고 있는가?
결함사례	• 내부 규정에는 시스템에 대한 원격 접근은 원칙적으로 금지하고 불가피한 경우 IP 기반의 접근통제를 통하여 승인된 사용자만 접근할 수 있도록 명시하고 있으나, 시스템에 대한 원격 데스크톱 연결, SSH 접속이 IP주소 등으로 제한되어 있지 않아 모든 PC에서 원격 접속이 가능한 경우 • 원격운영관리를 위하여 VPN을 구축하여 운영하고 있으나, VPN에 대한 사용 승인 또는 접속기간 제한 없이 상시 허용하고 있는 경우 • 외부 근무자를 위하여 개인 스마트 기기에 업무용 모바일 앱을 설치하여 운영하고 있으나, 악성코드, 분실·도난 등에 의한 개인정보 유출을 방지하기 위한 적절한 보호대책(백신, 초기화, 암호화 등)을 적용하고 있지 않은 경우

주요 직무자, 취급 단말기, 주요 정보시스템(DB서버 등) 인터넷 접속통제 , 망분리 대상 식별, 적용

항목	2.6.7 인터넷 접속 통제
인증기준	인터넷을 통한 정보 유출, 악성코드 감염, 내부망 침투 등을 예방하기 위하여 주요 정보시스템, 주요 직무 수행 및 개인정보 취급 단말기 등에 대한 인터넷 접속 또는 서비스(P2P, 웹하드, 메신저 등)를 제한하는 등 인터넷 접속 통제 정책을 수립·이행하여야 한다.
주요 확인사항	1) 주요 직무 수행 및 개인정보 취급 단말기 등 업무용 PC의 인터넷 접속에 대한 통제정책을 수립·이행하고 있는가? 2) 주요 정보시스템(DB서버 등)에서 불필요한 외부 인터넷 접속을 통제하고 있는가? 3) 관련 법령에 따라 인터넷 망분리 의무가 부과된 경우 망분리 대상자를 식별하여 안전한 방식으로 망 분리를 적용하고 있는가?
결함사례	• 개인정보보호법상 정보통신서비스 제공자 특례조항 등 관련 법규에 따라 망분리를 적용하였으나, 개인정보처리시스템의 접근권한 설정 가능자 등 일부 의무대상자에 대하여 망분리 적용이 누락된 경우 • 망분리 의무대상으로서 망분리를 적용하였으나, 다른 서버를 경유한 우회접속이 가능하여 망분리가 적용되지 않은 환경에서 개인정보처리시스템 접속 및 개인정보의 다운로드, 파기 등이 가능한 경우 • DMZ 및 내부망에 위치한 일부 서버에서 불필요하게 인터넷으로의 직접 접속이 가능한 경우 • 인터넷 PC와 내부 업무용 PC를 망분리하고 망간 자료전송시스템을 구축·운영하고 있으나, 자료 전송에 대한 승인 절차가 부재하고 자료 전송 내역에 대한 주기적 검토가 이루어지고 있지 않은 경우 • 내부 규정에는 개인정보취급자가 P2P 및 웹하드 사이트 접속 시 책임자 승인을 거쳐 특정 기간 동안만 허용하도록 되어 있으나, 승인절차를 거치지 않고 예외 접속이 허용된 사례가 다수 존재하는 경우

암호정책(대상, 강도, 사용) 수립, 저장, 전송, 전달 시 암호화

항목	2.7.1 암호정책 적용
인증기준	개인정보 및 주요정보 보호를 위하여 법적 요구사항을 반영한 암호화 대상, 암호 강도, 암호 사용 정책을 수립하고 개인정보 및 주요정보의 저장·전송·전달 시 암호화를 적용하여야 한다.
주요 확인사항	1) 개인정보 및 주요정보의 보호를 위하여 법적 요구사항을 반영한 암호화 대상, 암호강도, 암호사용 등이 포함된 암호정책을 수립하고 있는가? 2) 암호정책에 따라 개인정보 및 중요 정보의 저장, 전송, 전달 시 암호화를 수행하고 있는가?
결함사례	• 내부 정책·지침에 암호통제 관련 법적 요구사항을 고려한 암호화 대상, 암호 강도, 저장 및 전송 시 암호화 방법, 암호화 관련 담당자의 역할 및 책임 등에 관한 사항이 적절히 명시되지 않은 경우 • 암호정책을 수립하면서 해당 기업이 적용받는 법규를 잘못 적용하여(정보통신서비스 제공자에게 「개인정보의 안전성 확보조치 기준」 요건 적용) 암호화 관련 법적 요구사항을 준수하지 못하고 있는 경우 • 개인정보취급자 및 정보주체(이용자)의 비밀번호에 대하여 일방향 암호화를 적용하였으나, 안전하지 않은 MD5 알고리즘을 사용한 경우 • 정보통신서비스 제공자가 관련 법규 및 내부 규정에 따라 인터넷 웹사이트에 대하여 보안서버를 적용하였으나, 회원정보 조회 및 변경, 비밀번호 찾기, 비밀번호 변경 등 개인정보가 전송되는 일부 구간에 암호화 조치가 누락된 경우

암호키 관리절차(생성, 이용, 변경, 파기), 복구방안(보관), 암호키 접근권한 최소화

항목	2.7.2 암호키 관리
인증기준	암호키의 안전한 생성·이용·보관·배포·파기를 위한 관리 절차를 수립·이행하고, 필요 시 복구방안을 마련하여야 한다.
주요 확인사항	1) 암호키 생성, 이용, 보관, 배포, 변경, 복구, 파기 등에 관한 절차를 수립·이행하고 있는가? 2) 암호키는 필요시 복구가 가능하도록 별도의 안전한 장소에 보관하고 암호키 사용에 관한 접근권한을 최소화하고 있는가?
결함사례	• 암호 정책 내에 암호키 관리와 관련된 절차, 방법 등이 명시되어 있지 않아 담당자별로 암호키 관리 수준 및 방법 상이 등 암호키 관리에 취약사항이 존재하는 경우 • 내부 규정에 중요 정보를 암호화할 경우 관련 책임자 승인 하에 암호화 키를 생성하고 암호키 관리대장을 작성하도록 정하고 있으나, 암호키 관리대장에 일부 암호키가 누락되어 있거나 현행화되어 있지 않은 경우

도입 시 타당성 검토 및 인수절차, 보안요구사항 정의, 시큐어코딩 표준

항목	2.8.1 보안 요구사항 정의
인증기준	정보시스템의 도입·개발·변경 시 정보보호 및 개인정보보호 관련 법적 요구사항, 최신 보안 취약점, 안전한 코딩방법 등 보안 요구사항을 정의하고 적용하여야 한다.
주요 확인사항	1) 정보시스템을 신규로 도입·개발 또는 변경하는 경우 정보보호 및 개인정보보호 측면의 타당성 검토 및 인수 절차를 수립·이행하고 있는가? 2) 정보시스템을 신규로 도입·개발 또는 변경하는 경우 법적 요구사항, 최신 취약점 등을 포함한 보안 요구사항을 명확히 정의하고 설계 단계에서부터 반영하고 있는가? 3) 정보시스템의 안전한 구현을 위한 코딩 표준을 수립하여 적용하고 있는가?
결함사례	• 정보시스템 인수 전 보안성 검증 기준 및 절차가 마련되어 있지 않은 경우 • 신규 시스템 도입 시 기존 운영환경에 대한 영향 및 보안성을 검토하도록 내부 규정을 마련하고 있으나, 최근 도입한 일부 시스템에 대하여 인수테스트(취약점 점검) 등의 관련 보안성검토 수행 증적이 확인되지 않은 경우 • 개발 관련 내부 지침에 개발과 관련된 주요 보안 요구사항(인증 및 암호화, 보안로그 등)이 정의되어 있지 않은 경우 • 개발표준정의서'에 사용자 패스워드를 안전하지 않은 암호화 알고리즘(MD5, SHA1)으로 사용하도록 되어 있어 관련 법적 요구사항을 적절히 반영하지 않은 경우

검토기준(법 요건, 보안요건), 코딩 취약점 점검, 개선조치, 공공기관 개인정보영향평가 수행

항목	2.8.2 보안 요구사항 검토 및 시험
인증기준	사전 정의된 보안 요구사항에 따라 정보시스템이 도입 또는 구현되었는지를 검토하기 위하여 법적 요구사항 준수, 최신 보안취약점 점검, 안전한 코딩 구현, 개인정보 영향평가 등의 검토 기준과 절차를 수립·이행하고, 발견된 문제점에 대한 개선조치를 수행하여야 한다.
주요 확인사항	1) 정보시스템의 도입, 개발, 변경 시 분석 및 설계 단계에서 정의한 보안 요구사항이 효과적으로 적용되었는지를 확인하기 위한 시험을 수행하고 있는가? 2) 정보시스템이 안전한 코딩 기준 등에 따라 안전하게 개발되었는지를 확인하기 위한 취약점 점검이 수행되고 있는가? 3) 시험 및 취약점 점검 과정에서 발견된 문제점이 신속하게 개선될 수 있도록 개선계획 수립, 이행점검 등의 절차를 이행하고 있는가? 4) 공공기관은 관련 법령에 따라 개인정보처리시스템 신규 개발 및 변경 시 분석·설계 단계에서 영향평가기관을 통해 영향평가를 수행하고 그 결과를 개발 및 변경 시 반영하고 있는가?
결함사례	• 정보시스템 구현 이후 개발 관련 내부 지침 및 문서에 정의된 보안 요구사항을 시험하지 않고 있는 경우 • 응용프로그램 테스트 시나리오 및 기술적 취약점 점검항목에 입력값 유효성 체크 등의 중요 점검항목 일부가 누락된 경우 • 구현 또는 시험 과정에서 알려진 기술적 취약성이 존재하는지 여부를 점검하지 않거나, 타당한 사유 또는 승인 없이 확인된 취약성에 대한 개선조치를 이행하지 않은 경우 • 공공기관이 5만 명 이상 정보주체의 고유식별정보를 처리하는 등 영향평가 의무 대상 개인정보파일 및 개인정보처리시스템을 신규로 구축하면서 영향평가를 실시하지 않은 경우 • 공공기관이 영향평가를 수행한 후 영향평가기관으로부터 영향평가서를 받은 지 2개월이 지났음에도 불구하고 영향평가서를 개인정보보호위원회에 제출하지 않은 경우

개발 및 시험과 운영시스템 분리, 어려울 경우 보안대책(상호검토, 변경승인, 상급자, 백업)

항목	2.8.3 시험과 운영 환경 분리
인증기준	개발 및 시험 시스템은 운영시스템에 대한 비인가 접근 및 변경의 위험을 감소시키기 위하여 원칙적으로 분리하여야 한다.
주요 확인사항	1) 정보시스템의 개발 및 시험 시스템을 운영시스템과 분리하고 있는가? 2) 불가피한 사유로 개발과 운영환경의 분리가 어려운 경우 상호검토, 상급자 모니터링, 변경승인, 책임추적성 확보 등의 보안대책을 마련하고 있는가?
결함사례	• 타당한 사유 또는 승인 없이 별도의 개발환경을 구성하지 않고 운영환경에서 직접 소스코드 변경을 수행하고 있는 경우 • 불가피하게 개발시스템과 운영시스템을 분리하지 않고 운영 중에 있으나, 이에 대한 상호검토 내역, 모니터링 내역 등이 누락되어 있는 경우 • 개발시스템이 별도로 구성되어 있으나, 개발환경으로부터 운영환경으로의 접근이 통제되지 않아 개발자들이 개발시스템을 경유하여 불필요하게 운영시스템 접근이 가능한 경우

운영데이터 사용 제한, 불가피 사용 시 보완통제(책임자, 모니터링, 시험후 삭제)

항목	2.8.4 시험 데이터 보안
인증기준	시스템 시험 과정에서 운영데이터의 유출을 예방하기 위하여 시험 데이터의 생성과 이용 및 관리, 파기, 기술적 보호조치에 관한 절차를 수립·이행하여야 한다.
주요 확인사항	1) 정보시스템의 개발 및 시험 과정에서 실제 운영 데이터의 사용을 제한하고 있는가? 2) 불가피하게 운영데이터를 시험 환경에서 사용할 경우 책임자 승인, 접근 및 유출 모니터링, 시험 후 데이터 삭제 등의 통제 절차를 수립·이행하고 있는가?
결함사례	• 개발 서버에서 사용할 시험 데이터 생성에 대한 구체적 기준 및 절차가 수립되어 있지 않은 경우 • 타당한 사유 및 책임자 승인 없이 실 운영데이터를 가공하지 않고 시험 데이터로 사용하고 있는 경우 • 불가피한 사유로 사전 승인을 받아 실 운영데이터를 시험 용도로 사용하면서, 테스트 데이터 베이스에 대하여 운영 데이터베이스와 동일한 수준의 접근통제를 적용하고 있지 않은 경우 • 실 운영데이터를 테스트 용도로 사용한 후 테스트가 완료되었음에도 실 운영데이터를 테스트 데이터베이스에서 삭제하지 않은 경우

소스 접근통제 절차, 운영환경 아닌 곳 안전 보관, 변경이력 관리

항목	2.8.5 소스 프로그램 관리
인증기준	소스 프로그램은 인가된 사용자만이 접근할 수 있도록 관리하고, 운영환경에 보관하지 않는 것을 원칙으로 하여야 한다.
주요 확인사항	1) 비인가된 자에 의한 소스 프로그램 접근을 통제하기 위한 절차를 수립·이행하고 있는가? 2) 소스 프로그램은 장애 등 비상시를 대비하여 운영환경이 아닌 곳에 안전하게 보관하고 있는가? 3) 소스 프로그램에 대한 변경이력을 관리하고 있는가?
결함사례	• 별도의 소스 프로그램 백업 및 형상관리 시스템이 구축되어 있지 않으며, 이전 버전의 소스 코드를 운영 서버 또는 개발자 PC에 승인 및 이력관리 없이 보관하고 있는 경우 • 형상관리시스템을 구축하여 운영하고 있으나 형상관리시스템 또는 형상관리시스템에 저장된 소스코드에 대한 접근제한, 접근 및 변경이력이 적절히 관리되지 않고 있는 경우 • 내부 규정에는 형상관리시스템을 통하여 소스 프로그램 버전관리를 하도록 되어 있으나, 최신 버전의 소스 프로그램은 개발자 PC에만 보관되어 있고 이에 대한 별도의 백업이 수행되고 있지 않은 경우

운영환경 이관 통제 절차로 실행, 문제 대응 방안 마련, 필요한 파일만 설치

항목	2.8.6 운영환경 이관
인증기준	신규 도입·개발 또는 변경된 시스템을 운영환경으로 이관할 때는 통제된 절차를 따라야 하고, 실행코드는 시험 및 사용자 인수 절차에 따라 실행되어야 한다.
주요 확인사항	1) 신규 도입·개발 및 변경된 시스템을 운영환경으로 안전하게 이관하기 위한 통제 절차를 수립·이행하고 있는가? 2) 운영환경으로의 이관 시 발생할 수 있는 문제에 대한 대응 방안을 마련하고 있는가? 3) 운영환경에는 서비스 실행에 필요한 파일만을 설치하고 있는가?
결함사례	• 개발·변경이 완료된 소스 프로그램을 운영환경으로 이관 시 검토·승인하는 절차가 마련되어 있지 않은 경우 • 운영서버에 서비스 실행에 불필요한 파일(소스코드 또는 배포모듈, 백업본, 개발 관련 문서, 매뉴얼 등)이 존재하는 경우 • 내부 지침에 운영환경 이관 시 안전한 이관·복구를 위하여 변경작업 요청서 및 결과서를 작성하도록 정하고 있으나, 관련 문서가 확인되지 않은 경우

정보자산 변경 절차, 변경 수행 전 영향 분석

항목	2.9.1 변경관리
인증기준	정보시스템 관련 자산의 모든 변경내역을 관리할 수 있도록 절차를 수립·이행하고, 변경 전 시스템의 성능 및 보안에 미치는 영향을 분석하여야 한다.
주요 확인사항	1) 정보시스템 관련 자산(하드웨어, 운영체제, 상용 소프트웨어 패키지 등) 변경에 관한 절차를 수립·이행하고 있는가? 2) 정보시스템 관련 자산 변경을 수행하기 전 성능 및 보안에 미치는 영향을 분석하고 있는가?
결함사례	• 최근 DMZ 구간 이중화에 따른 변경 작업을 수행하였으나, 변경 후 발생할 수 있는 보안 위험성 및 성능 평가에 대한 수행·승인 증적이 확인되지 않은 경우 • 최근 네트워크 변경 작업을 수행하였으나 관련 검토 및 공지가 충분히 이루어지지 않아 네트워크 구성도 및 일부 접근통제시스템(침입차단시스템, 데이터베이스 접근제어시스템 등)의 접근통제리스트(ACL)에 적절히 반영되어 있지 않은 경우 • 변경관리시스템을 구축하여 정보시스템 입고 또는 변경 시 성능 및 보안에 미치는 영향을 분석·협의하고 관련 이력을 관리하도록 하고 있으나, 해당 시스템을 통하지 않고도 시스템 변경이 가능하며, 관련 변경사항이 적절히 검토되지 않는 경우

성능 및 용량 모니터링 절차, 초과 시 대응절차, 장애 인지, 대응절차, 장애조치 기록, 재발방지대책

항목	2.9.2 성능 및 장애관리
인증기준	정보시스템의 가용성 보장을 위하여 성능 및 용량 요구사항을 정의하고 현황을 지속적으로 모니터링하여야 하며, 장애 발생 시 효과적으로 대응하기 위한 탐지·기록·분석·복구·보고 등의 절차를 수립·관리하여야 한다.
주요 확인사항	1) 정보시스템의 가용성 보장을 위하여 성능 및 용량을 지속적으로 모니터링 할 수 있는 절차를 수립·이행하고 있는가? 2) 정보시스템 성능 및 용량 요구사항(임계치)을 초과하는 경우에 대한 대응절차를 수립·이행하고 있는가? 3) 정보시스템 장애를 즉시 인지하고 대응하기 위한 절차를 수립·이행하고 있는가? 4) 장애 발생 시 절차에 따라 조치하고 장애조치보고서 등을 통해 장애조치내역을 기록하여 관리하고 있는가? 5) 심각도가 높은 장애의 경우 원인분석을 통한 재발방지 대책을 마련하고 있는가?
결함사례	• 성능 및 용량 관리를 위한 대상별 요구사항(임계치 등)을 정의하고 있지 않거나 정기 점검 보고서 등에 기록하고 있지 않아 현황을 파악할 수 없는 경우 • 성능 또는 용량 기준을 초과하였으나 관련 검토 및 후속조치방안 수립·이행이 이루어지고 있지 않은 경우 • 전산장비 장애대응절차를 수립하고 있으나 네트워크 구성 및 외주업체 변경 등의 내·외부 환경변화가 적절히 반영되어 있지 않은 경우 • 장애처리절차와 장애유형별 조치방법 간 일관성이 없거나 예상소요시간 산정에 대한 근거가 부족하여 신속·정확하고 체계적인 대응이 어려운 경우

백업 및 복구절차(대상,주기,방법,절차) 수립, 복구테스트, 중요정보 저장 백업매체 소산

항목	2.9.3 백업 및 복구관리
인증기준	정보시스템의 가용성과 데이터 무결성을 유지하기 위하여 백업 대상, 주기, 방법, 보관장소, 보관기간, 소산 등의 절차를 수립·이행하여야 한다. 아울러 사고 발생 시 적시에 복구할 수 있도록 관리하여야 한다.
주요 확인사항	1) 백업 대상, 주기, 방법, 절차 등이 포함된 백업 및 복구절차를 수립·이행하고 있는가? 2) 백업된 정보의 완전성과 정확성, 복구절차의 적절성을 확인하기 위하여 정기적으로 복구 테스트를 실시하고 있는가? 3) 중요정보가 저장된 백업매체의 경우 재해·재난에 대처할 수 있도록 백업매체를 물리적으로 떨어진 장소에 소산하고 있는가?
결함사례	• 백업 대상, 주기, 방법, 절차 등이 포함된 백업 및 복구 절차가 수립되어 있지 않은 경우 • 백업정책을 수립하고 있으나 법적 요구사항에 따라 장기간(6개월, 3년, 5년 등) 보관이 필요한 백업 대상 정보가 백업 정책에 따라 보관되고 있지 않은 경우 • 상위 지침 또는 내부 지침에 따라 별도로 백업하여 관리하도록 명시된 일부 시스템(보안 시스템 정책 및 로그 등)에 대한 백업이 이행되고 있지 않은 경우 • 상위 지침 또는 내부 지침에는 주기적으로 백업매체에 대한 복구 테스트를 수행하도록 정하고 있으나 복구테스트를 장기간 실시하지 않은 경우

로그관리 절차, 생성 보관, 별도 저장장치 백업, 로그 접근권한 최소화, 개처시 접속기록 법준수

항목	2.9.4 로그 및 접속기록 관리
인증기준	서버, 응용프로그램, 보안시스템, 네트워크시스템 등 정보시스템에 대한 사용자 접속기록, 시스템로그, 권한부여 내역 등의 로그유형, 보존기간, 보존방법 등을 정하고 위·변조, 도난, 분실 되지 않도록 안전하게 보존·관리하여야 한다.
주요 확인사항	1) 서버, 응용프로그램, 보안시스템, 네트워크시스템 등 정보시스템에 대한 로그관리 절차를 수립하고 이에 따라 필요한 로그를 생성하여 보관하고 있는가? 2) 정보시스템의 로그기록은 별도 저장장치를 통해 백업하고 로그기록에 대한 접근권한은 최소화하여 부여하고 있는가? 3) 개인정보처리시스템에 대한 접속기록은 법적 요구사항을 준수할 수 있도록 필요한 항목을 모두 포함하여 일정기간 안전하게 보관하고 있는가?
결함사례	• 로그 기록 대상, 방법, 보존기간, 검토 주기, 담당자 등에 대한 세부 기준 및 절차가 수립되어 있지 않은 경우 • 보안 이벤트 로그, 응용 프로그램 및 서비스 로그(윈도우 2008 서버 이상) 등 중요 로그에 대한 최대 크기를 충분하게 설정하지 않아 내부 기준에 정한 기간 동안 기록·보관되고 있지 않은 경우 • 중요 Linux/UNIX 계열 서버에 대한 로그 기록을 별도로 백업하거나 적절히 보호하지 않아 사용자의 명령 실행 기록 및 접속 이력 등을 임의로 삭제할 수 있는 경우 • 개인정보처리시스템에 접속한 기록을 확인한 결과 접속자의 계정, 접속 일시, 접속자 IP주소 정보는 남기고 있으나, 처리한 정보주체 정보 및 수행업무(조회, 변경, 삭제, 다운로드 등)와 관련된 정보를 남기고 있지 않은 경우 • 로그 서버의 용량의 충분하지 않아서 개인정보처리시스템 접속기록이 3개월밖에 남아 있지 않은 경우 • 공공기관 등 개인정보처리자가 정보주체 10만 명의 개인정보를 처리하는 개인정보처리 시스템의 접속기록을 1년간만 보관하고 있는 경우

로그 검토기준(비인가 접속, 과다조회) 수립, 문제 발생 시 사후조치, 주기적 점검

항목	2.9.5 로그 및 접속기록 점검
인증기준	정보시스템의 정상적인 사용을 보장하고 사용자 오·남용(비인가접속, 과다조회 등)을 방지하기 위하여 접근 및 사용에 대한 로그 검토기준을 수립하여 주기적으로 점검하며, 문제 발생 시 사후조치를 적시에 수행하여야 한다.
주요 확인사항	1) 정보시스템 관련 오류, 오·남용(비인가접속, 과다조회 등), 부정행위 등 이상징후를 인지할 수 있도록 로그 검토 주기, 대상, 방법 등을 포함한 로그 검토 및 모니터링 절차를 수립·이행하고 있는가? 2) 로그 검토 및 모니터링 결과를 책임자에게 보고하고 이상징후 발견 시 절차에 따라 대응하고 있는가? 3) 개인정보처리시스템의 접속기록은 관련 법령에서 정한 주기에 따라 정기적으로 점검하고 있는가?
결함사례	• 중요 정보를 처리하고 있는 정보시스템에 대한 이상접속(휴일 새벽 접속, 우회경로 접속 등) 또는 이상행위(대량 데이터 조회 또는 소량 데이터의 지속적·연속적 조회 등)에 대한 모니터링 및 경고·알림 정책(기준)이 수립되어 있지 않은 경우 • 내부 지침 또는 시스템 등에 접근 및 사용에 대한 주기적인 점검·모니터링 기준을 마련하고 있으나 실제 이상접속 및 이상행위에 대한 검토 내역이 확인되지 않은 경우 • 개인정보처리자 또는 정보통신서비스제공자가 개인정보처리시스템의 접속기록 점검 주기를 반기 1회로 정하고 있는 경우 • 개인정보처리자의 내부관리계획에는 1,000명 이상의 정보주체에 대한 개인정보를 다운로드한 경우에는 사유를 확인하도록 기준이 책정되어 있는 상태에서 1,000건 이상의 개인정보 다운로드가 발생하였으나 그 사유를 확인하지 않고 있는 경우

정보시스템 표준시간 동기화, 주기적 점검

항목	2.9.6 시간 동기화
인증기준	로그 및 접속기록의 정확성을 보장하고 신뢰성 있는 로그분석을 위하여 관련 정보시스템의 시각을 표준시각으로 동기화하고 주기적으로 관리하여야 한다.
주요 확인사항	1) 정보시스템의 시간을 표준시간으로 동기화하고 있는가? 2) 시간 동기화가 정상적으로 이루어지고 있는지 주기적으로 점검하고 있는가?
결함사례	• 일부 중요 시스템(보안시스템, CCTV 등)의 시각이 표준시와 동기화되어 있지 않으며, 관련 동기화 여부에 대한 주기적 점검이 이행되고 있지 않은 경우 • 내부 NTP 서버와 시각을 동기화하도록 설정하고 있으나 일부 시스템의 시각이 동기화되지 않고 있고, 이에 대한 원인분석 및 대응이 이루어지고 있지 않은 경우

재사용 및 폐기 절차 수립, 복구 불가 방법, 폐기이력 및 증적, 폐기절차 계약서, 교체 복구시 대책

항목	2.9.7 정보자산의 재사용 및 폐기
인증기준	정보자산의 재사용과 폐기 과정에서 개인정보 및 중요정보가 복구·재생되지 않도록 안전한 재사용 및 폐기 절차를 수립·이행하여야 한다.
주요 확인사항	1) 정보자산의 안전한 재사용 및 폐기에 대한 절차를 수립·이행하고 있는가? 2) 정보자산 및 저장매체를 재사용 및 폐기하는 경우 개인정보 및 중요정보를 복구되지 않는 방법으로 처리하고 있는가? 3) 자체적으로 정보자산 및 저장매체를 폐기할 경우 관리대장을 통해 폐기이력을 남기고 폐기확인 증적을 함께 보관하고 있는가? 4) 외부업체를 통해 정보자산 및 저장매체를 폐기할 경우 폐기 절차를 계약서에 명시하고 완전히 폐기했는지 여부를 확인하고 있는가? 5) 정보시스템, PC 등 유지보수, 수리 과정에서 저장매체 교체, 복구 등 발생 시 저장매체 내 정보를 보호하기 위한 대책을 마련하고 있는가?
결함사례	• 개인정보취급자 PC를 재사용할 경우 데이터 삭제프로그램을 이용하여 완전삭제하도록 정책 및 절차가 수립되어 있으나, 실제로는 완전삭제 조치 없이 재사용하거나 기본 포맷만 하고 재사용하고 있는 등 관련 절차가 이행되고 있지 않은 경우 • 외부업체를 통하여 저장매체를 폐기하고 있으나, 계약 내용상 안전한 폐기 절차 및 보호대책에 대한 내용이 누락되어 있고 폐기 이행 증적 확인 및 실사 등의 관리·감독이 이루어지지 않은 경우 • 폐기된 HDD의 일련번호가 아닌 시스템명을 기록하거나 폐기 대장을 작성하지 않아 폐기 이력 및 추적할 수 있는 증적을 확인할 수 없는 경우 • 회수한 폐기 대상 하드디스크가 완전 삭제되지 않은 상태로 잠금장치가 되지 않은 장소에 방치되고 있는 경우

보안시스템 운영절차, 접근인원 최소화, 정책 변경 절차, 예외정책 최소화, 정책 타당성 검토, 설치

항목	2.10.1 보안시스템 운영
인증기준	보안시스템 유형별로 관리자 지정, 최신 정책 업데이트, 룰셋 변경, 이벤트 모니터링 등의 운영절차를 수립·이행하고 보안시스템별 정책적용 현황을 관리하여야 한다.
주요 확인사항	1) 조직에서 운영하고 있는 보안시스템에 대한 운영절차를 수립·이행하고 있는가? 2) 보안시스템 관리자 등 접근이 허용된 인원을 최소화하고 비인가자의 접근을 엄격하게 통제하고 있는가? 3) 보안시스템별로 정책의 신규 등록, 변경, 삭제 등을 위한 공식적인 절차를 수립·이행하고 있는가? 4) 보안시스템의 예외 정책 등록에 대하여 절차에 따라 관리하고 있으며, 예외 정책 사용자에 대하여 최소한의 권한으로 관리하고 있는가? 5) 보안시스템에 설정된 정책의 타당성 여부를 주기적으로 검토하고 있는가? 6) 개인정보처리시스템에 대한 불법적인 접근 및 개인정보 유출 방지를 위하여 관련 법령에서 정한 기능을 수행하는 보안시스템을 설치하여 운영하고 있는가?

항목	2.10.1 보안시스템 운영
결함사례	• 침입차단시스템 보안정책에 대한 정기 검토가 수행되지 않아 불필요하거나 과도하게 허용된 정책이 다수 존재하는 경우 • 보안시스템 보안정책의 신청, 변경, 삭제, 주기적 검토에 대한 절차 및 기준이 없거나, 절차는 있으나 이를 준수하지 않은 경우 • 보안시스템의 관리자 지정 및 권한 부여 현황에 대한 관리감독이 적절히 이행되고 있지 않은 경우 • 내부 지침에는 정보보호담당자가 보안시스템의 보안정책 변경 이력을 기록·보관하도록 정하고 있으나, 정책관리대장을 주기적으로 작성하지 않고 있거나 정책관리대장에 기록된 보안 정책과 실제 운영 중인 시스템의 보안정책이 상이한 경우

CSP R&R 계약서 반영, 클라우드 보안 통제 정책수립·이행, 관리자 권한 보호대책, 정기적 검토

항목	2.10.2 클라우드 보안
인증기준	클라우드 서비스 이용 시 서비스 유형(SaaS, PaaS, IaaS 등)에 따른 비인가 접근, 설정 오류 등에 따라 중요정보와 개인정보가 유·노출되지 않도록 관리자 접근 및 보안 설정 등에 대한 보호대책을 수립·이행하여야 한다.
주요 확인사항	1) 클라우드 서비스 제공자와 정보보호 및 개인정보보호에 대한 책임과 역할을 명확히 정의하고 이를 계약서(SLA 등)에 반영하고 있는가? 2) 클라우드 서비스 이용 시 서비스 유형에 따른 보안위험을 평가하여 비인가 접근, 설정오류 등을 방지할 수 있도록 보안 구성 및 설정 기준, 보안설정 변경 및 승인 절차, 안전한 접속 방법, 권한 체계 등 보안 통제 정책을 수립·이행하고 있는가? 3) 클라우드 서비스 관리자 권한은 역할에 따라 최소화하여 부여하고 관리자 권한에 대한 비인가된 접근, 권한 오남용 등을 방지할 수 있도록 강화된 인증, 암호화, 접근통제, 감사기록 등 보호대책을 적용하고 있는가? 4) 클라우드 서비스의 보안 설정 변경, 운영 현황 등을 모니터링하고 그 적절성을 정기적으로 검토하고 있는가?
결함사례	• 클라우드 서비스 계약서 내에 보안에 대한 책임 및 역할 등에 대한 사항이 포함되어 있지 않은 경우 • 클라우드 서비스의 보안설정을 변경할 수 있는 권한이 업무상 반드시 필요하지 않은 직원들에게 과도하게 부여되어 있는 경우 • 내부 지침에는 클라우드 내 사설 네트워크의 접근통제 룰(Rule) 변경 시 보안책임자 승인을 받도록 하고 있으나, 승인절차를 거치지 않고 등록·변경된 접근제어 룰이 다수 발견된 경우 • 클라우드 서비스의 보안설정 오류로 내부 로그 파일이 인터넷을 통하여 공개되어 있는 경우

공개서버 보호대책, DMZ에 설치, 보안시스템 통해 보호, 게시 저장 시 절차, 노출 확인 및 차단

항목	2.10.3 공개서버 보안
인증기준	외부 네트워크에 공개되는 서버의 경우 내부 네트워크와 분리하고 취약점 점검, 접근통제, 인증, 정보 수집·저장·공개 절차 등 강화된 보호대책을 수립·이행하여야 한다.
주요 확인사항	1) 공개서버를 운영하는 경우 이에 대한 보호대책을 수립·이행하고 있는가? 2) 공개서버는 내부 네트워크와 분리된 DMZ(Demilitarized Zone)영역에 설치하고 침입차단시스템 등 보안시스템을 통해 보호하고 있는가? 3) 공개서버에 개인정보 및 중요정보를 게시하거나 저장하여야 할 경우 책임자 승인 등 허가 및 게시절차를 수립·이행하고 있는가? 4) 조직의 중요정보가 웹사이트 및 웹서버를 통해 노출되고 있는지 여부를 주기적으로 확인하여 중요정보 노출을 인지한 경우 이를 즉시 차단하는 등의 조치를 취하고 있는가?
결함사례	• 인터넷에 공개된 웹사이트의 취약점으로 인하여 구글 검색을 통하여 열람 권한이 없는 타인의 개인정보에 접근할 수 있는 경우 • 웹사이트에 개인정보를 게시하는 경우 승인 절차를 거치도록 내부 규정이 마련되어 있으나, 이를 준수하지 않고 개인정보가 게시된 사례가 다수 존재한 경우 • 게시판 등의 웹 응용프로그램에서 타인이 작성한 글을 임의로 수정·삭제하거나 비밀번호로 보호된 글을 열람할 수 있는 경우

전자거래 및 핀테크 보호대책, 연계 시 송수신 정보 보호대책, 안전성 점검

항목	2.10.4 전자거래 및 핀테크 보안
인증기준	전자거래 및 핀테크 서비스 제공 시 정보유출이나 데이터 조작·사기 등의 침해사고 예방을 위해 인증·암호화 등의 보호대책을 수립하고, 결제시스템 등 외부 시스템과 연계할 경우 안전성을 점검하여야 한다.
주요 확인사항	1) 전자거래 및 핀테크 서비스를 제공하는 경우 거래의 안전성과 신뢰성 확보를 위한 보호대책을 수립·이행하고 있는가? 2) 전자거래 및 핀테크 서비스 제공을 위하여 결제시스템 등 외부 시스템과 연계하는 경우 송·수신되는 관련 정보의 보호를 위한 대책을 수립·이행하고 안전성을 점검하고 있는가?
결함사례	• 전자결제대행업체와 위탁 계약을 맺고 연계를 하였으나, 적절한 인증 및 접근제한 없이 특정 URL을 통하여 결제 관련 정보가 모두 평문으로 전송되는 경우 • 전자결제대행업체와 외부 연계 시스템이 전용망으로 연결되어 있으나, 해당 연계 시스템에서 내부 업무 시스템으로의 접근이 침입차단시스템 등으로 적절히 통제되지 않고 있는 경우 • 내부 지침에는 외부 핀테크 서비스 연계 시 정보보호팀의 보안성 검토를 받도록 되어 있으나, 최근에 신규 핀테크 서비스를 연계하면서 일정상 이유로 보안성 검토를 수행하지 않은 경우

외부에 개인정보 전송 정책 수립, 조직 간 개인정보 상호교환 시 협약체결 등 보호대책

항목	2.10.5 정보전송 보안
인증기준	타 조직에 개인정보 및 중요정보를 전송할 경우 안전한 전송 정책을 수립하고 조직 간 합의를 통해 관리 책임, 전송방법, 개인정보 및 중요정보 보호를 위한 기술적 보호조치 등을 협약하고 이행하여야 한다.
주요 확인사항	1) 외부 조직에 개인정보 및 중요정보를 전송할 경우 안전한 전송 정책을 수립하고 있는가? 2) 업무상 조직 간에 개인정보 및 중요정보를 상호교환하는 경우 안전한 전송을 위한 협약체결 등 보호대책을 수립·이행하고 있는가?
결함사례	• 대외 기관과 연계 시 전용망 또는 VPN을 적용하고 중계서버와 인증서 적용 등을 통하여 안전하게 정보를 전송하고 있으나, 외부 기관별 연계 시기, 방식, 담당자 및 책임자, 연계 정보, 법적 근거 등에 대한 현황관리가 적절히 이루어지지 않고 있는 경우 • 중계과정에서의 암호 해제 구간 또는 취약한 암호화 알고리즘(DES, 3DES) 사용 등에 대한 보안성 검토, 보안표준 및 조치방안 수립 등에 대한 협의가 이행되고 있지 않은 경우

업무용 단말기 접근통제 정책, 공유 시 DLP 정책, 분실 시 DLP 대책, 주기적 점검

항목	2.10.6 업무용 단말기기 보안
인증기준	PC, 모바일 기기 등 단말기기를 업무 목적으로 네트워크에 연결할 경우 기기 인증 및 승인, 접근 범위, 기기 보안설정 등의 접근통제 대책을 수립하고 주기적으로 점검하여야 한다.
주요 확인사항	1) PC, 노트북, 가상PC, 태블릿 등 업무에 사용되는 단말기에 대하여 기기인증, 승인, 접근범위 설정, 기기 보안설정 등의 보안 통제 정책을 수립·이행하고 있는가? 2) 업무용 단말기를 통해 개인정보 및 중요정보가 유출되는 것을 방지하기 위하여 자료공유 프로그램 사용 금지, 공유설정 제한, 무선망 이용 통제 등의 정책을 수립·이행하고 있는가? 3) 업무용 모바일 기기의 분실, 도난 등으로 인한 개인정보 및 중요정보의 유·노출을 방지하기 위하여 보안대책을 적용하고 있는가? 4) 업무용 단말기기에 대한 접근통제 대책의 적절성에 대해 주기적으로 점검하고 있는가?
결함사례	• 업무적인 목적으로 노트북, 태블릿PC 등 모바일 기기를 사용하고 있으나, 업무용 모바일 기기에 대한 허용 기준, 사용 범위, 승인 절차, 인증 방법 등에 대한 정책이 수립되어 있지 않은 경우 • 모바일 기기 보안관리 지침에서는 모바일 기기의 업무용 사용을 원칙적으로 금지하고 필요시 승인 절차를 통하여 제한된 기간 동안 허가된 모바일 기기만 사용하도록 정하고 있으나, 허가된 모바일 기기가 식별·관리되지 않고 승인되지 않은 모바일 기기에서도 내부 정보 시스템 접속이 가능한 경우 • 개인정보 처리업무에 이용되는 모바일 기기에 대하여 비밀번호 설정 등 도난·분실에 대한 보호대책이 적용되어 있지 않은 경우 • 내부 규정에서는 업무용 단말기의 공유폴더 사용을 금지하고 있으나, 이에 대한 주기적인 점검이 이루어지고 있지 않아 다수의 업무용 단말기에서 과도하게 공유폴더를 설정하여 사용하고 있는 경우

보조저장매체 취급 정책, 관리 실태 주기적 점검, 통제구역 사용 제한, 악성코드 및 DLP 대책, 보관

항목	2.10.7 보조저장매체 관리
인증기준	보조저장매체를 통하여 개인정보 또는 중요정보의 유출이 발생하거나 악성코드가 감염되지 않도록 관리 절차를 수립·이행하고, 개인정보 또는 중요정보가 포함된 보조저장매체는 안전한 장소에 보관하여야 한다.
주요 확인사항	1) 외장하드, USB메모리, CD 등 보조저장매체 취급(사용), 보관, 폐기, 재사용에 대한 정책 및 절차를 수립·이행하고 있는가? 2) 보조저장매체 보유현황, 사용 및 관리실태를 주기적으로 점검하고 있는가? 3) 주요 정보시스템이 위치한 통제구역, 중요 제한구역 등에서 보조저장매체 사용을 제한하고 있는가? 4) 보조저장매체를 통한 악성코드 감염 및 중요정보 유출 방지를 위한 대책을 마련하고 있는가? 5) 개인정보 또는 중요정보가 포함된 보조저장매체를 잠금장치가 있는 안전한 장소에 보관하고 있는가?
결함사례	• 통제구역인 서버실에서의 보조저장매체 사용을 제한하는 정책을 수립하여 운영하고 있으나, 예외 승인 절차를 준수하지 않고 보조저장매체를 사용한 이력이 다수 확인되었으며, 보조 저장매체 관리실태에 대한 주기적 점검이 실시되지 않아 보조저장매체 관리대장의 현행화가 미흡한 경우 • 개인정보가 포함된 보조저장매체를 잠금장치가 있는 안전한 장소에 보관하지 않고 사무실 서랍 등에 방치하고 있는 경우 • 보조저장매체 통제 솔루션을 도입·운영하고 있으나, 일부 사용자에 대하여 적절한 승인 절차 없이 예외처리되어 쓰기 등이 허용된 경우 • 전산실에 위치한 일부 공용 PC 및 전산장비에서 일반 USB에 대한 쓰기가 가능한 상황이나 매체 반입 및 사용 제한, 사용이력 기록 및 검토 등 통제가 적용되고 있지 않은 경우

보조저장매체 취급 정책, 관리 실태 주기적 점검, 통제구역 사용 제한, 악성코드 및 DLP 대책, 보관

항목	2.10.8 패치관리
인증기준	소프트웨어, 운영체제, 보안시스템 등의 취약점으로 인한 침해사고를 예방하기 위하여 최신 패치를 적용하여야 한다. 다만 서비스 영향을 검토하여 최신 패치 적용이 어려울 경우 별도의 보완대책을 마련하여 이행하여야 한다.
주요 확인사항	1) 서버, 네트워크시스템, 보안시스템, PC 등 자산별 특성 및 중요도에 따라 운영체제(OS)와 소프트웨어의 패치관리 정책 및 절차를 수립·이행하고 있는가? 2) 주요 서버, 네트워크시스템, 보안시스템 등의 경우 설치된 OS, 소프트웨어 패치적용 현황을 주기적으로 관리하고 있는가? 3) 서비스 영향도 등에 따라 취약점을 조치하기 위한 최신의 패치 적용이 어려운 경우 보완대책을 마련하고 있는가? 4) 주요 서버, 네트워크시스템, 보안시스템 등의 경우 공개 인터넷 접속을 통한 패치를 제한하고 있는가? 5) 패치관리시스템을 활용하는 경우 접근통제 등 충분한 보호대책을 마련하고 있는가?

항목	2.10.8 패치관리
결함사례	• 일부 시스템에서 타당한 사유나 책임자 승인 없이 OS패치가 장기간 적용되고 있지 않은 경우 • 일부 시스템에 서비스 지원이 종료(EOS)된 OS버전을 사용 중이나, 이에 따른 대응계획이나 보완대책이 수립되어 있지 않은 경우 • 상용 소프트웨어 및 OS에 대해서는 최신 패치가 적용되고 있으나, 오픈소스 프로그램(openssl, openssh, Apache 등)에 대해서는 최신 패치를 확인하고 적용하는 절차 및 담당자가 지정되어 있지 않아 최신 보안패치가 적용되고 있지 않은 경우

항목	2.10.9 악성코드 통제
인증기준	바이러스·웜·트로이목마·랜섬웨어 등의 악성코드로부터 개인정보 및 중요정보, 정보시스템 및 업무용 단말기 등을 보호하기 위하여 악성코드 예방·탐지·대응 등의 보호대책을 수립·이행하여야 한다.
주요 확인사항	1) 바이러스, 웜, 트로이목마, 랜섬웨어 등의 악성코드로부터 정보시스템 및 업무용단말기 등을 보호하기 위하여 보호대책을 수립·이행하고 있는가? 2) 백신 소프트웨어 등 보안프로그램을 통하여 최신 악성코드 예방·탐지 활동을 지속적으로 수행하고 있는가? 3) 백신 소프트웨어 등 보안프로그램은 최신의 상태로 유지하고 필요 시 긴급 보안업데이트를 수행하고 있는가? 4) 악성코드 감염 발견 시 악성코드 확산 및 피해 최소화 등의 대응절차를 수립·이행하고 있는가?
결함사례	• 일부 PC 및 서버에 백신이 설치되어 있지 않거나, 백신 엔진이 장기간 최신 버전으로 업데이트되지 않은 경우 • 백신 프로그램의 환경설정(실시간 검사, 예약검사, 업데이트 설정 등)을 이용자가 임의로 변경할 수 있음에도 그에 따른 추가 보호대책이 수립되어 있지 않은 경우 • 백신 중앙관리시스템에 접근통제 등 보호대책이 미비하여 중앙관리시스템을 통한 침해 사고발생 가능성이 있는 경우 또는 백신 패턴에 대한 무결성 검증을 하지 않아 악의적인 사용자에 의한 악성코드 전파 가능성이 있는 경우 • 일부 내부망 PC 및 서버에서 다수의 악성코드 감염이력이 확인되었으나, 감염 현황, 감염 경로 및 원인 분석, 그에 따른 조치내역 등이 확인되지 않은 경우

사고대응체계, 외부기관 침해사고 대응체계 구축 계약서 반영, 외부기관 협조체계 수립

항목	2.11.1 사고 예방 및 대응체계 구축
인증기준	침해사고 및 개인정보 유출 등을 예방하고 사고 발생 시 신속하고 효과적으로 대응할 수 있도록 내·외부 침해시도의 탐지·대응·분석 및 공유를 위한 체계와 절차를 수립하고, 관련 외부기관 및 전문가들과 협조체계를 구축하여야 한다.
주요 확인사항	1) 침해사고 및 개인정보 유출사고를 예방하고 사고 발생시 신속하고 효과적으로 대응하기 위한 체계와 절차를 마련하고 있는가? 2) 보안관제서비스 등 외부 기관을 통해 침해사고 대응체계를 구축·운영하는 경우 침해사고 대응절차의 세부사항을 계약서에 반영하고 있는가? 3) 침해사고의 모니터링, 대응 및 처리를 위하여 외부전문가, 전문업체, 전문기관 등과의 협조체계를 수립하고 있는가?
결함사례	• 침해사고에 대비한 침해사고 대응 조직 및 대응 절차를 명확히 정의하고 있지 않은 경우 • 내부 지침 및 절차에 침해사고 단계별(사고 전, 인지, 처리, 복구, 보고 등) 대응 절차를 수립하여 명시하고 있으나, 침해사고 발생 시 사고 유형 및 심각도에 따른 신고·통지 절차, 대응 및 복구 절차의 일부 또는 전부를 수립하고 있지 않은 경우 • 침해사고 대응 조직도 및 비상연락망 등을 현행화하지 않고 있거나, 담당자별 역할과 책임이 명확히 정의되어 있지 않은 경우 • 침해사고 신고·통지 및 대응 협조를 위한 대외기관 연락처에 기관명, 홈페이지, 연락처 등이 잘못 명시되어 있거나, 일부 기관 관련 정보가 누락 또는 현행화되지 않은 경우 • 외부 보안관제 전문업체 등 유관기관에 침해사고 탐지 및 대응을 위탁하여 운영하고 있으나, 침해사고 대응에 대한 상호 간 관련 역할 및 책임 범위가 계약서나 SLA에 명확하게 정의되지 않은 경우 • 침해사고 대응절차를 수립하였으나, 개인정보 침해 신고 기준, 시점 등이 법적 요구사항을 준수하지 못하는 경우

취약점 점검 절차 수립 및 정기적 점검, 결과 보고, 최신 보안취약점 발생 파악, 점검 이력 기록관리

항목	2.11.2 취약점 점검 및 조치
인증기준	정보시스템의 취약점이 노출되어 있는지를 확인하기 위하여 정기적으로 취약점 점검을 수행하고 발견된 취약점에 대해서는 신속하게 조치하여야 한다. 또한 최신 보안취약점의 발생 여부를 지속적으로 파악하고 정보시스템에 미치는 영향을 분석하여 조치하여야 한다.
주요 확인사항	1) 정보시스템 취약점 점검 절차를 수립하고 정기적으로 점검을 수행하고 있는가? 2) 발견된 취약점에 대한 조치를 수행하고 그 결과를 책임자에게 보고하고 있는가? 3) 최신 보안취약점 발생 여부를 지속적으로 파악하고 정보시스템에 미치는 영향을 분석하여 조치하고 있는가? 4) 취약점 점검 이력을 기록관리하여 전년도에 도출된 취약점이 재발생하는 등의 문제점에 대해 보호대책을 마련하고 있는가?
결함사례	• 내부 규정에 연 1회 이상 주요 시스템에 대한 기술적 취약점 점검을 하도록 정하고 있으나, 주요 시스템 중 일부가 취약점 점검 대상에서 누락된 경우 • 취약점 점검에서 발견된 취약점에 대한 보완조치를 이행하지 않았거나, 단기간 내에 조치할 수 없는 취약점에 대한 타당성 검토 및 승인 이력이 없는 경우

내외부 침해시도, 개인정보 유출시도, 부정행위 모니터링, 임계치 정의 및 이상행위 판단 등 조치

항목	2.11.3 이상행위 분석 및 모니터링
인증기준	내·외부에 의한 침해시도, 개인정보유출 시도, 부정행위 등을 신속하게 탐지·대응할 수 있도록 네트워크 및 데이터 흐름 등을 수집하여 분석하며, 모니터링 및 점검 결과에 따른 사후조치는 적시에 이루어져야 한다.
주요 확인사항	1) 내·외부에 의한 침해시도, 개인정보 유출 시도, 부정행위 등 이상행위를 탐지할 수 있도록 주요 정보시스템, 응용프로그램, 네트워크, 보안시스템 등에서 발생한 네트워크 트래픽, 데이터 흐름, 이벤트 로그 등을 수집하여 분석 및 모니터링하고 있는가? 2) 침해시도, 개인정보유출시도, 부정행위 등의 여부를 판단하기 위한 기준 및 임계치를 정의하고 이에 따라 이상행위의 판단 및 조사 등 후속 조치가 적시에 이루어지고 있는가?
결함사례	• 외부로부터의 서버, 네트워크, 데이터베이스, 보안시스템에 대한 침해 시도를 인지할 수 있도록 하는 상시 또는 정기적 모니터링 체계 및 절차를 마련하고 있지 않은 경우 • 외부 보안관제 전문업체 등 외부 기관에 침해시도 모니터링 업무를 위탁하고 있으나, 위탁업체가 제공한 관련 보고서를 검토한 이력이 확인되지 않거나, 위탁 대상에서 제외된 시스템에 대한 자체 모니터링 체계를 갖추고 있지 않은 경우 • 내부적으로 정의한 임계치를 초과하는 이상 트래픽이 지속적으로 발견되고 있으나, 이에 대한 대응조치가 이루어지고 있지 않은 경우

침해사고 및 유출사고 대응 모의훈련 계획수립, 모의훈련 연1회 실시, 대응체계 개선

항목	2.11.4 사고 대응 훈련 및 개선
인증기준	침해사고 및 개인정보 유출사고 대응 절차를 임직원과 이해관계자가 숙지하도록 시나리오에 따른 모의훈련을 연 1회 이상 실시하고 훈련결과를 반영하여 대응체계를 개선하여야 한다.
주요 확인사항	1) 침해사고 및 개인정보 유출사고 대응 절차에 관한 모의훈련계획을 수립하고 이에 따라 연 1회 이상 주기적으로 훈련을 실시하고 있는가? 2) 침해사고 및 개인정보 유출사고 훈련 결과를 반영하여 침해사고 및 개인정보 유출사고 대응체계를 개선하고 있는가?
결함사례	• 침해사고 모의훈련을 수행하지 않았거나 관련 계획서 및 결과보고서가 확인되지 않은 경우 • 연간 침해사고 모의훈련 계획을 수립하였으나 타당한 사유 또는 승인 없이 해당 기간 내에 실시하지 않은 경우 • 모의훈련을 계획하여 실시하였으나, 관련 내부 지침에 정한 절차 및 서식에 따라 수행하지 않은 경우

침해사고 인지 시 대응 및 보고, 정보주체 통지 및 관계기관 신고, 종결 후 공유, 재발방지대책 수립

항목	2.11.5 사고 대응 및 복구
인증기준	침해사고 및 개인정보 유출 징후나 발생을 인지한 때에는 법적 통지 및 신고 의무를 준수하여야 하며, 절차에 따라 신속하게 대응 및 복구하고 사고분석 후 재발방지 대책을 수립하여 대응체계에 반영하여야 한다.
주요 확인사항	1) 침해사고 및 개인정보 유출의 징후 또는 발생을 인지한 경우 정의된 침해사고 대응절차에 따라 신속하게 대응 및 보고가 이루어지고 있는가? 2) 개인정보 침해사고 발생 시 관련 법령에 따라 정보주체(이용자) 통지 및 관계기관 신고 절차를 이행하고 있는가? 3) 침해사고가 종결된 후 사고의 원인을 분석하여 그 결과를 보고하고 관련 조직 및 인력과 공유하고 있는가? 4) 침해사고 분석을 통해 얻어진 정보를 활용하여 유사 사고가 재발하지 않도록 대책을 수립하고 필요한 경우 침해사고 대응절차 등을 변경하고 있는가?
결함사례	• 내부 침해사고 대응지침에는 침해사고 발생 시 개인정보보호위원회 및 이해관계 부서에게 보고하도록 정하고 있으나, 침해사고 발생 시 담당 부서에서 자체적으로 대응 조치 후 정보보호위원회 및 이해관계 부서에 보고하지 않은 경우 • 최근 DDoS 공격으로 의심되는 침해사고로 인하여 서비스 일부가 중단된 사례가 있으나, 이에 대한 원인분석 및 재발방지 대책이 수립되지 않은 경우

IT 재해유형 식별, 피해&업무 영향 분석, 핵심 IT서비스 및 시스템 식별, RTO, RPO 정의, BCP

항목	2.12.1 재해, 재난 대비 안전조치
인증기준	자연재해, 통신·전력 장애, 해킹 등 조직의 핵심 서비스 및 시스템의 운영 연속성을 위협할 수 있는 재해 유형을 식별하고 유형별 예상 피해규모 및 영향을 분석하여야 한다. 또한 복구 목표시간, 복구 목표시점을 정의하고 복구 전략 및 대책, 비상시 복구 조직, 비상연락체계, 복구 절차 등 재해 복구체계를 구축하여야 한다.
주요 확인사항	1) 조직의 핵심 서비스(업무) 연속성을 위협할 수 있는 IT 재해 유형을 식별하고 유형별 피해 규모 및 업무에 미치는 영향을 분석하여 핵심 IT 서비스(업무) 및 시스템을 식별하고 있는가? 2) 핵심 IT 서비스 및 시스템의 중요도 및 특성에 따른 복구 목표시간, 복구 목표시점을 정의하고 있는가? 3) 재해 및 재난 발생 시에도 핵심 서비스 및 시스템의 연속성을 보장할 수 있도록 복구 전략 및 대책, 비상시 복구 조직, 비상연락체계, 복구 절차 등 재해 복구 계획을 수립·이행하고 있는가?

항목	2.12.1 재해, 재난 대비 안전조치
결함사례	• IT 재해 복구 절차서 내에 IT 재해 복구 조직 및 역할 정의, 비상연락체계, 복구 절차 및 방법 등 중요한 내용이 누락되어 있는 경우 • 비상사태 발생 시 정보시스템의 연속성 확보 및 피해 최소화를 위하여 백업센터를 구축하여 운영하고 있으나, 관련 정책에 백업센터를 활용한 재해 복구 절차 등이 수립되어 있지 않아 재해 복구 시험 및 복구가 효과적으로 진행되기 어려운 경우 • 서비스 운영과 관련된 일부 중요 시스템에 대한 복구 목표시간이 정의되어 있지 않으며, 이에 대한 적절한 복구 대책을 마련하고 있지 않은 경우 • 재해 복구 관련 지침서 등에 IT 서비스 또는 시스템에 대한 복구 우선순위, 복구 목표시간, 복구 목표시점 등이 정의되어 있지 않은 경우 • 현실적 대책 없이 복구 목표시간을 과도 또는 과소하게 설정하고 있거나, 복구 목표시점과 백업정책(대상, 주기 등)이 적절히 연계되지 않아 복구 효과성을 보장할 수 없는 경우

BCP 수립·이행, 복구전략 및 대책 정기적 검토·보완

항목	2.12.2 재해 복구 시험 및 개선
인증기준	재해 복구 전략 및 대책의 적정성을 정기적으로 시험하여 시험결과, 정보시스템 환경변화, 법규 등에 따른 변화를 반영하여 복구전략 및 대책을 보완하여야 한다.
주요 확인사항	1) 수립된 IT 재해 복구체계의 실효성을 판단하기 위하여 재해 복구 시험계획을 수립·이행하고 있는가? 2) 시험결과, 정보시스템 환경변화, 법률 등에 따른 변화를 반영할 수 있도록 복구전략 및 대책을 정기적으로 검토·보완하고 있는가?
결함사례	• 재해 복구 훈련을 계획·시행하지 않았거나 관련 계획서 및 결과보고서가 확인되지 않은 경우 • 재해 복구 훈련 계획을 수립하였으나, 타당한 사유 또는 승인 없이 계획대로 실시하지 않았거나 관련 결과보고가 확인되지 않은 경우 • 재해 복구 훈련을 계획하여 실시하였으나, 내부 관련 지침에 정한 절차 및 서식에 따라 이행되지 않아 수립한 재해 복구 절차의 적정성 및 효과성을 평가하기 위한 훈련으로 보기 어려운 경우

3) 개인정보 처리단계별 요구사항

명확 고지(목항기거) 후 동의, 방법 및 시점, 명확 표시, 만14세(법정대리인 동의), 동의

항목	3.1.1 개인정보 수집·이용
인증기준	개인정보는 적법하고 정당하게 수집·이용하여야 하며, 정보주체의 동의를 근거로 수집하는 경우에는 적법한 방법으로 정보주체의 동의를 받아야 한다. 또한 만 14세 미만 아동의 개인 정보를 수집하는 경우에는 그 법정대리인의 동의를 받아야 하며 법정대리인이 동의하였는지를 확인하여야 한다.
주요 확인사항	1) 개인정보 수집 시 법령에 특별한 규정이 있는 경우를 제외하고는 정보주체(이용자)에게 관련 내용을 **명확하게 고지하고 동의**를 받고 있는가? 2) 정보주체(이용자)에게 **동의를 받는 방법 및 시점**은 적절하게 되어 있는가? 3) 정보주체(이용자)에게 동의를 서면(전자문서 포함)으로 받는 경우 법령에서 정한 중요한 내용에 대해 **명확히 표시**하여 알아보기 쉽게 하고 있는가? 4) **만 14세 미만 아동**의 개인정보에 대해 수집·이용·제공 등의 동의를 받는 경우 법정대리인 에게 필요한 사항에 대하여 고지하고 동의를 받고 있는가? 5) **법정대리인의 동의**를 받기 위하여 필요한 **최소한의 개인정보만을 수집**하고 있으며, 법정 대리인이 자격 요건을 갖추고 있는지 확인하는 **절차와 방법**을 마련하고 있는가? 6) 정보주체(이용자) 및 법정대리인에게 **동의를 받은 기록을 보관**하고 있는가?
결함사례	• 개인정보보호법을 적용받는 개인정보처리자가 개인정보 수집 동의 시 고지 사항에 '동의 거부 권리 및 동의 거부에 따른 불이익 내용'을 누락한 경우 • 개인정보 수집 동의 시 수집하는 개인정보 항목을 구체적으로 명시하지 않고 '~ 등'과 같이 포괄적으로 안내하는 경우 • 쇼핑몰 홈페이지에서 회원가입 시 회원가입에 필요한 개인정보 외에 추후 물품 구매 시 필요한 결제·배송 정보를 미리 필수 항목으로 수집하는 경우 • Q&A, 게시판을 통하여 비회원의 개인정보(이름, 이메일, 휴대폰번호)를 수집하면서 개인정보 수집 동의 절차를 거치지 않은 경우 • 만 14세 미만 아동의 개인정보를 수집하면서 법정대리인의 동의를 받지 않은 경우 • 만 14세 미만 아동에 대하여 서비스를 제공하고 있지 않지만, 회원가입 단계에서 입력받는 생년월일을 통하여 나이 체크를 하지 않아 법정대리인 동의 없이 가입된 만 14세 미만 아동 회원이 존재한 경우 • 법정대리인의 진위 여부를 확인하는 절차가 미흡하여 미성년자 등 아동의 법정대리인으로 보기 어려운데도 법정대리인 동의가 가능한 경우 • 만 14세 미만 아동으로부터 법정대리인 동의를 받는 목적으로 법정대리인의 개인정보(이름, 휴대폰번호)를 수집한 이후 법정대리인의 동의가 장기간 확인되지 않았음에도 이를 파기하지 않고 계속 보유하고 있는 경우 • 법정대리인 동의에 근거하여 만 14세 미만 아동의 개인정보를 수집하였으나, 관련 기록을 보존하지 않아 법정대리인 동의와 관련된 사항(법정대리인 이름, 동의 일시 등)을 확인할 수 없는 경우

항목	3.1.2 개인정보 수집 제한
인증기준	개인정보를 수집하는 경우 처리 목적에 필요한 최소한의 개인정보만을 수집하여야 하며, 정보주체가 선택적으로 동의할 수 있는 사항 등에 동의하지 아니한다는 이유로 정보주체에게 재화 또는 서비스의 제공을 거부하지 않아야 한다.
주요 확인사항	1) 개인정보를 수집하는 경우 서비스 제공 또는 법령에 근거한 처리 등을 위해 필요한 범위 내에서 **최소한의 정보**만을 수집하고 있는가? 2) 수집 목적에 필요한 최소한의 정보 외의 개인정보를 수집하는 경우 정보주체(이용자)가 해당 **개인정보의 제공 여부를 선택**할 수 있도록 하고 있는가? 3) 정보주체(이용자)가 수집 목적에 필요한 최소한의 정보 이외의 개인정보 수집에 동의하지 않는다는 이유로 **서비스 또는 재화의 제공을 거부하지 않도록** 하고 있는가?
결함사례	• 회원가입 시 서비스 제공을 위하여 필요한 최소한의 정보 외의 기타 정보를 수집하면서 필수항목과 선택항목으로 구분하지 않고 일괄로 동의를 받는 경우 • 회원가입 양식에서 필수정보와 선택정보로 나눠서 동의를 받고 있으나, 필수정보에 포함된 개인정보 항목에 서비스 제공을 위하여 필요한 최소한의 정보 외의 과도한 개인정보 항목이 포함되어 있는 경우 • 회원가입 양식에서 필수와 선택 정보를 구분하여 별도 동의를 받도록 되어 있었으나, 선택 정보에 대하여 동의하지 않아도 회원가입이 가능함을 정보주체가 인지할 수 있도록 구체적으로 알리지 않은 경우(개인정보 입력 양식에 개인정보 항목별로 필수, 선택 여부가 표시되어 있지 않은 경우 등) • 홈페이지 회원가입 화면에서 선택사항에 대하여 동의하지 않거나 선택정보를 입력하지 않으면 다음 단계로 넘어가지 않거나 회원가입이 차단되는 경우

주민번호 수집 법적 근거, 법조항 구체적 식별, 대체수단 제공

항목	3.1.3 주민등록번호 처리 제한
인증기준	주민등록번호는 법적 근거가 있는 경우를 제외하고는 수집·이용 등 처리할 수 없으며, 주민등록번호의 처리가 허용된 경우라 하더라도 인터넷 홈페이지 등에서 대체수단을 제공하여야 한다.
주요 확인사항	1) 주민등록번호는 명확한 **법적 근거**가 있는 경우에만 처리하고 있는가? 2) 주민등록번호의 수집 근거가 되는 **법조항을 구체적**으로 식별하고 있는가? 3) 법적 근거에 따라 정보주체(이용자)의 주민등록번호 수집이 가능한 경우에도 아이핀, 휴대폰 인증 등 **주민등록번호를 대체하는 수단**을 제공하고 있는가?
결함사례	• 홈페이지 가입과 관련하여 실명확인, 단순 회원관리 목적을 위하여 정보주체(이용자)의 동의에 근거하여 주민등록번호를 수집한 경우 • 정보주체의 주민등록번호를 시행규칙이나 지방자치단체의 조례에 근거하여 수집한 경우 • 비밀번호 분실 시 본인확인 등의 목적으로 주민등록번호 뒤 6자리를 수집하지만, 관련된 법적 근거가 없는 경우 • 채용전형 진행단계에서 법적 근거 없이 입사지원자의 주민등록번호를 수집한 경우 • 콜센터에 상품, 서비스 관련 문의 시 본인확인을 위하여 주민등록번호를 수집한 경우 • 주민등록번호 수집 법정주의 시행 이전에 수집하여 저장하고 있던 주민등록번호를 현재 법적 근거가 없음에도 파기하지 않고 보관하고 있는 경우 • 주민등록번호 수집의 법적 근거가 있다는 사유로 홈페이지 회원가입 단계에서 대체수단을 제공하지 않고 주민등록번호를 입력받는 본인확인 및 회원가입 방법만을 제공한 경우

민감정보&고유식별정보 별도 동의, 법령 구체적 근거

항목	3.1.4 민감정보 및 고유식별정보의 처리 제한
인증기준	민감정보와 고유식별정보(주민등록번호 제외)를 처리하기 위해서는 법령에서 구체적으로 처리를 요구하거나 허용하는 경우를 제외하고는 정보주체의 별도 동의를 받아야 한다.
주요 확인사항	1) 민감정보는 정보주체(이용자)로부터 **별도의 동의**를 받거나 관련 **법령에 근거**가 있는 경우에만 처리하고 있는가? 2) 고유식별정보(주민등록번호 제외)는 정보주체(이용자)로부터 **별도의 동의**를 받거나 관련 **법령에 구체적인 근거**가 있는 경우에만 처리하고 있는가?
결함사례	• 장애인에 대한 요금감면 등 혜택 부여를 위하여 장애 여부 등 건강에 관한 민감정보를 수집하면서 다른 개인정보 항목에 포함하여 일괄 동의를 받은 경우 • 회원가입 시 외국인에 한하여 외국인등록번호를 수집하면서 다른 개인정보 항목에 포함하여 일괄 동의를 받은 경우 • 민감정보 또는 고유식별정보에 대하여 별도의 동의를 받으면서 고지하여야 할 4가지 사항 중에 일부를 누락하거나 잘못된 내용으로 고지하는 경우(동의 거부 권리 및 동의 거부에 따른 불이익 사항을 고지하지 않은 경우 등)

간접수집 동의획득 책임(제공자), 사회통념 동의 의사 이용, 자동수집장치, 통지(요구, 처리자), 보관

항목	3.1.5 간접수집 보호조치
인증기준	정보주체 이외로부터 개인정보를 수집하거나 제3자로부터 제공받는 경우에는 업무에 필요한 최소한의 개인정보를 수집하거나 제공받아야 하며, 법령에 근거하거나 정보주체의 요구가 있으면 개인정보의 수집 출처, 처리목적, 처리정지의 요구권리를 알려야 한다.
주요 확인사항	1) 정보주체(이용자) 이외로부터 개인정보를 제공받는 경우 개인정보 수집에 대한 **동의획득 책임**이 개인정보를 제공하는 자에게 있음을 **계약을 통해 명시**하고 있는가? 2) **공개된 매체 및 장소**에서 개인정보를 수집하는 경우 정보주체(이용자)의 공개 목적·범위 및 **사회 통념상** 동의 의사가 있다고 **인정되는 범위** 내에서만 수집·이용하는가? 3) 서비스 계약 이행을 위해 필요한 경우로서, 사업자가 서비스 제공 과정에서 **자동수집장치** 등에 의해 수집·생성하는 개인정보(이용내역 등)의 경우에도 **최소수집** 원칙을 적용하고 있는가? 4) 정보주체(이용자) 이외로부터 수집하는 개인정보에 대해 **정보주체(이용자)의 요구**가 있는 경우 즉시 필요한 사항을 정보주체(이용자)에게 **알리고** 있는가? 5) 정보주체(이용자) 이외로부터 수집한 개인정보를 처리하는 경우 개인정보의 종류·규모 등이 **법적 요건에 해당**하는 경우 필요한 사항을 정보주체(이용자)에게 **알리고** 있는가? 6) 정보주체(이용자)에게 수집출처에 대해 **알린 기록**을 해당 개인정보의 파기 시까지 **보관·관리**하고 있는가?
결함사례	• 인터넷 홈페이지, SNS에 공개된 개인정보를 수집하고 있는 상태에서 정보주체(이용자)의 수집출처 요구에 대한 처리절차가 존재하지 않은 경우 • 개인정보보호법 제17조제1항제1호에 따라 다른 사업자로부터 개인정보 제공동의를 근거로 개인정보를 제공받았으나, 이에 대하여 해당 정보주체에게 3개월 내에 통지하지 않은 경우 (다만 제공받은 사업자가 5만 명 이상 정보주체의 민감정보 또는 고유식별정보를 처리하거나 100만 명 이상 정보주체의 개인정보를 처리하는 경우) • 서비스 제공과 직접 관련이 없는 타깃 마케팅 목적으로 쿠키에 포함된 개인정보를 동의받지 않고 수집하는 경우

허용장소 및 목적, 공공기관 공청회, 안내판, 운영관리방침, 보관기관 만료시 삭제, 위탁 시 계약서

항목	3.1.6 영상정보처리기기 설치·운영
인증기준	고정형 영상정보처리기기를 공개된 장소에 설치·운영하거나 이동형 영상정보처리기기를 공개된 장소에서 업무를 목적으로 운영하는 경우 설치 목적 및 위치에 따라 법적 요구사항을 준수하고, 적절한 보호대책을 수립·이행하여야 한다.
주요 확인사항	1) 공개된 장소에 영상정보처리기기를 설치·운영할 경우 법적으로 **허용한 장소 및 목적**인지 검토하고 있는가? 2) 공공기관이 공개된 장소에 영상정보처리기기를 설치·운영하려는 경우 **공청회·설명회** 개최 등의 법령에 따른 절차를 거쳐 관계 전문가 및 이해관계인의 의견을 수렴하고 있는가? 3) 영상정보처리기기 설치·운영 시 정보주체가 쉽게 인식할 수 있도록 **안내판 설치** 등 필요한 조치를 하고 있는가? 4) 영상정보처리기기 및 영상정보의 안전한 관리를 위한 영상정보처리기기 **운영·관리 방침**을 마련하여 시행하고 있는가? 5) 영상정보의 보관 기간을 정하고 있으며, **보관 기간 만료 시 지체 없이 삭제**하고 있는가? 6) 영상정보처리기기 설치·운영에 관한 사무를 위탁하는 경우 관련 절차 및 요건에 따라 **계약서**에 반영하고 있는가?
결함사례	• 영상정보처리기기 안내판의 고지 문구가 일부 누락되어 운영되고 있거나, 영상정보처리기기 운영·관리 방침을 수립·운영하고 있지 않은 경우 • 영상정보처리기기 운영·관리 방침을 수립 운영하고 있으나, 방침 내용과 달리 보관기간을 준수하지 않고 운영되거나, 영상정보 보호를 위한 접근통제 및 로깅 등 방침에 기술한 사항이 준수되지 않는 등 관리가 미흡한 경우 • 영상정보처리기기의 설치·운영 사무를 외부업체에 위탁을 주고 있으나, 영상정보의 관리 현황 점검에 관한 사항, 손해배상 책임에 관한 사항 등 법령에서 요구하는 내용을 영상정보처리기기 업무 위탁 계약서에 명시하지 않은 경우 • 영상정보처리기기의 설치·운영 사무를 외부업체에 위탁을 주고 있으나, 영상정보처리기기 안내판에 수탁자의 명칭과 연락처를 누락하여 고지한 경우

홍보 별도 동의, 광고 사전 동의, 2년 확인, 영리목적 광고 고지(전송자, 수신거부방법), 야간 금지

항목	3.1.7 홍보 및 마케팅 목적 활용 시 조치
인증기준	재화나 서비스의 홍보, 판매 권유, 광고성 정보전송 등 마케팅 목적으로 개인정보를 수집·이용하는 경우 그 목적을 정보주체가 명확하게 인지할 수 있도록 고지하고 동의를 받아야 한다.
주요 확인사항	1) 정보주체(이용자)에게 재화나 서비스를 **홍보하거나 판매**를 권유하기 위하여 개인정보 처리에 대한 동의를 받는 경우 정보주체(이용자)가 이를 명확하게 인지할 수 있도록 알리고 **별도 동의**를 받고 있는가? 2) 전자적 전송매체를 이용하여 **영리목적의 광고성 정보**를 전송하는 경우 수신자의 명시적인 **사전 동의**를 받고 있으며, **2년 마다** 정기적으로 수신자의 **수신동의 여부를 확인**하고 있는가? 3) 전자적 전송매체를 이용한 영리목적의 광고성 정보 전송에 대해 수신자가 **수신거부**의사를 표시하거나 사전 동의를 철회한 경우 영리목적의 광고성 정보 전송을 **중단**하도록 하고 있는가? 4) 영리목적의 광고성 정보를 전송하는 경우 **전송자의 명칭, 수신거부 방법** 등을 구체적으로 밝히고 있으며, **야간시간**에는 전송하지 않도록 하고 있는가?

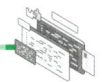

항목	3.1.7 홍보 및 마케팅 목적 활용 시 조치
결함사례	• '홍보 및 마케팅' 목적으로 개인정보를 수집하면서 '부가서비스 제공', '제휴 서비스 제공' 등과 같이 목적을 모호하게 안내하는 경우 또는 다른 목적으로 수집하는 개인정보와 구분하지 않고 포괄 동의를 받는 경우 • 모바일 앱에서 광고성 정보전송(앱 푸시)에 대하여 거부 의사를 밝혔으나, 프로그램 오류 등의 이유로 광고성 앱 푸시가 이루어지는 경우 • 온라인 회원가입 화면에서 문자, 이메일에 의한 광고성 정보 전송에 대하여 디폴트로 체크되어 있는 경우 • 광고성 정보 수신동의 여부에 대하여 2년마다 확인하지 않은 경우

개인정보 현황 정기적 관리, 공공기관 개인정보파일 등록, 개인정보파일을 처리방침에 공개

항목	3.2.1 개인정보 현황관리
인증기준	수집·보유하는 개인정보의 항목, 보유량, 처리 목적 및 방법, 보유기간 등 현황을 정기적으로 관리하여야 하며, 공공기관의 경우 이를 법률에서 정한 관계기관의 장에게 등록하여야 한다.
주요 확인사항	1) 수집·보유하고 있는 개인정보의 항목, 보유량, 처리 목적 및 방법, 보유기간 등 **현황을 정기적으로 관리**하고 있는가? 2) **공공기관**이 **개인정보파일**을 운용하거나 변경하는 경우 관련된 사항을 법률에서 정한 **관계기관의 장에게 등록**하고 있는가? 3) **공공기관**은 개인정보파일의 보유 현황을 **개인정보 처리방침에 공개**하고 있는가?
결함사례	• 개인정보파일을 홈페이지의 개인정보파일 등록 메뉴를 통하여 목록을 관리하고 있으나, 그 중 일부 홈페이지 서비스와 관련된 개인정보파일의 내용이 개인정보 처리방침에 누락되어 있는 경우 • 신규 개인정보파일을 구축한 지 2개월이 경과하였으나, 해당 개인정보파일을 개인정보보호 위원회에 등록하지 않은 경우 • 개인정보보호위원회에 등록되어 공개된 개인정보파일의 내용(수집하는 개인정보의 항목 등)이 실제 처리하고 있는 개인정보파일 현황과 상이한 경우

수집 개인정보 최신화, 정보주체 개인정보 품질(정확성, 완전성, 최신성) 유지

항목	3.2.2 개인정보 품질보장
인증기준	수집된 개인정보는 처리 목적에 필요한 범위에서 개인정보의 정확성·완전성·최신성이 보장되도록 정보주체에게 관리절차를 제공하여야 한다.
주요 확인사항	1) 수집된 개인정보는 내부 절차에 따라 안전하게 처리하도록 관리하며 **최신의 상태로 정확**하게 유지하고 있는가? 2) 정보주체(이용자)가 개인정보의 **정확성, 완전성 및 최신성을 유지할 수 있는 방법을 제공**하고 있는가?
결함사례	• 인터넷 홈페이지를 통하여 회원정보를 변경할 때는 본인확인 절차를 거치고 있으나, 고객센터 상담원과의 통화를 통한 회원 정보 변경 시에는 본인확인 절차가 미흡하여 회원정보의 불법적인 변경이 가능한 경우 • 온라인 회원에 대해서는 개인정보를 변경할 수 있는 방법을 제공하고 있으나, 오프라인 회원에 대해서는 개인정보를 변경할 수 있는 방법을 제공하고 있지 않은 경우

이동통신단말장치 접근권한 고지,동의, 선택권한 거부권, 동의 및 철회방법 마련

항목	3.2.3 이용자 단말기 접근 보호
인증기준	정보주체(이용자)의 이동통신단말장치 내에 저장되어 있는 정보 및 이동통신단말장치에 설치된 기능에 접근이 필요한 경우 이를 명확하게 인지할 수 있도록 알리고 정보주체(이용자)의 동의를 받아야 한다.
주요 확인 사항	1) 정보주체(이용자)의 **이동통신단말장치** 내에 저장되어 있는 정보 및 이동통신단말장치에 설치된 기능에 대하여 **접근할 수 있는 권한**이 필요한 경우 명확하게 인지할 수 있도록 **알리고** 정보주체(이용자)의 **동의**를 받고 있는가? 2) 이동통신단말장치 내에서 해당 서비스를 제공하기 위하여 반드시 **필요한 접근권한이 아닌** 경우, 정보주체(이용자)가 **동의하지 않아도 서비스 제공을 거부**하지 않도록 하고 있는가? 3) 이동통신단말장치 내에서 해당 접근권한에 대한 정보주체(이용자)의 **동의 및 철회방법**을 마련하고 있는가?
결함사례	• 스마트폰 앱에서 서비스에 불필요함에도 불구하고 주소록, 사진, 문자 등 스마트폰 내 개인정보 영역에 접근할 수 있는 권한을 과도하게 설정한 경우 • 정보통신서비스 제공자의 스마트폰 앱에서 스마트폰 내에 저장되어 있는 정보 및 설치된 기능에 접근하면서 접근권한에 대한 고지 및 동의를 받지 않고 있는 경우 • 스마트폰 앱의 접근권한에 대한 동의를 받으면서 선택사항에 해당하는 권한을 필수권한으로 고지하여 동의를 받는 경우 • 접근권한에 대한 개별동의가 불가능한 안드로이드 6.0 미만 버전을 지원하는 스마트폰 앱을 배포하면서 선택적 접근권한을 함께 설정하여, 선택적 접근권한에 대하여 거부할 수 없도록 하고 있는 경우

항목	3.2.4 개인정보 목적 외 이용 및 제공
인증기준	정보주체의 이동통신단말장치 내에 저장되어 있는 정보 및 이동통신단말장치에 설치된 기능에 접근이 필요한 경우 이를 명확하게 인지할 수 있도록 알리고 정보주체의 동의를 받아야 한다.
주요 확인사항	1) 개인정보는 최초 수집 시 정보주체(이용자)로부터 **동의 받은 목적 또는 법령**에 근거한 범위 내에서만 이용·제공하고 있는가? 2) 개인정보를 수집 목적 또는 범위를 초과하여 이용하거나 제공하는 경우 정보주체(이용자)로부터 **별도의 동의**를 받거나 **법적 근거**가 있는 경우로 제한하고 있는가? 3) 개인정보를 목적 외의 용도로 제3자에게 제공하는 경우 제공받는 자에게 **이용목적·방법 등을 제한**하거나 **안전성 확보**를 위해 필요한 조치를 마련하도록 요청하고 있는가? 4) **공공기관**이 개인정보를 목적 외의 용도로 이용하거나 제3자에게 제공하는 경우 그 이용 또는 제공의 **법적 근거, 목적 및 범위** 등에 관하여 필요한 사항을 **관보 또는 인터넷 홈페이지** 등에 게재하고 있는가? 5) **공공기관**이 개인정보를 목적 외의 용도로 이용하거나 제3자에게 제공하는 경우 **목적 외 이용 및 제3자 제공대장**에 기록·관리하고 있는가?

항목	3.2.4 개인정보 목적 외 이용 및 제공
결함사례	• 상품배송을 목적으로 수집한 개인정보를 사전에 동의받지 않은 자사 상품의 통신판매 광고에 이용한 경우 • 고객 만족도 조사, 경품 행사에 응모하기 위하여 수집한 개인정보를 자사의 할인판매행사 안내용 광고 발송에 이용한 경우 • 공공기관이 다른 법률에 근거하여 민원인의 개인정보를 목적 외로 타 기관에 제공하면서 관련 사항을 관보 또는 인터넷 홈페이지에 게시하지 않은 경우 • 공공기관이 범죄 수사의 목적으로 경찰서에 개인정보를 제공하면서 '개인정보 목적 외이용 및 제3자 제공 대장'에 관련 사항을 기록하지 않은 경우

가명처리 절차, 결합전문기관, 안전성 확보, 기록보관

항목	3.2.5 가명정보 처리
인증기준	가명정보를 처리하는 경우 목적제한, 결합제한, 안전조치, 금지의무 등 법적 요건을 준수하고 적정 수준의 가명 처리를 보장할 수 있도록 가명처리 절차를 수립·이행하여야 한다.
주요 확인사항	1) 개인정보를 가명처리하여 이용·제공 시 추가 정보의 사용·결합 없이 개인을 알아볼 수 없도록 적절한 방법으로 가명처리를 수행하고 있으며, 이에 대한 **적정성을 평가**하고 있는가? 또한, 다른 개인정보처리자 간의 가명정보 결합은 국가에서 지정한 **전문기관**을 통하고 있는가?
	2) 가명정보를 처리하는 경우 추가 정보를 삭제 또는 별도로 분리하여 보관·관리하는등 **안전성 확보**에 필요한 기술적·관리적 및 물리적 조치를 하고 있는가? 또한, 가명정보의 처리 내용을 관리하기 위하여 관련 **기록을 작성·보관**하고 있는가?
결함사례	• 통계작성 및 과학적 연구를 위하여 정보주체 동의 없이 가명정보를 처리하면서 가명정보 처리에 관한 기록을 남기고 있지 않거나, 또는 개인정보 처리방침에 관련 사항을 공개하지 않은 경우 • 가명정보와 동일한 데이터베이스 내에 추가 정보를 분리하지 않고 보관하고 있거나, 또는 가명정보와 추가 정보에 대한 접근권한이 적절히 분리되지 않은 경우 • 개인정보를 가명처리하여 활용하고 있으나 적정한 수준의 가명처리가 수행되지 않아 추가 정보의 사용 없이도 다른 정보와의 결합 등을 통하여 특정 개인을 알아볼 수 있는 가능성이 존재하는 경우 • 테스트 데이터 생성, 외부 공개 등을 위하여 개인정보를 익명처리하였으나, 특이치 등으로 인하여 특정 개인에 대한 식별가능성이 존재하는 등 익명처리가 적정하게 수행되었다고 보기 어려운 경우

제3자 별도 동의, 거부권, 최소정보 제한, 제3자 제공내역 기록보관, 제3자 접근 시 보호절차 통제

항목	3.3.1 개인정보 제3자 제공
인증기준	개인정보를 제3자에게 제공하는 경우 법적 근거에 의하거나 정보주체의 동의를 받아야 하며, 제3자에게 개인정보의 접근을 허용하는 등 제공 과정에서 개인정보를 안전하게 보호하기 위한 보호대책을 수립·이행하여야 한다.
주요 확인사항	1) 개인정보를 제3자에게 제공하는 경우 **법령에 규정**이 있는 경우를 제외하고는 정보주체(이용자)에게 관련 내용을 **명확하게 고지하고 동의**를 받고 있는가? 2) 개인정보의 제3자 제공 동의는 **수집·이용에 대한 동의와 구분**하여 받고 이에 동의하지 않는다는 이유로 해당 **서비스의 제공을 거부**하지 않도록 하고 있는가? 3) 개인정보를 제3자에게 제공하는 경우 제공 목적에 맞는 **최소한의 개인정보** 항목으로 제한하고 있는가? 4) 개인정보를 제3자에게 제공 하는 경우 안전한 **절차와 방법**을 통해 제공하고 **제공 내역을 기록하여 보관**하고 있는가? 5) **제3자**에게 개인정보의 **접근을 허용**하는 경우 개인정보를 안전하게 보호하기 위한 보호절차에 따라 **통제**하고 있는가?
결함사례	• 개인정보처리자가 개인정보 제3자 제공 동의를 받을 때 정보주체에게 고지하는 사항 중에 일부 사항(동의 거부권, 제공하는 항목 등)을 누락한 경우 • 개인정보를 제3자에게 제공하는 과정에서 제3자 제공 동의 여부를 적절히 확인하지 못하여 동의하지 않은 정보주체(이용자)의 개인정보가 함께 제공된 경우 • 개인정보를 제공 동의를 받을 때, 제공받는 자를 특정하지 않고 '~ 등'과 같이 포괄적으로 안내하고 동의를 받은 경우 • 회원 가입 단계에서 선택사항으로 제3자 제공 동의를 받고 있으나, 제3자 제공에 동의하지 않으면 회원 가입 절차가 더 이상 진행되지 않도록 되어 있는 경우 • 제공받는 자의 이용 목적과 관련 없이 지나치게 많은 개인정보를 제공하는 경우

위탁 내용과 수탁자 공개,(업무, 수탁자), 홍보&판매시 통지

항목	3.3.2 업무 위탁에 따른 정보주체 고지
인증기준	개인정보 처리업무를 제3자에게 위탁하는 경우 위탁하는 업무의 내용과 수탁자 등 관련사항을 공개하여야 한다. 또한 재화 또는 서비스를 홍보하거나 판매를 권유하는 업무를 위탁하는 경우 위탁하는 업무의 내용과 수탁자를 정보주체에게 알려야 한다.
주요 확인사항	1) 개인정보 처리업무를 제3자에게 **위탁**하는 경우 인터넷 홈페이지 등에 위탁하는 **업무의 내용과 수탁자를 현행화하여 공개**하고 있는가? 2) 재화 또는 서비스를 **홍보하거나 판매**를 권유하는 업무를 위탁하는 경우에는 **서면, 전자우편, 문자전송** 등의 방법으로 위탁하는 업무의 내용과 수탁자를 정보주체에게 **알리고 있는가?**
결함사례	• 홈페이지 개인정보 처리방침에 개인정보 처리업무 위탁 사항을 공개하고 있으나, 일부 수탁사와 위탁하는 업무의 내용이 누락된 경우 • 재화 또는 서비스를 홍보하거나 판매를 권유하는 업무를 위탁하면서, 위탁하는 업무의 내용과 수탁자를 서면 등의 방법으로 정보주체에게 알리지 않고 개인정보 처리방침에 공개하는 것으로 갈음한 경우 • 기존 개인정보 처리업무 수탁사와의 계약 해지에 따라 개인정보 처리업무 수탁사가 변경되었으나, 이에 대하여 개인정보 처리방침에 지체 없이 반영하지 않은 경우

양도·합병 이전 시 통지(도통수면), 통지요건(사실, 받는자, 이전 불원), 본래 목적 이용

항목	3.3.3 영업의 양수 등에 따른 개인정보의 이전
인증기준	영업의 양도·합병 등으로 개인정보를 이전하거나 이전받는 경우 정보주체 통지 등 적절한 보호조치를 수립·이행하여야 한다.
주요 확인사항	1) **영업**의 전부 또는 일부의 **양도**·합병 등으로 개인정보를 다른 사람에게 **이전**하는 경우 필요한 사항을 사전에 정보주체(이용자)에게 **알리고** 있는가? 2) 영업양수자 등은 **법적 통지 요건**에 해당될 경우 개인정보를 이전받은 사실을 정보주체(이용자)에게 지체 없이 **알리고** 있는가? 3) 개인정보를 **이전받는 자**는 이전 당시의 **본래 목적**으로만 개인정보를 이용하거나 제3자에게 제공하고 있는가?
결함사례	• 개인정보처리자가 영업 양수를 통하여 개인정보를 이전받으면서 양도자가 개인정보 이전 사실을 알리지 않았음에도 개인정보 이전 사실을 정보주체에게 알리지 않은 경우 • 영업 양수도 등에 의하여 개인정보를 이전받으면서 정보주체(이용자)가 이전을 원하지 않은 경우 조치할 수 있는 방법과 절차를 마련하지 않거나, 이를 정보주체(이용자)에게 알리지 않은 경우

국외이전 고지(목항기거자, 목항기국일방자)동의, 국외이전 계약, 국외 보호조치

항목	3.3.4 개인정보의 국외이전
인증기준	개인정보를 국외로 이전하는 경우 국외 이전에 대한 동의, 관련 사항에 대한 공개 등 적절한 보호조치를 수립·이행하여야 한다.
주요 확인사항	1) 개인정보를 **국외의 제3자에게 제공**하는 경우 정보주체(이용자)에게 필요한 사항을 모두 **알리고 동의**를 받고 있는가? 2) **정보통신서비스**의 제공에 관한 **계약을 이행**하고 이용자 **편의 증진** 등을 위하여 필요한 경우로서 이용자의 개인정보를 국외에 처리위탁 또는 보관하는 경우에는 **동의에 갈음**하여 관련 사항을 이용자에게 **알리고** 있는가? 3) 개인정보 보호 관련 법령 준수 및 개인정보 보호 등에 관한 사항을 포함하여 **국외 이전**에 관한 **계약**을 체결하고 있는가? 4) 개인정보를 국외로 이전하는 경우 **개인정보 보호**를 위해 **필요한 조치**를 취하고 있는가?
결함사례	• 개인정보를 처리하는 과정에서 국외 사업자에게 개인정보 제3자 제공이 발생하였으나, 개인 정보 국외 이전에 대한 동의를 받지 않은 경우 • 정보통신서비스 제공자가 서비스 제공을 위하여 국외 클라우드 서비스를 이용하여 개인정보 처리위탁 및 보관을 하면서 이전되는 국가, 이전 방법 등 관련 사항을 홈페이지에 공개하거나 이용자에게 알리지 않은 경우 • 정보통신서비스 제공자가 개인정보 국외 이전에 대한 동의를 받으면서 이전받는 자의 명칭 (업체명)만 고지하고 이전되는 국가 등에 대하여 알리지 않은 경우

개인정보 보유기간 및 파기 정책, 불필요 시 파기, 안전한 방법 파기, 파기 기록 관리

항목	3.4.1 개인정보의 파기
인증기준	개인정보의 보유기간 및 파기 관련 내부 정책을 수립하고 개인정보의 보유기간 경과, 처리목적 달성 등 파기 시점이 도달한 때에는 파기의 안전성 및 완전성이 보장될 수 있는 방법으로 지체 없이 파기하여야 한다.
주요 확인사항	1) 개인정보의 보유**기간 및 파기**와 관련된 내부 **정책**을 수립하고 있는가? 2) 개인정보의 처리**목적이 달성**되거나 보유**기간이 경과**한 경우 **지체 없이 해당 개인정보를 파기**하고 있는가? 3) 개인정보를 파기할 때에는 복구·재생되지 않도록 **안전한 방법**으로 파기하고 있는가? 4) 개인정보 **파기에 대한 기록을 남기고** 관리하고 있는가?
결함사례	• 회원 탈퇴 등 목적이 달성되거나 보유기간이 경과된 경우 회원 데이터베이스에서는 해당 개인정보를 파기하였으나, CRM·DW 등 연계된 개인정보처리시스템에 복제되어 저장되어 있는 개인정보를 파기하지 않은 경우 • 특정 기간 동안 이벤트를 하면서 수집된 개인정보에 대하여 이벤트가 종료된 이후에도 파기 기준이 수립되어 있지 않거나 파기가 이루어지고 있지 않은 경우 • 콜센터에서 수집되는 민원처리 관련 개인정보(상담이력, 녹취 등)를 전자상거래법을 근거로 3년간 보존하고 있으나, 3년이 경과한 후에도 파기하지 않고 보관하고 있는 경우

불필요 시 최소 기간, 최소정보 보관, 보존 시 분리보관, 목적 범위 내 처리, 접근권한 최소인원 제한

항목	3.4.2 처리목적 달성 후 보유 시 조치
인증기준	개인정보의 보유기간 경과 또는 처리목적 달성 후에도 관련 법령 등에 따라 파기하지 아니하고 보존하는 경우에는 해당 목적에 필요한 최소한의 항목으로 제한하고 다른 개인정보와 분리하여 저장·관리하여야 한다.
주요 확인사항	1) 개인정보의 **보유기간 경과** 또는 **처리목적 달성 후**에도 관련 법령 등에 따라 파기하지 아니하고 **보존**하는 경우, 관련 법령에 따른 **최소한의 기간**으로 한정하여 **최소한의 정보**만을 보존하도록 관리하고 있는가? 2) 개인정보의 보유기간 경과 또는 처리목적 달성 후에도 관련 법령 등에 따라 파기하지 아니하고 보존하는 경우 해당 개인정보 또는 개인정보파일을 다른 **개인정보와 분리하여 저장·관리**하고 있는가? 3) 분리 보관하고 있는 개인정보에 대하여 **법령에서 정한 목적 범위 내**에서만 처리 가능하도록 관리하고 있는가? 4) 분리 보관하고 있는 개인정보에 대하여 **접근권한을 최소한의 인원으로 제한**하고 있는가?
결함사례	• 탈퇴회원 정보를 파기하지 않고 전자상거래법에 따라 일정기간 보관하면서 Flag값만 변경하여 다른 회원정보와 동일한 테이블에 보관하고 있는 경우 • 전자상거래법에 따른 소비자 불만 및 분쟁처리에 관한 기록을 법적 의무보존 기간인 3년을 초과하여 5년간 보존하고 있는 경우 • 분리 데이터베이스를 구성하였으나 접근권한을 별도로 설정하지 않아 업무상 접근이 불필요한 인원도 분리 데이터베이스에 자유롭게 접근이 가능한 경우

개인정보 처리방침 공개, 법령 요구내용 포함, 변경 시 공지, 변경 사항 이력관리

항목	3.5.1 개인정보처리방침 공개
인증기준	개인정보의 처리 목적 등 필요한 사항을 모두 포함하여 정보주체가 알기 쉽도록 개인정보 처리방침을 수립하고, 이를 정보주체가 언제든지 쉽게 확인할 수 있도록 적절한 방법에 따라 공개하고 지속적으로 현행화하여야 한다.
주요 확인사항	1) 개인정보 처리방침을 정보주체(이용자)가 쉽게 확인할 수 있도록 **인터넷 홈페이지 등**에 지속적으로 **현행화하여 공개**하고 있는가? 2) 개인정보 처리방침에는 **법령에서 요구하는 내용**을 모두 **포함**하고 있는가? 3) 개인정보 처리방침이 **변경**되는 경우 사유 및 변경 내용을 **지체없이 공지**하고 정보주체(이용자)가 언제든지 **변경된 사항**을 쉽게 **알아 볼 수** 있도록 조치하고 있는가?
결함사례	• 개인정보 처리방침에 공개되어 있는 개인정보 수집, 제3자 제공 내역이 실제 수집 및 제공하는 내역과 다른 경우 • 개인정보 보호책임자의 변경, 수탁자 변경 등 개인정보 처리방침 공개 내용 중에 변경사항이 발생하였음에도 이를 반영하여 변경하지 않은 경우 • 개인정보 처리방침이 공개는 되어 있으나, 명칭이 '개인정보 처리방침'이 아니라 '개인정보 보호정책'으로 되어 있고 글자 크기, 색상 등을 활용하여 정보주체(이용자)가 쉽게 찾을 수 있도록 되어 있지 않은 경우 • 개인정보 처리방침이 몇 차례 개정되었으나, 예전에 작성된 개인정보 처리방침의 내용을 확인할 수 있도록 공개되어 있지 않은 경우

권리(열람,정정·삭제,처리정지) 행사 방법 및 절차, 이의제기, 동의 철회, 처리 기록, 타인 권리 침해

항목	3.5.2 정보주체 권리보장
인증기준	정보주체가 개인정보의 열람, 정정·삭제, 처리정지, 이의제기, 동의철회 등 요구를 수집 방법·절차보다 쉽게 할 수 있도록 권리행사 방법 및 절차를 수립·이행하고, 정보주체의 요구를 받은 경우 지체 없이 처리하고 관련 기록을 남겨야 한다. 또한 정보주체의 사생활 침해, 명예 훼손등 타인의 권리를 침해하는 정보가 유통되지 않도록 삭제 요청, 임시조치 등의 기준을 수립·이행하여야 한다.
주요 확인사항	1) 정보주체(이용자) 또는 그 대리인이 **개인정보에 대한** 열람, 정정·삭제, 처리정지, 이의제기, 동의 철회(이하 '열람 등'이라 함) **요구**를 개인정보 수집방법·절차보다 쉽게 할 수 있도록 **권리 행사 방법 및 절차**를 마련하고 있는가? 2) 정보주체(이용자) 또는 그 대리인이 개인정보 **열람** 요구를 하는 경우 **규정된 기간 내**에 열람 가능하도록 필요한 조치를 하고 있는가? 3) 정보주체(이용자) 또는 그 대리인이 개인정보 **정정·삭제** 요구를 하는 경우 **규정된 기간 내**에 정정·삭제 등 필요한 조치를 하고 있는가? 4) 정보주체(이용자) 또는 그 대리인이 개인정보 **처리정지** 요구를 하는 경우 **규정된 기간 내**에 처리정지 등 필요한 조치를 하고 있는가? 5) 정보주체(이용자)의 요구에 대한 조치에 불복이 있는 경우 **이의를 제기할 수 있도록 필요한 절차**를 마련하여 **안내**하고 있는가? 6) 정보주체(이용자) 또는 그 대리인이 개인정보 수집·이용·제공 등의 **동의를 철회**하는 경우 지체 없이 수집된 개인정보를 **파기하는 등 필요한 조치**를 취하고 있는가? 7) 개인정보 열람 등의 **요구 및 처리 결과**에 대하여 **기록을 남기고** 있는가? 8) 정보통신망에서 사생활 침해 또는 명예훼손 등 **타인의 권리를 침해**한 경우 침해를 받은 자가 **정보통신서비스 제공자에게** 정보의 **삭제 요청 등**을 할 수 있는 **절차**를 마련하여 시행하고 있는가?

항목	3.5.2 정보주체 권리보장
결함사례	• 개인정보의 열람, 정정·삭제, 처리정지 요구 방법을 정보주체가 알 수 있도록 공개하지 않은 경우 • 개인정보의 열람 요구에 대하여 정당한 사유의 통지 없이 열람 요구를 접수받은 날로부터 10일을 초과하여 회신하고 있는 경우 • 개인정보의 열람 민원에 대한 처리 내역 기록 및 보관이 이루어지지 않은 경우 • 정보주체 당사자 또는 정당한 대리인이 맞는지에 대한 확인 절차 없이 열람 통지가 이루어지는 경우 • 개인정보의 정정·삭제 요구에 대하여 정정·삭제 요구를 접수받은 날로부터 10일을 초과하여 회신하는 경우 • 회원 가입 시에는 온라인을 통하여 쉽게 회원 가입이 가능하였으나, 회원 탈퇴 시에는 신분증 등 추가 서류를 제출하게 하거나 오프라인 방문을 통해서만 가능하도록 하는 경우

개인정보 이용내역 주기적 통지(100억 100만명 연1회), 통지항목 법 요구항목 포함

항목	3.5.3 이용내역 통지
인증기준	개인정보의 이용·제공 내역 등 정보주체에게 통지하여야 할 사항을 파악하여 그 내용을 주기적으로 통지하여야 한다.
주요 확인사항	1) 법적 의무 대상자에 해당하는 경우 개인정보 **이용내역**을 주기적으로 정보주체(이용자)에게 **통지**하고 그 **기록을 남기고** 있는가? 2) 개인정보 이용내역 통지 항목은 **법적 요구항목을 모두 포함**하고 있는가?
결함사례	• 전년도 정보통신서비스 부문 매출액이 100억 원 이상이었으나, 금년도에 개인정보 이용내역을 통지하지 않은 경우 • 개인정보 이용내역을 개별 이용자에게 직접적으로 통지하는 대신 홈페이지에서 팝업창이나 별도 공지사항으로 안내만 한 경우

1 다음 중 국내 개인정보보호 관리체계 인증(평가) 제도가 아닌 것은?

① 프라이버시 마크제도　　　　② ISMS-P 인증

③ ISMS 인증　　　　④ PIA

⑤ 개인정보보호 수준진단

> **해설** 프라이버시 마크제도는 일본의 개인정보보호 요건을 갖춘 사이트 대상으로 마크를 부여하는 제도이다.

2 ISMS-P 인증 제도에 대한 설명 중 틀린 것은?

① 정보보호 및 개인정보보호를 위한 일련의 조치와 활동이 인증기준에 적합함을 인터넷진흥원 또는 인증기관이 증명하는 제도이다.

② ISMS-P 인증은 개인정보 조직을 보유하지 않고 정보보호 영역만 인증하는 경우에 받는다.

③ ISMS-P 인증은 보호하고자 하는 정보서비스가 개인정보의 흐름을 가지고 있어 처리단계별 보안을 강화할 필요가 있는 경우 받는다.

④ 정보서비스의 운영 및 보호를 위한 조직, 물리적 위치, 정보자산뿐 아니라 개인정보 처리를 위한 수집, 보유, 이용, 제공, 파기에 관여하는 개인정보처리시스템 및 취급자도 인증 범위에 포함된다.

⑤ ISMS-P 인증은 의무대상자가 존재하지 않고, 자율(임의)신청자에 한하여 심사한다.

> **해설** ISMS 인증은 개인정보 조직을 보유하지 않고 정보보호 영역만 인증하는 경우에 받는다.

3 ISMS-P 인증 심사에 대한 설명 중 틀린 것은?

① 신청기관이 수립하여 운영하는 관리체계가 인증기준에 적합한지의 여부를 인터넷진흥원·인증기관 또는 심사기관이 서면심사 및 현장심사의 방법으로 확인하는 것을 말한다.

② 정보보호관리체계 인증 범위의 중요한 변경이 있어 다시 인증을 신청 시 실시하는 경우 사후심사가 시행된다.

③ 최초심사와 갱신심사는 인증위원회가 개최되어야 하며, 심사 통과 시 인증서를 발급하거나 연장된다.

④ 갱신심사는 유효기간 만료 3개월 전에 신청하여야 하며, 신청하지 않고 유효기간이 경과한 때에는 인증 효력은 상실된다.

⑤ 사후심사는 인증 취득 이후 정보보호 관리체계가 지속적으로 유지되는 지를 확인하는 목적으로 인증 유효기간 중 매년 1회 이상 시행된다.

> **해설** 정보보호관리체계 인증 범위의 중요한 변경이 있어 다시 인증을 신청 시 실시하는 경우 최초심사가 시행된다.

★ 정답 ★ | **1** ① | **2** ② | **3** ②

4 ISMS-P 인증체계에 대한 설명 중 틀린 것은?

① 과학기술정보통신부장관과 개인정보보호위원회는 ISMS-P 인증 운영에 관한 정책 사항을 협의하기 위하여 ISMS-P 인증 협의회를 구성하여 인증제도와 관련한 법제도 개선, 정책 결정, 인증기관 및 심사기관 지정 등의 업무를 수행한다.

② 법정인증기관인 한국인터넷진흥원, 과학기술정보통신부장관과 개인정보보호위원회가 지정한 인증 기관은 인증에 관한 업무를 수행한다.

③ 과학기술정보통신부장관, 개인정보보호위원회가 2019년 7월 지정한 인증기관인 금융보안원(FSI)은 금융 분야 인증위원회를 구성·운영하고, 인증심사 및 인증서 발급 업무를 수행한다.

④ 인증위원회는 35명 이하의 위원으로 구성하며, 인증심사 결과가 인증기준에 적합한지 여부, 인증 취소에 관한 사항, 이의신청에 관한 사항 등 심의·의결한다.

⑤ 신청기관은 인증심사 일정이 확정될 시 한국인터넷진흥원에 심사원 모집을 요청하여 심사팀을 구성한다.

해설 심사기관은 인증심사 일정이 확정될 시 한국인터넷진흥원에 심사원 모집을 요청하여 심사팀을 구성하고, 신청기관이 수립·운영하는 정보보호 및 개인정보보호 관리체계를 인증기준에 따라 심사하며, 심사기간에 발견된 결함사항의 보완조치 이행 여부 확인 등 인증심사 업무를 수행한다.

5 ISMS-P 인증심사원에 대한 설명 중 틀린 것은?

① ISMS-P 인증심사원이란 한국인터넷진흥원으로부터 인증심사를 수행할 수 있는 자격을 부여 받고 인증심사를 수행하는 자를 말한다.

② 심사원은 심사원보 자격 취득자로서 인증심사에 4회 이상 참여하고 심사일수의 합이 20일 이상인 자이다.

③ 선임심사원은 심사원 자격 취득자로서 정보보호 및 개인정보보호 관리체계 인증심사(ISMS-P)를 3회 이상 참여하고 심사일수의 합이 15일 이상인 자이다.

④ 심사능력이 우수하고 참여율이 높은 심사원에 대해 유효기간 1년의 책임심사원 등급을 부여한다.

⑤ 심사원은 인증심사원 자격 신청 요건을 만족하는 자로서 한국인터넷진흥원이 수행하는 인증심사원 양성과정을 통과하여 자격을 취득한 자이다.

해설 심사원보는 인증심사원 자격 신청 요건을 만족하는 자로서 한국인터넷진흥원이 수행하는 인증심사원 양성과정을 통과하여 자격을 취득한 자이다.

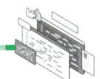

6 다음 중 ISMS 인증 의무대상자에 대한 설명이 틀린 것은?

① 「전기통신사업법」 제6조제1항에 따른 허가를 받은 자로서 서울특별시 및 모든 광역시에서 정보통신망서비스를 제공하는 자로 이동통신, 인터넷전화, 인터넷접속서비스 등이 있다.

② 정보통신망법 제46조에 따른 집적정보통신시설 사업자로 서버호스팅, 코로케이션 서비스 등이 있다.

③ 연간 매출액 1,500억원 이상인 자 중에서 「의료법」 제3조의4에 따른 상급종합병원이 있다.

④ 정보통신서비스 부문 전년도 매출액이 100억원 이상인 자로 쇼핑몰, 포털, 게임사 등이 있다.

⑤ 연간 세입이 1,500억원 이상인 자 중에서 직전연도 12월 31일 기준으로 재학생 수가 5천 명 이상인 「고등교육법」 제2조에 따른 학교가 있다.

> **해설** 연간 세입이 1,500억원 이상인 자 중에서 직전연도 12월 31일 기준으로 재학생 수가 1만명 이상인 「고등교육법」 제2조에 따른 학교가 있다.

7 다음 중 ISMS 인증 의무대상자의 인증 범위에 대한 설명이 틀린 것은?

① 인증범위는 신청기관이 제공하는 정보통신서비스를 기준으로, 해당 서비스에 포함되거나 관련 있는 자산(시스템, 설비, 시설 등), 조직 등을 모두 포함한다.

② 해당 서비스의 직접적인 운영 및 관리를 위한 백오피스 시스템은 인증범위에 포함되며, 해당 서비스와 관련이 없더라도 그 서비스의 핵심정보자산에 접근 가능하다면 포함한다.

③ ISMS 의무인증범위 내에 있는 서비스, 자산, 조직(인력)을 보호하기 위한 보안시스템은 모두 포함한다.

④ 인증 의무대상자인 경우, 인증범위는 신청기관의 정보통신서비스를 모두 포함하여 설정해야 한다.

⑤ ISMS 의무인증범위 내에 있는 전사적자원관리시스템(ERP), 분석용데이터베이스(DW), 그룹웨어 등 기업 내부 시스템, 영업/마케팅 조직은 모두 포함한다.

> **해설** 정보통신서비스와 직접적인 관련성이 낮은 전사적자원관리시스템(ERP), 분석용데이터베이스(DW), 그룹웨어 등 기업 내부 시스템, 영업/마케팅 조직은 일반적으로 인증범위에서 제외한다.

8 다음 중 ISMS 인증 의무대상자의 인증 범위로 묶인 것은?

> **보기**
>
> ㄱ. 기업(기관)의 대표홈페이지
> ㄴ. 채용사이트(인터넷을 통하여 채용공고, 입사지원 등 채용 절차를 수행하는 시스템)
> ㄷ. 비영리 목적으로 운영하는 인터넷 사이트(자원봉사, 포털)
> ㄹ. 외부 정보통신망을 통해 직접 접속이 불가능한 내부용 서비스
> ㅁ. 임직원 복지를 위한 인터넷 시스템(임직원 복지몰)
> ㅂ. 기타 대외 서비스 및 업무처리를 위해 인터넷에 공개된 시스템(인터넷 방문예약, 인터넷 신문고)

① ㄱ, ㄴ, ㄷ
② ㄴ, ㄷ, ㄹ, ㅁ
③ ㄱ, ㄴ, ㄷ, ㄹ, ㅁ
④ ㄱ, ㄴ, ㄷ, ㅁ, ㅂ
⑤ ㄱ, ㄴ, ㄷ, ㄹ, ㅁ, ㅂ

해설 외부 정보통신망을 통해 직접 접속이 불가능한 내부용 서비스는 ISMS 인증 의무대상자의 인증범위가 아니다.

9 신청기관 A사는 금년 말 ISMS 인증 취득을 목표로 하고 있다. 다음 중 A사가 이해하고 있는 정보보호 및 개인정보보호 관리체계 인증(ISMS-P 인증) 절차에 대한 설명 중 옳은 것은?

① 신청기관은 인증심사 신청을 반드시 인증기관에 하여야 한다.
② 심사기관은 심사가 시작되기 전에 예비점검을 수행해야 하며, 이에 따른 인증 수수료 계약을 하게 된다.
③ 한국인터넷진흥원(KISA)의 심사원 모집공고에 지원한 심사원은 지원 신청 즉시 심사 참여자로 선정된다.
④ 인증심사 수수료가 납부되지 않았다하더라도 인증심사를 시작할 수 있다.
⑤ 인증기관은 최초, 사후, 갱신심사의 모든 심사유형에 대해 보완조치가 완료되면 인증서를 발급한다.

해설 ① 신청기관은 인증심사 신청을 반드시 인증기관에 할 필요는 없으며, 심사기관에 하여도 된다.
③ 한국인터넷진흥원(KISA)의 심사원 모집공고에 지원한 심사원은 지원 신청 후 대개 1, 2주 후 심사 참여 신청 여부를 확인할 수 있으며, 선정이 안되는 경우가 흔하다.
④ 인증심사 수수료가 납부가 완료되어야 심사가 시작된다.
⑤ 인증기관은 최초심사, 갱신심사 후 보완조치가 완료되면 인증서를 발급 받는다. 사후심사에서는 인증서가 발급되지 않으며 인증유지 공문을 수령하게 된다.

10 개인정보 영향평가 결과 부분이행이 아닌 평가 항목은?

① 개인정보 보호책임자가 지정되어 있으나 지정기준을 만족하지 못하거나, 지정사실을 전체 직원이 알 수 있도록 공식화하지 않은 경우

② 개인정보처리방침 '제4조 정보주체의 권리·의무 및 그 행사 방법 5항에서 개인정보의 열람, 정정·삭제, 처리정지 요청방법은 안내하고 있으나 불복 청구 절차 및 방법은 안내하고 있지 않은 경우

③ 개인정보취급자의 업무가 문서로 정의되어 있으나, 법률요건 중 일부만 반영하였거나, 개인정보보호 교육 및 서약서 작성 시 누락 인원이 존재하는 경우

④ 개인정보 수집 시 일부 평가업무에서 법적인 근거가 없으며, 정보주체의 동의를 받지 않은 경우

⑤ 정보주체의 별도 동의를 받거나 관련 법률에 근거하여 제3자 제공을 하고 있으나, 제공하는 개인정보 항목, 보유기간 등 그 사항이 동의받은 내용 및 법률내용과 불일치하는 경우

해설 개인정보 영향평가 결과 부분이행이 아닌 미이행에 해당한다. 종종 출제되는 문제로 개인정보영향평가 안내서를 참고하여 이행/부분이행/미이행 항목을 구분할 수 있도록 학습하여야 한다.

11 다음 중 ISMS 인증심사 일부 생략의 범위가 아닌 것은?

① 2.1 정책, 조직, 자산 관리   ② 2.2 인적 보안
③ 2.3 외부자 보안   ④ 2.5 인증 및 권한관리
⑤ 2.12 재해복구

해설 2.5 인증 및 권한관리는 시스템의 설정에 관한 부분으로 인증심사 일부 생략 범위에 해당하지 않는다.

12 다음 중 개인정보 영향평가 제도에 대한 설명이 틀린 것은?

① 개인정보파일을 운용하는 새로운 정보시스템의 도입이나 기존에 운영 중인 개인정보 처리시스템의 중대한 변경 시 시스템의 구축·운영·변경 등이 개인정보에 미치는 영향(impact)을 사전에 조사·예측·검토하여 개선방안을 도출하고 이행여부를 점검하는 체계적인 절차이다.

② 개인정보 처리가 수반되는 사업 추진시 해당 사업이 개인정보에 미치는 영향을 사전에 분석하고 이에 대한 개선방안을 수립하여 개인정보 침해사고를 사전에 예방하는 목적이 있다.

③ 5만명 이상의 정보주체의 민감정보 또는 고유식별정보의 처리가 수반되는 개인정보파일을 처리하는 공공기관은 영향평가를 수행해야 한다.

④ 법령상 규정된 대상시스템이 아니더라도 대량의 개인정보나 민감한 개인정보를 수집·이용하는 기관은 개인정보 유출 및 오·남용으로 인한 사회적 피해를 막기 위해 영향평가 수행이 가능하다.

⑤ 영향평가 대상기관은 사업계획 단계에서 영향평가 의무대상 여부를 파악하여 예산을 확보한 후, 대상 시스템의 개발 완료 전에 영향평가를 수행해야 한다.

<mark>해설</mark> 영향평가 대상기관은 사업계획 단계에서 영향평가 의무대상 여부를 파악하여 예산을 확보한 후, 대상 시스템의 분석, 설계 완료 전에 영향평가를 수행해야 한다.

13 다음 중 개인정보 영향평가 제도에 대한 상담 사례 중 바르지 않은 것은?

① 신규 정보화사업 구축사업과 관련하여 구축 시점에는 개인정보수가 100만건을 넘지 않으나 향후 100만명이 넘을 것이 확실한 경우 개인정보 침해의 사전 예방을 위해 가급적 신규 정보화사업 구축 시점에 개인정보 영향평가를 수행할 것으로 권고한다.

② 100만건이 넘는 개인정보가 종이문서로 존재하고, 정보시스템 상에는 5만건이라면 개인정보 영향평가 대상이다.

③ 사립대학교도 개인 정보 영향평가를 의무적으로 수행해야 한다.

④ 동일 기관 내에 다양한 부서에서 개인정보파일과 개인정보처리시스템을 개별적으로 운영하는 경우 각각의 개인정보파일 및 개인정보처리시스템별로 영향평가를 수행할 수도 있고, 통합하여 수행할 수도 있다.

⑤ 수행안내서에서 제시된 85개 평가항목은 최신 침해사례, 법 제도의 변화, 대상기관 및 대상 사업의 특성에 따라 추가, 삭제, 변경 등 탄력적으로 구성하여 사용이 가능하다.

<mark>해설</mark> 100만건이 넘는 개인정보가 종이문서로 존재하고, 정보시스템 상에는 5만건이 안된다면 개인정보 영향평가 대상이 아니다.

14 다음 결함사례에 해당하는 ISMS-P 인증기준은?

> **보기**
> • 공공기관이 5만 명 이상 정보주체의 고유식별정보를 처리하는 등 영향평가 의무 대상 개인 정보파일 및 개인정보처리시스템을 신규로 구축하면서 영향평가를 실시하지 않은 경우
> • 공공기관이 영향평가를 수행한 후 영향평가기관으로부터 영향평가서를 받은 지 2개월이 지났음에도 불구하고 영향평가서를 개인정보보호위원회에 제출하지 않은 경우

① 1.2.2 현황 및 흐름분석   ② 1.2.3 위험 평가
③ 2.8.2 보안 요구사항 검토 및 시험   ④ 2.9.1 변경관리
⑤ 3.2.1 개인정보 현황관리

해설 2.8.2 보안 요구사항 검토 및 시험 : 사전 정의된 보안 요구사항에 따라 정보시스템이 도입 또는 구현되었는지를 검토하기 위하여 법적 요구사항 준수, 최신 보안취약점 점검, 안전한 코딩 구현, 개인정보 영향평가 등의 검토 기준과 절차를 수립·이행하고, 발견된 문제점에 대한 개선조치를 수행하여야 한다.

15 다음 중 2.4.7 업무환경 보안의 결함사례가 아닌 것은?

① 임직원에 대해서는 보안서약서를 받고 있으나, 정보처리시스템에 직접 접속이 가능한 외주 인력에 대해서는 보안서약서를 받지 않은 경우
② 개인정보 내부관리계획서 내 개인정보보호를 위한 생활보안 점검(클린데스크 운영 등)을 정기적으로 수행하도록 명시하고 있으나, 이를 이행하지 않은 경우
③ 멤버십 가입신청서 등 개인정보가 포함된 서류를 잠금장치가 없는 사무실 문서함에 보관한 경우
④ 직원들의 컴퓨터 화면보호기 및 패스워드가 설정되어 있지 않고, 휴가자 책상 위에 중요 문서가 장기간 방치되어 있는 경우
⑤ 회의실 등 공용 사무 공간에 설치된 공용PC에 대한 보호대책이 수립되어 있지 않아 개인 정보가 포함된 파일이 암호화되지 않은 채로 저장되어 있거나, 보안 업데이트 미적용, 백신 미설치 등 취약한 상태로 유지하고 있는 경우

해설 2.2.3 보안 서약 : 정보자산을 취급하거나 접근권한이 부여된 임직원·임시직원·외부자 등이 내부 정책 및 관련 법규, 비밀유지 의무 등 준수사항을 명확히 인지할 수 있도록 업무 특성에 따른 정보보호 서약을 받아야 한다.

개인정보관리사 CPPG
실전모의고사

성명 :

수험번호 :

시험시간 : 120분

[응시자 필독 사항]

1. 자신이 선택한 문제지의 유형을 확인하시오.
2. 문제지의 해당란에 성명과 수험번호를 정확히 쓰시오.
3. 답안지의 필적 확인란에 서약서 내용을 정자로 기재하고, 서명하시오.
4. 답안지의 해당란에 성명과 수험번호를 쓰고, 또 수험번호와 답을 정확히 표시하시오.
5. OMR 카드 교환은 시험 종료 10분전까지만 가능하며, 그 이후에는 교환이 불가함.
6. 답안 수정을 위한 수정액 또는 수정 테이프는 사용할 수 없음.
7. 시험 시작 후 1시간 이전에는 퇴실할 수 없으며, 퇴실 후 입실은 불가함.
8. 부정행위 적발 시 그 시험을 무효로 하며, 향후 자격시험에 5년간 응시할 수 없음.
9. 본 문제지의 내용 전부 또는 일부를 강의 또는 출판 등의 목적으로 인터넷 또는 SNS 매체에 공개할 수 없으며, 무단 공개 시 저작권 위반 등에 대한 민형사상의 책임을 질 수 있음.

※ 시험이 시작되기 전까지 표지를 넘기지 마시오.

1 개인정보보호법에 따른 개인정보의 정의와 관련하여 옳지 않은 것은?

① 사망자의 정보로 유족과의 관계를 알 수 있는 정보는 유족의 개인정보에 해당한다.

② 법인 또는 단체의 이름, 소재지 주소, 대표 연락처는 개인정보에 해당하지 않는다.

③ 해킹·절취(切取) 등 불법적인 방법으로 입수한 정보를 결합한 개인에 관한 정보도 개인정보에 해당한다.

④ 정보의 내용·형태 등은 특별한 제한이 없어서 개인을 알아볼 수 있는 모든 정보가 개인정보가 될 수 있다.

⑤ 개인정보를 처리하는 자의 입장에서 합리적으로 활용될 가능성이 있는 수단을 고려하여 개인을 알아볼 수 있다면 개인정보에 해당한다.

2 개인정보의 자기결정권에 대한 설명으로 옳지 않은 것은?

① 이미 공개된 개인정보는 자기결정권의 영역에 포함되지 않는다.

② 자신에 관한 정보가 언제 누구에게 어느 범위까지 알려지고 또 이용되도록 할 것인지를 그 정보주체가 스스로 결정할 수 있는 권리이다.

③ 개인정보자기결정권의 보호대상이 되는 개인정보는 개인의 신체, 신념, 사회적 지위, 신분 등과 같이 개인의 인격주체성을 특징짓는 사항으로서 그 개인의 동일성을 식별할 수 있게 하는 일체의 정보라고 할 수 있다.

④ 개인의 내밀한 영역이나 사사(私事)의 영역에 속하는 정보에 국한되지 않고 공적 생활에서 형성된 정보도 해당한다.

⑤ 개인 정보를 대상으로 한 조사·수집·보관·처리·이용 등의 행위는 모두 원칙적으로 개인정보자기결정권에 대한 제한에 해당한다.

3 EU-GDPR의 적용 대상으로 옳지 않은 것은?

① EU 내에 사업장을 운영하며, 개인정보 처리

② EU 외 사업장을 운영하며, EU 거주자에게 재화나 서비스를 제공

③ EU 외 사업장을 운영하며, EU 거주자의 EU 내 행동을 모니터링

④ 국내 기업이 국내 정보주체의 임상실험 정보를 국내에서 획득해 EU 기업에게 전송하는 경우

⑤ EU 지사에 일시 파견 근무 중인 본사 직원의 개인정보를 처리하는 경우

4 EU-GDPR에 따른 개인정보의 역외이전 옳지 않은 것은?

① EEA(European Economic Area, 유럽경제지역)은 EU회원국과 단일 통합 시장으로 조건 없이 개인정보의 역외 이전이 가능하다.

② 적정성 결정을 받은 국가 또는 영토로의 이전인 경우 역외 이전이 가능하다.

③ 정보주체의 명시적 동의, 계약 이행 등 예외가 인정되는 경우 역외 이전이 가능하다.

④ 승인된 행동규약 또는 인증제도에 기반한 이전인 경우 역외 이전이 가능하다.

⑤ EEA 외 지역으로 이전하는 경우 적정성 결정을 받지 않은 국가이고 적절한 보호조치가 되어 있지 않다면 역외이전이 불가하다.

5 EU-GDPR에 따른 DPO 지정에 대한 설명 중 옳지 않은 것은?

① 공공당국은 DPO를 의무적으로 지정하여야 한다.

② DPO는 전문적 자질, 특히 개인정보보호법과 실무에 대한 전문적 지식 및 직무를 수행할 능력을 보유한 자여야 한다.

③ DPO는 국내와는 다르게 외부인으로 지정 가능하다.

④ DPO는 개인정보보호 업무 외에 겸직이 금지된다.

⑤ 컨트롤러 또는 프로세서의 핵심 활동이 정보주체에 대한 대규모의 정기적이고 체계적인 모니터링을 하거나 민감정보나 범죄정보에 대한 대규모 처리하는 경우 모든 개인정보처리자에게 지정 의무가 있다.

6 EU-GDPR에 따른 용어 정의에 대한 설명이 옳지 않은 것은?

① 제3자인지 여부와 관계없이 개인정보가 공개되는 자연인이나 법인, 공공당국, 기관 또는 기타 단체를 프로세서라 한다.

② 처리는 일련의 개인정보에 의해 수행되는 작업 또는 일련의 작업의 일체 의미를 처리라 한다.

③ 자연인의 특정한 개인적 측면을 평가하기 위해, 특히 개인의 업무 수행, 경제적 상황, 건강, 개인 선호, 관심사, 신뢰도, 행동, 위치, 이동에 관한 측면을 분석 또는 예측하기 위해 개인정보를 사용하는 모든 형태의 자동화된 개인정보 처리를 프로파일링이라 한다.

④ 추가적인 정보의 사용 없이 더 이상 특정 정보주체를 식별할 수 없는 방식으로 수행된 개인정보의 처리를 가명화라 한다.

⑤ 개인정보의 처리 목적 및 수단을 단독 또는 제3자와 공동으로 결정하는 자연인, 법인, 공공 기관, 에이전시, 기타 단체를 컨트롤러라 한다.

7 표준 개인정보 보호지침에 대한 설명으로 옳지 않은 것은?

① 국회, 법원, 헌법재판소, 중앙선거관리위원회 등 헌법기관들은 권력분립의 정신에 따라 해당 기관의 분야별 지침을 자체적으로 정하여 시행하도록 규정하고 있다.

② 개인정보처리자가 개인정보를 수집·이용·제공 및 파기하는 경우에 법률에서 정한 요건에 적합한지 여부를 판단할 수 있는 기준과 사례가 제시되어야 한다.

③ 표준지침은 공공기관에 한하여 적용되는 지침이지만, 다른 개인정보처리자에게도 준용을 권고한다.

④ 구체적 조건과 상황에서 개인정보처리자의 작위 또는 부작위가 개인정보 침해에 해당되는지 여부를 판단할 수 있는 기준과 사례가 제시되어야 한다.

⑤ 개인정보 권리 침해를 예방하기 위하여 개인정보처리자가 지켜야 할 보호조치나 이행조치의 내용이 개인정보의 처리 단계별, 개인정보의 처리 규모, 개인정보의 활용빈도, 처리되는 개인정보의 용도, 개인정보의 보유 기간, 처리되는 개인정보의 위험도, 개인정보를 처리하기 위해 도입된 기술별로 구체적으로 제시되어야 한다.

8 다음 해킹공격에 해당하는 것은?

> **보기**
>
> 인터넷뱅킹의 디자인을 도용하거나 네이버, 다음 등의 포털사이트에 접속하면 사이트가 하라는 대로 계좌번호나 보안카드번호 등을 입력하면 개인정보가 유출되어 금전적 피해를 입힘

① 파밍   ② 피싱
③ 메모리해킹   ④ 크리덴셜 스터핑
⑤ 브루트포스 공격

9 다음 가명처리 기법에 해당하는 것은?

고객번호	이름	성별	핸드폰번호	나이	회원등급	연간 이용액
D1304365	이공재	남	010-1234-5678	30세	2등급	3,782,459

의사난수 생성기	암호화 기법		형태보존 암호화			
↓	↓		↓			

고객번호	이름	성별	핸드폰번호	나이	회원등급	연간 이용액
AD921648	Wzcd88qdp ekfhandkcosekrn	남	159-6857-6384	30세	2등급	3,782,459

① 해부화   ② 라운딩
③ 로컬일반화   ④ 토큰화
⑤ 형태보존 암호화

10 EU-GDPR에 따른 컨트롤러와 프로세서에 대한 설명이 옳지 않은 것은?

① 컨트롤러 또는 프로세서의 경우, 즉 EU 역내의 정보주체에 대한 상품이나 서비스의 제공 또는 EU 역내의 정보주체들의 행동 감시와 관련하여 EU 역외의 컨트롤러 또는 프로세서가 그 정보주체의 개인정보를 처리하는 경우에는, 그 컨트롤러 또는 프로세서는 원칙적으로 EU 역내에 대리인을 서면으로 지정하여야 한다.

② 동일한 개인정보처리에 관하여 컨트롤러가 동일한 법인격을 가진 주체로 프로세서가 될 수 있다.

③ 컨트롤러에 해당하는지 또는 프로세서에 해당하는지 여부는 기업 등 사이의 형식적인 관계를 기준으로 정할 수 없다.

④ 컨트롤러가 확정되면 그를 대신하여 개인정보를 처리하는 자가 프로세서에 해당하는 것으로 판단할 수 있다.

⑤ 항공, 호텔 관계 업무를 하고 있는데 본사는 국내에 있고 EU에 지사가 있고, 복수의 관계 기업 등이 공동으로 개인정보 처리의 목적 및 방법을 결정하는 경우라면 공동 컨트롤러가 된다.

11 개인정보 보호 원칙에 대한 설명으로 옳지 않은 것은?

① 개인정보처리자는 구체적이고 명확한 수집 목적을 가지고 개인정보를 수집하여야 하며, 특정된 목적 달성에 직접적으로 필요하지 않은 개인정보는 처리하여서는 안 된다.

② 개인정보의 정확성, 완전성 및 최신성을 확보하기 위하여 개인정보 입력 시 입력내용을 사전에 확인하는 절차, 개인정보에 대한 열람 및 정정 요구 등 필요한 절차나 방법 등을 마련하여야 하며, 오류정보를 발견한 경우 정정이나 삭제할 수 있는 절차도 마련하여야 한다.

③ 개인정보를 익명으로 처리하여도 수집 목적을 달성할 수 있는 경우 익명으로 처리하되, 익명처리로 목적을 달성할 수 없는 경우에는 가명처리 하여야 한다.

④ 개인정보를 처리하는 과정에서 정보주체가 고의 또는 과실로 개인정보를 변경·훼손하는 일이 없도록 주지 시켜야 한다.

⑤ 정보주체가 제공한 개인정보가 어떠한 용도와 방식으로 이용되고 있으며 개인정보 보호를 위하여 어떠한 조치를 취하고 있는지를 공개하여야 한다.

12 개인정보보호법의 성격에 대한 다음 설명 중 옳지 않은 것은?

① 개인정보보호법은 개인정보 보호에 관한 일반법적 성격을 가지므로 다른 법률에 특별한 규정이 있는 경우에는 그 법률의 규정이 우선하여 적용된다.

② 신용정보법 등 개별법을 적용받는 자라고 해서 이 법의 적용이 면제되는 것은 아니다.

③ 다른 법에서 개인정보보호 업무를 총괄하는 개인정보보호 책임자를 지정하였다 하더라도 개인정보보호법에 따라 개인정보보호책임자를 별도로 지정하여야 한다.

④ 상거래정보는 통상적으로 일반법인 개인정보보호법을 적용하고, 상거래정보를 신용정보주체의 신용을 판단하는 경우에만 특별법인 신용정보법을 우선 적용한다.

⑤ 일반적으로 특별법이 일반법에 우선하고 신법이 구법에 우선한다는 원칙은 동일한 형식의 성문법 규인 법률이 상호 모순·저촉되는 경우에 적용된다.

13 개인정보보호법에 따른 고유식별정보로 묶인 것은?

> **보기**
> ㄱ. 주민등록번호
> ㄴ. 여권번호
> ㄷ. 운전면허번호
> ㄹ. 외국인 등록번호
> ㅁ. 사업자등록번호
> ㅂ. 사번 또는 학번
> ㅅ. 개인통관 고유부호
> ㅇ. 아이핀 또는 마이핀

① ㄴ, ㄷ, ㄹ

② ㄱ, ㄴ, ㄷ, ㄹ

③ ㄴ, ㄷ, ㄹ, ㅅ

④ ㄱ, ㄴ, ㄷ, ㄹ, ㅅ

⑤ ㄱ, ㄴ, ㄷ, ㄹ, ㅁ, ㅂ, ㅅ, ㅇ

14 개인정보보호법에 따른 최소한의 개인정보로 보기에 옳지 않은 것은?

① 쇼핑업체가 고객에게 상품을 배송하기 위해 수집한 이름, 주소, 전화번호

② 경품 행사에 응모한 고객에게 경품추첨 사실을 알리기 위해 응모자의 성별

③ 취업 희망자의 경력, 전공, 자격증 등에 관한 정보

④ 쇼핑몰 가입 시 이용자가 비밀번호를 변경하기 위한 이메일 정보

⑤ 회사에 단체보험에 가입하기 위한 임직원의 주민등록번호

15 국제 협정에 따라 EU-GDPR 국가와 민감정보를 정보주체의 동의 없이 제공할 수 있는 정보로 옳지 않은 것은?

① 완치된 병력에 관한 정보
② 정치적 견해에 관한 정보
③ 범죄경력에 관한 정보
④ 유전자 정보
⑤ 생체정보

16 주민등록번호 사용과 관련하여 다음 설명 중 옳지 않은 것은?

① 법적 근거에 따라 주민등록번호를 수집·이용할 수 있는 경우에도 이용자의 주민등록번호를 사용하지 아니하고 본인을 확인하는 방법을 제공하여야 한다.
② 주민등록번호 뒷 7자리만 수집·이용하는 것이 아니라 성별과 생년월일 정보는 주민등록번호 수집에 해당하지 않는다.
③ 주민등록번호 처리가 불가피한 경우로서 보호위원회가 고시로 정하는 경우 주민등록번호를 수집, 이용할 수 있다.
④ 쇼핑몰 콜센터 업무를 위탁받아 처리하는 상담원은 본인확인을 위해 주민등록번호를 수집, 이용할 수 있다.
⑤ 주민등록번호는 정보주체의 동의에 의한 수집, 이용은 허용되지 않는다.

17 고정형 영상정보처리기기의 설치, 운영에 관한 다음 설명 중 옳지 않은 것은?

① 경찰이 범죄 예방 수사를 위해 고정형 영상정보처리기기를 운영 시에는 녹음기능을 사용할 수 있다.
② 사적 장소인 단독주택의 대문에 범죄예방 목적으로 감시용 CCTV를 설치, 운영하는 경우 개인정보보호법의 고정형 영상정보처리기기 설치·운영의 적용대상에 해당하지 않는다.
③ 택시·버스 등 영업용 차량 내부에 설치되어 외부를 촬영하는 블랙박스의 경우 고정형 영상정보처리기기에 해당하지 않는다.
④ 목욕실, 화장실 등에는 고정형 영상정보처리기기를 설치·운영하는 행위를 금지하고 있다.
⑤ 공공기관이 공개된 장소에 고정형 영상정보처리기기를 설치·운영하려는 경우에는 관계 전문가 및 이해관계인의 의견을 수렴하여야 한다.

18 고정형 영상정보처리기기 안내판에 포함될 사항으로 옳지 않은 것은?

① 설치 목적 및 장소
② 촬영 범위
③ 관리책임자의 연락처
④ 촬영 시간
⑤ 보관 기간

19 개인 차량에 이동형 영상정보처리기기를 설치하는 경우 조치가 옳지 않은 것은?

① 블랙박스를 설치하는 경우 불빛, 소리, 안내판 등을 통해 촬영사실을 표시해야 한다.
② 이동형 영상정보처리기기로 촬영된 영상을 저장하여 주행기술 개발, 지도제작 등의 업무 목적으로 활용하는 경우에는 촬영사실을 표시해야 한다.
③ 자동차의 경우 업무 목적으로 이동형 영상정보처리기기를 설치 시 차량 외부에 LED를 설치하거나 스티커를 부착하여 촬영사실을 표시하고 알리는 것이 바람직하다.
④ 정보주체가 촬영사실에 거부 의사를 밝힌 경우 해당 정보주체를 촬영하여서는 아니 된다.
⑤ 업무 목적으로 이동형 영상정보처리기기를 설치 시 기기의 임의 조작이나 녹음 기능을 사용 가능하다.

20 개인정보처리자가 정보주체의 민감정보의 처리하는 경우 다음 설명 중 옳지 않은 것은?

① 법과 시행령에서 정한 민감정보에 해당하지 않으면 정보주체가 민감하게 판단하는 개인정보라 하더라도 민감정보에 해당하지 않는다.
② 유전정보, 범죄경력 정보는 공공기관이 업무수행을 위하여 처리하는 경우에는 민감정보로 보지 아니한다.
③ 사생활 침해의 위험성이 있다고 판단하는 때에는 재화 또는 서비스의 제공 전에 민감정보의 공개 가능성 및 비공개를 선택하는 방법을 정보주체가 알아보기 쉽게 알려야 한다.
④ 인종이나 민족에 관한 정보도 민감정보이다.
⑤ 신용정보법에 따른 정당의 가입·탈퇴, 정치적 견해 등의 민감정보는 정보주체의 동의를 받는다 하더라도 수집할 수 없다.

21 개인정보보호법에 따른 개인정보 이용·제공 내역의 통지 항목으로 옳지 않은 것은?

① 개인정보의 수집·이용 목적
② 수집한 개인정보의 항목
③ 개인정보를 제공받은 자 및 제공 목적
④ 제공한 개인정보의 항목
⑤ 개인정보 처리의 정지를 요구하거나 동의를 철회할 권리가 있다는 사실

22 개인정보보호법에 따른 가명 처리가 가능한 경우로 묶인 것은?

> **보기**
>
> ㄱ. 공공기관의 공익적 통계 작성
> ㄴ. 민간기관의 상업적 통계 작성
> ㄷ. 공공기관의 과학적 연구
> ㄹ. 민간기관의 상업적 연구
> ㅁ. 공공기관의 공익적 기록 보존
> ㅂ. 민간기관의 공익적 기록 보존

① ㄱ, ㄷ, ㅁ
② ㄱ, ㄴ, ㄷ, ㅁ
③ ㄱ, ㄷ, ㅁ, ㅂ
④ ㄱ, ㄴ, ㄷ, ㅁ, ㅂ
⑤ ㄱ, ㄴ, ㄷ, ㄹ, ㅁ, ㅂ

23 개인정보보호법에 따른 개인정보 보호책임자의 지정에 대한 설명 중 옳지 않은 것은?

① 대통령령으로 정하는 기준에 해당하여 개인정보 보호책임자를 지정하지 아니하는 경우에는 개인정보처리자의 사업주 또는 대표자가 개인정보 보호책임자가 된다.

② 개인정보처리자는 개인정보 보호책임자가 업무를 수행함에 있어서 정당한 이유 없이 불이익을 주거나 받게 하여서는 아니 되며, 개인정보 보호책임자가 업무를 독립적으로 수행할 수 있도록 보장하여야 한다.

③ 정무직공무원을 장(長)으로 하는 국가기관은 3급 이상 공무원을 개인정보 보호책임자로 지정하여야 한다.

④ 개인정보 보호책임자의 성명과 직통 연락처를 개인정보처리방침에 공개하여야 한다.

⑤ 회사의 경우 개인정보 보호책임자로 지정될 수 있는 자는 사업주 또는 대표자, 임원이거나 임원이 없는 경우에는 개인정보 처리 관련 업무를 담당하는 부서의 장을 지정할 수 있다.

24 개인정보보호법에 따른 국내 대리인 지정 시 지정대상자 기준으로 다음 빈칸에 들어갈 것은?

> **보기**
> – 전년도 전체 매출액이 (   ) 이상인 자
> – 전년도 말 기준 직전 3개월 간 그 개인정보가 저장·관리되고 있는 국내 정보주체의 수가 일일 평균
>   (   ) 이상인 자
> – 법에 따라 관계 물품·서류 등 자료의 제출을 요구받은 자로서 국내대리인을 지정할 필요가 있다고
>   (   )가 심의·의결한 자

① 100억원, 50만명, 과학기술정보통신부
② 100억원, 100만명, 과학기술정보통신부
③ 1조원, 5만명, 보호위원회
④ 1조원, 50만명, 보호위원회
⑤ 1조원, 100만명, 보호위원회

25 개인정보보호법에 따른 개인정보 유출 시 통지신고에 관한 설명으로 옳지 않은 것은?
① 개인정보가 유출 등이 되었음을 알게 되었을 때에는 서면 등의 방법으로 72시간 이내에 정보주체에게 알려야 한다.
② 천재지변이나 그 밖에 부득이한 사유로 인하여 72시간 이내에 통지하기 곤란한 경우 해당 사유가 해소된 후 지체 없이 정보주체에게 알릴 수 있다.
③ 구체적인 내용을 확인하지 못한 경우에는 개인정보가 유출된 사실, 그때까지 확인된 내용 등의 사항을 서면 등의 방법으로 우선 통지해야 하며, 추가로 확인되는 내용에 대해서는 확인되는 즉시 통지해야 한다.
④ 유출 등 발생 시 신고해야 하는 기관은 보호위원회 또는 한국인터넷진흥원이다.
⑤ 정보주체의 연락처를 알 수 없는 경우 인터넷 홈페이지에 7일 이상 게시하여야 한다.

26 개인정보 이용·제공 내역의 통지 대상자의 기준으로 묶인 것은?

> **보기**
> ㄱ. 5만명 이상의 정보주체에 관하여 민감정보 또는 고유식별정보를 처리하는 자
> ㄴ. 다른 개인정보파일과 연계하려는 경우로서, 연계 결과 정보주체의 수가 50만명 이상인 개인정보를 처리하는 자
> ㄷ. 100만명 이상의 정보주체에 관하여 개인정보를 처리하는 자
> ㄹ. 정보통신서비스 부문 매출액 100억원 이상인 개인정보처리자

① ㄱ, ㄴ
② ㄱ, ㄷ
③ ㄴ, ㄷ
④ ㄴ, ㄹ
⑤ ㄱ, ㄷ, ㄹ

27 공공기관의 장이 개인정보파일을 운용하는 경우에는 다음 각 호의 사항을 보호위원회에 등록하여야 한다. 다음 중 개인정보파일 등록사항으로 옳지 않은 것은?

① 개인정보파일의 명칭
② 개인정보파일의 운영 근거 및 목적
③ 열람을 제한하거나 거절할 수 있는 개인정보의 범위 및 제한 또는 거절 사유
④ 가명처리한 개인정보 처리 여부
⑤ 개인정보의 보유기간

28 정보주체의 개인정보 열람 요구권에 대한 설명으로 옳지 않은 것은?

① 정보주체는 개인정보처리자가 처리하는 자신의 개인정보에 대한 열람을 해당 개인정보처리자에게 요구할 수 있으며, 열람에는 사본의 교부를 포함한다.
② 자동적으로 생성된 개인정보(수발신내역, 입출기록, 쿠키, 로그기록 등) 등도 열람요구의 대상이 된다.
③ 학력·기능 및 채용에 관한 시험, 자격 심사에 관한 업무는 열람 제한의 사유가 될 수 있다.
④ 신용정보회사등은 신용정보법에 따라 신용정보주체의 열람청구 등이 있는 경우 필요한 조치를 취하여야 한다.
⑤ 정보주체는 가명정보에 대하여 열람 요구권을 행사할 수 있다.

29 개인정보보호법에 따른 마이데이터(개인정보의 전송요구권)에 대한 용어 설명으로 옳지 않은 것은?

① 정보수신자는 제3자 전송요구권에 따라 전송된 개인정보를 안전하게 전송받아 개인 맞춤형 서비스 제공 등에 활용하는 기업·기관이다.
② 중계전문기관은 정보제공자가 전송하려는 데이터를 표준화하여 정보수신자에게 전달하고, 분야별 허브 역할을 통해 이종 분야 간 연계하는 기관이다.
③ 정보제공자는 마이데이터 참여주체로 업무를 목적으로 전송대상 정보가 포함된 개인정보파일을 운용하기 위하여 스스로 또는 다른 사람을 통하여 개인정보를 처리하는 공공기관, 법인 및 단체 등을 말한다.
④ 전송대상 개인정보취급자는 개인정보처리자의 지휘·감독을 받아 전송대상 개인정보를 처리하는 업무를 담당하는 자로서 직접 전송대상 정보에 관한 업무를 담당하는 자와 그 밖에 업무상 필요에 의해 전송대상 정보에 접근하여 처리하는 모든 자를 말한다.
⑤ API는 운영체계나 응용프로그램 사이의 통신에 사용되는 언어나 메시지 형식으로 정보제공자와 수신자 간 정보를 송·수신하기 위한 전송규격을 말한다.

30 개인정보보호법에 따른 손해배상 책임 이행과 관련한 다음 설명 중 옳지 않은 것은?

① 개인정보처리자의 중대한 과실을 기인하여 개인정보보호법 위반으로 손해를 입은 피해자는 피해액을 스스로 입증해야 한다.

② 개인정보처리자는 고의 또는 과실이 없음을 입증하여야 한다.

③ 법원은 그 손해액의 3배를 넘지 아니하는 범위에서 손해배상액을 정할 수 있다.

④ 정보주체는 개인정보처리자의 고의 또는 과실로 인하여 개인정보가 분실·도난·유출·위조·변조 또는 훼손된 경우에는 300만원 이하의 범위에서 상당한 금액을 손해액으로 하여 배상을 청구할 수 있다.

⑤ 손해배상청구권의 소멸의 시효는 3년이고, 제척기간은 10년이다.

31 개인정보보호법에 따른 개인정보파일의 정의와 관련하여 옳지 않은 것은?

① 개인정보를 쉽게 검색할 수 있도록 일정한 규칙에 따라 체계적으로 배열하거나 구성한 개인정보의 집합물을 의미한다.

② 체계적인 검색·열람을 위한 색인이 되어 있는 수기(手記) 문서 자료 등도 포함된다.

③ 블랙박스로 촬영된 영상정보는 개인정보파일에 해당하지 않는다.

④ 개인정보파일은 일반적으로 전자적 형태로 구성된 데이터베이스(database, DB)를 의미한다.

⑤ 개인의 이름이나 고유식별정보, ID 등을 색인(index)이나 검색 값으로 하여 쉽게 검색할 수 있도록 체계적으로 배열·구성한 집합물을 말한다.

32 개인정보를 처리할 때 정보주체에게 알리는 방법으로 정보주체에게 고지/통지/공개(안내)하는 경우가 있다. 다음 처리 시 알리는 방법으로 옳지 않은 것은?

① 정보주체 이외로부터 수집한 개인정보의 수집 출처 등 통지

② 영업양도 등에 따른 개인정보의 이전 시 고지 후 동의

③ 업무위탁에 따른 개인정보의 처리 시 공개

④ 개인정보 유출 등 발생 시 통지

⑤ 개인정보 이용·제공 내역 통지

33 개인정보보호법에 따라 동의 사항을 구분하여 각각 동의를 받아야 하는 경우로 옳지 않은 것은?

① 개인정보의 추가적 이용

② 개인정보의 목적 외 이용·제공 제한

③ 재화나 서비스를 홍보하거나 판매를 권유하기 위하여 개인정보의 처리에 대한 동의를 받으려는 경우

④ 고유식별정보의 처리 제한

⑤ 민감정보의 처리 제한

34 개인정보처리를 위해 만 14세 미만의 아동으로부터 직접 수집할 수 있는 개인정보로 묶인 것은?

> **보기**
> ㄱ. 만 14세 미만의 아동의 이름
> ㄴ. 법정대리인의 이름
> ㄷ. 만 14세 미만의 아동의 연락처
> ㄹ. 법정대리인의 연락처
> ㅁ. 법정대리인의 주소

① ㄱ, ㄴ
② ㄷ, ㄹ
③ ㄱ, ㄷ
④ ㄴ, ㄹ
⑤ ㄴ, ㄹ, ㅁ

35 개인정보의 목적외 이용 및 제공 사례에 해당하지 않는 것은?
① 조세 담당 공무원이 자신과 채권채무 관계로 소송 중인 사람에 관한 납세정보를 조회하여 소송에 이용한 경우
② 주민센터 복지카드 담당 공무원이 복지카드 신청자의 개인정보(홍보 마케팅 등으로 개인정보 제공을 동의하지 않은 경우)를 정보주체의 동의 없이 사설학습지 회사에 제공
③ 홈쇼핑 회사가 주문상품을 배달하기 위해 수집한 고객정보를 정보주체의 동의 없이 계열 콘도미니엄사에 제공하여 콘도미니엄 판매용 홍보자료 발송에 활용
④ A/S센터에서 고객 불만 및 불편 사항을 처리하기 위해 수집한 개인정보를 이용한 경우
⑤ 공개된 개인정보의 성격과 공개 취지 등에 비추어 그 공개된 목적을 넘어 DB마케팅을 위하여 수집한 후 이용하는 행위

36 이동통신단말기의 앱서비스 제공자가 이용자에게 서비스 제공을 위하여 동의 받기 위한 접근권한 고지항목으로 옳지 않은 것은?
① 접근권한이 필요한 정보
② 접근권한 기능 항목
③ 접근이 필요한 이유
④ 접근권한 허용에 동의하지 않을 수 있다는 사실
⑤ 접근권한의 기간

37 개인정보의 보존의무에 따른 보관기관이 서로 같은 것으로 묶인 것은?

> **보기**
> ㄱ. 표시·광고에 관한 기록
> ㄴ. 계약 또는 청약철회 등에 관한 기록
> ㄷ. 대금결제 및 재화등의 공급에 관한 기록
> ㄹ. 소비자의 불만 또는 분쟁처리에 관한 기록

① ㄱ, ㄴ
② ㄱ, ㄹ
③ ㄴ, ㄷ
④ ㄷ, ㄹ
⑤ ㄴ, ㄷ, ㄹ

38 개인정보보호법에 따른 개인정보 취급자와 관련한 다음 설명 중 옳지 않은 것은?
① 개인정보처리자의 지휘·감독을 받아 개인정보를 처리하는 자이다.
② 정규직, 비정규직, 하도급, 시간제 등 모든 근로형태를 불문한다.
③ 개인정보 처리업무 등을 수탁받아 처리하고 있는 수탁자도 포함한다.
④ 개인정보처리자와 개인정보취급자는 고용관계가 있어야 한다.
⑤ 개인정보의 열람·처리 범위를 업무상 필요한 한도 내에서 최소한으로 제한해야 하며, 보안서약서를 징구하는 등 필요한 관리조치를 취하여야 한다.

39 개인정보보호법에 따른 개인정보 수집이용의 허용 근거가 아닌 것은?
① 정보주체의 동의를 받은 경우
② 정보주체와 체결한 계약을 이행하거나 계약을 체결하는 과정에서 정보주체의 요청에 따른 조치를 이행하기 위하여 필요한 경우
③ 개인정보를 이용하거나 이를 제3자에게 제공하지 아니하면 다른 법률에서 정하는 소관 업무를 수행할 수 없는 경우로서 보호위원회의 심의·의결을 거친 경우
④ 개인정보처리자의 정당한 이익을 달성하기 위하여 필요한 경우로서 명백하게 정보주체의 권리보다 우선하는 경우
⑤ 공중위생 등 공공의 안전과 안녕을 위하여 긴급히 필요한 경우

40 영업양도 등에 따른 개인정보의 이전 시 조치에 대한 설명으로 옳지 않은 것은?

① 영업 양도자가 개인정보를 이전하였을 때는 이전 사실등을 알렸을 때 영업 양수자도 개인정보의 이전 사실등을 알려야 한다.

② 영업양도 등에 따른 개인정보 이전 통지 관련 정보주체에게 알릴 수 없는 경우에는 해당 사항을 인터넷 홈페이지에 30일 이상 게재하여야 한다.

③ 영업양수자등은 영업의 양도·합병 등으로 개인정보를 이전받은 경우에는 이전 당시의 본래 목적으로만 개인정보를 이용하거나 제3자에게 제공할 수 있다.

④ 영업양도 등에 따른 개인정보의 이전 시 정보주체에게 통지해야 하는 사항은 개인정보를 이전하려는 사실, 개인정보를 이전받는 자의 성명, 주소, 전화번호 및 그 밖의 연락처, 정보주체가 개인정보의 이전을 원하지 아니하는 경우 조치할 수 있는 방법 및 절차이다.

⑤ 영업양도 등에 따른 개인정보의 이전 통지는 민간 사업자를 대상으로 하며, 공공기관은 해당하지 아니한다.

41 개인정보보호법에 따라 개인정보 제공 동의 시 고지사항으로 옳지 않은 것은?

① 개인정보를 제공받는 자

② 개인정보를 제공받는 자의 개인정보 이용 목적

③ 제공하는 개인정보의 항목

④ 개인정보의 보유 및 이용 기간

⑤ 동의를 거부할 권리가 있다는 사실 및 동의 거부에 따른 불이익이 있는 경우에는 그 불이익의 내용

42 개인정보의 위탁 시 계약서에 포함하여야 하는 사항으로 옳지 않은 것은?

① 위탁업무의 목적 및 범위

② 재위탁 제한에 관한 사항

③ 개인정보보호책임자에 관한 사항

④ 위탁업무와 관련하여 보유하고 있는 개인정보의 관리 현황 점검 등 감독에 관한 사항

⑤ 수탁자가 준수하여야 할 의무를 위반한 경우의 손해배상 등 책임에 관한 사항

43 다음 개인정보 처리 관련 사례에서 처리 방법에 문제가 없다고 판단되는 것은?

① 자동차정비사업자가 자신이 정비하고 있는 자동차를 구매하려는 사람이 자동차의 정비(수리)이력정보를 알려달라고 하는데, 자동차정비업소가 정비(수리)이력정보를 알려주었다.

② 자동차 사고 CCTV 녹화 영상을 사고 차량의 소유자가 요구하는 경우 해당 영상을 비식별화 없이 제공하였다.

③ 온라인 화상회의 또는 수업 중 참석자의 얼굴, 음성, 발언 등 개인정보가 상호 공유하였다.

④ 관리사무소가 아파트 단지 내에서 발생한 분쟁과 관련해, 분쟁신청 당사자의 요청으로 상대측 정보주체의 연락처 또는 세대주 성명을 제공하였다.

⑤ 학교 등에서 참석자 현황파악을 위해 출석표 등을 공개된 공간에 비치하여 열람토록 하거나 회람시켰다.

44 개인정보를 제3자에게 제공할 수 있는 경우로 옳지 않은 것은?

① 정보주체의 동의를 받은 경우

② 명백히 정보주체 또는 제3자의 급박한 생명, 신체, 재산의 이익을 위하여 필요하다고 인정되는 경우

③ 공중위생 등 공공의 안전과 안녕을 위하여 긴급히 필요한 경우

④ 정보주체와 체결한 계약을 이행하거나 계약을 체결하는 과정에서 정보주체의 요청에 따른 조치를 이행하기 위하여 필요한 경우

⑤ 개인정보처리자의 합리적으로 정당한 이익을 달성하기 위하여 필요한 경우로서 명백하게 정보주체의 권리보다 우선하는 경우

45 다음 개인정보 처리 관련 사례에서 처리 방법에 문제가 없다고 판단되는 것은?

① 아파트 관리사무소가 방문자의 전화번호 및 방문 동·호수, 방문일시, 방문목적 등을 적어 방문 자동차 앞 또는 자동차 내부에 두도록 하였다.

② 병원이 치료를 위해 병원을 방문한 환자에게 안내데스크 등에서 공개 비치된 진료자 대기 명단에 환자의 이름, 생년 월일을 적도록 하고 있다.

③ 웹에서 임시로 만들어지는 개인정보파일인 쿠키를 활용하여 정보주체의 사전 동의 없이 맞춤형 광고를 하였다.

④ 개인정보처리자가 적법하게 수집하여 보관 중인 개인정보를 정보주체가 예측할 가능성이 높다고 판단하고, 동시에 안전조치를 하여 추가적인 목적으로 이용하였다.

⑤ 개인정보 수집 시 약관에 관한 동의로 함께 받았다.

46 다음 개인정보 처리 관련 사례에서 처리 방법에 문제가 있다고 판단되는 것은?

① 유튜브 등 온라인 플랫폼을 통하여 블랙박스 촬영 영상을 마스킹 처리하여 공개하였다.

② 법원이 재판업무 수행을 위하여 정보주체의 동의 없이 고유식별번호를 처리하였다.

③ 1천명 이상의 정보주체에 관한 가명정보 유출이 발생하여 개인정보 보호위원회 또는 한국 인터넷진흥원에 72시간 안에 신고하였다.

④ 얼굴 실사 촬영을 하지 않고 개인식별성이 없는 네트워크 연결 열화상카메라를 이용한 촬영 및 전송은 개인정보의 파기 대상에 포함되지 않는다.

⑤ 공공기관의 경우 '생체인식정보, 인종·민족 정보'를 개인정보보호법 법적 근거로 처리하는 경우 민감정보로 보지 아니한다.

47 인사, 노무 업무 관련 개인정보처리 업무에 대한 설명으로 적절하지 않은 것은?

① 채용단계에서 학점, 외국어 성적, 자격증 보유여부, 연구실적, 경력은 최소한의 개인정보에 해당한다.

② 아동·청소년 관련기관에서 취업자의 성범죄 경력을 정보주체의 동의 없이 조회할 수 있다.

③ 구직자 본인의 출신지역 수집이 금지된다.

④ 채용 여부 확정 후, 구직자의 요청이 있는 경우 본인확인을 거쳐 요청일로부터 14일 이내에 채용서류를 반환하여야 한다.

⑤ 인공지능 등 완전히 자동화된 시스템으로 채용 전형을 진행 시 정보주체의 요청이 있는 경우 채용담당자 등이 개입하여 해당 결정이 타당한지 재검토하여 검토 결과를 설명해야 한다.

48 정보주체와 체결한 계약 체결하는 과정에서 정보주체의 요청에 따른 조치를 이행하기 위하여 동의 없이 개인정보를 수집, 이용할 수 있는 사례로 옳지 않은 것은?

① 회사가 취업지원자와 근로계약 체결 전에 지원자의 이력서, 졸업증명서, 성적증명서 등 정보를 수집·이용하는 경우

② 고객이 가게에서 계산한 물건을 가져가지 않고 다른 고객이 실수로 그 물건을 가져간 경우 가게주인이 물건을 가져간 고객에게 연락하여 물건반환을 요청하기 위해 이용하는 경우

③ 보험회사가 계약체결을 위해 청약자의 자동차사고 이력, 다른 유사보험의 가입여부 등에 관한 정보를 수집하는 경우

④ 공인중개사가 부동산거래 중개 계약 체결을 위해 부동산 소유자, 권리관계 등을 미리 조사·확인하기 위해 개인정보를 수집하는 경우

⑤ 인터넷서비스 이용을 위해 회원가입을 요청한 정보주체와의 이용계약 체결을 위해 이름, 연락처, 생성 아이디 등의 개인정보를 수집하는 경우

49 개인정보보호법에 따른 개인정보의 국외 이전이 가능한 경우로 옳지 않은 것은?

① 정보주체로부터 국외 이전에 관한 별도의 동의를 받은 경우

② 개인정보가 이전되는 국가 또는 국제기구의 개인정보 보호체계, 정보주체 권리보장 범위, 피해구제 절차 등이 이 법에 따른 개인정보 보호 수준과 실질적으로 동등한 수준을 갖추었다고 보호위원회가 인정하는 경우

③ 정보주체와의 계약의 체결 및 이행을 위하여 개인정보의 처리위탁·보관이 필요한 경우

④ 법률, 대한민국을 당사자로 하는 조약 또는 그 밖의 국제협정에 개인정보의 국외 이전에 관한 특별한 규정이 있는 경우

⑤ 개인정보를 이전받는 자가 제32조의2에 따른 개인정보 보호 인증 등 보호위원회가 정하여 고시하는 인증을 받은 경우로서 법에서 정한 조치를 모두 한 경우

50 개인정보보호법에 따른 국외이전 중지 명령 대상으로 옳지 않은 것은?

① 국내기업이 개인정보 국외 이전 인정을 받은 국가에 있는 해외기업으로 개인정보를 이전하는 과정에서 개인정보처리자 및 개인정보를 이전받는 자가 개인정보 보호에 필요한 안전조치를 누락한 사실이 확인된 경우

② 개인정보를 이전받는 자나 개인정보가 이전되는 국가 또는 국제기구가 이 법에 따른 개인정보 보호 수준에 비하여 개인정보를 적정하게 보호하지 아니하여 정보주체에게 피해가 발생하거나 발생할 우려가 현저한 경우

③ 개인정보 보호 인증을(ISMS-P) 받은 해외기업이 국내 정보주체의 국외 이전 동의 없이 개인정보를 국외로 이전받고 있다가 인증기간이 만료되어 인증 효력이 상실된 경우

④ 정보주체로부터 국외 이전에 관한 별도의 동의를 받은 경우로 국외이전을 하는 과정에서 정보주체가 동의를 철회한 경우

⑤ 법률, 대한민국을 당사자로 하는 조약 또는 그 밖의 국제협정에 개인정보의 국외 이전에 관한 특별한 규정으로 국외이전을 하는 과정에서 법적 근거가 소멸된 경우

51 개인정보보호법에 따른 업무 위탁과 제3자 제공 비교에 대한 설명으로 옳지 않은 것은?

① 개인정보 처리업무 위탁은 위탁자의 이익을 위해 개인정보를 처리한다.

② 개인정보 처리업무 위탁은 정보주체가 사전에 예측이 가능하다.

③ 개인정보의 제3자 제공은 정보주체의 신뢰범위 밖에 있다.

④ 개인정보의 제3자 제공의 사례로는 콜센터, 상품 배송이 해당한다.

⑤ 개인정보의 제3자 제공 시 관리감독과 손해배상은 제공받는 자의 책임이다.

52 개인정보보호법에 따라 개인정보의 파기해야 하는 경우로 옳지 않은 것은?

① 회원탈퇴에 따른 개인정보처리의 법적 근거 소멸된 경우

② 개인정보를 수집하는 이벤트가 종료된 경우

③ 대금 완제일이나 채권소멸시효기간의 만료된 경우

④ 다른 법령에서 보존하여야 하는 근거가 있으나 개인정보 수집 및 이용 목적을 달성한 경우

⑤ 제3의 업체에서 텔레마케팅을 위해 정보를 제공한 후 해당 업체의 TM업무가 종료된 경우

53 영리 목적의 야간 광고 전송 예외에 대해 다음 빈칸에 들어갈 것은?

> **보기**
>
> (   )부터 그 다음 날 (   )까지의 시간에 전자적 전송매체를 이용하여 영리목적의 광고성 정보를 전송하려는 자는 그 수신자로부터 별도의 사전 동의를 받아야 한다. 다만, (   )의 경우에는 그러하지 아니하다.

① 오후 8시, 오전 7시, 전자우편, 알림톡

② 오후 9시, 오전 7시, 알림톡, SMS

③ 오후 9시, 오전 8시, 전자우편

④ 오후 10시, 오전 8시, 전자우편

⑤ 오후 10시, 오전 8시, 전자우편

54 영리목적의 광고성 정보전송과 관련하여 정보주체의 사전 동의 예외에 대한 다음 설명 중 옳지 않은 것은?

① 영업점을 인수하면서 양도인으로부터 연락처가 포함된 고객명단을 넘겨받은 경우에는 거래 종료 후 6개월 이내에 자신이 처리하고 수신자와 거래한 것과 같은 종류의 재화등에 대한 영리목적의 광고성 정보를 전송할 수 있다.

② 쇼핑몰 및 배달앱 등의 운영자가 판매자 대신 구매자의 연락처를 수집하여 준 경우 직접 수집한 것으로 볼 수 있다.

③ 6개월의 기산 시점은 최종적으로 사업자의 재화 및 서비스의 제공이 종료된 날(거래가 종료된 날)로부터 시작된다.

④ 사업자가 사업자(B2B)와의 거래관계 형성을 위해 명함 등 서면으로 직접 연락처를 제공한 경우 사전동의 예외로서의 거래관계가 있다고 볼 수 있다.

⑤ 금전적인 대가를 지불한 거래관계가 존재해야 하며, 단순한 문의나 회원가입 등은 거래관계의 성립으로 볼 수 없다.

55 개인정보보호법에 따른 정보보호 및 개인정보보호 관련 감사 제도가 아닌 것은?

① ISMS-P 인증
② 개인정보 영향평가
③ 공공기관 개인정보 관리수준 진단
④ 정보보호 상시평가제
⑤ 고유식별정보 실태 점검

56 개인정보의 안전성 확보조치 기준 개정에 따라 개인정보처리자의 의무를 전체 정보통신서비스 제공자에게도 확대 적용하는 조항으로 묶인 것은?

> **보기**
>
> ㄱ. 암호키 관리 절차 수립·시행
> ㄴ. 인터넷망 구간 전송 시 암호화
> ㄷ. 재해·재난 대비 안전조치
> ㄹ. 출력·복사시 보호조치

① ㄱ, ㄴ　　　　　　　　　　② ㄱ, ㄷ
③ ㄴ, ㄷ　　　　　　　　　　④ ㄴ, ㄷ, ㄹ
⑤ ㄱ, ㄴ, ㄹ

57 개인정보의 안전성 확보조치 기준에 따른 내부관리계획의 수립 시행에 관한 설명 중 옳지 않은 것은?

① 모든 개인정보처리자는 예외없이 내부 관리계획을 수립·시행하여야 한다.
② 개인정보처리자는 내부관리계획 포함항목에 중요한 변경이 있는 경우에는 이를 즉시 반영하여 내부 관리계획을 수정하여 시행하고, 그 수정 이력을 관리하여야 한다.
③ 내부관리계획은 조직(회사) 전체를 대상으로 마련하여야 한다.
④ 개인정보 처리방침을 내부관리계획으로 사용할 수 없다.
⑤ 내부 관리계획의 문서 제목은 가급적 "내부 관리계획"을 사용하지 않고, 개인정보처리자의 내부 방침에 따라 다른 용어를 사용할 수 있다.

58 정보주체 이외로부터 수집한 개인정보의 통지 의무가 부과되는 개인정보처리자의 기준으로 묶인 것은?

> **보기**
> ㄱ. 5만명 이상의 정보주체에 관하여 민감정보를 처리하는 자
> ㄴ. 5만명 이상의 정보주체에 관하여 고유식별정보를 처리하는 자
> ㄷ. 100만명 이상의 정보주체에 관하여 개인정보를 처리하는 자
> ㄹ. 정보통신서비스 부문 매출액 100억원 이상인 자
> ㅁ. 개인정보처리시스템과 연계 결과 50만명의 개인정보를 처리하는 자

① ㄱ, ㄴ   ② ㄱ, ㄴ, ㄷ
③ ㄱ, ㄴ, ㄷ, ㄹ   ④ ㄱ, ㄴ, ㄷ, ㅁ
⑤ ㄱ, ㄴ, ㄷ, ㄹ, ㅁ

59 개인정보의 안전성 확보조치 기준에 따른 접근통제 조치에서 개인정보취급자가 일정시간 이상 업무처리를 하지 않는 경우에는 자동으로 접속이 차단되도록 하는 등 필요한 조치로 옳지 않은 것은?

① 최대 접속시간은 최소한(통상 10~30분 이내)으로 정하여야 한다.
② 개인정보를 처리하는 방법 및 환경, 보안위험요인, 업무특성(DB 운영·관리, 시스템 모니터링 및 유지보수 등) 등을 고려하여 스스로의 환경에 맞는 최대 접속시간을 각각 정하여 시행할 수 있다.
③ 개인정보처리시스템에 접속이 차단된 이후, 다시 접속하고자 할 때에도 최초의 로그인과 동일한 방법으로 접속하여야 한다.
④ 개인정보처리시스템에 접속하는 업무용 컴퓨터의 화면보호기를 통해 접속차단을 할 수 있다.
⑤ 개인정보처리시스템에 접속하는 업무용 컴퓨터 등에서 해당 개인정보처리시스템에 대한 접속의 차단을 의미한다.

60 개인정보의 안전성 확보조치 기준에 따른 내부관리계획 시행에 따른 교육 실시 사항으로 옳지 않은 것은?

① 교육 목적 : 기관 개인정보보호 교육
② 교육 대상 : 임직원 전체
③ 교육 평가 방법 : 온라인 시험
④ 교육 일정 및 방법 : 2024년 3월 15일, 집체 교육
⑤ 교육 내용 : 개인정보보호 법령 제개정 사항 및 최근 사고사례

61 개인정보의 안전성 확보조치 기준에 따른 접근 권한의 관리에서 다음 빈칸에 순서대로 알맞게 들어간 것은?

- 이용자가 아닌 정보주체의 개인정보를 처리하는 개인정보처리자 : 접근권한 변경 내역 (　　) 보관
- 이용자의 개인정보를 처리하는 정보통신서비스 제공자 : 접근권한 변경 내역 (　　) 보관
- 기간통신 사업자 : 접근권한 변경 내역 (　　) 보관

① 1년 / 2년 / 2년
② 1년 / 3년 / 3년
③ 2년 / 3년 / 3년
④ 3년 / 3년 / 3년
⑤ 3년 / 5년 / 5년

62 개인정보의 안전성 확보조치 기준에 따른 이용자가 아닌 정보주체의 개인정보 암호화 시 대상 정보가 옳지 않은 것은?

① 정보통신망 : 인증정보(비밀번호, 생체인식정보 등)
② 저장위치 무관 : 인증정보, 주민등록번호
③ 인터넷 구간, DMZ : 고유식별정보(주민등록번호 제외)
④ 컴퓨터 : 고유식별정보, 생체인식정보
⑤ 보조저장매체 : 개인정보

63 개인정보의 안전성 확보조치 기준에 따른 위험도 분석 시 다음 빈칸에 알맞는 것은?

ㄱ. DB서버에 접근 가능한 자 대상으로 개인정보보호 관련 교육을 연 (　　) 이상
ㄴ. DB접속자 및 개인정보취급자의 DB 로그인 비밀번호를 최소 (　　)마다 변경
ㄷ. DB접속자 및 개인정보취급자의 비밀번호 입력 시 (　　) 이상 연속 입력오류가 발생한 경우 계정 잠금 등 접근을 제한

① ㄱ : 1회, ㄴ : 3개월, ㄷ : 5회
② ㄱ : 2회, ㄴ : 3개월, ㄷ : 5회
③ ㄱ : 2회, ㄴ : 2개월, ㄷ : 3회
④ ㄱ : 2회, ㄴ : 6개월, ㄷ : 5회
⑤ ㄱ : 2회, ㄴ : 6개월, ㄷ : 3회

64 안전한 접속수단과 인증수단에 대한 설명 중 옳지 않은 것은?

① 인증서(PKI, Public Key Infrastructure) : 전자상거래 등에서 상대방과의 신원확인, 거래 사실 증명, 문서의 위·변조 여부 검증 등을 위해 사용하는 전자서명으로서 해당 전자서명을 생성한 자의 신원을 확인하는 수단

② 일회용 비밀번호(OTP) : 무작위로 생성되는 난수를 일회용 비밀번호로 한 번 생성하고, 그 인증값이 한 번만 사용 가능하도록 하는 방식

③ 보안토큰 : 암호 연산장치 등으로 내부에 저장된 정보가 외부로 복사, 재생성되지 않도록 공인인증서 등을 안전하게 보호할 수 있는 수단으로 스마트 카드, USB 토큰 등이 해당

④ 전용선 : 물리적으로 독립된 회선으로서 두 지점간에 독점적으로 사용하는 회선으로 개인 정보 처리자와 개인정보취급자, 또는 본점과 지점간 직통으로 연결하는 회선 등을 의미함

⑤ 가상사설망(VPN) : 개인정보취급자가 사업장 내의 개인정보처리 시스템에 대해 원격으로 접속할 때 IPsec이 아닌 SSL 기반의 암호 프로토콜을 사용한 터널링 기술을 통해 안전한 암호통신을 할 수 있도록 해주는 보안 시스템을 의미함

65 다음 인터넷 브라우저에서 적용된 보안 기술은?

① SSL
② IPsec
③ OTP
④ 방화벽
⑤ 침입방지시스템

66 개인정보의 안전성 확보조치 기준상 개인정보취급자가 외부에서 개인정보처리시스템에 접속 하려는 경우 다음 설명 중 옳지 않은 것은?

① 이용자가 아닌 정보주체의 개인정보를 처리하는 개인정보처리시스템의 경우 가상사설망 등 안전한 접속 수단 또는 안전한 인증수단을 적용할 수 있다.

② 개인정보처리자가 안전한 인증수단을 적용하였음에도 안전한 접속수단을 적용하는 것이 권고된다.

③ 안전한 인증수단에는 OTP, PKI, 보안토큰, SSL이 있다.

④ 개인정보처리시스템에 사용자계정과 비밀번호를 입력하여 정당한 개인정보취급자 여부 를 식별·인증하는 절차 이외에 추가적인 인증 수단의 적용이 필요하다.

⑤ 인터넷구간 등 외부로부터 개인정보처리시스템에 대한 접속은 원칙적으로 차단하여야 한다.

67 다음에서 설명하고 있는 웹해킹 공격은?

> **보기**
> – 업로드 취약점을 통하여 시스템에 명령을 내릴 수 있는 코드
> – 간단한 서버 스크립트 (jsp,php,asp ..)로 만드는 방법이 널리 사용되며 이 스크립트들은 웹서버의 취약점을 통해 업로드됨
> – 해커들은 보안 시스템을 피하여 별도의 인증없이 시스템에 쉽게 접속 가능함
> – 피해시스템의 파일을 수정, 복사, 삭제와 같은 시스템 제어가 가능하고, 웹소스 코드에 악성 스크립트를 삽입하여 해당 웹서버에 접속한 일반 사용자들의 PC를 공격하거나 피해시스템과 연결된 데이터베이스의 정보도 유출할 수 있는 등 매우 큰 피해를 입힐 수 있음

① 웹쉘   ② 루트킷
③ 드라이브 바이 다운로드   ④ 워터링홀
⑤ 바이러스

68 다음에서 설명하고 있는 웹해킹 공격은?

> **보기**
> 특정 사용자를 대상으로 하지 않고, 불특정 다수를 대상으로 로그인된 사용자가 자신의 의지와는 무관하게 공격자가 의도한 행위(수정, 삭제, 등록, 송금 등)를 하게 만드는 공격

① 쿠키 값 변조 공격   ② CSRF
③ SQL Injection   ④ XSS
⑤ XPath Injection

69 다음에서 보안 기술을 통해 방어할 수 있는 웹해킹 공격은?

① 쿠키 값 변조 공격   ② XPath Injection
③ SQL Injection   ④ XSS
⑤ CSRF

70 개인정보가 인터넷 홈페이지 등 공개, 유출되는 것을 방지하기 위한 조치에 대한 설명으로 옳지 않은 것은?

① 인터넷 홈페이지 중 서비스 제공에 사용되지 않거나 관리되지 않는 사이트 또는 URL에 대한 삭제 또는 차단 조치한다.

② 공유폴더에 개인정보 파일이 포함되지 않도록 정기적으로 점검한다.

③ P2P, 웹하드 등의 사용을 금하도록 하기 위해 시스템 적인 조치보다는 임직원에게 정기적으로 교육하여 인식제고를 유도한다.

④ 공개된 무선망을 이용하여 개인정보를 처리 시 신뢰되지 않은 무선접속장치(AP), 무선 전송 구간 및 무선접속장치의 취약점 등에 의해 열람권한이 없는 자에게 공개되거나 유출되지 않도록 접근 통제 등에 관한 안전조치를 하여야 한다.

⑤ 인터넷 서비스 검색엔진(구글링 등) 등을 통해 관리자 페이지와 취급중인 개인정보가 노출되지 않도록 조치한다.

71 개인정보의 안전성 확보조치 기준상 안전한 비밀번호 관리에 관련한 설명으로 옳지 않은 것은?

① 비밀번호 재발급 시 랜덤하게 임시 비밀번호를 발급하여 최초 로그인시 새로운 비밀번호로 변경하도록 적용하여야 한다.

② 개인정보취급자의 비밀번호의 작성 규칙에 관하여 내부관리계획에 포함하여야 한다.

③ 이용자에게 비밀번호 유효기간을 설정하고, 알려주어 변경을 유도하여야 한다.

④ 일회용 패스워드인 OTP에는 비밀번호 작성규칙을 적용하여야 한다.

⑤ 연속적인 문자열이나 숫자, 생년월일, 전화번호 등 추측하기 쉬운 정보 및 아이디와 비슷한 비밀번호는 사용하지 않도록 하여야 한다.

72 개인정보의 안전성 확보조치 기준상 망분리를 하여야 하는 개인정보취급자의 컴퓨터 기준으로 옳지 않은 것은?

① 개인정보처리시스템의 접속기록을 점검할 수 있는 개인정보취급자

② 개인정보를 파기할 수 있는 개인정보취급자

③ 개인정보처리시스템에 대한 접근 권한을 설정할 수 있는 개인정보취급자

④ 클라우드 컴퓨팅 서비스를 이용하는 개인정보취급자

⑤ 개인정보를 다운로드할 수 있는 개인정보취급자

73 개인정보의 안전성 확보조치 기준에 따른 공공시스템운영기관 접속기록 관리에 대한 설명으로 옳지 않은 것은?

① 공공시스템 접속기록 등을 자동화된 방식으로 분석하여야 한다.

② 공공시스템운영기관은 공공시스템이용기관이 소관 개인정보취급자의 접속기록을 직접 점검할 수 있는 기능을 개발하도록 요구하여야 한다.

③ 공공시스템운영기관의 접속기록의 보관 및 점검 조항은 2024년 9월 15일에 시행하도록 하고 있다.

④ 접속기록 분석으로 불법적인 개인정보 유출 및 오용·남용 시도를 탐지하고 그 사유를 소명하도록 하는 등 필요한 조치를 하여야 한다.

⑤ 공공시스템운영기관 공공시스템 별로 내부 관리계획에 접속기록 보관 및 점검에 관한 사항을 포함하여야 한다.

74 개인정보의 안전성 확보조치 기준에 따른 출력·복사시 보호조치 방안으로 옳지 않은 것은?

① 출력·복사물 보호 및 관리 정책, 규정, 지침 등 마련

② 출력·복사물 생산·관리 대장 마련 및 기록

③ 출력·복사물 운영·관리 부서 지정·운영

④ 출력·복사물 파기 절차 수립·운영

⑤ 출력·복사물 외부반출 및 재생산 통제·신고·제한

75 개인정보의 안전성 확보조치 기준에 따른 출력·복사시 보호조치 방안으로 옳지 않은 것은?

① 인쇄물, 서면, 그 밖의 기록매체 일부만 파기하는 경우 : 마스킹

② 전자적 파일 일부만 파기하는 경우 : 개인정보를 삭제한 후 복구 및 재생되지 않도록 관리 및 감독

③ 전자적 파일 전부 파기 경우 : 완전파괴(소각·파쇄 등)

④ 전자적 파일 전부 파기 경우 : 전용 소자장비를 이용하여 삭제

⑤ 전자적 파일 전부 파기 경우 : 해당 드라이브를 안전한 알고리즘 및 키 길이로 암호화 저장 후 삭제하고 암호화에 사용된 키 보관

76 개인정보의 안전성 확보조치 기준에 따른 악성프로그램 등 방지 방안으로 옳지 않은 것은?

① 백신 상태를 최신의 업데이트 상태로 적용하여 유지한다.

② 민감한 정보 등 중요도가 높은 개인정보를 처리하는 경우에는 신종 악성 프로그램에 대해 대응할 수 있도록 보안프로그램을 운영할 필요가 있으며, 항상 최신의 상태로 유지한다.

③ 서버의 경우 안정성을 위해 주간 또는 월간 PM 작업 시 백신을 점검 및 치료한다.

④ 백신 소프트웨어 등의 보안 프로그램을 설치·운영하여 발견된 악성프로그램 등에 대해 삭제, 치료한다.

⑤ 백신 소프트웨어 등 보안 프로그램은 자동 업데이트 기능을 사용하거나, 일 1회 이상 업데이트를 실시하여 최신의 상태로 유지한다.

77 P2P 및 공유설정을 통한 개인정보 유·노출 방지 조치로 옳지 않은 것은?

① WPA 이상의 보안 프로토콜이 적용된 무선망을 이용하도록 한다.

② 불가피하게 공유설정 등을 할 때에는 업무용 컴퓨터에 접근권한 비밀번호를 설정하고, 사용이 완료된 후에는 공유설정을 제거한다.

③ 원칙적으로 공유설정을 하지 못하도록 시스템 및 업무적으로 제한한다.

④ P2P 프로그램, 상용 웹메일, 웹하드, 메신저, SNS 서비스 등을 통하여 고의·부주의로 인한 개인정보 유·노출 방지 교육을 수행한다.

⑤ 파일 전송이 주된 목적일 때에는 읽기 권한만을 주고 상대방이 쓰기를 할 때만 개별적으로 쓰기 권한을 설정한다.

78 개인정보의 안전성 확보조치에 따라 개인정보를 암호화할 때 암호화 대상에 대한 설명으로 옳지 않은 것은?

① 정보통신망을 통한 송·수신 시 인증정보를 반드시 암호화하여야 한다.

② 개인정보 저장 시 인증정보와 주민등록번호를 반드시 암호화하여야 한다.

③ 이용자의 개인정보를 처리하는 경우 신용카드번호, 계좌번호를 반드시 암호화하여야 한다.

④ 이용자의 개인정보를 처리하는 경우 모바일기기에 저장 시 개인정보를 반드시 암호화하여야 한다.

⑤ 내부망에 저장 시 고유식별정보를 반드시 암호화하여야 한다.

79 개인정보의 안전성 확보조치에 따라 개인정보를 암호화할 때 암호화 알고리즘으로 안전하지 않은 것은?

① AES 128비트
② MD5
③ SHA-2
④ ARIA 128비트
⑤ SEED 128비트

80 개인정보의 안전성 확보조치 기준상 다음 설명 중 옳지 않은 것은?

① 개인정보처리시스템의 접근 권한의 부여, 변경, 말소 등을 내부 수기 결재 등 방법을 통하여 기록할 수 있다.
② 개인정보처리자는 정당한 권한을 가진 자인지를 인증하기 위해 비밀번호, 생체인증 등 다양한 인증수단 도입할 수 있다.
③ 이용자 수가 일일 평균 100만명 이상인 개인정보처리자는 인터넷망 차단(망분리) 조치 적용 의무가 있다.
④ 정보통신서비스 매출액 100억원 이상인 경우 인터넷망 차단(망분리) 조치 적용 의무가 있다.
⑤ 주민등록번호는 개인정보 영향평가나 암호화 미적용 시 위험도 분석의 결과에 관계없이 암호화해야 한다.

81 개인정보의 안전성 확보조치 기준에 따른 용어 정의와 관련하여 옳지 않은 것은?

① 접속 : 접속이란 개인정보 처리시스템과 연결되어 데이터 송신 또는 수신이 가능한 상태를 말한다.
② 공유 설정 : 컴퓨터 소유자의 파일을 타인이 조회·변경·복사 등을 할 수 있도록 설정하는 것을 말한다.
③ 비밀번호 : 정보주체 및 개인정보취급자 등이 개인정보처리시스템 또는 정보통신망을 관리하는 시스템 등에 접속할 때 식별자와 함께 입력하여 정당한 접속 권한을 가진 자라는 것을 식별할 수 있도록 시스템에 전달해야 하는 고유의 문자열로서 타인에게 공개되지 않는 정보를 말한다.
④ 생체인식 정보 : 지문, 얼굴, 홍채, 정맥, 음성, 필적 등 개인의 신체적, 생리적, 행동적 특징에 관한 정보로서 특정 개인을 인증·식별하거나 개인에 관한 특징을 알아보기 위해 일정한 기술적 수단을 통해 처리되는 정보를 말한다.
⑤ 내부망 : 인터넷망 차단, 접근 통제시스템 등에 의해 인터넷 구간에서의 접근이 통제 또는 차단되는 구간을 말한다.

82 암호키 유형에 따른 암호화 방식에 대한 설명 중 옳지 않은 것은?

① 대칭키 방식은 대량 데이터 암호화 시 성능이 우수하여 유리하다.
② 대칭키 방식은 부인방지기능을 제공하지 못한다.
③ 공개키 방식은 ElGamal, Rabin 방식이 있다.
④ 공개키 방식은 사용자의 증가에 따라 관리할 키의 개수가 상대적으로 많다.
⑤ 공개키 방식은 키분배 및 키관리가 용이하다.

83 개인정보의 안전성 확보조치 기준상 암호키 관리에 대한 설명으로 옳지 않은 것은?

① 10만명 이상의 정보주체에 관하여 개인정보를 처리하는 대기업·중견기업·공공기관 또는 100만명 이상의 정보주체에 관하여 개인정보를 처리하는 중소기업·단체에 해당하는 개인정보처리자는 암호화된 개인정보를 안전하게 보관하기 위하여 안전한 암호 키 생성, 이용, 보관, 배포 및 파기 등에 관한 절차를 수립·시행하여야 한다.
② 대칭키는 키의 사전 공유가 필요한 암호화이다.
③ 대칭키는 암호화 과정에서 소요되는 시간이 비대칭키에 비해 훨씬 작다.
④ 정지 상태의 암호키는 다시 운영상태로 전환될 수 있다.
⑤ 암호키는 프로그램의 소스코드에 평문으로 저장하지 않아야 한다.

84 개인정보 안전성 확보조치 기준상 접속기록의 보관 의무 기간으로 옳지 않은 것은?

① 기간통신사업자 : 3년
② 5만명 이상의 정보주체의 개인정보를 처리하는 자 : 2년
③ 고유식별정보를 처리하는 자 : 2년
④ 민감정보를 처리하는 자 : 2년
⑤ 일반적인 개인정보처리자 : 1년

85 개인정보 안전성 확보조치 기준상 물리적 안전조치에 대한 설명으로 옳지 않은 것은?

① 전산실은 다량의 정보시스템을 운영하기 위한 별도의 물리적인 공간으로 전기시설, 공조시설, 소방시설등을 갖춘 시설을 의미한다.
② 업무용 컴퓨터 또는 모바일 기기를 이용하여 개인정보를 처리하는 경우에도 보조저장매체의 반출·입 통제를 위한 보안 대책을 반드시 마련해야 한다.
③ 자료보관실은 가입신청서 등의 문서나 DAT, LTO, DLT, 하드디스크 등이 보관된 물리적 저장장소를 의미한다.
④ 물리적 접근 방지를 위한 장치로 비밀번호 기반 출입통제 장치를 이용할 수 있다.
⑤ 개인정보처리자는 개인정보가 포함된 서류, 보조저장매체 등은 금고, 잠금장치가 있는 캐비넷 등 안전한 장소에 보관하여야 한다.

86 다음에서 설명하고 있는 정보보호 요소는?

- 정보의 내용이 불법적으로 생성 또는 변경되거나 삭제되지 않도록 정보가 원래 상태와 동일한 상태로 유지되도록 보장되어야 한다는 특성
- 내부에 있는 정보의 저장과 전달 시 비인가된 방식으로 정보와 소프트웨어가 변경되지 않도록 정확성과 안정성을 보호하는 것
- 침해 유형에는 변조와 파괴가 있고, 통제 방법에는 물리적 통제와 해시함수를 사용하는 방법이 있음

① 기밀성　　　　　　　　　　　② 무결성
③ 가용성　　　　　　　　　　　④ 책임 추적성
⑤ 정확성

87 1998년 영국에서 수립된 BS7799-2(정보보호관리 규격)를 기초로 하여 보안정책, 정보보안 조직, 자산 등에 대해 평가하는 국제 인증제도는?

① BBBOnline
② ISMS-P
③ ISO/IEC 27001
④ CBPR
⑤ BS 10012

88 개인정보 영향평가의 제도에서 영향평가서 작성 제출에 대하여 다음 괄호 안에 들어갈 것은?

- 영향평가서는 최종 제출받은 날로부터 (　　) 이내에 개인정보보호위원회에 제출
- 영향평가서를 제출한 날로부터 (　　) 이내에 이행점검 확인서를 개인정보보호위원회에 제출

① 1개월 / 6개월　　　　　　　　② 1개월 / 1년
③ 2개월 / 1년　　　　　　　　　④ 3개월 / 6개월
⑤ 1년 / 1년

89 개인정보 영향평가 제도에 대한 설명으로 옳지 않은 것은?

① 개인정보처리시스템을 신규로 구축하거나 기존 시스템을 변경하려는 기관은 사업계획 단계에서 영향평가 의무대상 여부를 파악하여 예산을 확보하여야 한다.

② 대상 시스템의 설계 완료 전에 영향평가를 수행해야 한다.

③ 영향평가 결과는 시스템 설계·개발 시 반영해야 한다.

④ 공공기관의 장은 영향평가를 보호위원회가 지정한 평가기관에 의뢰하여야 한다.

⑤ 2023년 개인정보보호법 개정으로 공공기관 외의 개인정보처리자도 개인정보파일 운용으로 인하여 정보주체의 개인정보 침해가 우려되는 경우에는 영향평가를 하여야 한다.

90 ISMS 인증심사 생략에 대한 요건으로 다음 괄호 안에 들어갈 것은?

> **보기**
>
> 1. 국제인정협력기구에 가입된 인정기관이 인정한 인증기관으로부터 받은 (　　　　) 인증
> 2. 「정보통신기반 보호법」에 따른 (　　　　)의 취약점 분석·평가
> 3. 「교육부 정보보안 기본지침」에 따른 정보보안 수준에 대한 해당 연도의 평가결과가 만점의 100분의 (　　) 이상

① ISO/IEC 27001 / 전자금융보조업자 / 70

② ISO/IEC 27001 / 주요정보통신기반시설 / 80

③ ISO/IEC 27701 / 주요정보통신기반시설 / 70

④ ISO/IEC 27701 / OWASP TOP 10 / 80

⑤ ISO/IEC 27018 / OWASP TOP 10 / 80

91 개인정보보호법에 따른 공공기관 특정 규율 법령으로 옳지 않은 것은?

① 개인정보 보호수준 평가

② ISMS-P 인증

③ 개인정보파일의 등록 및 공개

④ 고정형 영상정보처리기기 설치, 운영 시 공청회·설명회의 개최 등 의견을 수렴

⑤ 개인정보 영향평가

92 ISMS-P 인증제도에서 인증의 홍보에 대한 설명으로 옳지 않은 것은?

① ISMS-P 인증을 취득한 자는 과학기술정보통신부장관, 개인정보보호위원회가 정하여 고시하는 ISMS-P 인증표시를 사용할 수 있다.

② 인증을 홍보할 때에는 반드시 인증의 범위와 유효기간을 함께 표시하여야 한다.

③ 인증표시의 크기는 표시물 대상의 크기나 표시장소의 여건에 따라 조정할 수 있으며, 같은 비율로 축소 또는 확대하여 표시할 수 있다.

④ ISMS 및 ISMS-P 인증취득 사실은 인증 취득 후 3년간 인증 효력과는 관계없이 홍보할 수 있다.

⑤ 인증마크는 기관의 홈페이지 또는 인증을 취득한 서비스 제공 등에 필요한 경우와 일반문서, 봉투, 홍보 책자 등에 사용할 수 있다.

93 ISMS-P 인증제도에서 인증범위 지정에 대한 설명 중 옳지 않은 것은?

① 네트워크 자산에서 더미(Dummy) 역할을 하는 스위치는 심사범위에 포함한다.

② 정보통신서비스의 복제 등의 방법으로 별도 데이터베이스를 구성한 응용시스템(DW, CRM 등)은 심사범위에서 제외한다.

③ 정보통신서비스와 직접적인 관련 없이 내부업무 처리가 주목적인 그룹웨어, ERP 등은 심사 범위에서 제외한다.

④ 콜센터를 운영하는 경우, 콜센터 관련 시스템(교환기, CTI, IVR 등)은 의무 심사범위에서 제외한다.

⑤ 영리를 목적으로 하지 않더라도 정보통신망을 통해 정보를 제공하거나 정보의 제공을 매개하는 서비스는 모두 인증범위에 포함한다.

94 ISMS-P 인증제도에서 ISMS 인증 의무대상자에 해당하지 않는 것으로 묶인 것은?

> **보기**
> ㄱ. 매출 50억원 이상인 접적정보통신시설 재판매사업자(VIDC)
> ㄴ. 연간 매출액 또는 세입이 1,500억원 이상인 종합병원
> ㄷ. 정보통신서비스 부문 전년도 매출액이 50억원 이상인 쇼핑몰
> ㄹ. 전년도 직전 3개월간 정보통신서비스 일일 평균 이용자 수가 200만명 이상인 게임사
> ㅁ. 서울특별시 및 모든 광역시에서 정보통신망서비스를 제공하는 인터넷접속서비스

① ㄱ, ㄴ ② ㄴ, ㄷ
③ ㄷ, ㅁ ④ ㄱ, ㄴ, ㄷ
⑤ ㄱ, ㄴ, ㄷ, ㅁ

95 ISMS-P 인증제도에서 ISMS-P 인증체계의 기관별 역할이 옳지 않은 것은?

① 정책기관 : 인증제도와 관련한 법제도 개선, 정책 결정
② 정책기관 : 인증기관 및 심사기관 지정 등의 업무 수행
③ 인증기관 : 인증 제도 및 기준 개선 등 ISMS-P 인증제도 전반에 걸친 업무를 수행
④ 인증기관 : 인증심사원 양성 및 자격관리
⑤ 인증위원회 : 인증위원회는 인증심사 결과가 인증기준에 적합한지 여부, 인증 취소에 관한 사항, 이의신청에 관한 사항 등 심의·의결

96 ISMS-P 인증제도에서 인증심사에 대한 설명이 옳지 않은 것은?

① 인증 범위의 중요한 변경이 있어 다시 인증을 신청 시 최초심사를 실시한다.
② 인증 취득 이후 정보보호 관리체계가 지속적으로 유지되는 확인하는 목적으로 인증 유효기간 중 반기 1회 이상 시행한다.
③ 사후심사에서는 인증위원회가 개최되지 않는다.
④ 갱신심사는 정보보호 관리체계 인증 유효기간 연장을 목적으로 하는 심사이다.
⑤ 인증심사 종료 후 보완조치 기간은 40일이 주어진다.

97 개인정보 영향평가 수행 시 다음 평가 결과에 대한 결과로 적절한 것은?

> **보기**
>
> A시스템은 웹서버 로그 및 DB접근로그를 통해 접속일시, 접속지 정보 등은 기록·관리하고 있으나, 수행업무(조회, 출력, 삭제, 다운로드 등)에 대한 로그는 기록되고 있지 않음

① 결함　　　　　　　　　② 이행
③ 부분 이행　　　　　　　④ 미이행
⑤ 권고

98 ISMS-P 인증 심사 시 관리체계 수립 및 운영 영역 결함사례 중 옳지 않은 것은?

① 내부 지침에 따라 중요 정보처리부서 및 개인정보처리부서의 장(팀장급)으로 구성된 정보보호 및 개인정보보호 실무 협의체를 구성하였으나, 장기간 운영 실적이 없는 경우 1.1.3 조직 구성 결함에 해당한다.

② 인증범위 내 조직 및 인력에 적용하고 있는 보안시스템(PC보안, 백신, 패치 등)을 인증범위에서 배제하고 있는 경우 1.1.4 범위 설정 결함에 해당한다.

③ 정보보호 및 개인정보보호 조직을 구성하는데, 분야별 전문성을 갖춘 인력이 아닌 정보보호 관련 또는 IT 관련 전문성이 없는 인원으로만 보안인력을 구성한 경우 1.1.3 조직 구성 결함에 해당한다.

④ 전년도에는 위험평가를 수행하였으나, 금년도에는 자산 변경이 없었다는 사유로 위험 평가를 수행하지 않은 경우 1.2.3 위험 평가 결함에 해당한다.

⑤ 정보보호대책을 마련하여 구현하고 있으나, 관련 내용을 충분히 공유·교육하지 않아 실제 운영 또는 수행 부서 및 담당자가 해당 내용을 인지하지 못하고 있는 경우 1.3.2 보호대책 공유에 해당한다.

99 ISMS-P 인증 심사 시 개인정보 처리단계별 요구사항 영역 결함사례 중 옳지 않은 것은?

① 신규 개인정보파일을 구축한 지 2개월이 경과하였으나, 해당 개인정보파일을 개인정보보호 위원회에 등록하지 않은 경우 3.2.1 개인정보 현황관리 결함에 해당한다.

② 온라인 회원에 대해서는 개인정보를 변경할 수 있는 방법을 제공하고 있으나, 오프라인 회원에 대해서는 개인정보를 변경할 수 있는 방법을 제공하고 있지 않은 경우 3.2.2 개인정보 품질보장 결함에 해당한다.

③ 인터넷 홈페이지, SNS에 공개된 개인정보를 수집하고 있는 상태에서 정보주체(이용자)의 수집출처 요구에 대한 처리절차가 존재하지 않은 경우 3.1.1 개인정보 수집·이용 결함에 해당한다.

④ 제공받는 자의 이용 목적과 관련 없이 지나치게 많은 개인정보를 제공하는 경우 3.3.1 개인정보 제3자 제공 결함에 해당한다.

⑤ 특정 기간 동안 이벤트를 하면서 수집된 개인정보에 대하여 이벤트가 종료된 이후에도 파기 기준이 수립되어 있지 않거나 파기가 이루어지고 있지 않은 경우 3.4.1 개인정보의 파기 결함에 해당한다.

100 CBPR 인증에 대한 설명으로 옳지 않은 것은?

① CBPR 인증의 유효기간은 1년이다.

② CBPR 체계 구축 후 최소 3개월 이상 운영 증적이 확보되어야 한다.

③ CBPR 도입국은 9개이며, 집행기관과 인증기관을 각각 두고 있다. 우리나라의 집행기관은 개인정보보호위원회이며, 인증기관은 한국인터넷진흥원이다.

④ 기존의 동의·구속력 있는 기업규칙(BCR, Binding Corporate Rules) 외에 인증제도를 개인정보 국외이전 요건으로 추가해 CBPR 인증기업으로 하여금 자유로운 국외이전을 보장한다.

⑤ 최소한의 개인정보 보호원칙을 기반으로 회원국간 신뢰할 수 있는 개인정보 이전체계를 마련해 아시아−태평양 권역 내 디지털 경제 활성화를 도모하기 위해 만들어졌다.

CPPG 시험을 치르시느라 수고 많으셨습니다.

귀하의 시험 합격을 기원합니다. 감사합니다.

1	2	3	4	5	6	7	8	9	10	11	12	13	14	15	16	17	18	19	20
③	①	④	⑤	④	①	③	①	④	②	④	③	②	②	③	④	①	⑤	①	⑤
21	22	23	24	25	26	27	28	29	30	31	32	33	34	35	36	37	38	39	40
⑤	⑤	④	⑤	⑤	②	④	⑤	③	③	③	②	①	④	④	⑤	③	④	③	①
41	42	43	44	45	46	47	48	49	50	51	52	53	54	55	56	57	58	59	60
④	③	③	④	④	①	②	②	③	⑤	④	④	③	①	④	②	①	②	④	③
61	62	63	64	65	66	67	68	69	70	71	72	73	74	75	76	77	78	79	80
④	⑤	②	⑤	①	③	①	②	⑤	③	④	①	②	④	⑤	③	①	⑤	②	④
81	82	83	84	85	86	87	88	89	90	91	92	93	94	95	96	97	98	99	100
④	④	④	①	②	②	③	③	⑤	②	②	④	①	④	④	②	③	③	③	②

1 해킹·절취(切取) 등 불법적인 방법으로 입수한 정보를 결합한 개인에 관한 정보는 입수 가능성이 낮아 개인정보로 볼 수 없다.

2 개인정보자기결정권의 보호대상이 되는 개인정보는 개인의 신체, 신념, 사회적 지위, 신분 등과 같이 개인의 인격주체성을 특징짓는 사항으로서 그 개인의 동일성을 식별할 수 있게 하는 일체의 정보라고 할 수 있고, 반드시 개인의 내밀한 영역이나 사사(私事)의 영역에 속하는 정보에 국한되지 않고 공적 생활에서 형성되었거나 이미 공개된 개인정보까지 포함한다.

3 국내 기업이 국내 정보주체의 임상실험 정보를 국내에서 획득해 EU 기업에게 전송하는 것은 EU 역외의 컨트롤러 또는 프로세서가 EU 역외의 정보주체의 개인정보를 처리하는 것이므로 GDPR이 적용되지 않는다.

4 특정상황에 대한 예외(명시적 동의, 계약 이행등), 간헐적, 소규모 이전의 예외가 인정되는 경우 EEA 외 지역으로 이전하는 경우 적정성 결정을 받지 않은 국가이고 적절한 보호조치가 되어 있지 않다하더라도 역외이전이 가능하다.

5 EU-GDPR의 DPO는 국내와는 다르게 원칙적으로 겸직이 허용된다.

6 제3자인지 여부와 관계없이 개인정보가 공개되는 자연인이나 법인, 공공당국, 기관 또는 기타 단체를 수령인이라고 한다.

7 표준지침은 전 분야에 걸쳐서 공통적으로 적용되기 때문에 일반지침 또는 공통지침이라고 할 수 있다.

8 파밍 기술은 또 DNS, 호스트(hosts.ics), PAC(Proxy Auto-config) 등의 기법이 있다. 암호화되지 않은 인터넷 공유기의 DNS 주소가 공격자에 의해 변조되어 발생하기도 한다. 개인 컴퓨터의 호스트파일의 주소변조를 통해 도메인 주소 탈취하는 경우가 발생하기도 한다. 인터넷뱅킹의 디자인을 도용하거나 네이버, 다음 등의 포털사이트에 접속하면 상단의 이미지와 같은 팝업창이 뜨는데, 이와 같이 의심이 가는 사이트가 하라는 대로 계좌번호나 보안카드번호 등을 입력하면 절대 안 된다. 개인정보가 유출되어 금전적 피해가 뒤따를 수 있다.

9 토큰화에 대한 설명이다. 토큰화는 개인을 식별할 수 있는 정보를 토큰으로 변환 후 대체함으로써 개인정보를 직접 사용하여 발생하는 개인에 대한 식별 위험을 제거하여 개인정보를 보호하는 기술로 토큰 생성 시 적용하는 기술은 의사난수생성 기법이나 일방향 암호화, 순서보존 암호화 기법을 주로 사용된다.

10 프로세서는 컨트롤러와 분리된 별도의 법인격을 가진 주체여야 하므로, 컨트롤러에 소속된 직원 등은 프로세서에 해당하지 않는다.

11 개인정보를 처리하는 과정에서 개인정보취급자 등이 고의 또는 과실로 개인정보를 변경·훼손하는 일이 없도록 주의의무를 다하여야 한다. 개인정보 보호 원칙은 기본적으로 개인정보처리자의 정보주체의 개인정보 보호를 하기 원칙이며 정보주체에 의무에 관한 원칙이 아니다.

12 「개인정보보호법」 제31조의 개인정보 보호책임자와 그 취지상 유사한 제도를 두고 있는 경우에는 해당 법률에 따라 지정하면 되고 「개인정보보호법」에 따라 개인정보 보호책임자를 별도로 지정할 필요는 없다.

13 고유식별정보란 법령에 따라 개인을 고유하게 구별하기 위하여 부여된 식별정보로서 대통령령으로 정하는 정보, 즉, ① 주민등록번호 ② 여권번호 ③ 운전면허번호 ④ 외국인등록번호를 말한다(제24조제1항, 영 제19조제1항 각 호). 법령에 의해서 개인에게 부여된 것이어야 하므로 기업, 학교 등이 소속 구성원에게 부여하는 사번, 학번 등은 고유식별정보가 될 수 없다. 또 법인이나 사업자에게 부여되는 법인등록번호, 사업자등록번호 등도 고유식별정보가 될 수 없다.

14 경품 행사에 응모한 고객에게 경품추첨 사실을 알리는 데 필요한 개인정보 외에 응모자의 성별, 자녀 수, 동거 여부 등 사생활의 비밀에 관한 정보, 주민등록번호 등 고유식별정보를 요구하는 것은 최소정보의 범위를 벗어난 것이다.

15 범죄정보는 GDPR 제10조에 의해서 별도로 보호를 받고 있기 때문에 제9조의 민감정보 처리에 관한 규정은 적용되지 않는다.

16 법령상 처리 근거가 없는 한 주민등록번호 수집은 허용되지 않는다. 주민등록번호로 신원 확인은 주민등록번호 수집에 해당될 수 있으니 본인 확인이 필요한 경우 다른 본인확인 대체수단을 이용하는 것이 바람직하다.

17 「개인정보보호법」에 따른 영상정보처리기기의 '촬영'은 순수하게 영상만을 촬영하는 것으로 한정되며, 음성·음향을 녹음하는 것은 포함되지 않는다.

18 보관기간은 고정형 영상정보처리기기 안내판에 해당하지 않는다.
■ 고정형 영상정보처리기기 안내판 설치 시 포함사항
1. 설치 목적 및 장소
2. 촬영 범위 및 시간
3. 관리책임자의 연락처
4. 그 밖에 대통령령으로 정하는 사항

19 자동차 블랙박스는 일반적으로 교통사고 발생 시 원인을 파악하고 대응하기 위한 목적으로 설치·운영되고 있으며, 교통사고는 운전자의 본질적인 업무 목적으로 보기 어렵기 때문에 불빛, 소리, 안내판 등을 통해 촬영사실을 표시할 필요는 없다.

20 신용정보법에 따라 신용정보주체의 동의를 받아 개인신용정보를 수집 시 정당의 가입·탈퇴, 정치적 견해 등의 민감정보를 수집할 수 없다는 규정은 없다.

21 개인정보보호법 시행령 제15조의3(개인정보 이용·제공 내역의 통지)
③ 법 제20조의2제1항에 따라 정보주체에게 통지해야 하는 정보는 다음 각 호와 같다.
1. 개인정보의 수집·이용 목적 및 수집한 개인정보의 항목
2. 개인정보를 제공받은 제3자와 그 제공 목적 및 제공한 개인정보의 항목. 다만, 「통신비밀보호법」 제13조, 제13조의2, 제13조의4 및 「전기통신사업법」 제83조제3항에 따라 제공한 정보는 제외한다.

22 가명처리를 위한 통계작성의 목적은 시장조사와 같은 상업적 목적으로도 가능하다. 과학적 연구는 기술의 개발과 실증, 기초 연구, 응용 연구뿐만 아니라 새로운 기술·제품·서비스 개발 등 산업적 목적을 위해서도 수행이 가능하며 민간 투자 연구도 가능하다. 공공기관이 처리하는 경우에만 공익적 목적이 인정되는 것은 아니며, 민간기업, 단체 등이 일반적인 공익을 위하여 기록을 보존하는 경우도 공익적 기록보존 목적이 인정된다.

23 개인정보 보호책임자의 성명과 직통 연락처를 반드시 공개할 필요는 없다.

24 개인정보보호법 시행령 제32조의2(국내대리인 지정 대상자의 범위)
1. 전년도(법인인 경우에는 전 사업연도를 말한다) 전체 매출액이 1조원 이상인 자
2. 전년도 말 기준 직전 3개월 간 그 개인정보가 저장·관리되고 있는 국내 정보주체의 수가 일일 평균 100만명 이상인 자
3. 법 제63조제1항에 따라 관계 물품·서류 등 자료의 제출을 요구받은 자로서 국내대리인을 지정할 필요가 있다고 보호위원회가 심의·의결한 자

25 개인정보처리자는 정보주체의 연락처를 알 수 없는 경우 등 정당한 사유가 있는 경우에는 정보주체의 연락처를 알 수 없는 경우 사항을 정보주체가 쉽게 알 수 있도록 자신의 인터넷 홈페이지에 30일 이상 게시하는 것으로 통지를 갈음할 수 있다. 다만, 인터넷 홈페이지를 운영하지 아니하는 개인정보처리자의 경우에는 사업장등의 보기 쉬운 장소에 30일 이상 게시하는 것으로 통지를 갈음할 수 있다.

26 개인정보보호법 시행령 제15조의3(개인정보 이용·제공 내역의 통지)
개인정보 이용·제공 내역의 통지 대상으로 대통령령으로 정한 자
1. 5만명 이상의 정보주체에 관하여 민감정보 또는 고유식별정보를 처리하는 자
2. 100만명 이상의 정보주체에 관하여 개인정보를 처리하는 자

27 ■ 공공기관의 장이 개인정보파일을 운용하는 경우 등록 사항
    1. 개인정보파일의 명칭
    2. 개인정보파일의 운영 근거 및 목적
    3. 개인정보파일에 기록되는 개인정보의 항목
    4. 개인정보의 처리방법
    5. 개인정보의 보유기간
    6. 개인정보를 통상적 또는 반복적으로 제공하는 경우에는 그 제공받는 자
    7. 그 밖에 대통령령으로 정하는 사항
  ■ 대통령령으로 정하는 사항
    1. 개인정보파일을 운용하는 공공기관의 명칭
    2. 개인정보파일로 보유하고 있는 개인정보의 정보주체 수
    3. 해당 공공기관에서 개인정보 처리 관련 업무를 담당하는 부서
    4. 제41조에 따른 개인정보의 열람 요구를 접수·처리하는 부서
    5. 개인정보파일의 개인정보 중 법 제35조제4항에 따라 열람을 제한하거나 거절할 수 있는 개인정보의 범위 및 제한 또는 거절 사유

28 가명정보에는 이름, 연락처 등 개인을 알아볼 수 있는 정보가 포함되어 있지 않으므로 정보주체는 가명정보에 대하여 제35조에 따른 열람 요구권을 행사할 수 없다.

29 전송대상 개인정보처리자는 마이데이터 참여주체로 업무를 목적으로 전송대상 정보가 포함된 개인정보파일을 운용하기 위하여 스스로 또는 다른 사람을 통하여 개인정보를 처리하는 공공기관, 법인 및 단체 등을 말한다. 정보제공자는 정보주체의 요구에 따라 보유하고 있는 개인정보를 정보주체 본인 또는 제3자에게 제공하는 개인정보처리자를 말한다.

30 법원은 그 손해액의 5배를 넘지 아니하는 범위에서 손해배상액을 정할 수 있다.

31 '개인정보 파일'이란 개인정보를 쉽게 검색할 수 있도록 규칙에 따라 체계적으로 배열하거나 구성한 개인정보의 집합물을 말하는데(제2조제3호 참조), 블랙박스로 촬영된 영상정보는 촬영일시 등에 따라 체계적으로 배열하여 저장되므로 개인정보파일에 해당한다(보호위원회 결정 제2017-13-100호).

32 영업양도 등에 따른 개인정보의 이전 시 고지 후 동의를 받는 것이 아니라 정보주체에게 모사전송, 전자우편, 서면, 전화, 인터넷 홈페이지, 사업장, 신문 등의 수단으로 통지를 한다.

33 개인정보처리자는 당초 수집 목적과 합리적으로 관련된 범위에서 정보주체에게 불이익이 발생하는지 여부, 암호화 등 안전성 확보에 필요한 조치를 하였는지 여부 등을 고려하여 대통령령으로 정하는 바에 따라 정보주체의 동의 없이 개인정보를 이용할 수 있다.

34 법정대리인의 동의를 얻기 위해서는 법정대리인의 이름과 연락처를 알아야 하기 때문에 법정대리인의 동의를 받기 위하여 필요한 최소한의 정보(법정대리인 이름과 연락처)는 법정대리인의 동의 없이 해당 아동으로부터 직접 수집할 수 있다.

35 A/S센터에서 고객 불만 및 불편 사항을 처리하기 위해 수집한 개인정보를 이용한 경우는 계약 이행을 위해 개인정보를 처리하는 경우에 해당한다.
  ■ 영리 목적의 광고성 정보의 예외
    – 수신자와 이전에 체결하였던 거래를 용이하게 하거나, 완성 또는 확인하는 것이 목적인 정보
    – 수신자가 사용하거나 구매한 재화 또는 서비스에 대한 설명, 보증, 제품 리콜, 안전 또는 보안 관련 정보
    – 고객의 요청에 의해 발송하는 1회성 정보(견적서 등)
    – 수신자가 금전적 대가를 지불하고 신청한 정보(뉴스레터, 주식정보, 축산물 거래정보 등)
    – 전송자가 제공하는 재화 또는 서비스에 대해 수신자가 구매 또는 이용과 관련한 안내 및 확인 정보 등(회원 등급 변경, 포인트 소멸 안내 등)
    – 정보제공을 서비스로 하는 자가 이용자와 명시적인 계약체결을 하여 정보를 전송하되 이를 대가로 직접적인 수익이 발생하지 않아야 하며, 정보의 내용이 서비스·재화 구매와 직접적인 관련이 없는 정보

36 앱 서비스 제공자는 필수적 접근권한과 선택적 접근권한을 구분하여 다음의 내용을 이용자에게 알려야 한다.
  – (필수적 접근권한인 경우) ①접근권한이 필요한 정보 및 기능의 항목, ②해당 정보 및 기능에 접근이 필요한 이유를 알려야 함
  – (선택적 접근권한인 경우) 상기 ①, ②와 함께 ③접근권한 허용에 동의하지 않을 수 있다는 사실을 알려야 함

37 「전자상거래 등에서의 소비자보호에 관한 법률」 제6조 및 동시행령 제6조
　① 표시·광고에 관한 기록 : 6개월
　② 계약 또는 청약철회 등에 관한 기록 : 5년
　③ 대금결제 및 재화등의 공급에 관한 기록 : 5년
　④ 소비자의 불만 또는 분쟁처리에 관한 기록 : 3년

38 정규직, 비정규직, 하도급, 시간제 등 모든 근로형태를 불문하고, 고용관계가 없더라도 개인정보취급자에 포함된다.

39 개인정보 목적외 이용 및 제공 근거 : 개인정보를 목적 외의 용도로 이용하거나 이를 제3자에게 제공하지 아니하면 다른 법률에서 정하는 소관 업무를 수행할 수 없는 경우로서 보호위원회의 심의·의결을 거친 경우

40 개인정보보호법 제27조(영업양도 등에 따른 개인정보의 이전 제한)
　② 영업양수자등은 개인정보를 이전받았을 때에는 지체 없이 그 사실을 대통령령으로 정하는 방법에 따라 정보주체에게 알려야 한다. 다만, 개인정보처리자가 제1항에 따라 그 이전 사실을 이미 알린 경우에는 그러하지 아니하다.

41 개인정보의 보유 및 이용 기간은 개인정보 수집 동의 고지사항이고, 개인정보 제공 동의 시 고지사항은 개인정보를 제공받는 자의 개인정보 보유 및 이용 기간이다.

42 개인정보보호법 시행령 제28조(개인정보의 처리 업무 위탁 시 조치)
　① 법 제26조제1항제3호에서 "대통령령으로 정한 사항"이란 다음 각 호의 사항을 말한다.
　　1. 위탁업무의 목적 및 범위
　　2. 재위탁 제한에 관한 사항
　　3. 개인정보에 대한 접근 제한 등 안전성 확보 조치에 관한 사항
　　4. 위탁업무와 관련하여 보유하고 있는 개인정보의 관리 현황 점검 등 감독에 관한 사항
　　5. 법 제26조제2항에 따른 수탁자(이하 "수탁자"라 한다)가 준수하여야 할 의무를 위반한 경우의 손해배상 등 책임에 관한 사항

43 ① 자동차정비업소가 고객에게 정비 중인 자동차의 정비(수리)이력정보를 제공하기 위해서는 해당 자동차 소유자의 동의를 받아야 한다.
　② 주차 차량의 사고 장면을 녹화한 CCTV 영상 또는 가해 차량의 번호판 모두 개인정보에 해당하므로, 해당 영상의 열람 또는 제공은 개인정보의 제3자 제공에 해당하여 비식별조치 후에 열람하게 하거나 USB메모리 등 보조저장매체에 저장하여 제공할 수 있다.
　④ 관리사무소가 아파트 단지 내에서 발생한 분쟁과 관련해, 분쟁신청 당사자의 요청으로 상대측 정보주체의 연락처 또는 세대주 성명을 제공하는 행위는 개인정보의 제3자 제공에 해당하여, 「개인정보보호법」에서 정한 바에 따른 제3자 제공에 관한 적법한 법적 근거(법 제17조, 제18조 등)가 없다면, 원칙적으로 정보주체의 동의가 필요하다.
　⑤ 학교 등의 개인정보처리자가 출석부 등을 공개된 공간에 비치하는 행위는 정보주체의 동의 또는 비동의 적법근거가 필요하며, 교사 등 업무 담당자(개인정보취급자)는 정보주체의 사생활 침해를 최소화할 수 있도록 안전한 관리적 조치(예: 회람 또는 공개를 가급적 자제하고, 부득이 회람 또는 공개하는 경우에도 상하단의 정보를 가리는 등의 안전한 관리적 조치 필요)를 취하여야 한다.

44 제3자의 이익을 위해 개인정보를 제공하는 것과 개인정보처리자의 이익을 위해 계약을 이행하는 것은 수집이용 요건이 상이하다. 정보주체와 체결한 계약을 이행하거나 계약을 체결하는 과정에서 정보주체의 요청에 따른 조치를 이행하기 위하여 필요한 경우는 개인정보보호법 제15조(개인정보의 수집·이용) 시 요건으로 개인정보의 제3자 제공의 요건에 해당하지 않는다.

45 개인정보처리자가 적법하게 수집하여 보관 중인 개인정보를 추가적인 목적으로 이용하려면, 당초 수집 목적과 추가적 이용·제공의 목적 사이에 관련성을 고려하여야 하며, 당초 수집 목적과 추가적 이용·제공의 목적이 서로 그 성질이나 경향 등에 있어서 연관이 있어야 한다. 다만, 당초 수집 목적 범위를 확대해 추가적 이용·제공을 하면 정보주체가 예측할 가능성이 높고 동시에 안전조치를 충분히 할 수 있는 경우가 아니라면 추가적인 이용·제공이 가능하지 못한 것으로 판단할 필요성이 있다.
　① 아파트 방문자의 전화번호 및 방문 동·호수, 방문일시, 방문목적 등을 적어 방문 자동차 앞 또는 자동차 내부에 두도록 하는 행위가 개인정보 최소 수집 원칙에 위배되는지 개인정보를 수집하는 근거가 문제된다.

② 병원이 안내데스크에 연명부를 펼쳐놓고, 아무런 안전조치 없이 정보주체에게 성명과 생년월일 등을 기재토록 하는 행위는 정보주체인 본인 외에 다른 내원자 등 제3자에게 개인정보가 제공될 수 있어, 정보주체의 동의 등 적법한 처리의 근거가 없거나 정보주체가 기재 예정인 빈칸을 제외하고, 이미 개인정보가 기재된 연명부의 내용이 안내 데스크를 오가는 다른 내원자 등 불특정 다수에게 공개가 된 상태를 방치한다면, 이는 개인정보 침해에 해당한다.

③ 쿠키는 여러 개의 쿠키를 종합하거나 다른 정보와 쉽게 결합하여 특정 개인을 알아볼 수 있는 경우 개인정보에 해당하며, 이를 광고 등 홍보 목적으로 이용하는 경우에는 정보주체의 사전 동의가 필요하다.

⑤ 약관과 개인정보 처리에 대한 동의를 일괄하여 한 번의 서명을 받는 경우에는 정보주체가 자신의 개인정보 처리에 대한 사항을 자세하게 인지하지 못할 우려가 있고 정보주체의 선택권 행사가 어려울 수 있으므로 개인정보 처리에 대한 동의는 약관에 대한 동의와는 별도로 동의를 받아야 한다.

46 특정 개인을 알아볼 수 없도록 마스킹 처리하였다고 하더라도 합리적 시간, 비용, 기술 등을 고려하여 다른 정보와 쉽게 결합하여 특정 개인을 알아볼 수 있는 정보는 개인정보이다. 그러므로 온라인 플랫폼을 통하여 블랙박스 등의 영상정보를 공개하더라도 촬영 장소, 날짜 및 시간, 자동차 등록번호 등과 쉽게 결합하여 특정 개인을 알아볼 수 있으면 개인정보에 해당한다. 그러므로 온라인 플랫폼을 통하여 제공하기 위해서는 해당 정보주체의 동의를 받아야 한다.

② 공공 기관의 경우 국가 운영 목적 작용 등 공공기관의 업무 특수성으로 인해, 다음과 같이 정보주체 또는 제3자의 이익을 부당하게 침해할 우려가 있을 때를 제외하고는 개인정보보호법 제18조 제2항 제5호부터 제9호 중 어느 하나에 해당하는 업무 수행을 위하여 처리하는 경우에는 고유식별번호 처리 제한에 관한 규정이 적용되지 않는다.

④ 얼굴 실사 촬영을 하지 않고 개인식별성이 없는 열화상카메라 영상의 경우 개인 정보에 해당하지 않으므로 특별히 문제되지 않을 수 있다.

⑤ 공공기관의 경우 '생체인식정보, 인종·민족 정보'를 「개인정보보호법」 제18조 제2항 제5호부터 제9호 중 어느 하나에 해당하는 사유로 처리하는 경우 민감정보로 보지 아니한다.

47 청소년성보호법 제56조(아동·청소년 관련기관등에의 취업제한 등)
⑤ 아동·청소년 관련기관등은 취업자등에 대하여 성범죄의 경력을 확인하여야 하며, 이 경우 본인의 동의를 받아 관계 기관의 장에게 성범죄의 경력 조회를 요청하여야 한다. 다만, 취업자등이 성범죄 경력 조회 회신서를 아동·청소년 관련기관등의 장에게 직접 제출한 경우에는 성범죄 경력 조회를 한 것으로 본다.

48 고객이 가게에서 계산한 물건을 가져가지 않고 다른 고객이 실수로 그 물건을 가져간 경우 가게주인이 물건을 가져간 고객에게 연락하여 물건반환을 요청하기 위해 이용하는 경우는 추가적인 이용·제공이 일회성으로 발생하는 경우에 해당한다.

49 계약의 체결 및 이행 시 개인정보 처리방침에 공개하거나 정보주체에게 알려야 개인정보의 국외이전이 가능하다.
개인정보보호법 제28조의8(개인정보의 국외 이전)
3. 정보주체와의 계약의 체결 및 이행을 위하여 개인정보의 처리위탁·보관이 필요한 경우로서 다음 각 목의 어느 하나에 해당하는 경우
가. 제2항 각 호의 사항을 제30조에 따른 개인정보 처리방침에 공개한 경우
나. 전자우편 등 대통령령으로 정하는 방법에 따라 제2항 각 호의 사항을 정보주체에게 알린 경우

50 법률, 국제협정 등의 개인정보의 국외이전의 법적 근거가 소멸하는 경우라도 개인정보의 국외이전 중지 명령 대상에 해당하지 않는다.
개인정보보호법 제28조의9(개인정보의 국외 이전 중지 명령)
① 보호위원회는 개인정보의 국외 이전이 계속되고 있거나 추가적인 국외 이전이 예상되는 경우로서 다음 각 호의 어느 하나에 해당하는 경우에는 개인정보처리자에게 개인정보의 국외 이전을 중지할 것을 명령할 수 있다.
1. 제28조의8제1항, 제4항 또는 제5항을 위반한 경우
2. 개인정보를 이전받는 자나 개인정보가 이전되는 국가 또는 국제기구가 이 법에 따른 개인정보 보호 수준에 비하여 개인정보를 적정하게 보호하지 아니하여 정보주체에게 피해가 발생하거나 발생할 우려가 현저한 경우

51 배송업무 위탁, TM 위탁 등은 개인정보 처리업무 위탁에 해당하고, 사업제휴, 개인정보 판매 등은 제3자 제공에 해당한다.

52 개인정보처리자는 다른 법령에 따라 보존해야 하는 경우에는 예외적으로 개인정보를 파기하지 않아도 된다. 개인정보처리자가 개인정보를 파기하지 않고 보존하려고 하는 경우에는 그 법적 근거를 명확히 해야 한다.

53 야간광고 전송제한 및 예외

정보통신망법 제50조(영리목적의 광고성 정보 전송 제한)

③ 오후 9시부터 그 다음 날 오전 8시까지의 시간에 전자적 전송매체를 이용하여 영리목적의 광고성 정보를 전송하려는 자는 제1항에도 불구하고 그 수신자로부터 별도의 사전 동의를 받아야 한다. 다만, 대통령령으로 정하는 매체의 경우에는 그러하지 아니하다.

정보통신망법 시행령 제61조(영리목적의 광고성 정보 전송기준)

② 법 제50조제3항 단서에서 "대통령령으로 정하는 매체"란 전자우편을 말한다.

54 거래관계를 통한 사전 동의 의무 예외 : 원칙상 전송자는 수신자로부터 연락처를 직접 수집해야 한다.

※ 영업점을 인수하면서 양도인으로부터 연락처가 포함된 고객명단을 넘겨받은 경우에는 직접 연락처를 수집한 것이 아니다.

※ 쇼핑몰 및 배달앱 등의 운영자가 판매자 대신 구매자의 연락처를 수집하여 준 경우 직접 수집한 것으로 볼 수 있다.

55 ① ISMS-P 인증(개인정보보호법 제32조의2)

② 개인정보 영향평가(개인정보보호법 제33조)

③ 공공기관 개인정보 관리수준 진단(개인정보보호법 11조)

④ 정보보호 상시평가제(신용정보법 제45조의5)

⑤ 고유식별정보 실태 점검(개인정보보호법 제24조)

56 (개인정보처리자 의무를 대규모의 개인정보처리를 하는 정보통신서비스 제공자에게도 적용) 일정 횟수 인증 실패시 조치(제5조 제6항), 접속기록 점검(제8조 제2항) 등 (개인정보를 대규모로 처리하는 정보통신서비스 제공자에게도 적용) 암호키 관리 절차 수립·시행(제7조 제6항), 재해·재난 대비 안전조치(제11조) 등

57 1만명 미만의 정보주체에 관하여 개인정보를 처리하는 소상공인·개인·단체의 경우에는 내부관리계획 수립, 시행 및 점검 조항을 생략할 수 있다.

58 개인정보보호법 시행령 제15조의2(개인정보 수집 출처 등 통지 대상·방법·절차)

① 법 제20조제2항 본문에서 "대통령령으로 정하는 기준에 해당하는 개인정보처리자"란 다음 각 호의 어느 하나에 해당하는 개인정보처리자를 말한다. 이 경우 다음 각 호에 규정된 정보주체의 수는 전년도 말 기준 직전 3개월 간 일일 평균을 기준으로 산정한다.

1. 5만명 이상의 정보주체에 관하여 법 제23조에 따른 민감정보(이하 "민감정보"라 한다) 또는 법 제24조제1항에 따른 고유식별정보(이하 "고유식별정보"라 한다)를 처리하는 자

2. 100만명 이상의 정보주체에 관하여 개인정보를 처리하는 자

59 개인정보처리시스템에 접속하는 업무용 컴퓨터 등에서 해당 개인정보처리시스템에 대한 접속의 차단을 의미하며, 업무용 컴퓨터의 화면보호기 등은 접속차단에 해당하지 않는다.

60 내부관리계획에 따른 개인정보 보호책임자 및 개인정보취급자 대상 교육 시 아래의 사항을 포함하여야 한다.

1. 교육목적 및 대상

2. 교육 내용

3. 교육 일정 및 방법

61 모든 개인정보처리자는 개인정보처리시스템의 권한 부여, 변경 또는 말소에 대한 내역을 기록하고, 그 기록을 최소 3년간 보관하여야 한다.

62 이용자가 아닌 정보주체의 개인정보 암호화는 개인정보취급자 컴퓨터, 모바일기기, 보조저장매체 등에 저장 시 개인정보가 아닌 고유식별정보, 생체인식정보를 암호화하여야 한다.

63 '위험도 분석 기준'은 개인정보처리자가 내부망에 고유식별정보(단, 주민등록번호 제외)를 암호화하지 않고 저장하는 경우 이행하여야 할 최소한의 보호조치 기준으로, 어느 하나의 항목이라도 '아니오'에 해당하는 경우 암호화 대상이다.

ㄱ. DB서버에 접근 가능한 자 대상으로 개인정보보호 관련 교육을 연 (2회) 이상

ㄴ. DB접속자 및 개인정보취급자의 DB 로그인 비밀번호를 최소 (3개월)마다 변경

ㄷ. DB접속자 및 개인정보취급자의 비밀번호 입력 시 (5회) 이상 연속 입력오류가 발생한 경우 계정 잠금 등 접근을 제한

64 VPN에는 SSL 방식뿐 아니라 IPSec방식도 포함한다.

   ※ 가상사설망(VPN : Virtual Private Network) : 개인정보취급자가 사업장 내의 개인정보처리 시스템에 대해 원격으로 접속할 때 IPsec이나 SSL 기반의 암호 프로토콜을 사용한 터널링 기술을 통해 안전한 암호통신을 할 수 있도록 해주는 보안 시스템을 의미한다.

65 브라우저에 전송 암호화가 되어 https 주소를 사용하는 SSL(Secure Socket Layer)은 웹 브라우저와 웹 서버간에 데이터를 안전하게 주고받기 위해 암호화 기술이 적용된 보안 프로토콜로, 개인정보 암호화 전송기술 사용 시 안전한 전송을 위해 잘 알려진 취약점(예시: Open SSL 사용 시 HeartBleed 취약점)들을 조치하고 사용할 필요가 있다.

66 SSL은 안전한 접속수단이다.

   – 접속수단 예시 : 가상사설망(VPN : Virtual Private Network) 또는 전용선 등
   – 인증수단 예시 : 인증서(PKI), 보안토큰, 일회용 비밀번호(OTP) 등

67 웹 셸(web shell)은 업로드 취약점을 통하여 시스템에 명령을 내릴 수 있는 코드를 말한다. 웹 셸은 간단한 서버 스크립트(jsp,php,asp ..)로 만드는 방법이 널리 사용되며 이 스크립트들은 웹서버의 취약점을 통해 업로드 된다. 웹 셸 설치 시 해커들은 보안 시스템을 피하여 별도의 인증없이 시스템에 쉽게 접속 가능하다. 피해시스템의 파일을 수정, 복사, 삭제와 같은 시스템 제어가 가능하고, 웹소스 코드에 악성 스크립트를 삽입하여 해당 웹서버에 접속한 일반 사용자들의 PC를 공격하거나 피해시스템과 연결된 데이터베이스의 정보도 유출할 수 있는 등 매우 큰 피해를 입힐 수 있는 도구이다.

68 CSRF 공격(Cross Site Request Forgery) : 웹 어플리케이션 취약점 중 하나로 인터넷 사용자(희생자)가 자신의 의지와는 무관하게 공격자가 의도한 행위(수정, 삭제, 등록 등)를 특정 웹사이트에 요청하게 만드는 공격

69 ■ captcha : 웹사이트에 회원가입을 할 때 보안상의 이유로 문자나 숫자 조합을 입력하는 칸으로, '캡차(CAPTCHA)'라고 불리는 이 프로그램은 문자를 구부러트리거나 왜곡해 컴퓨터 프로그램이나 봇(Bot)이 구별할 수 없는 텍스트를 만들어 내는 보안기술
   ■ CSRF 대응 방안
      – 웹 방화벽 등으로는 스크립트 설정 금지 등 제한적 대응밖에 하지 못함
      – 주요 Action에 대해서는 쿠키 외 일회성 인증이 가능한 인증형태 도입(캡차, 공인인증서, 보안카드, OTP 등)
      – XSS 스크립트가 실행되지 않도록 환경설정
      – 관리자 등 주요 사용자에 대한 로그아웃 생활화 교육 강화 등

70 P2P, 웹하드 등의 사용을 제한하는 경우에도 단순히 사용금지 조치를 취하는 것이 아니라 시스템 상에서 해당 포트를 차단하는 등 근본적인 안전조치를 취하는 것이 필요하다.

71 비밀번호 이외의 추가적인 인증에 사용되는 휴대폰 인증, 일회용 비밀번호(OTP) 등은 비밀번호 작성규칙을 적용하지 아니할 수 있다.

72 개인정보처리시스템의 접속기록을 점검할 수 있는 개인정보취급자는 안전성 확보조치 기준에 따른 망분리 의무 개인정보취급자에 해당하지 않는다.

73 공공시스템운영기관은 공공시스템이용기관이 소관 개인정보취급자의 접속기록을 직접 점검할 수 있는 기능을 제공하여야 한다.

74 출력·복사시 보호조치는 개인정보 노출 최소화가 목적이고, 출력·복사물 파기 절차 수립·운영은 개인정보의 파기 조치에 해당한다.

75 전자적 파일 전부 파기 경우 : 해당 드라이브를 안전한 알고리즘 및 키 길이로 암호화 저장 후 삭제하고 암호화에 사용된 키를 보관하지 않고, 완전 폐기 및 무작위 값 덮어쓰기가 적절하다.

76 안정성이 중요한 서버의 경우라도 PM 작업 시 점검, 대응을 하는 것보다 최신 업데이트가 된 백신으로 실시간 감시하고, 대응하는 것이 적절하다.

77 WPA 프로토콜은 더이상 안전하지 않으므로 WPA2(Wi-Fi Protected Access 2) 등 보안 프로토콜이 적용된 무선망을 이용하도록 한다.

78 이용자가 아닌 정보주체의 개인정보 저장 시 내부망에서 고유식별정보를 영향평가 또는 위험도 분석을 통해 암호화 미적용이 가능하다.

79 MD5는 SHA-2(256, 384, 512) 알고리즘을 사용하여 안전하게 암호화하여야 한다. SHA(Secure Hash Algorithm, 안전한 해시 알고리즘) 함수들은 서로 관련된 암호학적 해시 함수들의 모음이다. SHA-1은 취약한 암호화 알고리즘이나, SHA-2는 안전한 암호화 알고리즘이다.

80 인터넷망 차단 조치를 해야 하는 개인정보처리자의 기준에서 종전의 매출액 100억원 이상 기준은 삭제되었으므로 저장·관리되고 있는 이용자 수가 일일 평균 100만명 이상이 아니라면 인터넷망 차단 조치 의무 대상이 아니다.

81 생체정보는 지문, 얼굴, 홍채, 정맥, 음성, 필적 등 개인의 신체적, 생리적, 행동적 특징에 관한 정보로서 특정 개인을 인증·식별하거나 개인에 관한 특징을 알아보기 위해 일정한 기술적 수단을 통해 처리되는 정보를 말한다. 생체인식정보는 생체정보 중 특정 개인을 인증 또는 식별할 목적으로 일정한 기술적 수단을 통해 처리되는 정보를 말한다.

82 공개키 방식은 키 분배/키 관리가 용이하여 사용자의 증가에 따라 관리할 키의 개수가 상대적으로 적다.

83 정지 상태의 암호키는 다시 운영상태로 전환되는 것이 불가능하다.

84 접속기록 2년 보관 대상
개인정보의 안전성 확보조치 기준 제8조(접속기록의 보관 및 점검)
1. 5만명 이상의 정보주체에 관한 개인정보를 처리하는 개인정보처리시스템에 해당하는 경우
2. 고유식별정보 또는 민감정보를 처리하는 개인정보처리시스템에 해당하는 경우
3. 개인정보처리자로서 「전기통신사업법」 제6조제1항에 따라 등록을 하거나 같은 항 단서에 따라 신고한 기간통신사업자에 해당하는 경우

85 별도의 개인정보처리시스템을 운영하지 아니하고 업무용 컴퓨터 또는 모바일 기기를 이용하여 개인정보를 처리하는 경우에는 보조저장매체의 반출·입 통제를 위한 보안 대책을 마련하지 아니할 수 있다.

86 무결성은 정보의 내용이 불법적으로 생성 또는 변경되거나 삭제되지 않도록 보호되어야 한다는 특성으로 중간자 공격, 바이러스, 해킹에 의해 공격받을 수 있다.

87 ISO 27001(정보보호 관리체계)는 ISO(국제표준기구)와 IEC(국제전기기술위원회)를 통해 ISO/IEC 27001로 2005년 10월 15일 국제표준이 되었다. 1998년 영국에서 수립된 BS7799-2(정보보호관리 규격)를 기초로 하여 대한민국의 방송통신위원회는 국제표준을 국내 IT 환경에 적합한 K-ISMS 인증기준을 정보보호 전문기관인 한국인터넷진흥원과 개발하였고, 정보통신망법 제47조(정보보호 관리체계의 인증)의 법적 근거를 시행하고 있다.

88 영향평가서는 최종 제출받은 날로부터 2개월 이내에 개인정보보호위원회에 제출한다. 영향평가서를 제출한 날로부터 1년 이내에 이행점검 확인서를 개인정보보호위원회에 제출한다.

89 공공기관 외의 개인정보처리자는 개인정보파일 운용으로 인하여 정보주체의 개인정보 침해가 우려되는 경우에는 영향평가를 하기 위하여 적극 노력하여야 한다.

90 정보보호 및 개인정보보호 관리체계 인증 등에 관한 고시 제20조(인증심사의 일부 생략 신청 등)
1. 국제인정협력기구에 가입된 인정기관이 인정한 인증기관으로부터 받은 ISO/IEC 27001 인증
2. 「정보통신기반 보호법」에 따른 주요정보통신기반시설의 취약점 분석·평가
3. 「교육부 정보보안 기본지침」에 따른 정보보안 수준에 대한 해당 연도의 평가결과가 만점의 100분의 80 이상

91 ISMS-P 인증은 자율(임의)인증으로 개인정보보호 관리체계에 대해 보호수준을 강화하기 위한 공공기관 또는 민간기관의 인증제도이다.

92 ISMS 및 ISMS-P 인증취득 사실의 홍보는 인증서 발급일로부터 인증의 효력이 유지되는 동안에만 사용 가능하며 인증이 취소된 경우에는 인증에 대한 홍보, 인증서 사용을 중지해야 한다.

93 별도의 보안설정 없는 더미(Dummy) 역할을 하는 스위치는 심사범위에서 제외 가능하다.

94 ㄱ. 매출 100억 이상인 접적정보통신시설 재판매사업자(VIDC)이 의무대상자이다.
ㄴ. 연간 매출액 또는 세입이 1,500억원 이상인 상급종합병원이 의무대상자이다.
ㄷ. 정보통신서비스 부문 전년도 매출액이 100억원 이상인 쇼핑몰이 의무대상자이다.

95 인증심사원 양성 및 자격관리는 인증기관 중 한국인터넷진흥원의 역할이며, 다른 인증기관인 금융보안원의 역할에 해당하지 않는다.

96 인증 취득 이후 정보보호 관리체계가 지속적으로 유지되는 확인하는 목적으로 인증 유효기간 중 매년 1회 이상 시행한다.

97 서버 로그 및 DB접근로그를 통해 접속일시, 접속지 정보 등은 기록·관리하고 있는 것으로 볼 때 이행을 하고 있는 것으로 판단되나, 수행업무(조회, 출력, 삭제, 다운로드 등)에 대한 로그는 기록되고 있지 않으므로 부분 이행으로 판단하는 것이 적절하다.

98 정보보호 및 개인정보보호 조직을 구성하는데, 분야별 전문성을 갖춘 인력이 아닌 정보보호 관련 또는 IT 관련 전문성이 없는 인원으로만 보안인력을 구성한 경우 1.1.6 자원 할당 결함에 해당한다.

99 인터넷 홈페이지, SNS에 공개된 개인정보를 수집하고 있는 상태에서 정보주체(이용자)의 수집출처 요구에 대한 처리절차가 존재하지 않은 경우 3.1.5 간접수집 보호조치 결함에 해당한다.

100 CBPR 체계 구축 후 최소 1개월 이상 운영 증적이 확보되어야 한다.

📚 참고 자료

Ⅰ. 개인정보보호 법령

1. 개인정보보호법(법률)

2. 개인정보보호법 시행령(대통령령)

3. (개인정보보호위원회) 개인정보의 안전성 확보조치 기준(개인정보보호위원회고시)

4. (개인정보보호위원회) 개인정보의 기술적·관리적 보호조치 기준(개인정보보호위원회고시)

5. (개인정보보호위원회) 표준 개인정보 보호지침(개인정보보호위원회고시)

6. 정보통신망 이용촉진 및 정보보호 등에 관한 법률(법률)

7. 정보통신망 이용촉진 및 정보보호 등에 관한 법률 시행령(대통령령)

8. (과학기술정보통신부) 정보보호 및 개인정보보호 관리체계 인증 등에 관한 고시
   (과학기술정보통신부고시)

9. (개인정보보호위원회) 정보보호 및 개인정보보호 관리체계 인증 등에 관한 고시
   (개인정보보호위원회고시)

10. 집적정보 통신시설 보호지침(과학기술정보통신부고시)

11. 신용정보의 이용 및 보호에 관한 법률(법률)

12. 신용정보의 이용 및 보호에 관한 법률 시행령(대통령령)

13. 신용정보업감독규정(금융위원회고시)

14. 위치정보의 보호 및 이용 등에 관한 법률(법률)

15. 위치정보의 보호 및 이용 등에 관한 법률 시행령(대통령령)

16. 위치정보의 보호 및 이용 등에 관한 법률 시행에 관한 방송통신위원회 규정
    (방송통신위원회고시)

Ⅱ. 개인정보보호 관련 안내서

41. 2020 GDPR 상담사례집

CPPG 실전 모의고사

CPPG(개인정보관리사) 자격검정 답안지

확인

	①	②	③	④	⑤
1	①	②	③	④	⑤
2	①	②	③	④	⑤
3	①	②	③	④	⑤
4	①	②	③	④	⑤
5	①	②	③	④	⑤
6	①	②	③	④	⑤
7	①	②	③	④	⑤
8	①	②	③	④	⑤
9	①	②	③	④	⑤
10	①	②	③	④	⑤
11	①	②	③	④	⑤
12	①	②	③	④	⑤
13	①	②	③	④	⑤
14	①	②	③	④	⑤
15	①	②	③	④	⑤
16	①	②	③	④	⑤
17	①	②	③	④	⑤
18	①	②	③	④	⑤
19	①	②	③	④	⑤
20	①	②	③	④	⑤
21	①	②	③	④	⑤
22	①	②	③	④	⑤
23	①	②	③	④	⑤
24	①	②	③	④	⑤
25	①	②	③	④	⑤

	①	②	③	④	⑤
26	①	②	③	④	⑤
27	①	②	③	④	⑤
28	①	②	③	④	⑤
29	①	②	③	④	⑤
30	①	②	③	④	⑤
31	①	②	③	④	⑤
32	①	②	③	④	⑤
33	①	②	③	④	⑤
34	①	②	③	④	⑤
35	①	②	③	④	⑤
36	①	②	③	④	⑤
37	①	②	③	④	⑤
38	①	②	③	④	⑤
39	①	②	③	④	⑤
40	①	②	③	④	⑤
41	①	②	③	④	⑤
42	①	②	③	④	⑤
43	①	②	③	④	⑤
44	①	②	③	④	⑤
45	①	②	③	④	⑤
46	①	②	③	④	⑤
47	①	②	③	④	⑤
48	①	②	③	④	⑤
49	①	②	③	④	⑤
50	①	②	③	④	⑤

	①	②	③	④	⑤
51	①	②	③	④	⑤
52	①	②	③	④	⑤
53	①	②	③	④	⑤
54	①	②	③	④	⑤
55	①	②	③	④	⑤
56	①	②	③	④	⑤
57	①	②	③	④	⑤
58	①	②	③	④	⑤
59	①	②	③	④	⑤
60	①	②	③	④	⑤
61	①	②	③	④	⑤
62	①	②	③	④	⑤
63	①	②	③	④	⑤
64	①	②	③	④	⑤
65	①	②	③	④	⑤
66	①	②	③	④	⑤
67	①	②	③	④	⑤
68	①	②	③	④	⑤
69	①	②	③	④	⑤
70	①	②	③	④	⑤
71	①	②	③	④	⑤
72	①	②	③	④	⑤
73	①	②	③	④	⑤
74	①	②	③	④	⑤
75	①	②	③	④	⑤

	①	②	③	④	⑤
76	①	②	③	④	⑤
77	①	②	③	④	⑤
78	①	②	③	④	⑤
79	①	②	③	④	⑤
80	①	②	③	④	⑤
81	①	②	③	④	⑤
82	①	②	③	④	⑤
83	①	②	③	④	⑤
84	①	②	③	④	⑤
85	①	②	③	④	⑤
86	①	②	③	④	⑤
87	①	②	③	④	⑤
88	①	②	③	④	⑤
89	①	②	③	④	⑤
90	①	②	③	④	⑤
91	①	②	③	④	⑤
92	①	②	③	④	⑤
93	①	②	③	④	⑤
94	①	②	③	④	⑤
95	①	②	③	④	⑤
96	①	②	③	④	⑤
97	①	②	③	④	⑤
98	①	②	③	④	⑤
99	①	②	③	④	⑤
100	①	②	③	④	⑤

성명

수험번호

⓪	⓪	⓪	⓪
①	①	①	①
②	②	②	②
③	③	③	③
④	④	④	④
⑤	⑤	⑤	⑤
⑥	⑥	⑥	⑥
⑦	⑦	⑦	⑦
⑧	⑧	⑧	⑧
⑨	⑨	⑨	⑨

문제
유형

형
—

① A형
② B형

CPPG 실전 모의고사

CPPG(개인정보관리사) 자격검정 답안지

성명

수험번호

문제
유형

① A형
② B형

비 고

번호	답란
1	① ② ③ ④ ⑤
2	① ② ③ ④ ⑤
3	① ② ③ ④ ⑤
4	① ② ③ ④ ⑤
5	① ② ③ ④ ⑤
6	① ② ③ ④ ⑤
7	① ② ③ ④ ⑤
8	① ② ③ ④ ⑤
9	① ② ③ ④ ⑤
10	① ② ③ ④ ⑤
11	① ② ③ ④ ⑤
12	① ② ③ ④ ⑤
13	① ② ③ ④ ⑤
14	① ② ③ ④ ⑤
15	① ② ③ ④ ⑤
16	① ② ③ ④ ⑤
17	① ② ③ ④ ⑤
18	① ② ③ ④ ⑤
19	① ② ③ ④ ⑤
20	① ② ③ ④ ⑤
21	① ② ③ ④ ⑤
22	① ② ③ ④ ⑤
23	① ② ③ ④ ⑤
24	① ② ③ ④ ⑤
25	① ② ③ ④ ⑤
26	① ② ③ ④ ⑤
27	① ② ③ ④ ⑤
28	① ② ③ ④ ⑤
29	① ② ③ ④ ⑤
30	① ② ③ ④ ⑤
31	① ② ③ ④ ⑤
32	① ② ③ ④ ⑤
33	① ② ③ ④ ⑤
34	① ② ③ ④ ⑤
35	① ② ③ ④ ⑤
36	① ② ③ ④ ⑤
37	① ② ③ ④ ⑤
38	① ② ③ ④ ⑤
39	① ② ③ ④ ⑤
40	① ② ③ ④ ⑤
41	① ② ③ ④ ⑤
42	① ② ③ ④ ⑤
43	① ② ③ ④ ⑤
44	① ② ③ ④ ⑤
45	① ② ③ ④ ⑤
46	① ② ③ ④ ⑤
47	① ② ③ ④ ⑤
48	① ② ③ ④ ⑤
49	① ② ③ ④ ⑤
50	① ② ③ ④ ⑤
51	① ② ③ ④ ⑤
52	① ② ③ ④ ⑤
53	① ② ③ ④ ⑤
54	① ② ③ ④ ⑤
55	① ② ③ ④ ⑤
56	① ② ③ ④ ⑤
57	① ② ③ ④ ⑤
58	① ② ③ ④ ⑤
59	① ② ③ ④ ⑤
60	① ② ③ ④ ⑤
61	① ② ③ ④ ⑤
62	① ② ③ ④ ⑤
63	① ② ③ ④ ⑤
64	① ② ③ ④ ⑤
65	① ② ③ ④ ⑤
66	① ② ③ ④ ⑤
67	① ② ③ ④ ⑤
68	① ② ③ ④ ⑤
69	① ② ③ ④ ⑤
70	① ② ③ ④ ⑤
71	① ② ③ ④ ⑤
72	① ② ③ ④ ⑤
73	① ② ③ ④ ⑤
74	① ② ③ ④ ⑤
75	① ② ③ ④ ⑤
76	① ② ③ ④ ⑤
77	① ② ③ ④ ⑤
78	① ② ③ ④ ⑤
79	① ② ③ ④ ⑤
80	① ② ③ ④ ⑤
81	① ② ③ ④ ⑤
82	① ② ③ ④ ⑤
83	① ② ③ ④ ⑤
84	① ② ③ ④ ⑤
85	① ② ③ ④ ⑤
86	① ② ③ ④ ⑤
87	① ② ③ ④ ⑤
88	① ② ③ ④ ⑤
89	① ② ③ ④ ⑤
90	① ② ③ ④ ⑤
91	① ② ③ ④ ⑤
92	① ② ③ ④ ⑤
93	① ② ③ ④ ⑤
94	① ② ③ ④ ⑤
95	① ② ③ ④ ⑤
96	① ② ③ ④ ⑤
97	① ② ③ ④ ⑤
98	① ② ③ ④ ⑤
99	① ② ③ ④ ⑤
100	① ② ③ ④ ⑤

CPPG 실전 모의고사

CPPG(개인정보관리사) 자격검정 답안지

성명

문제형: A형 ① B형 ②

수험번호

번호	답					번호	답					번호	답					번호	답				
1	①	②	③	④	⑤	26	①	②	③	④	⑤	51	①	②	③	④	⑤	76	①	②	③	④	⑤
2	①	②	③	④	⑤	27	①	②	③	④	⑤	52	①	②	③	④	⑤	77	①	②	③	④	⑤
3	①	②	③	④	⑤	28	①	②	③	④	⑤	53	①	②	③	④	⑤	78	①	②	③	④	⑤
4	①	②	③	④	⑤	29	①	②	③	④	⑤	54	①	②	③	④	⑤	79	①	②	③	④	⑤
5	①	②	③	④	⑤	30	①	②	③	④	⑤	55	①	②	③	④	⑤	80	①	②	③	④	⑤
6	①	②	③	④	⑤	31	①	②	③	④	⑤	56	①	②	③	④	⑤	81	①	②	③	④	⑤
7	①	②	③	④	⑤	32	①	②	③	④	⑤	57	①	②	③	④	⑤	82	①	②	③	④	⑤
8	①	②	③	④	⑤	33	①	②	③	④	⑤	58	①	②	③	④	⑤	83	①	②	③	④	⑤
9	①	②	③	④	⑤	34	①	②	③	④	⑤	59	①	②	③	④	⑤	84	①	②	③	④	⑤
10	①	②	③	④	⑤	35	①	②	③	④	⑤	60	①	②	③	④	⑤	85	①	②	③	④	⑤
11	①	②	③	④	⑤	36	①	②	③	④	⑤	61	①	②	③	④	⑤	86	①	②	③	④	⑤
12	①	②	③	④	⑤	37	①	②	③	④	⑤	62	①	②	③	④	⑤	87	①	②	③	④	⑤
13	①	②	③	④	⑤	38	①	②	③	④	⑤	63	①	②	③	④	⑤	88	①	②	③	④	⑤
14	①	②	③	④	⑤	39	①	②	③	④	⑤	64	①	②	③	④	⑤	89	①	②	③	④	⑤
15	①	②	③	④	⑤	40	①	②	③	④	⑤	65	①	②	③	④	⑤	90	①	②	③	④	⑤
16	①	②	③	④	⑤	41	①	②	③	④	⑤	66	①	②	③	④	⑤	91	①	②	③	④	⑤
17	①	②	③	④	⑤	42	①	②	③	④	⑤	67	①	②	③	④	⑤	92	①	②	③	④	⑤
18	①	②	③	④	⑤	43	①	②	③	④	⑤	68	①	②	③	④	⑤	93	①	②	③	④	⑤
19	①	②	③	④	⑤	44	①	②	③	④	⑤	69	①	②	③	④	⑤	94	①	②	③	④	⑤
20	①	②	③	④	⑤	45	①	②	③	④	⑤	70	①	②	③	④	⑤	95	①	②	③	④	⑤
21	①	②	③	④	⑤	46	①	②	③	④	⑤	71	①	②	③	④	⑤	96	①	②	③	④	⑤
22	①	②	③	④	⑤	47	①	②	③	④	⑤	72	①	②	③	④	⑤	97	①	②	③	④	⑤
23	①	②	③	④	⑤	48	①	②	③	④	⑤	73	①	②	③	④	⑤	98	①	②	③	④	⑤
24	①	②	③	④	⑤	49	①	②	③	④	⑤	74	①	②	③	④	⑤	99	①	②	③	④	⑤
25	①	②	③	④	⑤	50	①	②	③	④	⑤	75	①	②	③	④	⑤	100	①	②	③	④	⑤

CPPG 실전 모의고사

CPPG(개인정보관리사) 자격검정 답안지

성명

확인

번호	①	②	③	④	⑤
1	①	②	③	④	⑤
2	①	②	③	④	⑤
3	①	②	③	④	⑤
4	①	②	③	④	⑤
5	①	②	③	④	⑤
6	①	②	③	④	⑤
7	①	②	③	④	⑤
8	①	②	③	④	⑤
9	①	②	③	④	⑤
10	①	②	③	④	⑤
11	①	②	③	④	⑤
12	①	②	③	④	⑤
13	①	②	③	④	⑤
14	①	②	③	④	⑤
15	①	②	③	④	⑤
16	①	②	③	④	⑤
17	①	②	③	④	⑤
18	①	②	③	④	⑤
19	①	②	③	④	⑤
20	①	②	③	④	⑤
21	①	②	③	④	⑤
22	①	②	③	④	⑤
23	①	②	③	④	⑤
24	①	②	③	④	⑤
25	①	②	③	④	⑤

번호	①	②	③	④	⑤
26	①	②	③	④	⑤
27	①	②	③	④	⑤
28	①	②	③	④	⑤
29	①	②	③	④	⑤
30	①	②	③	④	⑤
31	①	②	③	④	⑤
32	①	②	③	④	⑤
33	①	②	③	④	⑤
34	①	②	③	④	⑤
35	①	②	③	④	⑤
36	①	②	③	④	⑤
37	①	②	③	④	⑤
38	①	②	③	④	⑤
39	①	②	③	④	⑤
40	①	②	③	④	⑤
41	①	②	③	④	⑤
42	①	②	③	④	⑤
43	①	②	③	④	⑤
44	①	②	③	④	⑤
45	①	②	③	④	⑤
46	①	②	③	④	⑤
47	①	②	③	④	⑤
48	①	②	③	④	⑤
49	①	②	③	④	⑤
50	①	②	③	④	⑤

번호	①	②	③	④	⑤
51	①	②	③	④	⑤
52	①	②	③	④	⑤
53	①	②	③	④	⑤
54	①	②	③	④	⑤
55	①	②	③	④	⑤
56	①	②	③	④	⑤
57	①	②	③	④	⑤
58	①	②	③	④	⑤
59	①	②	③	④	⑤
60	①	②	③	④	⑤
61	①	②	③	④	⑤
62	①	②	③	④	⑤
63	①	②	③	④	⑤
64	①	②	③	④	⑤
65	①	②	③	④	⑤
66	①	②	③	④	⑤
67	①	②	③	④	⑤
68	①	②	③	④	⑤
69	①	②	③	④	⑤
70	①	②	③	④	⑤
71	①	②	③	④	⑤
72	①	②	③	④	⑤
73	①	②	③	④	⑤
74	①	②	③	④	⑤
75	①	②	③	④	⑤

확인

번호	①	②	③	④	⑤
76	①	②	③	④	⑤
77	①	②	③	④	⑤
78	①	②	③	④	⑤
79	①	②	③	④	⑤
80	①	②	③	④	⑤
81	①	②	③	④	⑤
82	①	②	③	④	⑤
83	①	②	③	④	⑤
84	①	②	③	④	⑤
85	①	②	③	④	⑤
86	①	②	③	④	⑤
87	①	②	③	④	⑤
88	①	②	③	④	⑤
89	①	②	③	④	⑤
90	①	②	③	④	⑤
91	①	②	③	④	⑤
92	①	②	③	④	⑤
93	①	②	③	④	⑤
94	①	②	③	④	⑤
95	①	②	③	④	⑤
96	①	②	③	④	⑤
97	①	②	③	④	⑤
98	①	②	③	④	⑤
99	①	②	③	④	⑤
100	①	②	③	④	⑤